U0837664

丛书策划　陈义望　朱宝元

看世界｜区域国别史经典丛书

YUGOSLAVIA AS HISTORY

南斯拉夫史

巴尔干半岛上的聚合离分

John R. Lamp
[美] 约翰·R. 兰普 ——著
刘大平——译

中国出版集团 東方出版中心

图书在版编目(CIP)数据

南斯拉夫史/(美)兰普著；刘大平译.—上海：东方出版中心，2016.4(2025.6重印)
(东方·剑桥世界历史文库)
ISBN 978-7-5473-0919-3

Ⅰ.①南… Ⅱ.①兰… ②刘… Ⅲ.①南斯拉夫—历史 Ⅳ.①K543

中国版本图书馆CIP数据核字(2016)第023996号

上海市版权局著作权合同登记：图字09-2010-050

This is a 2nd edition of the following title(s) published by Cambridge University Press: Yugoslavia as History: Twice There was a Country/John R. Lampe/ISBN: 978-0-415-77572-4
Copyright © 2010 Cambridge University Press
This edition for the People's Republic of China (excluding Hong Kong, Macau and Taiwan) is published by arrangement with the Press Syndicate of the University of Cambridge, Cambridge, United Kingdom.
© Cambridge University Press and Orient Publishing Center, 2010
This edition is authorized for sale in the People's Republic of China (excluding Hong Kong, Macau and Taiwan) only. Unauthorised export of this edition is a violation of the Copyright Act. No part of this publication may be reproduced or distributed by any means, or stored in a database or retrieval system, without the prior written permission of Cambridge University Press and Orient Publishing Center.

南斯拉夫史

著　　者　[美]约翰·R.兰普
译　　者　刘大平
丛书策划　陈义望　朱宝元
责任编辑　张爱民
装帧设计　钟　颖

出 版 人　陈义望
出版发行　东方出版中心
地　　址　上海市仙霞路345号
邮政编码　200336
电　　话　021-62417400
印 刷 者　上海盛通时代印刷有限公司

开　　本　710mm×1000mm　1/16
印　　张　39.75
字　　数　548千字
版　　次　2016年4月第1版
印　　次　2025年6月第3次印刷
定　　价　98.00元

版权所有　侵权必究
如图书有印装质量问题，请寄回本社出版部调换或拨打021-62597596联系。

目录 Contents

致　　谢 xiii

1987 年从威斯康星大学退休之后，我的导师之一迈克尔·彼得罗维奇(Michael Petrovich)打算着手写作一部曾作为一个国家和一种主张存在过的南斯拉夫史。次年迈克尔·彼得罗维奇去世，从而中止他的这项调研工作，即调研一个消逝的国家和一种被击败的主张。弗雷德·辛格尔顿(Fred Singleton)也没有见到把南斯拉夫的瓦解列入《南斯拉夫人民简史》的最新版本中。1985 年剑桥大学出版社出版的《南斯拉夫人民简史》，作为其 1968 年版斯蒂芬·克里索尔德(Stephen Clissold)编辑的《南斯拉夫简史》的后续。

我于 1993 年开始准备写作本书，部分出于对这一因迈克尔·彼得罗维奇的提前退休而未完成的工作的责任感。但是我也肩负着其他责任。辛格尔顿和彼得罗维奇的著作摆脱了研究这些领地和民族的根深蒂固的英美传统，理应接受我的充分感谢。当然，英国的传统更悠久，它始于人类学家亚瑟·埃文斯(Arthur Evans)在 1875 年到达波斯尼亚，并且通过菲利斯·奥蒂(Phyllis Auty)、斯特万·帕夫洛维奇(Stevan Pavlowitch)和其他人的著作延伸到弗雷德·辛格尔顿所建立的布拉德福大学南斯拉夫研究小组。在第二次世界大战之后，一代美国专家先驱涌现出来。除了迈克尔·彼得罗维奇和我应感激的明尼苏达大学的蒂奥法尼斯·斯塔夫罗(Theofanis Stavrou)在巴尔干史方面的基础训练和我在威斯康星大学的主要导师龙多·卡梅伦(Rondo Cameron)在经济史方面的基础训练之外,我应感激同查尔斯(Charles)、巴巴拉·耶拉维奇(Barbara Jelavich)、彼得·舒加尔(Peter Sugar)、韦恩·武契尼奇(Wayne Vucinich)和乔治·霍夫曼(George Hoffman)的长期交往。我还曾得益于更年轻的美国学者的著作,他们人数众多,远远超出了在注释中引用的可观数量,以至于不能在这里列举。

也应当提到过去20年之内出现的年轻一代的德国历史学家。他们已恢复其国家在东南欧学术研究方面在20世纪早期所享有的突出地
xiv 位。柏林大学和莱比锡大学的霍尔姆·桑德豪森(Holm Sundhaussen)和沃尔夫冈·霍普金(Wolfgang Hopken)的著作已经各自证明对我特别有用。罗兰·舍恩菲尔德(Roland Schonfeld)指导下的、设于慕尼黑(Munich)的东南欧协会(Südosteuropa-Gesellschaft)的刊物和活动也已证明对我特别有用。

我自己同前南斯拉夫的联系始于1965年。作为一位年轻的外交官,我一直任职于美国驻贝尔格莱德大使馆到1966年。在1969—1970年,作为一名研究生,我因为博士论文研究返回贝尔格莱德。从那时以来,作为马里兰大学历史学教授、1987年后华盛顿的伍德罗·威尔逊国际学者中心的东欧研究室主任,进一步的研究已经让我无数次回到萨拉热窝、卢布尔雅那、萨格勒布和贝尔格莱德。在前南斯拉夫战后历史学家的先驱一代之中,我广泛得益于卢布尔雅那的扬科·普莱特尔斯基(Janko Pleterski)、萨格勒布的米里亚娜·格罗斯(Mirjana Gross)和留博·博班(Ljubo Boban)、贝尔格莱德的丹妮卡·米利奇(Danica Milic)和布兰克·彼得拉诺维奇(Branko Petranovic)的著作。同时,他们和被提及的任何一位西方学者都不应当对本书文本承担责任。

因为我同前南斯拉夫的长期联系,一项进一步的职责存在于这些章节,即如何更具体地将前南斯拉夫暴力终结的未结束的悲剧和其历史连接起来,尽管其起源于第一次世界大战之前相关但独立的各民族和地区,并且其起源于对1918—1941年、1945—1991年两个南斯拉夫

国家和主张的可行性寻求。我把寻求这些联系而不是把寻求这两个南斯拉夫的更全面的历史，作为我的主要任务。歪曲经由选择的资料去为南斯拉夫的所有不幸而控诉一方或另一方，这在前南斯拉夫和后继国家中会起有害作用。贝尔格莱德历史学家安德烈·米特罗维奇(Andrej Mitrovic)曾恰当地把这种歪曲称为“准历史”。这种情况激励了我。在西方世界，这种矛盾控诉的混合体已经纵容了“古老的对抗”观念。虽然这种观念在历史上是错误的，但是这种观念仍然有助于拒绝承认组成南斯拉夫的各民族为欧洲人，并且将他们当前的冲突描述为原始问题。

这本简短的著作旨在从大量可得到的证据、学术研究和外交报告中集合足够的线索，去将两个南斯拉夫和它们的起源连接起来、将它们的实力和其弱点连接起来，并且将其血腥的失败和完整的历史背景连接起来。本书期望为学者们提供具有启发性的新的分析或解释。它也应当提及有利害关系的公众和负责任的公职人员及大学生。时势要求这样一本著作是可理解的、有权威的和有独创性的。补充书目主要是英文的并且也有德文的。其建议表明，从总体上看，与关于前苏联集团任何国家的著作相比，该著作的正文更为全面。这些注释，得感谢前南斯拉夫的所有组成部分所遗留的相当多的学术著作，并且感谢驻贝尔格莱德的英美大使馆和驻慕尼黑的“自由欧洲之声/自由之声”(Radio Free Europe / Radio Liberty)的有益报告所留下的档案。这些注释也寻求确认那些遗留许多重要历史争端的互相抵触的看法，特别在可靠的原始资料缺乏的地方，例如关于两场世界大战的看法还卷入了合法的争议。通过这些争议，这种叙述找到了自己的方向。这种叙述得出结论或省略细节，而一些严肃的学者和许多来自前南斯拉夫的、拥有当地经历的人士无疑将在这些细节中发现争议。我曾尝试把自己在那里作为局外人的经历与最广泛的学术观点以及我能够集合的原始资料结合起来，并且我已经尽力做到公平。 xv

最后，我希望表达一些具体的感激之情。像伍德罗·威尔逊国际学者中心的副主任小塞缪尔·F. 韦尔斯(Samuel F. Wells, Jr.)一样，马里兰大学历史系的历届主任理查德·普里斯(Richard Price)、克利福德·福斯特(Clifford Foust)和詹姆斯·哈里斯(James Harris)曾提供了自始至终的鼓励。我感谢《东欧思潮研究》(*Studies in East European Thought*),该期编辑克里斯托夫·尼日(Kristof Nyiri)在论文《南斯拉夫国家观念的失败》(《东欧思潮研究》1994 年总第 46 期,第 69－89 页)中提供了把我的最初建议传播到更广泛主题的机会,并且感谢拉塞尔·O. 普里克特(Russell O. Prickett)和柳比萨·艾丹奴维奇(Ljubisa Adamovic)在我们的合著《第二次世界大战以来南斯拉夫和美国的经济关系》(北卡罗来纳州达勒姆:杜克大学出版社 1990 年版)中所表现的见识。也应当感谢 1993 年在萨格勒布和卢布尔雅那同历史学家和社会科学家就被提议的目录进行的圆桌讨论,以及同年与贝尔格莱德和布达佩斯历史学家的非正式会议。

该书的二手资料或原始资料来自一连串的单位,这些单位工作人员全都一贯乐于助人。这些地点是在华盛顿的美国国家档案馆(the National Archives of the United States)、在伦敦的公共档案馆(the Public Record Office)、在慕尼黑的“自由欧洲之声/自由之声”档案馆、在贝尔格莱德的“当代史学会”(the Institute for Contemporary History)和伊利诺伊大学、马里兰大学、明尼苏达大学、威斯康星大学的几个图书馆。非常感谢 1993 年“自由欧洲之声”对我在慕尼黑的一个月研究的支持和 1994 年“人文科学学会”(the Institute for Human Sciences)对我在维也纳的一个月写作的支持。

在该项工作的后期阶段,我获得了来自各种挑剔的读者们的重大帮助,他们是:盖尔·斯托克斯(Gale Stokes)、丹尼森·拉西诺(Dennison Rusinow)、萨布丽娜·佩特拉·拉梅(Sabrina Petra Ramet)、德拉戈·洛克桑迪奇(Drago Roksandic)、尼古拉斯·米勒(Nicholas
xvi Miller)、克莉丝汀·亨特(Kristin Hunter)、安妮塔·贝克·兰佩(Anita Baker Lampe)和剑桥大学出版社征求的几位匿名读者。他们不分担我对最终文本所负有的任何责任。已出版的该书也受益于克莉丝汀·亨特和剑桥大学出版社的审稿工作、乔纳森·金博尔(Jonathan

Kimball)和菲利普·伯克尔巴赫(Philip Birkelbach)编制的统计表,以及弗吉尼亚州阿灵顿的鲍林制图公司的拉里· A. 鲍林(Larry A. Bowring)绘制的地图。印第安纳州南本德的莉丝·安·索尔(Lys Ann Shore)出色地编写了索引。如果没有安妮塔·贝克·兰佩的坚定支持,特别是在周末和晚间写作的一年半期间的坚定支持,我本人是不可能完成本书的写作的。

第二版前言 xvii

1993年,我怀着一种悲哀的义务感开始写作本书的第一版。似乎对大多数西方观察家而言,与邻近的苏联集团拥有的任何成员相比,前南斯拉夫的暴力终结失去了超越战后共产党政权限制的一个更好机会。对全东欧而言,1989年之后,当这个机会到来时,南斯拉夫已经成为"我们只能在历史书中阅读而知的一个地方……它随风而逝"。我试图把我的历史书和《飘》(*Gone with the Wind*)的怀旧分开。但是我也寻求置身事外于后继国家中的一种可以理解的倾向。这种倾向就是,将其多数种族和领土看做与两个共同国家几乎没有过去的联系——当然是没有什么建设性的联系。太多的西方观察家都有这种倾向。

种族战争和混乱的过渡现在已经持续了整整10年,这些后继国家努力使其自身同那些真实存在的联系摆脱干系。这些努力已给这些过渡贴上标记。它们的斗争为该书第二版提供了主要理由。该书第二版关于1991—1999年冗长的新章节记录了后继国家中的一些进步和成绩,但却留给我另一个喜悦少于悲叹的十分糟糕的任务。在着手写作最近几年的事件时,我不得不依赖于筛选的二手资料和这10年间我对该地区的12次访问所作的观察报告。历史学家更喜欢依靠的关于第一南斯拉夫的原始资料仍有待充分研究,关于第二南斯拉夫的原始资料仍有待完全公开。尽管几乎完全没有20世纪90年代的原始资料,但是即使在科索沃最近发生的悲剧之前，对整个欧洲和美国而言，在防止更多的种族战争，并且在重新联合整个东南欧方面，死亡、流亡或离散的代价的确太巨大，并且赌注太高，以至于不能避免面临我也称之为
xviii 即时历史的挑战。

在修订第一版“序言”和 11 个章节时，有相当多的因素继续存在着，故而需要付出相当大的努力。近来在一个继续使用“南斯拉夫联盟共和国”名称的后继国家中爆发的战争，要求更加重视科索沃、马其顿和黑山的民族史。在篇幅允许和一种共同命运或民族间关系的某种关联存在的地方，我已经纠正了此前对独立文化史的有意识忽视。我特别注意去阐明这些简化部分，并纠正最频繁出现于最初的世纪跨越章节中的简单事实错误。这有益于那些希望在此基础上从一种或另一种独特视角去理解该书后面部分的挑剔读者。

从我的书第一版以来，持续缺乏关于前南斯拉夫的任何新的总体研究，与此同时，除了一大批新闻论述以外，出现了许多关于特定领域和时期的、令人印象深刻的新的研究和学术成就，因此我找到修订该书和增加第 12 章的进一步理由。该新章节的脚注列举了仅仅论述 20 世纪 90 年代的 20 本出版物，扩展的书目增加了 40 本英文或德文书籍。修订后的章节注释包括用各后继国家的现在独立的语言创作的重要的新著作。我也特别乐于借鉴以下九位年轻的美国学者的著作或博士论文：梅利莎·鲍克沃(Melissa Bokovoy)、奥黛丽·赫尔芬特·巴丁(Audrey Helfant Budding)、吉尔·欧文(Jill Irvine)、卡罗尔·丽莱(Carol Lilly)、凯瑟琳·麦卡锡(Katherine McCarthy)、尼古拉斯·米勒(Nicholas Miller)、马尔科·普瑞雷克(Marko Prelec)、韦利科·武贾西奇(Veljko Vujacic)和安德鲁·沃赫特尔(Andrew Wachtel)。1987－1997 年，我为伍德罗·威尔逊国际学者中心指导东欧研究计划时，他们每年参加东欧研究计划的青年学者培训研讨会。从而我首次熟悉他们的著作。

也应当提到我曾试图获益于第一版的众多评论、与后继国家学者们关于此书进行的一系列圆桌会议和个别谈话，以及我就一个重要的

新档案进行的咨询和该新章节的几位读者。这里不宜感谢大多数的完全好评，或者继续我与伊沃·伯纳克(Ivo Banac)之间关于我的最初章节是否指向南斯拉夫必然崛起的争论。这里更适于特别提到因其详细的评价和建设性的批评而对我最有用的两篇评论，即：詹姆斯·克劳卡(James Krokar)于 1997 年在互联网上发表的《哈布斯堡王朝评论》(*HABSBURG Reviews*)中所涉及的评论，以及斯洛博丹·G. 马尔科维奇(Slobodan G. Markovic)1997 年 10 月 15 日在贝尔格莱德报纸上发表的评论。卢布尔雅那法学院的圆桌讨论、贝尔格莱德的“当代史学会”(the Institute for Contemporary History)和斯科普里的“马其顿科 xix
学和艺术学会”(the Macedonian Academy of Sciences and Arts)也是有价值的。我有益地查阅了布达佩斯的中欧大学的新“开放社会档案馆”(Open Society Archives)的报纸集。我特别感谢史蒂文·伯格(Steven Burg)、雷纳德·科恩(Lenard Cohen)和查尔斯·英格劳(Charles Ingrao)对该新章节初稿的评论。

本书言论所负的责任仍然是我自己的。我试图进一步澄清公民和学生们寻求理解的这个复杂主题，并且进一步澄清政策制定者已作出或尚待作出的决定。我也试图置身事外于近来经历的、互相抵触的确定性，这种近来经历被记住并且被用做解释过去的一条途径。在解体和战争的 10 年之后，这样的回忆加深了后继国家的民族分裂，并且它们以其简单性继续去吸引西方观察家。我也不参与到为这两个逝去的南斯拉夫辩护上，更不必说展望第三个南斯拉夫的前景。我只不过试图找出使这两个南斯拉夫联合和分裂的多方面的历史。两者都不值得留下作为近来回忆的单一来源。

约翰·R. 兰普于马里兰的帕克学院

1999 年 9 月

绪言：可行性探究 1

南斯拉夫导演埃米尔·库斯图里卡(Emir Kusturica)最初想要把其纪念南斯拉夫社会主义联邦共和国崩溃的那部有争议的电影命名为《曾经存在一个国家》。他的制片人可能着眼于戛纳电影节(1995年该片在戛纳电影节赢得“金棕榈奖”),之后放弃了该片原著小说的标题,并且选择了更适于销售和更求实的标题:“地下”。实际上,该片极具冲击力的情节带领我们与几位共产党员一起,度过了1941—1991年的半个世纪。他们腐化的领导人在第二次世界大战后还让他们待在地下达几十年。他们暂住在老贝尔格莱德要塞下面的一个山洞中,相信法西斯主义者尚未被打败,战争还在地面上肆虐。当其计划在20世纪60年代最终失败时,该领导人炸毁这个山洞但是未能全部杀死这些党员。直到20世纪90年代初南斯拉夫的瓦解和战争,最后幸存者们才能够向他报仇。

杜尚·科瓦切维奇(Dušan Kovačević)的小说标题避免了这种寓言式的推断,即铁托使南斯拉夫民众保持地下状态或不了解外部世界,直到他在1980年去世。另外,这部哀伤的、近似亚瑟王传奇的原著可以被翻译为“曾经存在一个国家”。它直接提醒我们,这些虽然相似却独立的各地区被结合成一体。本书专注于南斯拉夫政治统一的起源和试验。第一次世界大战缔造了一个南斯拉夫,第二次世界大战摧毁了这个南斯拉夫，随后缔造了一个完全不同的南斯拉夫。

本书的副标题“两次存在一个国家”听起来较少哀伤，并且也提醒我们，即第一南斯拉夫(1918—1941)先于第二南斯拉夫(1945—1991)。两者都不值得理想化为某个现代的卡米洛特(Camelot，传说中英国亚瑟王宫廷所在地)，甚至超出前南斯拉夫的某些居民“对南斯拉夫的怀念”。但是最初的王室专政和随后的共产党专政也不应被谴责。下列各章间接表明这两个多民族国家具有的实力和弱点。两者都努力实现这种最终使它们困惑的可行性。

2 第二南斯拉夫的血腥终结吸引西方观察家们从目前的僵局去探索南斯拉夫的民族和国家的斗争。但是沉浸在过去会导致令人不快的历史。除了克罗地亚和波斯尼亚-黑塞哥维那首先发生流血事件，然后科索沃和塞尔维亚发生流血事件以外，斯洛文尼亚如外科手术般地分离。南斯拉夫后继国家的近来战争，对参与各方自身而言，无疑已经更难以使其自身历史同过去 10 年相分离。20 世纪 80 年代后期开始，政治上被操纵的媒体鼓励塞尔维亚和克罗地亚这两个最大的民族，把另一方目前的意图看做被排外主义者驱动的 19 世纪民族主义和重复两次世界大战罪行的一种倾向。太多的塞尔维亚人把该前共和国的最大民族——波斯尼亚穆斯林看做土耳其人或斯拉夫人的变节者。这些斯拉夫人的变节者愿意重新开始奥斯曼帝国对塞尔维亚农民的利用，塞尔维亚农民把皈依伊斯兰教作为唯一的逃脱方法。于是各自的领导人和媒体使另一方目前的居民转变为“想像的对手”。[1]他们也鼓励外国观察家去假定旧联盟的复活，这些旧联盟即塞尔维亚人和俄国人、波斯尼亚穆斯林和土耳其人，以及克罗地亚人和德国人的联盟。此后其各方的历史维度已经极大地夸大了。如果不依靠选择性的历史回忆和虚假的类比，那么近来战争的冲击和日常生活的中断使幸存者们仍然很难理解目前。库斯图里卡的电影中最英雄的人物是回忆和类比的一个囚犯。本书更有理由尽可能客观地追踪挑战两个南斯拉夫的趋同的、独立的和模棱两可的潮流。

不像 1941 年纳粹毁灭第一南斯拉夫，50 年以后第二南斯拉夫的瓦解是作为对西方世界的冲击而到来的。自从铁托政权在1948年幸免于同斯大林和苏联集团的分裂，大多数观察家们曾经往好处想南斯拉夫的可行性。南斯拉夫对自我管理的企业及其工人委员会下放经济权力。这被广泛地予以标榜，并赢得了进一步的尊敬。铁托的外交在东西方之间巧妙平衡，并且使南斯拉夫成为不结盟运动的创始国和唯一的欧洲成员国。到20世纪70年代时，像苏联集团中的共产党领导人一样，铁托是一位使太多的中央政府声望绑定于其个人权威的年迈的共产党领导人。尽管如此，开放的边界和显然更高的消费标准使南斯拉夫优于苏联集团的大部分国家。欧洲和美国游客涌入亚得里亚海岸，超过100万南斯拉夫人（从外籍劳工到专业人士）在西方被雇佣或学习。学术交流打开了许多途径。和除了苏联之外的任何共产党国家 3
相比，方便的通道、戏剧性的过去和革新的现在吸引了更多的西方学者和研究。1961年，伊沃·安德里奇（Ivo Andric）赢得诺贝尔文学奖，米罗斯拉夫·科尔莱扎（Miroslav Krleza）也是候选人之一。西方读者确实把安德里奇的作品当做南斯拉夫人的作品，而不是意识形态上的社会主义者或种族上的民族主义者的作品，而科尔莱扎的背景使其成为20世纪80年代东欧（实际上的中欧）持不同政见者的先驱。[2]

与流亡反对者的期望相反，1980年铁托去世之后没有出现预示解体的震动。1984年萨拉热窝冬奥会的成功举行和南斯拉夫运动员、作家和电影导演不断取得的成就，向外部世界表明一切仍然都尽如人意。但是其人口是否持续增长到2 300万，并且在1981年人口普查中自称为南斯拉夫人的人口比例是否攀升超过了5%呢？无论如何，特别就美国人而言，联邦似乎是解决其问题的一个多民族国家的适当框架。

本书最后两个章节详述了到20世纪80年代末积聚的致命问题。1989年失业率上升超过15%，通货膨胀加速接近3 000%。公开的民族纠纷在科索沃爆发，并且至少在波斯尼亚出现，挑战苏联集团政权的那种不同政见自斯洛文尼亚开始蔓延。同时，斯洛博丹·米洛舍维奇试图填补由于铁托去世而在该国的共产党领导层中留下的真空。但是在他的塞尔维亚基地外面，他成功疏远了非塞尔维亚族公众及其政治精英。当斯洛文尼亚的共产党领导层和当地持不同政见者一起抵制一个不成熟的新中央集权的南斯拉夫(这个南斯拉夫就像苏联集团崩溃的共产党政权)时,这个南斯拉夫的瓦解跟着到来。继之到来的是涉及各后继国家的实质上的种族战争,该种族战争占据本书最后一章的显著位置。

一位贝尔格莱德历史学家说:“南斯拉夫从斯洛文尼亚开始,并以斯洛文尼亚告终。”第一南斯拉夫最主要的斯洛文尼亚政治家安东尼·科罗舍茨阁下(Monsignor Anton Korosec)认为:“即使一个有缺陷的南斯拉夫也比没有南斯拉夫要好。”铁托的斯洛文尼亚族理论家爱德华·卡德尔(Edvard Kardelj)已经部分构思了第二南斯拉夫的联邦结构,从而排除1939年内部边界的重新调整曾许诺的克罗地亚和塞尔维亚较大的行政区域。如果没有斯洛文尼亚在塞尔维亚人和克罗地亚人之间建立一种更广泛的平衡,第二南斯拉夫的六个联邦共和国和两个自治省的框架就不会那么容易地幸存下来。塞尔维亚人在克罗地亚、波斯尼亚-黑塞哥维那和科索沃省构成重要的少数民族。米洛舍维奇曾经在塞尔维亚发动种族政治以挽救共产党政权,现在种族政治再度4流行威胁或似乎威胁那些少数民族。由于历史的限制,在1991—1992年,塞尔维亚人被说服去把克罗地亚新的反共领导层强制驱逐出被匆忙承认的克罗地亚和波斯尼亚-黑塞哥维那新国家。(波斯尼亚-黑塞哥维那的波斯尼亚穆斯林领导层恢复黑塞哥维那的德语拼法,以便强调同塞尔维亚-克罗地亚身份的决裂。)马其顿也宣布其独立。黑山与塞尔维亚在一个残余联盟中并驾齐驱,塞尔维亚现在包括以前自治的科索沃和伏伊伏丁那省。第二南斯拉夫不复存在。

一个不可避免的南斯拉夫的主张

“前南斯拉夫”代价高昂的告终并不令人惊讶地赋予这一观念以新的生命,该观念即:“前南斯拉夫”的建立从一开始就是一个错误。许多熟知内情的人现在把这个以两个化身幸存70年的国家称之为人为的产物,它的缺陷使其崩溃不可避免。一种塞尔维亚人的说法把第一南斯拉夫视为列强在1919年巴黎和会上强加给其战时盟友塞尔维亚的一项责任，把第二南斯拉大视为克罗地亚共产党人铁托和反塞尔维亚的苏联强加的一个国家。而一种克罗地亚人的说法则把南斯拉夫的瓦解引证为一战后《巴黎和约》误助建立第一南斯拉夫的最终证据。如果美国总统伍德罗·威尔逊所提出的民族自决原则证明多民族的哈布斯堡王朝的解体是正当的，那么在塞尔维亚人、克罗地亚人和斯洛文尼亚人的王国(第一南斯拉夫)中怎么能够容纳另外的原则？在局外人中，一些哈布斯堡王朝历史学家被这种观点吸引。许多不熟悉巴尔干历史的西方新闻记者和政治家们已经欣然接受一个更值得商榷的观念，即该地区存在着“古老对立”。如果原始的仇恨已经使塞尔维亚人、克罗地亚人和穆斯林自奥斯曼帝国征服起就激烈争吵，那么它们为南斯拉夫近来的悲剧提供了一个简单解释，并且为避免任何重大卷入提供了一个现成的理由。

与自20世纪50年代已经占优势的关于南斯拉夫的普遍共识相比，这些观点听起来多少有些不同。大多数南斯拉夫专家学者(包括本作者)，简单地假定这个国家将要并且应当继续存在。铁托的南斯拉夫官方批准的历史学家则更进了一步，他们认为他们那种南斯拉夫的建立不可避免。像许多马克思主义学者一样，被不可避免的历史进程在起作用的主张所吸引，像其苏联同行一样，他们寻求解释较长期的武装 5
力量不只是战争的幸运，而是如何为他们带来权力。然而，代替在其领域中阐释尽早时刻的工业资本主义的起源，他们赋予南部斯拉夫民族的不可避免的聚合以首要地位，这种不可避免的聚合使南斯拉夫联合。六个联邦共和国中的每一个——塞尔维亚、克罗地亚、斯洛文尼亚、波斯尼亚-黑塞哥维那、马其顿和黑山都有其自己的历史，都分离于其他共和国。但是，它们寻求任何政治或经济的优势地位，这种政治或经济的优势地位来自将屈从于“资产阶级民族主义”的差别。这种倾向据说是毁灭第一南斯拉夫的致命缺陷，而不是“资本主义剥削”。其独裁主义的演进和强加于其他民族的大塞尔维亚的不合理要求主要被归咎于贝尔格莱德资产阶级，有时萨格勒布资产阶级被指控为帮凶。作为回报，官方的塞尔维亚历史学家能够在德国人（很少被称为纳粹）和“克罗地亚独立国家”（NDH）的法西斯政权之间分配第二次世界大战的战争罪行责任。就整个南斯拉夫历史学而言，塞尔维亚“切特尼克”兵团当时被认为仅仅应对他们反对共产党游击队和勾结夸大的纳粹侵略者负责。像在苏联的同行一样，更年轻、更有才能的历史学家避免研究两次世界大战之间和战后时期的南斯拉夫史。

在压力之下，关于撰写单卷本南斯拉夫史的计划不久达成了共识。而关于20世纪50年代的四卷本的努力未能超越适于1 800年之前较少争议时期的最初二卷本的努力。在自由主义改革的高潮中，这项新工作开始于1966年。但是弗拉基米尔·杰吉耶尔（Vladimir Dedijer）等人所著的塞尔维亚-克罗地亚语的《南斯拉夫简史》（*New York: McGraw Hill*, 1974）直到1972年才完成。那时，铁托已经结束了自由主义时代及其对政治宽容的强调。如果撰写19世纪和20世纪两章的两位作者没有暗示是军队而不是外国统治和资产阶级剥削妨碍了统一，那么该卷的塞尔维亚和黑山原作者可能较少地引起争议。受尊敬的萨拉热窝历史学家米洛拉德·艾莫希奇（Milorad Ekmecic）认为，这种宗教，特别是克罗地亚天主教的政策，已经对统一和世俗现代化构成严重障碍，否则世俗现代化应当已经更成功地从一门共同的塞尔维亚-克罗地亚语得出。作为铁托的战时同事和传记作者，获得声誉之后，杰吉耶尔从一个闲不住的记者转为历史学家。他的章节强调了克罗地亚人在两次世界大战中对塞尔维亚人的罪行。他攻击书中关于塞尔维亚和克罗地亚资产阶级是两次世界大战之间种下的祸根的史实太过粗略，以至于不能令人信服。到1979年时，塞尔维亚历史学家莫姆契洛·塞切维奇（Momcilo
6 Zecevic）召开了一次关于第一次世界大战之后南斯拉夫初步统一的全国范围会议，批判关于南斯拉夫主张的意识形态共识。[3]

战后关于南斯拉夫的南斯拉夫人学术成就发展不应当进一步地阻止我们。斯特万·帕夫洛维奇（Stevan Pavlowitch）和伊沃·伯纳克（Ivo Banac）已经提供了整个20世纪70至80年代的略有不同观点的审慎指南。[4]关于南斯拉夫不可避免地正在崩溃的这种共识，确认了关于两次世界大战和两次大战之间的更主动和更准确的报告，这些报告最初来自克罗地亚族历史学家，然后来自塞尔维亚族历史学家和其他南斯拉夫的历史学家。像脚注将证明的那样，如果没有这些历史学家，那么该书不可能会撰写出来。

这些著作都不具有以下三部著作的政治影响，这三部著作是在20世纪80年代期间主要出于辩论目的而撰写的。为数众多的关于该国崩溃的西方报告引用了“塞尔维亚科学学会”的1986年《备忘录》，虽然其内容不太确切。这三部著作反对这种“内容不太确切”，据说大体上战后塞尔维亚在南斯拉夫曾遭受这种弊端，并且塞尔维亚人特别在科索沃省曾遭受这种弊端，从而这种弊端为米洛舍维奇的民族主义运动提供了攻击手段。较少在西方宣传的是被禁止但仍被传播的克罗地亚未来总统弗拉尼奥·图季曼(Franjo Tudjman)的著作，他的著作收录了他认定的自第一次世界大战以来克罗地亚所遭受的不公正。而贝尔格莱德的沃伊斯拉夫·科什图尼察(Vojislav Kostunica)和科斯塔·查沃什基(Kosta Cavoski)撰写的著作，谴责了强加于战后塞尔维亚的共产党政治垄断的方式。[5]这三部著作以不同的方式都质疑了铁托的南斯拉夫的合法性，并且这些著作在铁托的南斯拉夫的解体中发挥了作用。但是这三部著作也提出了任何单一的南斯拉夫是否是合法国家的问题，并且含蓄地指出其解体不可避免的前景。

寻求一个切实可行的南斯拉夫

接下来的章节猜想了所有的必然性。这些必然性承认了这些民族的独立的文化遗产和文学密切相关，但是忽视其独特本质。这些简短的故事反而集中于这些民族如何在毗邻的土地上相互融合和移居，并且于20世纪其两次统一之前，以及在此期间他们彼此在何种情势下在政治、经济和文化上实现交融。更特别的是，从历史观点上说，他们是谁并且谁是他们的领导人？在其领导人中，铁托计算在内，其他人也计算在内。是什么结构和主张使他们团结起来或分离了他们呢？就这些结构来说，我们首先意指国家建设的要素，即政治文化和法律体制超过

7 种族差异。我们也专注于社会经济或宗教制度超过专注于阶级关系，并且专注于同近邻的战争或其他交往超过专注于同遥远强国的战争或其他交往。前者通常比后者更重要，这支持了一位主要的西方民族主义学者的论点，即：对凝聚的种族特性演变成持久的民族意识而言，至关紧要的三种影响力已经是国家建设经历、宗教组织和军事现代化。[6]这三种影响力可能超过社会经济结构，在使两个南斯拉夫联合和使其分裂中都起了作用。

就这些主张来说，我们首先意指适于一个新的南部斯拉夫人国家的浪漫解释，该国在19世纪和20世纪初形成。在1914年之前，这些主张遭遇了一个缓慢衰落的奥斯曼帝国和一个缓慢现代化的哈布斯堡王朝。在19世纪之前，这两个帝国在将近300年中几乎已经分割了这块人口稀少的整个领地。到19世纪末，当帝国对他们的控制削弱或改变其立场时，当地人口不断增长。民族的共同特权而不是个人权利的共同帝国遗产，将依然给当地的独立渴望留下永久影响，这种共同的帝国遗产在近代早期欧洲国家中也是普遍的。[7]然后，第一次世界大战迅速消灭了这两个帝国。像铁托的游击队对第二南斯拉夫的建立那样，已独立的塞尔维亚的军队对第一南斯拉夫的形成是必不可少的。尽管如此，这些主张在两个南斯拉夫的形成中都很要紧。安德鲁·沃赫特尔(Andrew Wachtel)关于南斯拉夫主张的有说服力的研究发现，这个两次世界大战之间的国家寻求建立一种单一的、假想的南部斯拉夫文化，这和战后共产党政权依赖于一种统一的意识形态几乎一样。[8]这两个南斯拉夫也吸收了这种浪漫观念，即塞尔维亚人、克罗地亚人和斯洛文尼亚人是一个民族的有机要素。

与第一南斯拉夫相比，建立第二南斯拉夫最初似乎造成较少的复杂情况。游击队的事业使来自所有组成民族的民众联合起来去为胜利一方继续战斗，虽然阿尔巴尼亚人和匈牙利人数量非常少。其共产党领导层从而能宣布成立一个在该党的集中控制下的超民族的、苏联式的联邦。但是当这些共和国获得或夺取来自中央的重大权力时，联邦中的势力均衡成为一个关键性问题。这些要求和反要求再度浮现，它们已经对抗于两次世界大战之际的第一南斯拉夫。

两种现实动机和外部安全的承诺也支持一个单一的南斯拉夫。在构建实现其所需要的体制结构方面，第二次世界大战后的西欧获得了成功，这两种现实动机和外部安全的承诺与这些成功的要素是同一系列。第一个现实动机是对代议制政府的渴望。无疑地，该现实动机能 8
够在各省区和首都之间获得某些可接受的平衡，即联邦制结构或相反的结构。1921—1974 年，多达六部宪法和一个邦联协定(1939)寻求在贝尔格莱德和南斯拉夫其余地区之间获得这种平衡。第二个现实动机是经济一体化的吸引。经济一体化预示了更大的国内市场和国际贸易中更大的相对优势。国际贸易在 20 世纪 20 年代短暂复兴，但是直到 50 至 80年代才走向繁荣。另外，像北约为西欧和苏联集团所做的那样，一个单一国家也为南斯拉夫各组成部分与两次世界大战之后环绕其边界的七个潜在敌对邻国提供了更安全的关系。

这些国家建设动机中的三种动机——政治的、经济的和军事的——在提升两个"真正存在的"南斯拉夫的可行性中都发挥了作用。就全部优势而言，同它们作斗争的是适于建立一个单一民族国家的三种浪漫的 19 世纪主张——大塞尔维亚、大克罗地亚和一个基于这种假定的南斯拉夫，该假定即至少塞尔维亚人、克罗地亚人和斯洛文尼亚人是一个民族。据假定，在 1914 年之前，任何民族国家具有同化更小民族的潜力，不是通过武力，而是通过成功的欧洲式现代化的吸引力，这种欧洲式现代化应该是从政治统一得出的。该民族国家的新的高度文化在其发展道路上将同化所有民族。这种新的高度文化对日益有学识的人口而言是世俗和开放的。尤金·韦伯(Eugen Weber)已经证明，这种情况事实上就是 19 世纪法国的案例。[9] 1914 年之前的塞尔维亚看起来沿着相同的轨迹开始。然而就一个单一国家而言，容纳三种国家观念将决不容易。第一南斯拉夫寻求这样一种合成法，第二南斯拉夫寻求超越它。一个更大的多种族的南斯拉夫国家将需要但从未充分确定共同的公民权和个人责任的意识。这种意识甚至压倒多数人的种族起源。罗杰斯·布鲁贝克(Rogers Brubaker)称这种意识为 1914 年之前法兰西的真正特性。[10]

然而，就两个南斯拉夫的大部分历史而言，这些民族的日常相互影响减少了他们的种族隔离。就此方面来说，一个共同国家的经验对关于民族国家的三种浪漫设想中的任何一种都保持优势。在它发挥不了作用的地方，南斯拉夫的可行性就会被威胁到。使这种威胁成为毁灭性的两种外部冲击，是第二次世界大战和战后共产党政权在1989年的连锁性失败。

第一章　帝国和分裂的边疆 (800—1800) 9

现代之前的一千年，与20世纪诞生的两个南斯拉夫国家的发展有什么关系吗？或者，与适用于一个南部斯拉夫人(Yugoslav)国家的19世纪主张有什么关系吗？到公元1800年时，后来成为南斯拉夫的这些地区已经比它的地中海或中欧邻国遭受了更多的战争和强迫移民、外国干涉和内部分裂。这些地区没有机会分享在18世纪席卷大部分西北欧的经济增长。在中世纪开端到近代早期结束的一千年间，政治混乱加深了经济衰退。

为了理解这种混乱，我们首先着眼于散布在贫瘠地貌上的少量人口，他们可怜地匹配于仅服务于外国军队的现代以前的商业。即使文化上接近的本地民族，也发现他们通常彼此孤立隔绝。然而在这些民族混居的地区，他们积极地和平共处着。缺乏证据证明长期以来一直存在种族敌视。除了少数学者以外，一些新闻记者和政客已经惯于以此来解释造成第二个南斯拉夫国家毁灭的近来战争。塞尔维亚人(Serbs)、克罗地亚人(Croats)，最后是波斯尼亚人(Bosnians)在中世纪短暂地建立了能维持下去的民族国家。虽然它们的版图重叠，但是它们没有彼此争斗，相反这些国家由于内部的虚弱和外部的对手而消亡。

奥斯曼帝国(Ottoman)和哈布斯堡帝国(Habsburg)的强大军队分

别从东部和北部推进，使这些民族国家没有一个能够幸存到近代早期。1389年奥斯曼帝国在科索沃(Kosovo)击败塞尔维亚军队证明了这是一次决定性的并且被长期记忆的战役。在其他方面，这两个帝国主要通过它们强加的制度框架留下其印记。这两个帝国都拥有自己的一套相关制度，但是它们都没有在其巴尔干半岛(Balkan)的边界内始终如
10 一地实施。结果它们依赖于地方市政当局的特权而不是其多民族的中央集权控制。在这种长期的帝国体制下只能加深政治分裂。在起初强加令人难忘的统一制度之后，奥斯曼帝国允许不同的制度和统治集团存在于塞尔维亚(Serbia)、马其顿(Macedonia)、黑山(Montenegro)和波斯尼亚-黑塞哥维那(Bosnia-Hercegovina)。就哈布斯堡帝国的领地而言，我们所知的成为目前克罗地亚(Croatia)和斯洛文尼亚(Slovenia)的地区被分成四个或者更多的行政管辖区域。在民事或军事统治下的制度存在着决定性的差异。

像我们在本章末尾将要看到的那样，帝国分裂的模式存在着例外。在多民族帝国的庇护下，地区之间有限的商业联系发展着，并且甚至超越这两个帝国之间的交流。一个独立的杜勃罗文克(Dubrovnik)、奥斯曼帝国的萨拉热窝和成为伏伊伏丁那的哈布斯堡帝国领地是焦点。中世纪时期失传的本土政体之中或之间几乎不存在的文化联系，如今为它们的民族复兴以及南部斯拉夫(或南斯拉夫)的观念或经济(即使还不是一个国家)奠定了基础。这两个20世纪的南斯拉夫国家仍将不得不与历史遗产的多样性和被树木繁茂的巴尔干山脉造成的地理分裂而斗争。

山脉第一，水最后

像已故的弗雷德·辛格顿(Fred Singleton)指明的那样，在这块几乎不比英国大的25万平方公里的地域内，地理特征的差异是壮观的。广布不适于耕种的高地并且缺乏适于大宗贸易的广阔河流网络，使得其人口密度显著低下。城市中心和精耕农业的缺乏持续到19世纪。尽管其人口在18世纪得到增长，但到1800年时，未来成为南斯拉夫的

地域内人口数量总共不超过 500 万。人口密度大致为每平方公里 20 人。E. L. 琼斯(E. L. Jones)将这种低水平的人口数量和城市的缺乏与近代早期西欧的较高密度相对照。[1]这两种缺乏加强了地理屏障。地理屏障如果太低就不能防止外部渗透，但是如果太高，就不能允许任何一个种族同另一种族的广泛融合。

迪纳拉山脉(Dinaric)荒凉而且引人注目。它紧邻达尔马提亚没有遮蔽而易受攻击的海岸线和类似杜勃罗文克这样高度文明的城镇。从最早的年代，这些崎岖的山脉和高地就已分离而不是被连接。这些 11
山脉和高地从西北绵延至东南，在一些地方伸展到距亚得里亚海(Adriatic sea)几英里处。像费尔南·布罗代尔(Fernand Braudel)给迪纳拉山脉起的绰号那样，这个“垂直的北部”使地中海的政治影响局限于海岸线内，并且留下分散的内陆定居点。这些定居点彼此隔绝并且没有足够的食物供应。[2]像地中海的其余地区一样，亚得里亚海滨缺乏鱼类和适于耕种的陆地。和地中海的其余地区不同的是，亚得里亚海滨并不缺乏树木。直到近代，其造船业一直很繁荣，从中世纪早期它就帮助达尔马提亚的港口同更为广阔的欧洲世界相联系。

最大和最富饶的低地是前南斯拉夫最盛产谷物以供给高地的地区。然而，海滨地区和该地区之间没有联系。富饶的北部平原从西部克罗地亚延伸到东部塞尔维亚。该平原具有这种工业化前的潜力，去连接东部和西部并且供给南部。但是这里河流太少并且流域太小，穿越山脉通向南部的山谷也又窄又少以至于不能提供大宗贸易的机会。而这对西欧的人口增长是至关重要的。

迪纳拉分界线从波斯尼亚继续延伸到海滨，即杜勃罗文克的南部。因为迪纳拉分界线转向南方，也加强了基督教东西两部分之间的边界。海滨和内地之间存在着的贸易、家畜放牧和其他往来，趋向于通过山脉、河谷向北部和南部移动，从而使东西部之间的经济联系降到最低限度。然而对外国军队和国内居民而言，突出的高地几乎不是不可逾越的。他们的迁移使种族和宗教的界线模糊，吸引或者推动信奉东正教的塞尔维亚人和信奉天主教的克罗地亚人的祖先进出这一地区。即使当他们在同一地区定居时，崎岖的高地也使他们被隔绝于分离的村庄中。

山脉

前南斯拉夫大约 45%的领土至少高出海平面 500 米。尽管尤利安阿尔卑斯山脉(Julian Alps)延伸进入斯洛文尼亚，巴尔干山脉延伸进入马其顿，但是迪纳拉山脉及其周围地区仍然是突出的。迪纳拉山脉向东南的一脉，从克罗地亚延伸到黑塞哥维那和黑山。很久以来，迪纳拉山脉东南脉就因高原喀斯特(karst)①地貌而出名，喀斯特地貌足足覆盖了地图 1.1 中地区的 10%。其石灰岩矿砂沉淀进入地下河床中。对任何形式的耕种而言，这只留下强于不毛之地的贫瘠土地。在

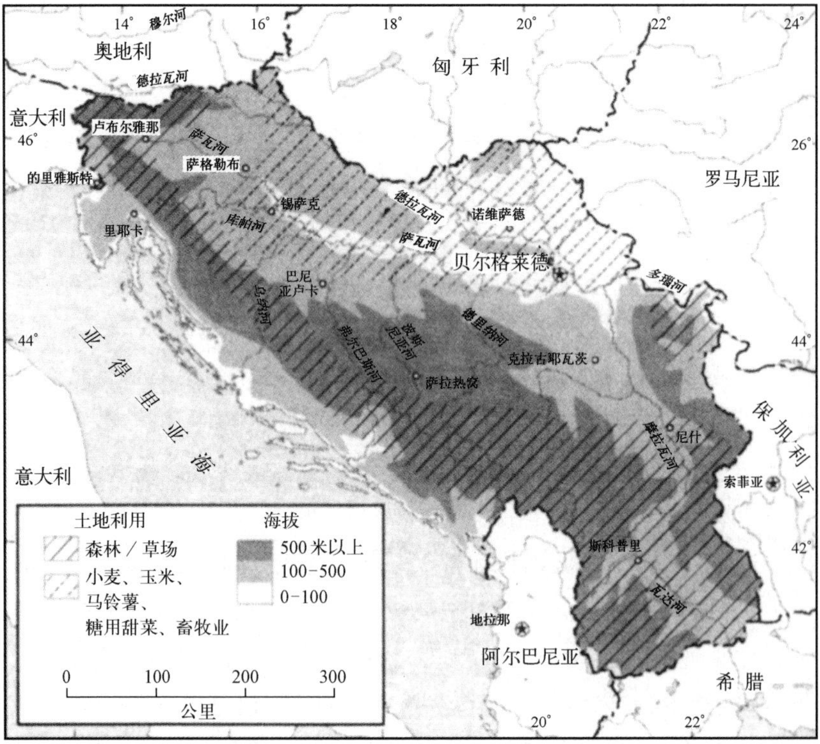

地图 1.1　前南斯拉夫的自然地理和土地利用

① 由于腐蚀而产生裂隙、落水洞、潜流和洞穴的不规则的石灰岩地区。——译者注

夏季,取用地下水的通路至少维持了高地的家畜放牧。然而,波斯尼亚 12
和西部塞尔维亚的迪纳拉山脉东北地区由保持地表水的结晶聚合体组成。森林覆盖在一度是更肥沃的土壤上。这特别为在邻近萨瓦河(Sava)、摩拉瓦河(Morava)的高原高地和山谷以及在斯拉沃尼亚、塞尔维亚的耕种和定居提供了更好的机会。

低地

如果低地定义为海平面之上低于 200 米的陆地,那么在这里低地只占前南斯拉夫领土的 29%。这些低地集中在北部,从西部的卢布尔雅那(Ljubljana)盆地,经过斯洛文尼亚到东部的伏伊伏丁那。在前南斯拉夫不到 9%的领土上,这个东部平原包含了黄土覆盖的最富饶土壤,并且占前南斯拉夫适于耕种土地的 20%。但是这里周期性的水灾和仅 20 英寸
的年降雨量造成的干旱轮流更替。与其相对应,西部地区的年降雨量则 13
接近 30 英寸。该种气候给最初的斯拉夫定居者造成了类似于内布拉斯加(Nebraska)自耕农在美洲所经历的问题。在马其顿,丘陵的树木被长期砍伐,其冲刷下的泥土隔绝和阻塞了环绕瓦达河(Vardar)以前的湖泊盆地,以至于该湖泊盆地不能为南方的谷物耕种提供类似的中心。然而,以后成为南斯拉夫一个加盟共和国的北部马其顿土地足以种植棉花和烟草。

地理学家乔治·霍夫曼(George Hoffman)称之为“延伸到该地区心脏的河谷走廊”分割了高于 1 500 米的狭窄地区。河谷走廊对邻近权力中心的人们和思想意义重大,而崎岖和多变化的地貌保持了高地的隔绝和贸易保护主义。[3] 该地区的可接近性无疑已经促成多条东西分界线。地理学家选取这些东西分界线去标明地中海和中欧影响之间的文化分界线。这些分界线最南从亚得里亚海滨和希腊人的马其顿延伸到最北的萨瓦河和多瑙河(Danube)。然而,到 19 世纪晚期在该地区的大部分范围内,这两种影响是混合的而不是独立或敌对的。

河流

多瑙河为巴尔干半岛提供了现代以前到中欧的主要通道。从德国

巴登(Baden)的乌尔姆(Ulm)向南通过维也纳(Vienna)和布达佩斯(Budapest),多瑙河在此是可通航的。巨大的水道进入前南斯拉夫的东部,并成为斯洛文尼亚和伏伊伏丁那之间的边界。多瑙河汇合了德拉瓦河(Drava)和萨瓦河,对该地区而言构成了一个商业上有用的网络。从亚得里亚海或者爱琴海(the Aegean sea)没有可通航的河流流经北部。最长的是全属南斯拉夫的河流——萨瓦河,从其斯洛文尼亚源头直到贝尔格莱德(Belgrade)的中途是不可通航的。萨瓦河的四条南部支流从克罗地亚的乌纳河(Una)到分开波斯尼亚和塞尔维亚的德里纳河(Drina)也是不可用的航段。连接内陆的塞尔维亚到多瑙河的摩拉瓦河更不能承载对近代经济一体化和大城市的发展不可缺少的大宗贸易。在多瑙河出现了一个中欧政权。尽管哈布斯堡帝国到1700年时几乎推进到贝尔格莱德,但是其向南进入塞尔维亚和马其顿的政治和文化影响在19世纪之前意义并不重大。

总之,前南斯拉夫和西北欧陆地之间的地理差别不可能更加显著。
14 后者具有的肥沃低地、充足降雨和到海洋或者河流网络的便利通路,前南斯拉夫全都缺少。而没有这些,经济发展或者一体化将是困难的。

短暂的本土国家,长久的记忆

东南欧政治一体化的中世纪模式是一个结构松散的、种族模糊的王国或者帝国,而不是一个基于民族特性的中央集权国家。在近代早期英国和法国完成亨利五世(Henry V)和圣女贞德(Joan of Arc)在15世纪着手做的事情之前,这样的民族国家是不可想象的。相反,神圣罗马帝国(The Holy Roman)和拜占庭帝国(Byzantine Empires)才是这些政权,它们是最初的克罗地亚、之后的塞尔维亚,以及最后的波斯尼亚,寻求仿效甚至与之匹敌的对象。

它们的人口主要是自6世纪起向西南迁徙进入该地区的斯拉夫人的后裔——南部斯拉夫人。与西北的斯洛文尼亚人和东南的马其顿人更为松散相关的语言不同,塞尔维亚人和克罗地亚人,以及存在争议的波斯尼亚人和黑山人混杂部分,大致都说同一种语言。斯洛文尼亚人和马其顿人都不会建立中世纪的国家。对斯洛文尼亚人而言,原因是清楚的(即法兰克人的日耳曼统治);对马其顿人而言,原因则是有争议的(该问题是他们同保加利亚人及其第二帝国在多大程度上分离)。但当时这类中世纪政体的居民确实认为,在新近被接纳的基督教会中他们宗教的同一性比其短暂的民族国家更为重要。这些政权(如果加上保加利亚人的帝国是四个)宿命地重叠在马其顿和波斯尼亚-黑塞哥维那上。它们共同的波斯尼亚领土,将使大塞尔维亚和大克罗地亚这两种近代主权要求开始发生冲突。

克罗地亚

至公元 600 年,克罗地亚人部落到达了达尔马提亚的海滨城镇。他们不断向西南方向往亚得里亚海迁徙的轨迹,以及由拉丁牧师传道皈依,成为克罗地亚人最初的特征。他们作为南部斯拉夫人的到来,并且作为异教徒的到来。他们攻击少数罗马化的伊利里亚人(Illyrians)基督教居民,这些基督教居民不久即被同化。克罗地亚人皈依罗马天主教发生在下一个 300 年。在内陆,克罗地亚人处于松散的法兰克人政权的统治下;在海岸,克罗地亚人受到为古罗马和拜占庭帝国影响的一种被忽视的相互作用。拜占庭帝国当局渴望拒绝给予威尼斯(Venice)政治权威,因为这正是它自身想要重申的。于是在 910 年,拜占庭帝国当局在 15 比奥格勒(Biograd)承认首位被记载的克罗地亚统治者——托米斯拉夫(Tomislav)的政权。他们甚至容忍托米斯拉夫被罗马教皇确认为国王。罗马教皇这时已经非正式地独立于君士坦丁堡(Constantinople)的基督教会东部中心。

一个正在扩张的威尼斯沿岸帝国的进一步压力推动了以后的克罗地亚国王们与北方正在发展的匈牙利王国(Hungarian kingdom)保持密切协作。实际上,威尼斯人对伊斯特拉半岛(Istrian peninsula)和达尔马提亚海岸的大部地区的统治,断断续续地从如此早的时期一直持续到 18 世纪。在 11 世纪末,伴随着向腹地的不断扩展,克罗地亚国家发现其占统治地位的封建贵族不能产生一位王位继承人。1102 年,匈牙利国王根据一个联合协定——《联盟条约》(*Pacta conventa*)接受了克罗地亚王位。从而开始了克罗地亚在匈牙利王国内独立的、但是不平等的存在。匈牙利王国最终在1918年终结。在那个时期的大多数时间，克罗地亚贵族在克罗地亚本土保持了他们的头衔、议会(Sabor)和乡村权力机构。但是在近代被占有的斯拉沃尼亚(Slavonia)，其权力属于匈牙利人所有；而在波斯尼亚，其权力则属于一系列的其他政权所有，最早的是始于1167年的拜占庭帝国统治。

在其最广阔的11世纪边界内，一个大克罗地亚国家的复辟从19世纪前就已吸引了许多拥护者。这个大克罗地亚国家包括达尔马提亚、伊斯特拉半岛、斯拉沃尼亚，甚至波斯尼亚-黑塞哥维那和克罗地亚本土。甚至在同匈牙利签订1102年协定之后，克罗地亚本土继续作为一个独立的政治实体存在。但是克罗地亚本土和其他四块领地都没能成功根据自己的主张创建国家。匈牙利人、威尼斯人、土耳其人和最终的哈布斯堡帝国阻碍了其道路。

宗教分歧也阻碍了一个更为统一的克罗地亚的道路。内陆农民根据一套礼拜仪式和斯拉夫语字母表(格拉哥里字母表)在本国牧师主持下皈依了基督教。这些牧师是已婚的、像东正教的教士那样蓄着长发，并且他们不懂拉丁语。初期在为控制达尔马提亚海岸而同君士坦丁堡的斗争中，罗马不得不接受这样的牧师作为一种政治让步。到10世纪，教皇当局试图把这种礼拜仪式限制于克罗地亚，并且压制补充任何更加本土化的牧师。他们的主要克罗地亚同盟者是贵族阶层，特别是来自已经完全纳入罗马天主教轨道的海岸城市的贵族阶层。

在克罗地亚的教士们中继续着关于使用拉丁语与使用基于斯拉夫语的格拉哥里字母表的斗争。这超越了1054年罗马同君士坦丁堡的正式决裂，甚至超越了1102年克罗地亚并入匈牙利。按照A. P. 弗拉斯托(A. P. Vlasto)的权威性研究，对克罗地亚的斯拉夫语和教会而
16 言，这标志着一个低点。[4]然而，在若干个海岸主教管区，克罗地亚的斯拉夫语和教会的复兴持续了几个世纪。14至16世纪，格拉哥里字母

表作为一种世俗文字用于克罗地亚文学创作中。但是对贵族阶层和更高等级的教士而言,从 12 世纪开始,在教皇统治集团的戒律统治下,克罗地亚成为一个罗马天主教的管辖区。像我们将看到的那样,在近代,只有一直在本地根深蒂固的天主教方济各修会(Franciscan order)幸存着,并能够去挑战那个统治集团。

塞尔维亚

中世纪的塞尔维亚国比克罗地亚王国保持其完全独立的时间更长,并且面临较少的宗教分歧。塞尔维亚在建立国家方面的更伟大经验被其特有的自治或独立的东正教会所支持。这种更伟大经验没有像其统治者渴望的那样产生一个中央集权的政权,也没有像一个大塞尔维亚的 19 世纪模式设想的那样,即种族上的塞尔维亚人成为一个国家。事实上,塞尔维亚的中世纪统治者没有种族合并或清洗的想法,他们奉行一项帝国扩张政策,并最初赢得但随后又失去了一块极其广大以至于不可能为中央所控制的领地。

他们在 7 世纪到达之后,德里纳河和伊巴尔河(Ibar)之间主要的南部斯拉夫人(逐渐成为塞尔维亚人)定居点最初似乎太远离亚得里亚海或爱琴海,以至于不能滋生帝国野心,或者获得接触基督教的机会。由于那里有家畜的冬季牧场和贸易前景,父权制的塞尔维亚人部族最终被吸引到亚得里亚海。到 10 世纪时,拜占庭帝国和保加利亚的综合影响已经使他们转变信仰,从受亚得里亚海和天主教的影响转到信奉东正教。此后,几个当地的塞尔维亚人部族首领或扎潘克(župani)利用海岸联系经由其在泽塔(Zeta)(大约是近代黑山)的基地去挑战那里正在衰弱的拜占庭帝国权威。一个名叫内马尼亚(Nemanja)的祖潘/扎潘克(župan)来自拉什卡(Raška)(今天的科索沃)的邻近地区。尽管拜占庭帝国进行了一系列羞辱,但是内马尼亚稍后在 1180 年成功建立了一个独立国家。他迅速兼并了泽塔,并且在科托尔海湾(Bay of Kotor)和杜布罗夫尼克(Dubrovoik)那边取得一个海岸据点。内马尼亚的一个儿子斯蒂芬(Stefan)在 1217 年成为"第一个加冕"的塞尔维亚国王。

在罗马教皇当局的控制之下,斯蒂芬答应努力独立于君士坦丁堡。

维迪奇的另一个儿子以后被宣布为圣徒圣·萨瓦(St. Sava)。圣·萨瓦进一步利用拜占庭帝国的衰弱,在1219年建立了一个独立的塞尔维亚教会。它通过将存在下去的西里尔字母(Cyrillic alphabet)和斯拉夫人圣餐仪式去遵守东正教的仪式程序。这个独立的教会被君士坦丁堡承认。它采用拜占庭帝国的原则,即教会和政府应当共同运转,去制定公
17 共政策。在近两个世纪里,在这两个兄弟显然已经合并了教会和政府之后,这个塞尔维亚人的国家幸存下来。然而在近两个世纪里,教会领导人花费精力于赢得国王对独立修道院的支持上,像维迪奇最初的斯图德尼察(Studenica)修道院。斯图德尼察修道院模仿更加独立的阿陀斯山修道院(Mount Athos),即希腊北部的著名半岛修道院。教会领导人没有迫使塞尔维亚人的国家中断与天主教世界的联系,或者逼迫罗马基督徒改变信仰。直到14世纪中叶,他们甚至允许天主教的神父传道使人改宗。[5]

该塞尔维亚人国家的后来统治者们寻求仿效和挑战拜占庭帝国。但是他们允许成为封建领主的部族首领们保留更多权威。尽管他们的领地分散且最初并不牢固地控制着有很大自由度的农民阶级,但是这些贵族成功否认了他们的统治者具有拜占庭帝国皇帝特色的中央军事权威。贵族们仍然迫切要求进一步侵入在马其顿那边的拜占庭帝国领土。他们的帝国野心使最著名的塞尔维亚人统治者杜尚(Dušan)在1331年即位,代替了那位犹豫的前任。

通过在地方冲突中偏袒和接受被征服地区中的大量非塞尔维亚人,杜尚使塞尔维亚的领土面积加倍,远达南部希腊(见地图1.2)。这些非塞尔维亚人包括马其顿人、保加利亚人,或仍然不确定和有争议的希腊人。1346年杜尚在斯科普里(Skopje)被加冕为塞尔维亚人和罗马人(读成希腊人)的沙皇或是皇帝。为了专心于向君士坦丁堡扩张其帝国,杜尚放弃了进一步扩展领土到波斯尼亚的塞尔维亚人聚居区,并且他卖给杜勃罗文克几块沿海土地。1355年,在对抗拜占庭帝国的另一次战役期间,杜尚大公去世了。

杜尚留下的被褒奖的法典大量吸收了拜占庭帝国的惯例判例。其

地图 1.2　中世纪的克罗地亚、塞尔维亚和波斯尼亚国家

民法条款强调地方而不是中央的权威。这部法典更多涉及塞尔维亚的东正教的独有宗教权利,这是它最前面的38个条款的主题。

当1389年奥斯曼土耳其帝国的军队在科索沃遭遇塞尔维亚军队联盟时,杜尚的软弱的继承人们在南方丢掉了他们的许多领土,并且在北方正与贵族的叛乱作斗争。作为一次将被复仇的失败而庄严地载入塞尔维亚口头史诗的战役,这次战役更接近于一个平局。然而塞尔维亚国家抵抗奥斯曼帝国进攻的能力从未真正恢复。在1425年一次对波斯尼亚的突袭中,塞尔维亚军队暂时夺取了斯雷布雷尼察(Srebrenica)及其有价值的银矿。在其他方面,直到1429年,这个国家及其首都继续向北退到贝尔格莱德,然后沿着多瑙河退到斯梅代雷沃(Smederevo),直到最终的突然打击,在1459年终结了这个中世纪的塞尔维亚人国家。[6]

18 波斯尼亚

一个波斯尼亚人的国家曾在这些中世纪的克罗地亚人和塞尔维亚人的帝国之间建立,且在两个帝国消亡之后还存活了一小段时间,在支持民族自决的历史记忆中它更少被颂扬。它的宗教特性仍然不太分明,以至于不能支持这种主张,即其大多数人口自觉地认为要么是克罗地亚人,要么是塞尔维亚人。进一步把种族认同的水搅混的是,在奥斯曼帝国的征服摧毁波斯尼亚人的国家之后,其相当大一部分无可非议的南部斯拉夫居民皈依了伊斯兰教。

这个波斯尼亚人的国家存在的时间,足以帮助打破连接该地区和克罗地亚人或者塞尔维亚人国家的联系。且后两国的任何一个都没有
19 大力追求这种联系。在12世纪,波斯尼亚赢得了政治独立,并且稍后兼并了黑塞哥维那。在唯一的总督(Ban)库林(Kulin)的统治下,这个波斯尼亚国家松散地组成。它拒绝了拜占庭帝国和匈牙利的霸主地位。一批朝廷官员和一个国库出现,并且一个贵族议会(stanak)定期召集。它们的社会起源与巴尔干的斯拉夫人、塞尔维亚人和克罗地亚人中的地方部族领导人的模式相吻合。特拉扬·斯托亚诺维奇(Traian Stoianovich)把这些地方部族领导人称做"扎潘克",他们控制了本来可自由行事的农民们拥有的低地共有地或优等高地牧场。[7]他们含糊的种族起源很可能是克罗地亚人而不是塞尔维亚人,但这些新的统治精英自认为是一个独立的波斯尼亚实体。

这个独立的波斯尼亚国家断断续续地幸存到15世纪中叶。该国在1326年增加了黑塞哥维那的大部分并且继续与匈牙利人的进攻作斗争,直到被奥斯曼帝国征服。在总督特夫尔特科(Tvrtko)的统治下,它的势力达到其顶点。1369年他从匈牙利的统治下重建独立,1377年加冕自己为塞尔维亚和波斯尼亚的国王,并于1382年开始在科托尔湾建设一个适应亚得里亚海航运的港口。这个到达亚得

里亚海的经济纽带支持了这个波斯尼亚国家的兴起。当地的商人和城镇不久联合了杜勃罗文克和其他达尔马提亚港口，去同波斯尼亚的矿山交换银、金、铜和铁这些在南欧其他地方都未被发现的贵金属。波斯尼亚的蜡、羊毛和奴隶也被交换成盐和地中海的制成品。得自这项贸易的海关税收和杜勃罗文克应支付的费用部分地资助了波斯尼亚宫廷。

波斯尼亚的统治者仍然领导着一个支离破碎和孤立的政权，因此也没有反对这里被称为鲍格米勒派(Bogomilism)摩尼教的(Manichean)异端邪说。到13世纪时，鲍格米勒派从保加利亚传播到波斯尼亚、黑塞哥维那和达尔马提亚，这是一种信仰撒旦和上帝的二元论信仰。教皇当局很快就试图消灭它，以“异端”为借口，以便对名义上信仰天主教的波斯尼亚教会建立地方控制。1240年，多明我会修士(Dominicans)被派出，1340年，方济各会修士被派出；最后在15世纪中叶，匈牙利人发动的一次坚决打击迫使正在衰弱的波斯尼亚国家屈服。该运动要根除异端，并且使波斯尼亚教会处于罗马的教阶制度控制下。波斯尼亚教会领导人不得不放弃信仰或移居到黑塞哥维那。强大的匈牙利王国重申其宗主权，并且取消向奥斯曼帝国缴纳贡品。一支奥斯曼帝国军队在1463年迅速征服了波斯尼亚，并且在1483年征服了黑塞哥维那。

按照近来的研究，在该结局中比异端更重要的是波斯尼亚教会和政府这种被打碎的孤立。小约翰·法依恩(John V. A. Fine, Jr.)研究 20
确认，鲍格米勒派教士只是一个独身的“完美主义者”的小团体，可能少于100人。他们在若干修道院中使其自身脱离于所有尘世的腐败。较少孤立的修道院构成了独立的波斯尼亚教会的骨干。这些修道院培训乡村牧师并且使用格拉哥里(Glagolitic)礼拜仪式。虽然这些牧师经常不是鲍格米勒派的，但是他们都不依赖教阶制度或教皇的权威。在1250年被派去的最后一位遵从罗马天主教的主教被迫撤回。[8]波斯尼亚教会据称容许牧师结婚，并且其宗教仪式混合许多东正教的惯例。这是可以理解的。东正教的贵族和教士在东部的波斯尼亚和黑塞哥维那仍然居支配地位，而方济各会修士开始赢得西部的天主教皈依者。但是这三个教会有限的僧侣基础有助于解释为什么波斯尼亚政府完全宽容它们，并且没有像杜尚大公时期的塞尔维亚那样，赋予一个教会以国教的特权。

人口的低密度(可能每平方公里不足 10 人)有助于限制总督的权威和波斯尼亚国家的幸存能力。波斯尼亚少量而分散的人口是中世纪克罗地亚和塞尔维亚国家也具有的一个弱点。这也激起了稍后关于种族边界的历史所有权的争论。但是面对奥斯曼帝国的有序进犯，其统治者无力指定其继承人或驱逐那些蔑视他的贵族，这成为波斯尼亚国家的一个特殊的并且无疑是致命的弱点。

奥斯曼帝国统治的多样性

在 1453 年征服君士坦丁堡之后仅仅 10 年，奥斯曼帝国就开始了对波斯尼亚的占领。君士坦丁堡此时为奥斯曼帝国的首都，比任何欧洲城市都大，并且继承了拜占庭帝国中央集权官僚政治的长期传统。土耳其苏丹的参谋部或奥斯曼帝国政府(Porte)驻扎在那里，君士坦丁堡成为连接前线军队和日益官僚化的军事占领体制的中心。该军事占领体制适于中东和东南欧的新征服领土。[9]

土耳其人成功地强加了一个土地占有制、征税和本地宗教权利方面的中央集权政权，实际上该政权近似中世纪的南部斯拉夫国家未能建立起来的、可信赖的地方政府。苏丹的骑兵军官或西帕希(sipahi)分配到数量不等的农业土地，代表苏丹进行管理。这些农业土地被称为“蒂马尔”(Timar)。[①] 蒂马尔来自被认为是苏丹个人财产的新征服土
21 地。军官们将在这些土地上适度自立，并向当地农民征收什一税(tithe)，去为君士坦丁堡、其他城镇或部分苏丹军队供应必需品。什一税最初是收成的八分之一加上一种家畜税。这些蒂马尔土地和等级是不可继承的。贡童(devsirme)制度，即强迫征募年轻男孩(不是后来传

---

① 在奥斯曼帝国，苏丹为补偿服役而赐予个人的土地或收入。——译者注

说中的婴儿)为新兵并且皈依伊斯兰教,使南部斯拉夫人进入军官团。适用于若干非伊斯兰教宗教团体(天主教徒被排除在外)的米勒特(millet)[①]组织,授权本地的东正教(和犹太人)教士去管理其教众的地方宗教和内部法律事务。如果不涉及穆斯林,他们甚至还管理司法。只要高于一切的奥斯曼帝国权威不被挑战,民族宗教的特性就能够在地方一级保持。更特别的是,塞尔维亚东正教会获得地方当局的权利,而它们本土的帝国则从未授予这种权利。此后直到19世纪,教会的政治势力都未遭遇本土国家的抗争。

在苏莱曼大帝(Suleiman the Magnificent)(1520—1566年在位)统治时期之后的年代里,中央权威削弱了,奥斯曼帝国政权也丧失其某些统一性。土地最终成为世袭的,征税更加厉害,而地方精英、叛乱的军官和苏丹的忠实代表争夺控制权。

奥斯曼帝国权威的不断削弱促成之后南斯拉夫的四块领土——马其顿、波斯尼亚-黑塞哥维那、塞尔维亚和黑山之间的显著差别。直到19世纪,这些领地仍然在奥斯曼帝国的控制之下。它们在奥斯曼帝国的商业和行政框架内的完全差异,阻止了南斯拉夫共同政治传统的创立。

马其顿

到中世纪晚期,在1945年以后的南斯拉夫共和国的边界内或直至皮林山脉以远和爱琴海沿岸的马其顿地区,都不存在延缓奥斯曼帝国征服的马其顿人的国家。在1371年马里查河(Maritsa)战役之后,在所有马其顿领土内,不论日益希腊化的拜占庭帝国还是保加利亚人和塞尔维亚人的国家,都交替地发觉自身不能阻止它们很快被兼并为奥斯曼帝国的一个省。在任何一块将来的南斯拉夫领土中,马其顿的中世纪种族构成是最有争议的。不存在可信赖的消息来源去确定将来共和国领土上可能占多数的南部斯拉夫人在人种上是否是马其顿人、保

---

① 奥斯曼帝国以米勒特称享有自治权的宗教团体。——译者注

加利亚人或塞尔维亚人，或去确定希腊的少数民族在这个古希腊马其顿省的内陆核心地带的数量和影响是怎样的。两个特征似乎更加确
22 凿：这个地域连同北部希腊和西部保加利亚构成拜占庭和奥斯曼帝国所属马其顿地区的区域均在奥斯曼帝国征服之后，该地区吸引了相当多的土耳其农民移入未来的南斯拉夫土地。

奥斯曼帝国政权已经建立由苏丹的骑兵军官管理的国有土地蒂马尔制度。到16世纪时，在马其顿的低地村庄中，这些军官坚决地维持现状。但是在进一步向北和向西推进的战役期间，许多农民抛弃了那些低地村庄。这些战役使得奥斯曼帝国军队来回调动穿过马其顿。因为周围丘陵的侵蚀，马其顿的低地土壤缺乏氮。为了让人们重新移居这些村庄，奥斯曼帝国当局鼓励原本安纳托利亚(Anatolian)的农民以及更多弗拉其族(Vlach)牧人和家畜商人移居。弗拉其人(Tsintsar Vlachs)在北部希腊的穆斯库波尔(Moskopol)建立了持续到18世纪晚期的贸易中心。弗拉其人说一种同罗马尼亚语有关联的语言。穆斯林和一些信奉基督教的移民第一次将斯科普里改变成一个贸易中心。

同爱琴海的萨洛尼卡(Salonika)港口的进一步商业联系几乎没有使马其顿乡村现代化。与奥斯曼帝国巴尔干半岛的其他地方相比，根据更具剥削性的协议(要求所有收获物的一半)，可继承的低地村庄的私人土地(称为 chiftlik)被集中起来。近来的研究表明，这些私人土地的拥有者似乎是奥斯曼帝国骑兵或步兵中的土耳其人或阿尔巴尼亚人(Albanian)军官，而不是对资本主义需求作出反应的、来自萨洛尼卡的地方商人。这些军官利用奥斯曼帝国政府不断削弱的政治权威攫取了以前的蒂马尔地产，并将其当做自己的财产。[10]这些通常不足50英亩的小块土地出产了用于走私出口的少量谷物或棉花。这些村庄的农民经常逃亡到附近的丘陵或更遥远的城镇。这些地方军阀彼此之间的斗争和同奥斯曼帝国中央当局的斗争构成了瓦达马其顿(Vardar Macedonia)早期的政治史。瓦达马其顿最终并入南斯拉夫。这种斗争使瓦达马其顿成为南部斯拉夫人领地中最混乱的领地，同时成为最少受到本地参与或非奥斯曼帝国影响的领地。

波斯尼亚-黑塞哥维那

奥斯曼帝国使波斯尼亚-黑塞哥维那成为其在南部斯拉夫人土地上最远的西部前哨。从一开始反对其主要的欧洲对手——哈布斯堡帝国,奥斯曼帝国就在这个地区构建防御工事。区别于塞尔维亚和黑山的信仰东正教的大部分塞尔维亚族居民,波斯尼亚的塞尔维 23
亚人和逐渐与他们同化的高地瓦拉几人最初得益于奥斯曼帝国为了使边界更安全而授予的特许权。一些克罗地亚人也是这样,特别是沿着西部或北部边界被授予蒂马尔特许权的那些人。另外,方济各修会被准许继续对波斯尼亚的克罗地亚族居民提供牧师服务,从而得到米勒特地位的等价物。这种米勒特特权被拒绝给予帝国其他地方的罗马天主教会。

皈依伊斯兰教的大量波斯尼亚斯拉夫人成为奥斯曼帝国体制的屏障。关于皈依和更换信仰的那些人的争论,已经足以促成理应得到更多关注的波斯尼亚 20 世纪大屠杀。这种古老的假定必然受到质疑,即只有鲍格米勒派异端的信徒皈依了伊斯兰教。像我们已经看到的那样,这些人太少了。在 15 世纪以前的波斯尼亚国家中,独立的、更大的波斯尼亚教会之间的松散联系或许覆盖了大致 50 万人的五分之一。到 16 世纪中叶时,伴随着奥斯曼帝国的征服,一个很大程度上非强迫的皈依进程已经改变了其总人口的五分之二。虽然只有少量的东正教徒,但是确实包括波斯尼亚教会以前的一些成员。更值得注目的是,在 15 和 16 世纪,宗教特性在相当大的程度上决定了种族特性。普遍的皈依引起怀疑,即,大多数波斯尼亚居民的身份是自称的克罗地亚人还是塞尔维亚人。然而,在奥斯曼帝国征服之后,那些明显的特性没有长期出现。

是什么吸引南部斯拉夫人皈依伊斯兰教?它是什么派别的伊斯兰教?我们千万不要把奥斯曼帝国的主流逊尼派教徒(Sunni)和好战的原教旨主义者什叶派教徒(Shiites)弄混淆。在 17 世纪以前,奥斯曼帝国的逊尼派框架并不强调宗教惯例和教规。虽然奥斯曼帝国当局登记的直接证据尚待研究，但是，从更长远来看，通过贡童制度或奴隶皈依(他们能够从而获得自由)来征募新兵，似乎已是非常重要的。从短期看，在16世纪期间，穆斯林从城市环境中得到的合法权利在范围和水平上不断增长，这使得皈依有利可图。[11] 无论在奥斯曼帝国的征服前后，对压倒性的农村人口而言，这样的权利和税收特惠几乎没有吸引少数幸存的贵族，但是吸引了高地村庄的更多塞尔维亚人和瓦拉几人的首领们，这些高地村庄的生活方式已经采纳了放牧家畜和季节性当兵的“瓦拉几人模式”。对这些皈依的村庄而言，奥斯曼帝国政府有一种特别的作用。这些村庄的所有人被叫做“瓦拉几人”，从而为以后的一
24 些克罗地亚学者提供了根据。这些学者声称塞尔维亚之外的“塞尔维亚人”都是瓦拉几人的后代。奥斯曼帝国因为只能得到有限的帝国军队去守卫其边境，为了对抗威尼斯(Venice)和哈布斯堡帝国的有组织的军事威胁，政府采纳其对于的制度，即用地方军队驻防要塞。这种制度迅速传遍波斯尼亚，吸引了那些符合条件成为军队领导人的皈依者，特别是能迫使其村庄转变信仰的人。

这些军队小头目大多数经常是奥斯曼帝国管理农业土地和征税的被指派者。到17世纪时，应其自身要求，他们开始把更高的负担主要强加于塞尔维亚族新移民身上。在奥斯曼帝国征服塞尔维亚之后，这些新移民的数量已经大大增长。当17世纪末叶哈布斯堡王朝的持久挺进迫使波斯尼亚人和其他穆斯林精英退回波斯尼亚时，对未改信伊斯兰教的塞尔维亚族农民的收获物的征税反而增加。这些塞尔维亚族农民被称为农奴(kmet)。在苏莱曼大帝统治下，波斯尼亚人和其他穆斯林精英已经加入皇帝的队伍进入匈牙利。

从1699年直到1878年哈布斯堡王朝占领甚至之后，奥斯曼帝国的波斯尼亚边界将不会再改变。但是在高地和通常荒凉的乡村，塞尔维亚人(或克罗地亚人)和穆斯林之间对抗的种子已经被种下。同时，三方——算上数量不断增长的西班牙裔犹太人(Sephardic Jews)就是四方——迁就融合的过程已在萨拉热窝和其他城镇进行。把斯拉夫人持久地排除在城市生活之外，成为巴尔干半岛其他地方的奥斯曼帝国

政权的一个主要负担。该现象没有在波斯尼亚持续下去。在其 16 世纪的惊人扩张期间,萨拉热窝的居民已经几乎全是波斯尼亚穆斯林。其后,这个城市容纳塞尔维亚族商人、更少量的克罗地亚人和西班牙裔犹太人。处理政府和贸易的事务用当地的南部斯拉夫语,这种方言是塞尔维亚-克罗地亚语(Serbo-Croatian)的先驱。本土原生的伊斯兰教神秘主义比克特西教团(bektashi)①规程惯例也可能促成了宗教传统的重叠和借用,这些规程惯例的九个基本点完全混合了基督教和伊斯兰教的教义。[12] 20 世纪人类学家们正过于自信地颂扬着这些融合,而塞尔维亚或克罗地亚的民族主义者们则可利用这种重叠去论证波斯尼亚穆斯林最初是塞尔维亚人或克罗地亚人。

作为塞尔维亚的科索沃

奥斯曼帝国统治没有使仍然以科索沃为中心的塞尔维亚隶属于波斯尼亚人的复杂混合体,这种混合体具有融合和压迫的特征。奥斯曼 25
帝国的长期征服从 1389 年科索沃战役延续到 1459 年多瑙河上的斯梅代雷沃的陷落。奥斯曼帝国的征服促使塞尔维亚人移民到斯拉沃尼亚和黑山,或移民到波斯尼亚和黑塞哥维那。他们遗留在科索沃的分散的低地空地最终吸引了阿尔巴尼亚人移居。然而,被森林所覆盖的塞尔维亚腹地彻底阻碍了许多土耳其人的定居,或者阻碍了超出贝尔格莱德、超出那些设防的城镇,以及周围地带的广大的蒂马尔土地网。基于同样理由,在那些城镇中塞尔维亚人的存在是最低限度的。但是他们的地方领导人在乡村从一开始就保持其权威,他们是从村庄的扩展家庭群体(zadruga)②中选出的。

塞尔维亚族人口同中世纪晚期波斯尼亚和马其顿的 50 万总人口一样少。然而在奥斯曼帝国任何一个臣服的民族中,塞尔维亚人承载着丧失国家地位的最强烈的直接记忆。对他们的统治现实而言,最后

---

① 土耳其伊斯兰教托钵教团,16 世纪正式成立。——译者注

② 下文音译为"扎德鲁加"。

的塞尔维亚族政权过度剥削其农民从而引发了这种民间记忆。奥斯曼帝国政权提供了这种社会结构。伴随着塞尔维亚东正教会恢复独立权威，村庄自治政权和扎德鲁加的权利增长了。米勒特制度给予其法律和宗教上的权力。而且颂扬自圣·萨瓦以来教会的圣徒们就等于颂扬中世纪的塞尔维亚，这样使东正教米勒特成为近代早期塞尔维亚人苦心经营的种族特性的一个主要来源。

一个名叫穆罕默德·索科利(Mehmed Sokoli)的波斯尼亚塞尔维亚人发迹于贡童选拔，经由军官团成为苏丹的大维齐尔(grand vizier)。1557 年他在科索沃事实上已经恢复了佩奇(Pec)总主教的职权，并且任命其兄弟为第一任总主教(Patriarch)。然而这个让步也符合奥斯曼帝国的总趋势，即接受特别协议去保护其边境。直到 1766 年，佩奇的 41 个主教教区仍然在塞尔维亚人的控制下。1766 年，总主教同俄罗斯的调情促使奥斯曼帝国政府把这些教区让渡给可信任的东正教教士。然而在这期间，东部波斯尼亚的塞尔维亚族主教区已经促进了一种显然是塞尔维亚人的东正教的、具有种族-宗教特征的传播，这种特征在奥斯曼帝国之前的波斯尼亚并不显著。[13]

对一种塞尔维亚人的独立特征而言，塞满这个奥斯曼帝国框架的是历史记忆的两个特别来源：塞尔维亚人的民间史诗通过口口相传在一个村庄一个村庄、一代代地传继。对文学史家而言，这些口头诗句像其芬兰的对应史诗一样著名。在奥斯曼帝国征服之后，这些口头诗句被吟唱，去哀悼 1389 年失败的科索沃战役，并且颂扬过去的本国统治者们。七个原创诗句专集以悲剧的战役和神话的历史人物为主题。[14]

26 塞尔维亚人的历史记忆也将集中于 1690 年的大迁移，即从科索沃迁移到哈布斯堡王朝新赢得的、位于萨瓦河和多瑙河北部的伏伊伏丁那。在塞尔维亚族居民已经支持了一次哈布斯堡王朝的入侵之后，由于恐惧奥斯曼帝国的报复，在总主教的带领下，这次大规模迁移至少有 4 万名村民跟随。当哈布斯堡王朝的那次进攻以及 1718—1739 年的又一次进攻没有有效保护塞尔维亚时，很多塞尔维亚当地居民头脑简单地越河撤退到哈布斯堡王朝在伏伊伏丁那的边境地区。这个新边境及其塞尔维亚人的定居点为希望离开奥斯曼帝国领土的其他人提供了一个避难所,并且为塞尔维亚人的东正教统治集团提供了另一个基地。这是1766年他们被夺走在佩奇的主教区之后留下的唯一基地。也许更重要的是,这次迁移本身的艰难和英勇,使科索沃作为人们应当返回的一个地区添加到塞尔维亚人的历史记忆中。

同时在科索沃,尽管到16世纪时阿尔巴尼亚族天主教徒(逐步成为穆斯林)的存在自西部不断发展起来,但是更大的东部地区仍然以东正教徒或塞尔维亚人为人口主体。奥斯曼帝国对阿尔巴尼亚人迁移的最初鼓励恰恰在1690年塞尔维亚人大批离去之后。科索沃曾拥有被珍视的银矿,但作为一个衰退的小城市经济体,科索沃现在变得少有吸引力了。然而高地阿尔巴尼亚人的畜牧业者们继续进行更大规模的迁移,这将使他们到18世纪末成为科索沃人口的大多数。随后的争论围绕着同样令人质疑的阿尔巴尼亚人和塞尔维亚人的主张打转。阿尔巴尼亚人宣称其最初在科索沃就占多数,而塞尔维亚人宣称在奥斯曼帝国的压力下阿尔巴尼亚人为了宗教和政治原因而进入科索沃之前,在科索沃实际上没有阿尔巴尼亚人的存在。[15]

黑山

直至19世纪,移民活动并没有极大影响到黑山的历史,这在未来南斯拉夫的领地里是唯一的。黑山多山的隔绝状态阻碍了通向狭窄海岸线的永久或平缓的通道,而其土地太贫瘠以至于不能养活大量家畜。当地资源最多只能提供全年所需三分之二的食物供给,这使盗贼行为对生存而言几乎是必需的。人数虽少但凶猛好战的居民的抵抗使1499年奥斯曼帝国迟来的征服始终不够彻底。类似生活在苏格兰高地的人们,这些高地部族抵抗外国入侵并且加强其自身统治。这些部族很可能总计在10万人以下,他们肯定是东正教徒并且大概是塞尔维亚人的血统。黑山是最初内马尼亚王朝泽塔省的一部分。在1389年科索沃战役之后,塞尔维亚人的国家被迫转向北面发展,这个省遂从中分出,开始名为“黑山”。奥斯曼帝国当局从未试图把蒂马尔土地所有 27

制应用于黑山。他们改为依靠当地的部族领袖去征收一种人头税，这是唯一被要求的税收。

从1516年，东正教会的主教们作为黑山统治者出现。他们从塞尔维亚族统治集团被分离出去。他们的暂时权力在理论上超过其塞尔维亚族的东正教会主教。但是他们实际上控制了多少扩大的、装备精良的家族武装是令人怀疑的。

在1696年之前，从丹尼洛(Danilo)开始，来自涅戈什山(Njegoš)部族的主教们建立了一套作为宗教统治者的连续继承程序。可能是遵循阻力最小原则，他们追求对外联盟而不是内部统一。同俄罗斯东正教会的宗教联系可以追溯到16世纪。1716年丹尼洛主教对莫斯科的访问榨取了一笔俄国津贴，这笔津贴一直领取到1767年那次喜剧歌剧式的混乱。当时一名当地的冒名顶替者宣称是俄罗斯沙皇小斯特凡(Stefan thc Small)，但不久即被揭穿。主教们于是转向哈布斯堡王朝君主政体寻求外部支持，并且依靠其自身军队击退了奥斯曼帝国对黑山发动的最后一次袭击。这次袭击开始于1785年，意味深长的(对将来的种族关系而言)是，一位阿尔巴尼亚族的帕夏(*pasha*)[①]及其由邻近阿尔巴尼亚人组成的军队领导了这次袭击。到1796年这次袭击最后被挫败时，黑山已经转回到俄罗斯寻求外部支持。

黑山在19世纪欧洲外交中发挥的不相称的重要作用，其根源就在于享有虽然是有限的决定外交关系的自由。奥斯曼帝国从未把这样的权利让予它的其他领地。黑山长期存在的国际身份在第一南斯拉夫的形成中的价值比独立公国统治者们希望的少得多。而其高地亡命徒传统则有助于在第二南斯拉夫的形成中给予黑山共产党游击队员们一个主要角色。

哈布斯堡王朝统治的多样性

对这些巴尔干边陲国家而言，中欧主要由哈布斯堡帝国组成。到

① 旧时奥斯曼帝国和北非高级文武官的称号，置于姓名后。——译者注

19 世纪为止，作为神圣罗马帝国及其日耳曼领地的继承人，严格意义上哈布斯堡王朝被称为一个帝国。维也纳的哈布斯堡宫廷和行政机关将沿着通往 18 世纪开明专制主义(诠释为独裁的官僚主义)这条道路，更关注保护其北部边境防止普鲁士人的进攻，而较少在意在南部边境强加一个统一政权。1529 年，奥斯曼帝国对维也纳的首次进攻及围城失败，把帝国的奥地利中心与不断退却的匈牙利贵族及其再夺回失去 28
王国的决心连接在一起。1683 年之后，哈布斯堡王朝击退奥斯曼帝国对维也纳的第二次进攻。这允许哈布斯堡王朝重新占领这些失去的土地，包括斯拉沃尼亚和伏伊伏丁那。在那很久以前，哈布斯堡帝国在奥斯曼帝国的波斯尼亚-黑塞哥维那的克罗地亚一边已经建立了一个广阔的军事边界(*vojna krajina*)。在 18 世纪期间，哈布斯堡王朝将边界扩张到西北和南部的斯拉沃尼亚，以及伏伊伏丁那。所有三个边界政权对维也纳都负有义务，但是它们各不相同，与克罗地亚(现在从斯拉沃尼亚分离)的哈布斯堡王朝文官行政机关和一个类似进行体制再分的斯洛文尼亚(见地图 1.3)也不同。因此，通过官僚政治的统一(开明专制主义的本质)而取得进步的压力，与奥斯曼帝国政权将其巴尔干各省连在一起的方式相比，也没有更多地把哈布斯堡王朝的边陲连接在一起。只有到了 19 世纪，这种中央集权压力才施加于该边界的两边。

这里的各类哈布斯堡王朝政权没有强行将基督教信仰的实践 29
统一为罗马天主教，鉴于维也纳致力于针对新教各教派的反改革运动(Counter-Reformation)的承诺，以及给予参加十字军东征的耶稣会(Jesuit order)①的显赫地位，这似乎令人惊讶。[16]然而在南部，在奥斯曼帝国进攻威胁持续存在的地方，皇帝已经把军事边界区和全部伏伊伏丁那的特许权授予塞尔维亚人、其他东正教的基督徒，甚至非本地的新教徒。在哈布斯堡王朝南部边界的唯一本地的新教徒运动在斯洛文尼亚已经被残酷镇压。

① 1534 年由西班牙人依纳爵・罗耀拉在巴黎创立的天主教修会。——译者注

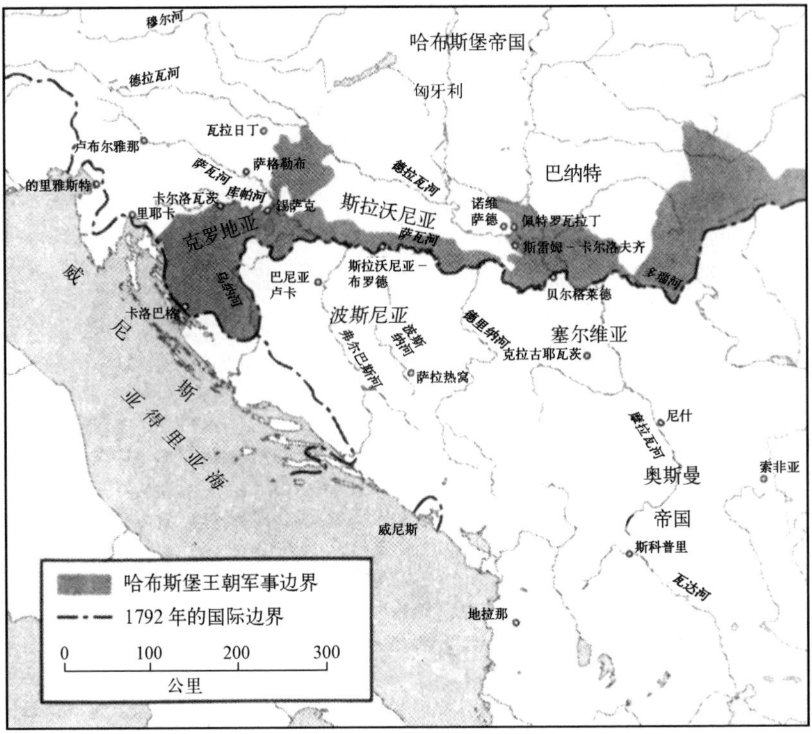

地图 1.3　1780 年的哈布斯堡王朝军事边界

哈布斯堡王朝统治下的斯洛文尼亚人

在 6 世纪晚期，斯洛文尼亚人的祖先初次来到他们的阿尔卑斯小型防御据点区域。他们已经说一种独立的南部斯拉夫语言，这种语言把他们和塞尔维亚人或克罗地亚人区别开来。他们的位置接近中欧法兰克人(Franks)[①]的日耳曼王国(Frankish German realms)，这造成另一个差别。在 8 世纪他们皈依基督教之后不到 100 年，斯洛文尼亚人对法兰克人的封建领主丧失了政治独立。日耳曼移民直接涌入平原和山谷地区，促使斯洛文尼亚人进入广大的高地。在任何本土的政治体

① 公元初莱茵地区的一支日耳曼部落的成员，尤指法兰克撒利克人的一支，他们于公元 500 年左右征服了高卢，并建立了辽阔的帝国，在 9 世纪达到鼎盛时期。——译者注

系再度出现之前,哈布斯堡王朝的统治者们继法兰克人出任神圣罗马帝国的皇帝。与其他任何未来的南斯拉夫领地相比,他们把近代斯洛文尼亚的若干部分更紧密地并入其行政框架。

由于哈布斯堡王朝的安全、可靠的斯洛文尼亚人地区没有奥斯曼帝国任何严重的威胁,这个有利条件给予维也纳政权更为放手处理的权力去应付 16 世纪早期出现的相当规模的新教运动。马丁·路德(Luther)①的教义最初在城镇,然后在乡村吸引了斯洛文尼亚人和日耳曼人追随者。他们公开反对天主教统治集团的既定权威。狂热虔诚的耶稣会士和军事武装不久镇压了他们。许多日耳曼人市民和贵族在 16 世纪 90 年代期间离开了斯洛文尼亚。然而,直到 18 世纪,一个斯洛文尼亚学者托马斯·林哈特(Tomas Linhart)才否认这个历久犹存的观点,即斯洛文尼亚人在人种上是日耳曼人,并且没有斯洛文尼亚人的独立特征。[17]

来自意大利的几个影响因素帮助加强了林哈特所假定的斯洛文尼亚人的独立特征。凭借在维也纳文官直接管理下的一个地方政府,哈布斯堡王朝不断增长的控制在 1747 年达到极点。然而在斯洛文尼亚人最多的地区——卡尼奥拉(Carniola)②的范围以内,反改革运动恰恰因为日耳曼人的学校是新教的而关闭了这些学校,并且用意大利大学主办的学校取代了它们。按照罗马天主教学院的模式,在卢布尔雅那 30
(Laibach,在斯洛文尼亚语中是 Ljubljana)的学院兴建于 1693 年,它以后发展成为一所斯洛文尼亚人的大学。到 18 世纪晚期时,德语作为教学语言的日益衰落,给斯洛文尼亚语获得一些官方承认打开方便之门,即使斯洛文尼亚语只是作为技术手册和讲授德语的学校初级读本的一种语言。

---

① 马丁·路德 (1483—1546)是德国神学家、欧洲宗教改革运动的领袖。他反对教会阶层的富有和腐败,认为只要在信仰的基础上即可获得超度,而不须借助于教会的典籍,这些观点使他于 1521 年与天主教会脱离。他肯定了 1530 年的奥格斯堡忏悔会,成功地建立了路德教会。——译者注

② 前南斯拉夫西北部一山区。——译者注

进入亚得里亚海的商业通道造成另一个对抗日耳曼人影响的意大利砝码。伴随着日耳曼人新教徒的离去,需要非威尼斯的意大利商人在沿海城镇中创造应税收入。他们不久建立了一个网络去收集高地农民家庭纺织的布匹。到1719年,哈布斯堡王朝对威尼斯的军事优势强大得足以宣告的里雅斯特(Trieste)和里耶卡(Rijeka)为自由港,它们位于伊斯特拉半岛的两侧。的里雅斯特发展得更迅速,但是维也纳的国立东方公司(Oriental Company)及其长距离贸易的计划没有幸存至18世纪30年代。当东方公司破产时,一些斯洛文尼亚商人同大量意大利人一起接管出口贸易的一些份额。[18]斯洛文尼亚位于中欧和地中海之间的一个经济十字路口的有利位置。到18世纪中叶时政治上分裂的斯洛文尼亚人口增长到大约70万人,大致是奥斯曼帝国的塞尔维亚或马其顿的一半。

哈布斯堡王朝的军事边界区

现今克罗地亚的版图在近代早期被分成五个部分,其中只有三个位于哈布斯堡王朝的范围内。伊斯特拉和达尔马提亚直到18世纪初期和末期仍然分别处于威尼斯人的控制之下。军事边境地区的特别政权除了别的以外还要起这种作用,即分开其他两块哈布斯堡王朝的领地——文治克罗地亚和斯拉沃尼亚。

到18世纪晚期时,在其最大范围内,军事边界区从达尔马提亚北部的利卡(Lika)地区绕过波斯尼亚边界,向东沿着作为塞尔维亚边界的萨瓦河和多瑙河,越过特兰西瓦尼亚(Transylvania)向罗马尼亚诸公国的边界扩展。军事边境地区的起点是在西部的突出部分,在那里占优势的塞尔维亚难民自奥斯曼帝国挺进波斯尼亚时就已形成其自己的边境地带。从1553年这些地带就纳入哈布斯堡王朝军队的统一指挥范围。随着奥斯曼帝国军队在对面的出现,哈布斯堡王朝军队开始扩招。哈布斯堡王朝服兵役的条件还吸引了更多人参加边防军,这些条件是:一小笔自由土地的补助金、免除采邑义务、塞尔维亚人建立东正教会并且笃行其宗教自由。这种补助金通常给予已经一起移民并且

现在得到更适合饲养家畜的土地的扩展家庭。如同在巴尔干半岛盛行 31
的这种联合,这些家庭逐渐形成一种地产和劳动关系的家长式联合体,称为“扎德鲁加”。[19] 1630 年哈布斯堡王朝的一项正式法令使每个扎德鲁加成为一个法人实体,负责选拔所有超过 16 岁的男子去服兵役,以对抗奥斯曼帝国军队或皇帝的任何其他对手。幸存的克罗地亚贵族憎恶边防军(Grenzer),因为他们被豁免了采邑税赋。边防军包括相当大比例的克罗地亚人,虽然可能不到 1819 年最初人口普查记录的 40%。在 1690 年塞尔维亚向北的进一步移居之后,塞尔维亚人在边防军中的比例在 1819 年超过一半,达到其顶峰。[20]

历史上塞尔维亚人在克罗地亚的这种大规模存在本来或许可以向更好的方向发展,假使最初吸引他们到那里的军事目的促进了经济繁荣的话。但这个目的没有实现。从利卡到斯拉沃尼亚的边界区,农作物的收成仅仅是文治克罗地亚地区收成的一半。虽然喀斯特地貌的丘陵地带覆盖了该地区可以在很大程度上解释这些低产量,但是哈布斯堡王朝的边界区政权也是一个经济负担。边界区政权带有限制性的条件把租借地最大限定到 26 英亩,禁止其出售或转让,并且每个生长季节在对抗演习上夺走男性劳力至少数周时间。在 1770 年,沿着奥斯曼帝国边界区,哈布斯堡王朝的卫生检疫警戒线(Sanitäts Kordon)连成一体,以防受到淋巴腺鼠疫(bubonic plague)和家畜疾病的侵袭。像匈牙利海关在克拉伊纳(Krajina)同文治克罗地亚的边界区征收关税那样,哈布斯堡王朝的卫生检疫警戒线阻碍了贸易。

尽管哈布斯堡王朝的立法在 1754 年使军事边界区成为帝国的地产,18 世纪 80 年代约瑟夫二世(Joseph Ⅱ)许诺在此进行土地改革,但是该地区仍然是穷困和隔绝的。1799 年时其人口为 90 万,但居住于其最大城镇卡尔洛瓦茨(Karlovac)的人口少于 3 000 人。一个调查发现,四分之一的边防军的住处是完全隔绝的,另外的三分之一群集于有 12 个或更少家庭的小村庄中。除了移居外国,只有强行掠夺邻居的土地才能减轻这样严重的贫困。然而迟至 18 世纪,几乎没有这样的掠夺记载,这不仅因为哈布斯堡王朝的军事体制,还因为塞尔维亚人和克罗地亚人没有宗教对抗而和平居住于相邻的小村庄中，或居住于同一个小村庄，他们在同一个联队中平安无事地一起服役。[21] 因此，即使在军事边界区，过去 100 年的残忍也不能解释为“古老的对抗”。

文治克罗地亚和斯拉沃尼亚

除了在文治克罗地亚和斯拉沃尼亚的最东部的斯雷姆(Srem)之外，塞尔维亚人在文治克罗地亚和斯拉沃尼亚的数量比在军事边界区
32 中的数量少得多。然而到 18 世纪时，这两块领地之间的主要差别不是种族的而是经济的。[22] 虽然耕种着更好的土地，但是按照 1784 年的人口普查，据估计军事边界区北部几乎 90%的克罗地亚人是农奴。农奴家庭有责任向贵族庄园(或更精确地说，向贵族私有的[完全保有所有权的]地产)付出徭役以换取小块土地耕种。在 1785 年，克罗地亚人的贵族地主共计 9 500 人，差不多是阿格拉姆(Agram)(克罗地亚语的萨格勒布 Zagreb)人口的四倍。类似维也纳和布达佩斯南部的其他敕许自由城市那样的许诺，城镇独立于乡村或官方统治的这种中世纪承诺早已失效。作为奥斯曼帝国和哈布斯堡王朝战争的结果，从 15 世纪到 17 世纪，文治克罗地亚的总人口仅仅 65 万人，城市人口比例可能是 5%。

斯拉沃尼亚的人口更少，在 1785 年人口普查中仅存 314 个贵族。这有助于解释要求的付徭役更少数量，即能够从其农民榨取的劳动工作日小于克罗地亚需要量的一半。尽管这样，由于感觉到付出的劳动能够发挥的杠杆作用，并且知道了邻近边防军的权利，在马蒂亚·古拜茨(Matija Gubec)的领导下，大部分克罗地亚农民早在 1573 年就举行起义。后来马蒂亚·古拜茨被残忍地处决。在 18 世纪上半叶，克罗地亚农民两次举行起义，反对其主要是匈牙利人的领主。在 18 世纪下半叶，匈牙利的法律和管制取代了维也纳哈布斯堡王朝的民政-军事机关。封建义务严重打击了农民的劳动积极性。鉴于贵族地主限制同粮食匮乏的军事边界的贸易，几乎没有理由去引进精耕细作的方法。迟至近代早期，与几乎不需要从南部进口粮食的匈牙利的贸易才变得容易。

文治克罗地亚的政治体制在相当大的方面类似匈牙利的政治体制。最初是战争,然后是17世纪中叶镇压克罗地亚的福隆德运动(*Fronde*)、1663—1671年兹林斯基-法兰高宾(Zrinski-Frankopan)贵族的反叛,同维也纳任命的总督比较起来,这些都削弱了贵族议会(*Sabor*)的权力。尽管完全模仿匈牙利的郡县制度,克罗地亚贵族的地方势力仍然未受影响。哈布斯堡王朝女皇玛丽亚·特蕾西亚(Maria Theresa)在1767年宣布成立新的钦定议会(Royal Council)。以不再从议会获得更多权力为代价,克罗地亚贵族幸免于此。约瑟夫二世在其短暂统治时期内提议的改革,威胁要消除这些地方势力。克罗地亚的贵族于是决定宁可让予中央权威给匈牙利议会,也不冒约瑟夫二世的法令比他活得长的危险。

领土的又一次分割进一步抑制了克罗地亚在其中世纪的边界范围 33
内建国。在整个近代早期,达尔马提亚海岸和伊斯特拉的大部分仍然在威尼斯人的控制下。直到第二次世界大战后他们被驱逐,25万意大利人将最终居住于这些颇有价值的地产上。然而,早在17世纪,在达尔马提亚贵族帕瓦奥·里特尔·维泰佐维奇(Pavao Ritter Vitezovic)的经常被引用的著作中,克罗地亚重新联合的主张第一次被表露。这一主张现在被称为克罗地亚、斯拉沃尼亚和达尔马提亚三位一体王国(Triune Kingdom of Croatia, Slavonia, and Dalmatia)。虽然维泰佐维奇提出这个概念,即中世纪的克罗地亚曾经占据的属地上的波斯尼亚塞尔维亚人,事实上是东正教的克罗地亚人,但是其专注于说服尊重法律的哈布斯堡王朝当局去宣称对威尼斯人占据的海岸拥有历史所有权。伊沃·伯纳克(Ivo Banac)称维泰佐维奇和近代早期克罗地亚的其他发言人为历史上国家权利的倡导者,他们宁可基于过去的政权及其边界,也不愿基于建立在语言和文化基础上的种族权利。[23]

帝国分裂的例外

帝国的扩张及其之后的分裂打断了南部斯拉夫出现西欧近代早期那种国家建设和经济一体化。本土帝国和奥斯曼帝国及哈布斯堡帝国分裂了领地，隔离了人口，而不是将其整合。巴尔干半岛地形的不利之处——缺乏通往海洋或可通航河流的通道，并且水源充足的低地数量少——促成了多块领地之间的分裂。这些领地是帝国中心同遥远边界之间的缓冲区。

但至少到近代早期时，一体化的几个焦点也已形成，并且为将来的南斯拉夫提供了一种更有成效的遗产。虽然几乎不能成为政治中心，但是一个独立的杜勃罗文克、奥斯曼帝国的萨拉热窝和哈布斯堡帝国的伏伊伏丁那创造了地区贸易的网络。它们也混合了族裔群体，并且开放吸纳了多种知识传统，这些传统都极为宽泛，无法归属于任何一种单一的族群认同。

贸易中心和网络

在公元 1800 年之前的大部分时期，杜勃罗文克的达尔马提亚城邦是一块逃避帝国统治的领地。杜勃罗文克在拉丁语中被称为“拉古萨”(Ragusa)，拉丁语是其官方语言。在这个时期，拉古萨自始至终被承认为一个共和国。到 16 世纪时，这个港口的意大利商业联系有助于其
34 作为同奥斯曼帝国的地中海贸易的主要通道得到认可。威尼斯人垄断亚得里亚海沿岸贸易的努力失败了，同时其面临奥斯曼帝国的武力进攻。这给予拉古萨这个从科托尔海湾延绵到科尔丘拉岛(the island of Korcula)的小共和国作为中立的贸易中心介入的机会。拉古萨需要意大利谷物以避免沿岸的食物短缺。当威尼斯阻塞拉古萨获得意大利谷物的通道时，拉古萨商人开启了一个穿过奥斯曼帝国的波斯尼亚、塞尔维亚、马其顿甚至保加利亚的贸易中心网络。奥斯曼帝国的管理条例使谷物的直接进口很困难。但是通过该陆路网进口粗制羊毛的加工业是有利可图的，粗制羊毛加工业不久就使这一道路畅通。拉古萨的欧洲商业惯例和信用票据的使用惯例继续存在到 17 世纪这一网络自身终结时，当时奥斯曼帝国和哈布斯堡王朝的战争切断了其交通线。[24]

到 18 世纪时，奥斯曼帝国的萨拉热窝能够利用这个惯例，甚至承继了拉古萨作为一个贸易中心的某些职能。正当萨拉热窝从哈布斯堡

王朝的劫掠和随后1697年火灾中恢复时,威尼斯的衰弱使其通往达尔马提亚的斯普利特(Split)港的道路畅通(波斯尼亚-黑塞哥维那到此时也没有自己的港口)。萨拉热窝有5万或更多的人口,它同贝尔格莱德和斯科普里是近代早期未来南斯拉夫领土上的少数大城市之一(例如在17世纪,拉古萨的人口大约是7 000人)。萨拉热窝的一些贸易朝向东方和西方,不只是向北方和南方往返于斯普利特港。

同样的情况也适用于到18世纪时也变得重要的哈布斯堡王朝的几个贸易中心。[25]这些贸易中心是在伊斯特拉半岛两边的的里雅斯特港、阜姆港(Fiume)(现在的里耶卡 Rijeka)和多瑙河上,以及穿过伏伊伏丁那的陆上商路上的诺维萨德(Novi Sad)。从亚得里亚海的这些港口,商业运输向北到维也纳和布达佩斯,实际上没有在未来南斯拉夫的属地之间创造什么联系。的里雅斯特显然是更重要的港口,它提供从维也纳到亚得里亚海的最短路线,到1783年时,占哈布斯堡王朝所有出口量的三分之一。于是,奥地利和捷克制造商生产的纺织品找到其到地中海市场而不是到巴尔干市场的道路。

从1719年起,作为自由港的的里雅斯特的人口大部分是意大利人。但是斯洛文尼亚人的内地从这一机会中受益,即向港口供应劳务和从家庭手工业中收集布匹,甚至一些商人仿照哈布斯堡王朝重商主义者的努力,通过一个在18世纪30年代已经倒闭的国有公司去控制贸易。另一方面,直到19世纪时,里耶卡和克罗地亚的经济没有任何关系。

依据1699年的《卡尔洛维茨条约》(*treaty of Karlowitz*)(塞尔维亚语中的 Sremski Karlovci),奥斯曼帝国和哈布斯堡王朝在东方的边界被稳定在多瑙河和萨瓦河。《卡尔洛维茨条约》促进了贸易相当大的 35
发展。卡尔洛维茨位于伏伊伏丁那之内,哈布斯堡王朝当局在这里放弃了它对重商主义的贸易保护主义承诺。尽管存在军事边界和卫生检疫警戒线的阻碍,但是家畜、棉花、羊毛和烟草进口商品的价值是哈布斯堡王朝出口商品的五倍。塞尔维亚和马其顿提供了大部分份额的商品,并且也鼓励了一些商人,虽然希腊人和弗拉其人商人可能更为著名。他们越过边界往返于生意场,有时他们自己定居或鼓励其他人定居在多瑙河上的哈布斯堡王朝的诺维萨德(Neusatz),或定居在位于多瑙河和萨瓦河的交汇处、奥斯曼帝国一边的贝尔格莱德。[26]虽然直到19世纪时塞尔维亚几乎没有经历政治变革,但是自塞尔维亚人的中世纪帝国覆灭以来,这样的贸易往来减少了限制塞尔维亚人的经济和智力的隔绝。

混合居民和观念

对于使种族混居并且使其有学识的精英接触欧洲观念的主流而言,哈布斯堡王朝的边境是一个最大的舞台。然而在未来的南斯拉夫领地中,哈布斯堡王朝的边境几乎不是第一个舞台。300年以前,在15世纪期间,达尔马提亚的沿岸城镇已经开始派遣说拉丁语的学者(他们都不是天主教的神父)到帕多瓦(Padua)和布达(Buda)的大学求学。他们返回后致力于前改革运动的人文主义宗旨。西方对古希腊罗马的文化和意大利文艺复兴的重新发现已经唤起这一宗旨。根据迈克尔·彼得罗维奇(Michael Petrovich)所说,到16世纪时,这些达尔马提亚的城镇中已出现大约200名克罗地亚人文主义学者。[27]到18世纪时,仅仅杜勃罗文克已经产生了大约24位人文主义作家。他们大多数用克罗地亚的方言创作。马林·德尔日奇(Marin Drzic)的戏剧和伊万·贡都利奇(Ivan Gundulic)的诗被载入作为欧洲经典著作的"南斯拉夫文学"的简要目录。

意大利的居民和来访者舒适地居住在这些城镇,这里也为信奉天主教和东正教的塞尔维亚人提供了住处。在天主教的塞尔维亚人中,鲁杰尔·博什科维奇(Rudjer Boskovic)是物理学家,他的名字后来给两次世界大战之际的南斯拉夫第一科学学院以荣誉。

在近代早期的萨拉热窝显现更多的种族和宗教的共存。虽然萨拉热窝在16世纪早期全部是穆斯林,但是本土的皈依者在数量上大大超过土耳其人,并且是一系列种族背景作用的结果。到16世纪末,同土耳其人相比,萨拉热窝增长的人口包括更多的塞尔维亚人、克罗地亚人

36

图 1.1　杜勃罗文克的中世纪中心

或西班牙裔犹太人。土耳其人和居支配地位的波斯尼亚穆斯林的大多
37 数都没有途径以自己的第一语言接受高等教育。穆斯林慈善机构对小学生提供阿拉伯语的伊斯兰教教育,他们中的少数人继续上萨拉热窝开办于1537年的伊斯兰教中学。有一些证据表明,适于塞尔维亚族儿童的小学使用克罗地亚语的课本,虽然没有到方济各会修士在整个波斯尼亚向天主教的克罗地亚儿童提供的程度。总之,萨拉热窝的人口来自四个种族-宗教群体,均为南部斯拉夫人,但这还不包括犹太人,以及庞大的土耳其卫戍部队。这些特色使萨拉热窝在奥斯曼帝国的巴尔干半岛的主要城镇中独一无二。

到18世纪末,在塞尔维亚人确认为伏伊伏丁那的哈布斯堡王朝领地,无疑已经聚集更多的民族。最初(在1699年之后)伏伊伏丁那由萨瓦河和多瑙河之间的斯雷姆、多瑙河和蒂萨河(Tisza)之间的巴奇卡(Bačka)组成。在1718年,哈布斯堡王朝在其东部构建更大的巴纳特(Banat)地区,这标志着哈布斯堡王朝开始作出相当大的努力,使人口聚居于这些富饶却大部分荒芜的土地上。维也纳的政策可被称为"人口增长控制论"(populationism)。这一政策寻求把定居者安置在新近扩张的军事边界的北部,作为防御奥斯曼帝国的更远防线。当奥斯曼帝国军队在1739年进行反攻并结束了哈布斯堡王朝对塞尔维亚开始于1718年的短暂占领时,"人口增长控制论"变成了一项命令。像在1699年之后已经做的那样,这些领地再次吸引了塞尔维亚的移民,他们逃离令人愤恨的奥斯曼帝国政权到达南部。哈布斯堡王朝的帝国特许状从一开始就用东正教的自治权利去吸引塞尔维亚人移居入境,这些东正教的自治权利即推选一个教会理事会,治所设在卡尔洛维茨。这个特许状许诺还承诺会任命一名东正教的军事指挥官(vojvod),虽然这一任命从未实现,但其名称却把塞尔维亚语的名字——伏伊伏丁那传给了所有三块领地。

来自北部的德国人和其他人需要更多的鼓励去定居。先前对自由土地的三年免税并且供以住房,并加倍优惠这些条件不久就引诱了超过4万德国人、斯洛伐克人、匈牙利人、克罗地亚人和罗马尼亚人加入定居的行列。约瑟夫二世征募了另外的4万德国新教徒,许诺他们同

东正教的塞尔维亚人和罗马尼亚人一样的宗教自由。那些具有农业技能的人受到偏爱。德国人特别引进了铁犁和耕作技术,即使不是完全遍及巴纳特,但是它们被广泛传播。到1787年时,巴纳特的人口已经增长到接近30万人,巴奇卡和斯雷姆也各增加了两万人。[28]

到18世纪末,在这形形色色的人口中,并非许多人了解欧洲启蒙运动宽容的世俗主义理想。所有这些民族的多数农民作为邻居和平地生活着,但是他们大部分居住在单独的村庄中,并且几乎从不在婚姻中 38
要求配偶改变宗教信仰。独立的教会学校提供了有限的初等教育。在城镇中,天主教教士最大的兴趣是利用匈牙利当局不断增长的政治影响去敦促东正教的塞尔维亚人皈依。在此期间,塞尔维亚人在卡尔洛维茨的主教把其聪明才智集中于保卫奥地利当局授予的自治权力。

但在塞尔维亚方面存在着例外,这足以使得人们在追溯往事时给予诺维萨德"塞尔维亚的雅典"这种声誉。东正教修道士奥布拉多维奇(Dositej Obradovic)是一个近似新教徒的旅行者、教师和百科全书编纂者。在第一次起义(1804—1813)期间,他是参加塞尔维亚政府的最有影响的人物。虽然他几乎不反对塞尔维亚人的独立特性,但是他的理性主义世界观使他成为约瑟夫二世风格的反教权主义者。他的名望较低的同胞不仅包括商人和边防军军官的儿子,而且包括某些东正教的高级教士。耐人寻味的是,他们接触启蒙运动的途径来自法国的传单而不是德国的传单,尽管哈布斯堡王朝禁止输入这样的印刷品。[29]

被18世纪的启蒙运动吸引的这一小群塞尔维亚人,应当使我们想起15世纪克罗地亚的人文主义者。虽然他们的直接影响明显很小,但是两者都引进了普世价值和个人权利的欧洲传统,未来几代的塞尔维亚人和克罗地亚人可能利用这些传统去逃避自治要求和种族排外主义的约束。将来,对每个民族国家而言,19世纪的单一国家的诱饵阻碍了这样的一种逃避。不过刚刚回顾的这些帝国遗产,实质上没有引进据以整合其领土的任何政治思想或制度。然而,它们已分裂了这些领地,并且混合了其居民,以至于这样的人文主义价值标准和某种多民族的体制框架,存在着把它们建设性地组合在一起的最好机会。

39

第二章　统一的渴望和乡村的抵抗(1804—1903)

虽然我们能够发现,在20世纪之前一个南斯拉夫国家或共同政治的实践没有任何现实的可能性,但是在19世纪期间南部斯拉夫人或南斯拉夫人的一个主张仍然浮现出来。按照这个主张,未来南斯拉夫的人民可能和保加利亚的人民分享一个引导其走向政治统一和独立的共同兄弟种族关系。然而还存在其他统一的主张,有克罗地亚人和塞尔维亚人的主张,以及一种现有的塞尔维亚国的主张。任何南斯拉夫人的主张不得不与这些主张作斗争。即使在独立的塞尔维亚,压倒性的乡村人口中的许多人也抵制近代国家的体制框架。

尽管存在乡村的抵抗,但是驱使所有这些统一渴望的是在统一的行政管理下建立中央集权的愿望。哈布斯堡王朝和奥斯曼帝国强加的地理分裂反而加强了乡村农民的孤立,特别在高地村庄中。19世纪期间,在这两个帝国和自治或独立的塞尔维亚中,日益现代的政治行政机关试图减少这种孤立,以税款和兵役换取教育和社会治安。但在这个世纪中,农民在波斯尼亚-黑塞哥维那、克罗地亚和塞尔维亚的反抗,暗示了许多农民不欢迎这种交易。

同时,就这种有限的统一而言,行政中心——萨拉热窝、萨格勒布(Zagreb)和贝尔格莱德——也正在成为效法同时代欧洲的文化和商业中心,即使不是工业中心。它们是构成分裂的一个新的本地根源。这些小城市越来越同包围着它们的落后农业和目不识丁的农民组成的广大农村形成对照。罗伯特·塔克(Robert Tucker)称这个结果为"分化的现代化"[1]。像在布达佩斯或华沙(Warsaw)那样,农民的大多数可能使日益有学识的城市精英感到困窘;但是像在贝尔格莱德或萨格勒布那样,他们也激励了城市精英。一旦受到教育以及武装起来,农民就能够对抗让精英困窘的另一个主要根源,即欧洲列强的现实或假定的霸权。就将来的南斯拉夫领地而言,奥斯曼帝国和哈布斯堡王朝的霸权 40
是现实的,甚至在19世纪末,其霸权仍然几乎是完全的。但是到那时候,大多数农民有其自己的小农场,并且大部分有轻武器。他们代表了对任何新的国家结构的潜在反对和支持力量。

到20世纪开始时,虽然没有萨拉热窝的政治精英,贝尔格莱德和萨格勒布的政治精英们正在渴望迫使帝国的霸权后退,但是他们几乎没有就如何去做取得一致意见。南斯拉夫人协作的潜在计划不得不同塞尔维亚人和克罗地亚人在19世纪期间已经崛起的国家观念作斗争。当用那个世纪的浪漫民族主义作雄辩陈述时,关于一个单一民族国家的这两种主张彼此之间,以及它们同任何广泛的南斯拉夫人的主张都是无法达成共识的。塞尔维亚人和克罗地亚人的主张寻求以现有共同体为基础,不是本尼迪克特·安德森(Benedict Anderson)描述的欧洲殖民地结构的"想象的共同体"。这些主张仍然是不切实际的。它们以对民族家园或历史边界的中世纪所有权为根据,界定了广大的领土。为了支持其主张,鼓吹者们详细描述现行传统,例如纪念1389年塞尔维亚人的科索沃战役。为了证实对这些事件的庆祝仍可归于现代民族主义对过去的利用,即埃里克·霍布斯鲍姆(Eric Hobsbawm)所称的"被发明的传统"。[2]塞尔维亚民族主义者这么做,是为了表明在奥斯曼帝国征服期间的独特苦难,而克罗地亚人这么做则是为了显示其文化优越性。两者都希望把他们的民族单独同欧洲文明联系起来。在这个过程中,每一方要求者都把另一方看做历史上的对手,或"设想"另一方为历史上的对手。

我们绝不能妄下这种被两个南斯拉夫的灾难性结局所推进的结

论，即最狭隘的民族主义者树立的修辞学屏障反映了一种势在必行的不相容。这样一种观点假定，高于种族特性的敌对民族关系被明显认识到，并且它忽视塞尔维亚人和克罗地亚人之间社会-经济相似性的证据。它也忽视相关民族之间缓和的潜力，特别是斯洛文尼亚人。确实，在19世纪期间，在未来南斯拉夫支离破碎的局面内，独立的政治文化和贸易模式的发展没有基于这种相容性。然而，南斯拉夫人领地的这种特殊政治分裂有助于促进探求某种统一的框架。否则怎么能够容纳它们相似和混合的居民呢？

在一种南部斯拉夫人的更大框架内的民族和解发现了其以原南斯拉夫人的概念作出的最早表达方式。它的克罗地亚族创造者称这种概念为伊利里亚人主义(Illyrianism)。但是这些南部斯拉夫人是一个民族还是几个有关系的民族？视他们为一个民族的不切实际的倾向，从一开始就干扰南斯拉夫人的主张。

41 从伊利里亚省到南斯拉夫的主张(1806—1860)

一个单一的南部斯拉夫人国家的主张，最初出现在所谓的伊利里亚运动(Illyrian movement)中。早在19世纪，拿破仑一世时期的法国(Napoleonic France)试图采用这一主张去统一管理亚得里亚海海岸和内陆部分。在19世纪30年代期间，这一主张在萨格勒布重新出现，并作为一种脱离现实政治的克罗地亚的文化战略。当这个伊利里亚运动的领导人在下一个20年转向政治运动时，他们发现来自哈布斯堡王朝君主政体的匈牙利人和奥地利人核心的反对派使他们从内部感到灰心，而一个独立塞尔维亚的存在又使他们从外部感到灰心。

法国人的中央集权制和伊利里亚省(1806—1813)

拿破仑一世时期的法国希望把克罗地亚人和斯洛文尼亚人的领地塑造成一个单一的行政和文化单位，为了便于称呼这些领地，拿破仑一世时期的法国使这个古代术语——伊利里亚(Illyria)复活。法国武装的推进最初对威尼斯人不利，然后对哈布斯堡王朝不利，导致1809—

1813 年的伊利里亚省(见地图 2.1)的建立。到 1806 年时,一个法国人控制的政权已经被强加于大部分是威尼斯人的伊斯特拉和北部的达尔马提亚。1809 年法国军队扩张这个政权,沿着达尔马提亚海岸到杜勃罗文克和黑山的沿海地区,向北进入军事边界区和仅除了萨格勒布以外的文治克罗地亚。这个新行政机构也并吞了卡林西亚(Carinthia)[①]和斯洛文尼亚人的卡尼奥拉(Carniola)大部分和伊斯特拉,这些地区都拥有民族混合的居民。

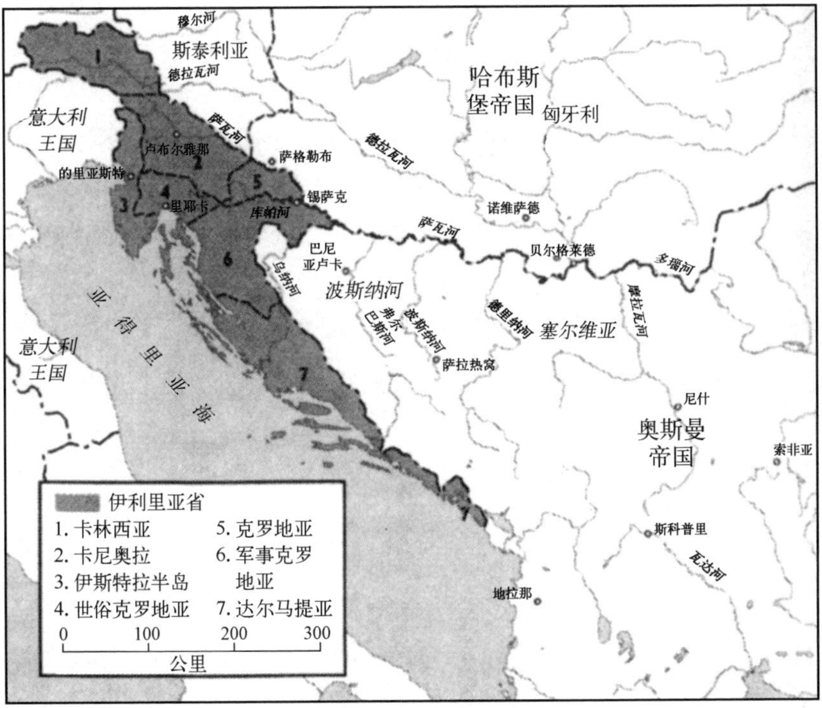

地图 2.1　1809—1813 年的伊利里亚省

罗马帝国当年设有一个伊利里亚省。法国的行政官们设想的就是重建这个伊利里亚省,而不愿意采用 15 世纪寻求同欧洲文化重新结合

① 中欧一地区和旧时的公国,在奥地利南部。1335 年后该地区是哈布斯堡王朝的统辖区。——译者注

的克罗地亚人文主义者的主张。拿破仑的动机主要是军事上的,政治一体化证明是一个难以应付的挑战。哈布斯堡王朝的斯洛文尼亚划为好几个省,而文治克罗地亚和军事边界区处在根本不同的政权统治下。

威尼斯人的长期统治已分裂了伊斯特拉半岛和达尔马提亚海岸。像斯普利特和扎达尔(Zadar)那样的沿海城镇是很小的。虽然没有许多意大利人居住,但是这些城镇模仿意大利城邦的独立社区自治传统,并且使用意大利语。在斯普利特和扎达尔主要是克罗地亚人的精英,加上一些信仰东正教的塞尔维亚人和信仰天主教的塞尔维亚人,他们控制了几乎无地的内地农民。这些农民在契约租佃的隶农制统治下受到奴役,隶农制则可追溯至罗马帝国时代。到 18 世纪早期时,威尼斯人从奥斯曼帝国的控制下夺取了更远的内地地区。在这些地区中,威尼斯人在国
42 有土地上采用一种自由的农民士兵制度,这些国有土地类似于哈布斯堡王朝的军事边界并且出于同样的军事目的。[3](在这些威尼斯人曾经占领的地区,最值得注意的例子是克宁[Knin]。克宁是塞尔维亚的克拉伊纳的首府。从 1991—1995 年,克拉伊纳与新近独立的克罗地亚绝交。)

直到 1810 年法国元帅奥古斯特·马尔蒙(Auguste Marmont)到达,他才开始一种全面但时间很短的努力,去使这些根本不同的领地和人口成为拿破仑中央政府的一个行政区(*Département*)。马尔蒙引进《拿破仑法典》(*Napoleon Code*)及其在法律和独立法庭的保护下的平等条款。马尔蒙试图废除隶农制,并且推行自由贸易。但是他也向地主征收高额税款,并且强加筑路和军事义务于沿海的农民。尽管相当数量的克罗地亚人、意大利人和法国人的行政官们被派遣去落实这些义务,地主和农民都抵制这些新义务。1812 年拿破仑的俄国战役的失败很快终结了这个法国人的政权,但是这套规章制度和行政官员,仍然
43 引领南斯拉夫的领地认识了 19 世纪欧洲国家建设的中央集权框架。

这个法国人的政权给以后在 19 世纪有显著发展的南斯拉夫的主张留下了一份更大的遗产。此外,在马尔蒙的统治下,初具规模的学校教育系统这才作出努力,去讲授日后成为塞尔维亚-克罗地亚语的斯托卡瓦斯基(stokavski)方言的一种变体,并且鼓励它在初生的地方报纸上的使用。[4]与

其意大利前任相比，马尔蒙想建立更多学校，并且使这些学校从用意大利语讲授转变为用斯托卡瓦斯基语讲授。但是当地社区将不得不支付这些费用，而很多承担不起。在法国人离开之前，他们的学校关闭了。这个短暂的实验引入了这种观念，即塞尔维亚人和克罗地亚人是或应当说同一种语言。

法国的行政官们简单地假定克罗地亚人和塞尔维亚人的农民是或应当是一个民族。法国在其革命前的过去已经拒绝了地方分权主义，并且其行政官们假定根据其帝国的或中世纪的过去去划分南部斯拉夫人的任何差别同样是无关紧要的。这样"新民族主义"第一次提出了一个单一南斯拉夫民族的主张。本尼迪克特·安德森确认，这种"新民族主义"在美国和法国的革命中发端于空白的历史记录。[5]而19世纪欧洲的民族主义将不欢迎一个空白记录的观念。

文化的伊利里亚主义(1835—1841)

在19世纪30年代，一小批克罗地亚国际法专家和贵族使南斯拉夫主张的早期朴素定义有血有肉。这些人集中于萨格勒布和文治克罗地亚的其他敕许自由城镇，最著名的城镇是在军事边界区的卡尔洛瓦茨，他们寻求联合南部斯拉夫人的"子群"。南部斯拉夫人的"子群"包括从斯洛文尼亚人到保加利亚人的这些民族。他们的领导人柳代维特·加伊(Ljudevit Gaj)，称这个联合为"大伊利里亚"(Greater Illyria)，让人同时回想起法国人的省和近代早期克罗地亚人文主义者的假定。近代早期克罗地亚人文主义者假定南部斯拉夫人确实是古代伊利里亚人的后裔。加伊是一个斯洛伐克药剂师的儿子，他的德国母亲定居在克罗地亚北部的扎戈列(Zagorje)。加伊在一个说德语的家庭中长大。他在其家乡克拉皮纳(Krapina)的方济各会修道院图书馆开始探求其自身的民族身份，此后他对语言的重要性锲而不舍。1826—1831年，他在维也纳、格拉茨(Graz)和布达佩斯的大学学习。在此期间，在波罗的海日耳曼人哲学家约翰·戈特弗里德·赫德尔(Johann Gottfried Herder)的领导下，加伊发现正在成长的中欧主流文化——种族人类学。种族人类学强调语言学上的起源超过强调历史惯例。1835年加

44 伊在萨格勒布创办了文学杂志——Danica ilirska，去动员对创造单一书面语言的支持。一个单一国家最终能够建立于这种单一书面语言之上。

从其捷克和斯洛伐克创始人的文化泛斯拉夫主义(Pan-Slavism)开始，加伊不久采用斯洛伐克人新教徒扬·科拉尔(Jan Kollar)对南部斯拉夫人方言的说法，称其为斯拉夫语的四个主要组成部分之一。如同法国学校项目的做法一样，将斯托卡瓦斯基语作为最共同的根基，加伊抓紧将这些方言合并为一种单一的语言。这种共同语言将压倒天主教和东正教之间的宗教分歧，加伊相信这些宗教分歧像外部权威强加的其他历史差别一样次要。这一运动最明确的宣言是其简短的字典。这本字典出版于1835年。它把来自各种各样方言的单词，甚至是来自明显不同的斯洛文尼亚语的单词合并成一个单一框架。它的“伊利里亚语”混合物是塞尔维亚-克罗地亚语的最初变体，或者更精确地说，是克罗地亚-塞尔维亚语的最初变体，因为它同来自黑塞哥维那的西部塞尔维亚的单一方言对立。而就在同时，塞尔维亚人的语言学家武克·卡拉季奇(Vuk Karadzic)正在把西部塞尔维亚人的方言整理成现代塞尔维亚语。

然而，是匈牙利霸权的直接政治挑战，吸引了文治克罗地亚的贵族精英支持者们投入到加伊的不断发展的伊利里亚语运动中，而不是单一的南部斯拉夫人语言的更长期吸引力吸引了他们。据埃莉诺·默里·德斯帕拉特维奇(Elinor Murray Despalatovic)所说，他们正在对两种威胁作出反应[6]。第一，1827年匈牙利的语言法承诺用匈牙利语而不是拉丁语处理政府的事务，包括克罗地亚派代表到议会的事务。第二，1832—1836年的匈牙利议会通过了一个自由主义的乡村改革计划，减少所有贵族控制其农民的权利，包括克罗地亚人的贵族。克罗地亚贵族对此作出反应，他们提出一个法案交匈牙利议会审理，去使“伊利里亚语”而不是拉丁语(或匈牙利语)成为斯拉沃尼亚、达尔马提亚和文治克罗地亚的政府语言。斯拉沃尼亚、达尔马提亚和文治克罗地亚是克罗地亚贵族寻求重新结合的三位一体王国(意指中世纪的克罗地亚国家)的三个部分。克罗地亚领导人扬科·德拉什科维奇伯爵

(Count Janko Draskovic)在其论文中也对斯洛文尼亚的领地提出主权要求。根据将取消豁免边防军的封建义务的条款,他要求归还军事边界区。

贵族同加伊的年轻学者和专业人士集团的联盟并没有实现这些更广泛的目标,或者成功创立一个克罗地亚人的文化团体,类似于捷克人和塞尔维亚人的文化团体那样。到1840年时,他们建立了地方阅读俱乐部,类似于在奥斯曼帝国的保加利亚的那些俱乐部,并且他们赢得王室许可,使伊利里亚语成为全部三个领地的小学授课语言。维也纳对 45
匈牙利马扎尔人(Magyar)民族主义不断增长的关注,导致哈布斯堡王朝对战胜匈牙利异议的充分支持。

这不断扩大的支持几乎没有吸引到来自斯洛文尼亚或波斯尼亚的伊利里亚语运动追随者。像其最主要的斯拉夫语言文化专家耶尔内伊·科皮塔尔(Jernej Kopitar)强调的那样,即使斯洛文尼亚人的语言采纳了加伊的表音法,斯洛文尼亚人的语言与斯托卡瓦斯基语的核心实在不同。尽管也为了引起穆斯林的兴趣,伊利里亚语运动的徽章兼有星状物和新月形记号,但是在奥斯曼帝国的波斯尼亚,只吸引了几个方济各会(通常是克罗地亚人)的神父。

虽然来自伊利里亚语运动在军事边界区的大本营的很多人似乎决心继续保留独立的塞尔维亚人身份,但是在伏伊伏丁那或文治克罗地亚的塞尔维亚人却没有显示出很大兴趣。尽管加伊和武克·卡拉季奇之间有一些接触,但是塞尔维亚人或完全来自塞尔维亚的那些人怨怼"伊利里亚人"这个术语代替了"塞尔维亚人"或"南斯拉夫人"。加伊劝告"一个塞尔维亚人将永远不是一个克罗地亚人或一个斯洛文尼亚人",但是他从未阐释其差异。另外,他构筑起他的这种最初观念,即这些民族的子群根据塞尔维亚人国家存在之前的一种共同语言联合起来。由于这样的一个国家正在形成,这让我们有助于理解像德拉什科维奇伯爵那样的克罗地亚贵族的部署,即把其目标限制于克罗地亚、斯拉沃尼亚和达尔马提亚的中世纪三位一体王国。他们希望避免与塞尔维亚人的小公国或俄罗斯影响的更大威胁发生任何联系。[7]

政治的伊利里亚主义和1848年

在同塞尔维亚的任何真正联系能够出现之前，加伊及其支持者们已经将伊利里亚语运动转变成一个政治党派。抵制“伊利里亚人的语言”的马扎尔党(Magyarone Party)在文治克罗地亚的形成和其伴随的民族特性迫使加伊及其支持者们这样做。伊利里亚党(Illyrian Party)的城市和贵族精英在1841—1842年地方选举中赢得了席位。他们在萨格勒布的胜利使匈牙利当局特别不满。到1843年时，由于没有参加议会所需要的贵族血统，加伊不得不放弃现在是民族党(National Party)的伊利里亚党的领导权。其贵族领导人专心于一种更特定的克罗地亚人的议事日程，他们说服议会提出请愿，要求克罗地亚人对天主教会的控制，并且使伊利里亚语成为三位一体领地中的政府语言和授课语言。

1848年，加伊短暂返回政治舞台。当时匈牙利人反抗哈布斯堡王朝的统治，这导致从文治克罗地亚到伏伊伏丁那的克罗地亚人和塞尔
46 维亚人的活动均受镇压。匈牙利议会投票表决把文治克罗地亚和斯拉沃尼亚完全分离，重申拉丁语为官方语言，拒绝承认哈布斯堡王朝匆忙任命一个来自军事边界区的克罗地亚陆军上校约瑟普·耶拉契奇(Josip Jelacic)为文治克罗地亚和斯拉沃尼亚的总督。包括非贵族在内的第一届克罗地亚议会通过取消所有农民的封建义务来加以反击。匈牙利军队镇压了伏伊伏丁那的塞尔维亚人一次最初成功的起义。这次起义由他们的东正教教长领导，来自塞尔维亚的志愿者和来自耶拉契奇部队的正规军支持起义。伏伊伏丁那的塞尔维亚人要求他们自己语言和宗教的自治，包括给予世俗代表们一个政治论坛的年会。然而，他们的寻求同塞尔维亚没有任何特别的联系。耶拉契奇也希望一种非正式联盟，不是一个包括塞尔维亚的南部斯拉夫人国家。加伊已经笨拙地努力同塞尔维亚近来被废黜的统治者米洛什·奥布雷诺维奇(Milos Obrenovic)讨论这样一个国家。奥布雷诺维奇访问萨格勒布牵连了加伊，加之随后的一次财政丑闻，这些使加伊的政治生涯结束。[8]

1848年，更广泛的崩溃也终止了建立一个塞尔维亚人-克罗地亚人

联盟的最初努力。该联盟期望摆脱奥匈帝国(Austro-Hungarian)的控制。对这个反对匈牙利人的君主政体的军事援助，并没有让哈布斯堡王朝治下的塞尔维亚人和克罗地亚人在独裁的奥地利政权中获得任何政治权利。该奥地利政权在1849—1860年占据优势。这个时期克罗地亚议会被禁止再次集合。维也纳甚至更直接地统治伏伊伏丁那和达尔马提亚。作为对塞尔维亚人在1848年要求的回应，奥地利政权此时合并了伏伊伏丁那。伊利里亚语运动的这种悲惨结局部分归因于加伊缺乏政治经验，但是必须强调两个更显著的局限性：[9]第一，这个运动在绝大多数是文盲的农民中缺乏任何基础。这些农民构成克罗地亚人口的90%。这些农民的解放是贵族领导的民族党的最后考虑，而不是民族党的首要考虑。第二，任何新出现的民族国家的身份是什么，这次运动没有解决这个问题。关于一个新的南部斯拉夫人的实体应当采取什么形式，并且该实体同一个已自治的塞尔维亚(见地图2.2)的关系应当是

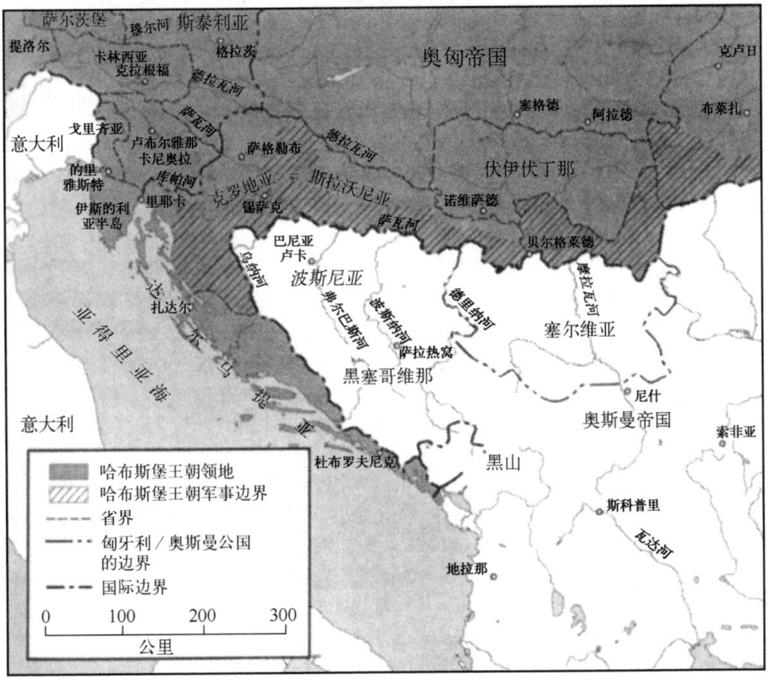

地图2.2　1830—1878年塞尔维亚和哈布斯堡王朝的领地

什么，加伊、德拉什科维奇这样的贵族和总督耶拉契奇很快就出现不同意见。这个时期以后，对这些相同问题的争论将困扰着克罗地亚的政治。

作为19世纪民族国家的塞尔维亚

塞尔维亚和未来南斯拉夫的首都贝尔格莱德用19世纪的大部分时间建立了一个现代民族国家的框架。这项成就在未来南斯拉夫领地中是独一无二的。虽然几乎耗时整个世纪，但是塞尔维亚建立了一支
47 现代陆军和一套文职官僚机构。虽然其日益民主的宪法主要是在不断被违反的过程中得到发展，但是这个国家也获得了一种政治文化。该政治文化基于与任何一个其他南部斯拉夫民族相比更独立的经历。同时，塞尔维亚人的现代国家主张从伏伊伏丁那引入，并伴随社团和民族权利的融合。在哈布斯堡王朝或奥斯曼帝国的领地中，社团和民族权利压倒个人权利。当1830—1900年塞尔维亚的领土面积翻倍并且其人口从50万增长到230万时，塞尔维亚也变得更加塞尔维亚人化。在数量有限的土耳其人、阿尔巴尼亚人和波斯尼亚穆斯林已被排挤出去并且希腊商人已自愿离开之后，到19世纪末，在塞尔维亚的民族构成中，塞尔维亚人几乎占到90%。

第一次塞尔维亚人起义

仍被崇敬的反对奥斯曼帝国统治的第一次起义(1804—1813)是那
48 样的短暂和不牢靠，以至于不能使它的乡村领导人了解欧洲的政治制度或军事组织。奥斯曼帝国军队导致塞尔维亚人的命运在一个世纪中迅速逆转。第一次起义是作为反对塞尔维亚人命运最新逆转的一次边境反叛开始的。在1690、1739和1791年，奥斯曼帝国已经成功反击了塞尔维亚人同不断推进的哈布斯堡王朝军队的军事联盟。在第三次反击之后，被削弱的奥斯曼帝国政府正式给予塞尔维亚人一项征收地方税收的权利。在整个18世纪，该项权利曾偶尔授予塞尔维亚的乡村领导人。而且，奥斯曼帝国此时允许一部分该项收益为民兵供给资金。失势的奥

斯曼帝国苏丹禁卫军试图废除这些权利。在被赶出改组的奥斯曼帝国军队之后,他们迁入到塞尔维亚。在1804年,他们杀害了整整150个乡村领导人(此时被称为 knezovi,或按哈布斯堡的称法,叫王公)并且触发了起义。这次起义的最初目的是在奥斯曼帝国框架内恢复当地塞尔维亚人的权利。波斯尼亚穆斯林的非正规军队是最靠近起义地点的部队,他们执行了奥斯曼帝国对这次起义的残酷镇压。这种残酷镇压有助于把这次反对苏丹的"仪式上正确的起义"变成塞尔维亚人摆脱帝国统治的一次尝试。除了乡村领导人的号召之外,在这次起义中也在起作用的因素是,塞尔维亚农民在世纪之交接受了一种千禧年期望,即圣·萨瓦将返回领导他们,并且把土耳其人"赶过蓝色的大海"。[10]

一个名叫卡拉乔尔杰(Karadjordje)或黑乔治(Black George)的农村边境商人领导了这次起义。在1788—1791年战役中,哈布斯堡王朝军官组织和训练了塞尔维亚志愿兵联队。卡拉乔尔杰利用他在这支部队的经验赢得了最初的几次胜利,然后经受住了奥斯曼帝国的一系列突击。在1805年接受由12位本地挑选的领导人组成的一个理事会之后,卡拉乔尔杰抵制这些人的权威。卡拉乔尔杰在1811年用其任命的一个更大的理事会取代他们,同时确认自己为终身世袭统治者。伏伊伏丁那的一个有学识的塞尔维亚人引起关于宪法问责制的争论。根据卡拉乔尔杰对这一争论的回答,可以评估其对代议制政府的态度。"那么现在呢,就你们的这个主权法而言,在一个温暖的房间中,在这张桌子后面统治是轻松的;但是让我们预见明天,当土耳其人攻击时,谁将与他们交战,并且战胜他们。"虽然卡拉乔尔杰未能引进代议制政府,但是他也没有领导一场视穆斯林为主要敌人的宗教战争。塞尔维亚的东正教牧师们加入了这个斗争。但是迈克尔·彼得罗维奇对这种观点持怀疑态度。这种观点就是:代表"神圣的十字架反对伊斯兰教的新月",他们领导了一次圣战。[11]

第一次起义给塞尔维亚的政治文化留下了其他遗产。这些遗产超出军事指挥官在面临外部进攻时的首要地位。由扩大的扎德鲁加家族 49
或家族集团的首领组成的乡村长老会议在1811年失去其选举军事和

非军事领导人的权利。但是他们发动了起义,并且从而在民众记忆中维护了地方政府的合法性。另外,来自伏伊伏丁那的有学识的塞尔维亚人,他们的人数多到足以参加将来的塞尔维亚中央政府。他们赞成代议制的启蒙思想将在塞尔维亚中央政府中最终实现。

另一方面,外国的干涉是不足信的。在1718—1739年、1788—1791年的占领期间,哈布斯堡王朝进行经济剥削并且逼迫东仪天主教会信徒(Uniate)或天主教徒皈依。这已经使维也纳的动机受到质疑。拿破仑一世攻入中欧阻止了1805年之后来自法国的任何有意义的军事援助,总之没有能够提供任何援助。尽管俄罗斯派遣了一个小的代表团,但是俄罗斯在1806年许诺的援助从未实现。当拿破仑一世对俄罗斯的进攻终止了1806—1812年的俄土战争时,奥斯曼帝国军队在翌年不受阻碍地镇压了卡拉乔尔杰的军队。

在长期斗争彻底失败和随后无情的报复行为之后,塞尔维亚人把历史记忆中的第一次起义与中世纪帝国在1389年的科索沃战败联系在了一起。科索沃战败是被口头传述的史诗纪念的一次战败。英勇反抗和痛苦失败的血腥传说现在得到一次输血。这重振,同样复兴的还有这样一种主张:重建一个塞尔维亚人的国家将是对未来苦难的最好防御。但是没有人提及恢复中世纪帝国的广袤疆域或复活“皇帝”的称号。

君主政体的中央集权制与立宪中央集权制(1815—1874)

1814年第二次起义开始于哈布斯堡王朝疆域更远的南部。到1815年时,第二次起义成功迫使奥斯曼帝国承认有限自治。第二次起义的领导人米洛什·奥布雷诺维奇(Milos Obrenovic)留下其后代同卡拉乔尔杰的继承人竞争塞尔维亚的王位。卡拉乔尔杰在1817年试图从伏伊伏丁那返回。当米洛什暗杀了卡拉乔尔杰后,和解的希望成为泡影。为米洛什增光的是,在19世纪20年代期间,米洛什巧妙地同奥斯曼帝国在塞尔维亚和君士坦丁堡的领导人讨价还价,从而大幅度削减土耳其人和波斯尼亚穆斯林的权利并且减少他们的存在,特别是在农村地区。米洛什特别鼓励邻近的波斯尼亚-黑塞哥维那的塞尔维亚

人移居。这有助于使主要生活在农村的人口从 1815 年的 45 万增长到
1830 年的 70 万。当俄土战争在 1828 年再次爆发时,米洛什处于成功 50
利用正式自治的有利地位。1830 年的苏丹敕令第一次把塞尔维亚人的义务减轻为允许驻扎几支边境驻军并且交纳年度贡金。接着 1833 年的敕令同意所有的土耳其人文官离开,并且塞尔维亚人恢复了在 1813 年丧失的六个南部和西部的边界行政区。

米洛什从奥斯曼帝国当局榨取到这样的让步得益于一个专制政权。在这个专制政权中,米洛什及其伙伴们垄断了艰难赢得的塞尔维亚的征税权和整个多瑙河的贸易。1826 年他的军队镇压了由地方贵族领导的另一次叛乱,即卡拉乔尔杰在 1811 年已镇压的那种叛乱。这标志着主张寡头政治的地方分权主义的告终。迈克尔·彼得罗维奇一语中的,即直到 19 世纪下半叶现代政党出现,最适当的"立宪中央集权制"才被允许挑战本国统治者的君主权力。[12]

然而,米洛什到 1839 年时已经失去其专有权威。新出现的、有更广泛基础的对手迫使他正式放弃其作为大公的职位。这是现代塞尔维亚历史上第一次和平的权力转移。当 1831 年米洛什从君士坦丁堡的希腊人总主教那里获取了塞尔维亚东正教的自治时,他显然已经把塞尔维亚的东正教置于他的控制之下。他排挤了几个希腊人主教,并且任命他自己的秘书为新的都主教(Metropolitan)。但是到 1835 年时,有学识的地方高级教士得到一项允许教会内部自治的政令。米洛什的商业和政治对手们结成第一个独立反对派,他们以贝尔格莱德为基地。贝尔格莱德在 1830 年仍然是一个大约 2 万人的奥斯曼风格的小城镇。但是对哈布斯堡王朝领地迅速扩张的家畜出口已经创造了一个嫉妒米洛什的税收和贸易垄断权的新商业阶层,家畜出口值在 19 世纪 20 年代增至三倍,并且在 30 年代又增加三倍。[13]米洛什政权的地方贵族成员们也不满意他们的从属地位。米洛什的国内对手和欧洲领事们特别是英国领事的联合,在 1838 年最后推动米洛什同意接受一部宪法。

这份文件不亚于几年前在俄罗斯赞助下为罗马尼亚公国制定的基本章程(Organic Statute)。它没有规定一个立法议会,但是它建立了

独立法院和欧洲类型的部长们将对其负责的一个管理委员会。自称宪法保卫者的委员会成员们的联盟不久迫使米洛什越过多瑙河流亡。在米洛什的一个儿子与委员会成员们的冲突终止其短暂统治之后,这个联盟在1842年承认米洛什的对手卡拉乔尔杰的一个儿子为米洛什的合法继承人。

51 新的大公亚历山大·卡拉乔尔杰(Aleksandar Karadjordje)太缺乏权威,以至于不能在1842—1858年的长期统治中烙上自己的标记。那个时期更多被记住的是亚历山大·卡拉乔尔杰的部长们而不是他。部长们中最有权力的是伊利亚·加拉沙宁(Ilija Garašanin)。1812年加拉沙宁出生于克拉古耶瓦茨(Kragujevac)附近。他在"多瑙河对面"的希腊和德国的学校中接受教育。其他六位立宪主义领导人中的三位出身于伏伊伏丁那的地方贵族。尽管加拉沙宁作为内政部长处于权力核心的地位,但是这些领导人寻求通过官僚政治的权威使这个小公国现代化。他们相应地扩大警察的权力,并且从东正教手中费力地取得国家对少数小学的控制。按照从斯洛博丹·约万诺维奇(Slobodan Jovanovic)以来的学者们的判断,这些领导人最积极的成就是乡村贸易的解放,从而来自内地的农民能够分享哈布斯堡王朝贸易的进一步扩展。[14]立宪主义者们不愿意分享权力,并且他们抵制一套真正独立的司法系统。这些因素最终允许地方对手和商业对手的联合在1858年迫使立宪主义者和卡拉乔尔杰下台。

这个君主政体不久重申其核心的地位。年迈的米洛什在1859年的短暂返回几乎没有产生影响。但是米洛什的儿子迈克尔翌年的继任,使人发现权力返回到这个谦逊的宫廷及其第一个接受正式教育的塞尔维亚大公手里。迈克尔与伊利亚·加拉沙宁合作,以消除日益不满的贝尔格莱德精英们的反抗,特别是从法国大学学习返回的那些人。1861年的审查制度法侵犯了这种权利,即在城市的早期报纸上发表反对这个政权的观点。1864年大公解雇了许多终身制文官,并且实际上解散了最高法院。由弗拉基米尔·约万诺维奇(Vladimir Jovanovic)领导的反对者们按照同时代的欧洲传统,称自己为自由党人(Liberals)。

他们拒绝放弃对一部新宪法和一个推选的立法机关的要求。[15]

直到1868年迈克尔的其他对手暗杀了他，自由党人的机会才到来。国防部长迅速动用其军队迫使摄政团(Regency)接受迈克尔的14岁外甥米兰(Milan)为王位继承人。到1869年时，有权势的自由党人驱逐了保守的部长们，并且使一部新宪法获得通过。新宪法取消了委员会并且恢复了国民议会(*Narodna Skupština*)。国民议会每隔三年召开的会期在迈克尔的统治下曾在很大程度上被忽视。现在所有纳税男子将选举议会的三分之二成员，他们选举的这些议员也将包括任命大公的人。虽然尚未保证新闻自由，但是在新议会上的辩论成为公开的。虽然还没有政党，但是1874年时国民议会的主要派别独立地迫使一届在任政府辞职。

议会的这些权利，即发起立法、控制国家预算和通过秘密投票进行选举的权利，最后伴随着1888年宪法才到来。直到1903年真正的立宪制君主彼得·卡拉乔尔杰维奇(Petar Karadjordjevic)即位，这些权利才成为现实。 52

民族的渴望与政党政治(1844—1903)

像在现代希腊那样，在群众性政党形成之前，塞尔维亚的领导人渴望扩展其边界到包括其他塞尔维亚人的地区。关于这种塞尔维亚人目标的最完整声明也是第一次提出。1844年，内政部长伊利亚·加拉沙宁修订了一份长达10页的《备忘录》。这份《备忘录》是由一个波兰赞助的捷克人顾问为他准备的。该《备忘录》用泛斯拉夫的术语描述了所有南部斯拉夫人在一个单一新国家中的统一。加拉沙宁用塞尔维亚人来代替南部斯拉夫人，并且使现在的塞尔维亚人国家成为拥有塞尔维亚族居民的奥斯曼帝国领地的中心。加拉沙宁进一步模糊地提及恢复杜尚沙皇的中世纪塞尔维亚帝国。这几乎是众所周知的。以后的塞尔维亚民族主义者们颂扬这种主张，而克罗地亚民族主义者们则谴责这种主张。然而这个著名《备忘录》仍然是一个未公开的内部《备忘录》，它仅仅被少数几个政治家得知，直到1906年贝尔格莱德的一家杂志把它公布出来。

对第一南斯拉夫的起源和第二南斯拉夫的终结而言，更重要的是该《备忘录》模棱两可地同时提倡一个大塞尔维亚和一个更大的南部斯拉夫人的国家。这份文件召唤孤立的塞尔维亚人的浪漫民族主义和需要在列强之间纵横的权力政治(*Realpolitik*)。后来的外交部部长伊利亚·加拉沙宁体现了这两种情感。尽管戴维·麦肯齐(David Mackenzie)称呼他为“巴尔干半岛的俾斯麦”(Bismarck)是不太妥当的，但加拉沙宁看到了过度依赖哈布斯堡王朝的贸易对很小的塞尔维亚的生存有着内在危险，特别是维也纳设法在政治上利用这种杠杆作用的话。[16]加拉沙宁预计到奥斯曼帝国会崩溃，他试图拒绝把巴尔干半岛交给俄罗斯或奥地利统治。

该《备忘录》本身利用浪漫民族主义的语言去主张一个塞尔维亚人的国家。这个国家将包括波斯尼亚-黑塞哥维那、黑山、马其顿、科索沃和北部的阿尔巴尼亚，拥有到亚得里亚海的边疆。加拉沙宁没有建议夺回杜尚沙皇的塞尔维亚的遥远边疆，更不用说建议迁都到马其顿。贝尔格莱德和一个扩大的塞尔维亚反而将是一个更大的实体的中心，这个实体将包括保加利亚人和克罗地亚人的领地，但不是杜尚征服的广大的希腊人领地。独立的民族身份将被尊重，并且许诺克罗地亚人
53 完全的宗教自由。加拉沙宁明确提议设立塞尔维亚的执法官和教师网络，但是呼吁他们特别注意同天主教神父尤其是方济各会神父的合作。这是一个好主意，但是它含蓄地指明克罗地亚人在某种联盟中不明确的辅助(*subsidiary*)作用，这种联盟拥有一个包括波斯尼亚的扩大的塞尔维亚。这使加拉沙宁的模棱两可的说法成为一个致命缺陷。每当20世纪塞尔维亚人或克罗地亚人的政治家们把加拉沙宁的这种说法施加于两个南斯拉夫中的任何一个时，这种致命缺陷就会出现。

加拉沙宁自己有两个机会去实施其主张。第一个机会在1848年到来，当时伏伊伏丁那的塞尔维亚人反抗匈牙利人的军队，而他们最初在一次反对哈布斯堡王朝统治的联合起义中参加了匈牙利人的军队。塞尔维亚内政部长加拉沙宁担心列强的反对，因而避免给予起义者任

何正式支持,但是他派遣执法官去达尔马提亚,并且派遣志愿者到伏伊伏丁那。他还在幕后操纵同耶拉契奇将军(General Jelacic)缔结联盟。耶拉契奇将军是克罗地亚总督和军事边界区的司令官,到1849年为止,军事边界区的军队对哈布斯堡王朝镇压匈牙利人的独立是至关重要的。作为报答,维也纳只允许伏伊伏丁那的塞尔维亚人重申他们的宗教自治,同时维也纳加强了自己的政治控制(如上所述),直到1860年将其移交匈牙利当局。

于是加拉沙宁不再幻想在哈布斯堡王朝的领地内进行操纵获取报酬,他在19世纪60年代转向奥斯曼帝国的欧洲领土。[17]此时是外交部部长的加拉沙宁与迈克尔大公同希腊和黑山缔结联盟,免得他的波斯尼亚塞尔维亚人网络所期望的反抗,变成一次从巴尔干半岛驱逐奥斯曼帝国的总起义。大公已经批准了一支有9万人的庞大的国家民兵。但是大公尝试的塞尔维亚军事化没有使加拉沙宁或来访的俄罗斯军官相信:按照欧洲标准去训练或装备一支地方民兵的努力已经取得了成功。他简明地拒绝了加拉沙宁的建议,就是当有起义的最初迹象时派遣这支新军队越过德林纳河(Drina river)进入波斯尼亚,这种起义违背奥地利的愿望,并且几乎没有胜利的期望。[18]

直到次年迈克尔被暗杀,他的判断才被证明是正确的。差不多10年以后,即在1876年,组织仍然松散的塞尔维亚军队在甚至更为松散的俄罗斯志愿者的支持下,仓促冲入波斯尼亚-黑塞哥维那去援助反抗其波斯尼亚穆斯林地主的塞尔维亚族农民。奥斯曼帝国军队迅速击退了两次小规模的突击。这两次突击的失败迫使塞尔维亚在1878年按照哈布斯堡王朝的条件接受独立。列强在柏林确定了这些条件去限制国家扩张的渴望。结果国内问题被遗留下来,却把现代政党和大众政治带给了塞尔维亚。

在整个19世纪70年代,曾统治塞尔维亚的自由党领导人并未尊 54
重日益充满活力的年轻君主米兰·奥布雷诺维奇(Milan Obrenovic)。此时他们应该对米兰·奥布雷诺维奇及其他反对者为他们在波斯尼亚边界和东部塞尔维亚的战争努力负责。这种战争努力未能吸引到俄罗斯的支持,反而在1878年在柏林达成的最后《和平协定》中丢掉了南部尼什(Nis)三角洲的适度利益。当自由党人用新所得税去偿还这场战争的一些开支并且签署了奥匈帝国提议的单边贸易协定时,米兰·奥布雷诺维奇乘机将他们免职。所谓的年轻保守派、加拉沙宁一代的继承人组成了1880—1887年的内阁。他们成立了一个正式政党,称为"进步党"(the Progressives),并且为其议会成员们建立一个俱乐部。一系列新闻、司法和教育的改革应归因于他们,其领导人在巴黎的法律研究为此提供了基础。

由于吸收群众成员和组织遍及塞尔维亚的网络的现代首创精神,新的激进党(Radical Party)在这期间已经超过进步党。它的乡村组织者和它的广泛分发的报纸《自我管理》(*Samouprava*)("自我管理"在这里意为地方自治,而不是铁托的南斯拉夫的经济概念)作出了示范。这个政党在1914年之前的10年间将支配塞尔维亚的政治。该政党植根于斯韦托扎尔·马尔科维奇(Svetozar Markovic)的空想乡村社会主义(utopian rural socialism)。在斯韦托扎尔·马尔科维奇于1872年早逝之前,他未能使这一理论相互连贯。该政党背离了这一根源,其1881年选举政纲只寻求仿照同年法国激进党计划的政治改革。[19]放在塞尔维亚选民面前的第一个民主改革的全面计划,强调了国民议会和地方政府高于君主及其部长们的首要地位。虽然该政党增长的选票没有使他们赢得多数,但是到1883年时他们使免费的乡村义务教育法获得通过。因为拒绝交纳税款,米兰·奥布雷诺维奇将他们的都主教免职,东正教统治集团因此麻烦缠身,无暇他顾,否则他们可能会阻碍世俗学校教育。如果同一年没有爆发一次地方农民起义,那么激进党对民主的宪法修正案和地方政府特有权利的其他要求也许不可能占上风。

1888年激进党的胜利和据其制定的比利时风格的杰出宪法,充分利用了对1883年蒂莫克(Timok)起义的广泛反应。东部边界地区的农民宁可举行起义反对政府执法官,也不接受下列这项法律。这项法律规定没收农民的来复枪,并且分发数量更少的新毛瑟枪给地方军队指挥官。这项法律是组织一支彻底无种族界限的欧洲风格军队的理性努力的一部分,以免重复1876—1878年在奥斯曼帝国波斯尼亚的战争 55
失败。尽管激进党支持起义者,以及他们反对国家军队的主张,但是进步党政府和新近加冕为国王而不是大公的米兰·奥布雷诺维奇拒绝放弃原来的立场。激进党领导人是已经36岁的尼古拉·帕希奇(Nikola Pasic),他是蒂莫克河地区的本地人,在瑞士接受工程师教育。国王的乡村联队保持团结并且镇压了这次起义,迫使帕希奇在保加利亚流亡5年。[20]对正在现代化的中央政府权力的这种地方抵制盛行,足以帮助帕希奇领导其政党在1888年选举中取得绝对胜利。他们赢得了议会的每个议席,并且迅速批准了一部更为民主的宪法。这部宪法给予议会的多数党以支配政治进程和蔑视君主政体的权利。激进党迫使米兰·奥布雷诺维奇在1889年退位。然而其软弱的继承人亚历山大借助于他的多数党,在1894年强大到足以完全抛弃1888年宪法。

在这期间,政党政治已经对国内发展问题感到厌烦,并且返回到伊利亚·加拉沙宁所开始的扩展边界这个侧重点上。正如我们将看到的那样,在1876—1878年同奥斯曼帝国的战争中,对塞尔维亚而言,这场战争已经在波斯尼亚拙劣地开始。它的军队吸收了来自科索沃的塞尔维亚族志愿者。其军队穿过尼什三角洲,到1878年1月时几乎推进到普里什蒂纳(Pristina)。在这支军队撤退前后,针对剩余的塞尔维亚人,新就任的奥斯曼帝国苏丹哈米德二世(Abdud Hamid Ⅱ)派出了科索沃的阿尔巴尼亚族后备军。双方的劫掠可能糟践了3万来自四个科索沃省的塞尔维亚人和同等数量的来自尼什三角洲的阿尔巴尼亚人。[21]“种族清洗”连同迁徙一起,已经解释了1690和1737年塞尔维亚人迁徙前后的科索沃人口统计学历史。激进党的1881年计划已经认可了塞尔维亚人王国所有部分的解放和统一。到1889年时,帕希奇和进步党外交部部长切多米尔·米贾托维奇(Cedomil Mijatovic)一起主办了精心筹划的“科索沃战役500周年纪念仪式”,该纪念仪式包括公开承诺收回这一领土。

米贾托维奇也是塞尔维亚科学和艺术学会(Serbian Academy of

Sciences and Arts)主席。他遵循伏伊伏丁那的塞尔维亚人在那里典礼的早期前例,以协调塞尔维亚的一系列大事。最著名的是年轻的亚历山大·奥布雷诺维奇(Aleksandar Obrenovic)国王的加冕礼。加冕礼在一个东正教修道院举行,有俄罗斯领事观礼。科索沃是他们取得一致意见的一个议题(如果不是一种"发明的"传统,就是一种复兴的传统),并且是一个完全遗漏了国内现代化争端的议题。如同希腊收回拜占庭帝国领土的主张,塞尔维亚对科索沃的追求将加强盖尔·斯托克
56 斯(Gale Stokes)所称的"没有发展的政治"观点,即一个成长中的国家机构几乎不能同一种落后的乡村经济相联系。[22]

小农经济和奥匈帝国的联系

从自治开始,塞尔维亚的人口和经济已经显著地增长。但是结构变革需要通过上升的生产力和刚刚产生的现代技术去使增长变成持续的发展。除了对技术教育提供有限支持,并且提供一系列欧洲贷款去建造通往君士坦丁堡的东方快车(Orient Express)铁路线的塞尔维亚路段以外,没有一个塞尔维亚政府曾设法解决这个问题。由于法国金融家尤金·邦图(Eugene Bontoux)的去世,这些贷款中的第一笔在1881年终止了。在此之后,通过其他贷款修建了这条铁路线激起政府对更多贷款的强烈愿望。到1887年时,贷款利息已经消耗了不断激增的国家预算的三分之一。到1898年时,更多的贷款促使预算再次加倍,但是没能修建多达1英里的铁路,也没有用主要是法国的贷款去承办其他任何经济项目。

然而相当大的经济增长正在进行中,使国家的支持显得似乎不那么重要。从1834—1859年,塞尔维亚的人口增加一倍达到100万,然后到1899年时暴涨到250万,包括在《柏林条约》签订之后因尼什三角洲而增加的33万人。对此作出主要贡献的是乡村的高出生率(超过4%),以及来自奥斯曼帝国的波斯尼亚-黑塞哥维那和马其顿的塞尔维亚人的持续移入。在1862—1866年和1896—1900年期间,新开垦土地上的粗放谷物耕作使按人口平均计算的小麦耕种面积加倍。按人口

平均计算的产量也提高了,直到 1900 年之后,这些农村的小农场因缺乏现代方法或技术而逐渐衰败。[23]

主要的出口商品和促进除贝尔格莱德正在崛起的国家官僚机构之外的城市增长的主要因素,不是谷物而是家畜。肥猪和牛成群地被活着驱赶到贝尔格莱德或多瑙河或萨瓦河上的其他城镇,运往哈布斯堡王朝的伏伊伏丁那,或继续运输到奥匈帝国的其他市场。其中没有一个对弱小的工业成分作出任何贡献,对城市的增长也几乎没有作出贡献。到 19 世纪末,超过 2 000 人的城镇中的平民仍然只占塞尔维亚人口的 14%,小于其他任何独立的巴尔干国家,在未来南斯拉夫领地中也仅仅比达尔马提亚高。

家畜贸易的更大意义在于出口的繁荣和过分依赖奥匈帝国市场,这一依赖从 19 世纪 30 年代一直保持到 19 世纪 90 年代。在家畜贸易的带领下,塞尔维亚的出口值从 1835—1838 年到 1856—1860 年增加三倍,然后到 1896—1900 年时几乎增至四倍。没有人注意到,在稍后 57
时期,人口已经增长得足以降低按人口平均计算的真正出口额总值。但是塞尔维亚的政治家们认为,其总出口额的 85%至 90%输往奥匈帝国这种连贯一致的趋向是一个政治问题。这种过度依赖已经给予这个二元君主政体足够的商业调节手段,从而奥匈帝国在 1881 年制定了一个秘密协定去监督塞尔维亚的外交政策。为了延续自己的另一个 10 年的关税联盟,奥匈帝国的匈牙利一方及其农业利益集团,在 1896 年发动旨在获得奥地利特许权的 10 年一度的运动。哈布斯堡王朝的代表第一次坚持禁止与之竞争的塞尔维亚家畜出口,作为对布达佩斯的一种无痛让步。塞尔维亚商人现在开始寻找其他市场。他们对未来南斯拉夫的其他领地缺乏重视,因为这些领地有同样的初级产品出口。事实上,塞尔维亚对这些领地的销售额从未超过 1914 年之前其自身出口值的 2%。[24]

作为微型国家的黑山

按照刚实施的普通经济标准,同时也按照欧洲的政治标准,19 世纪的黑山公国明显更小、不那么发达,并且更孤立于未来的南斯拉夫领地。然而在第二次世界大战期间及战后,这里的黑色山脉(*Crna Gora*)因为其他原因而显得重要。在这些不同的时期,当地居民的勇敢足以抵挡外国的占领。这是一个原因。尽管其塞尔维亚族居民对此有疑义,但是黑山也作为一个自塞尔维亚独立的国家出现,并且它处理欧洲列强的外交关系类似 1914 年之前巴尔干半岛的任何大得多的独立国家。

这个内陆公国非常小而且贫穷。到 19 世纪中叶时,其人口还仅有 6 万,并且几乎完全分散在不被任何道路连结的山村。低下的农作物产量和有限的耕地只能满足其一小部分同胞的生存。家畜贸易提供了唯一的出口商品。在国外工作或者在国内从事盗匪活动是更有利可图的,这两者都被更好地尊重。[25]

从 18 世纪起, 连串的东正教主教们同 12 个地方部族的领导人持续斗争,以建立某种中央权威,这些主教以采蒂涅(Cetinje)为基地,并且接受俄罗斯的津贴资助。这些主教和地方部族的领导人只在抵制奥斯曼帝国的宗主权时才会联合起来。即使这些主教中最有权威和最著名的彼得·彼得罗维奇·涅戈什(Petar Petrovic Njegos)也不能征税
58 或施行一套司法制度,他更多因为其有影响的、近似史诗的诗作而被铭记。涅戈什试图这样做,即宁可借助于塞尔维亚人共同身份的认同来激励,也不借助于他也熟悉的个人力量的启蒙思想。塞尔维亚人的共同身份基于科索沃战役的失败和杀死或驱逐当地土耳其人的一次宗教圣战。涅戈什的最感人的诗作《山环》(*Gorski vijenac*)明确了这种优先考虑。他的世俗继承人达尼洛(Danilo)在 1851 年设法颁布一部法典,并且组织了一支统一军队。达尼洛在 1859 年稍微增加了这个新公国的面积,但是次年他即被暗杀。

当黑山面积加倍并且赢得进入亚得里亚海的通道时,达尼洛的继承人尼古拉大公(Prince Nikola)掌管了黑山。1877—1878 年俄土战争中,黑山军队在战场比塞尔维亚军队坚持的时间更长之后,由于俄罗斯的极力主张,欧洲列强承认黑山为一个独立国家。然而,随后的《柏

林条约》比最初的《圣·斯特凡诺条约》(*Treaty of San Stefano*)给予这个公国更少的领土,并且把其新海岸线置于哈布斯堡王朝的监督下。俄罗斯继续提供对黑山国家预算的经济援助。在 1879 年之后,大公的专制权力在行政、立法和司法机构之间的有限分配对发展落后的经济毫无用处。

到 1900 年时,黑山新边界内的人口从 11.7 万人增长到18.5万人。城市的比重超过 8%。推动前往国外工作的压力和外出留学的机会相应地增长。国家拨付用于教育的预算比任何巴尔干国家的预算都更大。这为足够多的小学提供资金以降低城市的男性文盲率,1900 年时,城市的男性文盲率低于 50%。学生们继续到萨格勒布,特别是贝尔格莱德接受高等教育,这建立了同未来南斯拉夫领地的文化联系。但是黑山独立的军事和政治结构继续独行其是。直到第一次世界大战,尼古拉大公在欧洲列强之间掌控这个小国的能力支持了这种情况。

哈布斯堡王朝领地中克罗地亚人和南部斯拉夫人的主张(1860—1900)

在哈布斯堡王朝君主政体治下的南部斯拉夫人中,至少到 1900 年,民族渴望的政治活动集中于文治克罗地亚和军政克罗地亚。然而在波斯尼亚-黑塞哥维那、达尔马提亚和斯洛文尼亚,也出现了民族渴望的政治活动。在三个旨在民族融合的克罗地亚人的主张中,南斯拉夫的主张比民族主义或自由主义都更短命。

斯特罗斯迈尔的南斯拉夫联邦 59

第一次提到一个联邦制的南斯拉夫,甚至第一次使用这些词,起因于约瑟普·尤拉伊·斯特罗斯迈尔(Josip Juraj Strossmayer)的 19 世纪 60 年代的计划。自 1849 年贾科沃(Djakovo)主教,这个具有迷惑性德国人名字的唯心论的克罗地亚教士花费了下一个 10 年去寻找一条道路,创立一种依据伊利里亚模式寻求南部斯拉夫人的文化融合,真正宗教融合的新运动。斯特罗斯迈尔在另一个天主教神父弗朗西斯·拉茨基(Franjo Racki)的“意识形态体系”中发现了这条道路,“意识形态体系”出自米里亚·格罗斯(Mirjana Gross)的命名。[26]拉茨基相信对有学识的克罗地亚精英而言,赫德尔①的政治预言即“自由通过文化”能够被实现,即只有一个包括塞尔维亚人和斯洛文尼亚人的单一南部斯拉夫人的身份能够被创造。1866 年,斯特罗斯迈尔和拉茨基在萨格勒布共同创立南斯拉夫科学和艺术学会,从而通过共同的学术成就和语言上的统一来追求这一目标。实际上,学会的干事优先考虑的事是为克罗地亚和塞尔维亚的语言出版一本单独的字典。

东正教的塞尔维亚人如何能够被带入他们的南斯拉夫国家?斯特罗斯迈尔和拉茨基提出了两个前途无望的解决办法。他们精心策划了东仪天主教会的宣传,即要求塞尔维亚人接受忠于罗马作为回报,把他们的礼拜仪式与克罗地亚教会复活的格拉哥里字母(glagolica)结合起来。格拉哥里字母是中世纪斯拉夫人的语言。斯特罗斯迈尔和拉茨基也支持这种徒然的希望,即日益专制的教皇将放松中世纪晚期对格拉哥里礼拜仪式的镇压。到 1870 年时,日益专制的教皇发展为绝无谬误主义。

在 19 世纪 60 年代期间,斯特罗斯迈尔利用其作为民族党领导人的地位去追求政治目标而不是宗教目标。他宁可从维也纳寻求克罗地亚自治,也不寻求作为一个南部斯拉夫人国家的独立。1861 年的 2 月,特许令容许克罗地亚议会再次集会,并且提供文治克罗地亚这一机会,即派遣其代表参加在维也纳召开的新帝国议会(Reichsrat)。斯特罗斯迈尔领导其政党的大多数成员反对参加新帝国议会。他宁愿指望匈牙利人给予文治克罗地亚和斯拉沃尼亚自治,从而使其成为一个联邦的中心,这个联邦包括军事边界区、达尔马提亚和斯洛文尼亚。克罗地亚将继续领导哈布斯堡王朝君主政体的这个自治部分,这种设定仅仅在这样的细节中出现,如斯洛文尼亚人有义务放弃其语言来支持斯

① 赫德尔(1744—1803),德国哲学家、作家。他的直感胜于理智的观点对歌德有很大影响,成为德国浪漫主义的基础。——译者注

托卡瓦斯基方言。

直到 1866 年,斯特罗斯迈尔才提议与塞尔维亚的明确联合。1866 年哈布斯堡王朝被俾斯麦的普鲁士羞辱性地击败了,这让匈牙利的领导层赢得其自治的理由。布达佩斯清楚表明其对克罗地亚的限制性意 60
图。占优势的自由党领导人费伦茨·迪克(Ferenc Deak)称克罗地亚人是一个“非政治性的民族”,拥有独立的但是低级的文化。他的态度准确地预示了匈牙利在 1868 年《克罗地亚-匈牙利协定》(*Nagodba*)中仅仅授予文治克罗地亚和斯拉沃尼亚以有限自治。[27]

斯特罗斯迈尔的利益与加拉沙宁的努力是一致的,如上所述,加拉沙宁努力去缔结一个将支持塞尔维亚同奥斯曼帝国军事对抗的联盟。正如我们已经看到的那样,塞尔维亚的外交部部长加拉沙宁已经缔结了与希腊和黑山的协定。此时他与克罗地亚的代表也在探究一个协定。一个助手起草了一份对波斯尼亚起义的建议。这个建议许诺“地方行政自治”,并且许诺贝尔格莱德和萨格勒布这“两极”在将来的联盟国家中具有同等的中央权威。但是,当这个助手完成了该草案的原始草稿时,加拉沙宁修改了这个文本。加拉沙宁删除了地方自治和两极的说法,改为保证贝尔格莱德是“天然的中心……对所有南斯拉夫的民族统一为一个单一的联邦制国家而言”。另一方面,斯特罗斯迈尔打算在其克罗地亚领导的联邦和塞尔维亚之间签订一个类似奥匈帝国的二元协议。斯特罗斯迈尔当时和以后都很明确表示愿将波斯尼亚-黑塞哥维那全部划给塞尔维亚,以换取保留所有的军事边界区、斯拉沃尼亚和伏伊伏丁那,与文治克罗地亚及一定区域的斯洛文尼亚结为一体。但这不足以争取到加拉沙宁的合作。作为一个积极的政治家,斯特罗斯迈尔主教的最后方案没有任何结果;但是克罗地亚人和塞尔维亚人关于某种联合国家的措辞之间的这种最初冲突使其意义重大。[28]

克罗地亚的民族主义和自由主义的主张

1868 年的《克罗地亚-匈牙利协定》、其 1873 年微调修正案,以及

1881年军事边界区并入匈牙利,这些在19世纪的剩余时间固定了克罗地亚政治文化所成长的框架。到19世纪70年代时,两颗独立的种子已经在克罗地亚的政治中生根发芽。它们是民族主义和自由主义。当20世纪早期的农民和社会主义的潮流已经不存在时,它们在克罗地亚继续存在直至今日。

1868年以前民族主义和自由主义已经在克罗地亚出现,但是区别于19世纪的南斯拉夫主义,它们经受住了《奥地利-匈牙利协定》和塞尔维亚关于联合国家的措辞的冲击。一个独立的克罗地亚的主要倡导者是安特·斯塔尔切维奇(Ante Starcevic)和尤金·克瓦泰尔尼克(Eugen Kvaternik)。他们在1861年建立了权利党(Party of Right)
61 (诠释为国家的权利),以对抗在维也纳的中央集权的奥地利政权。奥地利政权在19世纪50年代已经妨碍了整个君主政体的发展。在军事边界区反抗奥地利当局的一次失败的1871年起义期间,克瓦泰尔尼克英年早逝。而斯塔尔切维奇作为一个隐居的贤人继续生活到1896年。

斯塔尔切维奇利用其博学与忠贞,第一次把一个不可磨灭的反塞尔维亚人的印记放在克罗地亚的民族主张上。斯塔尔切维奇出生在军事边界区,其父亲是克罗地亚人,母亲是塞尔维亚人。在19世纪40年代,作为一个学生,他是伊利里亚人主张的热情拥护者。即使在那时,随法国人而来的伊利里亚省的中央集权政治吸引着他。到19世纪60年代时,他把拿破仑三世当成他的政治英雄,因为这个法国皇帝支持北部的意大利脱离哈布斯堡王朝统治而独立。他的权利党将比斯特罗斯迈尔更加依赖布达佩斯来对抗维也纳。斯塔尔切维奇随后对1868年协定的失望没有导致他像斯特罗斯迈尔那样退出政治,反而加深了他对二元君主政体的奥地利统治的反对。这种失望也鼓励了他的这一主张,即一个纯粹克罗地亚人的民族特征高于包括塞尔维亚人领土在内的最广阔可能领地的主张。

他的反塞尔维亚人情绪的主要推动力显然是值得商榷的,这一点如同其对以后几代的克罗地亚和塞尔维亚民族主义者的强大影响一般一目了然。他的反塞尔维亚人情绪的主要推动力,源自他最初虔信的意识形态的幻灭即源自伊利里亚运动的失败吗?或者源自他的这种判断(也是克瓦泰尔尼克的),即同塞尔维亚的假定盟国俄罗斯相比,对克罗地亚而言,法国是一个反对哈布斯堡王朝君主政体的更强大和更现代化的盟国?他的反塞尔维亚人情绪的主要推动力应当包括他是一个探求单一身份超过其塞尔维亚人-克罗地亚人混合身份的个人吗?对其中任何一个问题的肯定回答表明,斯塔尔切维奇将不会简单地对1849年出版的一篇随笔作出反应。这篇随笔是最重要的塞尔维亚语言学家武克·卡拉季奇于1836年撰写的。武克的"所有和各处的塞尔维亚人"(srbisvii svuda)论声称,不论宗教,所有说斯托卡瓦斯基语的人都是塞尔维亚人,从而大多数克罗地亚人是塞尔维亚人。

无论斯塔尔切维奇主张的起源是什么,他雄辩而详尽地陈述了这些主张。他对宗教分歧轻描淡写,但是论证了波斯尼亚和军事边界区的塞尔维亚人是真正东正教的克罗地亚人,类似波斯尼亚穆斯林,他们将自愿承认他们同历史上的克罗地亚国家的联系。与二战期间克罗地亚的法西斯主义政府的其他任何一个专制特征一样,强制转变为克罗地亚人或天主教徒身份诚然远非斯塔尔切维奇的意愿。然而正是他创造了带贬义的术语"斯拉夫塞尔维亚人"(Slavoserb)。这个术语被克罗地亚的法西斯主义者复活,并且以后在1991—1992年战争期间再次被一些萨格勒布的媒体复活用来指一个劣等民族,这个劣等民族不是一个民族而是"一个奴隶群体,最令人讨厌的畜牲"。连斯塔尔切维奇的同事克瓦泰尔尼克都反对这个术语,如同克瓦泰尔尼克反对斯塔尔 62
切维奇的这个断言,即斯洛文尼亚人是"山岳克罗地亚人"一样。[29] 总之,斯塔尔切维奇关于克罗地亚民族的有机统一的著述是19世纪撰写得最有说服力的著作,然而,斯塔尔切维奇也把塞尔维亚人是劣等的危险思想带入了克罗地亚政治。

要强调的是,斯塔尔切维奇及其权利党在克罗地亚政党政治的最初20年中都起到无足轻重的作用。民族党的两个分支在1863年已经分裂，一个支持同匈牙利人合作，而另一个则支持同奥地利当局合作，作为获得更大自治的更好道路。这两个分支在议会选举中都赢得了比权利党更多的席位，统一党（Unionist Party）（原来的马扎尔党）也一样。统一党欢迎同现代化中的匈牙利完全融合。现代化的开端席卷1867年《奥匈条约》（*Ausgleich*）之后的新二元君主政体，支持现代化的开端使重组的民族党到1871年时在议会中赢得多数。民族党的领导人是伊凡·波波维奇（Ivan Mazuranic）（斯塔尔切维奇以前的中学老师，他帮助斯塔尔切维奇转而信仰伊利里亚人主义）。1846年其描写一个注定失败的奥斯曼帝国官员的精彩的悲剧故事《斯迈尔·阿加之死》（*Smrt Smailaga Cengica*）在黑塞哥维那出版之后，波波维奇成为一位主要的文学人物。波波维奇接受过律师培训，他从19世纪60年代以前就支持同哈布斯堡王朝的合作。更早的效忠并且专心于国内改革而不是同新近占优势的布达佩斯对抗的倾向，这使得波波维奇在1873年被任命为总督。

波波维奇对于现代化的口号是“从内而外”，这在许多城镇特别是萨格勒布产生显著效果。萨格勒布现在开始看起来像一个城市，在10年间其人口从1.9万增长到2.8万，并且成为一个哈布斯堡王朝风格的城镇中心。新总督使萨格勒布成为南部斯拉夫人领地上第一所欧洲风格大学的所在地。虽然没有弗朗西斯·拉茨基和斯特罗斯迈尔主教曾给予新大学的对世俗教育的支持，但是教育改革使小学教育和中等教育更容易开展。这个人民的总督也利用匈牙利人不关心的短暂时期（1873—1875），通过议会去推行36项内政改革，建立一套独立的司法系统，使人民接受新闻和集会的某些自由，以及犹太人的解放。另外，哈布斯堡王朝的塞尔维亚人在他的政权中占据了三个最高的职位，而没有遭到多少来自克罗地亚人主流阶层的抱怨。实际上，关于波波维奇时代的大部分美国研究著作发现，“实质上没有证据表明，在19世纪70年代期间克罗地亚范围内的克罗地亚人和塞尔维亚人之间存在值得注意的紧张局势”。[30]

1883年，布达佩斯任命了一个年轻而精力充沛的匈牙利人总督，并指示推进克罗地亚-斯拉沃尼亚同匈牙利王国的行政整合,扩大单一的马扎尔人语言的使用。在匈牙利人看来,他的举措完全可以视为集中掌控现代化。但当时克罗地亚人也责备卡罗伊·屈恩-海代尔瓦里伯爵(Count Károly Khuen-Héderváry)的长久任期使他们的政治偏离了1860—1880年间的"自由之路"。这个新总督终止了司法独立和陪审团制度,恢复了地方政府公然反抗议会的权力,并且允许东正教塞尔维亚人和天主教克罗地亚人的宗教学校重新开学。如果我们加上这些措施去证明城市精英面临逐渐出现文化马扎尔化的前景,这似乎是一个公平的指责。克罗地亚的精英现在认为伯爵委派塞尔维亚人任高级官职是一项分而治之的政策,这不同于波波维奇的委派。 63

然而,波波维奇政权与其继任者分担了忽视农民利益的责任,这一责任超出了允许分割扎德鲁加或扩大的家族财产的规定。在不能投票的98%人口中农民占绝大多数,并且在1880年超过80%的农民仍然是文盲。1881年军事边界区并入克罗地亚-斯拉沃尼亚,1879年哈布斯堡王朝占领邻近的波斯尼亚-黑塞哥维那。这为1883年的农民起义创造了条件。1883年的农民起义比同年塞尔维亚的蒂莫克起义更广泛地展开。与哈布斯堡王朝官员的怀疑相反,这一起义的起源和过程与斯塔尔切维奇的小党的克罗地亚民族主义几乎没有关系,并且与来自军事边界区的相当多的塞尔维亚族居民的反克罗地亚人的积极性无关。

1883年农民起义和军事边界区

作为一次克罗地亚民族主义者的抗议,1883年秋,在萨格勒布开始的骚乱从北部克罗地亚蔓延到前军事边界区。匈牙利的财政总监已经决定在他的房屋上悬挂用两种语言题字的匈牙利国玺。这不是一种普通的姿态。在过去三年里,财政总监对其工作人员使用匈牙利语的压力已经引起克罗地亚人的忧虑。一份民族党的报纸鸣响了警报,萨格勒布和其他几个城镇的大街上迅速挤满了愤怒的示威者。权利党努力使这次城市骚乱变成一次反对哈布斯堡王朝统治的农村暴动,但是权利党的这一努力可悲地失败了，即使他们邀请了塞尔维亚人参与其中。

反而，这次暴动成为一次反对所有课税权力的农民起义。它从萨格勒布的北部腹地迅速蔓延到前军事边界区的巴尼亚(Banija)行政
64 区。像曼努埃尔·杜博(Manuela Dobos)已经证明的那样，农民由于经济原因造反，与城市精英的民族焦虑无关。[31]严重的农村问题已经在克罗地亚所有地方出现，虽然在人口较少、更繁荣的斯拉沃尼亚没有那么明显。1848 年之后，匈牙利在文治克罗地亚废除农奴制；1850 年奥地利颁布法律，使边防军在军事边界区的土地成为可继承的财产；到 19 世纪 70 年代，这两项规定已经促使农村土地变成了不经济的小块宅地。法律障碍阻止了扎德鲁加公社的大块土地的分解和随后的贱卖或抵押，并且也阻止了高效率的耕作。在上述农民起义的 10 年期间，在世界市场衰退以后，谷物价格跌落一半而土地税增加一倍。农民对仍是萨格勒布最大职业群体的克罗地亚和匈牙利官员的憎恶相应地增长。

边防军对迅速膨胀的国家机构格外地心怀不满。在 1873 年已经开始的边界区特殊地位的逐渐消失，这个过程使步兵团与其他哈布斯堡王朝的部队联合起来，并且关闭了按成本价供应像烟草、盐和来复枪这些必需品的专门商店。新的间接税跟着到来，1881 年边界区的最终合并，赋予了匈牙利财政部(Hungarian Financial Directorate)强加更多税收的权力。这种威胁促使塞尔维亚人和克罗地亚人的边防军携手去驱逐所有官员，甚至包括来自许多巴尼亚村庄的他们的神父。他们的共同对手是地方贵族或穿双排扣礼服的城市官员，这些人只是征税，并没有对农业现代化提供援助。

在克罗地亚的克拉伊纳的塞尔维亚族军官和在斯拉沃尼亚的克拉伊纳的市民，已经把哈布斯堡王朝对克罗地亚-斯拉沃尼亚的管辖看做他们民族的不利条件。当 1861 年第一次获准进入克罗地亚议会的边防军代表因为拒绝参与新的奥地利议会而被驱逐时，许多塞尔维亚族下级军官投奔了塞尔维亚。他们中的一些人沿着军事边界区帮助组织

支持加拉沙宁的塞尔维亚计划,去煽动一次在波斯尼亚-黑塞哥维那反对奥斯曼帝国政权的起义。[32]

这种来自塞尔维亚的主动反而使匈牙利加强了撤销军事边界区的决心,1871 年皇帝最终同意撤销军事边界区。两年以后,自由主义者波波维奇引进一套世俗学校的单一体系,该体系威胁了塞尔维亚人的东正教会学校在之前被保护的边界区中的生存。斯雷姆的塞尔维亚族市民为此抗议,但是几乎没有来自农村地区的响应。斯雷姆位于作为塞尔维亚边界的多瑙河和萨瓦河之间的东部地区。1883 年,塞尔维亚族农民联合克罗地亚族农民反对更高的匈牙利税赋的威胁,这种威胁 65
来自前军事边界区的另一侧:西端。即使对斯雷姆市民的文化马扎尔化(Magyarization)的压力已经增长,但是这些农民在斯雷姆没有引起反响。在这期间,塞尔维亚政府的 1881 年秘密协定已经授予维也纳一项对其外交主动的否决权,它强调贝尔格莱德不能质疑奥匈帝国对波斯尼亚-黑塞哥维那的占领。

波斯尼亚从奥斯曼帝国转到奥匈帝国的统治下

1991 年南斯拉夫分裂之后,血染波斯尼亚的塞尔维亚人、克罗地亚人和穆斯林的三角战争冲击了发端于奥斯曼帝国统治终结时期的南斯拉夫的最早根基。塞尔维亚人和穆斯林的对立在 1877 年以前的几十年中已经开始,并且此后更是加剧。1878 年之后奥匈帝国的波斯尼亚政权的混合特色,也使塞尔维亚人和克罗地亚人在未来南斯拉夫领土的任何地方第一次成为潜在对手。哈布斯堡王朝的统治与晚期的奥斯曼帝国政权都挑起了他们的对立。这两个帝国都试图使其在中央控制之下让征税、征兵和教育现代化。在这些政策中起作用的相同动机导致 1883 年在塞尔维亚和克罗地亚的农民起义,但是在那些方面未形成任何民族冲突的后果。

19 世纪初期,奥斯曼帝国的改革试图改编一支现代军队,代替在地方上盘踞的、自治的苏丹近卫步兵军团(Janissary Corps)。军事改革直接挑战波斯尼亚穆斯林精英的权力。他们的地方领主(*begs and*

agas)指挥苏丹近卫步兵军团,并且占据由大部分是塞尔维亚族的佃农耕种的土地。17 和 18 世纪期间,在波斯尼亚的塞尔维亚族人口比例伴随着迁移已经从 10%上升到 40%。1815 年波斯尼亚穆斯林军队占据了塞尔维亚的六个西部和南部的行政区,1833 年米洛什大公最终从奥斯曼帝国政府讨价还价地要回了这些行政区。那时,波斯尼亚穆斯林精英组织了一次军事远征,反对正规的奥斯曼帝国军队。在被击败之前,他们的军队暂时赢得了几次胜利,并且要求自治。波斯尼亚穆斯林也抵制 1839 年之后奥斯曼帝国的进一步改革,以完全终结这个地方指挥官制度的努力。奥斯曼帝国的新总督提高税赋并且使政府而不是当地地主成为收税官。最后,这种专制努力在 1851 年引发了一场最后的波斯尼亚穆斯林失败的起义。[33]

66 到 19 世纪 60 年代,在波斯尼亚-黑塞哥维那的 130 万人中,塞尔维亚族农民超过三分之一。1834 和 1842 年,他们举行反对其地主征税的地方起义。在拿破仑一世时代增加的转口贸易已经终止之后,经济衰退使得地主征税更为严重。新的 1848 年条例要求缴纳其土地的粮食产量的三分之一或强迫劳动,至 1862 年,这激起了四次以上的起义。就这些农村的塞尔维亚族小佃农而言,不只是 1 万名拥有土地的代表精英,所有 40 万波斯尼亚穆斯林似乎都摆脱不掉被牵连的苦难。大部分来自黑塞哥维那的 25 万克罗地亚人中的一部分也沉溺于这种毒害之中,虽然他们中不存在为塞尔维亚人辩护并指望塞尔维亚救济的小商业精英。但都是文盲的克罗地亚族和塞尔维亚族的农民,都有当地神父为其苦难增加一个忏悔的理由。

分布广泛的暴力以 1875 年黑塞哥维那起义为开端,这种暴力将围绕奥匈帝国统治的转变。当他们的要求在一次歉收后被拒绝时,塞尔维亚族和克罗地亚族的农民都准备拿起武器,他们要求减少自 1850 年以来增至三倍的货币税负担。一个方济各会神父遇刺讽刺地触发了黑山支持下塞尔维亚人的起义。这个神父为了哈布斯堡王朝皇帝弗朗茨·约瑟夫(Franz Josef)的访问旅行到达尔马提亚。奥斯曼帝国和波斯尼亚的穆斯林军队不久镇压了起义,并且击退了来自塞尔维亚的短暂入侵。在这个血腥过程中,大约15万人被杀害或被迫逃走,主要是塞尔维亚人。这次延长的动乱使得欧洲列强在《柏林条约》中增加了奥匈帝国占领波斯尼亚-黑塞哥维那的条款。1878年缔结的《柏林条约》废除了俄罗斯在同奥斯曼帝国的近来战争中的获得物。从1854年起,奥地利的将军们已经觊觎这个省,因为它可以作为保护达尔马提亚海岸的一条陆路通道。他们也害怕塞尔维亚作为一个俄罗斯的潜在附庸国的影响。哈布斯堡王朝几乎用三个月的激烈战斗才驯服了从波斯尼亚穆斯林居民中召集的准军事部队。超过20万的穆斯林和土耳其人接踵离开君士坦丁堡和奥斯曼帝国的核心部分,这赋予塞尔维亚人在波斯尼亚-黑塞哥维那的多数人状态,持续到第二次世界大战后。有益于1878年遗产的是,获胜的哈布斯堡王朝部队主要是从解散的军事边界区选取的塞尔维亚族和克罗地亚族组成的正规军团,并且仍然被边防军指挥官领导。[34]

一个克罗地亚族的边防军将领成为这个省的首任地方长官。尽管如此,奥匈帝国的妥协条款现在置其行政于联合财政部中建立的一个新的波斯尼亚办公署的统治下。从一开始,这个省就被指认为是自谋生路。因此产生的征税压力鼓励财政部去放弃这个克罗地亚族省长及 67
其对穆斯林精英的苛刻对待,转而安抚他们,并调整现存的土地制度。这个地区也进行了一次匆忙的地籍调查,扩大了土地面积,根据此面积,占人口多数的租佃制农奴缴付近来降低的作物税。在这期间,哈布斯堡王朝当局在1875—1878年起义之后鼓励塞尔维亚族难民返回黑塞哥维那,准许他们建立自己的准军事部队。当这些返回者了解到他们面临的税赋,并且在1881年末获悉哈布斯堡王朝对正规军的义务兵役的进一步要求时,他们奋起反抗。几个正规军团镇压了1882年起义,克罗地亚人在这些正规军团中比塞尔维亚人更多。但是这些正规军团没有结束盗匪活动,盗匪活动又持续了10年。

一个能干的匈牙利人的任命大大促进了秩序的恢复。在被派驻贝尔格莱德之前,他已经成为一个南部斯拉夫人学者,1882年他被任命为联合财政部长,主持波斯尼亚办公署。本杰明·凯利(Benjamin

Kallay)的任期持续到1903年，他的副主管的任期更长。他们一起大大改进了城市基础设施和乡村运输网；他们也建立了许多国有工业企业。现代化的倡议需要更高的税收收入来投资，即便这些倡议被提出的主要目的是产生足够的税收以显示年度预算盈余。[35]因而产生的税收负担继续更沉重地落到仍然依靠为穆斯林地主作佃农的塞尔维亚族农民和克罗地亚族农民身上。

凯利坚持教派平等，加上他无力推进教派共有的教育，这些促成塞尔维亚人和克罗地亚人之间不断增长的紧张局势。包括许多时任哈布斯堡王朝官员的克罗地亚人的涌入，以及新近富于攻击性的天主教统治集团，使塞尔维亚人的忧虑不可避免。方济各会失去对奥地利统治集团的为时甚久的垄断，该垄断即代表波斯尼亚-黑塞哥维那的天主教讲话。这鼓励了包括耶稣会的其他修会派遣神父，并且护送一个大主教到达萨拉热窝。从19世纪90年代，大主教约瑟普·斯塔尔(Josip Stadler)利用这些神父去扩展天主教小学和中学的网络。凯利反对将宗教与作为“东方落后性”的种族划分混为一谈，这类种族划分对国家构建是不适宜的，但是他的话语选择暴露了他准备特别限制塞尔维亚族的东正教学校。1884年他取消了对塞尔维亚族东正教学校的特别税捐款，随后许多塞尔维亚族东正教学校关闭了。对在公立学校执教的塞尔维亚人而言，自1892年起他们需要政治可靠性的证明，在这期
68 间，这些公立学校的教职已经大部分被克罗地亚族移民占有。另外，凯利在塞尔维亚族地区开设了几所公立教派共有的学校，并且在1894年否决了一项150所新学校遍及全省的计划。结果，虽然1882和1900年之间公立学校中的小学学生的数量从31%上升到74%，但是所有学生中的塞尔维亚人的数量却从55%下降到42%。小学的总数从40所上升到200所，但是照人口分配的比例仍然仅仅是塞尔维亚的低水平的一半。所有小学年龄的儿童入学率不到六分之一，主要在乡村的成人文盲率仍然高达90%。[36]

我们必须赞颂凯利。对所有三个民族而言，他设法明确表达一种波斯尼亚人的共同意识。这种努力的全面失败，不应当被用于否认第

二次世界大战后在萨拉热窝和其他大城镇中的这种意识。他准备一系列新教科书的计划尽力清楚地说明波斯尼亚的多民族特征。奥斯曼帝国悠远的过去和穆斯林的经典著作遭到忽视。他的书报检察官对任何特别提及塞尔维亚或克罗地亚的言辞抵制,使中世纪历史延迟到1901年。这三个民族的教科书撰稿人和这三个民族的城市精英中没有一个人能够被争取过来赞同凯利的波斯尼亚人(*Bosnjastvo*)主张。与深刻的宗教仇恨相比,更多原因是这种主张没有接纳另外的民族特征,并且要求效忠于哈布斯堡王朝。[37]

凯利拒绝容忍任何形式的政治组织或表达,这推动了所有三个民族向独立的政党发展。这些独立的政党在他死后的10年内出现。那时,塞尔维亚人与塞尔维亚的关系以及克罗地亚人与天主教统治集团的关系已经变得牢固(见第三章)。凯利最初对穆斯林集团的让步也没有使他们确信一个政党是不必要的。1882年凯利为他们的宗教领导人建立办公室,并命令家族同意异族通婚皈依(通常从穆斯林皈依为天主教徒)的1891年法令,都没有使萨拉热窝和其他城镇中的穆斯林领导阶层相信,他们能够信任奥匈帝国官僚机构去代表其最佳利益。

上述权益以及波斯尼亚塞尔维亚人和克罗地亚人的权益将在一个统一的南部斯拉夫人国家中得到最好的保障,到19世纪末,在未来南斯拉夫的种族最混杂的部分,很少有人想到这种主张。第三章将探究加速的城市现代化和1900年之后新的政治可能性,如何把这一主张带到了波斯尼亚,而此时,截然不同的塞尔维亚人和克罗地亚人的主张在波斯尼亚已经各有了立足点。

作为南斯拉夫前哨的达尔马提亚和斯洛文尼亚 69

军事边界区并入文治克罗地亚-斯拉沃尼亚,波斯尼亚-黑塞哥维那并入奥匈帝国,让大量塞尔维亚人处于新的管理体制下。这种新体制没有给予他们之前在军事边界区享有的任何一项特权,并且没有解除一项他们原先在波斯尼亚-黑塞哥维那承担的义务。领土的变化也把贝尔格莱德的塞尔维亚人和萨格勒布的克罗地亚人的兴趣中心转移至他们之间的土地上。奥匈帝国指示塞尔维亚向南挺进科索沃和马其顿的努力没有持久的成效。克罗地亚也更迅速地从与达尔马提亚和斯洛文尼亚的多民族关系上转移注意力。对南斯拉夫人的主张,克罗地亚的转向将证明是代价最为高昂的。

在19世纪60年代期间,一种南斯拉夫人的民族主义在达尔马提亚出现。一些城市的塞尔维亚人和更多的克罗地亚人联合起来建立民族主义政党,并且挑战意大利化的自治论者。意大利化的自治论者在1861年已经利用一种微小的选举权赢得达尔马提亚议会的第一次选举。不久,代表内地没受过教育的农民的方济各会神父成为他们的成员。民族主义党人在他们的主张中避免"克罗地亚人"的说法,即使他们的目标之一是重新联合克罗地亚、斯拉沃尼亚和达尔马提亚三位一体的王国。他们避免一个冒犯意大利同情者的名称,这样做是因为边防军团已经参与了近来哈布斯堡王朝在北部意大利的战役。"南斯拉夫人"的称谓也使只占总人口15%至18%的塞尔维亚族安心,就是在任何三位一体的国家中,他们将同克罗地亚人平等对待。它许诺沿海城镇,他们的市政自治的长期传统将得到恢复,即使不从奥地利的中央集权制中解救出来。

民族主义党人锲而不舍,直到1876年他们在议会中赢得多数,并且1882年在斯普利特(Split)这个意大利人自治论者的大本营中也赢得多数。那时,在黑塞哥维那,来自跨边界的、完全独立的塞尔维亚人和克罗地亚人的倾向导致一个独立的塞尔维亚民族党(Serbian National Party)的建立。几年以后,在黑塞哥维那的其余民族主义党人重新命名自己为"克罗地亚民族党"(Croatian National Party)。[38]

斯洛文尼亚人与克罗地亚、南斯拉夫人主张的联系甚至更为短暂而不祥。他们的人口被散布在六个奥地利治下的省或领地中,大多数以日耳曼人或意大利人为主体民族——当伊利里亚人对抛弃斯洛文尼亚语的坚决主张遭到驳回时,他们呼吁一些南部斯拉夫人的支持。斯特罗斯迈尔主教的、更具适应性的"南斯拉夫主义"和主教自己,鼓励了一小批斯洛文尼亚人起草了在哈布斯堡王朝君主政体范围内的一个单一斯洛文尼亚人实体的“马里博尔计划”(Maribor Program)。这个计 70
划没有实现的前景,但是一个更大的南部斯拉夫人的省的主张开始吸引大批群众参与许多议会或城镇会议。结果,1870 年大约 100 名塞尔维亚人、克罗地亚人和斯洛文尼亚人的代表被邀请参加卢布尔雅那的一次会议,去决定接下去做什么。斯洛文尼亚人的组织者不得不花费相当大的努力去说服克罗地亚民族党的代表,把较小数量的塞尔维亚人吸收进来。[39]这次会议没有得出任何成果,鉴于这些代表们软弱的政治地位,这是可以理解的。翌年,这个处于领导地位的克罗地亚人政党接受了与匈牙利的协定,并且在 1878 年之后转移其注意力到为黑塞哥维那的克罗地亚族居民赢得政治权利。

斯洛文尼亚的政治在 1873 年选举之后向内转向,并且直到世纪之交也没有再次向东转向。那时,加速经济现代化的不平衡步伐在二元君主政体的奥地利一方的范围内,使斯洛文尼亚政治影响力的缺乏更感痛苦。只有那时,他们的利益才以一个更大单位的名义复兴,并以这个单位的立场去展开谈判。然而,在 1870 年几乎没有经济刺激的情况下,作为使塞尔维亚人和克罗地亚人和解的一种方式,卢布尔雅那会议为斯洛文尼亚人的居中调解树立了一个温和的榜样。

71 # 第三章 新的分裂、南斯拉夫人的纽带和巴尔干战争（1903—1914）

像我们将在第四章看到的那样，只有第一次世界大战的进程让1918年12月建立第一个南斯拉夫人的国家成为可能。然而在这个世纪之交后，对南斯拉夫某种形式的要求就已能够日益听到。在第一次世界大战前10年期间，变革是流行的。新的政党涌现出来，急于实现大众政治的前景。然而，这种现状改善的前景不大，并且不太可能比其以前持续的时间长。

但就在那样一个时期，1903年也似乎开创了一个新纪元。在塞尔维亚，起初只是一次王室暗杀和旨在促成王朝更替的军事政变，不久却承诺要让这个独立国家真正成为君主立宪制和议会民主制国家。在1903年，伊林登起义（Illinden Uprising）挑战了奥斯曼帝国在马其顿的统治。能干而专制的哈布斯堡王朝行政官员对克罗地亚-斯拉沃尼亚和波斯尼亚-黑塞哥维那的20年统治都结束了。在奥匈帝国治下的南部斯拉夫人各领地，基于种族的政党对现行的政治或领土秩序提出疑问。他们的领导人开始争论可供选择的办法，即建议统一所有或一部分未来南斯拉夫的办法。这个特别的单词“南斯拉夫”现在变得很常见。

欧洲的经济和政治环境此时孕育着新的可能性。加速的经济发展和政治动荡遍及大陆。大众媒体和其他快捷宣传工具把对国际关系的忧虑散布给广大受众。男性普选权的普及使大众政治成为现实,并且给予民族主义一批支持者,就是这种新的忧虑能够动员的支持者。作为部分回应,大大小小的国家正在迅速扩大政府的民用和军事机构。用温斯顿·丘吉尔(Winston Churchill)的话说,"无论什么地方都渴望挑衅"。到1914年,太多的人准备冒全面战争的风险。从斯洛文尼亚到马其顿,官员、学生和市民不惜任何代价渴望共享民族权利和民族自决,而把阶级利益放到一边。这种不断增长的公众情绪使一个南部斯 72
拉夫人的更大国家的前景变得较为现实,并且与以往相比也更具有吸引力。

然后,塞尔维亚赢得了1912—1913年的两次巴尔干战争,在此过程中,塞尔维亚吞并了马其顿北部和科索沃。它的胜利激励哈布斯堡王朝领地中的一些克罗地亚人、斯洛文尼亚人和大部分塞尔维亚人去考虑把一个大的新国家作为一种当前的选择。这些事件也增强了奥地利总参谋部的信念,即为了保持其对这些南部领地的控制,奥匈帝国需要一次反对塞尔维亚的先发制人的战争。在这些南部领地中,最突出的是波斯尼亚-黑塞哥维那。

对于新的国家究竟应当采取什么形式,在所有南部斯拉夫民族内存在着持续的意见不统一或含糊不清。政治分歧使各民族中教育水平日渐提高的城市精英发生分裂。在主要城镇中,新的政党从大众传媒和大众教育中受到鼓励。1900年之后,商业和工业的景气度急剧回升使这些有分歧的精英数量增长,同时一个大的南斯拉夫市场的好处第一次变得明显。换句话说,19世纪无足轻重的现代化现在事关紧要了,至少在扩大的政府管理和税收征管机构的范围之外。

农村的农民仍然构成未来南斯拉夫人口的五分之四。与新的政党领导人相比,他们较少被按照政治或种族路线划分,但是更多地被按照经济路线划分。一些农民从战前10年的经济高增长中获益;而大多数农民没有从中获益。农村人口的自然增长率的确太高,超过每年1%,

却没有财力去购买更多土地或采用更好的农艺方法去增产。因为人口增长超过从斯洛文尼亚人领地到塞尔维亚的工业化能够吸收的速度，相当多数量的贫困农民开始向外移民。1901—1910 年的移民至少是斯洛文尼亚和波斯尼亚人口的 5%，克罗地亚也有 7%的人口迁徙。在塞尔维亚和马其顿盛行季节性的迁徙，但是从 1890—1910 年，马其顿超过 10%的人口延长暂住时间。[1]

克罗地亚-斯拉沃尼亚的城市人口略微增高，1880—1910 年其城市人口比例从 16%上升到 21%。这种增长很大程度上来自德国和匈牙利的移民，德国和匈牙利移民在总人口中的比例从 7%上升到 9%。超过 90%的农村地主经营着小于 5 公顷(1 公顷等于2.47英亩)的小农场，如同他们在未来南斯拉夫的其他领地中的情况。人们在所有儿子之间平分财产(平分财产在克罗地亚是秘密进行的，以避免拆分古老的
73 共有扎德鲁加而产生的税负)，把继承物分割成更小块的地产。尽管这种情况经常发生在文治克罗地亚或斯拉沃尼亚的较好的土地上，但是与克罗地亚的塞尔维亚族农民的地产再分割相比，克罗地亚族农民地产的再分割已经有过之而无不及(或以更小块的地产开始)。到 1910 年时，在占有不足 3 公顷土地的农民中，克罗地亚族的比例接近 80%，构成总人口 25%的塞尔维亚族(克罗地亚族构成总人口的 63%)的比例是 16%。对于 5 至 50 公顷的大地产，塞尔维亚族所占比例是 37%。

以历史的眼光来看，这些长期人口稀少的土地此时正人口膨胀到小规模的粗放农业已不再能够支撑的水平。在 19 世纪早期，塞尔维亚和克罗地亚的人口密度几乎没有超过每平方公里 20 人，1910 年接近每平方公里 60 人以上。难怪在 1900 年之后塞尔维亚人均粮食种植面积的减少状况同样也在克罗地亚-斯拉沃尼亚发生。[2]

1900 年之后，在塞尔维亚和哈布斯堡王朝各边界地方，出口值和工业生产每年高达 10%的明显快速增长对减轻农村地区的压力帮助不大。在第一次世界大战之前的 10 年期间，就实际人均来说，塞尔维亚的出口下降了。奥匈帝国的外围地方可能没有做得更好，但根据可以得到的数据，这是有争议的。更确切的是，到 1912 年时，几次工业的

小规模激增未能为未来南斯拉夫所有领地的2%劳动力提供现代制造业的工作岗位。[3]

另外,除了将在下文记述的少数例子以外,商业发展和农民的移居都没有促进未来南斯拉夫领地之间的联系。它们之间的贸易仍然是有限的。移民都去往了别的地方,到匈牙利人的农场或到捷克人或美国人的工厂(年轻的约瑟普·布罗兹[Josip Broz]即后来的铁托在决定不从的里雅斯特移居美国后,最终到布拉格的一家工厂工作)。但是与这些领地中的任何一个在19世纪最后几十年已经历的变化相比,这仍然意味着更多的经济变化。这种经济变化足以质疑它们同奥匈帝国或奥斯曼帝国的联系。没有一种经济变化造成本土民族之间的冲突,相反这种经济变化甚至鼓励这些民族的融合。

要比较这些领地中的人口统计学变化和土地分配,表3.1和3.2提供了一些基准。在它们背后存在着刚刚列举的共同要素:满是农民的小农场的落后农业部门,以及城市和工业虽取得发展,但与迅速增长的外贸和国家支出所提供的承诺差得很远。当然也存在重大分歧。现代 74
政党在除了黑山和马其顿之外的各个地方发展。这些现代政党有时夸大有时缩小这些分歧。

表3.1　土地分配(1914年之前人口普查统计的数字)

土地分配(按照公顷数)	塞尔维亚	克罗地亚-斯拉沃尼亚	波斯尼亚和黑塞哥维那	达尔马提亚	斯洛文尼亚
等于2	18.5	44.3	40.7	61.5	31.6
2－5	34.3	27.2	26.4	25.8	19.4
5－20	43.1	27.6	18.7[a]	11.4	39.1
20－50	3.8	0.7	14.2[b]	0.9	8.5
超过50	0.3	0.2	—	0.4	1.4

a 5至10公顷。

b 超过10公顷。

资料来源:Ranko M. Brashich, *Land Reform and Ownership in Yugoslavia: 1919－1953* (New York: Mid-European Studies Center, 1954), 10－15; and Jozo F. Tomasevich, *Peasants, Politics, and Economic Change in Yugoslavia* (Stanford, Calif.: Stanford University Press, 1955), 389。

表 3.2　1870 和 1910 年的人口(以千计)

年份	达尔马提亚		塞尔维亚		克罗地亚-斯拉沃尼亚		波斯尼亚和黑塞哥维那	
	人　口	人口/平方公里	人　口	人口/平方公里	人　口	人口/平方公里	人口	人口/平方公里
1870	1 302		1 838		1 042		457(1871)	
1910	2 912	58.3	2 732	62.3	1 898	37.1	625	49.1

年份	伏伊伏丁那		斯洛文尼亚		马　其　顿		黑　　山	
	人　口	人口/平方公里	人　口	人口/平方公里	人　口	人口/平方公里	人　口	人口/平方公里
1870	1 134			67.5				
1910	1 064	65.7	1 665	36.4	238	24.6	1 353	68.7

资料来源：Werner Markert, *Jugoslawien* (Cologne: Bohlau-Verlag, 1954), 40; Toussaint Hocevar, *Structure of the Slovenian Economy*, *1848 - 1963* (New York: Studia Slovenica, 1965), 81; and Michael R. Palairet, *The Culture of Economic Stagnation in Montenegro*, Maryland Historian, 17(1986): 19 - 21。

75

哈布斯堡王朝领地中分裂的发展和党派政治

在最大和最现代的市场——奥匈帝国的范围内，战前的经济进步变得十分支离破碎，从而鼓励探求一种将南部斯拉夫人更密切联系起来的新政治框架。奥地利人或匈牙利人的限制使地方议会的特权微不足道，并使公众集会变得困难。不过，奥匈帝国通过有竞争性的政党容许现代政治实践的新闻和组织的充分自由，即使不是大众政治。1907 年奥地利普选权的扩大，更进一步使斯洛文尼亚和达尔马提亚的政治开放成为可能。独立的塞尔维亚从一开始就提供了一种接近普遍的男性选举权，并且与其未来南斯拉夫的西部邻居发展了新的政治联系，虽然不是经济联系。塞尔维亚同波斯尼亚-黑塞哥维那及其新的种族政治的联系值得特别关注。

斯洛文尼亚人的领地和达尔马提亚

从第二章可以看到奥匈帝国中奥地利一方的六个省级行政机构中斯洛文尼亚人口的政治分裂。然而，正是未来南斯拉夫最多的城市居民与的里雅斯特日益增长的经济一体化,以及的里雅斯特同维也纳的铁路联系,在 1900 年之后第一次刺激了斯洛文尼亚的政治。到 1912 年时,的里雅斯特繁荣发展的经济成为引人注目的事件。这种经济将斯洛文尼亚地区人口的 28%转变成市民,并且产生了比塞尔维亚多四倍的人均工业产值。由于的里雅斯特 1891 年作为一个独立自由港地位的终结,它不再对来自奥匈帝国的其他地方经陆路报关的商品征收关税。新港口的便利和 1901 年开通的到维也纳的第二条铁路线,吸引了主要来自维也纳的更多银行投资和新商行。的里雅斯特的大量意大利人长期以来在商业上出类拔萃,他们在该市及其周围创办了大部分新的工业企业。到 1910 年,这个城市的人口增长到 22.9 万人。的里雅斯特的人口包括 5.7 万斯洛文尼亚人,与卢布尔雅那的6.4万人。卢布尔雅那在一个斯洛文尼亚人占优势的卡尼奥拉省中显然是最大城镇。[4]

与在卡尼奥拉占多数的斯洛文尼亚人相比,的里雅斯特占少数的斯洛文尼亚人发出的斯洛文尼亚人种族认同的宣告更加响亮。然而,与的里雅斯特的联系不利于出现适于经济独立的斯洛文尼亚的任何政治纲领。对斯洛文尼亚人的经理或企业而言,从的里雅斯特北部到维也纳发展的联系中寻求一种公平份额是那么有吸引力。这样的动机导 76
致 1901 年卢布尔雅那银行(Ljubljanska Banka)和 1905 年亚得里亚海银行(Jadranska Banka)的建立。这些银行创建者的后盾是布拉格有影响的捷克行业银行(Czech Živnostenska Banka)和一群克罗地亚投资者。后者为几个进出口公司和航运公司提供资金并不令人惊讶。达尔马提亚海岸切断了在里耶卡(Rijeka)南部的奥匈帝国铁路网的去路。进出口公司和航运公司都开始了沿达尔马提亚海岸来往的有利可图的贸易。

对内陆的达尔马提亚和伊斯特拉而言,一个合作社网络不久提供了斯洛文尼亚人的更广阔联系。在 1895 年,斯洛文尼亚基督教社会主义运动(Slovenian Christian Social movement)的共同创立者亚内兹·克雷克(Janez Krek),与以教区为基础的一系列信用合作社按照银行模式创办了这个网络。他们提供了获得贷款的便利通道,而不管该成员的账户存款数额。1903年的新合作社法准许亚内兹·克雷克到1912年时把信用合作社的数目增加四倍，达到405家，合计11.5万名成员，并且准许把农村合作社的数目增加到170家。不久改名为斯洛文尼亚人民党(Slovenian People's Party, SLS)的天主教民族党(Catholic National Party)也帮助了合作社网络在卡尼奥拉的超常崛起。但是克雷克操纵该政党远离这个网络的政治控制。这无疑促进该网络超出种族上的斯洛文尼亚人，传播到伊斯特拉和达尔马提亚的克罗地亚人中。到1912年时，伊斯特拉和达尔马提亚的克罗地亚人占信用合作社成员的四分之一。[5]这个网络在卢布尔雅那的主要银行也投资于适合于内陆的达尔马提亚农民的初等教育和农村教育。超过80%的达尔马提亚农民是文盲，这和斯洛文尼亚农民的文盲率小于20%形成对照。

沿着海岸和内陆，克罗地亚人和斯洛文尼亚人也面对了一个共同的政治对手，即在亚得里亚海沿岸主要城镇中的意大利民族主义者。由于1910年意大利人占伊斯特拉人口的38%，意大利人在伊斯特拉是最突出的。这与意大利人占达尔马提亚人口不到3%相对应。然而，克罗地亚和斯洛文尼亚政治领域中的最主要党派，甚至沿海地带的党派都未能创建像尼古拉·帕希奇(Nikola Pasic)这样的塞尔维亚民族主义者在19世纪90年代曾令人敬畏的组织，即由克罗地亚人掌控的教权主义政党领导的联合的天主教阵线。最大的斯洛文尼亚政党——人民党的教权主义领导人反而奉行"基督教民族主义"的政策。如果奥匈帝国作为报答接受了该君主政体的第三方——南部斯拉夫人，那么他们建议放弃斯洛文尼亚语，支持克罗地亚语。以城市为中心的少数党派——自由党(the Liberals)和社会民主党(the Social Democrats)拒绝考虑牺牲斯洛文尼亚语。[6]

克罗地亚民族党(19世纪80年代在达尔马提亚创立——见第二章)的新领导人，在这个世纪之交后开始想同占少数的塞尔维亚族对手
77 和解。他们不再要求或梦想塞尔维亚人采纳被斯洛文尼亚的教权主义领导人称之为"明显优越的"西方宗教和文化。作为代替，达尔马提亚的南斯拉夫主义的两个世俗倡导者弗拉诺·苏皮洛(Frano Supilo)和安

特·特伦比奇(Ante Trumbic),1905年在里耶卡组织了塞尔维亚人-克罗地亚人联合的最初集会。作为结果的《里耶卡决议》(*Rijeka Resolution*)虽然最初是一个政治战略的声明,但是它谈及,一个塞尔维亚人-克罗地亚人的民族应当从用这两种字母表出版的新教科书中学习同样的历史教训。该任务几乎不能留给他们中的任何一个。[7]

克罗地亚-斯拉沃尼亚

战前克罗地亚经济高涨的两个特征成为第一南斯拉夫的潜在障碍。1918年之后克罗地亚被拉入第一南斯拉夫。经济高涨使文治克罗地亚-斯拉沃尼亚与前军事边界区之间已明显呈现的地区差异扩大了。1881年之后,前军事边界区已经被并入文治克罗地亚-斯拉沃尼亚。经济高涨也没有改变同未来南斯拉夫其他领地的经济联系的异常缺乏状态。在那个时候,这些分离都有助于使克罗地亚人和塞尔维亚人的新联合局限在仅仅寻求达尔马提亚同克罗地亚-斯拉沃尼亚的统一,或者说复辟中世纪的三位一体王国。

凭借克罗地亚的斯拉沃尼亚不断增长的经济优势,工业生产增长超过粗略测算的国内生产总值(GDP)的10%。在大城镇奥西耶克(Osijek,到1910年时人口2.8万)和许多像武科瓦尔(Vukovar)一样的更小城镇中,来自大农场的木材生产促成了新锯木厂和其他木材加工企业的形成。德国人和匈牙利人构成新劳动力的一半,克罗地亚人和塞尔维亚人构成另一半。(匈牙利人的资本资助了大型的贝奥钦[Beočin]水泥工厂和几个其他工厂,但是通常阻止后者发展。布达佩斯的商业利益反对通往位于亚得里亚海沿岸里耶卡的铁路线,该铁路线会为克罗地亚的工业品打开可供选择的地中海市场。)在木材企业的带领下,到1910年,在克罗地亚大型工业中,斯拉沃尼亚的工业就占有了资金和劳动力一半以上,并且其在工业生产方面的大部分优势超过独立的塞尔维亚。在克罗地亚,萨格勒布仍然主要是一个行政中心。官员和学生构成最大的职业性群体。在这两个群体内,克罗地亚人保持与他们的八分之五人口比例相称的比例,而塞尔维亚人在这两个群体内的数量落后于他们占四分之一的人口比例。就官员而言,德国人和匈牙利人占据这些位置。克罗地亚的省会是一个仅适于小商行的工业中心,这些小商行有不到20个雇员,并且包括很少的塞尔维亚人。[8]

78 克罗地亚和斯拉沃尼亚的庄园农业在家畜饲养的现代化方面起到示范作用,这样,克罗地亚和斯拉沃尼亚向北到奥匈帝国其余部分的出口量是战前塞尔维亚最高值的三倍。克罗地亚-斯拉沃尼亚的农村人口增长几乎比1900—1910年谷物产量的实际值快三倍。然而,这反映了前军事边界区有限而低产耕作的向下拖累。这个老边界区仅仅20%的低识字率对克罗地亚-斯拉沃尼亚总识字率的拖累还要更大,1910年时总识字率保持在54%。边界区的工业实际上仍是不存在的,这进一步促使大约30万塞尔维亚人和克罗地亚人在战前最后一个10年期间移民到美国。[9]

家畜和木材在克罗地亚 斯拉沃尼亚输出品中的重要性,阻碍了与未来南斯拉夫其他领地的贸易或迁移到这些领地。北方的奥匈帝国城市市场进口这样的商品,但是在东部和西部主要是农村的地区不需要它们。在1912年,克罗地亚-斯拉沃尼亚的产品出口总值中只有5%被运往波斯尼亚-黑塞哥维那,不到1%被运往达尔马提亚或塞尔维亚。[10]掌控1906年克罗地亚议会的克罗地亚族-塞尔维亚族联盟包含许多成功的商人,但是他们中几乎没有人正寻求增进同塞尔维亚的商业联系,或建立某种南斯拉夫人的更广阔实体。

因为两个达尔马提亚人——新闻记者弗拉诺·苏皮洛和律师安特·特伦比奇提出的更狭隘的、基本上政治性的议程,这个联盟中的多数党(88个席位中的46席)在19世纪70年代以来第一次自由选举的议会中获胜。大多数克罗地亚族代表签署了苏皮洛的1905年《里耶卡决议》,虽然塞尔维亚人支持同年在扎达尔订立的类似决议,并且他们中有些人签署了该决议。塞尔维亚族签署者来自塞尔维亚独立党(Serbian Independent Party)。塞尔维亚独立党长期消极,但是1903年以来在其党报《塞尔维亚人》(*Srbobran*)年轻编辑斯韦托扎尔·普里比切维奇(Svetozar Pribicevic)富于战斗性的有魅力领导下,该党积极地进行扩展。普里比切维奇具体表达了独立党同样的新意向,即提出与作为"同一民族的一部分"的克罗地亚人的统一阵线。就他们而言,克罗地亚人寻求匈牙利在政治上支持奥地利的达尔马提亚同克罗地亚-斯拉沃尼亚的联盟,反对维也纳。据报道,如果塞尔维亚支持达尔马提亚联盟,克罗地亚族签署者同意承认波斯尼亚作为塞尔维亚族的"势力范围"。克罗地亚人和塞尔维亚人也都欢迎克罗地亚族-塞尔维亚族联盟对种族合作的"新方针"和该联盟的这种许诺,就是使前军事边界区大量的塞尔维亚族人从克罗地亚族对手的这种角色中挣脱出来,并且欢迎他们支持已抛弃他们的匈牙利政权的民族党。前总督屈恩-海代瓦里伯爵(Count Khuen-Hedevary)委派他们担任行政职位。 79
普里比切维奇谴责了过去对自治特权而不是对宪法赋予的权利的依赖,然而自治特权直到第一次世界大战前夕继续吸引着伏伊伏丁那的塞尔维亚人。

1907 年新的匈牙利政府挑战这个获胜的联盟,提出一项要求在国营铁路上使用单一语言(匈牙利语)的法律,并且批准一项同样受马扎尔人控制的教育法案,而这项教育法案违反 1868 年《克罗地亚-匈牙利协定》。奥地利皇帝弗朗茨·约瑟夫也拒绝改变达尔马提亚的地位。这个联盟转向一种同奥匈帝国对抗的政策。独立党不久同塞尔维亚独立激进党(Independent Radical Party of Serbia)成为平等伙伴,并且增加了彼此的联系。这两党都谈到南斯拉夫的主张,但仅意味着民族兄弟之间的国家统一,而不是任何同盟的关系。

在其代表被选进 1910 年议会的其他四个政党中,幸存下来参与第一南斯拉夫的两个政党也反对这个国家的存在,至少反对有容纳塞尔维亚的任何空间。纯粹权利党(Party of Pure Right)和农民党(Peasant Party)仅仅赢得 88 个席位中的 14 个席位和 9 个席位,尽管普选权已经从占人口的 1.8%增加到 6.6%。更多人转向激进民族主义的纯粹权利党。它的斯拉沃尼亚的犹太领导人约瑟普·弗兰克(Josip Frank)将纯粹权利党同教权主义派别——"克罗地亚"合并组成基督教社会权利党(Christian-Social Party of Right)。一段时间以来,弗兰克已经转向维也纳和天主教统治集团。他反对塞尔维亚人的任何独立地位,并且鼓吹在这个君主政体内的一个大克罗地亚,这个大克罗地亚将包括波斯尼亚和达尔马提亚。为了服务于一个更强烈和更种族主义的反塞尔维亚人的计划,弗兰克使其岳父安特·斯塔尔切维奇(Ante Starcevic)反教权主义和反奥地利的倾向完全改变思路,并且使他最初的权利党(Party of Right)完全改变思路。

一个年轻的萨拉热窝塞尔维亚人为贝尔格莱德最著名的文学期刊《塞尔维亚》(*Srpski knjizevni glasnik*)撰写了一篇好战的文章。这篇文章的题目是“塞尔维亚人和克罗地亚人”,它谈及这两个民族之间的一种文化灭绝的战争,这种战争有利于已确认的塞尔维亚人种族认同。1902 年当前述的独立报纸重新发表这篇文章时,弗兰克明显想对塞尔维亚人大打出手的意图首次浮现。在总督宣布戒严令之前,弗兰克及共追随者领导了在萨格勒布的示威,这些示威洗劫了许多塞尔维亚人的企业和房屋,包括萨格勒布的塞尔维亚银行(Srpska Bankau Zagrebu)。对这些暴行的震惊有助于建立克罗地亚人-塞尔维亚人联盟,并且有助于其选举获胜。[11]

如果在 1910 年选举权已经是普遍的,那么更多的选票获得者将是
80 新的克罗地亚人民农民党(Croatian People's Peasant Party, HPSS)。1904 年,拉迪奇兄弟斯捷潘和安特创立这个成为克罗地亚在两次世界大战之间最大政党的党派。安特是一个拥护农民民粹主义纲领的民族志学者。他提议一种合作社网络和其他农业改革,这将消灭掮客和外国地主。但是该计划的主要部分集中于民间文化,并且把民间文化而不是宗教或历史边界看做是克罗地亚族农民联合起来的要素。按照这个标准,波斯尼亚穆斯林甚至和塞尔维亚族农民可以自由联合。安特·拉迪奇(Ante Radic)相信农民应当起决定性作用,因为他们显然是最大的社会阶层,这正像新组建的保加利亚农民国家联盟(Bulgarian Agrarian National Union)的亚历山大·史丹姆波利斯基(Aleksandar Stamboliiski)同时正在索菲亚(Sofia)主张的那样。

安特·拉迪奇善变的兄弟斯捷潘成为这个政党的领导人。他甚至

比安特更加重视政治问题而忽略经济问题。他酷爱新的大众政治的报纸论战。斯捷潘推动该党支持在君主政体内组建一个南部斯拉夫人的行政体,而这个南部斯拉夫人的行政体将由克罗地亚人领导,并且具有同匈牙利人领地一样的邦联自治权。实际上,他的政治生涯在 1895 年已经开始,当时他刚从布拉格出来,并且首次尝试托马斯·马萨里克(Tomas Masaryk)的斯拉夫人民族自决的主张。年轻的斯捷潘·拉迪奇(Stjepan Radic)和其他几个学生在萨格勒布火车站焚烧了匈牙利的国旗。斯捷潘·拉迪奇坚持声称他们使用的是酒精而不是汽油,他认为这个差别将淡化他们对哈布斯堡王朝皇帝弗朗茨·约瑟夫的失敬。当时皇帝正在视察克罗地亚的首府。随后几年在巴黎、布拉格和莫斯科的流放和学习加强了他对布达佩斯政治控制的抵制,像他以后抵制贝尔格莱德的控制一样。

同时,斯捷潘·拉迪奇承认塞尔维亚人是种族上分离于克罗地亚人的斯拉夫人。他怀疑波斯尼亚的许多塞尔维亚人有克罗地亚人的血统,因为他们具有共同的小农文化。他的种族宽容倾向和强烈的反教权主义观点阻碍了同纯粹权利党、克罗地亚的天主教统治集团或斯洛文尼亚人民党(Slovenian People's Party)及其教权主义领导阶层的任何联盟[12]。

波斯尼亚-黑塞哥维那

奥匈帝国的经济政策寻求促进波斯尼亚-黑塞哥维那的工业和农业的发展。在本杰明·凯利担任这个新省区的财政部长期间(1882—1903),这两方面的政策形成了。像彼得·舒加尔(Peter Sugar)和费迪南·施密德(Ferdinand Schmid)已各自在其经典著作中描述的那样,第一方面政策起初取得了成功,第二方面政策则是一次彻底的失败。[13]在20 世纪的第一个 10 年中,对包括波斯尼亚-黑塞哥维那的任何未来南部斯拉夫人的国家而言,凯利的工业成功和他的农业失败具有重大影响。他监督管理的国有企业的工业增长没有创造对外贸易机会,或吸 81
引支撑其快速启动所需要的私人资本。凯利接受一种被传统的波斯尼亚穆斯林地主支配的土地制度,他反对农业合作社,忽视农村教育。所有这些都鼓励了种族对抗,种族对抗导致了两次世界大战和20世纪90年代中的报复性暴力行为。

伊什特万·布里安(Istvan Burian)的新政府(1903—1912)继续征收可观的税收。这些税收完全被花费在这个省区,不像克罗地亚-斯拉沃尼亚那里55%的税收转移到了布达佩斯。1900年后,波斯尼亚的平均国家支出是克罗地亚人均数值的三倍,差不多与独立的塞尔维亚的人均数值相等。这个省区的哈布斯堡王朝政权实施最积极的国家政策,以促进任何一个南斯拉夫人领地中的经济发展。铁路建设继续铺设两倍于塞尔维亚的铁轨,虽然铁路线是窄轨的、有过高的运费率,并且只行驶到布达佩斯。联合政府中的匈牙利代表也否决了一项奥地利人的计划,即在达尔马提亚海岸修建一条连接萨拉热窝和斯普利特的铁路线。

另外,在凯利的领导下,工业产值惊人的增长速度在19世纪90年代已经达到每年15%,而从1906—1913年则逐渐降低到仅仅3%。大型企业,主要是锯木厂和铁矿矿山,雇佣了三倍于塞尔维亚的人手。但是这些大型企业不能吸引奥地利人或匈牙利人的资本,这些资本要求维持由启动补助金和其他特许权推动的增长。[14]作为一项遗产,这种国家津贴补助的冲刺和以后的减速留下了这种观念,即私营企业为了成功需要政治支持。另一个遗产可能隐含在1910年大型企业中3万名工人的民族构成中。像零星证据暗示的那样,为数更多的塞尔维亚人只占这些高薪职位的一小部分,而新来的克罗地亚人则占据了不相称的比例。显然官员们的情况也是这样,凭借新的波斯尼亚穆斯林尤其是克罗地亚族雇员,他们的当地人比例在战前最后一个10年期间上升到42%。

更明显的是,奥匈帝国的政策加剧了农村的种族对抗,尽管奥匈帝国通过促进农业现代化作出一些具体努力以减轻这些种族对抗,主要是塞尔维亚族的佃农或农奴(*kmetovi*)耕种的土地转化为他们自己的小农场,这成为合法的,但是要求农民补偿穆斯林地主。这个过程缓慢推进,从 1895—1910 年,无地佃农的总数仅仅从 9 万减少到 8 万,直到 1911 年补偿的数额被降低。塞尔维亚人占农村人口的 42%,但是塞尔 82 维亚人构成无地佃农的 74%;而波斯尼亚穆斯林占农村总人口的 37% 和地主的 91%。农业生产、作物产量和输出额实际上已经是奥匈帝国占领的第一个 20 年期间的两倍,但是它们的增长率在 1900 年后放慢,并且在 1906 年后停滞。[15]

然而农村人口继续迅速地增长。缺乏贷款以及直到 1908 年奥匈帝国关于合作社组织的禁令阻碍了新设备的购买,并且减少了家畜的数量。为了建立一个官方的合作社组织,1908 年允许建立合作社的授权征收了一种新税。该税刺激塞尔维亚人去建立自己的网络,而这正是哈布斯堡王朝的官员们起初担心的。使用国有森林和牧场的官方限制性条件伤害了最需要使用它们的塞尔维亚族农民,并且没有鼓励农民转而广泛种植官方计划推广的饲料作物[16]。

在 1907 年,城市塞尔维亚人的要求已经推动布里安政府授予他们权利去建立凯利曾一直禁止的那种民族政治组织。塞尔维亚民族组织(Serbian National Organization)联合了长期追求教育自治作为其首要现实目标的三个派别。在这种情况下,塞尔维亚族东正教学校的数量到 1914 年时差不多翻倍。塞尔维亚族东正教学校有别于奥匈帝国政府所支持的世俗学校或天主教学校。在 1906 和 1908 年,波斯尼亚穆斯林和克罗地亚人分别获得了相似的组织权,并且同样注重独立的学校网络而不是经济改革。当挑起冲突的天主教大主教、萨拉热窝的约瑟普·斯塔尔未能赢得克罗地亚民族组织(Croat National Organization)的控制权时,他迅速建立了自己的组织。用他自己的话说,他是"一个具有德国人姓名的纯血统的克罗地亚人",他把波斯尼亚看做克罗地亚人的领地。耶稣会出身的斯塔尔由于敦促波斯尼亚穆斯林的皈依而失去了支持,由此使希望承认穆斯林克罗地亚人的方济各会地方教士和年轻的克罗地亚自由主义者产生困惑。只有较小的社会民主党(Social Democratic Party)倡议跨教派的组织和学校,但是它未能在 1910 年举行的第一次议会选举中赢得任何席位。

这三个民族政党席卷了所有的席位。用罗伯特·多尼亚(Robert Donia)的话说,在与联合财政部(Joint Finance Ministry)谈判期间,他们显示了自己具有“战术性合作”的能力。这些谈判成为1910年宪法及以后宪法的先导。克罗地亚族政党和塞尔维亚族政党的领导人都小心翼翼地避免提倡所有农奴式佃农(kmet sharecroppers)从其波斯尼
83 亚穆斯林地主的统治下被强制地解放,直到塞尔维亚人最终在1911年打破等级制度。克罗地亚人和穆斯林在反对被强制的土地改革方面迅速取得一致意见,塞尔维亚族一方接受了反对其改革要求的议会投票结果。多尼亚认为,这种和平共处和某种合作的能力比波斯尼亚穆斯林相对少的数量重要得多。波斯尼亚穆斯林宣称自己是克罗地亚人,或于1900年后更频繁地宣称自己是塞尔维亚人。[17]

塞尔维亚上升的声望和1908年波斯尼亚危机

在独立的塞尔维亚,现代政党政治和新闻舆论中的公开辩论使战前最后一个10年引人注目。塞尔维亚的经济和政治自信正在增长,但是日益有学识的城市人口的期望也在增长,虽然城市人口还不重要。迅速的社会和经济变革为那些离开村庄的农民带来了新的不确定性,像伏伊伏丁那的律师或塞尔维亚的牧师那样的老式领导人不可能向他们献殷勤。米卢廷·乌斯科科维奇(Milutin Uskokovic)发人深省的战前小说,描写了新来者在迅速成长的贝尔格莱德为了找到其出路的奋斗。谁将领导米卢廷·乌斯科科维奇小说中的新人(*Dosljaci*)或新来者?新闻记者、银行或企业董事、陆军军官和其他专业人士此时是候选人,而不只是曾在19世纪主动站出来的一小撮律师、教士和知识分子。

激进党正在衰老的创始人尼古拉·帕希奇在1914年之前的10年间支配着政治舞台。他在1904年已经60岁。他的难以言喻和令人困惑的公开声明,使他在一种日益畅所欲言的政治文化与新闻舆论中成为一个意想不到的领导人。如果塞尔维亚在这整个时期没有面临各种各样的外国压力和诱惑,帕希奇可能不会幸存下来。1901年,当他接受神圣的激进党教科书——1888年宪法的敕定修正版时,许多较年轻

的党员已经脱离。他公开的模棱两可和在幕后秘密操作(甚至在他的办公桌烟灰缸中焚烧便条)的偏爱加强了这种外交平衡行为。帕希奇集中其精力于这种平衡外交。这些成功加上被他的白色长须加强的莫测高深的智慧形象,使他从1904—1918年几乎连续掌权,担任外长或首相(或兼任两职)。[18]

塞尔维亚和波斯尼亚-黑塞哥维那

对塞尔维亚而言,1908年奥地利正式兼并自1878年占领的波斯尼亚-黑塞哥维那的决定,成为第一次世界大战之前10年中关键性的外部事件。当地及周边将属于未来南斯拉夫的领地中新出现的本土政 84
党将如何作出反应?对新的政治分级而言,这次兼并证明是公开支持或反对这个省最终从塞尔维亚分离的一块试金石。一些克罗地亚人反对,因为波斯尼亚-黑塞哥维不是并入克罗地亚-斯拉沃尼亚。

最喧闹和最长久的反应当然来自贝尔格莱德。塞尔维亚人是这个哈布斯堡王朝省份的三个组成民族中的最主要民族,190万总人口中塞尔维亚人占43%,波斯尼亚穆斯林占32%,实际上与20世纪80年代的比例相反。当奥匈帝国外交事务大臣阿洛伊斯·冯·埃伦塔尔(Alois von Aehrenthal)去安排使兼并成为可能的俄国最初认可时,事情变得雪上加霜。对经海峡到地中海的军舰通过权的虚假许诺,平息了圣彼得堡本来可以为塞尔维亚的利益辩护的外交呼声。

这次兼并对于塞尔维亚的后果和它在未来南斯拉夫中的作用是双重的。首先,对奥地利将军和对塞尔维亚的军官和学生而言,奥地利-塞尔维亚的对抗无可挽救地加深了,这种对抗将直接导致第二次世界大战和奥匈帝国的瓦解。其次,这次兼并危机使有前途的两党制或三党制降到次要地位。自从1903年以来,两党制或三党制促进了塞尔维亚国内改革的民主政治。这有利于一种双轨制,就是以克制的外交政策为中心的官方共识和非官方支持的塞尔维亚之外的激进的民族主义煽动。

自从1903年彼得·卡拉乔尔杰维奇接替被暗杀的亚历山大·奥布

雷诺维奇出任塞尔维亚国王,与奥匈帝国的对抗已经开始。在议会一致投票使卡拉乔尔杰的59岁孙子彼得返回即位之前,他已经在流亡中度过其成人生活。彼得曾翻译过约翰·斯图亚特·穆勒(John Stuart Mill)的作品,他因其作为一位立宪君主的角色而受好评,他准许议会多数党去统治,并且在其他方面帮助恢复弑君之后的塞尔维亚的国际声望。他和激进党领导人尼古拉·帕希奇分享了对俄罗斯和塞尔维亚之外的塞尔维亚人的忠诚。但是据达尔马提亚的克罗地亚族领导人弗拉诺·苏皮洛所说,新国王也是一个自由主义者,并且对克罗地亚人很有好感。

彼得国王和帕希奇都不愿意兑现同奥匈帝国的1881年秘密协定,这一秘密协定使贝尔格莱德的外交和位于维也纳舞厅广场(Ballhausplatz)的奥匈帝国外交部联合在一起。奥地利的外交使团轻视在1905年被提议的塞尔维亚-保加利亚关税同盟。翌年,像在1896年一样,奥地利官员面临一次匈牙利人的运动,即利用奥匈帝国两部分
85 之间关税同盟10年一次的延期,作为赢得进一步政治或军事自治的一次机会。作为延期的报答,维也纳再次决定对匈牙利的农业利益提供保护措施,以防止塞尔维亚的猪和牛有竞争性的进口。奥匈帝国迅速用一个针对塞尔维亚家畜的兽医禁令来反击贝尔格莱德拒绝承认增加额定关税。此时这一僵局逐步升级为1906—1911年的长期关税战。[19]

塞尔维亚对关税战的敌对反应鼓励了1908年奥地利兼并波斯尼亚-黑塞哥维那的决定。到1911年时,对这种争端有利于塞尔维亚的解决反而鼓励了这个小国。三个欧洲大国中的每一个都火上加油。巴黎资本市场给予塞尔维亚政府两笔巨额贷款,并且都是官方安排的。它们中的第一笔贷款(9 000万法郎)足以支付塞尔维亚陆军进一步重新装备,用来自法国施奈德-克勒佐(Schneider-Creuzot),而不是奥匈帝国的斯柯达(Skoda)工厂的大炮装备塞尔维亚陆军。第二笔贷款(1.5亿法郎)保证塞尔维亚的财政能坚持到关税战结束。就德国来说,准许其商业市场接受大部分的塞尔维亚谷物和加工过的肉类,这破

坏了其盟国的贸易制裁。也许最宿命的是,1909 年俄国政府派遣一位热心的泛斯拉夫主义的公使到贝尔格莱德。尼古拉·哈特维希(Nikolai Hartwig)希望塞尔维亚政府原谅俄国在 1908 年兼并危机中缺乏支持,并且表示俄国现在全心全意对待塞尔维亚,即使俄国被威胁同奥匈帝国爆发战争。[20]

1909 年,一份德国支持的奥地利最后通牒激起了塞尔维亚人公然反抗奥匈帝国的情绪。最后通牒强迫尼古拉·帕希奇的激进党政府接受波斯尼亚-黑塞哥维那的兼并,同时同意把新组成的民族自卫组织(Narodna Odbrana)或来自塞尔维亚的志愿兵国防组织在波斯尼亚的活动完全局限于支持塞尔维亚人的文化和教育。民族自卫组织在那个时候是在政党公开体制之外运作的一个组织。自 1903 年,政党公开体制已经支配了塞尔维亚。

不久另一个组织正式形成。它的领导人是在 1903 年曾经共谋暗杀最后一任奥布雷诺维奇国王的陆军军官们。他们拒绝接受关于在波斯尼亚准军事活动的奥地利禁令。这个新秘密社团的名称"联合或死亡"(Union or Death)说明了他们的计划,并且其通俗名称"黑手"(Black Hand)证实其秘密的、潜在恐怖主义的性质。具有讽刺意味的是,其大部分成员是 500 名新军官,在 1897—1900 年的陆军改革期间,上述这位国王的父亲——长期被废黜的米兰·奥布雷诺维奇把这些新军官从农村、内陆引进到一所升级后的军事学院。这些新军官包括这个社团的首脑——一个工匠的儿子,名叫德拉古·迪米特里(Dragutin 86
Dimitrijevic),由于其像公牛一样的体格被昵称为阿匹斯(Apis)①。从 1911 年阿匹斯创立这个社团,直到 1917 年被塞尔维亚的文官政府解散,这个社团追求一个从西部波斯尼亚伸展到南部马其顿的大塞尔维亚国家。奥地利当局特别是陆军总参谋部,错误而迅速地确信塞尔维亚政府不仅控制这两个组织,而且控制萨格勒布议会中的克罗地亚人-塞尔维亚人联盟[21]。

① 古埃及的一种圣牛。——译者注

在塞尔维亚内部，围绕1908年波斯尼亚兼并引发的爱国狂热，帮助把一个主要政党排斥在权力之外。这个主要政党同克罗地亚人-塞尔维亚人联盟定期接触，并且同情在奥匈帝国之内或之外的一个新的南斯拉夫人实体的主张。与帕希奇执政的激进党相比，这个独立激进党(Independent Radical Party)的成员更年轻，并且更接近城市生活和更繁荣的北部边界。为了抗议帕希奇接受亚历山大·奥布雷诺维奇国王的限制性新宪法，1901年独立激进党成立，他们迅速把老化的进步党推开而成为第二大党。独立激进党同激进党在一系列短命政府中分享权力或交替掌权，直到1906年同奥匈帝国的关税战开始。后来，帕希奇能够利用其更多经验，并且利用激进党同布达佩斯和圣彼得堡的联系，使他的党在第一次世界大战期间差不多连续当权。

在此期间，在塞尔维亚的城镇中，在世俗学校迅速扩展的体制中讲授的历史和地理教材增强了激进党的民族前景观点。1890年到1910年，小学和中学的数量几乎增加了三倍。城市识字率暴涨超过70%，虽然没有包括仍占总人口87%的重要的、数量巨大的农村人口，农村人口使总体识字率低于40%。教科书有时由政党领导人撰写，并且总是谈及由塞尔维亚人居住的一个未来南斯拉夫的各领地，这实际上排除了克罗地亚人、波斯尼亚穆斯林或马其顿人。套用尤金·韦伯(Eugen Weber)的话，他们过去可能没有使“农民变成伟大的塞尔维亚人”，但是他们确实没有使农民变成南斯拉夫人。[22]他们也没有使许多有前途的年轻市民成为东正教神父。虽然东正教仍然是国教，并且乡村神父领受国家薪俸，但是东正教及其偏远的修道院现在几乎吸引不到城市青年。通过一种塞尔维亚人的语言和学校系统，他们反而被吸引到世俗的欧洲方式和见解方面去，这种语言和学校系统激励了聚集在贝尔格莱德的犹太人、瓦拉几人和捷克人这些次要少数民族的民族同化。

到1910年时，塞尔维亚的首都是一个人口接近9万的熙熙攘攘的
87 城市，有多达12种日报。这个国家的中学或职业学校的1.2万名学生中的一半，加上1903年组成的自治大学中的另外1 600人在那里学

习。像在萨格勒布一样,学生总数差不多等于工业企业中的工人数量。在1903年对新闻自由的成功要求中,学生示威扮演了重要角色。他们使翌年第一次塞尔维亚人起义的百年纪念变成一场欢迎克罗地亚人、斯洛文尼亚人甚至保加利亚人的代表团到来的南部斯拉夫团结一致的庆典。政治上,与支持激进党相比,这个城市的选民在1906年选举中更多支持国民议会中的独立激进党和代表市政府的(自1903年以来)新社会民主党(Social Democratic Party)。换句话说,一个小的中欧首都城市已经突然兴起。它的政治多样性、文化活动甚至城市的便利设施,例如有轨电车,创造了一种有吸引力的现代氛围。对其仍在哈布斯堡王朝或奥斯曼帝国统治之下的南部斯拉夫人邻居而言,贝尔格莱德的姿态使塞尔维亚更加有吸引力。而在塞尔维亚自身,首都和南部农村地区之间加剧的差别助长了城市精英以某种方式消除这种反差的急躁。换句话说,在第二章开头部分作为"差别的现代化"确认的进程,现在引起了对外交变革或国内变革的政治急躁。而且在贝尔格莱德,现代化的动力被容易地混淆为塞尔维亚化。

到这个世纪之交时,以"贝尔格莱德风格"知名的文学表达似乎与哈布斯堡王朝的文化霸权对抗,并且帮助同化塞尔维亚的少数民族。它强调简单的、直接的表达,吸收通俗的习惯用语,从同时期的法国获得其灵感。有影响的新《塞尔维亚文学杂志》(*Srpski knjizevni glasnik*)(Serbian literary journal)的创办者曾经在法国接受教育。他们对奥地利-德国高雅文化复杂的正式语言的批评扩展到萨格勒布的克罗地亚文学语言。他们赞成贝尔格莱德以更现代的塞尔维亚语作为任何新的南斯拉夫人国家的语言,并且他们赢得了一些克罗地亚族皈依者。但是一种语言能够从一个方面战胜弗洛伊德所说的"微小差异的自我陶醉"吗?这些微小差异似乎是塞尔维亚人和克罗地亚人之间的主要差别。

两个主要人物代表了贝尔格莱德和萨格勒布新近受过教育的青年,间接表明了一种语言并不能做到这些。他们即是其各自文学的导师,约万·斯凯尔利奇(Jovan Skerlic)和安东尼·古斯塔夫·马托斯

(Antun Gustav Matos)。除了他们在 1914 年的早逝之外,这两个主要人物之间有更多的相似之处。这两个人都被法国文学吸引,并且被欧洲文学评论的世界主义观点吸引。这两个人都向其学生信徒介绍现代
88 派运动对于传统的反对和蔑视。但是像 20 世纪早期欧洲现代主流中的许多其他人一样,这两个人也都成为顽固、热情的种族主义者。确实,为了使塞尔维亚人和克罗地亚人和解,斯凯尔利奇发起 1904 年南部斯拉夫人代表大会,甚至提倡塞尔维亚语应当用拉丁语书写而不是用西里尔字母(Cyrillic)①。他也警告科索沃神话的传奇性。他所崇拜的政治英雄是极其宽容的法国社会主义者让·饶勒斯(Jean Jaures)。但是 1908 年后,斯凯尔利奇转向批评像伊莎多拉·塞库利克(Isadora Sekulic)那样的其他现代派撰写的"漠不关心"塞尔维亚民族意识的"赞美诗"。斯凯尔利奇的赞美至少没有扩展到诋毁塞尔维亚人的劝诱改宗和分离主义,而马托斯把分离主义同匈牙利人和教士的控制统合起来作为反克罗地亚人的行动。斯凯尔利奇可能畏惧他所预见的战争是"可怕的暴风雨",但是他以一个新的社会主义和民主的塞尔维亚而不是南部斯拉夫人任何联盟的名义,怂恿塞尔维亚青年去对抗包括奥匈帝国的每一个对手[23]。

关于南部斯拉夫人的合作关系应当是什么,甚至连社会主义者都没有能够达成任何大体协议。在卢布尔雅那召开的 1909 年南部斯拉夫人社会主义者大会上,大部分代表特别主张南部斯拉夫国家(jugoslavenstvo)作为他们的目标,但是对克罗地亚人和斯洛文尼亚人而言,这意味着塞尔维亚和保加利亚将不得不参加奥匈帝国的某种联邦改组,即使塞尔维亚和保加利亚希望被包括在内。对来自塞尔维亚的代表而言,南部斯拉夫国家意味着是一个围绕塞尔维亚组织的巴尔干联盟。社会民主党(Social Democrat Party)的领导人迪米特里耶·图措维奇(Dimitrije Tucovic)由于不再考虑有利于阶级斗争的民族问题,提议这样一个联盟作为适当的框架。[24]

---

① 古代斯拉夫语的字母。——译者注

克罗地亚和波斯尼亚-黑塞哥维那

塞尔维亚对兼并波斯尼亚的反应激怒了克罗地亚农民党
(Croatian Peasant Party)领导人斯捷潘·拉迪奇。当他强调克罗地亚
人在波斯尼亚的长期存在和自称克罗地亚人的穆斯林的近来增长时，
塞尔维亚的质问者打断了他在圣彼得堡的演说。斯捷潘·拉迪奇批评
塞尔维亚的政客妄自尊大，并且批评塞尔维亚政府试图煽动奥匈帝国
和奥斯曼帝国之间的战争。为了确认克罗地亚-斯拉沃尼亚的塞尔维
亚人"按照出身不是塞尔维亚人"，他的政党党纲被迅速改写，从而与弗
兰克的纯粹权利党(Party of Pure Right)的政纲匹敌。此后，斯捷潘·
拉迪奇仅把贝尔格莱德视为克罗地亚成为哈布斯堡王朝内第三个自治
单位的障碍，或一个将排除塞尔维亚的多瑙河联盟的障碍。同独立党
领导人的一系列对抗也损伤了他同克罗地亚-斯拉沃尼亚的塞尔维亚
人的关系。从拉迪奇拒绝参加克罗地亚人-塞尔维亚人联盟那时起，斯 89
韦托扎尔·普里比切维奇(Svetozar Pribicevic)就已经利用拉迪奇仍然
担任编辑的塞尔维亚族主要报纸《塞尔维亚人》去攻击拉迪奇。在
1913年，尽管官方审查制度有所放松，但当拉迪奇不能发表其谴责暗
杀和恐怖主义的文章时，普里比切维奇激怒了拉迪奇。[25]尼古拉·帕希
奇是有城府和沉默寡言的，而普里比切维奇则是感情奔放和放纵的。
在第一次世界大战之后首个10年期间，普里比切维奇后来成为帕希奇
之后最杰出的塞尔维亚族政治家。像我们将在第五章中看到的那样，
战前普里比切维奇对更健谈的拉迪奇的挑战，对于此后塞尔维亚人-克
罗地亚人的关系来说不是好兆头。

其间，奥地利人和匈牙利人的压力叠加，使克罗地亚人-塞尔维亚人联盟团结在一起，并且在兼并之后的政治中控制着议会。对于塞尔维亚的同情已经导致几次初期示威，但是对公众舆论没有留下任何持久的痕迹。而且1909年发生两次拙劣构想的叛国罪审判，指控联盟领导人同塞尔维亚保持秘密联系。第一次审判在萨格勒布的奥地利人的法庭，第二次审判在维也纳召集。第一次审判拖延了几个月，欧洲新闻

舆论见证了不能令人信服的证据和使人尴尬的轻判。在第二次审判中，一个名叫弗里德容(Friedjung)的维也纳历史学家更试图提供逃避不了的证据，但是他的证据表明是易于证实的伪造品。曾经指望维也纳支持反对布达佩斯的克罗地亚人大失所望。虽然没有约瑟普·弗兰克，联盟却获得新的生机。

匈牙利当局徒劳地试图阻挠这个联盟。他们突然解散1908年选出的议会，并且按照政令统治直到1910年。布达佩斯政府的克罗地亚前总督、时任匈牙利首相的屈恩-海代尔瓦里(Khuen-Hedervary)随后在1910年任命了一个意在和解的克罗地亚族总督，并且如上所述扩大了选举权。然而官方支持的新进步党仍然未能获得甚至克罗地亚人-塞尔维亚人联盟赢得的席位的一半。议会再次被解散，1913年之前，1906年的完全立宪政体没有得到恢复。在此期间，为了使拉迪奇或学生势力相信他们的将来取决于这种君主政体，普里比切维奇和该联盟的其他领导人被迫太多地违背原有的1868年《克罗地亚-匈牙利协定》。[26]

萨格勒布和萨拉热窝不断增长的、不安定的学生群体从沮丧转向恐怖主义。在俄国革命者秘密政治组织和一个克罗地亚青年在暗杀波斯尼亚民政官失败后自杀的激励下，克罗地亚-塞尔维亚激进进步青年运动(Croato-Serbian Radical Progressive Youth Movement)在1910年之后独立地开始行动。他们在萨格勒布大学组织学生罢课，并且不成
90 功地六次试图暗杀总督，或这个城市中的其他哈布斯堡王朝高级官员。除信奉个人恐怖主义以外，他们的南斯拉夫人主义(Yugoslavism)，这种浪漫的革命观念使他们引人注目。这种观念在贝尔格莱德被非官方名流热情接纳，从文学评论家约万·斯凯尔利奇到《皮埃蒙特》(*Pijemont*)的编辑。《皮埃蒙特》是“联合或死亡”组织在塞尔维亚军官团中的喉舌。直到巴尔干战争之后，“联合或死亡”组织自身才认可个人恐怖主义或南斯拉夫人主义。那时，它的主要关注是为塞尔维亚赢得奥斯曼帝国的马其顿，反对来自希腊、保加利亚的类似组织或当地的马其顿内部革命组织(Internal Macedonian Revolutionary Organization)

(IMRO)的竞争。

革命恐怖主义和浪漫主义的定义不明的南斯拉夫主义的最积极倡导者反而来自波斯尼亚-黑塞哥维那。笼统地并且只是后来才定义为“年轻的波斯尼亚”(Mlada Bosna)或“青年波斯尼亚”(Young Bosnia)的这个团体,在文学组织或爱国组织中有其渊源。来自贝尔格莱德的民族自卫组织和来自萨格勒布的克罗地亚天主教会,鼓励这些组织成为排他主义的塞尔维亚人或克罗地亚人的组织。1909年,向南斯拉夫主义的转向以波斯尼亚的塞尔维亚族学生开始,并且因为兼并而再次进展迅速。在1911年,塞尔维亚人带头组成塞尔维亚人-克罗地亚人进步组织(Serbo-Croat Progressive Organization),其大部分成员是学生,包括一些穆斯林。其中一个成员是十几岁的波斯尼亚塞尔维亚人加夫里洛·普林西普(Gavrilo Princip),他不久后将暗杀哈布斯堡王朝的继承人弗朗茨·斐迪南(Franz Ferdinand)。1912年初发生的反匈牙利示威,导致了逮捕、审判以及“青年波斯尼亚”公然恐怖主义的网络。“青年波斯尼亚”是几个年轻的塞尔维亚人在萨拉热窝和其他城镇组织的。此时暗杀计划及其尝试接二连三地发生。这些尝试中的最后一次在1914年成功实施,并且使第一次世界大战爆发。

两个问题仍然困扰着“青年波斯尼亚”运动的史料编纂。它与塞尔维亚政府的一般关系及与“联合或死亡”组织的特别关系是什么?其浪漫主义的、定义不明的南斯拉夫主义留下了什么遗产?韦恩·武契尼奇(Wayne Vucinich)已经提出了两个有说服力的解答,并且斯雷奇科·扎亚(Srecko Dzaja)提出了一个重要推论。与哈布斯堡王朝历史学家的持久推定相反,波斯尼亚的学生们在贝尔格莱德和“联合或死亡”组织的代理人中挑出人选组成自己的关系网,而不是相反。“联合或死亡”组织的代理人被派遣到波斯尼亚,作为民族自卫组织代表。武契尼奇也认为“青年波斯尼亚”能够使“联合或死亡”组织的一些成员从大塞尔维亚的主张转而信仰南斯拉夫主义。这种主张确实吸引年轻的伊沃·安德里奇(Ivo Andric)加入“青年波斯尼亚”。当时他是一个具有波斯尼亚克罗地亚族血统的学生，他作为塞尔维亚作家的最终身份演变，只是由于在两次世界大战之间他迁移到贝尔格莱德。然而一些人将徒劳地探究在这些人和组织之间对于一个“联邦制的南部斯拉夫人
91 国家”形式（可能社会主义）的某种一致同意。这些人和组织只是像普林西普一样的青年们，那个时期更广泛的波斯尼亚政治组织或像普林西普那样从战争中幸存，进入第一南斯拉夫。波斯尼亚的塞尔维亚人和克罗地亚人还同这种诱惑作斗争，即波斯尼亚穆斯林是一个最终能够成为民族伙伴的、“未完成的三角形的一个角”。扎亚称呼这三个年轻精英为“在一个已建成的过去和一个不切实际的将来之间的徘徊者”。[27]他们能够取得一致意见的是一种波斯尼亚的南斯拉夫主义。它被含糊定义为这个省份中民族问题的唯一可能的解决方案，而两个南斯拉夫都未能发现这种解决方案。

巴尔干战争和新的南斯拉夫前景（1912—1914）

在 1908 年危机之后，冲动的塞尔维亚学生和陆军军官极想向奥匈帝国开战；而塞尔维亚政府和执政的激进党并不这样想。尼古拉·帕希奇和他的同事们都还没有用“南斯拉夫的”术语思考。1912 年的第一次巴尔干战争，使他们存在已久的大塞尔维亚理想与一个更大的南斯拉夫人国家的目标发生合并。塞尔维亚人在两次巴尔干战争中的胜利重新激起了克罗地亚人和斯洛文尼亚人对于某种南斯拉夫人国家的热情。同时，塞尔维亚在刚刚并吞的科索沃和马其顿的政策引起关于如何成为一个真正的多民族国家的疑虑。波斯尼亚-黑塞哥维那被留下，在热情和疑虑之间作出选择。

马其顿和科索沃

1912 年，奥斯曼帝国的虚弱和一系列外交活动打开了塞尔维亚通往巴尔干联盟的道路，这不在奥匈帝国的控制范围之内。这个联盟使马其顿成为“火药桶”。为什么奥斯曼帝国的马其顿特别易受攻击？正确的解答须返回到 1870 年。当时奥斯曼帝国当局准许新的保加利亚

东正教大主教在北部马其顿全境开设东正教教堂和学校。不久，官方支持的团体在塞尔维亚和希腊建立其自己的学校，并且寻求使斯拉夫马其顿人(Slav Macedonians)相信他们是塞尔维亚人或希腊人，而不是保加利亚人。如果没有最初成立于 1893 年、称为“马其顿内部革命组织”的小团体在 1903 年 8 月伊林登(Illinden)假期中举行了一次失败的起义，那么这些文化活动中没有一个会动摇奥斯曼帝国的统治。战斗集中于莫纳斯提尔省(Monastir *vilayet*)。莫纳斯提尔省横跨同希腊以后划定的边界，虽然在其他两个马其顿省——萨洛尼卡(Salonika)和斯科普里(Skopje)爆发起义，并且在色雷斯(Thrace)也有 92
一次小规模起义。保加利亚学校的教师或以前的学生们领导了这次起义，但是这种争论继续下去，那就是：他们寻求马其顿自治是作为终极目标，还是作为同保加利亚联盟的一块垫脚石。[28] 主要选自阿尔巴尼亚族辅助部队的奥斯曼帝国军队残酷镇压了这次起义，使几千人丧生并且使 5 万人成为无家可归的难民。

随后的《米尔茨施泰格协定》(*Murzsteg Agreement*)几乎没有有益于当地居民。作为继续承认奥斯曼帝国主权的报答，根据适于波斯尼亚行政区的条款，奥匈帝国和俄国派遣监督员以建立一支新的警察部队，并且恢复秩序。该条款在某种程度上预见了 1992 年失败的“万斯-欧文计划”(Vance-Owen plan)。秩序没有被恢复，当地居民接受欧洲干涉意味着奥斯曼帝国的寿命屈指可数。这次起义的失败削弱了马其顿内部革命组织和那些与之竞争的、索菲亚①赞助的种族优越论者，这鼓励了塞尔维亚一方临时顶缺。进一步的鼓励来自青年土耳其革命党(Young Turk Revolution)引发的混乱。1908 年，包括以后土耳其共和国的缔造者凯末尔·阿塔图克(Kemal Attaturk)的陆军军官们在君士坦丁堡夺取政权，当时君士坦丁堡改名为“伊斯坦布尔”(Istanbul)。虽然仍然奉行同保加利亚(反对奥匈帝国的盟友)的全面和解，但是帕希奇政府鼓励派遣更多的政治和军事人员到当时没有大国监督员的马其

① 保加利亚首都。——译者注

顿。青年土耳其革命党政权迫使他们离开。这促成了奥匈帝国的这一决定,即在奥斯曼帝国对波斯尼亚-黑塞哥维那的任何要求实现之前兼并这个省。[29]

不久青年土耳其党在莫纳斯提尔和涉及科索沃的其他省发现对其巴尔干半岛新秩序的最大抵制。科索沃的盖格阿尔巴尼亚人(Gheg Albanians)没有对以阿尔巴尼亚语代替土耳其语的南部托斯克人(Tosks)的文化运动作出太多反应,但是盖格阿尔巴尼亚人迅速抵制青年土耳其党政治上的中央集权和苛刻的征税。到1910年,正从普里什蒂纳(Pristina)蔓延开来的一次阿尔巴尼亚人的武装起义,讽刺性地得到来自塞尔维亚的援助。奥斯曼帝国政府(Porte)引进库尔德族非正规军镇压了这次起义,烧毁许多村庄并且驱逐了大约15万人;他们中的三分之二是塞尔维亚人。[30]

到1911年,一次短暂的奥斯曼帝国和意大利的战争,及在马其顿和科索沃的新地方骚乱或外部煽动,使奥斯曼帝国的统治似乎易受攻击。前面提到的那个过分热情的俄国大臣哈特维希(Hartwig)来到贝尔格莱德,鼓励一个独立巴尔干国家的联盟。意大利军队曾经对奥斯曼帝国展示这种联盟,然而这种联盟太缺乏战斗力,以至于不能紧紧抓住利比亚(Libya)。哈特维希及其在索菲亚的、同样热心的泛斯拉夫主义同事在五个月的艰难谈判之后,使这两个对联盟至关紧要的政府和
93 解。1912年3月的《塞尔维亚-保加利亚条约》提议三方分割仍然在奥斯曼帝国统治下的北部马其顿领土,这是长期以来它们之间争夺的主要地带。它们都接受了希腊人对南部马其顿的要求,并且大体上接受了希腊人对目前边界的要求。在其北面,塞尔维亚将获得西北三角地带,保加利亚将获得远到奥赫里德(Ohrid)的东南地带。俄国的调停者将决定在两者之间地区的命运,包括斯科普里。

恩斯特·黑尔姆赖希(Ernst Helmreich)以来的历史学家们已经探究了该协定和塞尔维亚军队的绝妙成功战役废除该协定的后果。[31]大约35万人被动员加入四个野战军,这四个野战军把奥斯曼帝国军队赶出北部马其顿。从10月库马诺沃(Kumanovo)到11月比托拉(Bitola)

的决定性胜利,使塞尔维亚人军事勇猛的英雄传奇复兴,这种英雄传奇源自1389年失败的科索沃战役。通过夺回科索沃,1912年战役为那一次久远的战败雪了耻。对这个功绩的过分骄傲加上有些草率的奥地利外交,促使帕希奇政府拒绝从其马其顿占领区撤退。奥地利外交拒绝把奥斯曼帝国的阿尔巴尼亚给予正在推进的塞尔维亚军队。然而保加利亚大公——科伯的斐迪南(Ferdinand of Coburg)试图使塞尔维亚军队逆转。当差不多推进到伊斯坦布尔时,保加利亚军队已经蒙受了重大伤亡,但是斐迪南和他的将军们在1913年5月把保加利亚军队投入了反对塞尔维亚的第二次巴尔干战争。由于他们以前的所有盟友加上对手奥斯曼帝国联合反对他们,保加利亚人被迅速击败。

虽然以至少6万人死伤为代价,但是这两次战争是塞尔维亚历史上最伟大的军事胜利。它们可能已经使塞尔维亚的公众舆论确信,命运注定由塞尔维亚领导某种未来的南斯拉夫人的国家,但是塞尔维亚的领导人不愿意冒同奥匈帝国军事对抗的危险去实现它。他们转向同斯洛文尼亚人更密切的经济合作,在的里雅斯特建立联合银行,并且探究同克罗地亚人-塞尔维亚人联盟的政治合作,这种政治合作将为这样的一个国家打造基础。虽然激进党的计划未被修订去包括一个可能的未来联盟,但是尼古拉·帕希奇和其他领导人开始讨论这条道路。他们这么做,部分因为同保加利亚关于马其顿的永久决裂已经使反对奥匈帝国的塞尔维亚孤立。俄国的积极支持在巴尔干战争期间并无必要。那么现在为什么不以声援哈布斯堡王朝领地的其他斯拉夫人的名义唤起这种支持呢?(激进党的领导层假定新并入斯拉夫人的马其顿居民能够欣然作为塞尔维亚人被同化,从而没有为多种斯拉夫人的构想提供任何理由。)到1913年7月时,财政部长拉扎尔·帕丘(Lazar Pacu)把斯洛文尼亚人和克罗地亚人纳入到他现在称做南斯拉夫的国 94 家中。次年4月,贝尔格莱德官方纪念克罗地亚人反对哈布斯堡王朝统治的最后一次大起义——即1667年的兹林斯基-法兰高宾(Zrinski-Frankopan)起义250周年。

奥地利总参谋部及其强硬反塞尔维亚的参谋长弗朗茨·康拉德·冯·赫岑多夫(Franz Conrad von Hotzendorf)将军充分考虑了这个变化。他们甚至比1909年更确信,应当尽快地发动一场反对塞尔维亚的先发制人的战争。据康拉德所说,塞尔维亚迅速失败的唯一障碍将是能够提供重要军事援助的盟国俄国。因此他主张,塞尔维亚必须在这样的援助能够被动员之前被击败。而且康拉德拒绝考虑来自巴尔干战争的证据,即塞尔维亚陆军能够独自展开不可忽视的抵抗。[32]

克罗地亚、达尔马提亚和斯洛文尼亚

在克罗地亚和斯洛文尼亚,对塞尔维亚胜利消息的政治反应是喜忧参半的。在达尔马提亚,政治反应则是更为一致的热情。这两种反应都强化了康拉德对塞尔维亚进行军事袭击的理由。

克罗地亚人-塞尔维亚人联盟在萨格勒布聚集了1万人庆祝塞尔维亚的胜利,并且要求建立一个南部斯拉夫人的国家。一个达尔马提亚的克罗地亚族领导人约瑟普·斯莫德拉卡(Josip Smodlaka)说:"塞尔维亚不仅已经给予了军事勇猛的伟大证明,而且已经给予令人惊讶的政治成熟的证明。1 700万南斯拉夫人的未来得到保证。"[33]这样的希望已经引导一些克罗地亚人希望加入参加巴尔干战争的塞尔维亚军队,而年轻的米罗斯拉夫·科尔莱扎(Miroslav Krleza)尝试两次都没有成功。当联盟领导人要求"第二回合"以撤销波斯尼亚-黑塞哥维那的兼并并且把它增添到这个新国家时,尼古拉·帕希奇不得不阻止他们。由于内部起义和对塞尔维亚进攻的一次威胁,帕希奇拒绝了他们对抗奥匈帝国的要求。进入亚得里亚海仍然是他的主要地缘政治目标,他甚至表示对同罗马教廷(the Vatican)的宗教事务协约(Concordat)抱有兴趣,以打消奥匈帝国的疑虑。另一方面,势力小的基督教社会权利党(约瑟普·弗兰克已经去世)支持克罗地亚人领导的哈布斯堡王朝的第三方,基督教社会权利党把这种支持扩展为一个拟议合并被击败的塞尔维亚的计划。一些天主教教士分享了这个新计划。更大的克罗地亚民族农民党(Croatian National Peasant Party)(HPSS)的领导人斯捷潘·拉迪奇差点要推行这样扩张性的计划。然而,既然他过去总是谈及包括在任何更广泛联盟中的保加利亚人、其他南部斯拉夫人已不在考虑范围内,他于是强烈反对同塞尔维亚建立任何联系。

塞尔维亚的胜利在遍及达尔马提亚的示威中得到炫耀,不顾来自
维也纳的奥地利当局仍然管理着这个省。塞尔维亚的旗帜飘扬在斯普 95
利特、希贝尼克(Sibenik)、扎达尔和杜布罗夫尼克,并且飘扬在许多更小的城镇。来自达尔马提亚的塞尔维亚族志愿者参加塞尔维亚军队,许多城镇募集战争救济捐款。无权的达尔马提亚议会甚至通过一项决议,称赞反对奥斯曼帝国的巴尔干联盟,谴责奥匈帝国对其臣民的政策。

在卡尔尼奥拉,最大的政党——斯洛文尼亚人民党(Slovenian People's Party)(SLS)的教权主义领导人仍然致力于同奥地利当局就最低限度的教育自治谨慎地讨价还价。他们也斟酌了增添一个南部斯拉夫人实体到奥匈帝国的三元制规划,但是他们为克罗地亚人可能支配这样一个实体而焦虑。然而,在作为人民党支柱的教权主义者和农民协会之外的较年轻一代,则趋近达尔马提亚人对新的南部斯拉夫人国家的狂热,这个国家将与胜利的塞尔维亚有联系。在巴尔干战争开始时,他们中的一些人在塞尔维亚军队中志愿服役。在萨格勒布的斯洛文尼亚族大学生特别积极。卢布尔雅那的高中学生已经建立起自己的激进组织"复兴"(*Preporod*),并且敲响了挣脱君主制的战鼓。伟大的斯洛文尼亚小说家伊万·参卡尔(Ivan Cankar)也是成长中的南斯拉夫社会民主党(Yugoslav Social Democratic Party)的成员,直到1918年去世。他特别主张加强与"我们从语言上讲的堂兄弟和我们在血缘上的兄弟"的联合。但是,像卡罗尔·罗格尔(Carole Rogel)对1914年之前斯洛文尼亚的南斯拉夫主义的分析所表明的那样,对奥地利人-德国人的城市领导权的反抗,激励了参卡尔和激进学生们去放弃斯洛文尼亚的语言或文化,而不是任何伊利里亚人的倾向激励了他们。[34]换句话说,他们的南斯拉夫将是为文化自治提供一种政治基础的某种联邦

制国家。

马其顿、科索沃和黑山

根据尾随巴尔干战争而至的这三个东南部领地的经历,不同的原因得出相同的结论。可以在地图 3.1 中看到它们边界的巨大变化。前两个领地从奥斯曼帝国最后岁月的无秩序和种族敌对状态转到塞尔维亚军队管理的专制政权下。独立的黑山接管了新领地。作为一个独立民族国家,黑山的能力有限。新领地使黑山不堪承受。

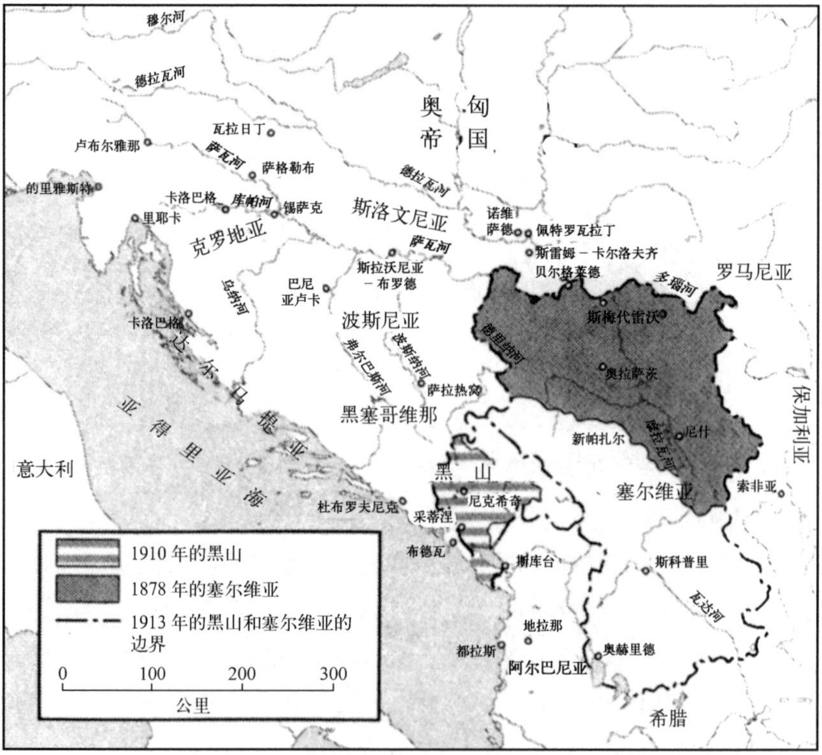

地图 3.1　1911 和 1913 年的塞尔维亚和黑山

塞尔维亚军队为北部马其顿付出相当大的代价。在第二次巴尔干战争中,为了保护南至比托拉的领土,塞尔维亚军队蒙受了比第一次巴尔干战争更多的伤亡(3.8 万人对 2.3 万人)。塞尔维亚军队的军官们牢记奥斯曼帝国和保加利亚军队对当地塞尔维亚人犯下的暴行。作为可以理解的反应,他们从头脑中去除了自己的野蛮行为。迅速、公正的 96
卡内基(Carnegie)调查断定所有参与者对不能自卫的平民都犯下了战争罪行。[35]军队的统帅部帮助扼杀了帕希奇政府的这种努力,即至少给予大部分是斯拉夫人的马其顿居民在地方政府的权利。(帕希奇自己提议拒绝给予他们在贝尔格莱德议会中的代表权。)激进党政权的反对者们想要知道,为什么塞尔维亚1903年宪法给人深刻印象的这些权利未被扩展到这些新领地,这些新领地已经使塞尔维亚的人口增长超过一半,从290万增长到440万。同时,军事当局批准解雇不愿意声称自己是塞尔维亚人的学校教师、牧师和地方官员。与忠于塞尔维亚的合法政府相比,军官们更忠于"联合或死亡"组织,这在这些公开的行动中起了显著作用。

只有几家贝尔格莱德银行冒险进入这个法律真空,去帮助重建脆弱的、饱受战争蹂躏的基础设施。外国投资者没有出现。主要港口萨
洛尼卡向南方发展,大规模的移民,以及与欧洲支持的奥斯曼帝国铁路 97
和奥斯曼银行(Banque Ottomane)的联系中断,这些都妨碍了整个地区复苏到1911年的贸易水平。塞尔维亚在巴尔干战争期间的军事支出估计达5.75亿法郎,这个数字是1911年国家财政收入或最近的1909年法国贷款的四倍,塞尔维亚几乎没有获得经济补偿。[36]这些经济负担加上战时损失,以及在马其顿的塞尔维亚军政府的战后混乱,使得康拉德将军和他的奥地利参谋部低估塞尔维亚有效抵抗他们的"先发制人的战争"的可能性。

塞尔维亚新政府没有试图要求阿尔巴尼亚人在种族上声称自己是塞尔维亚人,科索沃不可靠居民中的大多数是阿尔巴尼亚人。帕希奇也没有重申其1912年初的提议,即支持科索沃在塞尔维亚范围内的自治。当时帕希奇正在鼓动在1912年1月爆发的起义。哈桑·普里什蒂纳(Hasan Pristina)领导了这次起义,后来这次起义为那年秋季的第一次巴尔干战争削弱了奥斯曼帝国军队。科索沃的阿尔巴尼亚人反而被置于军事占领政权的统治之下。军事占领政权在两次世界大战之后得

以恢复,并且在1989—1999年再次出现。1912年,阿尔巴尼亚人被指控自19世纪70年代中期始,已经迫使大约15万塞尔维亚人离开科索沃,并且被指控领导了一场反对余留的塞尔维亚人的地方恐怖运动。[37]一些阿尔巴尼亚人移居到新的阿尔巴尼亚人国家,或正在缩小的奥斯曼帝国的其他地方。那些留在科索沃的阿尔巴尼亚人抵制承认塞尔维亚当局,开始了已经坚持到此时的一项传统。

像塞尔维亚一样,作为巴尔干战争的结果,更小的黑山使自己领土扩大1倍。它的3.6万人的军队曾经英勇战斗,但是没有有效的中央司令部。其超过四分之一的士兵阵亡,大部分是在并不成功的、企图夺取斯库台(Shkoder)的战役中死亡。黑山向内地扩展而不是向亚得里亚海扩展,在与塞尔维亚接壤的以前新帕扎尔行政区(Sandžak of Novi Pazar)黑山终止扩展。这个共同边界造成双方持久的进退两难的处境。在一个黑山人的国家中拥有大批穆斯林的、经常是土耳其人的行政区将有什么地位?这个答案不是很让人欣慰的。大约1.3万人在胁迫下皈依了东正教,并且相当数量的人被迫越过边界迁居到波斯尼亚-黑塞哥维那。在这个过程中,穆斯林的村庄被烧毁,为过去对黑山人村庄的罪恶偿还旧账,特别是1876—1878年战争的罪恶。[38]

即使在这样强迫的移民之后,黑山发现自己仍有50万人口,两倍于以前的数字。新到的移民包括许多塞尔维亚人。与采蒂涅(Cetinje)相比,他们感到同贝尔格莱德有更密切的联系。他们联合在贝尔格莱
98 德接受过教育的、数量不断增长的黑山人,这些黑山人不满尼古拉大公实际上过时的专制统治。尼古拉许诺依照1903年后塞尔维亚的模式接受君主立宪制,这谎言早就被揭穿。在1907、1910年两次所谓的炸弹阴谋未能暗杀当时的尼古拉大公之后,尼古拉利用这些去反对新生的人民党(People's Party)。尼古拉迫使政党领导人放弃他们的议会席位,尽管这些席位来自1905年黑山首次选举的授权。现在政党领导人和塞尔维亚政府因随后的炸弹阴谋而被谴责。当尼古拉在1910年宣告自己为国王时,他进一步疏远了贝尔格莱德。[39]因此,我们不应当对此感到惊讶,即在1912年对抗奥斯曼帝国之前,塞尔维亚和黑山之

间是到最后才协商达成联盟的两个巴尔干盟国。

由于沙皇俄国的支持(甚至经济援助),并同其他大国讨价还价,尼古拉保持了在黑山的政权。新边界使黑山腹地朝着塞尔维亚的方向移动,但是没有朝着放弃独立身份的方向移动。在两次世界大战之后,黑山在与塞尔维亚的联合中隐含着丧失独立身份的危险,而保持一个孤立的小民族国家又困难重重,两相比较,这使第三种选择即一个更大的南斯拉夫人国家对一些黑山人更有吸引力。不过,巴尔干战争以及与塞尔维亚的新共同边界使三种选择都摆上了台面,且都将保有其支持者。

波斯尼亚-黑塞哥维那

与未来南斯拉夫的任何其他领地相比,塞尔维亚的胜利和扩张在波斯尼亚的影响更为直接。塞尔维亚族的狂热、波斯尼亚穆斯林的焦虑和克罗地亚族有分歧的意见,迅速破坏了这三个主要民族之间虽然竞争但却和平的关系。通过中止 1910 年宪法,并且使军事指挥官波西奥莱克将军(General Potiorek)成为政府首脑,奥匈帝国当局也掺了一脚。由于这些事件,塞尔维亚族和穆斯林的关系遭受了严重的伤害。

它们的关系已经紧张。期待已久的法律,即自愿赎买穆斯林地主的地产的法律,却几乎没有使土地财产所有权转让给主要是塞尔维亚族的佃农。1910 年,塞尔维亚族佃农反对其地主的一次分散起义,曾经有助于次年奥匈帝国法令的实施。但是在 1912 年只有不到6 000份赎买被记载,1913 年赎买数量甚至更少。差不多 9 万份地产被留给拒绝自愿赎买的地主。塞尔维亚民族组织(Serbian National Organization)在 1910 年议会中的 31 位代表(与 24 位穆斯林代表和 16 位克罗地亚族代表相对)已经敦促强制性赎买,但是包括 12 位克罗地亚族代表在内 99
的穆斯林联盟挫败了塞尔维亚族代表的相对多数。其他政治上敏感的决定,例如新铁路线的定线和使用德语而不是塞尔维亚-克罗地亚语作为铁路运营的语言,完全超出议会的有限权力范围。[40]除了 12 位之外的全部塞尔维亚民族组织的议会代表都放弃在奥匈帝国框架内工作。当激进的学生们使塞尔维亚族代表确信恐怖主义像诛杀暴君一样证明是正当时,这些最可能约束"联合或死亡"组织而不是贝尔格莱德政府的塞尔维亚族代表袖手旁观。

在萨拉热窝和其他主要的波斯尼亚城镇爆发了响应巴尔干战争的塞尔维亚人的煽动性庆祝活动,推动波斯尼亚穆斯林领导人支持哈布斯堡王朝政权,并且反对塞尔维亚人对科索沃相当大数量的阿尔巴尼亚族居民的统治。奥斯曼帝国的失败在穆斯林精英中引起普遍的焦虑。不管是波斯尼亚族的、阿尔巴尼亚族的还是土耳其族的穆斯林,均从塞尔维亚和黑山新获得的领地逃离,进入波斯尼亚-黑塞哥维那。他们带来了新的问题,一些难民来自尾随1878年奥地利占领后最初离开波斯尼亚-黑塞哥维那的家族。其总数可能少于1万人,但是谣言迅速在塞尔维亚族社区中传播,即更多的穆斯林已经到来或将要到来,并且他们中的所有人将被安置在塞尔维亚族占多数的地区。虽然又有谣言说在科索沃或马其顿会开辟新的领土作为塞尔维亚族定居点,但这也没有提供安慰作用。

一些波斯尼亚的克罗地亚人联合那些塞尔维亚人,要求一个新的南斯拉夫人国家以取代哈布斯堡王朝统治。这样一个联盟的学生拥护者已经成功吸引穆斯林参加1912年的一次反匈牙利的示威。许多方济各会神父也提供对他们的支持。萨拉热窝的大主教斯塔尔和纯粹权利党党纲的其他拥护者,把波斯尼亚的塞尔维亚族示威作为塞尔维亚族不忠的进一步证据。纯粹权利党寻求一个与哈布斯堡王朝的奥地利人和匈牙利人地区地位相同的克罗地亚人主导的第三块领地。但在1910年选举中,斯塔尔的克罗地亚天主教联盟(Croatian Catholic Association)只赢得16个克罗地亚族席位中的4个席位。与之竞争的克罗地亚民族社团(Croatian National Community)选出其他12个席位,并且他们支持斯塔尔抵制的穆斯林联盟。

当普林西普和他的同仁们在贝尔格莱德报纸上获悉哈布斯堡王朝的继承人在6月28日即将访问萨拉热窝时,波斯尼亚-黑塞哥维那的权力处于均势(或更确切地说,权力失衡)状态。这个访问日期已被粗心地选定,并且与1389年塞尔维亚人在科索沃失败的周年纪念日同一天。波西奥莱克将军对大公的保安措施的安排同样是粗心的;这是非 100
常清楚的。奥地利的学者们似乎仍然确信,"联合或死亡"组织的军官们奉贝尔格莱德政府的命令采取行动,利用年轻的学生们来达到官方目的。这些军官们无可否认地被成功安插在塞尔维亚军队的情报机构中。数量有限的直接证据表明了相反的情况,即普林西普和他的小团体采取主动,并且利用"联合或死亡"组织的军官们去帮助他们实现诛杀暴君。诛杀暴君对他们来说是任何一个激进学生迄今已经完成的个人恐怖行为中的最伟大行动。与支持塞尔维亚人相比,他们的混乱动机似乎已是更支持南斯拉夫人,并且和反哈布斯堡王朝一样反城市和反现代。普林西普抱怨妇女在萨拉热窝公开露面,并谈此如同给这个城市本身"点燃一根火柴"。[41]

在1914年6月28日,当弗朗茨·斐迪南(Franz Ferdinand)的敞篷车不经意地停在普林西普的前面时,普林西普发现自己是在适当位置的最后一名刺客,于是他不加思考地开了两枪。大公的司机误解了离开萨拉热窝的新路线,这条新路线是当天上午其他同谋者袭击皇家游行之后被匆忙拟订的。普林西普完全不知道暗杀大公和他的妻子(普林西普已经瞄准大公和波西奥莱克将军)将导致何种局面。但是康拉德将军和维也纳的主战派完全清楚地知道他们已经获得了什么"礼物"。康拉德迫切要求得到一份没有任何塞尔维亚政府能够接受的最后通牒。当1914年7月弗朗茨·约瑟夫皇帝签署最后通牒时,其他欧洲国家中的主战派们各自迅速动员。只有到此时,两个对立的联盟和它们的军事时间表才终于可以放开手脚把他们全拖进了第一次世界大战。

101 第四章　第一次世界大战和第一南斯拉夫(1914—1921)

对许多幸存者而言,在第一次世界大战期间塞尔维亚军队的牺牲和居民的苦难,似乎证明了贝尔格莱德在1918—1921年建立的南斯拉夫人国家中占优势是理所当然的。这种牺牲和苦难值得尊敬,却让塞尔维亚军队的战争幸存者建立这样一个大的新国家在根本上成为可能。如果没有其军队,塞尔维亚政府不可能于1918年12月在贝尔格莱德召集克罗地亚人和斯洛文尼亚人的代表并且宣告成立"塞尔维亚人、克罗地亚人和斯洛文尼亚人的王国"。如果没有奥匈帝国的瓦解和意大利强烈的领土要求,那么克罗地亚人和斯洛文尼亚人的领导人不会按照基本上是塞尔维亚人的条件来到贝尔格莱德。此外,到了1918年,除科索沃之外,各个地方的大多数公众舆论基本赞成建立某种形式的南斯拉夫。[1]

未来三年,除马其顿之外的所有组成部分的政客们为了解决一系列边界争端而同邻近国家作斗争,并且他们为了对宪法框架取得一致意见而互相斗争。第一种斗争有助于使他们团结起来,而第二种斗争使他们分裂。由所有有选举权的居民承受的战时负担阻碍了回归1912年之前的秩序。这种战时负担不只是由塞尔维亚人承受。无论如何,到第一次世界大战末,环绕着塞尔维亚和黑山这两个种族紧密的小国的两个老朽帝国已经瓦解。但现在是什么情况呢？边界要求不得不被清算，不仅与邻国清算，而且在西方盟国确定的更广泛的和平条约框架内清算。一个单一的南斯拉夫人的国家将有助于其组成部分与其邻国和调解者达成更好的和解。共同市场的长期内在联系和不可忽视的文化亲和力，也在内部为一个单一国家而力争。然而从短期来看，甚至对塞尔维亚族为主的多数党而言，经济困扰到政治统一，以及立宪会议引起分裂的选举都使得就希望南斯拉夫发展为何种类型在 1921 年达成一致意见变得困难。

塞尔维亚和"南斯拉夫委员会"(1914—1917) 102

到 1915 年年中时，塞尔维亚政府与克罗地亚族、斯洛文尼亚族流亡者新组成的"南斯拉夫委员会"都宣告战争目标是，将颠覆 1914 年之前的秩序，并且建立某种形式的南部斯拉夫人国家。很难说这些目标早在战争最初令人绝望的几个月之前就已确定。在 1917 年科孚岛(Corfu)会议以前，这些目标不会被合并为一份单独文件，而且当时关于塞尔维亚和"南斯拉夫委员会"将提议组成一个什么类型的国家没有取得真正的一致意见。

《尼什宣言》(*The Niš Declaration*)

1914 年 12 月 7 日，塞尔维亚在临时首都尼什宣布其战争目的。到那年秋天时，奥匈帝国的第二次攻势已经把在那里的塞尔维亚军队成功地驱赶到贝尔格莱德以南。塞尔维亚军队 8 月在刻耳(Cer)战役中成功击退最初的入侵是一个遥远的记忆。确切地说，在 12 月 3 日，塞尔维亚军队已经发动反攻，并且在两个星期内再次把侵略者逐出，至少到翌年 12 月为止。但是此时还不能预言塞尔维亚向奥匈帝国 25 万军队进攻的胜利，奥匈帝国军队或许包括 10 万南部斯拉夫人；实际上，根据后备部队的最后底线来看，胜利是靠拼死的英勇并付出沉重代价才赢得的。因此，在其他欧洲前线国家中没有一个许诺和平的时候，备受争议的《尼什宣言》最好被看做是用来吸引哈布斯堡王朝南部斯拉夫人的战时支援的防御性文件，而不是关于即将来临的战后和解的明确建议。

尼古拉·帕希奇的联合政府没有可能获得来自俄国或西方盟国的援军，西方盟国有协约关系的国家(Entente)为了塞尔维亚已经开始作战。到11月下旬时，塞尔维亚绝望的恳求终于获得了一些法国军火。尽管有1913年对马其顿的战争，但是帕希奇甚至正在努力恢复同保加利亚的良好关系。帕希奇新任命的学究气的顾问组预见到来自波斯尼亚和斯洛文尼亚的潜在支持，以及来自克罗地亚人、斯洛文尼亚人和塞尔维亚人的潜在支持。根据这种欧洲的一般假设，即战争将不会持续很久，并且战后要求必须适当地迅速提出，于是1914年8月他们开始其质询。帕希奇也曾参与这种幻想。他在9月公开谈及一个塞尔维亚人领导的南部斯拉夫人国家的战后边界，其部分扩展到伊斯特拉半岛。12月，由于长期战争的迫近，那些贝尔格莱德的教授们和他们的领导
103 人地理学家约万·茨维伊奇(Jovan Cvijic)反而主张这三个民族是“一个民族的几个部落”，在一个未来的但不明确的南部斯拉夫人国家中，每一个部落应该得到平等的地位。“大塞尔维亚”阶段没有出现在《尼什宣言》中。对独立的马其顿人“部落”的任何承认也没有出现在《尼什宣言》中；他们仍然被视为一个“未成熟的分子”，类似波斯尼亚穆斯林，能够容易地被同化为塞尔维亚人。无论如何，他们的领地将被拒绝给予保加利亚，并且被认为对一个未来南斯拉夫人国家的幸存在战略上是必不可少的。[2]

南斯拉夫委员会

帕希奇政府同时派遣代表与达尔马提亚的流亡克罗地亚人在意大利会面，这些人拥护一个南部斯拉夫人国家的主张。到1913年时，南斯拉夫的不知疲倦的代言人弗拉诺·苏皮洛和安特·特伦比奇已经同意，为了摧毁奥匈帝国的统治，如果战争到来，他们将在国外组织起来。不久之后战争爆发，更加热心的苏皮洛寻求法国的支持。在11月22日，苏皮洛和特伦比奇在佛罗伦萨(Florence)同意接受塞尔维亚对“南

斯拉夫委员会”的财政援助。这个流亡者组织将代表所有要求某种未来的南斯拉夫人国家的塞尔维亚人、克罗地亚人和斯洛文尼亚人。与此同时在巴黎，它将恳求协约国支持塞尔维亚的存续。苏皮洛在1915年初访问尼什，寻求关于非塞尔维亚人在未来国家中地位的某种协议，但是他一无所获地离开。尽管如此，他决定保持与塞尔维亚的联系，而不是冒两个对抗的南斯拉夫的危险。

此后不久，“南斯拉夫委员会”迁到位于伦敦的新总部。其独立的官方存在从这里开始，但不是因为与塞尔维亚政府的意见不同。苏皮洛在1915年3月访问圣彼得堡(St. Petersburg)期间已经清楚地发现，协约国将要同意大利缔结一个条约，即许诺意大利政府将伊斯特拉半岛和达尔马提亚中部作为其参加反对奥匈帝国的战争的回报。1915年4月26日《伦敦条约》(*the Treaty of London*)在那里被正式签署。《伦敦条约》是以战后许诺换取战时支援的秘密条约中秘密最少的一个。特伦比奇和苏皮洛可能在协约国集团中缺乏影响，因而缺乏这种处置权，即承认意大利对他们的亚得里亚海家乡土地的有限的要求权，从而阻止这个条约。他们的5月《备忘录》反而为一个未来的南斯拉夫人国家要求所有的伊斯特拉半岛以及超出斯洛文尼亚与意大利目前边界的领地。奥地利外交官们当时正在做最后的努力阻止《伦敦条约》，而将这同一块领地奉献给意大利。苏皮洛和特伦比奇提出他们的要求，尽管在委员会之内斯洛文尼亚人几乎没有被代表，并且没有被苏皮洛视为同伴。盖尔·斯托克斯(Gale Stokes)已经呼吁“南斯拉夫委员” 104
会争取对西部边界的要求权，这一西部边界包括主要是意大利人的地区，这与塞尔维亚坚持吞并马其顿省等效。[3]这两个要求都将烦扰两个南斯拉夫的战后结构。

塞尔维亚和萨洛尼卡战线

由奥匈帝国和保加利亚的军队支持、德国主导的攻势的最大重压在1915年10月落在塞尔维亚军队身上。寒冷的12月，他们越过科索沃和阿尔巴尼亚的高地到达亚得里亚海海岸和科孚岛，这种大规模的撤退使一支 30 万人的军队减员接近一半。无可辩驳的物资匮乏连同当地阿尔巴尼亚人的侵扰一起,在民众的历史记忆中占据了一个永久的位置。

帕希奇政府不能从军队英勇的幸存中获得任何直接利益。首先,他们面临残余议会(the rump parliament)的批评。1916 年 10 月,由战前议员组成的残余议会在科孚岛召开。不久,帕希奇宣布议会在战争的剩余时间休会。但是更严重的长期挑战来自这支重新组成和重新装备的 11.5 万人的军队,在法国人的指挥下这支军队被调动到萨洛尼卡。赞成南斯拉夫人的摄政王亚历山大(Aleksandar)代表王室当局,他有一群被称做"白手"(the White Hand)的军队随从。"白手"的对手是由亲近德拉古·迪米特里(阿匹斯)上校的"联合或死亡"(黑手)军官组成的团体。他们在 1903 年暗杀最后一任奥布雷诺维奇国王,这使他们联合起来。在 1914 年,他们希望只为大塞尔维亚而战(见第三章)。帕希奇政府和日益固执的摄政王之间的联盟最终成功地打垮令人畏惧的阿匹斯。在萨洛尼卡军事法庭的长期审判之后,1917 年 6 月,尽管阿匹斯和两个同仁因密谋兵变和暗杀亚历山大的证据不足但仍被处决。[4]然而,仅在几个月之前,当沙皇政权在俄国崩溃时,帕希奇已经失去其最亲密的国际盟友。此时尽管进行了一个春季的宣传,但是在萨洛尼卡战线对保加利亚军队的战斗没有取得任何重大进展。塞尔维亚政府立刻行动,在科孚岛与"南斯拉夫委员会"会面,并且修复关系。但帕希奇在 1916 年欣然接受协约国关于一个意大利的亚得里亚海提议,并且在 1917 年准备把黑山直接并入塞尔维亚,他已经严重损伤了这种关系。弗拉诺·苏皮洛极力主张与塞尔维亚绝交,但不久即去世,之前他曾向委员会辞职。

105 《科孚岛宣言》

来到科孚岛的双方都有着相当多的弱点。与为未来南斯拉夫国家制订一个意见一致的蓝图相比,他们似乎更感兴趣于补偿自己。帕希奇政府刚刚成功地使大约 3 万名志愿者直接加入塞尔维亚军队。这些志愿者来自哈布斯堡王朝军队的开小差者,或来自移居美国或其他地方的返回者。“南斯拉夫委员会”的宣传已经吸引了这些志愿者中的许多人,但委员会却希望把他们召集起来组成一个独立的亚得里亚海军团(Adriatic Legion)。在俄国征募的另外3万名志愿者中有超过三分之一的人除了在南斯拉夫的军队外,拒绝在其他任何军队中服役。帕希奇与“南斯拉夫委员会”商定一个协议,允许塞尔维亚军队取得南斯拉夫军队的资格,但拒绝接受该委员会希望的那种捷克军团形式。捷克军团帮助托马斯·马萨里克(Tomas Masaryk)流亡政府在战后捷克斯洛伐克掌权。塞尔维亚军官取得指挥权,准备剔除寻求传播俄国革命的任何志愿者。

到1917年时,“南斯拉夫委员会”本身尚未赢得西方对战后奥匈帝国解体的认可。特伦比奇被奥地利议会中的南部斯拉夫人代表的5月30日《宣言》所震惊。这些代表声言他们忠于奥匈帝国和年轻的新皇帝卡尔一世(Karl Ⅰ)。他们只支持模仿奥匈帝国二元模式的一种三元制的南部斯拉夫人实体。另一方面,许多陪伴特伦比奇到科孚岛的克罗地亚人和斯洛文尼亚人代表拥护很可能是塞尔维亚人领导下的单一国家。在此期间,意大利对落实《伦敦条约》的坚持没有显示任何让步的迹象。

尽管在科孚岛召开了超过一个月的会议,但是双方在7月20日只签署了一份模棱两可的文件。类似铁托晚年南斯拉夫的一些协议,这份文件容许双方都声称该文件加强了他们各自的地位。这份文件的14个要点建议成立一个在卡拉乔尔杰维奇王朝(Karadjordevic Dynasty)统治下的,属于塞尔维亚人、克罗地亚人和斯洛文尼亚人的“有三种名称的民族”的单一国家,并且许诺已经由塞尔维亚宪法规定的民主权利。这三种名称在第5条中的同等列举暗示了适于所有三个伙伴的自治,但是没有清楚地说明区域或条件。同时,特伦比奇接受了一种五分之三的简单多数,这为塞尔维亚人在立宪会议中拥有多数提供了机会。立宪会议将规定在第14条中许诺的“自治单位”的权利。特伦比奇明确拒绝支持一种联邦体制,因为他相信联邦体制将很难管理,以至于不能对内部边界取得一致意见。

106 《科孚岛宣言》留给这个塞尔维亚人、克罗地亚人和斯洛文尼亚人的王国什么遗产呢？其更为长期的重要性不应当受到夸大。在1917年夏,签署一个协议以保护在萨洛尼卡战线的大量盟军部队可能是帕希奇的主要动机。据说他没有把这种明确的条款视为有约束力的,该条款允许在贝尔格莱德的中央政府决定“地方自治”。[5]对帕希奇政府而言,这个国名本身也代表了一种胜利,因为它维护了塞尔维亚的独立身份。但未能列举除了塞尔维亚人、克罗地亚人和斯洛文尼亚人以外的组成民族这是没有前途的。尽管如此,该协议至少允许“南斯拉夫委员会”把塞尔维亚政府束缚到一份已发布的文件中,西方盟国可能非常想要弄清该文件条款诠释该委员会的状况。由于没有军队,“南斯拉夫委员会”的唯一选择将是接受《伦敦条约》,从而丧失到意大利的中部亚得里亚海岸的权利。对安特·特伦比奇而言,这确实是太过分的要求。

从斯洛文尼亚到塞尔维亚的战时政权

对这个新国家的合法性而言,与两种累积的反应相比从1917年年中至1918年秋,“南斯拉夫委员会”和塞尔维亚政府之间的谈判显得不太重要。阻遏意大利对戈里齐亚(Gorizia)、伊斯特拉半岛和中部亚得里亚海海岸的持续要求,为建立某种条件下的南斯拉夫提供了一个正当理由。奥匈帝国和保加利亚高压的军事政权构成另一个正当理由,1916年以来,这些军事政权占领了未来南斯拉夫的所有部分。

意大利的要求对斯洛文尼亚的政治领导人有最明显的影响。它的要求致使斯洛文尼亚最大的政党——安东尼·科罗舍茨阁下(Monsignor Anton Korosec)领导的人民党(SLS)投票赞成1917年5月的《宣言》,然后在1918年初派代表到“南斯拉夫委员会”。1917年5月的《宣言》支持哈布斯堡帝国中的一个新的南部斯拉夫人实体。到1918年8月时,科罗舍茨领导多党派的民族委员会为在一个新国家中统一所有南部斯拉夫人作准备,其中包括在哈布斯堡帝国之外的那些南部斯拉夫人。在几个星期内,从的里雅斯特越过戈里齐亚到卡林西亚(Carinthia)①,130个地方委员会已准备就绪。

与1912—1915年塞尔维亚毁灭保加利亚人身份的任何一种笨拙努力相比,在马其顿北部的保加利亚军事政权具有讽刺意味地做了更多损害其发展的事情。矿山被移交给德国生产当局,其产品被直接用于德国的战争努力。来自索菲亚的保加利亚军官控制了地方行政机关,并且从当地居民中征用军队的必需品。相当多的“马其顿内部革命 107
组织”(VMRO)成员或保加利亚种族优越论支持者参加了保加利亚军队,这些人大概有10万。但是甚至他们自己的家庭也遭受着不断加剧的粮食短缺之苦,由于德国军人寄食品包裹回家而使粮食短缺更加严重。而且随着1918年9月萨洛尼卡战线的崩溃,保加利亚和德国的军队都撤退了,留下少数掌权的当地人去挑战返回的塞尔维亚军队。[6]

在克罗地亚和波斯尼亚-黑塞哥维那的奥匈帝国后期战时政权也把不断恶化的经济困难强加给其居民,不管他们是什么民族身份。虽然存在这些困难,但是1917年底各种南部斯拉夫人分遣队在奥匈帝国军队中所占比例比1914年更大,为17%对11.5%。比塞尔维亚族分遣队人数略多的克罗地亚族分遣队失去大多数士兵,到1918年时接近30万人死亡。按比例,斯洛文尼亚人和波斯尼亚穆斯林的伤亡人数最高。只有波斯尼亚塞尔维亚人在特殊限制下服役,他们在1914年到1917年的塞尔维亚和俄国战线大量开小差。[7]在战争之初,奥匈帝国的克罗地亚人和波斯尼亚人政权迫害了一些塞尔维亚人,让更多人生活艰难。这种虐待被视为出自克罗地亚人或波斯尼亚穆斯林之手而得到铭记。

克罗地亚

在1914年秋,奥匈帝国的军队指挥官们不理会民政机关,开始逮

---

① 中欧一地区和旧时的公国,在奥地利南部。1335年后该地区是哈布斯堡王朝的统辖区。——译者注

捕或袭扰被怀疑同塞尔维亚有任何联系的塞尔维亚人。虽然他们不能说服匈牙利首相蒂萨(Tisza)解散议会,但是他们迫使皇帝批准《戒严令》。新的军事政权已经剥夺了集会和言论自由的有限权利,并且逮捕了议会中克罗地亚人-塞尔维亚人联盟的一些议员。同时,势力小的纯粹权利党(见第三章)中的克罗地亚极端主义者烧毁了许多塞尔维亚族学校,总督建议在战后全部关闭它们。关于没有变化地支持奥匈帝国的问题,克罗地亚的天主教统治集团发生分裂。里耶卡主教和一些年轻追随者发布这样的要求,即所有南部斯拉夫人应当由奥匈帝国中一个新的第三实体来代表。与克罗地亚人支配的实体相比,这将是一个由更多民族组成的实体。这个克罗地亚人支配的实体是由权利党提议,或由斯捷潘·拉迪奇提议的在1917年放弃支持奥匈帝国的一次胜利之后建立的。[8]

那时候,哈布斯堡王朝的战争努力正在强加给人民一种严重的经
108 济负担。农民贮藏其农产品,而不是把它交给设立在地方城镇中的奥
匈帝国政府。萨格勒布军事指挥部不断许诺改善城市的供应,但是可
以得到的食物却越来越少。在食物匮乏的伊斯特拉和达尔马提亚地
区,1916年以来出现普遍性的饥饿。主要是由于克罗地亚人的战俘到
来,1917年他们从俄国返回。他们构成"绿色干部"(Green Cadres)的
核心,在1918年10月,"绿色干部"开始在农村地区夺取财产和权力。
来自奥匈帝国正在瓦解军队的克罗地亚族和塞尔维亚族士兵大大加强
了他们的队伍。[9]

在奥匈帝国及其军队真正土崩瓦解之前,各克罗地亚人领地都大力支持奥匈帝国之外的一个南斯拉夫人国家,这是可能的吗?没有进行任何公众舆论的民意调查,但是波斯尼亚-黑塞哥维那的哈布斯堡王朝司令官——强烈反对南斯拉夫人的斯特凡·萨尔科蒂奇(Stefan Sarkotic)估计,虽然在1918年5月克罗地亚-斯拉沃尼亚的大多数人仍然忠于奥匈帝国,但是到8月时,大约60%的人已经被"南斯拉夫人的主张感染"。据说,达尔马提亚和斯洛文尼亚的比例高得多。[10]

波斯尼亚-黑塞哥维那

萨尔科蒂奇将军估计，到 1918 年 5 月时，至少一半的波斯尼亚居民同样“被感染了”。有讽刺意味的是，他自己的严酷政权应为那一半的相当大比例负责。因为萨尔科蒂奇政权也是在几个世纪的奥斯曼帝国和哈布斯堡王朝的统治之后，最早动员波斯尼亚的克罗地亚族和穆斯林去迫害塞尔维亚族平民的政权，所以萨尔科蒂奇应受特别关注。[11]

萨尔科蒂奇是来自利卡(Lika)的克罗地亚人，其家族已经在一个军事边界区的军团中服役了几代。在 1882 年黑塞哥维那起义中，他作为年轻军官第一次经历与塞尔维亚族农民起义者的战斗。到 1914 年战争爆发时，他已经晋升为指挥奥地利军队中唯一的克罗地亚族-塞尔维亚族师团(其中三分之二是克罗地亚人)，并且在战争中带领这支军队对抗塞尔维亚。他立刻发布了一道命令，迅速处决波斯尼亚和塞尔维亚的那些平民。这些平民帮助或支援突然兴起的塞尔维亚族游击队。到 1914 年 11 月时，萨尔科蒂奇已经被晋升为波斯尼亚-黑塞哥维那的军事统治者或督军(landeschef)。他开始逮捕和驱逐著名的塞尔维亚人，包括东正教神父。在这期间，大约 5 000 名塞尔维亚人被拘留在临时兵营。他们和“青年波斯尼亚”的少数成员作伴，例如已被逮捕的伊沃·安德里奇(Ivo Andric)。可能有 5 万人被迫离开他们在德里纳河流域的家园。1916—1917 年在巴尼亚卢卡(Banja Luka)举行的公开审判，宣判了许多死刑和无数的驱逐令。虽然来自维也纳的特赦阻止执行超过三例死刑，但是到 1917 年年中时，被迫离开家园和被驱 109
逐或监禁于集中营的塞尔维亚人接近 10 万人。虽然穆斯林的异议也遭到阻止，但是该政权征募穆斯林和克罗地亚人加入国防军，国防军扩大到 2 万人。在沿着德里纳河边界的“反土匪军事行动”中，例如在福卡(Foča)，他们屠杀塞尔维亚族村民，并且驱逐他们。激烈的“种族清洗”首次出现在波斯尼亚-黑塞哥维那。这在各方面都留下了对萨尔科蒂奇的继任者有利的愤恨。1917—1918 年，它的直接影响是使塞尔维亚族游击队因奥匈帝国军队逃兵的到来而壮大,虽然并非所有的逃兵都是塞尔维亚人。到 1918 年初时,萨尔科蒂奇自己估计他们的人数达 5 万人。甚至在新皇帝卡尔于 1917 年 5 月批准萨尔科蒂奇的计划之后,匈牙利人的反对阻止了他实施波斯尼亚-黑塞哥维那同克罗地亚-斯拉沃尼亚和达尔马提亚的行政统一计划。如果萨尔科蒂奇成功了,那么因而发生的镇压可能使支持一种替代哈布斯堡帝国的南斯拉夫人政权更加广泛。

塞尔维亚

同时,在被占领的塞尔维亚,一个较少攻击人身的奥地利军事政权仍然被当地居民所敌视,这种敌视使反对哈布斯堡帝国任何复辟的呼声更加坚定。塞尔维亚长期的主要敌人——康拉德将军提议,将所有政治上积极的官员、专业人士或教士"杀死或坚决地长期放逐,并阻挠他们返回"。1914—1916 年初,贝尔格莱德从 9 万人减少到 1.5 万人。1915 年 10 月时,超过三分之一的人口已经离开贝尔格莱德。当时塞尔维亚军队的撤退,造成大约 3 万奥匈帝国军队占领该国。1915 年秋,一种流行性斑疹伤寒从塞尔维亚军队传播到平民,并且夺走了多得惊人的 15 万人的生命。另外的 4 万人被驱逐到奥匈帝国,1 万人被监禁在塞尔维亚的集中营。在此后的占领期间,还有更多人死于饥饿和疾病,这使 1914—1918 年平民死亡总数达到至少 50 万人。对奥匈帝国而言,接近 30 万人的军队伤亡敌得过南部斯拉夫人的伤亡人数。1912 年之前奥匈帝国有 800 万人口,而 1912 年之前塞尔维亚只有 300 万人口。以这样或那样的方式,18 岁到 55 岁之间的塞尔维亚男性人口的一半已经丧生。

战争也削弱了塞尔维亚养活自己的能力。疾病和缺乏农工可能是破坏性的粮食短缺的更大原因。但是在民众的记忆中奥地利受到谴
110 责,因为其从农村征用粮食,并且按缩小的定量配给返到城镇。其他的征用如布匹和金属制品可以从城镇夺得。哈布斯堡王朝的民政当局没有任何计划用于发展塞尔维亚经济或将塞尔维亚与它们的西部领地连

接起来。萨格勒布的商会被说服去进行一次赴贝尔格莱德的旅行,以探测一条铁路线,但是这个计划并无后续。军事指挥部和德国军队开发一些矿山和若干工业企业用于战争需要。其他工厂处于闲置状态或被毁坏。当 1918 年 10 月他们面临协约国的进攻从萨洛尼卡撤退时,奥地利或德国军队水淹了这些矿山。铁路线和桥梁遭到炸毁,贝尔格莱德的电力设施不能运转。作为一种最后的姿态,一支奥地利军队在离开之前打破了每家的窗户,并且紧紧捞取他们在该城市能够发现的东西。在第一次世界大战期间,与未来南斯拉夫的其他组成部分相比,塞尔维亚确实遭受了更大的人员和物质损失。[12]

萨格勒布全国委员会和贝尔格莱德的统一

1918 年 11 月,塞尔维亚军队和政府返国,面对的是遭战争蹂躏的人口和经济,除了公众怀有的共同做出牺牲的感觉外,政治实力毫无基础。组成联合阵线的帕希奇政府和摄政王亚历山大也无力重新恢复塞尔维亚的政党政治。然而与其 1917 年在科孚岛曾经历的相比,塞尔维亚一方处于更有利的地位,去与"南斯拉夫委员会"讨价还价组成新国家的形式。除了一支获胜的军队,塞尔维亚此时有了法国的支持和一个反对该委员会的萨格勒布的潜在盟友。

一个南斯拉夫人的国家将保证奥匈帝国的解体不会把亚得里亚海岸移交给意大利。早在 1918 年 4 月,法国的利益让它倾向这么做。英国和美国的政策更缓慢地促进奥匈帝国的解体;实际上,尽管 1918 年 1 月伍德罗·威尔逊(Woodrow Wilson)总统在著名的"十四点纲领"(Fourteen Points)中许诺民族自决(self-determination),但是英美外交接受而不是促进奥匈帝国的瓦解。法国派遣了最多的协约国军队到萨洛尼卡战线。法国将军弗朗·德·谢德斯佩雷(Franchet d'Esperey)指挥这支主要是塞尔维亚人的军队。这支军队收复了马其顿和科索沃,解放了塞尔维亚。到 10 月时,法国代表将告知帕希奇政府,他们支持一个模仿意大利或波兰的单一南斯拉夫人国家。他们主张,任何联邦制的协议将制造分裂,并且更糟的是这样的协议太不牢固,以至于不

111 能勇敢地面对其邻国。这种支持鼓励了帕希奇政府无视R. W. 西顿-沃森(R. W. Seton-Watson)和亨利·威克汉姆·斯蒂德(Henry Wickham Steed)不断增加的批评。长期以来,他们是按照“南斯拉夫委员会”的联邦制条件去建立南斯拉夫人国家的英国主要倡导者。[13]

同时,奥匈帝国的衰退命运已经促使萨格勒布的克罗地亚议会的特设代表机构宣告成立全国委员会(Narodno vijece)。来自达尔马提亚、伊斯特拉和一个已经在8月召开的、类似的斯洛文尼亚委员会(Narodnisvet)的代表们迅速加入到全国委员会,并立即要求其具有合法性。仍然设立于伦敦的“南斯拉夫委员会”只能请求成为他们的外来代表。最后加入全国委员会但是构成多数的是战前克罗地亚人-塞尔维亚人联盟的成员。此刻,他们已经转而同意包括塞尔维亚的一个新国家的主张,因为他们的领导人斯韦托扎尔·普里比切维奇(Svetozar Pribicevic)热心地拥护这种主张。他们特别受到塞尔维亚军队的吸引。作为一支军事力量,塞尔维亚军队能够恢复农村地区的秩序,并且保护其挑战性的西部边界;也就是说,能够镇压“绿色干部”,并且阻挡意大利军队。斯捷潘·拉迪奇及其克罗地亚农民党反对任何这样的交易,拒绝全国委员会投票赞成塞尔维亚君主政体和军队,也拒绝全国委员会投票赞成一个单一国家。他的唯一盟友是弗兰克的纯粹权利党。但是到11月4日,委员会几乎不能阻止意大利用以前战俘组成的军队对卢布尔雅那发动一次进攻。委员会立即通过协约国代表对塞尔维亚军队发出呼吁。[14]

11月9日,安特·特伦比奇在日内瓦为“南斯拉夫委员会”申明了最终立场。他作为塞尔维亚外来代表敦促帕希奇,接受一种媲美奥匈帝国的联盟作为新政府的框架。与帕希奇对立的塞尔维亚反对派和斯洛文尼亚人民党领导人科罗舍茨阁下,联合特伦比奇以保护这个试验性的《日内瓦协定》(*Geneva Agreement*)。但是,由同道的激进党和摄政王的宠臣斯托扬·普罗蒂奇(Stojan Protic)领导的贝尔格莱德政府,两天以后通过拒绝承诺让反对派进入新内阁,干脆地拒绝了这一协定。意大利骑兵连和海军部队持续进攻达尔马提亚。萨格勒布全国委员会的塞尔维亚族代表要求委员会的成员们接受摄政王的邀请,与他在贝尔格莱德会面。特伦比奇袖手旁观,让他震惊的是,委员会的代表们首先拒绝《日内瓦协定》,然后在 11 月 28 日请求亚历山大按《科孚岛宣言》所取得的一致意见宣告成立塞尔维亚人、克罗地亚人和斯洛文尼亚人的王国。12 月 1 日,在来自波斯尼亚-黑塞哥维那、黑山、伏伊伏丁那和全国委员会的代表团面前,亚历山大宣布成立塞尔维亚人、克罗地亚人和斯洛文尼亚人的王国。[15]

委员会之外的几个团体公开批评 12 月《宣言》。尼古拉国王的黑
山支持者们亦当然反对,他们赞成一种由意大利支持的努力去收回他 112
的王位。此时激进的社会民主党(Social Democratic Party)反对与像塞尔维亚这种敌对布尔什维克俄国的君主政体的任何协定。最早和最高声的谴责来自克罗地亚的纯粹权利党。斯拉沃尼亚和黑塞哥维那都在塞尔维亚集中区的近旁,来自这两个地区的克罗地亚人尤其受这种民族主义反对派吸引,一如萨拉热窝的天主教大主教约瑟夫·斯塔尔。在战前,斯塔尔已经是“克罗地亚人的波斯尼亚-黑塞哥维那”的一个积极倡导者(见第三章),斯塔尔未能争取到处于领导地位的接受统一理念的教士。这些教士来自波斯尼亚的方济各会和几个克罗地亚人修道会,特别是在达尔马提亚的克罗地亚人修道会。换句话说,天主教统治集团几乎没有形成联合反对南斯拉夫的阵线。[16]

坚决反教权主义的斯捷潘·拉迪奇及其克罗地亚农民党反对统一。拉迪奇被普里比切维奇故意排除在萨格勒布民族委员会的任何角色外,他把 12 月《宣言》看做他的最大忧虑。1919 年 2 月,他致信威尔逊总统呼吁承认克罗地亚人共和国,次日他把“共和主义”添加到他的政党名称中。由于缺乏更好的渠道,拉迪奇通过驻卢布尔雅那的意大利军事使团发送这封信,他在贝尔格莱德的对手们把这种匆忙的失策变成他们的政治优势。

到那时,特伦比奇和该《宣言》的其他温和反对派已经同意单一的临时政府,该政府将制订一部新宪法,由许诺的立宪会议(Constituent Assembly)批准。在这样的政府背后存在着依赖塞尔维亚军队的需

要。12 月 5 日，在塞尔维亚陆军部队的旁观下，全国委员会在萨格勒布试图动用自己的微薄武装去对抗一支幸存的匈牙利军队。全国委员会的失败标志着，在该新国家的领土中，任何可供替代塞尔维亚军队的军事力量都不存在。尽管缺乏来自战时协约国(Allies)的新式武器，但是到 1919 年年中时，塞尔维亚军队扩张到 40 万人。[17]它的绝对存在确立了这种联合政府的权威，像 1918 年 12 月 20 日在贝尔格莱德商定的那种联合政府，是普罗蒂奇而非帕希奇作为首相，并且在亚历山大的命令下，内阁包括 10 位来自塞尔维亚的阁员、9 位来自以前哈布斯堡王朝领地的阁员、1 位来自黑山的阁员。特伦比奇答应同帕希奇和科罗舍茨一起作为塞尔维亚政府在巴黎和会的代表。

在内部，贝尔格莱德的代表拒绝了来自克罗地亚人-塞尔维亚人联盟的一个提议，即按照哈布斯堡王朝模式各部实现联合或自治。相反，1903 年塞尔维亚宪法成为这个国家的临时法律，直到 1919 年 1 月 30
113 日根据一部类似的临时宪法达成协议。到 1919 年 3 月，临时的国民议会(National Parliament)(PNP)将适当地为立宪会议的选举作准备。这次选举被延期至 1920 年 11 月，并且批准程序耗费了另外 6 个月。在这个很长的过渡时期，协商安全的外部边界的斗争有助于使这种新的政治领域结合在一起，虽然国内经济复苏和社会治安的问题又把它拆开。

西方政策和边界争端

在第一次世界大战期间，协约国首先对塞尔维亚，然后对“南斯拉夫委员会”的支持没有转变为直接承认这个塞尔维亚人、克罗地亚人和斯洛文尼亚人的新王国，更不必说关于其边界应当精确到什么程度的国际协定。当 1919 年 1 月巴黎和会召开时，没有一个战胜国承认这个新国家。美国在 1919 年 2 月承认了这个新国家。英国和法国顺从意大利的反对而推迟承认。意大利反对是因为根据《伦敦条约》，意大利有权要求得到亚得里亚海。到 5 月时，英国和法国都觉得不得不接受该王国的国书，因为战败的德国新到达的代表团已经这样做了。[18]

在承认之前，代表这个新王国的帕希奇、特伦比奇和科罗舍茨三人小组在会议上只能占据最初授予塞尔维亚的三个席位。这削弱了他们协商新的西部边界的要求权。在北部，存在着将同奥地利和匈牙利解决的更多边界争端；在南部，存在同保加利亚和阿尔巴尼亚的边界争端。在讨价还价中进入 1919 年夏之后，只有马其顿同希腊的边界和巴纳特(Banat)同罗马尼亚的边界没有争论。特伦比奇和帕希奇之间的分歧也限制了代表团统一交涉立场的能力。帕希奇尚未愿意把里耶卡给意大利，以换取来自阿尔巴尼亚的斯库台(Shkoder)，要到 1920 年时他才愿意这么做。但是分歧更在于帕希奇着重于东部边界的要求权，而特伦比奇则专注于西部边界。

伊斯特拉和达尔马提亚

两个最初的优势有希望弥补新王国立场上的这些弱点。首先，1919 年 1 月通过接受意大利对蒂罗尔(Tyrol)①和勃伦纳山口(Brenner Pass)②的要求权，书生气的美国总统伍德罗·威尔逊已经放弃对民族边界而不是战略边界的承诺。在他的地理顾问的支持下，威尔逊此时决心拒绝对意大利的任何更多让步，特别是如果意大利 114
人要求兑现那种他从未尊重过的战时密约。那些有影响的英国说服者——威克汉姆·斯蒂德和西顿-沃森，寻求在特伦比奇和意大利自由主义者之间协调对南斯拉夫要求的支持。意大利自由主义者反对其民族主义外长西德尼·桑尼诺(Sidney Sonnino)。其次，意大利军队超越 1915 年《伦敦条约》授予他们的边界进入里耶卡(阜姆 Fiume)，这进一步削弱了意大利理由的合法性。协约国对所谓“威尔逊线”(Wilson line)的支持增长。威尔逊线是由他的专家们提议的，将伊斯特拉半岛从北到南一分为二，并且把东部地区加上全部的达尔马提

① 奥地利西部及意大利北部的阿尔卑斯山东部的一个地区。——译者注

② 位于阿尔卑斯山脉东段，奥地利和意大利两国边境上。——译者注

亚(除扎达尔 Zadar 之外)划给这个南斯拉夫人的国家(见地图 4.1)。为此,大约 37 万内陆的斯洛文尼亚人和克罗地亚人将逗留在意大利,但是按照"伦敦线"(London line)划分,将包括一半数量的斯洛文尼亚人和克罗地亚人。[19]

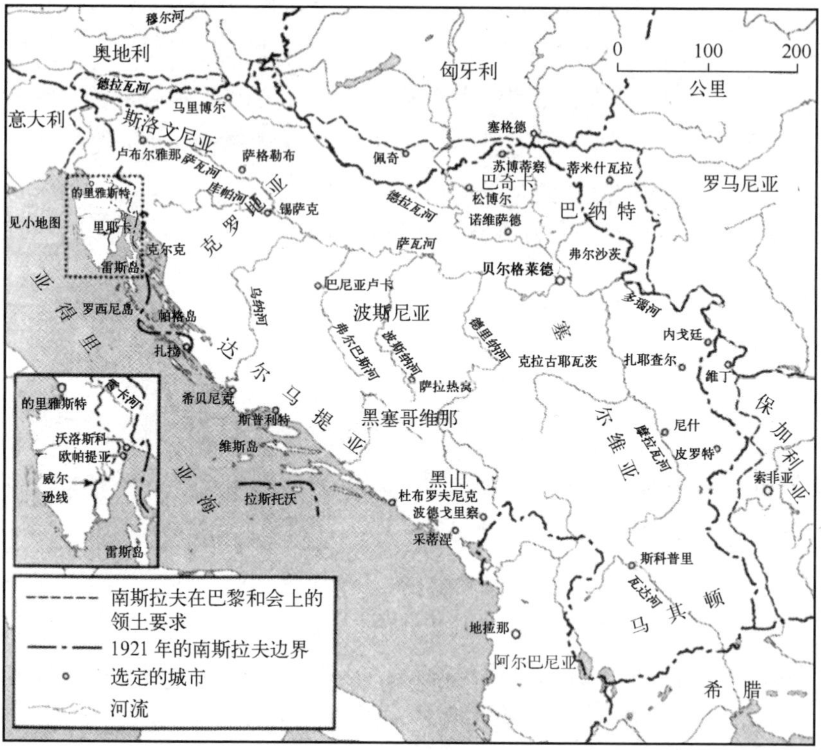

地图 4.1　1918—1921 年的领土要求和最终边界

不稳固的奥兰多(Orlando)政府及其不妥协的外长拒绝接受甚至更有利的"威尔逊线",使这个边界悬而未决。不过在 1920 年 11 月,一个仍然是非法西斯主义的意大利新政府利用威尔逊的民主党(威尔逊不是候选人)在美国大选中的失败,迫使南斯拉夫临时政府签署了《拉帕洛条约》(*Treaty of Rapallo*)。该条约在"伦敦线"和意大利军队的东进边界之间划了一道边界,这个边界在意大利留下 50 万斯洛文尼亚人和克罗地亚人。一旦意大利诗人、民族统一主义者加布里埃尔·邓南遮(Gabriele d'Annunzio)的私人民兵组织被驱逐，那么里耶卡将成为一块自由领土。自从1919年8月该私人民兵组织占据了这个港口，虽然到1921年1月时里耶卡成为自由领土，但是墨索里尼(Mussolini)的法西斯政权在1923年9月提议收回里耶卡。当时，伊斯特拉和戈里齐亚的意大利行政官们已经关闭了斯洛文尼亚人和克罗地亚人的语言学校，查封了出版物和政治组织，并且解散了克雷克广泛的合作社网络(记述在第三章中)。他们的限制把社会民主党人和其领土上的其他斯洛文尼亚人赶进共产主义阵营。[20]在新的南斯拉夫国家中，这些跨境的苦难和墨索里尼的持续敌意，鼓励了斯洛文尼亚的政治领导人去探寻出一种同塞尔维亚的联盟。作为南斯拉夫的首都和陆军总部，贝尔格莱德是反对意大利外交和军事势力的最强大堡垒。

卡林西亚和伏伊伏丁那

塞尔维亚的军事势力也容许科罗舍茨和其他斯洛文尼亚领导人去强调他们对不同种族混合的卡林西亚地区的要求。塞尔维亚军队无视特伦比奇在巴黎正在进行的、削弱这种要求权的谈判，并且在
1919年5月占领大部分卡林西亚盆地，包括大部分是奥地利人的克 115
拉根福城(Klagenfurt)。意大利的武器和军官支持了一次缺乏战斗力的奥地利反攻(战败的、领土缩小的奥地利实际上没有军队)，这种反攻收复了一些失地。英国、法国和美国在巴黎的代表同意通过两次公民投票解决这一争端。第一次公民投票在德拉瓦河以南的卡林西亚(A区)举行，如果第一次公民投票不利于奥地利，第二次公民投票将在德拉瓦河以北的卡林西亚(B区)举行。1920年7月，南卡林西亚投票三比二支持奥地利。大约4万至6万斯洛文尼亚人留在最终边界的奥地利一侧，并且加强了塞尔维亚下述行动的理由，即由于有关马其顿的其他原因，塞尔维亚拒绝签署同奥地利的《圣日耳曼和约》(*St. Germain peace treaty*)。[21]南斯拉夫王国也保留穆尔河(Mur river)、普瑞科穆耶(Prekomurje)和梅吉穆耶(Medjumurje)(见地图4.1)之间的小三角地带。

与奥地利一样,该新国家同两次世界大战之间的匈牙利的对抗性关系因其共同边界的一次争端而开始。当1919年贝拉·库恩(Bela
116 Kun)的布尔什维克政权在匈牙利夺取政权达四个月时,法国代表们敦促一个塞尔维亚陆军师向北挺进。没有任何军队受到调动,但是加强了该王国在此方面的影响力,即成功地讨价还价该王国对多瑙河和蒂萨河(Tisza river)之间的巴茨卡(Bačka)地区的大部分要求,包括大部分是匈牙利人的城镇——松博尔(Sombor)和苏博蒂察(Subotica),以及德拉瓦河和多瑙河之间的巴拉尼亚(Baranja)的南部三角地带(见地图4.1)。因为弗朗·德·谢德斯佩雷将军在1918年11月已经授权该王国,塞尔维亚军队占领了该地区和更多领土,此外塞尔维亚军队的触角还延伸到远至佩奇(Pécs)的匈牙利和远至蒂米什瓦拉(Timisoara)的罗马尼亚。苏博蒂察地区原本信奉天主教的塞尔维亚族,或来自黑塞哥维那的克罗地亚族移民,已经同诺维萨德(Novi Sad)和其他地方的塞尔维亚人合作,要求"以民族自决的神圣名义"和匈牙利分离。11月25日,大部分是塞尔维亚人的757名代表在诺维萨德集合,要求同塞尔维亚或尚未被公布的"塞尔维亚人、克罗地亚人和斯洛文尼亚人的王国"联合。这些代表大体上是从最终放弃的领地中的乡镇匆忙选出的。[22]虽然法国在巴黎和会的支持确保了这种要求权,但是塞尔维亚总参谋部的战略性论证首先说服了法国代表。

类似两次世界大战之间的罗马尼亚同匈牙利在特兰西瓦尼亚(Transylvania)的边界,一次相对微小的调整将减少第一南斯拉夫约40万匈牙利少数民族中的一半。无论如何,伏伊伏丁那的50万德裔少数民族留下了。在战争之前,南部斯拉夫人已经成败参半地从奥匈帝国那里寻求少数民族权利,新的南斯拉夫王国现在面临进退两难的局面,即,是尊重这样的权利,还是鼓励这个国家的分裂?

马其顿和科索沃

少数民族权利至少在北部能够得到提出,但是在南部它们被完全忽视了。塞尔维亚在巴黎和会的代表始终如一地拒绝承认一种庞大的、非塞尔维亚族的多数民族在马其顿的存在，或者一个庞大的、非塞尔维亚族的多数民族在科索沃的合法性。谴责这种拒绝是容易的，即无视根据在此期间已经在那里逐渐形成的真正民族意识，去承认马其顿斯拉夫人为一个独立民族。但是在那时，其少数受过教育的精英仍然在马其顿人、保加利亚人，乃至本地身份之间摇摆，有时甚至是针对同一个人。当我们连同新兴的阿尔巴尼亚对科索沃的那些要求一起，考虑战败的保加利亚对此领地的民族统一主义要求时，贝尔格莱德不愿称呼北部马其顿除了“南部塞尔维亚”和“科索沃”以外的任何名称， 117
“老塞尔维亚”至少在战略上变得更加容易理解。军事理由也是在巴黎和会上要求西部保加利亚这个狭长地带的根据。这个狭长地带从维丁(Vidin)到斯特鲁米察河(the Strumica river)，并且沿着北部阿尔巴尼亚的边缘到德林河(the Drin river)(见地图 4.1)。协约国只准予保加利亚边界的三处向东较小地调整。

促使塞尔维亚族殖民者到马其顿特别是到科索沃和新帕扎尔行政区(the Sandžak of Novi Pazar)的一个随后计划(记述在第五章中)，以令人回想起哈布斯堡王朝在 18 世纪伏伊伏丁那的“人口主义”(populationism)的方式保护着这些边界地区。来自波斯尼亚-黑塞哥维那、黑山和老克罗地亚军事边界区的利卡的塞尔维亚人的家园，将在阿尔巴尼亚人或土耳其人的土地建造。这些土地据称被以前奥斯曼帝国地主或战后被放逐者放弃。1919 年 2 月，贝尔格莱德的国民议会批准临时的土地改革，废除了奥斯曼帝国的封建权利。穆斯林地主据此封建权利曾经从波斯尼亚到马其顿索取谷物税。[23]

科索沃的阿尔巴尼亚人面临塞尔维亚军队的返回。第一次巴尔干战争期间，塞尔维亚军队在那里已经使他们几千人丧生，并且毁坏了更多房屋。1915—1918 年，奥地利对北半部的占领(保加利亚接管南半部)首次允许开设阿尔巴尼亚语的学校。但是在熟悉的哈布斯堡王朝征用制度的统治下，食物很快变得匮乏。1918 年 9 月，塞尔维亚的萨洛尼卡陆军夺回科索沃，但是对反抗或假定通敌的村庄的报复持续到 1919 年。[24]而且贝尔格莱德征用武器，以及 1920 年发布征兵令的努力，激起了阿尔巴尼亚人的更多反抗。

这些情况加上塞尔维亚军队和各种阿尔巴尼亚族群之间正在进行的战争,给予贝尔格莱德政府推出其重新安置政策新的理由。这种战争发生在与阿尔巴尼亚有边界争议的北部行政区。“马其顿内部革命组织”越过保加利亚边界进入马其顿的突然袭击也持续到1923年。根据国际联盟(League of Nations)条款,和约签约国的1921年巴黎会议将阿尔巴尼亚置于意大利的保护下,从而在后来的贝尔格莱德政府心目中,科索沃似乎成为这两块领地中更易受攻击的。

政治统一的经济障碍

危险的边界争端,特别是同意大利的边界争端,有助于在宪法被批准之前的漫长时期里使第一南斯拉夫团结一致。在此期间,塞尔维亚
118 和克罗地亚经济独立的战后问题妨碍了政治和解。从1918年起直到1991年第二南斯拉夫的告终,塞尔维亚人和克罗地亚人是能够使这个国家分崩离析的两个民族。当时每一方都未能理解另一方在第一次世界大战期间和战争结束以后的经济厄运,他们的政治关系一开头就很不顺利。

即使没有考虑到战争创伤,这个新王国也面临经济一体化的难以应付的问题。与彼此贸易相比,塞尔维亚、克罗地亚-斯拉沃尼亚和其他地区已经更多地同其他商业网络进行贸易(见第二章)。奥匈帝国内的奥地利人和匈牙利人的竞争鼓励与两个独立铁路网的这些替代联系。在1914年之前,在未来国家的所有部分中存在四个不同的铁路网、五种货币,以及六种关税区和法律制度。或许塞尔维亚、克罗地亚-斯拉沃尼亚共同拥有的一个经济特征,是在家畜出口方面的相对优势。

战争及其后果破坏了这个新王国每个角落以农业为主的经济。运输中断并且缺乏人手,像黑塞哥维那这样的粮食不足地区面临更严重的短缺。1919年临时的土地改革及其废除穆斯林租佃分成制,可能使波斯尼亚、马其顿和科索沃的谷物产量增长。但是这种改革对克罗地

亚农业和出口的影响反而引起了政治动乱,像塞尔维亚的工业和运输承受的特别负担一样。[25]它们造成的相互怨恨在关于单一货币和中央银行的争论中达到顶点。

农业和外贸

战后初期,一系列的农民起义震动了克罗地亚,并且使几个地区的农业复苏中断。返回的农民士兵群体洗劫了斯拉沃尼亚的外资大庄园。到1918年末,这样的暴力促使主要是克罗地亚人的萨格勒布全国委员会要求塞尔维亚军队恢复秩序。1919年4月的临时土地改革许诺拆分所有的庄园,或其他超过150英亩的地产。然而,实际的再分配则姗姗来迟。至1920年9月,农村秩序几乎没有得到恢复,当时一支基本上仍然是塞尔维亚人的军队开始登记所有供役使的牲畜,并且在那些如果发生战争适合军事用途的牲畜身上打上烙印。塞尔维亚军队的笨拙计划引发一条谣言,即这些家畜将被征用。许多塞尔维亚族政客假定克罗地亚族农民在近来战争中已经获益,但是事实上,奥匈帝国 119
当局也在克罗地亚-斯拉沃尼亚中部征用牲畜和谷物。这些新的财产清册看起来像更多的征用。在克罗地亚的萨格勒布南部和东部,农村起义彻底爆发,并且迅速博得拉迪奇的农民党的支持,尽管拉迪奇受到贝尔格莱德政府的监禁。塞尔维亚军队很快镇压了这些起义,但是起义促成1918—1921年克罗地亚农业产量在已经降低的水平上更全面下降,下降幅度估计达20%。[26]

克罗地亚农业产量的降低与战后维也纳和布达佩斯对粮食的迫切需求结合,迫使萨格勒布的粮食价格上升到超过贝尔格莱德的几倍。粮食不足的达尔马提亚、斯洛文尼亚和黑塞哥维那几乎没有留下来自克罗地亚-斯拉沃尼亚的任何东西。但是到奥地利和匈牙利这两个苦斗的新国家的铁路线仍然是完好的。可协约国禁止出口物品到上述国家,为了获得相关豁免权,克罗地亚商人使临时政府的民事和军事当局彼此相斗。他们把商品出售给最高价竞买人,他们也在相对繁荣的捷克斯洛伐克发现了买主。在这个过程中,萨格勒布成为这个新王国的商业中心,1920 年该王国出口总额的一半为粮食,其中大部分源自萨格勒布。

塞尔维亚自己的农业困境,反而鼓励了贝尔格莱德政客关注萨格勒布在外贸中日趋重要的作用,并且忽视了克罗地亚农民阶级的任何问题。由于奥匈帝国中央政府的战时征用,塞尔维亚人的负担自然更高了。家畜减少到战前总量的三分之一。即使在 1919 年 3 月战前的关税壁垒已经被消除之后,粮食充足的伏伊伏丁那仍然向北部运送其大部分农产品。虽然耕作主要用木犁,但是没有"绿色干部"去干扰塞尔维亚北部肥沃田地的耕作。他们的小块土地免于土地改革,与为萨格勒布供应的粮食量相比,事实上,在 1919 年秋,他们为贝尔格莱德供应了更多的粮食。

工业和运输

战争使塞尔维亚的工业比农业蒙受了更多损失,特别是在对比克罗地亚和斯洛文尼亚时可以发现这一点。不完整的铁路线加剧了塞尔维亚的战后问题。在战前,塞尔维亚的人均铁路线已经小于波斯尼亚的平均数(31 公里对 74 公里)。而撤退的保加利亚军队毁坏了尼什修
120 理厂和奥地利军队在 1918 年秋没有带走的大部分机车车辆。在北部,撤退的奥地利人炸毁了横跨萨瓦河和多瑙河的桥梁。因为这些限制,战后的煤炭短缺更猛烈地打击了贝尔格莱德,并且中断了除斯洛文尼亚和波斯尼亚之外的新王国所有地区的铁路运输。

战前塞尔维亚适中的工业能力被集中于贝尔格莱德,然而此时贝尔格莱德面临着完整铁路运输的缺乏直到 1922 年。占领者对褐煤矿山的最后洗劫推迟了工厂在整个 1919 年的电力、供热和照明的恢复。没能在负责分割奥匈帝国资产的协约国委员会中获得一席之地,该王国由塞尔维亚族控制的政府不能在本来能提供救助的捷克煤炭问题上讨价还价。实际上,除许多德国机车以外,奥匈帝国和德国的赔偿到位缓慢。塞尔维亚政府指望把这些赔偿用于塞尔维亚的经济复苏。在此期间,贝尔格莱德的民营实业家协会——工业商会(the Idustrijska

Komora)从来未能赢得国家对超过农业复苏或军事需求的优先权的支持。甚至这些要求被置若罔闻,这些要求就是国有化奥地利人和匈牙利人在克罗地亚或斯洛文尼亚的企业。

从塞尔维亚工业的苦难推断出两个不祥的后果。首先,整个1919年拖欠工资或失业的困苦,让为返乡士兵所壮大的大量贝尔格莱德工业劳动力,在1920年立宪会议选举中支持新的南斯拉夫共产党。其次,克罗地亚工业的迅速复苏在这两个城市之间造成重大经济差距,克罗地亚工业此时集中于萨格勒布。虽然在战前大致相等,但是到1926年时,萨格勒布工业企业的数量增长到贝尔格莱德的四倍,其资本增长到贝尔格莱德的二倍。

塞尔维亚的货币和克罗地亚的银行

来自萨格勒布商业银行的大量资本拒绝参与在贝尔格莱德的该新王国的中央银行。1920年,它们听任塞尔维亚股东去认购"塞尔维亚、克罗地亚和斯洛文尼亚国家银行"(Narodna Banka Kr. Srba, Hrvata I Slovenaca)发行的几乎四分之三合资股份,并且在随后几年中很少请求该银行再贴现它们的贷款。它们反而转向在克罗地亚范围内的投资银行业务。到1921年时,在中央政府通过批准合并的法律一年以前,它们拥有或发行了整个王国中合资股份的57%。

鼓励这种独立和更有利可图的做法的是1919年对这种比率的争论,就是已不存在的奥匈帝国的克朗将被兑换成塞尔维亚的长期货币 121
单位第纳尔(dinar)的比率。按照与法国法郎相比的实际面值,第纳尔幸免于战争:第纳尔纸币尚未流通,并且塞尔维亚的黄金储备被法国保管。到1919年夏天时,在维也纳和布达佩斯的外汇市场上,与德国马克相比,奥匈帝国的克朗贬值到其战前面值的五分之一,战前4个克朗兑换1美元胜于战前5个第纳尔兑换1美元。塞尔维亚族控制的政府的这个决定,即"哄抬"克朗或运用5∶1比率以克朗换取第纳尔,可能据经济史学家看来是一项基于市场的措施,但是克罗地亚和塞尔维亚方面都将不会记得这样的说法。塞尔维亚最初10∶1兑换的提议面临克罗地亚 1∶1 兑换的要求。甚至连特兰西瓦尼亚的罗马尼亚当局都为了让有势力的布加勒斯特银行去吸引存款而提出 2∶1 比率,这些证明了极度的通货膨胀。克朗换取第纳尔的 5∶1 比率说服了萨格勒布银行,去忽视将管理第纳尔货币供应量的新中央银行。[27]在第一南斯拉夫中,对初始货币兑换的恼怒,将不会淡出克罗地亚对"塞尔维亚中央集权制"不满的清单。

为了单一宪法而举行的引起分裂的选举

1921 年宪法确实应得到作为一种中央集权框架的声誉。这将是一个被君主、贝尔格莱德的部长们和塞尔维亚族政治领导人控制的国家。然而塞尔维亚人甚至没有构成一个简单多数,更别说压倒性的多数。压倒性的多数使这种方式在法国更行得通,即使没有一个国王。但是如果摄政王亚历山大和塞尔维亚军队仍然采取上述铁腕,那么为什么通向这个宪法的政治进程这么漫长和困难?在 1920 年 11 月 28 日立宪会议被选出之前,差不多两年时间流逝了;在立宪会议批准一部宪法之前,另外的七个月流逝了。对《和约》的不确定性和塞尔维亚的严重经济疲软只是其中的两个原因。由于塞尔维亚人和其他塞尔维亚人阵营内的分裂,结合不肯妥协的克罗地亚族政党和共产党的弃权,破坏了这种最终结果。

在临时国民议会中,这种斗争开始了。1918 年 12 月 10 日,国民议会召开并且继续开会,直到摄政王在 1920 年立宪会议选举之前一个月解散了它。在其存在期间,国民议会仍然是一个由选举产生的实体,包括这种不民主的例外,即来自马其顿和科索沃的 24 位代表由塞尔维亚当局批准的选民通过公开投票选举产生。在战前最后一届会议上,与其席位成大致比例的战前各党派选出国民议会其余 296 位代表,只有两个象征性的席位提供给了拉迪奇的克罗地亚农民党(被迅速拒绝),并且没有任何席位提供给新的共产党。战前的塞尔维亚、马其顿和科索沃合起来有 84 个席位,克罗地亚有 62 个席位,斯洛文尼亚有 32 个席位,波斯尼亚-黑塞哥维那 42 个席位,伏伊伏丁那 24 个席位,

122

达尔马提亚和黑山各有 12 个席位,伊斯特拉 4 个席位。虽然在萨格勒布的国民议会中的大多数宁愿选择自己独立的议会,并且斯洛文尼亚代表已经请求 6 个以上的席位,但是根据可得到的人口普查数字,国民议会不是一个没有代表性的机构。

国民议会的立法活动凸显出两个主要特征。[28]首先,虽然尼古拉·帕希奇的激进党组织了国民议会四届内阁中的三届,但是帕希奇没有领导它们中的任何一届内阁,并且他的政党仅仅支配 69 位代表。激进党寻求通过同斯洛文尼亚人民党(SLS)和波斯尼亚的南斯拉夫穆斯林组织(JMO)的联盟去反击这种不利情况,在两次世界大战之间,这样的联盟将出现多次。政治俱乐部的形成促进了使这种联盟成为可能的接触,这些政治俱乐部见于各个主要政党,或根据战前塞尔维亚模式的联合。新的民主党把持最大数量的席位,达 115 个,并且它本身就是一个联合。柳巴·达维多维奇(Ljuba Davidovic)领导的新民主党的成员来自帕希奇的战前对手——塞尔维亚独立激进党和斯韦托扎尔·普里比切维奇已经将其吸收进克罗地亚人-塞尔维亚人联盟的塞尔维亚独立党。普里比切维奇利用他同摄政王的亲密关系获得集中的立法提案权,但是不久就由于他的专断方式而在其政党内的对抗及与激进党的对抗中挥霍了这种支持。

普里比切维奇的分裂作用有助于解释国民议会的第二个主要特征。国民议会未能通过被提交给其讨论的 47 个立法法案中的 35 个,包括一个预算法案。国民议会能够取得一致意见的唯一重要事项是几个和约、一个关税同盟和立宪会议选举程序。1919 年 9 月,摄政王拒绝了民主党对选举国民议会的要求。

1920 年选举

立宪会议被期待已久的投票最终在 1920 年 11 月 28 日举行。主要在损害民主党的情况下,激进党增加了他们的代表。由于开放的席位增加到 419 个,而不是国民议会的 296 个,帕希奇的激进党的代表从 69 位增加到 91 位,而其对手,塞尔维亚民主党的代表则从 115 位下降

123 到92位。但这两个政党的代表总数是194对183,几乎没有改变。虽然民主党赢得更多选票,31.9万张对28.5万张,并且能够声称两倍之多的选票来自克罗地亚,但是激进党在伏伊伏丁那拥有同样优势,并且在波斯尼亚-黑塞哥维那的选票增至民主党的三倍。不过在马其顿和科索沃,类似的3:1优势让民主党在直接投票中领先,虽然不是席位的数量。

表4.1记录了在八个主要地区不同政党之间的选票和席位的分配。这次投票使可观的65%符合条件的选民——所有21岁以上的男性出现,摒除了那些拥有双重(外国)国籍的人。这个设计便利地把主要居住在伏伊伏丁那的、差不多100万匈牙利人和德国人排除在外。塞尔维亚记录了最低的投票率,据一项调查记载只有56%,可能反映
124 出对战后政权更大的实际不满。低投票率没有严重损害激进党。激进党影响的选区分配补偿了农村和东南地区较低的人口密度,并且允许一小部分选民和一些共产党员去选举其候选人。[29]

表4.1　1920年选举中的地区党派份额和席位

	席位	比例		席位	比例
波斯尼亚和黑塞哥维那			克罗地亚联盟	2	3
南斯拉夫穆斯林组织	23	24	克罗地亚人民党	2	3
激进党	13	11	克罗地亚权利党	2	2
工会	12	12	达尔马提亚		
克罗地亚工党	8	7	克罗地亚人民党	16	3
克罗地亚人民党	4	3	工党	12	3
民主党	4	2	共产党	9	1
共产党	4	4	激进党	7	1
克罗地亚			民主党	6	1
克罗地亚共和农民党	37	50	无党派人士	4	1
民主党	12	19	克罗地亚联盟	3	1
激进党	6	9	塞尔维亚		
共产党	5	7	激进党	20	41

（续表）

	席位	比例		席位	比例
民主党	18	32	共产党	25	4
南斯拉夫共产党	9	14	民主党	13	2
农民联盟	18	14	共和党	11	2
科索沃和桑扎克			激进党	9	1
民主党	36	13	独立人士	6	1
激进党	15	6	伏伊伏丁那		
共产党	8	3	激进党	30	21
马其顿			民主党	12	10
共产党	20	15	共产党	10	5
民主党	16	11	社会民主党	5	3
激进党	14	6	克罗地亚人民党	4	4
黑山			农民联盟	2	1

资料来源：Branislav Gligorijevic，*Parlament i politicke stranke Jugoslavije*，*1919 - 1929* (Belgrade：Narodna knjiga，1979)，82 - 89。

位居这些拥有较小支持率的政党之首的，是三个表面上是宗教的但实际上是种族的政党，即斯洛文尼亚牧师领导的斯洛文尼亚人民党(SLS)、波斯尼亚穆斯林的南斯拉夫穆斯林组织(JMO)，以及在科索沃、新帕扎尔行政区和马其顿的阿尔巴尼亚族的相应政党——联盟党(the Xemijet)。斯洛文尼亚人民党和南斯拉夫穆斯林组织各收到投在它们地区的三分之一选票，使它们各自成为最大的政党，并且分别赢得27个和24个席位。就塞尔维亚激进党而言，在寻求支持去反对克罗地亚人和其他塞尔维亚族政党中，这些微小但是重要的代表权使斯洛文尼亚人民党和南斯拉夫穆斯林组织成为理想的伙伴，尽管它们有不同的宗教溯源。联盟党在科索沃也赢得最大的政党份额，但是没有得到任何初始代表权。在同激进党并且特别是民主党结成选举前联盟之后，这些政党没有推举出任何明确的候选人。鉴于选区被不公正地改划，包括在数量上足以超过阿尔巴尼亚族多数的塞尔维亚人，这种联盟是它们能够结成的最佳联盟。这种限制性框架给予联盟党11张选票，所有这些选票将在1921年6月28日投票批准宪法。

到那个时候,在塞尔维亚族领导者决定缺席之后,这两个政党赢得了最多的席位。克罗地亚共和农民党(HRSS)已经放弃其1919年初的努力,即寻求单独承认克罗地亚农民共和国,并且提出一份肃清战前克罗地亚族政党的人员名单。例如弗兰克的纯粹权利党仅仅赢得克罗地亚2.5%的选票。拉迪奇的政党利用新扩大的选举权赢得52.5%的选票或23万张选票,这正好是两个主要的塞尔维亚族政党在克罗地亚合起来总数的两倍。因为竞选运动,拉迪奇及时地从监狱释放出来。除了带有邦联自治的有限君主立宪制以外,他继续反对适于克罗地亚的任何框架。他想要类似奥匈帝国时匈牙利那样的一种地位。从一开始这种情况就几乎没有机会,这种情况就是其政党49张选票中的任何一张,将为一个有塞尔维亚族国王的法国式国家投票。

最大的反对党不是拉迪奇的政党,而是新的南斯拉夫共产党(KPJ)。它赢得了59个席位,比克罗地亚共和农民党的选票少,不到20万张。1919年4月,南斯拉夫共产党刚刚在贝尔格莱德建立,它吸
125 引了来自几个选区的选民,使社会民主党黯然失色。社会民主党仅获得不足5万张选票。从俄国和奥匈帝国返回的10万战俘中的许多人是南斯拉夫共产党的新成员,包括某个叫约瑟普·布罗兹(Josip Broz)的人,他以后将成为共产党领导人——铁托(Tito)。工厂和交通系统雇员在贝尔格莱德和萨格勒布的困难状况,加上贝拉·库恩在布达佩斯的短暂布尔什维克政权的榜样,这些帮助南斯拉夫共产党分别吸引了这两个城市1920年地方性选举中的34%和39%的选票。在城市以及人口较少的马其顿和黑山的议会选举中,共产党也赢得了最好的表现。如上所述,这两个地区都赞成较少的人口拥有更多选区。在黑山和相似的马其顿,南斯拉夫共产党赢得总投票数的38%。与共产党在达尔马提亚得到的16%选票一样,这种表决大部分是作为抗议贝尔格莱德过去或将来的统治。但是南斯拉夫共产党来自塞尔维亚的15%的选票来源于贝尔格莱德和内陆城镇的不满的、经常失业的工人。选举之后,关于任何种类有组织的共产党活动,激进党和民主党的联合政

府几乎立即通过著名的"公告"(*Obznana*)或禁令以打压。虽然几个主要的激进党人和民主党人反驳这种针对西方法律原则的禁令,但是这些禁令依然生效。作为回应,南斯拉夫共产党的代表在批准投票结果仅仅两个星期之前退出立宪会议。[30]

1921 年宪法

批准宪法的投票被记录在案,没有投票的政党跟投票的政党一样多。共产党和克罗地亚农民党占 158 张弃权票中的 110 张,斯洛文尼亚人民党占另外的 27 张。只有 35 位代表投票反对被提议的宪法,其中 21 位来自塞尔维亚农民党(Serbian Agrarian Party),包括社会民主党的全部 7 位代表。该宪法的一个独立反对者是引人注意的安特·特伦比奇,战时南斯拉夫人国家的拥护者。这样,余下两个最大政党的 176 张票,即塞尔维亚人领导的民主党的 89 张票和塞尔维亚激进党的 87 张票,去支配投票赞成宪法的全部 223 张票。我们必须注意民主党的一致表决,包括他们的 11 个克罗地亚人和 3 个斯洛文尼亚人代表,以及几个马其顿人和黑山人代表。激进党对穆斯林地主许诺去补偿其被土地改革临时拿走的地产,这有助于赚得波斯尼亚人的南斯拉夫穆斯林组织(JMO)的 23 张票和科索沃阿尔巴尼亚人联盟(Kosovar Albanian Xemijet)的 11 张票。它们占剩余的 48 张赞成票中的 34 张。剩余的 48 张赞成票使宪法能够以简单多数通过,虽然不及《科孚岛宣言》中的 60%同意通过。

从制宪进程的开始能够看出塞尔维亚强有力的地位。1920 年 12 126
月 12 日立宪会议迅速选举尼古拉·帕希奇为其临时主席,此时帕希奇自战争结束以来第一次担任首相。在一次最初会议之后,立宪会议的宪法委员会在接下来两个月的大部分时间中休会,当时帕希奇和普里比切维奇在幕后谈判。直到 5 月 12 日,当激进党赢得这两个穆斯林政党的支持时,他们才提交其对初步投票的建议。227 票对 93 票,包括 96 票弃权的临时通过预示了最终的结果。但是短暂的公开争论和统一的宪法证明,这一进程的细节值得更大关注。它们记录了这种虽不成功的最初努力，即找到中央集权制框架和邦联框架之间折中办法的努力。这种折中办法将用以维持一个南斯拉夫人国家。

争论围绕四个具体问题：(1) 这个国家的名称；(2) 承认宗教自由；(3) 对上议院的需要；(4) 地方行政机关的性质。以塞尔维亚和波斯尼亚为中心的激进党断然拒绝民主党对"南斯拉夫"的偏爱，并且在其他两个民族中发现具体提到所有三个民族，即"塞尔维亚人、克罗地亚人和斯洛文尼亚人王国"的盟友。可能加强激进党对这个问题的支持的是，他们不愿意授予东正教任何特别地位，像已经记录在1903年塞尔维亚宪法中的特别地位，并且愿意对所有公认的宗教保证平等和信仰自由。然而，与分开塞尔维亚和克罗地亚的一条断层线相比，设法解决最后两个问题的各种建议揭露了更多的断层。

杰出的美国历史学家查尔斯·A.比尔德(Charles A. Beard)回顾这些建议并且断定：尽管偶尔提及美国、瑞士和德国，但是没有人显示"严格领会了这三国政府的实际意图和运作[或]……深入了解任何现行的联邦制度"。据比尔德和杰出的塞尔维亚法律学家和历史学家斯洛博丹·约万诺维奇(Slobodan Jovanovic)所说，帕希奇的对手斯托扬·普罗蒂奇的建议最接近中央集权制和邦联这两个极端之间的联邦制折中办法。[31]按照他的计划，在只拥有对行政和立法监督权的总督统治之下，9个历史上的省份将得到实质性自治。一个法国式的政府理事会和一个包括上议院的英国式议会将构成中央政府。约万诺维奇强调，需要一个强有力的议会去使这些省份团结在一起，但是他有预见性地
127 担心超过两个或三个联邦单位的建立，对一个南斯拉夫人的国家而言将是困难的，他认为联邦单位太少将不能避免不可调和的冲突。

克罗地亚人主要建议一种被比尔德比做1781—1787年美国邦联的框架。6个地区，包括仅把马其顿和科索沃留给塞尔维亚的伏伊伏丁那，都将有权否决宪法的任何变化。这个宪法基于这6个省独立的行政机关和立法机关。君主能够任命一个将代替中央政府内政部长的主要地方长官，而常被抱有怨恨的普里比切维奇作为法规的联署者。一个强有力的地方司法系统和一个基于领地和地方组织而不是基于最

初人口的中央立法机构的上议院,将补充这些邦联的权利。

斯洛文尼亚人对6个地区的主要建议和达尔马提亚对12个地区的计划授予中央政府更多的剩余权力,包括意图加强地方权利的地方上议院。这些斯洛文尼亚的议院将挑选来自社会经济组织的代表,这些组织包括属于某些行业的企业理事会,从而预示了第二南斯拉夫的最后三部宪法中突出的工人自我管理的条款。

最后,帕希奇和普里比切维奇促使政党选民和穆斯林盟友去贯彻一部参照1903年塞尔维亚模式的中央集权宪法。这些文件依次基于法国原则和1830年比利时宪法。内政部长将任命33个州(*oblasti*)或行政区中每个地区的警察总监。禁止行政区的区域合并。作为对弃权反对派的让步,帕希奇将普里比切维奇从内政部调至教育部。没有一个得到上议院批准,并且法官将由中央任命。然而,新闻和宗教自由被普遍确认,并且立法机关能够讨论没有政府倡议的措施。[32]在最终投票之前,作为一种蔑视的最后姿态,拉迪奇在6月26日提议起草一部适于完全自治的克罗地亚共和国的单独宪法。帕希奇象征性地规定投票日期为1921年6月28日,即1389年塞尔维亚在科索沃战败的著名周年纪念日。

在那一天,作为塞尔维亚人、克罗地亚人和斯洛文尼亚人的立宪的、议会制的世袭王国,第一南斯拉夫成立。国王在外交事务、任命被提议的最高法院法官和最终批准法律方面的权力是相当大的。在该宪法被批准之时,亚历山大仍然是摄政王,但是年迈的彼得国王在8月去世。1921年11月6日,亚历山大在贝尔格莱德正式加冕。在20世纪 128
20年代的其余时间内,创建或反对1921年宪法及其选举框架的政治领导人将制定该新王国的许多路线,直到国王在1929年废除这一宪法,并解散任期内的议会。

129

第五章　议会制王国(1921—1928)

像第一次世界大战之后成为脱胎于战前帝国的东欧其他国家一样,这个塞尔维亚人、克罗地亚人和斯洛文尼亚人的新王国没有享受到这种奢侈,就是用漫长的几十年时间去建立中央政府和民族认同。在第二次世界大战摧毁"第一南斯拉夫"之前,仅仅有20年时间由其随意支配。两次世界大战之间的不稳定时期没有产生政治共识或鼓励在欧洲任何地方的经济合作,除了在斯堪的纳维亚国家中可能存在的经济合作之外。该南斯拉夫王国的议会政治框架至少许诺了代议制政府,但是其存在不到10年时间。议会政治框架的界定和消亡构成本章内容。新的文化联系、脱节的经济复苏和一系列使人畏缩的国际关系也值得强调。

调解和内部争论的三年时间建立了一个新国家,其行政管理对任何一组民选官员都将构成严峻的考验。边界争端和少数民族权利的问题尚未与除罗马尼亚之外的其他邻国加以解决。在内部,长期争论的宪法已经以微弱多数通过(见第四章),如果弃权票被计算在反对票之内的话。这些前哈布斯堡王朝领地独立的经济和法律制度不得不与塞尔维亚的新中心一致,正如事后证明的那样,这对于塞尔维亚并不总是有利。在前奥斯曼帝国的领地,塞尔维亚当局在政治上充分利用重建公共秩序的需要。来自以前独立管辖区域的东正教、天主教和穆斯林宗教团体的统一也将提出问题。

先看看存在的一些最初的力量,以免谈及难以应付的问题时让他们遭到遗忘。在贝尔格莱德,年轻的亚历山大国王与许多来自全国各地的被吸引到新首都的知识分子颂扬南部斯拉夫人的文化共鸣。这些知识分子认识到这种危险,即该宪法的先决条件被看做是与塞尔维亚同化的一个方案。该宪法的先决条件是塞尔维亚人、克罗地亚人和斯洛文尼亚人在种族上是一个民族的三个部落。他们的目标是建立一个单一国家,而不是一个单一部落。在前哈布斯堡王朝领地的城镇,特别 130
是在斯洛文尼亚和达尔马提亚的城镇,倾向于支持一个南斯拉夫的主张,因为一个南斯拉夫就预示了一种一体化的大经济体。该新国家的领土完整也回绝了意大利、保加利亚和阿尔巴尼亚对其组成部分的现行要求。

幸存的欧洲大国——英国和法国最初并未干涉巴尔干半岛的安全。战争已经削弱了这两个国家,并且它们在该地区唯一的共同利益似乎是使奥地利和匈牙利更虚弱,以致不能再联合。它们几乎没有显示意愿去支持这个南斯拉夫人的王国成为东南欧新秩序的明显核心。况且在整个 20 世纪 20 年代,欧洲贸易和国外贷款的复苏全然无法接近战前水平,特别是对政府的贷款。结果,战后复苏未能使一个单一的南斯拉夫经济体的各个地区安心:与第一次世界大战之前尚未合并的它们相比,合起来将使情况好些。

如果我们可以将其比做 20 世纪 90 年代的“东欧演变”,这种“首次转变”也因受制于严重的内部障碍而举步维艰。像两次世界大战之间的欧洲其他地方一样,战前政治家的统治造成更大问题,而不是被“第二南斯拉夫”的共产党历史学家有代表性地指责的多党制或资产阶级领导的政党造成的。此时,当可能支持多民族的全国性政党的更年轻人员不在时,这些战前政治家恢复领导地区性的塞尔维亚人或克罗地亚人的政党,如果这些多民族的全国性政党幸免于战争的话。塞尔维亚人、克罗地亚人和克罗地亚的塞尔维亚族的最大的政党领导人也不适合一起工作。在战争之前,他们曾经对抗或支配对手,并且他们的个性令人难以置信地不匹配(见第三章)。尼古拉·帕希奇、斯捷潘·拉迪奇和斯韦托扎尔·普里比切维奇未能建立这样一种联合政府,即没有多数党的三次议会选举需要的联合政府。在被结成的这些联盟中,有些试图至少联合这个三合一中的两方,但是它们中的任何一方都很快瓦解。甚至帕希奇在1926年去世也没有打破议会的僵局,两年以后斯捷潘·拉迪奇在议会被暗杀而使情况变得更糟。在1929年取得全部政权之前,国王及其专制的军事顾问们开始向前一步。战后更年轻的知识分子曾聚集在贝尔格莱德,而到那时,他们中的一些人正在远离贝尔格莱德。

战前的政治家、新政党和《圣维特宪法》框架(1921—1926)

131 一个没有上议院或宪法法院的立法机构,其中各派分歧严重,以争夺拥有强大各部的中央集权行政机关作为奖赏——这种议会制政府糟糕地服务于两次世界大战之间的第三共和国,并且更糟地服务于第一南斯拉夫。虽然行政集权来自拥有无上权力的巴黎,但是行政集权阻碍了立法共识。贝尔格莱德不是巴黎。法国没有萨格勒布。而且就这个新王国来说,其行政分支机构的形式和实质使议会成为塞尔维亚人和克罗地亚人的最高上诉法院,而不是占1 200万人口(见表5.1)的三分之一的其他民族的最高上诉法院。这种行政框架对理解议会选举和随后的联盟是必要的。

表5.1　1921年按种族和地理区域划分的人口(以千计)

	人　口	占总人口的百分比
塞尔维亚人和黑山人	4 705	39
狭义的塞尔维亚	2 657	
黑山	199	
克罗地亚人	2 889	23.9
克罗地亚-斯拉沃尼亚	3 360	
斯洛文尼亚人	1 024	8.5

(续表)

	人　口	占总人口的百分比
斯洛文尼亚	1 055	
波斯尼亚穆斯林	760	6.3
波斯尼亚-黑塞哥维那	1 890	
马其顿人	630	5.3
德意志人	512	4.3
阿尔巴尼亚人	484	4
匈牙利人	472	3.9
土耳其人、罗马尼亚人和意大利人	580	4.8
塞尔维亚人、克罗地亚人和斯洛文尼亚人的王国	11 985[a]	

a 1951 年的数据,后来在表 11.1 中修改为 12 545。

资料来源: *Enciklopedia Jugoslavije*, v, III (Zagreb: Jugoslavenski leksikografski zavod, 1983), 263; and Werner Markert, *Jugoslawien* (Cologne Bohaul-Verlag, 1954), 40。

中央政府

对某些人而言,塞尔维亚人的优势解释了第一南斯拉夫的所有初始缺点。这个观点假定国王和军队领导层同尼古拉·帕希奇和统一的激进党亲密而有效地合作,在全国强制推行来自贝尔格莱德的中央控制。然而,王室军队和激进党的军队经常有分歧,并且有时效率低下。

带着对建立一个克罗地亚人和斯洛文尼亚人像塞尔维亚人一样忠诚的国家的良好的、虽然不规范的意图和对尼古拉·帕希奇的既定反感,亚历山大国王开始其统治时期(见第四章)。1916 年访问伦敦时,亚历山大公开使用"我们的南斯拉夫人民"这种措辞,并且确认塞尔维亚人、克罗地亚人和斯洛文尼亚人是具有相同传统和语言的"有三种名称的同一民族",亚历山大是这样做的首位塞尔维亚领导人。这种明确的表达预设,对这个新王国而言,在成为南部塞尔维亚的地区的马其顿斯拉夫人和科索沃阿尔巴尼亚人将同化为塞尔维亚人或南斯 132

拉夫人。对新国王来说,这也是其最关注的地方。

无论他的主张和意图是什么,国王影响中央政府形式的权力受到了真实的限制。国王仍然是年轻的,在1921年他才33岁,并且没有在文官政府中受过教育。他的教育是在战前俄国的10年基础军事训练,并且在1914—1921年期间,他的长期摄政统治主要与军事问题有关。同英国出生的罗马尼亚玛丽女王之女的令人满意的政治婚姻和1923年一个儿子兼继承人的诞生,加强了亚历山大在公众舆论中的稳固地位。但是他的宪法赋予的权力实际上限于外交关系。他不能主动解散议会,并且不能行使立法否决权。宪法规定高等法院将允许国王任命其获得议会批准的一半成员,并且对另一半成员的提名作出认定。议会不能对其封授达成协议。[1]

在这个新中央政府的早期形成中,来自前塞尔维亚军队的重要军官仅起有限的作用。当然,国王最亲近的知己、号称"白手"的彼得·日夫科维奇(Petar Živković)将军和其他成员,在1917年萨洛尼卡审判中已经与摄政王站在一边去反对被开脱的"黑手"军官。禁止他们从事公开政治活动的《宪法》条款不是对他们权力的唯一限制。他们也面临这种重要任务,即把军队从1919年的40万减少到1921年的20万;其次他们面临这种职责,即吸纳大约2 500名来自前奥匈帝国军队的军官和500名来自黑山军队的军官加入到一个仅6 000人的军官团。(保持控制这个扩大的军官团的一个方式是增加将军的数量,因此到1927年时,将官级军官的总数超过法国和意大利军队合起来的将官级军官总数,他们中超过80%是塞尔维亚人。)新装备非常急需,因为来自战时的库存法国军需品不能再次得到了。[2]

133 更为糟糕的是,在1921年11月,该新军队的声誉已经被玷污。陆军部长泽切维奇(Zecevic)将军命令6 000名新兵参加演习,但没有提供使其免受冬季暴风雪之害的保护,以致让300名新兵死亡;陆军部长拒绝承担责任,使他失去了影响力,尽管这不是他的职责。而在随后几年中,军队挥霍了最初的好评,即由于清剿战后土匪而曾经从穆斯林和波斯尼亚以及马其顿的当地塞尔维亚人那里得到的好评。军队在支持地方行政机关中的笨拙作用,使他们的宪兵队在前奥斯曼帝国的这些领地中不受欢迎。地方行政机关主要由塞尔维亚人充当职员,并且完全受到贝尔格莱德的内政部控制。

内政部任命各省省长和各县县长的权力造成遍及这个新国家的、对"贝尔格莱德中央集权制"的更多怨恨,这一点在非塞尔维亚人的地区尤为严重。1921—1923 年帕希奇领导了四届激进党政府,他们利用已经写入《宪法》的法国框架去控制地方政府。无休止的议会辩论耗尽宪法准许的 9 个月时间之后,帕希奇的部长委员会匆忙拟订了 33 个行政区的分界线。这些区域(*oblasti*)的人口从 10 万至 80 万不等,并且每个区域再分为 4 至 24 个县或地区(*srezovi*)(大部分是塞尔维亚人的克拉伊纳有 24 个县,尽管其人口较少)。帕希奇欣赏国王对促进种族融合或经济联系的支持。这些联系融合了在主要河流两岸的外省居民,或分裂了在几个县之间的城镇,而不是遵守历史边界。在科索沃,这种值得称赞的目的只起到这样的作用,即把塞尔维亚族聚居区附加在这 4 个行政区中的每一个,因此没有一个行政区存在阿尔巴尼亚族的多数。克罗地亚的 6 个行政区、斯洛文尼亚的两个行政区和波斯尼亚-黑塞哥维那的 4 个行政区被划定在它们领土的历史分界线之内,但是对后者而言,没有一个波斯尼亚穆斯林或克罗地亚人被内政部任命为行政长官。像伏伊伏丁那的所有 3 个行政区一样,在波斯尼亚-黑塞哥维那的所有 4 个行政区的行政长官都是塞尔维亚人;尽管这些行政区匈牙利人和德国人加起来数量超过塞尔维亚人。只有斯洛文尼亚避免了塞尔维亚族官员不成比例的配置。

政府要求这些省长有在前政府服务 15 年的经历,要求县长有服务 10 年的经历,这些条件显然有利于来自塞尔维亚战前官僚机构的候选人。他们不久领导的一支军队指派的、大约 2 万人的警察部队,其中大约 60%是塞尔维亚人。到 1927 年时,这些省、县长及其雇员使得内政部工作的政府人员的比例扩大到 50%。

到 1928 年,减去军队士兵的政府雇员的总数上升到 17.2 万。像

英国大使馆报告的那样，查尔斯·比尔德(Charles Beard)估计这一总数
134 可能已经有效地缩减了三分之一，使其接近1914年之前的水平。[3]政府在提供私人服务方面有众所周知的拖延，从而助长了索取回扣和其他腐败安排的蔓延。各种诱惑也使各部门腐败成风。在高层，部长们只需要服务一年就能够获得终身养老金，如服务两年就能够获得家庭养老金。各省、县的收入微薄的雇员们位于底层，他们按照宪法对当选的地方议会和内政部负责。但是这些议会姗姗来迟。一开始被选出的地方议会是适合于市政府的，并且级别较低。1922年帕希奇政权的主要对手在萨格勒布召开政府雇员代表大会(the Congress of Public Employees)，并不令人吃惊的是，政府雇员代表大会把贝尔格莱德退出地方政府当做其主要要求。

帕希奇和普里比切维奇

从1921年1月到1926年4月，没有任何能称为综合性立法程序的东西来自尼古拉·帕希奇领导的10届内阁。除了1924年的4个月，帕希奇在这段时间一直担任首相。他委派资深的激进党员任内政部、财政部和外交部的关键职位。然而内阁成员数目众多，显示了激进党是一个不能形成持久联盟的少数党。

激进党及其领导人都承担一些责任。激进党没有引起非塞尔维亚人的兴趣，也几乎没有引起在塞尔维亚或波斯尼亚之外的塞尔维亚人的兴趣。他们年迈的领导层和特定立法程序的缺乏，使他们丧失了贝尔格莱德和其他塞尔维亚人城镇的支持。自1881年帮助建立这个政党以来，一直性格内向的帕希奇，就是一个缄默的政治家(见第三章)。最初是1908年的波斯尼亚危机，其次巴尔干战争和世界大战，曾经让他逃避联盟政治。他只能看着一系列反对党挑战他的权利，就是在他认为是国家紧急状态时去统治的权利。1921年帕希奇75岁，不论什么原因，据称他将他不再严格控制的这个政党的任何反对看做一种人身攻击。[4]

激进党实际上面临着来自其他政党的相当大的反对，最一贯的反

对来自其主要的塞尔维亚族竞争对手——民主党。1919 年 2 月,其创始人满怀希望地在萨拉热窝建立了民主党,这种希望就是让民主党成为一个全部南斯拉夫人的政党——使斯洛文尼亚族(虽然不是克罗地亚族的)自由主义者和塞尔维亚人联合,并且反对帕希奇政权的塞尔维亚族政党。在 1920 年的立宪会议(见第四章)中,这个新政党赢得了和激进党差不多的席位(92：91)。1923 年,在根据《圣维特宪法》 135
(*Vidovdan constitution*)举行首次选举以前,民主党在一种不稳定的联合中反复挑战其激进党伙伴。他们的领导人柳巴·达维多维奇(Ljuba Davidovic)是独立激进党的有能力却无魅力的首脑。独立激进党来自战前塞尔维亚,是民主党阵营三个政党中最大的一个。虽然独立激进党在贝尔格莱德市区和更繁荣的塞尔维亚北部已经是最强大的政党(见第三章),但是战后民主党赢得了激进党在黑山、马其顿、伏伊伏丁那和塞尔维亚丢失的大多数选票。激进党在这些地区丢失的其他选票转到不被准许获得其席位的共产党和农民联盟手中。按照斯韦托扎尔·马尔科维奇(Svetozar Markovic)的教义,农民联盟的领导人最好被称做“农民社会主义者”,但是该联盟代表了不满激进党的土地改革计划的农民。这个土地改革计划没有适于新的合作社网络的任何内容。

在 1923 年的初选中,农民联盟和民主党都没有在塞尔维亚族选民中坚守阵地,尽管他们继续坚持无补偿地迅速重新分配穆斯林地主的地产。这两个党都为其企图成为代表整个国家的政党付出高昂的代价。民主党的席位从 92 个下降到 51 个,在这个议会中仅得到一个来自塞尔维亚的席位。根据激进党的一项倡议,议会成员从 419 个成员削减到 315 个,而农民联盟从 39 个席位下降到 11 个(见表 5.2)。和 136
民主党不同,农民联盟则很难恢复起来。他们拥有相当多的一批波斯尼亚的塞尔维亚族选民,但是他们在达尔马提亚徒劳地努力与拉迪奇的克罗地亚农民党达成和解,并且在塞尔维亚为内部分歧所烦扰。总的来说,他们对任何民族主义倾向的蔑视和对农民候选人的偏爱于其不利。

表 5.2　1920—1927 年议会选举(赢得的席位数)

政　党	1920 年	1923 年	1925 年	1927 年
民主党	92	51	37	61
独立民主党			21	22
激进党	91	108	143	112
南斯拉夫共产党	59			
克罗地亚共和农民党	50	70	67	61
农民联盟	39	11	3	9
斯洛文尼亚人民党	27	24	21	21
南斯拉夫穆斯林组织	24	18	15	17
社会民主党	10			1
德意志人		8	5	6
黑山联邦党		2	3	1
其他	28	21		4
席位总数	419	313	315	315

资料来源：*Enciklopedia Jugoslavije*, v, III (Zagreb: Jugoslavenski leksikografski zavod, 1983), 269。

导致民主党衰落的至关重要的原因在于与斯韦托扎尔·普里比切维奇的决裂。普里比切维奇是克罗地亚人-塞尔维亚人联盟中的塞尔维亚族主要领导人。战后他带领其支持者加入民主党阵营,但只拥护将保证克罗地亚和波斯尼亚的塞尔维亚族地位的中央集权政权。普里比切维奇还把其好战劲头运用于加强宪法这种可疑的假设,即塞尔维亚人、克罗地亚人和斯洛文尼亚人是已被外部力量分成几个部族的一个民族。普里比切维奇是具有斗争性的(见第三章),并且比任何一个主要政治人物都要难以容忍反对意见,早在 1922 年 9 月他就准备同塞尔维亚民主党断绝关系。他指责达维多维奇出席政府雇员代表大会的萨格勒布会议,即便达维多维奇已经直言不讳地拒绝参加萨格勒布会议关于《圣维特宪法》的地方分权化修订的讨论。

尼古拉·帕希奇利用民主党对宪法修订的意见分歧,拒绝他们进入最后一届选举前的内阁。然而,他只能从这个保守的教权主义派别找到两个波斯尼亚穆斯林代替他们。由于新的南斯拉夫穆斯林组织(JMO)的领导,这个保守的教权主义派别已经遭到致命性的失败。激进党未能维持与获胜派别达成的初步协议,这反映出帕希奇在建立持久联盟中所经历的困难。

南斯拉夫穆斯林组织完全是战前的穆斯林民族组织(Muslim National Organization)的后继者。然而它迅速成为优先城市商业利益而非伊斯兰教神职人员或农村地主利益的代表。南斯拉夫穆斯林组织的新领导人穆罕默德·斯帕霍(Mehmed Spaho)是一个维也纳培养的律师,他先前曾领导过萨拉热窝的商会。他和以南斯拉夫为方向的较年轻的同事们试图与激进党合作,以履行 1921 年签订的两个协议。这两个协议都许诺穆斯林和波斯尼亚人的一系列权利,这些权利超出了对地主的补偿。激进党迅速同意了这些补偿,作为对立宪会议中选票的报答。斯帕霍被任命为两届帕希奇内阁的林业部长,然后又担任贸易和工业部长。但是他在 1922 年 2 月辞职,因为这两个协议的要点没有得到尊重。另外,《自治》(*Samouprava*)以及贝尔格莱德的其他激进 137
党和民族主义的报纸,严斥南斯拉夫穆斯林组织为一个基于《古兰经》和中世纪封建主义的组织。[5]

激进党也在斯洛文尼亚寻求其他非塞尔维亚族的盟友,但是在帕希奇时代没有取得成功。小的斯洛文尼亚自由党(Slovenian Liberal Party)只在卢布尔雅那和少数其他城镇有势力,它承诺作为民主党的创始成员。战前的斯洛文尼亚人民党(SLS)到目前为止仍然是最大的政党。现在斯洛文尼亚人民党被这个较年轻的派别领导,即赞成克雷克的大合作社网络的基督教社会理想的派别(见第三章)。斯洛文尼亚人民党仍然是一个保守的教权主义政党,但是该政党的首脑安东尼·科罗舍茨在 20 世纪 20 年代的辩论中提议一种替代《圣维特宪法》的、邦联的社会进步选择,并且在《圣维特宪法》生效之后坚持这些"自治论者"的要求。[6]帕希奇的教育部长的这种鲁莽建议,使安东尼·科罗舍茨及其同道的牧师们尤为惊慌。帕希奇的教育部长不是别人,正是斯韦托扎尔·普里比切维奇,他提议建立一种替代现行宗教学校网络的世俗学校的单一系统。而天主教徒拥有最大的宗教学校网络。斯洛文尼亚人民党在 1923 年选举中得票只是略微下降,仅减少 1 个席位,其赢得的选票从 1920 年斯洛文尼亚选举中的 61%滑落到 56%。

缺乏政治盟友削弱了激进党在 1924 年选举中的优势(见表5.2)。因此内政部的地方组织采用恐吓手段使得选举不大公允,这不仅出现在很少秘密投票的科索沃和马其顿,而且出现在伏伊伏丁那、克罗地亚和波斯尼亚-黑塞哥维那。与 1920 年不同,伏伊伏丁那的匈牙利人现在能够投票,但是他们由于受到一些骚扰而弃权了。在克罗地亚,普里比切维奇煽动农村的塞尔维亚少数民族对克罗地亚族统治的恐惧。在 20 世纪 20 年代举行的三次选举中,贝尔格莱德任命的警察参加了塞尔维亚族历史学家所称的最严重的暴力。[7]恐吓发展到打击;克罗地亚人的房屋被烧毁、炸毁或查抄,而政府没有惩罚作恶者。克罗地亚人以同样方式回应的谣言传播到波斯尼亚,这促使大多数塞尔维亚人动员起来,反对比克罗地亚族村庄更邻近的穆斯林村庄,这是 1941—1942、1991—1995 年的一系列可怕事件的先例(见第七章和第十二章)。1923 年 3 月,激进党获得 313 个席位中的 108 个席位,但是只获得除塞尔维亚以外的很少的支持。帕希奇被迫通过同他的其他主要政治对手的不稳定联盟来寻求统治的多数,这些政治对手最初是斯韦托扎尔·普里比切维奇,然后是斯捷潘·拉迪奇。

拉迪奇和帕希奇

雄辩机智的拉迪奇为这两个联盟创造了条件。他的克罗地亚共和
138 农民党在 1923 年选举中赢得了 70 个席位,拥有克罗地亚选票的 37%。尽管存在暴力,帕希奇政府使用了 1910 年而不是 1921 年的统计数字,但是这些选举主要是农村得到完成,从而允许塞尔维亚更多数量的战争死难者按比例计入其中。拉迪奇与斯洛文尼亚人的“斯洛文尼亚人民党”和波斯尼亚穆斯林的“南斯拉夫穆斯林组织”(JMO)协商,组成了 163 个选区的联合跨党派集团。但是他们未能达成合作协

议,尽管与达维多维奇的民主党实现了联合。同时,在一系列有影响的煽动演说中,拉迪奇继续挑战这个国家框架的合法性。

从 1923 年 7 月至次年 8 月,拉迪奇在国外发表演说。他发表的巴士底日(Bastille Day)演说把王国比做那个声名狼藉的法国监狱,但是面对逮捕令他不得不逃离萨格勒布前往匈牙利。拉迪奇此时开始其广为宣传的从维也纳到伦敦和莫斯科的旅行。同日益醒悟的南斯拉夫的英国拥护者西顿-沃森(R. W. Seton-Watson)的伦敦会谈或许较为重要,但是他在莫斯科出席共产国际(Comintern)的农民国际代表大会(Peasant International Congress)在贝尔格莱德造成的影响更大。[8]拉迪奇仅仅列席会议就给予帕希奇这个天赐机会去控告拉迪奇同布尔什维克政权之间的联系。布尔什维克政权是被伦敦和巴黎诅咒的政权,更加重要的是该政权也为亚历山大国王诅咒。基于一个政治对手斯托扬·普罗蒂奇的建议,经官方批准的最早的小册子刊物此刻出现了。普罗蒂奇建议从该王国"切除"克罗地亚,因为塞尔维亚人"不能同克罗地亚人继续相处下去"。

这些紧张局势使帕希奇和普里比切维奇为其第一次"P - P"政权而和解。1924 年 3 月—7 月,大约 120 名激进党和独立民主党代表的少数党联合在议会中设法幸存下来了,这是因为帕希奇阻止了初次来到贝尔格莱德的克罗地亚共和农民党(HRSS)60 名代表的授权认可。

在 1924 年 8 月亚历山大要求民主党的柳巴·达维多维奇组织一个广泛的联合政府之前不久,拉迪奇从国外返回。新内阁包括 4 个斯洛文尼亚人(斯洛文尼亚人民党)和 3 个波斯尼亚穆斯林(南斯拉夫穆斯林组织),有 4 个以上职位为克罗地亚共和农民党保留。但是拉迪奇几乎没有向国王提供证明,即他现在赞成南斯拉夫的英国式君主政体,而不是巴尔干联邦中的一个克罗地亚农民共和国(拉迪奇已经在不同的演说中宣布这两种观点)。拉迪奇的几次反君主制的新演说显然促使亚历山大解散了达维多维奇的政府。第二次"P - P"政权迅速向拉迪奇展开个人攻击,并于 1925 年 1 月在一个戏剧性场景逮捕了他,当时 139
他躲在一位亲戚的公寓的一堵墙后面,而这套公寓兼做其政党的书店。[9]

帕希奇-普里比切维奇的“民族集团”(National Bloc)证明无法利用拉迪奇的被捕和其他公平或不公平的一系列有利条件。在1925年2月的第二次议会选举中他们没有赢得令人信服的胜利。他们的共同纲领是“为国家而战斗”,包括拥护作为替代分裂的唯一选择的《圣维特宪法》。他们怂恿达维多维奇的民主党,尽管民主党同“布尔什维克的分离论者”——拉迪奇联合。与1923年的选举相比,这次选举少有暴力,但是据称更加腐败。[10]尽管如此,达77%的大量投票,给予正好1/3的投票总数的“民族集团”和315个席位中仅仅160席的多数党地位。在其领导人被捕,并且警察机关的更大压力已经使该党分裂之后,阿尔巴尼亚人的联盟党在科索沃遭到挫折。然而,在黑山,联邦制拥护者“绿党”(“Greens”)比激进党赢得更多的选票。这预示着支持激进党的自治情绪的再次激发。在第一次世界大战之后,亲塞尔维亚的“白色党”(“Whites”)曾有能力压制这种自治情绪。在其他地方,激进党注意到柳巴·约万诺维奇(Ljuba Jovanovic)的持不同政见派别提交的竞争者名单,他们与激进党自己的候选人竞争26个席位。英国大使馆推测,此时80岁的帕希奇正在失去对激进党的控制。就“民族集团”而言,最糟糕的是拉迪奇的农民党仍然赢得67个席位,只比1923年选举减少3个席位。[11]

帕希奇试图再次拒绝克罗地亚共和农民党的授权,并且试图组成另一个“P-P”内阁,但最终被迫组成的是其长期职业生涯中最不满意的联盟。1925年7月出现的拉迪奇-激进党或“P-P”政府似乎是脱离这种僵局持续下去的唯一道路。在1925年早些时候,王室对再次入狱的拉迪奇提出的试探性建议,显示了这个克罗地亚领导人准备“扭转他的车道”。对内政部长不相干的弹劾为拉迪奇的释放创造了时机。内政部长是普里比切维奇的部下,他以拉迪奇的“布尔什维克关系”为由关押了拉迪奇。此时拉迪奇公开承认他接受君主政体、宪法、军队,甚至兵役。作为一种善意的姿态,拉迪奇把“共和”这个词从其政党的名称中去掉。由此克罗地亚农民党的授权得以批准,并且其四个党员在帕希奇的最后一届内阁中获得职位。

斯捷潘·拉迪奇作为教育部长来到了贝尔格莱德,此前这个职位由普里比切维奇长期担任。在普里比切维奇领导下被解雇的萨格勒布大学教授们得以复职,但是其他人遭到开除,因为他们讲授南斯拉夫人而不是克罗地亚人的历史。然而,拉迪奇更加强调初等教育和职业教育的重要性。他相信,大部分农村人口情况将好些——如果他们不知道太多的城市生活方式的话。不论是理想主义者还是空想家,拉迪奇充满了经常相互矛盾的建议,而他还未设计出这些建议的落实办法。他的分散建议有助于阻止其教育改革获得任何种类的起动。1926 年 2 月,他的另一次不老练的演说暗示首相本人及其亲信卷入了一桩迅速聚集在首相儿子罗德(Rade)周围的财务丑闻。借此机会拉迪奇重新提出修订《宪法》的要求。 140

然而,此刻帕希奇缺乏像他前几年那样去机敏地阻止腐败调查的权力。年迈和体弱让他把太多权力交托给其不受推崇的随从。在帕希奇延长议会的复活节休会从而使用拖延战术之后,亚历山大拒绝重新任命他。随后,在任职甚久的公共工程部长尼古拉·乌祖诺维奇(Nikola Uzunovic)的领导下出现 4 届短命的激进党内阁。他们使拉迪奇及其克罗地亚农民党的同事们留任原职至 1926 年年底。但是乌祖诺维奇联盟几乎不能对任何事情取得一致意见,这使帕希奇在 12 月 9 日前往宫廷,请求国王授权以重新掌权。王室的拒绝让这位年迈的领导人狂怒得说不出话来,无疑这导致他次日中风而去世。

帕希奇之后的两年以形成一个联合拉迪奇和普里比切维奇的新反对派开始,以拉迪奇被暗杀而结束。在进入 1927—1928 年的历史之前,我们需要从议会和贝尔格莱德部长们的核心圈子退后,去查看在 20 世纪 20 年代期间在这个新国家内和环绕这个新国家的其他同心圆。区域性法律保存下来,地方政府竭力脱颖而出,于是一种单一的一体化经济得到缓慢发展。涵盖整个国家的独特派系起因于共产党一系列令人惊讶的文化联系和外国干涉的威胁。战前三套独立的宗教管辖区域设置没有一套覆盖全国,这些宗教管辖区域现在被合并——东正教和天主教各有六个，穆斯林有三个——在 20 世纪 30 年代以前它们的最终形式也没有被确定。宗教统一及其如何努力扩大政治分裂的内容留到第六章论述。

区域性法律和地方政府

在马其顿和科索沃以外的任何地方，国王和贝尔格莱德的部长们控制地方司法管辖的权力是真实而有限的。在亚历山大的有生之年，国王任命和辞退法官的权力仍然有效。到 1925 年，司法部能够解雇法
141 官或否决特定裁决，例如萨格勒布法院根据自己的意见在废除政治逮捕令时。塞尔维亚人在执法部门中的人数继续超出比例，同时超过 60％的军官、官员和雇员是塞尔维亚人。

地区制衡仍然是不可忽视的。尽管有着产生一部单一的《刑法》或《民法》的一系列努力，但在整个议会政治时期，包括塞尔维亚的法典在内的六部战前法典持续生效。在完成关于如何实施宪法的工作之后，关于法律统一的特别部门终止了运作。激进党提议以塞尔维亚的《刑法典》作为范例，但是议会拒绝批准其更广泛的应用。克罗地亚、斯洛文尼亚、达尔马提亚、伏伊伏丁那和波斯尼亚-黑塞哥维那继续实施哈布斯堡王朝法律的变本，而黑山从尼古拉国王时代起就实施自己的法典。克罗地亚人和斯洛文尼亚人法官的数量与其民族人口成比例，塞尔维亚人稍微多些，这支持了雷纳德·科恩(Lenard Cohen)的结论，即至少到 1929 年，“事实上的法定联邦制仍然未受影响”。[12]

联邦制的特征虽然已经存在于司法制度中，但是它们将不得不产生于政府的立法部门中。早在 1922 年议会就批准了斯洛文尼亚的省议会选举，并且通过扩展也批准了其他前哈布斯堡王朝领地的省议会选举。但直到 1926 年达尔马提亚才举行了选举，接着斯洛文尼亚、克罗地亚和伏伊伏丁那在 1927 年举行了选举，波斯尼亚-黑塞哥维那在 1928 年举行了选举。当地塞尔维亚人支持的激进党候选人只在伏伊伏丁那占上风。克罗地亚农民党在克罗地亚赢得控制，并且在达尔马提亚同安特·特伦比奇的联邦党分享控制权。穆罕默德·斯帕霍的“南

斯拉夫穆斯林组织”借助于同克罗地亚农民党的联盟,掌握了所有主要的波斯尼亚城镇。在两届新的斯洛文尼亚议会中,科罗舍茨阁下的斯洛文尼亚人民党在卢布尔雅那和马里博尔(Maribor)省赢得115个席位中的82个席位。

就卢布尔雅那议会而言,政府资金的缺乏使其难以在1927年争取到任何主动。议会甚至需要商业贷款才能召开。但是,为了给予卢布尔雅那议会一笔相当大的拨款(这种拨款超出贝尔格莱德任命的省长的控制范围),次年,在因为酒类征税而引发的当地喧闹的抱怨中,相当多的税赋得到征收。1929年1月的王室法令除中止宪法和国会以外还暂停省议会时,卢布尔雅那正处于这一过程中,即接管公共医疗卫生服务和其他社会福利事业,并且探究成为一个“国中之国”的其他方式。[13]

即使不是科索沃,有时甚至在马其顿,较小的社区议会的选举也是超出中央政府控制范围的授权手段。在比托拉和塞尔维亚国内法仍然有效的其他几个马其顿城镇中民主党继续赢得多数。在战争以前,独立的市政选举传统已经在塞尔维亚逐渐形成。1923和1926年,在塞尔维亚和黑山举行了大约2 200次这样的选举。执政的激进党已经能够运用其警政权力和财政优势以确保1923年贝尔格莱德市的选举,但是民主党在1926年击败了他们。[14]内政部长仍然能够发布中止地方议会的具体法令;萨格勒布和其他克罗地亚人的自治市非常怨恨这种特权,这些城市遗留下的作为敕许自由市镇的哈布斯堡王朝传统不容许这样的干涉。另一方面,没有任何方式能够阻止独立工人党(Independent Workers' Party),即不合法的共产党的代替者在这些地方选举中提出候选人。 142

共产党和马其顿问题

在铁托的南斯拉夫时代的历史学家们倾向于夸大南斯拉夫共产党(KPJ)在20世纪20年代的作用,认为南斯拉夫共产党只是因为他们的“错误”和政府的镇压而错过决定性影响的机会。一套新的夸大之词至今吸引着南斯拉夫之后的历史学家们。在萨格勒布,塞尔维亚人西玛·马尔科维奇(Sima Markovic)将南斯拉夫共产党的领导等同于追求大塞尔维亚的目标;在贝尔格莱德,人们追溯共产国际对南斯拉夫共产党的鼓励促成了第一南斯拉夫的崩溃,并且成为与这些克罗地亚族领导人从斯捷潘·拉迪奇到约瑟普·布罗兹·铁托的一种主要联系。

南斯拉夫共产党是除了民主党外试图赢得全国支持的唯一政党,该政党的失败,三个要素似乎更具决定性。第一,南斯拉夫共产党对和平时期的民众明显缺乏吸引力。和平时期的民众几乎一半是农村土地所有者,另外的30%是渴望拥有其自己土地的农民。就塞尔维亚人而言,农民联盟(Agrarian Union)为农民激进主义提供了更好的基础。产业工人和工匠仅仅共同构成经济活跃人口的10%(见表5.3)。第二,从1920年以来,对公开政治活动的禁令证明是一个相当重要的不利条件。第三,南斯拉夫共产党内的左派和右派破坏性地争夺支配权。左派进行的一次暗杀使上述禁令永久化,这反过来吸引南斯拉夫共产党领导层的某些人成为反政府的恐怖主义联盟的左翼拥护者。工会仍然在右派的掌握中。尽管右派未能从数量有限的产业工人中招揽许多成员或投票者,左派却迅速陷入共产国际干涉马其顿问题的难以摆脱的困境中。

表 5.3　1921 和 1931 年的职业结构

	1921		1931		增长率%
	(以千计)	(%)	(以千计)	(%)	
农业、家畜业和渔业	4 840	81.1	5 099	76.3	−4.8
工业和手工业	509	8.5	717	10.7	2.2
商业、信贷业和运输业	190	3.2	272	4.1	0.9
公共服务业、军队和自由职业者	228	3.8	306	4.6	0.8
其他	202	3.4	289	4.3	0.9
总数	5 969	100	6 683	100	

资料来源:*Enciklopedia Jugoslavije*, v, III (Zagreb: Jugoslavenski leksikografski zavod, 1983), 349。

极端主义者使恐怖主义成为马其顿纷争的一个特征,并在1934年使亚历山大国王丧命。就共产党左派而言,在俄国革命未能传播到其他地方之后,他们感到沮丧。同样的沮丧导致南斯拉夫共产党一个年轻的波斯尼亚穆斯林党员在1921年7月暗杀了民主党的内政部长米洛拉德·德拉什科维奇(Milorad Draskovic)。德拉什科维奇在1921年3月使共产党在贝尔格莱德市赢得的45个席位中的10个席位作废,并且他在过去的一年否认了南斯拉夫共产党的胜利。在其经常提到的对政党领导人的声明“你们或我们”中,德拉什科维奇坦率地告诉他们:“共产党不能掌控首都的政府。”他的被暗杀有讽刺意味地终止了这种国会辩论,即关于1920年12月对南斯拉夫共产党活动的禁令是否应当维持的国会辩论,他的暗杀反而确保了更永久性禁止的《保护国家法》(*Law for the Protection of the State*)的轻易通过。 143

不可否认,西玛·马尔科维奇和贝尔格莱德政党组织后来没有为非法活动建立一种有效的基础。然而在欧洲共产主义革命期间,他们还可以做什么事情能够超出进行更多的自我毁灭的恐怖主义行为?紧随保加利亚共产党1923年灾难性的起义之后,1925年该党的左翼用炸弹袭击索菲亚大教堂,其政党领导人随后逃走,这些都成为反面的教训。马尔科维奇赞成建立一个替代的南斯拉夫独立工人党(NRPJ),而这个政党实际上从1923年1月起就合法运作了。作为暗杀德拉什科维奇的结果,马尔科维奇本人被投入监狱。1923年晚些时候被释放之后,他领导其右派同僚远离这种塞尔维亚的观念,即塞尔维亚人、克罗地亚人和斯洛文尼亚人为一个民族。而从一开始马尔科维奇就无情地批评帕希奇政权对克罗地亚和马其顿的大塞尔维亚政策。在南斯拉夫共产党的1923年5月会议上,反对马尔科维奇及其贝尔格莱德组织的左派仍然占据上风。他们拥护同克罗地亚和马其顿的民族主义者的联盟,这些民族主义者拒绝选举政治和任何南斯拉夫人的国家。到1924年2月时,这个克罗地亚人和塞尔维亚人的左翼联合在南斯拉夫独立工人党和南斯拉夫共产党之前获得重要的职位。在他的贝尔格莱德组织和工会运动中,马尔科维奇保留对书记职位的控制,直到1928年马尔科维奇和他的右翼盟友被罢黜。[15]

马其顿而不是克罗地亚成为共产党左派努力结成一个联盟的暧昧的中心。这个联盟将分离该新王国的一部分并且可能摧毁这个王室政权。拉迪奇及其克罗地亚农民党的同僚受到接洽,但是拉迪奇对此没
144 有回应,尽管1924年他赴莫斯科旅行、参加了共产国际的农民国际代表大会,并且发表了一系列亲苏联的声明。毕竟拉迪奇是一个自认的和平主义者和小农经济的信仰者。

对南斯拉夫共产党来说,马其顿似乎是更有希望的阵地。在1920年的立宪会议选举中,遍及全国的共产党选票的四分之一来自马其顿,其中非穆斯林选票占据差不多一半。但是那些人中只有55%的人投了票,因为“马其顿内部革命组织”所组织的联合抵制,许多马其顿斯拉夫人弃权了。“马其顿内部革命组织”的领导人只能对反抗塞尔维亚人的统治取得一致意见。他们在其他方面分成联邦主义者和种族优越论者:联邦主义者拥护马其顿人在南斯拉夫或保加利亚中作为一个独立民族的自治;种族优越论者把他们的使命看做是将保加利亚的马其顿人“部族”与单一的保加利亚国家联系起来。当种族优越论者参加暗杀农民联盟的首相亚历山大·史丹姆波利斯基的政变(*coup d'état*),并且他们的民族主义者盟友在1923年夺取政权时,他们并不令人惊讶地获得了来自索菲亚的支持。那时,共产国际代表正在殷勤地讨好“马其顿内部革命组织”的各派。与铁托和其他共产党领导人以后的主张相反,南斯拉夫共产党的1923年12月会议未能承认一个独立的马其顿民族的存在,并于随后不理睬承认马其顿民族的共产国际《1924年维也纳宣言》(*1924 Vienna Manifesto*)。随之而来的是联邦主义者和种族优越论者之间的一场血腥争斗。共产党建立“联合的马其顿内部革命组织”(United VMRO)的两次尝试吸引了很少的支持者,一次是由南斯拉夫共产党发动的,一次是由共产国际发动的。[16]

西玛·马尔科维奇及其共产党右翼的支持者们注定要失败,这不仅为左翼反对派的民族主义倡议所决定,而且被产业工人特别是在其塞尔

维亚的产业工人未能组建工会网或南斯拉夫独立工人党所决定。在1920年有希望的开端之后,这个工会从没有吸引到3万名会员。在1920年,大约400万个工作日丧失于遍及全国的罢工。到1921年时,这个数字下降到不到20万个工作日,并且在1923年之后进一步下降,当时关于工人疾病和意外伤害的保险的立法开始生效,尽管失业或残疾保险尚未立法。在20世纪20年代共产党的工会没有组织大多数的罢工。他们的大多数成员来自小的工匠作坊,不是来自被罢工主要打击的国有的大企业。共产党员在克罗地亚,到20世纪20年代中期时超过40%,预示了这个政党的中心到20年代末从贝尔格莱德移至萨格勒布。正当马尔科维奇在1928年最终被赶下其作为党书记的职位时,克罗地亚 145
皮革和金属工人工会的年轻首脑约瑟普·布罗兹作为左派领导人的存在第一次为人们感受到。[17]

文化上的联系和经济分离

如果第二南斯拉夫经受了与经济一体化有希望的背景相反的文化脱节,那么第一南斯拉夫的经历则相反。与铁托的共产党在第二次世界大战之后面临的问题相比,前哈布斯堡王朝和奥斯曼帝国领地的经济与饱受战争蹂躏的塞尔维亚和极小的黑山的经济相结合,则造成更令人畏缩的问题。独立的领地、法律和税收制度不得不得到协调,交通运输网络和银行系统不得不得到连接起来。然而20世纪20年代也是文化活动相对摆脱了政府监管,并且能够在民间社会发展的10年。那些文化潮流支撑了几乎等于或多于独立的民族特性的一种南斯拉夫人和欧洲人的特性。对贝尔格莱德而言,这是特别真实和特别重要的。

贝尔格莱德和对南斯拉夫人中心的探求

在第一次世界大战以前的南斯拉夫,这个新首都是最大的城市,但是贝尔格莱德的人口仅以微弱多数超过萨格勒布(9.5万人对7.4万人)。1920—1929年,贝尔格莱德的人口从11.2万人翻倍到22.6万人,形成超过9%的南斯拉夫城市总人口。萨格勒布人口一直接近18.5万人。贝尔格莱德的公职人员和国家雇佣的专业人士占战前贝尔格莱德人口总数的三分之一强,并且在1920年仍然占到30%;到1929年时其人口比例下降到24%,而商业阶层的人口比例上升到19%。来自整个新国家和欧洲的五花八门的移民也使专业人士、工商业人士和知识分子的数量得以增长。来自达尔马提亚和伏伊伏丁那的新移民,在使商业惯例现代化和促进视觉艺术发展方面发挥着显著作用。逃避革命的3万俄国移民中的有些人,为把新国家大学和文化标准特别是在歌剧、舞蹈和戏剧方面的标准提升到欧洲水平,作出了重大贡献。这些新移民使专业人士更加不受这个国家的制约,他们中的有些人成为匹敌政治领导人的公众人物,例如繁荣的国家剧院的明星们。[18]无声电影的明星们也是这样,例如查理·卓别林(Charlie Chaplin)和鲁道夫·瓦伦蒂诺(Rudolph Valentino)。好莱坞(Hollywood)电影占据了许多新电影院,并且提供了一种"新宗教"——一份贝尔格莱德报纸1919年时已经这样称呼好莱坞电影了。

146 报纸和出版社也日益繁荣,以至于让公众舆论超出了执政的激进党控制的范围。激进党的日报《时间》(*Vreme*)在发行量上远远落后于很大程度上独立的《政治》(*Politika*)。虽然战后初期《政治》获得一些
147 国家拨款,但是它继续成为贝尔格莱德最有利可图的私人企业之一。在大约50份定期出版的期刊中,几份经济周刊从欧洲商业的观点而不是塞尔维亚政治的观点来吹捧经济一体化。与在萨格勒布出现的刊物相比,文学期刊《塞尔维亚》(*Srpski knjizevni glasnik*)(Serbian literary journal)(见第三章)发表了20世纪20年代克罗地亚杰出的左翼作家米罗斯拉夫·科尔莱扎(Miroslav Krleža)的更多作品。其他刊物经常用未加翻译的斯洛文尼亚语发表来自卢布尔雅那的文章。盖察·昆(Geca Kon)是一个来自跨萨瓦河的泽蒙(Zemun)的犹太移民,他已在出版欧洲翻译作品的普及本。到20世纪30年代时,这些作品使他的书店成为这个城市中最著名的书店,而在1941年纳粹入侵的最初时期,这种远扬的名声使他付出了生命的代价。[19]

图 5.1　20 世纪 30 年代的贝尔格莱德。右侧为莫斯科大酒店

(the Hotel Moskva)

日益世界性的文化生活的中心是作家和艺术家几乎每晚聚集的咖啡馆。在这个城市的大约 700 个咖啡馆中,靠近时尚的塔拉齐亚(Terazija)的"莫斯科"咖啡馆可能是最著名的。据称,1923 年"莫斯科"咖啡馆因两个星期修缮而暂停营业,这对文学精英而言简直是一次

严重的煎熬。在“莫斯科”咖啡馆的常客中,最有趣和最有才能的是达尔马提亚的克罗地亚族诗人奥古斯丁·乌耶维奇(Augustin Ujevic)。他在贝尔格莱德放荡不羁的文化人圈子中度过 20 世纪 20 年代初期。他作为一个热心的南斯拉夫人出现,但是对任何民族认同或政治认同日益大失所望。伏伊伏丁那的塞尔维亚族诗人、以后的主要小说家和有争议的流亡者米洛什·茨尔年斯基(Miloš Crnjanski)也经历了同样的理想破灭。塞尔维亚化的马其顿-罗马尼亚人、剧作家布拉尼斯拉夫·纽西奇(Branislav Nušić)已经作为一个著名的公众人物出现。他的上演最多的作品《部长夫人》(*Gospodja Ministarka*)(Mrs. Minister)无情地讽刺了贝尔格莱德的官员阶层。纽西奇也组织了这些志愿者活动,即在 1927 年开设引人注目的茨维耶塔·祖佐里奇·帕维永(Cvijeta Zuzorić Pavilion)馆。茨维耶塔·祖佐里奇馆以 16 世纪杜勃罗文克艺术事业的赞助者命名,为担负不起展馆费用的艺术展览、音乐会和文艺晚会提供免费的场所。

妇女日益被这种文化氛围所吸引。[20] 虽然《1920 年宪法》许诺给予妇女选举权,但是她们没有得到。在其他方面,对单身或离婚妇女的新的社会接纳,支持她们在战后的贝尔格莱德得到独立。纽西奇语意双关地说,婚姻现在更短了,“像裙子和发型一样。”1922—1928 年,妇女在贝尔格莱德大学和其他高等教育机构中的比例上升到接近四分之一。她们对各种艺术的参与也把诗人、随笔作家伊莎多拉·塞库利克(Isadora Sekulic)(见第三章)的文学作品中虽然感人但仍然孤立的人
148 物搁置一边。妇女成为咖啡馆文化的一个组成部分,然而她们却第一次引人注目地缺席了贝尔格莱德的足球比赛。足球比赛带来体育赛事的大规模观众,有时超过 1 万人。

贝尔格莱德同第一南斯拉夫的其他文化和知识中心——萨格勒布和卢布尔雅那的联系是不可忽视的。萨格勒布有其常设的大学和一个无与伦比的图书馆,表现主义,民间艺术以及各种学术性刊物;卢布尔雅那有其新的大学,市中心的创新建筑以及发展中的一套社会科学。对这个新国家的可行性而言,贝尔格莱德和萨格勒布之间新兴的文化

和知识的竞争不是吉兆。人们认为,19 世纪法国曾拥有一个对抗巴黎的主要城市。而对第一南斯拉夫而言,一个更积极的信号是人与人之间和地区之间同这个出现在贝尔格莱德的新国家形成亲密关系。它的移民与来自整个王国的到访者的混合状态无疑是独一无二的。

同时,关于这个新国家被期望的性质的类似争论发生在所有的 3 个城市中。《新欧洲》(*Nova Evropa*)最初是由西顿-沃森在战争期间创办以促进战后南斯拉夫的刊物,它领导了萨格勒布为一个真正的联邦而进行的斗争,这种斗争反对普里比切维奇的"通俗集权制"(vulgar unitarism)和拉迪奇的邦联主义(confederalism)。而在卢布尔雅那的同样战线,则较少发现邦联一方的支持者。在贝尔格莱德,或许是最受敬重的思想领袖、戏剧评论家米兰·格罗尔(Milan Grol)和塞尔维亚最早的自由主义者弗拉基米尔·约万诺维奇(Vladimir Jovanovic)的儿子——律师、历史学家斯洛博丹·约万诺维奇,他们到 1922 年时为了维护这个国家而愿意牺牲集权制。他们预见,与克罗地亚人一方相比,这个国家的生存更多地受到塞尔维亚人一方威胁。更广泛地,关于南斯拉夫主张的最新美国研究察看了 20 世纪 20 年代的贝尔格莱德,然而"很难发现对单一文化显示出强烈偏爱的主要的塞尔维亚族知识分子或作家,这种单一文化更少基于塞尔维亚术语。"[21]

与这种新兴的民间团体和南斯拉夫的对话对立的是中央政府在贝尔格莱德的战后发展中所起的更少的积极作用。政府各部的干涉和官僚主义的延误,阻止了为这个城市中心急需翻新而制订的 1923 年总体规划。只有新的国会和几座政府大楼确实得到完成。不断的变化导致成本超支,这种成本超支估计超过市政府这 10 年的全部税收。土地测量人员的缺乏和部长级的物业持有人(包括帕希奇)的干涉加上其巨额费用,使这个备受争议的计划搁浅。

同时,萨格勒布和卢布尔雅那的市中心呈现一种更现代派的欧洲外观,这要感谢它们的市政府愿意给予现代派的建筑师以自主权。最 149
著名的现代派建筑师是维也纳的奥托·瓦格纳(Otto Wagner)的两个学生:维克托·科瓦契奇(Viktor Kovačić)和约热·普莱科尼克(Jože

Plečnik)。科瓦契奇设计了萨格勒布的许多建筑物，并且在大学的新建筑学院培养学生。到20世纪30年代时，他们充分发扬了后来被称做"萨格勒布学派"(Zagreb School)的新建筑式样。普莱科尼克对那些优美的桥梁、堤坝和拱廊负责，它们赋予卢布尔雅那这种称号，即：两次世界大战之间的王国中最条理分明的城市中心。

贝尔格莱德大学将其学院从3个增加到5个，并且增加了入学人数(主要是法律系学生)。德国赔款和来自美国卡内基国际和平基金会(American Carnegie Endowment)的捐款，为一座令人印象深刻的图书馆和其他学院的建设提供了资金。然而大学无权保证其独立的立法。在20世纪20年代期间，由教育部控制的小学入学人数下降。

战前时期遗留下来的教科书对这个新国家的未来提出了一个更大的问题。斯韦托扎尔·普里比切维奇的笨拙的努力——即采用颂扬君主政体，并且颂扬有三个部落的单一民族主张的新教科书——迅速失败了。由此产生的喧闹破坏了在国会时期达成的任何妥协，因此学校继续使用战前的历史和地理教科书，除非是哈布斯堡王朝倡导的传统，这些教科书轻视克罗地亚的共同的多民族传统，并且在塞尔维亚这一内容上轻易地忽略掉。[22]

在寻找共同的文学经典时产生一个进一步的问题。在这一点上，贝尔格莱德的教育部确实干预了学校教科书，这些教科书按照一种标准的塞尔维亚形式，把塞尔维亚人、克罗地亚人和斯洛文尼亚人作家以地域性而不是民族性确认的文选放在一起。更让人烦忧的是，从1914年前重新开始强调19世纪中叶黑山主教彼得·彼得罗维奇·涅戈什(Petar Petrović Njegoš)的诗作。他的史诗《山环》(*Mountain Wreath*)被巧妙地选择，以显示一种南斯拉夫的倾向性；其中提倡东正教向当地人、当时南斯拉夫的穆斯林复仇的章节被删除。涅戈什作为首要的南斯拉夫作家得到的褒扬以1925年他的遗体重新安葬在洛夫岑山(Mount Lovćen)而达到顶峰，亚历山大国王出席了安葬典礼，并且涅戈什的陵墓由著名的雕塑家伊凡·梅斯特罗维奇(Ivan Mestrovic)设计。在血统上是克罗地亚人的涅戈什，或许是两次世界大战之间的文化人物中最坚定的南斯拉夫人。[23]

土地改革和殖民

在20世纪20年代,来自贝尔格莱德政府各部的中央集权管理,一般未能给塞尔维亚提供包括农业在内的经济利益,而其对手则假定塞尔维亚被给予了经济利益。[24]一个主要的理由是土地改革。土地改革 150
偏袒塞尔维亚,因为在很大程度上不适用于那里。塞尔维亚几乎没有大地产,并且没有一座外资种植园,塞尔维亚的政客自巴尔干战争以来一直许诺拆分在马其顿的外资种植园。1917年,帕希奇政府许诺给所有参加塞尔维亚军队的志愿兵5公顷(12.5英亩)土地。萨格勒布的"全国委员会"在1918年也给予"绿色干部"类似的保证。"绿色干部"主要是来自解散的哈布斯堡王朝军队的克罗地亚人,他们独自接管了斯拉沃尼亚的地产。

当许诺从大地产中重新分配土地的时候(见第四章;在前哈布斯堡王朝和奥斯曼帝国的领地中,"大地产"是不明确的),1919年2月的临时法令宣告了佃农义务(*kmetsvo*)和地租的终结。国家将赔偿以前的地主。但是与农民的期望相比,实际的赔偿和分配需要较长时间,并且提供不太明确的土地所有权。自1920年年底开始,内政部的一个特别委员会把波斯尼亚、马其顿、科索沃和伏伊伏丁那的上等土地有限制地授给来自像黑塞哥维那这样的穷困高地的塞尔维亚族退伍军人。而这些土地以前的所有者则莫名其妙地丧失了所有权,这些土地的授予在低地居民中造成了怨恨,因而土地改革和这些殖民者的迁移中都承受了意想不到的政治后果。

到20世纪30年代南斯拉夫最终按常规发展的时候,1919年到1921年的土地改革已经分配了这个国家大约10%的农用土地,即250万公顷土地,现在把所有可耕土地的20%重新分配给这个国家的200万个农民家庭中的四分之一家庭,并且至少支付一些赔偿给1万至1.2万个所有者。这些获得土地的51.8万个家庭中,只有4.35万个家庭是塞尔维亚族或黑山族殖民者或战时志愿兵。他们虽然通常获得比

5公顷平均分配多一点的土地，但是他们没有明显富裕，并且一般都不太富裕。

约佐·托马塞维奇(Jozo Tomasevich)认为这种改革是波斯尼亚、马其顿和科索沃的政治和社会经济的需要，他对这种改革影响的批评仍然是最为全面的。[25]鉴于波斯尼亚穆斯林、土耳其人和阿尔巴尼亚族的地主战时反对这个新国家，这种半封建的佃农制既不高效，在政治上也更加难以得到维持。半封建的佃农制是由波斯尼亚穆斯林、土耳其人和阿尔巴尼亚族的地主，和被统治的大部分是塞尔维亚人的佃户形成的。至少拥有大地产的前波斯尼亚穆斯林官员或将军(*aga*)已经迅速获得了2.55亿第纳尔赔款中的一半，他们获得这些赔款是由于他们曾支持批准1921年《宪法》。他们得到补偿的其余部分和所有该支付给为数众多的分成佃农制地主(*beg*)的款项来自国家债券，不过这些债
151 券直到1929年才发行。马其顿和新帕扎尔行政区的地主们在20世纪30年代最终收到现金补偿。1.03万个殖民者家庭中的大部分在30年代晚期也收到了平均7至8公顷肥沃的马其顿土地。这些殖民者一半是塞尔维亚人，一半是黑山人。尽管没有得到任何进一步的国家援助，马其顿族殖民者还是很成功的。差不多7 000个波斯尼亚族移民家庭在20年代期间已经更早到达，但是取得的进展微乎其微。他们的更多高地、大部分被森林所覆盖的地产仅仅等于波斯尼亚-黑塞哥维那的全部重新分配土地的3.5%。波斯尼亚全部重新分配的土地的大部分转到11.3万个前农奴家庭，这些前农奴家庭大体上是塞尔维亚人。这些转移加上那些根据土地改革的假设事实，即塞尔维亚人在两次世界大战之间占这个省的人口42%多数，这些成为波斯尼亚塞尔维亚族声称已经拥有64%的波斯尼亚私有土地的理由(1991年的人口普查记载41%，或所有土地的19%)。

更加不祥的政治是贝尔格莱德政府的特别委员会在20世纪20年代期间的工作。它促使克罗地亚和黑塞哥维那的黑山族和塞尔维亚族家庭来到科索沃，定居在据信被土耳其人或阿尔巴尼亚族地主丢弃的土地上。委员会支付了一小笔赔偿给4万至8万迁出移民中的一些

人。在20世纪30年代第二次殖民浪潮的推进下,大约1.2万个塞尔维亚族殖民者家庭前去替代总计6万人的这些移民。塞尔维亚族殖民者经常挣扎在贫困线上,故而在反对任何复兴阿尔巴尼亚人影响的政治运动中迅速变得活跃。[26]

在北部产粮平原,这里统一的大农场经营已经接近战前欧洲标准,不该期望来自南部食物匮乏地区的无地农民能够在此经营良好。在伏伊伏丁那,在这个存有影响的殖民领地,殖民者没有能够良好经营。匈牙利人的土地被分配给1.2万个被邀请殖民的家庭和另外5 000个未被邀请的家庭。激进党政权最初支持殖民到20世纪30年代时,歉收和缺乏激进党政权的援助,推动了殖民的许多人一变而成政治反对派。同时,成千上万的无地农民仍然在伏伊伏丁那挣扎着,他们中的四分之三是匈牙利人。

到20世纪20年代末,这种改革所涉及的资产负债情况仍然令人惊讶地表现良好。[27]国会已经延迟给予农民新土地的明确所有权,由此也延迟给予抵押其新土地以购买急需设备的权利。即使在那之前,如果根据主要谷物产量的记载判断,代替克罗地亚和斯拉沃尼亚的大种植园的小农场似乎效率并不低下。到1931年时,克罗地亚-斯拉沃尼亚的低于5公顷的地产覆盖了正好占75%的农用土地,而塞尔维亚的 152
占到62%;正是在克罗地亚-斯拉沃尼亚,1921—1923年期间土地产量下降,略低于1909—1913年的平均水平,而到1928—1930年时产量显著地增长。在克罗地亚-斯拉沃尼亚,以及斯洛文尼亚,农业合作社帮助填补了抵押贷款的缺乏或国家农业银行(Agricultural Bank)的缺乏。1929年国家农业银行最终建立起来了,合作社的储蓄存款和现代农业机械的进口增加了,这些为劳动力供给提供了支撑,并且与奥地利和捷克斯洛伐克市场的亲近提供了支撑。与塞尔维亚的情况相比,为劳动力供给支撑则少于战时伤亡损耗。塞尔维亚保全了战前的梅干出口市场,但是在其他方面发现伏伊伏丁那是一个难以对付的竞争者,即使在其国内市场。

工业、金融和经济政策

相对于克罗地亚,塞尔维亚特别是贝尔格莱德,也失去了在工业化方面的基础。因为战后初期来自奥地利和匈牙利的需求和资本流动,萨格勒布开始急速起跑(见第四章)。萨格勒布此时成为这个新国家的最大的单一工业和进口中心。到 1923 年时,萨格勒布占全部工业就业的 6%,占克罗地亚工业就业的 45%。萨格勒布在工业马力方面超过贝尔格莱德的优势是特别显著的,萨格勒布占该国工业总马力的 22.5%,而贝尔格莱德则占 5.4%。当萨格勒布不再是省政府的所在地时,其主要在木材和金属加工方面的工业增长帮助其减轻就业的压力和收入的损失。萨拉热窝和斯科普里(Skopje)在战后蒙受了同样的损失,但是没有获得补偿这种损失的工业增长。来自克罗地亚制造业的新竞争也削减了这两个城市的手工业部门。[28]

适合于克罗地亚这种进步的资本和企业家主要是本地土著,但是有几千名捷克斯洛伐克和奥地利的商人来到这里,他们代替了离开这里的匈牙利官员。他们提供了有价值的商业经验,特别是在战后错综复杂的外贸方面。萨格勒布市没有等待在贝尔格莱德的国会通过一项工业鼓励法(直到 1934 年这一法律才通过),并且准予自己适用有益于工业投入的进口关税和其他税款的豁免。而支持克罗地亚工业的主要资金来源是萨格勒布的大商业银行。在战后最初的繁荣之后,它们继续吸引外资(大约其资产的 40%是奥地利的,20%是匈牙利的)。它们引导外资及其自己的存款作为长期贷款或投资于工业企业。例如,克罗地亚第一储蓄银行(The Prva Hrvastka Stedionica)比贝尔格莱德的
153 国家银行(National Bank)将更多的长期贷款投放到工业中。国家银行的开办是为了商业信贷,并且作为中央银行而使用的。主要的贝尔格莱德银行放弃其战前的经营方式,并专心于由国家银行贴现支持的短期汇票。结果与它们的贝尔格莱德同类银行相比,主要的萨格勒布银行现在拥有更大的资产,颠覆了它们的战前地位,到 1928 年时,主要的萨格勒布银行占到南斯拉夫银行资产的一半。[29]

我们不应当过于重视南斯拉夫在20世纪20年代期间的工业增长。表5.3揭示的工业结构情况仍然未完成劳动力从农业到工业的重大转移,然而这对工业发展却是必需的。激进党政权的经济政策集中于对国内制造业的关税保护和维持通货稳定,以吸引战前慷慨地给予独立的巴尔干国家的那种外国贷款。然而两项努力都不是非常成功。根据两次世界大战之间的东欧标准,1927年的关税规定了适中的税率。像在其他地方一样,他们重点发展纺织品生产,但是放弃了运作良好、生产力不足的面粉和其他农产品加工。德国培养并且与英国联姻的财政部长米兰·斯托亚迪诺维奇(Milan Stojadinovic)大概认为第纳尔被高估达125。为了稳定第纳尔,从1924—1926年,他苛刻地缩减实际人均纸币发行量的三分之一,将其强加给国家银行。他声称这种削减加上新的土地税将减少该国的预算赤字和战前债务的负担,从而给新贷款开辟道路。估价过高的第纳尔将有助于吸引新贷款。然而像我们将要看到的那样,几乎没有新贷款到来,并且稳定货币的通货紧缩效果减少了商业贷款和税收,在1926年的歉收和价格暴跌期间,特别 154
是来自农业的商业贷款和税收减少了。[30]

然而1926—1930年国家预算支出继续攀升至1911年塞尔维亚实际人均水平的两倍。但这些预算支出对经济帮助不大。例如,铁路网急需修建新铁路以连接东部和西部、波斯尼亚和亚得里亚海海岸。到20世纪30年代时,在战前存在的6 000英里铁路线的基础上增加了500英里;这些新线路中的一半在塞尔维亚和伏伊伏丁那,仅仅10%在波斯尼亚-黑塞哥维那。

敌对的邻国和遥远的盟友

在议会制的南斯拉夫与7个邻国的关系中,外贸在20世纪20年代增长得足以成为最积极的因素。在10年期间这个新王国记录了任何巴尔干国家实际人均出口的最高增长。如果塞尔维亚1906—1910年的数字被假定为100,那么1921—1925年它们的数值攀升至129,1926—1930年攀升至161。当其他地方占据主导位置的谷物价格下跌到仅17%时,它们的出口商品的变化也是最大的。目前更为重要的是,意大利是这个新国家的最大市场,1921—1930年吸收了超过四分之一的南斯拉夫出口商品。同意大利的大额出超,以及同东南欧和土耳其的小额出超,缩减了本来在其他方面因为同欧洲其他国家相反的收支差额而造成的巨额贸易赤字。奥地利和匈牙利连同捷克斯洛伐克和波兰一起占进口值的45%,与之相对的是德国和西北欧的进口值占25%。[31]

到20世纪20年代后期时,议会制的南斯拉夫没有相应地享有同其任何一个邻国的良好政治关系,尽管在1922—1926年期间得到最初的改善。意大利造成最持久和威胁性的问题;特别是在墨索里尼的法西斯政权促使阿尔巴尼亚与之更紧密的依附关系之后,南斯拉夫同其他邻国的边界或少数民族争端进一步恶化了其与意大利的关系。法国和英国尽管在近来的战争中是塞尔维亚的盟友,但是它们都不愿意把其全部力量给南斯拉夫一方,以免破坏自己同意大利的关系,或在关于塞尔维亚的战时和战前债务的持久谈判中失去影响。德国发挥着良好却又疏远的作用。美国也是这样,尽管许诺了1923年布莱尔贷款(Blair loan),即将要筹集1亿美元用于从萨格勒布和其他内陆地区到亚得里亚海的铁路建设。

威胁美国、英国和法国与这个新国家关系的是让其他一战战胜国
155 同样的苦恼问题,即如何偿还西方盟国的战时贷款。这些西方盟国的战后资本市场不赞成或不能按照战前条款收回战前贷款金额吗?美国的布莱尔贷款是恰当的例证。在塞尔维亚的战时债务能够被谈判降至6 200万美元并且在1926年正式被支付以前,纽约资本市场阻止了4 500万美元的第二期布莱尔贷款(第一期总计只有1 500万美元)。1927年关于英国战时贷款的协定被最终达成,翌年关于法国相当大的战前贷款的协定被最终达成。同时,这个新国家没有受益于国际联盟的贷款,被迫设法稳定其通货。到20世纪20年代末,几笔小额私人贷款仅增加塞尔维亚战前债务的实际值的3%。[32]

在20世纪20年代期间,英国和法国的区域外交专注于防止哈

布斯堡王朝君主政体的复辟。基于这个原因,法国的政策逐渐支持由南斯拉夫、捷克斯洛伐克和罗马尼亚协力合作的小协约国(Little Entente)。法国外交部(Quai d'Orsay)还指望加强同波兰的联系,而最初法国外交部曾经反对在1920年创建由捷克倡导的这套双边联盟。1922年,关于法国-南斯拉夫军事联盟的一些讨论披露出来,其中包括拥有来自法国的武器贷款,但是终成泡影。到1924年时,帕希奇政府缔结了协约国协定,而这个协定只会把南斯拉夫束缚到法国或捷克斯洛伐克的优先权上,没有期望得到作为奖赏、同法国的明确条约的任何直接前景。当这个条约最终在1927年年底实现时,它仅产生了一份模糊的军事协议、过时武器的谨慎运送和来自伦敦的"倒退"谴责。[33]

到20世纪20年代中期时,尽管存在关于赔偿和少数民族权利的争论,贝尔格莱德同奥地利和匈牙利的关系依旧得以改善。1921年时,斯洛文尼亚人支持的对奥地利卡林西亚的两个地区的要求已经落空(见第四章)。违反南斯拉夫最终在1922年签署的国联关于少数民族权利的协定,奥地利人的官员和教师在斯洛文尼亚遭到免职,像其在卡林西亚的斯洛文尼亚族同行一样。斯洛文尼亚人民党领导人科罗舍茨阁下在1927年试图同奥地利总理伊格纳茨·塞佩尔(Ignaz Seipel)纠缠这个问题,但是帕希奇的外长克拉伊·宁契奇(Momčilo Ninčić)已经对这个斯洛文尼亚人的立场感到厌烦。当南斯拉夫军队1921年从佩奇(Pécs)地区撤退时,宁契奇也推动同霍尔蒂海军上将(Admiral Horthy)的匈牙利建立合乎礼仪的正式关系。到1926年时,这两个国家准备签署一项协定,以结束关于匈牙利赔偿的长期争端,这个协定包括一些煤炭运输的承诺在内。

没有朋友的匈牙利政府接受了这种改善,尽管在伏伊伏丁那有超过40万的匈牙利人缺乏政治代表。正如已经指出的那样,匈牙利人被 156
拒绝给予参与战后土地改革的权利和在1920年立宪会议选举中的投票权。到1927年地方选举提供一些匈牙利人的代表为止,当地超过50万的塞尔维亚族多数居民加上7万克罗地亚人,或被称为"布涅瓦茨”(*bunjevci*)的原信奉天主教的塞尔维亚人勾结贝尔格莱德的政府各部，一直控制这三个省的地方政府。这一年的国会选举也看见了第一批匈牙利代表真正就职。[34]

在1927年以前，这个新国家同保加利亚的关系没有像期望的那样糟糕，其同希腊的关系也没有像期望的那样良好。在两次世界大战之间的整个时期，保加利亚对马其顿的民族统一主义要求的阴影威胁着南斯拉夫和保加利亚的关系。这种民族统一主义要求在1912年的第一次巴尔干战争中被塞尔维亚挫败，并且在战后协议中再次被挫败。在1918年，来自马其顿和色雷斯(Thrace)的22万难民涌入保加利亚，他们为“马其顿内部革命组织”的自治论者和种族优越论者派别提供了人力。然而，像我们已经看到的那样，自相残杀的战争将缩减每一方的实力。保加利亚农民国家联盟的首相亚历山大·史丹姆波利斯基已经同意减少边界袭击，并且接受南斯拉夫对“南部塞尔维亚”的主权。此事以1923年签署联合的《尼什条约》(*Treaty of Niš*)而达到最好境界。正是因为签署《尼什条约》，亚历山大·史丹姆波利斯基此后不久被暗杀。“马其顿内部革命组织”在暗杀中所起的突出作用，立刻不出所料地被视为这些已改善的关系的终结。[35]事实上，这些已改善的关系持续到1926年。帕希奇政权重视这些改善的关系，将其作为防止任何保加利亚同意大利联盟的一种方式。1924年12月也存在这种短暂的努力，即把来访的保加利亚首相亚历山大·灿可夫(Aleksandar Tsankov)争取过来，结成新的反布尔什维克阵线。帕希奇和普里比切维奇的联合政权已引起英国和法国对布尔什维克威胁的注意，并作为继续取缔拉迪奇的农民党的一种理由。与同保加利亚关系的持续缓和相比，更重要的是同希腊关于到萨洛尼卡港的通道的长期争端。

这个南斯拉夫人的新国家重申了第一次世界大战中塞尔维亚的要求，即要求控制从其南部边界到萨洛尼卡的老东方铁路(Oriental Railway)和在那里的自由港。到1923年时，一家贝尔格莱德的辛迪加从原来法国公司的余部购买了该铁路的必要权利。希腊当局拒绝除希腊人雇员以外的任何人在该铁路上工作，并且故意拖延让予南斯拉夫人的一个自由港。他们甚至抵制这种要求,即停止称呼马其顿的斯拉夫居民为希腊的马其顿"保加利亚人"。1924 年时,贝尔格莱德政府威胁要宣布放弃 1913 年同希腊的联盟条约。直到 1926 年一项妥协协议才表面上解决了这个争端,但是当商定协议的潘加洛斯 157 将军(General Pangalos)的希腊政府被推翻时,这个争端迅速再度出现。在希腊人方面,最终决议不得不等待埃莱夫·韦尼泽洛斯(Eleutherios Venizelos)在 1927 年再度执政;法国外交官于是敦促亚历山大国王同希腊签署一项协定,作为对减免塞尔维亚欠法国相当多的战前债务的报答。[36]

南斯拉夫同阿尔巴尼亚的麻烦关系与意大利涉足这个小国不无关系。阿尔巴尼亚陆地被这个新王国和希腊环绕,而其距意大利本土不到 50 海里。1919 年巴黎和会的秘密协定许诺给予所有 3 个邻国一些阿尔巴尼亚的领地,并且所有 3 个邻国在这些领地驻有军队。但是在 1920 年 6 月,当地阿尔巴尼亚人一度赶走了意大利军队,后来的意大利政府放弃了在那里的影响力。帕希奇政府也继续其干涉政策。密德瑞特斯(Midrits)地区西北部的一群阿尔巴尼亚族天主教徒在 1921 年试图建立一个南斯拉夫人支持的边界共和国,但是意大利支持的阿尔巴尼亚族穆斯林迅速镇压了它。

到 1921 年年末,被国际承认的阿尔巴尼亚政府发现帕希奇政权仍然不愿意承认其边界,而列强在 1913 年大体上已经确定这一边界。1918 年来自科索沃的阿尔巴尼亚族难民建立了科索沃民族解放委员会。通过支持科索沃民族解放委员会,地拉那(Tirana)①也促成了同这个南斯拉夫国家正在进行的争端。几名委员会成员成为随后几年阿尔巴尼亚政府中的部长。贝尔格莱德断言他们应对持续不断的暴力事件负责,因为这些暴力事件由游击队(*kachak*)越过边界袭击科索沃而引发。自 1923 年以来,这为帕希奇政权决定支持科索沃委员会的最坚定敌人——军阀内政部长艾哈迈德·佐格(Ahmed Zogu)创造了条件。

① 阿尔巴尼亚首都。

1923年国会选举出的、他的对手凡·诺利(Fan Noli)在次年年初获得要求土地改革的农民支持而取得政权时,佐格越过边界逃走了。然而,到1924年年末,在来自南斯拉夫军队的阿尔巴尼亚族应征新兵和白俄雇佣兵的陪伴下,佐格返回来了,并推翻了诺利政府。他的密探开始肃清科索沃委员会的领导人,此后不久,游击队不再袭击科索沃。[37] 1926年,最后一届帕希奇政府同佐格签署了一项协定,最终承认了1913年边界。如果意大利政府此时与之保持了距离,那么这两个国家之间的一切都可能尽如人意。

1926年,南斯拉夫与意大利的对抗结束,但随着墨索里尼的上台,这种对抗令人惊讶地又开始了。在1922年发表似乎回应达尔马提亚
158 的意大利人(*Dalmazia italiana*)恳求的讲话之后不久,墨索里尼压制阜姆(里耶卡)的法西斯主义者,接受了同南斯拉夫的1920年《拉帕洛条约》。1923年,他发起同帕希奇政权的直接谈判,以这个自由国家领土的其余部分并入南斯拉夫以换取意大利吞并阜姆。1923年夏,同希腊关于意大利轰炸和入侵科孚岛的整个危机期间,这些谈判成功地继续进行。1924年1月的《罗马条约》不仅解决了阜姆问题,而且还包含了一个5年的友好协定。虽然斯捷潘·拉迪奇表示,如果没有对已经开始的反对伊斯特拉的克罗地亚人的意大利化进行某种妥协,他反对任何协定;但是墨索里尼简明地回答:“我忠于塞尔维亚人。”塞尔维亚人意谓贝尔格莱德政府。[38]

然而,到1926年时,关于塞尔维亚人以及他对南斯拉夫的调和政策方面,墨索里尼已经改变主意。此时最后一届帕希奇政府再次未能确保国会批准同意大利之间复杂的商业协定,即《尼普顿协定》(*Nettuno Conventions*)。这个协定大体上有利于意大利的利益,于1925年7月签署,正好当时拉迪奇和他的克罗地亚代表参加了政府。拉迪奇带头把克罗地亚人和斯洛文尼亚人的抵制转化为一场反对意大利的运动。在1926年2月墨索里尼拒绝了同法国和南斯拉夫的三方联盟之后,南斯拉夫外长宁契奇未能战胜他们的反对。另外,这个意大利独裁者宣布1926年为其拿破仑纪元(*anno napoleonico*)。艾哈迈

德·佐格满足了复苏的意大利扩张主义嗜好。早在1925年,艾哈迈德·佐格就曾试探意大利提供更多的外交和财政支持的可能性,从而让其贝尔格莱德支持者感到困惑。这是一个墨索里尼不再能够拒绝的提议。1926年11月,全面的意大利-阿尔巴尼亚《地拉那条约》(*Italian-Albanian Treaty of Tirana*)促使宁契奇辞职以示抗议。就南斯拉夫和意大利的关系而言,1927年将是10年中最危险的一年。

灾难性的"十字路口"(1927—1928)

1927年,第一南斯拉夫同意大利和其他邻国关系的迅速恶化助长了国内的紧张和分裂局势。由此共同造成1928年的国会对抗和暴力,这些情况使得亚历山大国王在1929年1月6日中止了国会和《圣维特宪法》。同法国延迟好久的联盟和第纳尔稳定之后的经济好转,都没有及时阻止这些灾难性的"十字路口"。在1927年9月的最后一次国会选举中,参加投票的大部分农村选民仍然在忍受苛刻的国内政策和前一年的歉收。塞尔维亚激进党和克罗地亚农民党都丢失了选票。当萨 159
格勒布的精英为来自意大利的经济竞争而烦恼时,贝尔格莱德的精英更关心一个敌对的意大利的政治威胁。意大利集合这个新国家的所有邻国结成一个反对南斯拉夫的联盟。在1927年的国会选举中,民族团体投票赞成民族党派,和他们在1923年第一次国会选举中所做的差不多。(见表5.4)民主党的这种早期承诺仍然无法履行,即成为一个至 160
少将代表克罗地亚人、斯洛文尼亚人和塞尔维亚人的南斯拉夫人的政党。

表5.4　1923和1927年依据党派的种族投票

	1923年选举				
	塞尔维亚人	克罗地亚人	斯洛文尼亚人	其他民族[a]	总数
激进党	103			5	108
克罗地亚共和农民党		68		1	69
民主党	33				33

（续表）

	1923年选举				
	塞尔维亚人	克罗地亚人	斯洛文尼亚人	其他民族[a]	总数
斯洛文尼亚人民党		1	21	2	24
南斯拉夫穆斯林组织		17		1	18
独立民主党	10	4	1		15
阿尔巴尼亚人	2			12	14
德意志人				8	8
未正式表明身份的人	7	3			10
总数	155	93	22	29	299

	1927年选举				
	塞尔维亚人	克罗地亚人	斯洛文尼亚人	其他民族[b]	总数
激进党	102	2		8	112
克罗地亚农民党	2	59			61
民主党	56	2		3	61
独立民主党	13	5	4		22
斯洛文尼亚人民党		1	20		21
农民联盟	9				9
南斯拉夫穆斯林组织	1	11		6	18
德意志人				6	6
少数群体		2	1		3
总数	183	82	25	23	313

a 包括未正式表明身份的德意志人、阿尔巴尼亚人、土耳其人和罗马尼亚人。

b 包括未正式表明身份的德意志人、匈牙利人、阿尔巴尼亚人和土耳其人。

资料来源：Branislav Gligorijevic, *Parlament i politicke stranke Jugoslavije, 1919 - 1929* (Belgrade: Narodna knjiga, 1979), 293 - 294。

拉迪奇和普里比切维奇

轮到该国两个最有争议的政治家试图强行通过这片狂风暴雨的宪法领域了。日益分裂的激进党让位于一个反对派，该反对派集合了20世纪20年代3位杰出政治家中最新和最不可能的组合：斯捷潘·拉迪奇和斯韦托扎尔·普里比切维奇。在1926年4月和12月国王拒绝让尼古拉·帕希奇组成新内阁之后,激进党并不引人注目的公共工程部长尼古拉·乌祖诺维奇(Nikola Uzunovic)领导了一连 6 届软弱的政府。拉迪奇已被排除在第二届内阁之外,他允许他的三个同事保持他们的职位直到 12 月。随着他们的撤回,克罗地亚农民党结束其对贝尔格莱德政府的短暂参与。然而,在停留于这个城市期间,健谈和见多识广的拉迪奇同所有党派的领袖亚历山大发展了最好的私人关系,这明显比沉默寡言的帕希奇同亚历山大的关系占优。

这些日益分裂的党派中没有一个在 9 月选举中获得授权。主要因为选票在克罗地亚的减少,整体选民的参与率从 1925 年符合条件选民的 77%跌落到 69%。帕希奇之后的激进党分裂成 3 派,导致塞尔维亚和部分波斯尼亚候选人以及他们的代表从 143 席减少到 112 席。民主党临时顶缺,他们的代表从 37 席增加到 61 席,但是此时他们也被分裂了。拉迪奇的克罗地亚农民党失去其以前的 67 席中的 6 席,因为其在萨格勒布和其他城镇中的支持率下降。普里比切维奇的独立民主党仅以相同的 22 席坚守阵地。在黑山,独立民主党的联邦主义盟友失去其持有的 3 席中的 2 席,1 席丢给了强硬的塞尔维亚民族主义者普尼沙·拉契奇(Puniša Račić)。这些结果太缺乏决定性意义了,以至于连重新整顿临时内阁的基础都不能建立,临时内阁只得暂停履职,等待选举结果。拉迪奇和普里比切维奇在此之前是最怀恨的个人对手,然而现在他们临时顶缺并且在 10 月同意组成他们两党的一个反对派联盟,称其为"民主集团"(Democratic Bloc)。

这个新联盟只在 1928 年 2 月成功迫使软弱的少数党政府辞职,要求一个代表所有主要政党的"集中内阁"(concentration cabinet)去代替这个少数党政府。亚历山大运用其上升的影响力去公然反抗不断衰落的激进党权势集团,并且邀请拉迪奇组成新政府。尽管拉迪奇近期发表声明,即他此时认为至少在克罗地亚,塞尔维亚人和克罗地亚人是 161
一个民族,但是拉迪奇不能说服任何一个激进党派别参加他的政府。拉迪奇和普里比切维奇因而都提议一个由将军领导的无党派政府。亚历山大国王拒绝了这个提议,勉强返回到一个包括斯洛文尼亚人民党领导人科罗舍茨和南斯拉夫穆斯林组织领导人斯帕霍的内阁。

死亡和解散

拉迪奇在1928年6月向议会所作的汇报给他带来厄运。随之是经常被描述为证明塞尔维亚人-克罗地亚人的对抗怎样使组成议会制政府变得不可能的事例，该议会制政府在多数党领导下，并且拥有一个忠实的反对派。这样一个结论不仅忽略了将是任何多数党的忠实反对派的斯捷潘·拉迪奇或斯韦托扎尔·普里比切维奇的个人无能，而且未注意到缺乏一个即使就激进党而言也足够多数的多数党。这样一个结论也忽略一个结果，它引发了6月19至20日议会中激烈的和灾难性的争论。

这个问题是激进党和王室坚持不懈地努力去确保批准同意大利的《尼普顿协定》。当武基切维奇(Vukicevic)政府在5月再次提出这个问题时，拉迪奇和普里比切维奇的反对派态度鲜明地公开站出来反对，谴责整个政权是腐败和不能忍受的。此时，在几个达尔马提亚的城镇中爆发了示威，随后在贝尔格莱德也爆发示威。如果没有通过《尼普顿协定》，那么几乎不存在获得一笔非常渴望的英国贷款的可能性。但是拉迪奇是坚定不移的，他已经要求承认苏联，作为对英国的断然拒绝，特别是对"让墨索里尼进入巴尔干半岛"的回绝。同时在贝尔格莱德，更大的威胁看来是意大利的协定以及保加利亚和匈牙利日益敌对的政权，保加利亚的边界袭击已经重新开始，克罗地亚极端民族主义者正在匈牙利集结，意大利外交官也正在发起同希腊和土耳其的新三方联盟谈判。

像几个不同方面认识到的那样，国内的僵局和外来的危险造成全面的紧张局势，这种紧张局势围绕着拉迪奇及其外甥保罗(Pavle)在6月对议会所作的汇报。互相辱骂成为家常便饭，即便在正式会议中。[39]到6月19日时，拉迪奇坚称雄辩正在造成一种"谋杀的心理倾向"。普尼沙·拉契奇是来自黑山的激进党新议员，他没有任何政治经验，是一个游击队老兵和好战的塞尔维亚民族主义者。他许诺："头颅将滚落……在斯捷潘·拉迪奇被杀死之前,将不存在和平。”次日,拉契奇要求对拉迪奇进行一次心理测验,然后上前用一把连发左轮手枪向聚集的克罗地亚领导人射击。拉契奇即刻杀死了拉迪奇的外甥保罗和另外一人,并且射伤三人,其中只有拉迪奇本人伤势严重。拉迪奇被匆忙送 162
到萨格勒布的一家医院。他似乎正在从腹部创伤中恢复,但是他在8月8日出乎意料地去世。他的最后声明进一步放弃了克罗地亚人参与到贝尔格莱德国会或效忠于《圣维特宪法》。

斯洛文尼亚人科罗舍茨匆忙组成了一个民族联合的新政府。该新政府不能击破克罗地亚人这种错误的假定,即激进党和接近国王的军官已经安排了议会中的这次袭击。87名议员从议会退场,除4人以外全部来自克罗地亚农民党和独立民主党。不久61名民主党议员扬言也要退出。残余议会勉强地批准了《尼普顿协定》,但是这一姿态未能确保预期的英国贷款。克罗地亚人和塞尔维亚人双方都控告对方头脑简单地使激进党的持不同政见者斯托扬·普罗蒂奇的1924年建议复活,该建议是要让克罗地亚和斯洛文尼亚脱离塞尔维亚的核心。普里比切维奇哗众取宠地声称,他和当时正在康复的拉迪奇在7月已经阻止了这样的脱离。他称《圣维特宪法》是一纸空文,并且威胁说克罗地亚和波斯尼亚将不会进一步支付这个国家的国际债务。英国外交官询问科罗舍茨,如果贝尔格莱德委派一些斯洛文尼亚人和克罗地亚人官员到塞尔维亚南部即马其顿,英国是否应当帮助。科罗舍茨回答,为时已晚了。甚至国王也提出了暂时脱离(*amputacija*)的前景,只要引出拉迪奇的继承人弗拉德科·马切克(Vladko Maček)的公开拒绝就好。马切克于是能够以对新的联邦制机构的模糊要求还击,而激进党拒绝讨论这样的联邦制机构。他们也拒绝了普里比切维奇举行新的立宪会议选举的建议。

第一南斯拉夫的议会制政府只幸存到1928年12月。12月1日是亚历山大宣布这个新国家成立的10周年纪念日。国王和科罗舍茨同意低调安排在贝尔格莱德举行的纪念突破萨洛尼卡战线(Salonika Front)的庆祝仪式。为了强调与法国的关系,指挥这次进攻的弗朗·德·谢德斯佩雷将军(General Franchet d'Esperey)被邀请出席纪念仪式。但是在12月1日,萨格勒布的学生抗议变成了骚乱,当警察驱散他们时,12名学生被打死。科罗舍茨用一位没有议会批准的贝尔格莱德将军取代了萨格勒布的省长。为此,科罗舍茨的残余联盟中主要的民主党人扬言要辞职。当12月30日科罗舍茨反而辞职时,国王索性决定解散这个不幸的议会,从此成为南斯拉夫王国的国王。

第六章　独裁主义的王国 (1929—1941)

163

1929年,亚历山大国王重新命名这个塞尔维亚人、克罗地亚人和斯洛文尼亚人的王国为“南斯拉夫王国”。对民主政府而言,这个名称的正式出台并不是一种好兆头:国王刚刚废除了1921年宪法,并且解散了推选出的国会。未来存在着大萧条(Great Depression)的全部重压和纳粹德国的兴起。像英国大使内维尔·亨德森(Neville Henderson)在1933年评论的那样,“宣布南斯拉夫成立比弄清它更容易。”直到几年以后他被派驻柏林时,南斯拉夫对他而言将仍是一个“纵横字谜游戏”。这个政治拼图如果被分成3个时期——1929—1934、1935—1938以及1939—1941年,那么它就更容易得到理解。

亚历山大打算通过这种独裁主义机制使南斯拉夫团结在一起并且使其转变为一个民族国家,这种独裁主义机制曾被称为“王室专政”。南斯拉夫的确那样开始了。然而国王及其将军们不能保留专政的标志,即作出所有政治决定并且压制所有反对派的直接权力。即使在国王生命的最后5年他也不能这样做。在1934年亚历山大被暗杀之后,20世纪30年代最老练的塞尔维亚政治家米兰·斯托亚迪诺维奇(Milan Stojadinovic)在1935—1938年需要一个联合政府去保持其权力。他也未能与其最强大的克罗地亚对手弗拉德科·马切克达成协议。

到1939年初时，这些进退两难的困境仍未能走出，即既要确保南斯拉夫的克罗地亚族少数民族的平等权利，同时又要确保克罗地亚的塞尔维亚族少数民族的平等权利。然而就波斯尼亚穆斯林而言，这个问题甚至未被提出。1939年8月的协定(*Sporazum*)是一个妥协协定，它以第二种困境为代价去设法解决第一种困境。其余的问题完全被忽视，因为这种适于克罗地亚的邦联协议仍然允许该国其余地区在贝尔格莱德的中央行政机构的统治下。仅仅一周以后，希特勒的战争爆发了。由此产生的不确定性阻碍了双方进行更广泛的妥协。然后在1941年，第二次世界大战波及南斯拉夫王国，并且让其分裂了。

164 为了在总体上了解这三个时期，我们仍需清算一下亚历山大的独裁主义机制。尽管1929—1941年的12年间，各政党正式或非正式地支持这种机制或对其提出质疑，我们也必须超出在第五章中强调的国内政治。在国内政治中，有缺陷的国会在政治舞台上与激进党和王室的行政权力展开真正搏斗，但到20世纪30年代时，在观众视线以外的广阔国际舞台的两侧，南斯拉夫发现自己陷于困境，最初是在经济上，然后是在外交上。像几个东欧邻国一样，南斯拉夫政府求助于希特勒德国帮助找到摆脱1935年之后的经济困境的出路。但是在1939年之后，这种外交赌博陷入死胡同，除战争以外不可能有任何光荣的出路。

国内的经济政策此时变得更加重要。一系列政策加深了大萧条的影响，与普遍认可的政策相比，下一步政策必须能够促成明显的复苏。这两组政策都依赖政府权力。而政府权力扩大了贝尔格莱德中央政府的势力范围，有损于塞尔维亚族同其他民族的关系。地区或社会进一步不均衡也加深了民族怨恨。

然而，纵观两次世界大战之间的整个时期，我们应当注意到资产和债务，其中有南斯拉夫主张的理性幸存以及关于共同文化和现代经济的一些进步。因此“第一南斯拉夫的资产负债表(1921—1939)”先于本章最后一节，即关于1939—1941年重新配置的南斯拉夫而出现。

王室专政(1929—1934)

亚历山大在1929年1月6日——东正教圣诞节前夕宣布他的决定,即解散推选出的议会,并且取缔所有基于民族的政党或组织。这个日期对塞尔维亚人而言颇具象征性的分量,并且迫使所有政治参与者等候,直到渡过3天假期后才能反抗。国王的《公告》谈及国家职责和推行“以南斯拉夫主义为目标的新道路”的需要,但是他对议会和政党的谴责说服了公众舆论的明显多数。西方的批评是含糊不清的,正如一份英国大使馆报告所指出的那样,一个团结的南斯拉夫最符合国际利益。

弗拉德科·马切克是拉迪奇的继承人。作为克罗地亚农民党领袖,弗拉德科·马切克甚至对这种解散持欢迎态度,因为扔掉了那件“严重扣紧的马甲”——《圣维特宪法》。他和另一个主要的克罗地亚政治家,即值得敬重的安特·特伦比奇曾经在1928年底关于承认一个独立的克罗地亚族国家或地位的前景试探了捷克斯洛伐克和法国。但他们没有得到任何答复。克罗地亚的塞尔维亚族领导人斯韦托扎尔·普 165
里比切维奇同时告诉国王,他能够接受王室的干涉,但是不能接受在塞尔维亚政党和他与克罗地亚农民党的联盟之间的王室仲裁。[1]

最初的法令赋予了君主独裁权力。当国会不在时,他的命令可以获得法律的效力。所有关系甚远的政治组织遭到解散,并且它们的财产和档案被没收。只有共济会(the Masons)和几个退伍军人的组织逃脱。因此这个笑话在贝尔格莱德得以传播,即:如果贝尔格莱德没有在1926年主办共济会的世界大会(World Congress),那么共济会也可能不被放过。以党派关系为由该国接近三分之一的报纸和杂志遭到关闭,而其余的报纸和杂志被置于新的新闻法所支持的审查制度的控制下。最不祥的是,国王任命其最亲近的军事顾问和“白手”战时领袖彼得·日夫科维奇(Petar Živković)将军为首相。在日夫科维奇的内阁中,唯一非塞尔维亚人的地区代表是斯洛文尼亚人民党领导人、最后一届短暂的议会制政权首脑——安东尼·科罗舍茨。

在新政权的第一年,建设性的和中央集权的改革至少在克罗地亚之外赢得最初的承认。约瑟夫·罗斯柴尔德(Joseph Rothschild)关于两次世界大战之间南斯拉夫的大体批判性的概括研究称赞了“政治能量的显示”,并且表扬继期待已久的改革之后到来的“全面替换”。[2]这些改革把四个部并入更大的部中,同时减少腐败性过高定价和政府采购中的延迟。他们合并了1914年之前的六部不同的刑事和民事法典,并且最终统一税收结构。议会政治时期的政治犯准予特赦,但是共产党除外;同时臃肿的国家官僚机构的36位将军和50位外交官受到辞退。所有这些加上这种有争议的努力——建立有共同教科书的公共教育单一体系,在1929年10月3日产生所希望的反应,这一天,这个国家正式成为“南斯拉夫王国”。

亚历山大的“新道路”由于引起直接争议的另一个特征而被最深刻地铭记。他的10月3日《宣言》取消了圣维特政权的33个省,代之以9个区域单位河省(*banovine*)。这种数量缩减使人回想起被称为“统一的分权管理”(unifying decentralization)的斯托扬·普罗蒂奇的计划。当然,促进南斯拉夫的统一是这种新安排的最重要目标。河谷为这些新行政区提供了焦点,从而部分促进经济的一体化,并且许多行政区的名称以河流命名。虽然这些新区命名为“河省”是屈从于克罗地亚的历
167 史情感,但是这些新区建立的内部边界大体上不是历史上的边界。只有德拉瓦和泽塔河省在很大程度上符合历史上的斯洛文尼亚和黑山的边界(见地图6.1)。在损害黑塞哥维那和新帕扎尔行政区的情况下,泽塔河省扩大了。萨瓦河省以克罗地亚为中心,放弃达尔马提亚给新沿海地区(new Primorje)、斯雷姆给多瑙河,以及军事边界地区的若干部分给弗尔巴斯(Vrbas)。在利卡(Lika)和巴尼亚卢卡(Banja Luka)的首府周围,存在着很多塞尔维亚族。弗尔巴斯是分割波斯尼亚-黑塞哥维那的四个河省之一,因此没有一个河省存在着穆斯林多数。塞尔维亚也被分割成四个河省,但沿着有利的分界线分割,这确保了在下列地区的塞尔维亚族多数。这些地区即马其顿(瓦尔达尔 Vardar)、伏伊伏丁那(多瑙河)、东部波斯尼亚(德里纳河)和以“狭长塞尔维亚”为中

心的地区(摩拉瓦河)。除这 9 个河省以外,还为此时 28.9 万人的首都贝尔格莱德提供一个独立辖区,包括其市郊。这 9 个河省人口数量有别,从海岸和泽塔的大约 90 万人到萨瓦的 3 倍于这个数字不等,并非 168
巧合地包围着以萨格勒布为中心的克罗地亚。

166

图 6.1　1934 年被暗杀前夕的南斯拉夫亚历山大国王

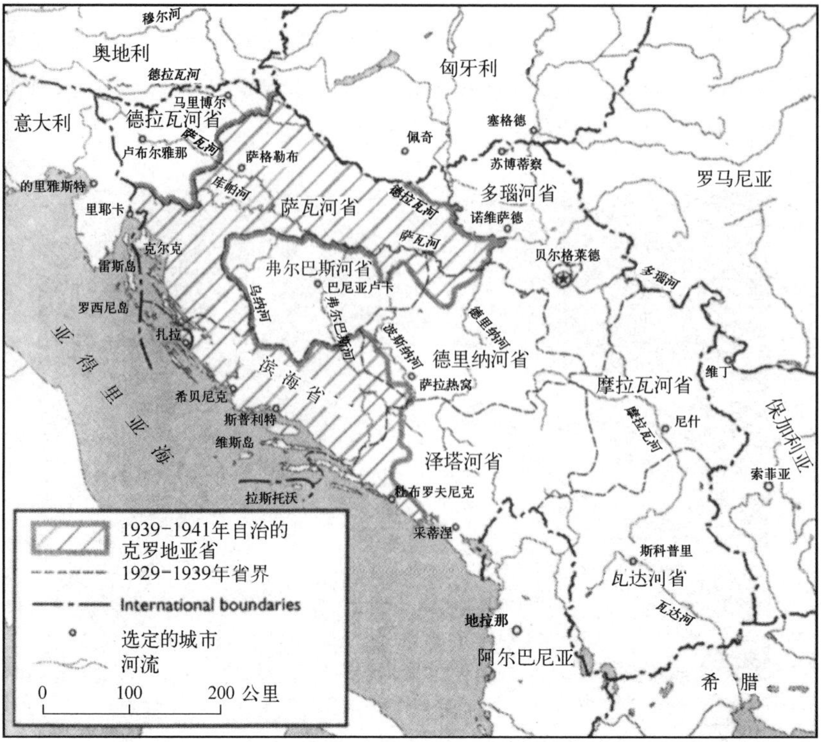

地图 6.1　1929—1939 年南斯拉夫王国的行政区域划分

独裁主义政治的问题

亚历山大国王想要为这个新政权提供个人中心。他的想法和意图迫切需要一本学术传记。[3]用他自己的话说,他选择"南斯拉夫主义超过联邦主义",但是那些模棱两可的术语对他意味着什么是不清楚的。像亚历山大在 1924 年说的那样,他是为了"创造大塞尔维亚,因此它将包括所有塞尔维亚人和南斯拉夫人",还是像塞尔维亚最著名的政治分析家斯洛博丹·约万诺维奇已经证明的那样,他是为了利用这个南斯拉夫国家去创造一个南斯拉夫民族?抑或两者都有?尽管存在某种矛盾,但是似乎都有可能。

国王的政治意图将难以证明他有民主的思想。据他看来,20 世纪

20 年代的国会是他有资格去限定其条款的一种特权,而不是在任何情况下将被保持的一种权利。直到他能够信任该国政治领导人分享他对一个单一的南斯拉夫人的国家的承诺,他才可能恢复一种无约束的议会体制。他的主张是多么的含糊不清。当然他的塞尔维亚族首相日夫科维奇将军不希望这样做。英国大使馆报告倾向于对可疑情况在没有把握时不对亚历山大作出不利的判定。但是连英国大使馆报告都指出,国王的孤独成长抑制其信任更广泛的顾问的能力,并且鼓励他过分依赖几个选择不当的密友。[4] 他的性格急躁和不安全感——当他出门时,一把连发左轮手枪总是伸手可及——是经常与独裁者联系在一起的特性。但是他缺乏自信,并且缺乏明确的思想体系,这又不是独裁者的特性。亚历山大对传统的欧洲秩序也没有王室义务感,这使得过去共产党称其政权为“法西斯君主政体”的说法自相矛盾。所有这些为他放弃从 1931 年开始的王室专政提供了一些心理背景。

在过去的一年,一系列长期存在的宗教问题已经激起了地区的不满。波斯尼亚穆斯林抗议 1929 年法律废除宗教界来之不易的 1909 年自治法令(Autonomous Statute)。该法令有利于单一的伊斯兰教社团拥护这个国家。此时波斯尼亚穆斯林被拒绝给予选举自己的行政机构的权利,并且发现自己与马其顿的土耳其人以及科索沃的阿尔巴尼亚人混在一起。马其顿的土耳其人和科索沃的阿尔巴尼亚人同这些波斯尼亚的斯拉夫人都没有历史的或种族的联系。许多斯洛文尼亚人正在因 1929 年 12 月的这个决议而懊恼,该决议废止作为政治组织的他们的索科尔(*Sokol*)体育俱乐部。正当一个阁僚建议关闭所有教会学校 169
时,日夫科维奇将军要求科罗舍茨使地方言论支持现政权。科罗舍茨在 1930 年 9 月迅速辞职。然而在 1931 年,塞尔维亚的东正教被准许颁布一项适合于自身的、令人生厌的新章程。该新章程根据一套单一规章最终统一它的六个地区团体,并且把拥护新教会或学校的许多克罗地亚城镇作为目标。六个截然不同辖区的东正教统治集团——塞尔维亚、属于克罗地亚和伏伊伏丁那的卡尔洛瓦茨(karlovac)主教辖区、波斯尼亚-黑塞哥维那、黑山、马其顿和达尔马提亚——已经把

1920年统一的承诺当做佩奇(Pec)主教辖区的复兴(见第一章)。经王室批准,贝尔格莱德的主教迪米特里耶(Dimitrije)担任他们新的总主教。但是整个20世纪20年代,每个辖区继续按照各自的一套习惯和规章运转。这只能增加东正教神父在这个新国家中的不安全感。在这个新国家中,东正教名义上的成员只有48%(与克罗地亚和斯洛文尼亚的天主教会的37%相对),并且自战争以来一般信徒的参与度已经下降。[5]

对王室专政最具威力的反对来自克罗地亚,而非来自克罗地亚的天主教教士。1929年年底之前,普里比切维奇和马切克都已经完全对这个新政权大失所望了。根据新的《保护国家法》(*Law for the Protection of the State*),坦率直言的普里比切维奇不容分说地被投进监狱,并一直监禁到1931年,后遭永久流放。由于24个克罗地亚人在之前的12月被指控在萨格勒布进行炸弹袭击,为了执行这种扩展的法律而建立的国家法院(State Court),迅速地把被解散的农民党的领导人马切克置于被告席上。与马切克最初坐牢的惨状,或揭露对其他克罗地亚人在审讯中行刑逼供相比,马切克随后被宣判无罪给克罗地亚造成的影响更小。这个政权任命克罗地亚农民党4名成员加入改组的日夫科维奇内阁,然而这未能打消克罗地亚公众的疑虑。

来自巴黎的外交压力有助于说服亚历山大在1931年承认一部新宪法,这种压力来自一笔急需的法国贷款的承诺。西班牙共和革命的警世故事也起到说服作用。无论如何,亚历山大政权似乎已经耗尽了创造性的活力。在其政权的第一年提出163项新法规之后,只有因国家安全而扩大的司法权力能够被称做1930年的一项重大举措。这些新法规中的大多数是较为重要的。

像英国大使亨德森抱有希望地建议的那样,或许亚历山大也正在等待一个"缩减其权力的适当时机"。假如这样的话,那么1931年9月
170 《宪法》的条款没有暗示一个独立议会的再现。该《宪法》著名的限制性选举规定明确要求实行两院制。这将通过公开投票从全国范围的候选人中选举复位议会的306名(最终373名)成员。候选人需要来自超过

300 个选举人选区的 60 个签名,加上来自他们自己选区的 200 个签名。赢得多数票的一方可能赢得内阁的多数,并且将得到三分之二席位。在间接控制之下,参议院大约 96 个席位将在王室指定者和河省委员会提名者之间平等地分配。总之,国王能够在两院之间进行仲裁,或行使先发制人的否决权。新《宪法》许诺摆脱王室干涉的自由的司法任用,但是在 5 年以后才批准。市政自治的选举被明确拒绝给予贝尔格莱德、萨格勒布和卢布尔雅那三市。

非塞尔维亚人地区的大批选民在该政权受限制的国民议会 11 月选举中弃权。该政权声称所有符合条件的选民的 65%已经投票,并且 35%是在克罗地亚。因为 300 个选区的规定,克罗地亚农民党在克罗地亚被拒绝给予提名众多候选人的权利。英国大使馆估计,该政权的这两个数字有水分,都要砍掉 10%。总之,塞尔维亚人赢得 306 席中的 219 席,克罗地亚人 55 席,斯洛文尼亚人 25 席,波斯尼亚穆斯林 3 席,马其顿人和黑山人各两席,德国人和匈牙利人各 1 席。与 1923 和 1927 年选举的 49%和 58%的份额(见表 5.4)相比,这代表着塞尔维亚人仍然占有较大的民族份额,达 71%。少数党包括来自 7 个主要政党的代表。从 20 世纪 20 年代起,议会的多数党没有通过任何值得注目的法律,并且没有向对立的少数党提出任何呼吁。所有这些在形式上仍然并不合法。

1932 年 3 月,亚历山大决定抛弃最后一届日夫科维奇政府。国王最初试图说服左翼塞尔维亚激进党的年迈领袖阿卡·斯塔诺杰维奇(Aca Stanojevic),然后试图说服弗拉德科·马切克本人去参加一个更具广泛基础的内阁。当遭到他们拒绝后,亚历山大最终选择了米兰·萨斯科奇(Milan Srskic)。亚历山大这个最蹩脚的首相人选一直当政到 1934 年 1 月。米兰·萨斯科奇的执政只是以他的加剧一系列苦难为特征。波斯尼亚穆斯林把萨斯科奇牢记为一个敌对的内政部长和他们四个巴纳特(banate)之间分界线的创制者。萨斯科奇公然宣布,“作为地区的独立存在和地理概念,波斯尼亚-黑塞哥维那必须永远消失”。南斯拉夫的穆斯林组织曾坚持维护,并且塞尔维亚民主党也拥护保持

那些作为塞尔维亚和克罗地亚之间缓冲地带的历史边界。[6]巴纳特边界
171 的较小调整与新宪法同时产生,但是没有使克罗地亚农民党平静。巴纳特自主管理的承诺也仍然无法履行。克罗地亚农民党因此和独立的(塞尔维亚人)民主党、特伦比奇的联邦党甚至几个分离主义领导人一起起草了 1932 年 11 月的所谓“萨格勒布十二要点”或“方案”(*punktacije*)。他们要求文化自治和一部再次协商的宪法。12 月,一份斯洛文尼亚人的类似方案紧接着提了出来。它出自科罗舍茨的斯洛文尼亚人民党和其他党派。在某种程度上,这份方案作为反对当地呼声的反应,这种呼声就是为塞尔维亚-克罗地亚语而舍弃斯洛文尼亚语。[7]

两种方案引出王室政权的两种反应:第一种反应,王室政权勉强承认一部更宽松的选举法:参加议会选举只需要来自一半选区的 30 个签名,这一半选区需正好覆盖 9 个巴纳特中的 6 个。获胜的一方于是将仅得到全部席位的五分之三。但是没有任何新的选举举行。第二种反应,在 1933 年初该政权援引《保护国家法》,并且命令不仅逮捕马切克,而且逮捕特伦比奇、科罗舍茨和三个穆斯林领导人。

自由主义的经济方案的失败

大萧条给部分一体化的农业经济造成沉重的负担。由此也增加了对亚历山大试图压制的不满。国际农产品价格的急速下跌和西方资本市场的枯竭猛烈打击了所有东欧小国的经济。南斯拉夫的情况在两个方面有显著差别。第一,价格暴跌的影响更为缓慢地打击南斯拉夫的农业出口。与东南欧的其余国家相比,南斯拉夫的农业出口有其自身特点。在两个方案和其他抗议出现的 1932 年,出口总额和价格方面的暴跌随着漫长的冬季、饲料作物歉收,并且对糖和电力征收更高税款以弥补巨大的预算赤字而到来。到 1934 年时,农业出口商品的每吨价格不到 1922—1930 年的 40%,出口总额下降了 58%。[8]第二,通过以贝尔格莱德为基础的行政机构,该政权实施西方自由经济方式应付大萧条。这些方式使大萧条的影响似乎更加猛

烈,更为不公地打击了某些地区,加深了政治反对派对塞尔维亚中央集权制的抱怨。

它们用自由经济的矫正方法以吸引第一批法国贷款,而这些资金将帮助第纳尔稳定过渡到金本位制,并且有机会进一步获得国际贷款。由于第纳尔的可兑换性,国际贷款可能到来。时机的选择似乎没有那 172
么不幸。1931 年 6 月,在中欧历史上最严重的金融危机期间,100 万法郎(大约 4 500 万美元)的法国贷款成为现实。然而 5 月,东南欧最大的单一贷方银行——维也纳信贷银行(Creditanstalt of Vienna)破产了。许多德国和匈牙利银行在 1931 年夏天以后也倒闭了。维也纳信贷银行的金融困难导致了被称为“胡佛缓债令”(Hoover Moratorium)的美国倡议,以终止德国支付战争赔款的义务。[9]这个倡议使南斯拉夫损失了预期的一笔 1 600 万美元的年度补偿。然后英国在 9 月放弃了金本位制,这使南斯拉夫曾垂涎的第纳尔可兑换性的奖赏所具有的价值更少了。

这些模仿西方财政正统派学说的政策仍然寻求使第纳尔保持金本位制。该政权减少国家预算支出,并且与其任何一个邻国相比,更为猛烈地发行货币。到 1932 年时,那些结算协议对超过一半的东南欧进出口负责。虽然没有那些结算协议,但是南斯拉夫废止了进口配额。中央银行即此时的南斯拉夫国家银行提高其贴现率,努力保持第纳尔面值。这些措施中没有一项刺激不断萎缩的欧洲出口市场。1932 年针对第纳尔的投机最终迫使中央银行提供外汇贴水,这基本上使第纳尔贬值 22.5%,而出口也没有作出反应,出口值骤降到前一年总值的 60%和 1922—1930 年平均值的 40%。[10]

地区差异开始抬头。该政权没有办法补偿克罗地亚银行的金融损失,但是提供了塞尔维亚农民一些救济。到 1929 年时,商业银行资产的 43%集中在 29 家萨格勒布银行。因为中欧(主要是奥地利的)资产在那里集中,与它们在商业银行存款的 41%下降比例相比,至 1933 年它们损失更多。仅仅维也纳信贷银行的倒闭,就使萨格勒布银行损失了 1930—1932 年所有商业银行遭受的四分之一缩减量的近 10%。这类银行数量最多的显然是小的塞尔维亚机构，它们贷款给农民，而不是像克罗地亚银行那样投资于工业或其他更长期的项目，它们这样做故而幸存于20世纪20年代。这两种政府提案都偏爱在塞尔维亚和伏伊伏丁那的银行和农民。新的国家农业银行(State Agricultural Bank)最终在1928年开办。它的贷款偏爱塞尔维亚和伏伊伏丁那部分出自政治原因，也由于这些地区缺乏克罗地亚特别是斯洛文尼亚那样的更发达的合作社网络。至1930年，这些合作社网络在东南欧已经给予南
173 斯拉夫人均最高数额的合作社资产和最低的农民债务率(债务÷资产)。此时虽然其可借出资金由于1933年宣布暂停农民偿还债务而下降，但是国家银行仍然有财力为塞尔维亚填补差额。

另外，该政权在1930年4月已经建立了一个粮食收购机构(Prizad)。像合作社所做的那样，这种粮食收购机构通过取消商业经纪人而为出口粮食的农民支付更高的价格。第二年，这个机构扩大对国内粮食销售的采购，并且想要这些采购均等地帮助所有农民，包括在克罗地亚和波斯尼亚粮食匮乏地区的那些农民。这些农民为来自该国其他地区的运输已经支付了过高的费用。然而这个计划使亏空迅速增大，没有任何政府预算在大萧条中能够承受住这样的亏空。这个机构在1932年的废止，特别在克罗地亚人和波斯尼亚农民看来，是贝尔格莱德的中央集权制有意识地反对他们的更多证据。克罗地亚农民党的合作社网络——“经济协约”(Gospodarska Sloga)的迅速发迹，在某种程度上是对粮食收购机构失败的一种反应。“经济协约”从几千名成员发展到1940年占到克罗地亚所有农民家庭的三分之一。

极端主义者和暗杀

1932年的经济危机和政治僵局刺激了几次极端主义运动，这并不让人惊讶，王室专政已经更坚定其反对任何妥协的决心。南斯拉夫共产党和“马其顿内部革命组织”都不能有效利用这种国内危难，只有克罗地亚的分离主义者行动起来，抓住机会创立了后来臭名昭著的乌斯

塔沙(*Ustaša*),作为一个宣传机关和恐怖主义组织。他们的人数很少,但是所有三个组织都值得关注,因为其具有决定性的国际联系,并且在1934年暗杀了亚历山大国王。

在行动之前,应当注意把克罗地亚农民党及其领导人弗拉德科·马切克排除在颠覆性的分离主义者的名单之外。作为萨格勒布方案的余波,马切克在1933和1934年几乎一直在监狱中。这次监禁和他以前的判刑都没有对其他人产生本应激进的影响。与拉迪奇相比,马切克仍然更愿意试图说服塞尔维亚族的政党;确实,他已经徒劳地和民主党领导人柳巴·达维多维奇(Ljuba Davidovic)一起试图说服其他塞尔维亚族的党派接受这个方案。马切克的狭隘观念和沉默寡言的风格使他成为一个比拉迪奇更不那么灵活的谈判伙伴,并且他日益致力于克罗地亚邦联自治的目标。然而,马切克也更多地重视组织农民党在南 174
斯拉夫内合法的运作。[11]

在质疑南斯拉夫王国存在的政党中,或许最小的和最不成功的是共产党。1929年它直接提倡暴力反抗亚历山大的独裁政权,但是它只能散发一些传单,并且同当地警察发生了几次枪战。对暴力的号召直接起因于共产国际1928年代表大会。在1928年的代表大会上,西方即将对苏联发动战争的预期使这种想法成为完全必要的,即让所有潜在对手失去战斗力。这次代表大会也给各种非塞尔维亚人发布了一项指令,以促成作为西方"凡尔赛体系"(Versailles system)傀儡的南斯拉夫的分裂。这项指令在20世纪80年代被塞尔维亚历史学家诋毁甚多。然而,与促进分裂相比,党员们花费更多时间与小的社会民主党作斗争或争论,以抵制来自特立独行左派的文学,例如最主要的克罗地亚作家米罗斯拉夫·科尔莱扎(Miroslav Krleža)。总之,在1932年,他们的成员人数总计不到500人。

在1932年新任命的党书记领导下,南斯拉夫共产党并没有更加亲近于共产国际的路线。被称为米兰·戈尔基奇(Milan Gorkic)的共产国际初期领导人约瑟普·希津斯基(Josip Czizinski)在1923年逃离他的出生地波斯尼亚,以避免像他的捷克父亲两年前遭遇的那样被作为党员逮捕。即使作为党书记，他继续在国外度过其大部分时间，让这个小阵线党——独立工人党（Independent Workers）及其工会网络自生自灭。希津斯基在1934年把自监狱释放的较年轻领导人之一、某个叫约瑟普·布罗兹（Josip Broz）的人提拔到共产国际系统。同年派遣约瑟普·布罗兹返回南斯拉夫去组织在卢布尔雅那的秘密党代表大会。[12]代表们取消南斯拉夫共产党议事日程中立即分裂国家的字眼，但是申明了他们的意图，就是为克罗地亚、斯洛文尼亚和马其顿建立独立的共产党，并且保持同分离主义政党的联系。

这些分离主义政党之一是马其顿人的“马其顿内部革命组织”。“马其顿内部革命组织”被内部斗争困扰，而且被索菲亚的新政府进一步削弱。索菲亚政府以前是“马其顿内部革命组织”最大支持的来源。首先，农民联盟和其他政党的联盟赢得了1931年保加利亚选举，取代了安德烈·利亚普切夫（Andrci Liapchcv）政权及其对“马其顿内部革命组织”在皮林（Pirin）地区的飞地的容忍。皮林地区与南斯拉夫的马其顿接壤，在法律上属于保加利亚。然后在1934年，兹维诺军官集团（Zveno）或林克集团（Link group）在一次几乎不流血的政变中推翻了该政府。这次政变致力于通过一个非政党政权来恢复秩序。实际上，其第一个行动是逮捕“马其顿内部革命组织”的领导人，并且拘留许多追随者。[13]只有法西斯主义的意大利对其几百个流亡成员予以支持，允许“马其顿内部革命组织”继续下去。

175 另一个主要的分离主义组织在意大利也有其总部，并且成员同样有限。1941年，纳粹德国使“克罗地亚起义革命组织”（Ustaša-Hrvatska revolucionarna organizacija）担任战时克罗地亚的统治者。然而，在此前很久，其广阔的国际联系、狭隘的目标和较少意见分歧的领导层，已经使“克罗地亚起义革命组织”显得与众不同。在1932年起草一部正式宪法之前，甚至在1929年1月王室专政被宣布的第二天，该组织就专心致力于推翻亚历山大的南斯拉夫。

乌斯塔沙自命的领导人是安特·帕维里奇（Ante Pavelić），1889年出生于黑塞哥维那的律师之家。在第一次世界大战之后，他试图复兴弗兰克的权利党。权利党此时仍然效忠于哈布斯堡王朝君主政体。帕维里奇成功地吸引了一批学生追随者,并且赢得1927年的地方议会和国民议会选举。同年,他在萨格勒布为被控告的一群"马其顿内部革命组织"恐怖分子辩护,并且在罗马与法西斯官员会面,以试探他们对支持克罗地亚脱离的态度。对1928年拉迪奇被暗杀的愤怒,使得萨格勒布政权容许他吸引一些成员到其新的准军事组织"克罗地亚地方卫队"(Hrvatski domobran)。同时,同道的乌斯塔沙创始人和约瑟普·弗兰克(Josip Frank)的女婿——斯拉夫科·克瓦泰尔尼克(Slavko Kvaternik)建立以其祖父名字"尤金"(Eugen)命名的学生俱乐部,尤金曾在1871年起义中遭到杀害(见第二章)。

1929年,帕维里奇逃离萨格勒布到达维也纳、索菲亚和米兰,他迅速与墨索里尼的法西斯政权达成财政协议。第一次世界大战中臭名远扬的波斯尼亚的克罗地亚族指挥官萨尔科蒂奇将军(见第四章)及其被临时安顿在维也纳的年迈伙伴们,仍然希望复辟哈布斯堡王朝君主政体。他们为志趣相投的匈牙利政权提供机会,这个匈牙利政权为在前海军上将米克洛什·霍尔蒂(Admiral Miklós Horthy)所统治。匈牙利在接近斯拉沃尼亚边界的詹卡-普斯陶(Janka Puszta)为乌斯塔沙提供了一个训练营,该训练营不久吸引了几百名新成员。像在两个类似的意大利训练营中一样,那些被吸引的新成员是克罗地亚族移民工人,来自比利时的比来自美洲的更多。制服、象征和伪军事组织及等级制度,所有这些根据意大利模式的举措难以否认这样一个结论,即从一开始这就是一个法西斯运动。[14]它的纲要是含糊的社团主义,但是主要由(非意大利人)种族主义的花言巧语组成。这些花言巧语把所有克罗地亚的不幸,包括未能使波斯尼亚-黑塞哥维那包含在其国境内,都归咎于塞尔维亚人或他们的伙伴。

乌斯塔沙对前军事边界的利卡(Lika)地区的最初突袭没有导致被期望的农民起义。利卡地区是指挥者米莱·布达克(Mile Budak)中尉的家乡。主要是塞尔维亚族的宪兵镇压了对村庄警察局的一次 176
袭击。不过,这次远征使来自戈斯皮奇(Gospić)的当地组织者、以后的战时内政部长安德里亚·阿尔图克维奇(Andrija Artuković)返回意大利。

个人恐怖主义似乎是他们的唯一对策,并且亚历山大国王似乎成为他们的主要目标。亚历山大自王室专政以来对萨格勒布的首次访问提供了一次明显的机会,但是那个孤独的刺客失败了。1934 年 10 月 9 日,国王访问马赛(Marseilles)和法国外长路易斯·巴尔都(Louis Barthou)会面的公告招致第二次尝试。巴尔都预期法国-意大利的和解,将威胁包括匈牙利的其他国家,并且关闭在詹卡-普斯陶的营地,正像亚历山大和保加利亚的鲍里斯国王(King Boris)(在东方快车逗留南斯拉夫期间)最近的会面,意味着"马其顿内部革命组织"的保加利亚基地的终结。"马其顿内部革命组织"领导人的司机被征募去袭击这两个政治家。在该司机被抓获并且被私刑处死之前,在码头邻接区,松懈的保安措施听任他对亚历山大和巴尔都射出超过 12 发子弹。

无论亚历山大是不是有时间说出自命不凡的临终遗言"维护南斯拉夫",但他的死给予这个王国第二次影响,并且给他的凶手以严重挫折。虽然法国在马赛对该谋杀案的审判小心地处理乌斯塔沙与意大利、匈牙利的联系,但是后两个政府均采取紧急行动去补救其国际形象。匈牙利的训练营被迅速关闭,并且将意大利人成员拘留在利帕里(Lipari)岛上。帕维里奇和其他领导人遭到软禁。

在覆盖着国旗运回塞尔维亚举行葬礼之前,国王被庄重地停放在萨格勒布一天,超过 20 万的哀悼者在萨格勒布向国王致敬。斯洛文尼亚的领导人科罗舍茨被从监狱释放去出席葬礼。他说:"我们现在应当为了南斯拉夫而工作和生活,忘记其他一切。"到 12 月时,马切克也得到释放。

斯托亚迪诺维奇和王室摄政时期(1935—1938)

当然,从 20 世纪 30 年代后期起到普遍抑制塞尔维亚人感情的 80 年代,许多事情没有被人们忘记:如果亚历山大还健在,他就可能避免内部的分裂和战争;至少直到希特勒在1938年改变版图和统治之前,他很可能比其继任者们做得更好。新摄政们和一个随便组成的内阁笨手笨脚地耗完了公众支持“新道路”以追思国王的最初几个月,然后选定过去和现在的财政部长米兰·斯托亚迪诺维奇(Milan Stojadinovic)。斯托亚迪诺维奇试图策划对克罗地亚问题的一个有限的“小解决方 177
案”,并且在1934年危机触底之后取得真正的经济进步。但是他对德国市场的更大赌博只能在短期内奏效。在一个有希望的开端之后,他高估了其政治利益,并且没有赢得1938年12月的选举。几个月以后他被迫辞职。

斯托亚迪诺维奇的晋升,开始于亚历山大被暗杀几周之后。按照国王的秘密遗嘱,他那无人喜爱的堂兄保罗(Paul)连同其他两个人一起被指定为高级摄政。保罗将履行王室义务,直到亚历山大的儿子彼得在1941年9月满18岁时。保罗的英国教育和社会关系驱使他去推荐斯托亚迪诺维奇进入这个新内阁,即日夫科维奇将军、萨斯科奇和来自旧政权的其他人在1934年12月胡乱拼凑的内阁。斯托亚迪诺维奇代表在贝尔格莱德的几个英国公司的利益。新首相博戈柳布·耶夫蒂奇(Bogoljub Jevtić)是前外长并且相对年轻,时年45岁。他们希望博戈柳布·耶夫蒂奇能够赢得令人信服的选举胜利,在1931年他们没有达到这样的胜利。不久他们就失望了。

有争议的结果破坏了1935年5月的选举。公开投票给予耶夫蒂奇一方经过修改的60.6%的选票,给予马切克的反对派集团(Opposition Bloc)37.4%的选票。由于克罗地亚的塞尔维亚人和波斯尼亚穆斯林的支持,马切克一方在克罗地亚和波斯尼亚-黑塞哥维那的西区各赢得13票中的8票。虽然赢得新议会370席中的303席,但是耶夫蒂奇仍然寻求败坏反对派的声誉。当他的僚属指控马切克是暗杀国王的同谋时,甚至就日夫科维奇将军而言,这种指控也太笨拙了。日夫科维奇将军和四个部长,包括财政部长斯托亚迪诺维奇在1935年6月辞职。日夫科维奇希望被指定为首相,但是受英国大使亨德森鼓励的保罗亲王反而选择了斯托亚迪诺维奇。[15]

从南斯拉夫激进联盟(Yugoslav Radical Union)到《政教协约》(*Concordat*)

某种程度上,在位甚久的激进党人斯托亚迪诺维奇体现了尼古拉·帕希奇的战前政治态度。尽管他在开始其任期时倡议扩大国内的支持,但是他却越来越依赖于同列强玩弄政治手段(而不像帕希奇那样通过经济手段)。他放松了新闻审查以及对公众集会的限制,并且对1 000多名政治犯以及新近选举期间被逮捕的人们予以特赦。斯托亚迪诺维奇让日夫科维奇将军留在内阁中,也吸收波斯尼亚穆斯林和斯洛文尼亚的领导人穆罕默德·斯帕霍和安东尼·科罗舍茨参与其
178 中。第二年,斯帕霍被给予奖赏,该奖赏就是恢复适用于波斯尼亚穆斯林的1909年自治法令,而该法令曾于1931年被废除。为了安抚克罗地亚人,同时约束其天主教统治集团去尊重罗马教廷(the Holy See)对作为合法国家的南斯拉夫的承认,该政权同梵蒂冈(the Vatican)在1935年签署了《政教协约》。如果议会批准了这个《政教协约》,那么它就承诺授权教会学校和"天主教行动"组织(Catholic Action)拥有像东正教组织一样合法运作的自由。

最重要的是,在8月,斯托亚迪诺维奇宣布建立一个新的执政党。这个"南斯拉夫激进联盟"(Jugosovenska Radikalna Zajednica,JRZ)有其口号:"一个国家,一个民族,一个国王。"它的口号承诺给予地方自治(*samouprava*)的广泛权力。斯托亚迪诺维奇具有真正的广告技巧。与以前任何一位首相相比,他为其建议提供更多的口号,也为其对手提供更多的绰号。为了暗示"南斯拉夫激进联盟"是一个统一的团体而不仅是一个联盟,斯帕霍和科罗舍茨同意担任南斯拉夫激进联盟的"副会长"。科罗舍茨通过称斯洛文尼亚人民党为"南斯拉夫激进联盟"而使他的斯洛文尼亚人民党再次合法化。在塞尔维亚一方,年轻男子被吸引去取代一些年迈的或难以驾驭的激进党的忠诚支持者。当日夫科维奇将军和其他人反对这些外来者,并且反对同波斯尼亚穆斯林合作时,斯托亚迪诺维奇于1935年12月—1936年3月迫使他们退出。[16]

在与克罗地亚的关系中,斯托亚迪诺维奇也许诺过一种“政治逆转”,但是它没有得到落实。马切克拒绝参加“南斯拉夫激进联盟”,除非《宪法》得到开放修订。马切克继续与塞尔维亚之外的反对派集团的其他代表一起联合抵制议会。尽管有一些正当理由,马切克却坚称自己不是一个克罗地亚分离主义者。他解散了他们的武装,虽然只有几千人。在1936年11月,保罗亲王直截了当地询问他:“克罗地亚人想要这个国家吗?”马切克回答:“是的,但是这个国家要么有新《宪法》的授权,要么在非党政府的领导下。”1936年9月的地方选举面向大约4 000个农村和小城镇,这次选举给予这个新的“南斯拉夫激进联盟”超过三分之二的席位,在除克罗地亚(被波斯尼亚穆斯林选票的91%超越)以外的各个地方拥有多数票。马切克的愿望似乎是力所不及的,但是他继续进行谈判。

在1937年1月,斯托亚迪诺维奇许诺马切克一个最终的“大解决方案”,但是这要在最初的“小解决方案”之后。克罗地亚农民党将接受5个内阁职位,并且为新的议会选举推荐候选人。亲王和首相都对马切克的政党产生了错误判断。对他们而言,克罗地亚农民党在1929年解散之后仍然筋疲力尽,以至于它如果不同意加入一个执政联盟,就不能参加任何选举。在这期间,尽管丧失了包括右翼或教士的支持,然而 179
马切克已经将克罗地亚农民党转变成一个有凝聚力的、基础广泛的组织。拉迪奇却未能建立这样的组织。在1937年春,马切克牢固地控制着该党的中央,接受塞尔维亚的联合反对派(United Opposition)的提议,该联合反对派包括民主党(Democrats)、农民联盟(Agrarians)和共和党(Republicans)。他们的联盟开始讨论建立一个单一的民族协约集团(Bloc of National Agreement)问题。

如果没有斯托亚迪诺维奇在塞尔维亚遭受的政治损失,这个最新和最大的集团就可能不会在1937年10月成为现实。在1935年7月同梵蒂冈的《政教协约》签署之后两年(并且谈判已开始之后15年),批准了该《政教协约》,而天主教教士和学校的地位合法化问题仍然悬而未决。斯托亚迪诺维奇断定,此时批准该《政教协约》将使墨索里尼满意，并且损害共产党和可能反教权主义的马切克的信念或原则。马切克几乎不会欢迎“天主教行动”拥有放手处理的权力，从而让“天主教行动”发起了一次民族主义运动，甚至创立一个教权主义政党来对抗克罗地亚农民党。尽管新的1931年《宪法》已经授权塞尔维亚东正教以类似的权利，然而斯洛文尼亚和克罗地亚的天主教统治集团仍然小心翼翼地对待它。东正教在1934年的这种努力就是使圣·萨瓦的诞辰700周年纪念日转变为遍及全国的庆典，但这还是激怒了天主教统治集团。斯托亚迪诺维奇错误地估计他能够像“邮寄信件”那样赢得议会的批准，然而，反对派的一次夏季骚乱却在塞尔维亚骤然爆发。

由东正教牧首瓦尔纳瓦(Varnava)领导的一个突然联合的反对派联盟反对所有事务，从公立学校补贴(天主教会将得到3 500万第纳尔的年度补贴，这种年度补贴是补偿其在土地改革中失去的财产；东正教会将得到4 600万第纳尔；伊斯兰教将得到1 300万第纳尔)到被提议的尼什天主教教会。然而这个相对年轻的牧首(57岁)死于议会投票批准《政教协约》的当夜。该政权已经把他毒杀了的谣言传播到了整个塞尔维亚。到斯托亚迪诺维奇在1937年10月撤销这个命运多舛的文件时，马切克和一个塞尔维亚族反对派已经达成了一个正式协约，这个塞尔维亚族反对派由旧时的独立激进党和从前的民主党领袖——柳巴·约万诺维奇(Ljuba Jovanovic)和米兰·格罗尔(Milan Grol)领导。[17]

这个民族协约集团没有赢得1938年12月的选举，但是它获得了近乎足以使斯托亚迪诺维奇政权垮台的选票。它的政纲申明克罗地亚接受该王朝和该王国的边界，但是要求克罗地亚应当被承认为“一个平等的国家因子，能够根据其自己的自由意志作出影响这个国家将来的
180 决定”。保罗亲王寻求同马切克的另一次会面，以解决同斯托亚迪诺维奇政府的这种僵局，但是遭到了拒绝。当马切克在1938年8月来贝尔格莱德参加集团领导人的一次会议时，近10万人欢迎他。这足以说明，不可调和的对抗已经阻碍了塞尔维亚人-克罗地亚人和解的所有选择，至少在低于政治领导层的大众层面上。

在打宗教牌并且落败之后，斯托亚迪诺维奇在1938年秋季选举运

动中只能够以这种方式作出反应,这种方式就是穿绿色制服的青年们在他的演讲时高呼“领导者”(*vodja*)或“领袖”。该选举结果反映了这种原法西斯主义象征的失败,这些象征吸引了来自塞尔维亚族选区的支持,甚至近乎于其以后在“慕尼黑阴谋”后的匈牙利或在罗马尼亚所得到的成果。斯托亚迪诺维奇也没有因避免像捷克斯洛伐克那样同纳粹德国(Nazi Germany)的失败的遭遇战而赢得许多选票,从而“使贝尔格莱德市民逃脱了像伦敦人一样挖防空洞这样令人厌烦的任务。”“南斯拉夫激进联盟”赢得54%的选票,民族协约集团赢得45%。在克罗地亚,民族协约集团得到超过三分之二的选票。到1938年,在克罗地亚的萨瓦河省,支持“南斯拉夫激进联盟”的符合条件的选民已经下降到14%,而在全部南斯拉夫下降到40%(见表6.1)。1939年1月,克罗地亚的代表同意马切克的意见,即在萨格勒布召开集会而不是参加贝尔格莱德的新议会。保罗亲王承认这种僵局,他要求斯托亚迪诺维奇和新政府(该新政府此时不包括科罗舍茨)辞职。

表6.1　1931、1935和1938年对政府一方的选举支持(单位:百分比)

	1931	1935	1938
萨瓦河省(克罗地亚)	55	23	14
滨海省(达尔马提亚)	34	26	16
贝尔格莱德(塞尔维亚)	58	40	44
德拉瓦河省(斯洛文尼亚)	52	41	53
弗尔巴斯河省(克罗地亚,西波斯尼亚和黑塞哥维那)	64	44	37
多瑙河省(伏伊伏丁那)	71	51	52
德里纳河省(波斯尼亚-黑塞哥维那和塞尔维亚)	79	51	45
瓦达河省(马其顿)	72	60	51
摩拉瓦河省(塞尔维亚)	80	63	58
泽塔河省(黑山)	79	64	49
南斯拉夫	65	45	40

资料来源:*Enciklopedia Jugoslavije*, v, III (Zagreb: Jugoslavenski leksikografski zavod, 1983), 274。

181 ## 经济好转和德国的赌博

斯托亚迪诺维奇的政治问题让我们惊奇他是如何不间断地当政的,其当政时间比两次世界大战之间的任何其他首相包括尼古拉·帕希奇在内的当政时间更长。他的经济政策为我们提供了答案。其经济政策适合于国际贸易,并且得益于自大萧条以来的全面经济好转。这种全面好转是1935年之后所有东欧的特征。在20世纪30年代,第一南斯拉夫的其他政治领导人——从亚历山大国王和保罗亲王到马切克、科罗舍茨和几个塞尔维亚人——没有任何面对大萧条的大体见解或具体计划;而斯托亚迪诺维奇有着这样一个计划。

在农产品价格下降和粮食市场萎缩的这10年中,斯托亚迪诺维奇使工业和加工农产品的出口增长成为其最重要的优先项目。为了推动它们的发展,他放弃了当时金融紧缩和自由市场的自由主义原则,而在20世纪20年代他利用这种原则去稳定第纳尔。[18] 1934年12月,斯托亚迪诺维奇再次被任命为财政部长,他使一项长期拖延的"工业鼓励法"获得通过,该工业鼓励法主要包括关税豁免,但是增加对工业企业的特殊税收优惠。农民得到一些税赋减免、收获保险、贮仓工程和对其合作社的国家信贷。斯托亚迪诺维奇就在1936年9月地方选举之前巧妙地宣布这些措施。次月他终止了农民债务的延期偿付,而这项措施受到私人银行的欢迎。四分之一的巨额债务和二分之一的较小额度债务得到豁免。但是国家农业银行将获得来自国家预算和彩票发行的援助,可在12年内还清剩余债务。

为了支持他在农业和工业方面的倡议,斯托亚迪诺维奇使德国晋级为南斯拉夫的主要贸易伙伴。到20世纪30年代初时,他已经不再抱有任何幻想地去与法国和小协约国(Little Entente)的其他成员成为商业伙伴。到1935年时,南斯拉夫对法国的出口已经萎缩到不足其1930年水平的15%。南斯拉夫出口转向德国最初是为了遵守国联对意大利的禁运。1935年在意大利征服埃塞尔比亚(Ethiopia)之后,国联对意大利实行禁运。如果南斯拉夫遵守这种国际制裁,那么南斯拉

表 6.2　1929—1939 年[a] 南斯拉夫的外贸(在现有价格中总值的百分比)

	西北欧		德国和奥地利		东欧		意大利		东南欧和土耳其	
	出口	进口	出口	进口	出口	进口	出口	进口	出口	进口
1929	9	13.7	24.1	33	13.4	26.3	24.9	10.8	22.1	3.6
1930	10.5	14	29.4	34.4	16.1	25.2	28.3	11.3	9.7	4.3
1931	10.5	16.8	26.5	34.5	23.2	24.9	25	10.3	8	2.8
1932	10	18.1	33.3	31.3	19.4	20.8	23.1	12.7	5.5	4.3
1933	12.3	19.1	34.6	29.3	15.5	17.9	21.5	15.9	5.2	3.2
1934	14.8	21.5	31.8	26.3	16.2	16.6	20.6	15.5	5.9	5.7
1935	13.3	21.1	32.4	28.1	20	18.9	16.7	10	4.6	4.2
1936	21.1	18.3	38.4	37	17.5	20.3	3.1	2.5	7.3	5.7
1937	26.2	14.8	35.2	42.7	11.9	15	9.4	8.2	4.7	4.5
1938	22.3	16.5	42	39.4	13.7	15.3	6.4	8.9	4.6	3.8
1939	21.6	11.6	31.9	47.7	20	5.7	10.6	11.7	4.4	4.3

a 1929 年出口总额为 75 亿第纳尔,进口总额为 79 亿第纳尔;1932 年出口总额降为 28 亿第纳尔,进口总额降为 30 亿第纳尔;1937 年出口总额和进口总额分别再次上升到 51 亿第纳尔和 62 亿第纳尔;1939 年出口总额为 47 亿第纳尔,进口总额为 55 亿第纳尔。

资料来源:John R. Lampe and Marvin R. Jackson, *Balkan Economic History, 1550 - 1950:* (Bloomington, Ind.: Indiana University Press, 1982), 460 - 462。

夫将刺痛墨索里尼的敌对政府，同时赢得西方的认可。当法国政府未能通过放松其保护主义关税报答斯托亚迪诺维奇时，斯拉亚迪诺维奇欣然回应希特勒的财政部长亚尔马·沙赫特(Hjalmar Schacht)在1936年6月所提出的有利的出口价格提议。

这种转变无意中使地区发展远离克罗地亚。1935年南斯拉夫对
183 意大利贸易的下降及其1936年的大幅萎缩(见表6.2)，严重损害了达尔马提亚的水泥及克罗地亚和波斯尼亚的木材出口。斯托亚迪诺维奇许诺继续进行海滨和内地之间的铁路通道建设，但却少有结果。一条连接塞尔维亚和罗马尼亚的铁路线终告完成。然而斯托亚迪诺维奇许诺特别关注的三个部门的发展中所取得的某些进展将使泽尼察(Zenica)地区变成“南斯拉夫的鲁尔(Ruhr)”。这三个部门是伏伊伏丁那的农业、塞尔维亚的化学工业和波斯尼亚的钢铁业。[19]

对德国市场的赌博起初似乎没有附加任何政治条件。斯托亚迪诺维奇的德国教育背景和他对纳粹党的经济复苏政策的钦佩为这种赌博开辟了道路。斯托亚迪诺维奇把纳粹党的经济复苏归功于他的金融同行亚尔马·沙赫特。德国对南斯拉夫的铜和铝矾土的需求也为其开辟了道路，在1935年这种需求促进了出口。即使没有纳粹党的自给自足的战略开发计划，来自伏伊伏丁那的经济作物也恰好适合德国市场，例如在意大利购买不多的植物油，在德国却受到欢迎。1934—1938年，经济作物在南斯拉夫出口总值中的比重从5%增长到11%。1937年时，同德国的贸易已经攀升至南斯拉夫进出口值的三分之一。对意大利未经批准的出口得到了复苏，但是不到1934年的五分之一份额的一半。同时，随着希特勒在1938年占领奥地利，德国的份额暴涨超过40%。

主要基于克虏伯公司(the Krupp)的特许权的原因，泽尼察炼铁厂发展为南斯拉夫第一个现代化钢铁厂，德国的投资资本和管理也跟上，但是其范围大大地扩大了。斯托亚迪诺维奇在1936年越过法国和捷克斯洛伐克的投标人，有意识地选择了克虏伯公司。但是即使在1938—1939年许多奥地利人和捷克斯洛伐克人在南斯拉夫的股权被增加到其总份额中，南斯拉夫的外国投资资本中德国份额总计也只

有11%。[20]到1936年时，在南斯拉夫股份制企业中，已经出现西方(但非德国)份额的相当大增长(见表6.3)。仅仅在1939年之后依赖德国或捷克斯洛伐克的军用物资才变得重要。

表6.3　1928和1936年在南斯拉夫的外国投资

部　门	占合股总投资的份额	
	1928	1936
银行业	6.4	11.1
商业	3.3	30.2
工业	20.2	52.8
交通运输业	1.9	13.1
保险业	0.1	51.7
公共财政	67.7	
其他	0.4	

资料来源：John R. Lampe and Marvin R. Jackson, *Balkan Economic History, 1550 - 1950:* (Bloomington, Ind.: Indiana University Press, 1982), 438 and 509 - 510。

那时，斯托亚迪诺维奇的战略主要是扩展南斯拉夫经济的国有部门。位于泽尼察的德国财力支持的钢铁联合企业在1937年开业时，即成为国有的南斯拉夫钢铁公司。到了1938年，所有的国有企业和垄断公司占到工业资本的15%，并且提供了接近一半的预算收入。合起来它们是最大的工业雇主，拥有大约16.2万名工人。

为了使货币供应量再度膨胀，并且为国有企业提供初始投资，第纳尔不得不受到保护，以免遭遇国际可兑换性的苛刻待遇。而在20世纪 184
20年代中期，斯托亚迪诺维奇曾努力去实现这种国际可兑换。沙赫特的双边清算协议提供了一种人为汇率，这种人为汇率支付高于国际市场水平30%的价格。这些协议是这种保护的理想工具。1935—1938年，依赖暂记账户的南斯拉夫贸易的份额从60%攀升至80%。同时，通过中央银行的纸币发行暴涨了三分之一。国家银行特别是抵押银行中的存款也增长三分之一，这些存款提供了所有可贷资金的三分之二。1936—1939年，实际工业产值由此产生的增长率平均每年为10.7%。

但是与源自更老的斯洛文尼亚和克罗地亚企业相比，这种增长更多源自波斯尼亚和塞尔维亚新型的冶金和化学工业。斯洛文尼亚和克罗地亚企业在20世纪20年代期间曾经繁荣过。[21]当战争在20世纪30年代后期临近时，六个塞尔维亚企业和几个波斯尼亚企业得到了增加的国家投资中的最大份额，这种增加的国家投资用于陆军和空军的军火生产。在大萧条的10年中，在这个任何收益都被假定为其他人损失的时候，在克罗地亚这种区域集中投资并没有被忽视。

作为外交死胡同的纳粹德国

与当时许多西方观察家的设想相反，不断增长的商业依赖并不意味着德国控制了南斯拉夫的经济。但是关于更大的德国市场的赌博也是关于希特勒德国的赌博。与英国或法国相比，小协约国更不必说，希特勒德国能够为南斯拉夫改善同意大利和其他邻国的关系提供更好的保证。

185 斯托亚迪诺维奇上任后承诺改善同这些邻国的经常令人困扰的关系。他承受了与法国关系的破裂，在期待已久的1931年贷款未能提供新市场、军用物资或外交支持之后，这种破裂已大为扩大。然后亚历山大国王被暗杀，并且在对策划阴谋者的审判中法国政府未能要求死刑，或追踪意大利和匈牙利在暗杀中的明显卷入。

如果说这一阶段确实为南斯拉夫接近德国创造了条件，那么，仍然存在一个有争议的问题，即斯托亚迪诺维奇对这个纳粹政权究竟有多少同情。[22]当然，作为一个政治领袖和鼓吹者，斯托亚迪诺维奇对希特勒表示钦佩，他以政治领袖和鼓吹者这两种身份而自鸣得意。他也欣赏纳粹党的反共主义，特别在捷克斯洛伐克同苏联签订1935年条约之后。在斯托亚迪诺维奇看来，该条约永久地败坏了小协约国的声誉。精明的意大利外长齐亚诺伯爵(Count Ciano)“凭借斯托亚迪诺维奇对权威、国家和生命的观念”断定他是一个法西斯主义者。然而，斯托亚迪诺维奇缺乏一个法西斯主义纲要，甚至缺乏一个未经磋商或支持就独断独行的法西斯主义部署。重塑南斯拉夫国家和社会的社团主义纲要、扩张主义的外交政策,乃至准备用暴力压制国内反对者或认识到的民族对手的证据在哪里?斯托亚迪诺维奇花言巧语称1936年针对他的暗杀企图为“法西斯主义方法”,并且谈及“恢复民主的和法律规定的自由”之必要。

斯托亚迪诺维奇所显现出的是一个政治机会主义者的特征,为了直接的经济利益下赌注于纳粹德国。他相信德国没有任何威胁南斯拉夫的、更广泛的地缘政治目的。在1938年1月斯托亚迪诺维奇访问柏林期间得到希特勒接见时,斯托亚迪诺维奇充分相信元首(the Führer)对他的评论,即:“在巴尔干半岛,我们想要的仅仅是为我们的经济提供机会。”斯托亚迪诺维奇回答,奥地利是一个纯粹的德国问题。即使在1938年10月的《慕尼黑协定》(*Munich Pact*)之后,在斯托亚迪诺维奇看来,希特勒仍然似乎是一个热爱和平的人;在欣然致力于重新设计柏林和慕尼黑的建筑之前,希特勒仅仅需要“一两个殖民地”。柏林和慕尼黑的建筑重新设计被认为是希特勒的真正爱好。在这期间,斯托亚迪诺维奇使用了使人回忆起英国首相内维尔·张伯伦(Neville Chamberlain)称颂《慕尼黑协定》的词句,他声称已经保证了“我们边界的和平”。

感激和装聋作哑的措施无疑掺入了南斯拉夫首相对希特勒意图的错误判断。希特勒已经亲自说服墨索里尼在1936年同南斯拉夫达成
谅解,并且促使匈牙利的霍尔蒂政权专注于他们同捷克斯洛伐克的少 186
数民族问题。此时,在南斯拉夫伏伊伏丁那的大量德裔少数民族被规劝保持安静。墨索里尼立即发表提倡这两个邻国之间保持更好关系的演说,并且在1937年3月签署了一个详细解释那些细节的条约。那些细节包括墨索里尼明确同意继续拘留克罗地亚族的乌斯塔沙成员,并且也继续禁止马其顿人的“马其顿内部革命组织”的活动。1938年,德国谨慎地帮助,并逐渐推动不情愿的保加利亚政府同希腊、土耳其和南斯拉夫签署所谓的《巴尔干协约》(*Balkan Entente*)。

同时,斯托亚迪诺维奇与保罗亲王合作去保持英国开放的这一个选项,免得南斯拉夫与德国的纽带结得太紧。1938年,保罗亲王的伦敦之行企图寻求补助的贸易以减少对德国的依赖,此次伦敦之行可能

失败,但这种尝试仍然是意义重大的。1938 年 10 月,斯托亚迪诺维奇正在庆祝他在慕尼黑成功地使南斯拉夫远离战争的威胁,他拒绝了一个德国经济特使的提议,即:把南斯拉夫的一半出口交付给德国;作为报答,德国将根据英国或法国的特许权为其加工有色金属矿石,并且提供各种各样的德国技术援助和培训。

斯托亚迪诺维奇正在冒一种风险,即在希特勒保持和平的时候才起作用的风险。但是到 1938 年时希特勒渴望战争,并且当《慕尼黑协定》拒绝给予他这种机会时,希特勒极端愤怒。[23]在 1939 年希特勒的机会最终到来之后,遥远的南斯拉夫没能保持在德国地缘政治优先范围之外,也没有超出希特勒愿意通过武力实现这些目标的限度。

第一南斯拉夫的资产负债表(1921—1939)

到 1939 年 9 月第二次世界大战开始时,第一南斯拉夫已经作为主权国家存在将近 20 年。虽然一个南斯拉夫国家的主张到那时已经获得更多的承认,但是像约瑟夫·罗斯柴尔德(Joseph Rothschild)断定的那样,这种主张自身不能产生政治共识。罗斯柴尔德将这种失败的主要责任归因于塞尔维亚政治家"浪费了第一次世界大战中塞尔维亚的英雄功绩为南斯拉夫赢得的道德资本"。罗斯柴尔德补充说,克罗地亚人的联合抵制政策有助于说明塞尔维亚人在军官团、文职人员和内阁职位中占优势的原因——1921—1939 年,656 个供职的部长中 452 个是塞尔维亚人,与之相对的是,在这些部长中仅有 26 个被政党批准的克罗地亚人和 111 个未被政党批准的克罗地亚人。

塞尔维亚和克罗地亚的政治家们展现了一种政治文化,这种政治文化和 19 世纪法国的政治文化没有什么不同。没有一个政党规模大
187 得足以赢得议会多数,并且他们的领导人中很少能够充分容忍其他政党,去长久地为一个联盟共同尽力,除非他们在野。这样一种僵局引诱亚历山大国王假借初始专政,然后借助于被安排的选举在恢复秩序的基础上像路易·拿破仑一样统治。但与 19 世纪 60 年代的法国不同,第二次世界大战确定 20 世纪 30 年代的南斯拉夫在下一个 10 年中将没

有机会去重建其政党。种族争端和国际压力严重损害了在1934年之后试图形成的影子政党联盟。它们未能消除分歧,从而为一种新的非政党联盟创造良机。亚历山大曾经想要这种非政党联盟。而第二次世界大战后的局势允许铁托去创立这种联盟。这种不寻常的欧洲政治文化,关于少数民族的地区争端以及缺乏来自任何政治团体的一个连贯的经济一体化计划,使第一南斯拉夫在政治上产生了裂痕。

就作为一个整体的南斯拉夫而言,经济增长(仍然缺乏自给的发展)、土地改革、公共教育、学术和宗教自由,以及法治的历史记载都是积极的。然而,区域发展不平衡的现实或感觉,使每个正在发展中的领域布满阴云。虽然20世纪30年代的独裁主义政权放松了对伊斯兰教统治集团的最初中央集权化,并且恢复波斯尼亚穆斯林的相对自治,但是宗教自由在其他方面未能使天主教的克罗地亚人和塞尔维亚族的东正教教士彼此之间恢复信心。对克罗地亚人、斯洛文尼亚人和塞尔维亚人而言,在第五章中引证的"法定联邦制"需要存在下去。在1937年,在该国的区域和地区法官中他们被按比例地安排代表。而波斯尼亚穆斯林和阿尔巴尼亚人引人注目地缺席。

反对这样的种族不平衡,与两次世界大战之间的欧洲大部分地区相比,威尔逊的乐观主义没有证明更成功。威尔逊的乐观主义对普选权和宪法保障措施的信任创造了一种超越的民主共识。像其他地方一样,1914年之前的宽容和信念,通过一个自立的学术或文化的繁荣时期幸存下来,但是它在政治生活中失败了。最明显的灾害来自对国家权力的质疑。这种质疑为19世纪的自由主义者和20世纪的保守派共同持有。

经济发展和工业

尽管缺乏战前的贸易和交通联系,这个新国家的经济在两次世界大战之间时期以可观的速度增长着。由于对基础设施的破坏,在第一次世界大战期间,这些贸易和交通联系变得更糟。如果1909—1912年国内生产总值的平均数是100,那么伊沃·温斯基(Ivo Vinski)的详细

188 计算显示,1920—1923年国内生产总值从93恢复到104,到1929年时暴涨到141,并且至1936年时从1932年大萧条低谷的122恢复到145,至1939年时更恢复到168。这些指标使南斯拉夫的人均经济增长好于两次世界大战之间时期的其他东欧国家。[24]

一些次要的但是成长中的工业部门占到这种增长的大约三分之二。它们是:在20世纪20年代来自克罗地亚和斯洛文尼亚的轻工业,在20世纪30年代来自波斯尼亚、科索沃和马其顿的冶金和采矿。制造业在1929—1938年的增长几乎是1918—1928年的两倍,1929—1938年为每年4.8%,1918—1928年为每年2.6%,但是在后期,冶金和采矿业以平均10%的年度增长领先于整个东南欧。这些部门是造成1936至1939年工业生产提高31%的主要原因。英国和法国的投资在加工有色金属的股份制企业中占到了大部分,正如我们看到的那样,新的德国投资在加工黑色金属的股份制企业中占大部分。20世纪20年代后,这些欧洲资本弥补了可用于制造业的外国和国内商业银行资金的显著减少。它使股份制工业公司中外国投资的份额从20%增加到52%。在20世纪30年代期间,取得进展的一些轻工业部门也促进区域倾斜偏离克罗地亚。这就是纺织工业,它受到关税保护,成为南斯拉夫最成功的进口替代工业。塞尔维亚,特别是马其顿的较低工资和税收,鼓励许多公司从克罗地亚迁移到那里,或开设新公司。这种转移加重了克罗地亚人的歧视,这种歧视是由前述的斯托亚迪诺维奇在波斯尼亚和塞尔维亚的国家投资造成的。[25]

虽然到1938年时工业产值已经增长到占国民收入的大约30%,但是工人的收入仍然略少于国民收入的30%。男性特别是女性的恶劣工作条件推动了1936年的罢工天数增至之前10年罢工总天数的两倍,虽然1936年的罢工天数仅仅是1920年总数的五分之一。在创造就业机会方面,工业仍然远远滞后于农业。在接近700万从事经济活动的人口中,制造业仅仅提供了30万个就业机会,而采矿业仅提供不到5万个就业机会——占总数的5%。表6.4记录了农业就业仍然以绝对数字显著地增长。按照1931年两次世界大战之间的最后一次人口普查,三分之二的农民经营着平均每人不到 5 公顷的小农场。从而总人口中的农村人口数量在两次世界大战之间几乎没有变动,在 1921 年占 76%,1938 年占 75%。而在这期间,南斯拉夫总人口已经从1 200万增长到 1 550 万, 189
人口密度从每平方公里 48.1 人提高到每平方公里 62.2 人。对肥沃土地的争夺变得更加激烈,特别在波斯尼亚-黑塞哥维那,那里呈现出这种争夺的激烈程度(人口密度从每平方公里 36.9 人上升到 52.9 人)。

表 6.4　1938 年的收入分配

职　　业	从事经济活动的人口		工资、薪水和企业收入[a]	
	(以千计)	百分比	百万第纳尔[b]	百分比
农业				
农民和农业工人	2 113	31	8 003	13
拥有 2－5 公顷土地的农民	1 631	24	9 185	15
拥有 5－20 公顷土地的农民	1 560	23	13 346	21
拥有超过 20 公顷土地的农民	124	2	2 671	4
其他人	263	4	499	1
非农业				
非农业雇佣劳动者	453	7	3 488	6
受薪雇员和公务员	357	5	6 858	11
工匠和小业主	296	4	5 726	9
政府高级官员(包括高级教士和敕命法官)	19	0	1 120	2
高级管理人员	12	0	760	1
专业人士	20	0	980	2
主要企业家	79	1	9 645	15
总数	6 927	100	62 281	100

a 不包括源自住宅所有权的收入。
b 1938 年第纳尔的价格。
资料来源：Lenard J. Cohen, *The Socialist Pyramid: Elites and Power in Yugoslavia* (Oakville, Ont.: Mosaic Press, 1989), 102。

农业和土地改革

在两次世界大战之间,农业产量增长变慢,但是仍然取得重要进展。大多数年份人均增长超过1%,尽管1926—1927年的歉收是显著的例外。从1926—1930年,以及1936—1938年,谷类作物和经济作物的好收成导致所有作物价值近20%的全面增长,这差不多弥补了第一次世界大战的严重损失。畜产品生产也保持平稳。北部粮食过剩地区和南部缺粮地区之间的区域差别,使作物人均种植面积缩减到相当于保加利亚或罗马尼亚的1公顷平均数的一半。表6.4反映了拥有低于5公顷土地的农民所占国民收入的比例,这个比例仅仅是他们在从事经济活动人口中所占54%比例的一半。与在保加利亚一样,农民家庭通过减少其人口对有限的收入作出反应,总出生率从1926—1930年的每千人34.2人下降到1936—1940年的每千人27.4人。

区域差别的感觉增大了,这种感觉不是来自这些当时未被注意的统计数字,而是来自1919—1921年的土地改革。正如在第五章所指出的那样,土地改革花费很长时间去实施,而人们普遍认为土地改革在达尔马提亚和斯拉沃尼亚降低了效率。分成佃农制(the colonate system of sharecropping)在达尔马提亚持续到20世纪30年代;对以前所有者的补偿比率直到1933年才被确定下来,而且就国家预算而言,这种比率太高,以至于担负不起。到20世纪20年代中期时,斯拉沃尼亚已经廉价出售大块地产给金融界,他们把最大地产和最高补偿的确定推迟到30年代初。从这种地产中分割出的小农场在大萧条低谷期最终被授予所有权。与原来的地产相比,它们效率较低并且利润较低,这合乎情理。在波斯尼亚和马其顿,20世纪20年代后期农民获得全部所有权之后,以农作物支付地主地租这种方式才得以结束。两次世界大战之间东欧农业方面最重要的西方专家多琳·沃里纳(Doreen Warriner)估计,此后农业收入增长50%。克罗地亚农民党从一开始就反对实施改革,部分是因为塞尔维亚族主导的民主党的一个成员出任土地改革部长。沃里纳指出,200万公顷土地以这种方式成功地转移到63.7万
190 个家庭,这也增加了塞尔维亚人和克罗地亚人的冲突。[26]像南斯拉夫的一些克罗地亚族评论家当时抱怨的那样,鲁道夫·比查尼奇(Rudolf Bicanic)在1937年关于“被动的”或缺粮地区的详细研究,即《这些人们

如何生活》(*Kako zivi narod*)(How the people live)一书中,也有说服力地汇编了克罗地亚农民贫困的确凿证据。

公共教育和就业

关于治理农村贫困的典型自由主义处方,当然是提供用以摆脱农村贫困的高等教育。按照巴尔干各国的标准,两次世界大战之间的南斯拉夫花费在教育上的平均资金数目是可观的,尽管在国家预算中其比例无足轻重——在 1938 年不到 6%。到 1938—1939 年时,他们把小学入学率提高到 5 至 14 岁人口的 51.5%,这胜过了久已存在的保加利亚小学入学率标准。南斯拉夫的文盲率相应地从 1929 年的超过 48%下降到 1937 年的 38%。中学生入学率是其年龄组的 17.2%,这 191
是东南欧的最高比例,虽然大学入学人数达到 1%仍需努力。在大学生中,40%的人选择科学或技术系而不是法学院,而在 20 世纪 20 年代期间,法学院曾经吸引着绝大多数学生。波斯尼亚、马其顿和科索沃的入学率和识字率远远落后于这些平均数。另外,在采用新的学校教科书去取代战前版本方面几乎没有进展。尽管自 1929 年以后就已许诺使用新的教科书。就科索沃和马其顿而言,从前的塞尔维亚教科书继续在使用,在本书第三章中特别提到了这种教科书的偏见。1937 年之前,塞尔维亚人、克罗地亚人和斯洛文尼亚族教育家之间的争论,阻止了任何一种新的教科书进入课堂。[27]

政府工作机会的减少给塞尔维亚造成进一步的问题,政府工作仍然是中学或大学毕业生的主要工作机会。农民家庭设法让他们的儿子到地方中学(*gimnazija*)读书,或更为罕见地就读贝尔格莱德的大学。正是考虑到公务员的前途,这些农民家庭才这样做。在 1929 年,国家提供的工作已经开始受雇于王室专政,然而 1933 年之后,国家提供工作机会的稳定增长结束了。东南欧最大的军队(如果全部动员的话,有 80 万人)中的职业军官被裁员四分之一至 2.8 万人。两次世界大战之间的制度给予塞尔维亚人所有官方职位的大约三分之二,这些职位包括民事和军事的职位。这些职位中,只有斯洛文尼亚人和塞尔维亚人一起超越其人口比例,但也只限定在文官职位中。

知识分子和南斯拉夫的主张

威尔逊主张一个民主未来的自由主义理想,反对褊狭的政治文化和区域发展不平衡。到20世纪30年代时,这一理想在这个多民族国家中几乎没有幸存的机会。但是它们的拥护者们继续在贝尔格莱德、卢布尔雅那和萨拉热窝扮演主导的知识分子角色。仅在萨格勒布,尽管或可能因为其作为最悠久大学中心的地位,右翼教权主义者和左翼共产党加上中间立场的农民党,实际上没有为米洛斯拉夫·亚尼契耶维奇(Miloslav Janicijevic)所称的自由主义知识阶层留下任何空间。[28]

按照米洛斯拉夫·亚尼契耶维奇关于两次世界大战之间南斯拉夫知识分子的唯一概述,在贝尔格莱德,大约四分之三的大学教员反对塞尔维亚激进党的保守派,并且反对国家和东正教所有权威的基础。也不存在对一个种族纯粹的塞尔维亚的想法广泛的支持。这种想法在农民联盟的瓦萨·丘布里洛维奇(Vasa Cubrilovic)的1937年建议中得到臭名昭著的提出,其目的在于从科索沃驱逐所有阿尔巴尼亚人。(斯托
192 亚迪诺维奇政府在1938年同土耳其签署一个协议,以便接受多至20万的阿尔巴尼亚移民,从而减少多达三分之一的科索沃的阿尔巴尼亚人数量,然而该协议因缺乏资金从未被履行。)多数教员反而希望成为欧洲主流的一部分,他们中的许多人在战前旅行或在法国大学就读期间已经认识到这种欧洲主流。根据特别战时体制,塞尔维亚军官得以有机会在法国大学学习。到20世纪30年代时,这些人谈及对一个现代欧洲社会的需要,基于"有生产能力的个体"而不是"国家权力"。这个城市大多数相当重要的文学和艺术精英加入他们,包括剧作家布拉尼·纽西奇(Branislav Nušić)和诗人伊莎多拉·塞库利克(Isadora Sekulic)。但是这些知识分子实际上没有参与政治,与已经加入20世纪20年代的共和党或支持农民联盟的少数知识分子不同,他们对塞尔维亚农民的兴趣通常是最低的。

他们的学生积极寻求新的政治方向,并且日益接近已放弃适用于

非塞尔维亚人的分离主义的南斯拉夫共产党。特别是西班牙内战(Spanish Civil War)点燃了他们的想象力。因此,此时的共产党集中攻击反现代派作家米洛什·茨尔年斯基(Miloš Crnjanski)。到 20 世纪 30 年代,米洛什·茨尔年斯基进入南斯拉夫的外交部门,并且从他被派驻的佛朗哥将军(General Franco)司令部发送据称亲法西斯主义的报告。

在萨格勒布茨尔年斯基这种超然于政党政治是罕见的,克罗地亚农民党在萨格勒布吸引了知识分子的兴趣和政治支持。马切克说过,“我们是一个民族,不是一个阶级。”到 1935 年时,城市知识分子和官员构成克罗地亚农民党代表的 44%,而在 20 世纪 20 年代仅占三分之一。在这稍后时期,该政党加强其对克罗地亚政治领域的束缚,却以接受拉迪奇一直抵制的教权主义联盟为代价。耶稣会培训的年轻的阿洛伊齐耶·什捷皮纳奇(Alojzije Stepinac)到 1937 年时已经是大主教了。与受这种反对的影响相比,即反对超出克罗地亚范围的任何政治框架——不管是南斯拉夫的还是共产党的政治框架,由什捷皮纳奇领导的牧师们很少受到一些塞尔维亚历史学家随后一再强调的天主教国际主义的影响。

牧师们的最大反对派不是来自以萨格勒布为基地的“南斯拉夫人”的极少数,而是来自成长中的克罗地亚左翼。与多才多艺的、天资非常高的作家米罗斯拉夫·科尔莱扎领导相比,成长中的克罗地亚左翼几乎没有受到像奥古斯特·塞萨瑞奇(August Cesarac)那样的共产党激进主义分子领导。科尔莱扎出生于萨格勒布,并且完完全全是一个城市人。他不相信农民问题是南斯拉夫政治的关键。科尔莱扎质疑拉迪奇的设想,即农民的团结一致能够解决塞尔维亚人和克罗地亚人之间的问题;并且他认为这种想法是“不可思议的”,这些想法就是:像斯韦托扎尔·马尔科维奇(Svetozar Marković)一样的 19 世纪塞尔维亚空想社会主义者及其社区民主的主张,能够投合克罗地亚人的心意。在同 193
时代的塞尔维亚人中,茨尔年斯基是科尔莱扎最喜欢的目标。而在无足轻重的共产党内,科尔莱扎继续与苏联式社会主义唯实论的局限进行斗争。到1939年时,这足以使他受到铁托的这种谴责,即"托洛茨基分子(Trotskyist)的帮手"。未被乌斯塔沙或教权主义诉求吸引的大学生们,反而被科尔莱扎这种学术性类型的马克思主义吸引,而不是被贝尔格莱德的共产主义行动主义吸引。

斯洛文尼亚的自由主义者在20世纪20年代隐身在幕后,在30年代期间他们主动站了出来。由于文学评论家约瑟·维德马(Josip Vidmar)主张斯洛文尼亚拥有一种独立于"不正常的、落后的和不真实的"南斯拉夫主义的语言和文化,他们与约瑟·维德马绝交。这些年迈的自由主义者吸引了小城镇市民们的支持,但是他们没有吸引农民的支持。他们赞成自由企业,并且鉴于德国对和平不断增长的威胁,认为自由企业在一个单一的南斯拉夫市场和国家中将得到最好的保护。与教权主义政党(斯洛文尼亚人民党)中的自由主义运动相比,他们的口号吸引到的支持更少,然而此时其口号的吸引力大大增加。确实,作为这个最大政党的领导人及其合作社系统的首脑,科罗舍茨仍然未受到挑战。但是年轻的爱德华·科茨贝克(Eduard Kocbek)利用他的新文学杂志去推动该政党走向更多的内部民主,并且把该政党推离保守的、反犹太人的科罗舍茨,科茨贝克指控"斯洛文尼亚的教权主义比斯洛文尼亚的自由主义更亲近日本共产党"。在这个社会主义支持者的庞大集团之中,共产党员爱德华·卡德尔(Edvard Kardelj)能够不理会马萨里克(Masaryk)培训的团体,这个团体借鉴了捷克斯洛伐克的社会民主原则。马萨里克团体反对无产阶级专政下的中央集权计划经济,赞成分散的工人自我管理,作为私人企业的更好选择。其1950年之后的拥护者卡德尔在那个时候抵制这种观念。

就波斯尼亚-黑塞哥维那而言,20世纪30年代萨拉热窝的文化环境继续欢迎所有的新来者。[29]诗人廷·乌耶维奇(Tin Ujević)在30年代到达这里。一个艺术家的聚居地吸引了许多著名的画家。来自战前时期的塞尔维亚人、穆斯林、克罗地亚人和犹太人的独立教育团体更多地加强协作。穆斯林的教育团体特别奉行同塞尔维亚人的合作。他们的领导人和主要政党,穆罕默德·斯帕霍的南斯拉夫穆斯林组织

(Yugoslav Muslim Organization)厌恶强调伊斯兰教和战前地主精英的传统方式。穆斯林组织和少数共产党员开始谈及多民族的波斯尼亚可以作为南斯拉夫部分的一个典型。但是可能和他们一起支持这个更为广泛观点的不少塞尔维亚人或克罗地亚人已经死于战争,或已经去了贝尔格莱德或萨格勒布。到 20 世纪 70 年代时,移民潮则以更大强度重新开始。那些剩余的人大多数聚集到塞尔维亚激进党或独立激进 194
党的右翼一方,以及克罗地亚农民党或乌斯塔沙的另一方。他们对穆斯林在萨拉热窝和其他城镇的统治精英或有学识的精英中占主导地位感到一致的恐惧。

从《塞尔维亚族-克罗地亚族协定》到《三国轴心协定》(1939—1941)

在第一南斯拉夫期间,塞尔维亚族和克罗地亚族的代表曾经对重建这个国家取得一致意见。然而,外部力量不经意地协力支持了一系列草率的条款,实施这些条款只是促使了不满的加大。不过,如果没有希特勒的战争计划,这种不满可能不会毁灭这个国家。

塞尔维亚族-克罗地亚族协定

到 1939 年 1 月时,保罗亲王已经不相信米兰·斯托亚迪诺维奇能够解决同马切克及其克罗地亚农民党的僵局。只要斯托亚迪诺维奇仍然是首相,马切克就拒绝保罗的这一建议,即把他的克罗地亚农民党代表带到贝尔格莱德。2 月,亲王邀请较为开明的德拉吉沙·茨韦特科维奇(Dragiša Cvetkovic)去组成一个政府。茨韦特科维奇以前是社会福利部长,然后是新的国家工人工会(JUGORAS)的首脑。纳粹德国曾评价斯托亚迪诺维奇是一个易相处的外长。为了打消纳粹德国的疑虑,保罗任命驻德国大使亚历山大·钦察尔-马尔科维奇(Aleksandar Cincar-Markovic)为外长。墨索里尼是不安心的。在这个新政府否认斯托亚迪诺维奇的这个许诺之前,1939 年 4 月墨索里尼仓促占领了阿尔巴尼亚。作为管制“乌斯塔沙”的报答,斯托亚迪诺维奇允许墨索里尼在阿尔巴尼亚自由行动。

在这期间，这个新政府忠实地执行了同马切克的协定。用约瑟夫·罗斯柴尔德(Joseph Rothschild)的切题的话来说，这个克罗地亚领导人“正在他的政治火焰中同时加热三块互不兼容的铁”。第一块铁是同亲王政府的和解，但是第二块铁是他同意与塞尔维亚的反对派领导人组成的“自下联合阵线”(反对派集团)；第三块铁则将围绕同墨索里尼的外长齐亚诺伯爵关于意大利支持克罗地亚独立的试探性会谈。多年来，人们为这些会谈而大费周折，由于每一方都声称另一方发起这些
195 会谈，并且争论马切克是否寻求对一个邦联的克罗地亚或一个独立的克罗地亚的支持。[30]就第一南斯拉夫的命运而言，更重要的是，马切克很快决定开始反对依赖意大利或塞尔维亚的反对派。

在 1939 年那个危险的夏天中，双方匆忙达成了一些协议。马切克担心出现内部问题，即乌斯塔沙在克罗地亚不断上升的支持和在 1938 年选举中他的塞尔维亚盟友的虚弱表现。保罗亲王则担心外部压力。在其 6 月柏林之行期间为他展示的纳粹军事实力，使他确信战争即将到来。次月，南斯拉夫的黄金储备被运送到纽约。这些黄金储备后来将近 10 年也没有归还南斯拉夫。在希特勒进攻波兰之前不到两周，即在 8 月 20 日，马切克和茨韦特科维奇最终达成协议。

根据奥地利和匈牙利之间《1867 年协定》的条款，南斯拉夫分裂了。该协定创建一个独立的克罗地亚河省，克罗地亚河省包括这个王国大约 30%的领土和人口。克罗地亚此时不仅包括来自前沿海地区的达尔马提亚，而且增加了来自泽塔的杜勃罗文克、来自弗尔巴斯的前军事边界地区的若干部分，还包括来自多瑙河武科瓦尔的斯雷姆的两个部分和来自德里纳河的三个部分。德里纳河穿过波斯尼亚边界，从布尔奇科(Brčko)向南到特拉夫尼克(Travnik)和莫斯塔尔(Mostar)(见地图 6.1)。这个河省的 440 万人口包括主要在波斯尼亚-黑塞哥维那的 16.8 万穆斯林和 86.6 万塞尔维亚人。塞尔维亚族少数民族的领导人没有得到尊重，并且许多塞尔维亚人因其在这个新巴纳特(banate)中地位不明确而感到担心。波斯尼亚穆斯林发现，他们在这

些被分配给克罗地亚的行政区中的存在率完全未被计算在内;只有克罗地亚人对塞尔维亚人的比例得到重视。南斯拉夫穆斯林组织的新领导人取代刚刚去世的穆罕默德·斯帕霍。新领导人尽量粉饰这个协定,称其是波斯尼亚和克罗地亚之间独立的邦联协议的序幕。

这个邦联制克罗地亚的政府将由它自己选出的议会和由君主政体任命的总督组成。保罗摄政迅速任命可以信赖的伊凡·舒巴希奇(Ivan Subasic)。这个克罗地亚人曾经随同塞尔维亚军队在第一次世界大战中的萨洛尼卡战线服役,并在第二次世界大战之后返回,还扮演一个短暂的角色。预算和内部事务将是自治的,但是没有适用于少数民族权利的任何明确条款(像1991年克罗地亚《宪法》中没有适用于少数民族权利的任何明确条款一样)。贝尔格莱德政府保留对外交事务、外贸、防务的控制,并且超出《奥地利-匈牙利协定》的条款,保留对交通和通讯的控制。中央政府对巴纳特的权威没有受到影响。特别在贝尔格莱德,关于他们 196
的领土甚至行政的重组去包括一个类似的塞尔维亚河省的争论十分盛行,但是在战争之前未有任何实际的举措。新的克罗地亚议会选举或适用于贝尔格莱德新议会的选举也未曾出现。然而,马切克和4位指定的克罗地亚农民党成员参加了茨韦特科维奇政府重建。

对这个协定的反对从新的克罗地亚河省中的塞尔维亚人和波斯尼亚穆斯林蔓延到其他民族,只是其重要性不应当被夸大。虽然推迟了该协定已经许诺的新选举,但是在没有纳粹入侵的情况下,对该秘密协定的国内分歧可能不会毁灭第一南斯拉夫。一个更大的邦联结构可能已经作为一个长期协定的唯一基础显现出来。这个邦联结构包括塞尔维亚族的巴纳特以及斯洛文尼亚族加上克罗地亚族的巴纳特。反对的来源——按其对这个国家生存的重要性由小到大的次序——是共产党、克罗地亚的乌斯塔沙、塞尔维亚文化俱乐部(Serbian Cultural Club)和塞尔维亚的民主党。[31]

从共产党反对纳粹德国的人民阵线(Popular Front)时期开始,非法的南斯拉夫共产党的成员人数已经上升,并且到1937年时其领导层统一在约瑟普·布罗兹·铁托的手中。保持南斯拉夫在其现有边界内的政策在贝尔格莱德赢得了学生的支持。一个正式独立的克罗地亚共产党的出现在萨格勒布吸引不少的注意。克罗地亚共产党在 1934 年有几千名成员,到 1939 年底时增长到超过 6 000 人,到 1941 年初时增长到 8 000 人,并且拥有几倍于此的同情者。《塞尔维亚族-克罗地亚族协定》和 1939 年 8 月《苏德互不侵犯条约》的签订,对南斯拉夫共产党而言都是挫折。按照这种新的共产国际路线,南斯拉夫共产党的成员在 1939 年秋试图在马其顿、科索沃和黑山破坏军队动员,但是他们悲惨地失败了。《塞尔维亚族-克罗地亚族协定》夺走了同马切克的克罗地亚农民党和塞尔维亚反对派结成"自上联合阵线"的机会,然而这种"自上联合阵线"是不切实际的。尽管苏联同纳粹德国签订条约,但由于共产国际秘密批准"自下联合阵线"去反对轴心国(the Axis Powers),南斯拉夫共产党的好运在 1940 年有了起色。共产国际允许南斯拉夫共产党去谴责该协定,特别是该协定中对克罗地亚之外的非塞尔维亚人的政策。

铁托的南斯拉夫共产党第五次全国代表会议 1940 年 10 月在萨格勒布市郊召开。这次精心策划的会议是令人难忘的,它包括亲保加利亚的马其顿中央委员会最初成员,和来自成长中的斯洛文尼亚的代表。虽然波斯尼亚穆斯林加入南斯拉夫民族名单的提议遭到否决,但是其他会议决议答应了黑山、马其顿和一个联合的波斯尼亚-黑塞哥维那的民族自决。如果塞尔维亚人和克罗地亚人同意在一起的话,这些领地
197 的处置中没有一个可能威胁当时或以后的南斯拉夫的生存。

"乌斯塔沙"根据一种明确的假定征募成员,这种明确的假定就是:甚至在《塞尔维亚族-克罗地亚族协定》的邦联中,这两个民族也不可能和平共处。"萨洛尼卡战线名人舒巴希奇"作为总督的选择对"乌斯塔沙"的极端民族主义成员显示了,塞尔维亚的影响仍然是普遍深入的。另外他们反对新巴纳特的边界,特别是未能包括全部波斯尼亚-黑塞哥维那的那些边界。"乌斯塔沙"声称,波斯尼亚-黑塞哥维那不仅是有历史意义的克罗地亚领地,而且更不祥的是,其依据是波斯尼亚穆斯林和一些塞尔维亚人原为克罗地亚人。《塞尔维亚族-克罗地亚族协定》允

许"乌斯塔沙"成员自意大利返回,并且在萨格勒布大学和其他中心城区征募新的支持者,这些中心是莫斯塔尔、特拉夫尼克(Travnik)、戈斯皮奇、武科瓦尔和斯普利特。尽管如此,"乌斯塔沙"的实际成员人数仍然微不足道,可能有 2 000 人,其中一半在萨格勒布,加上仍然在意大利的包括安特帕韦利奇(Ante Pavelić)在内的另外 250 人,其成员也被分为亲德国和亲意大利的两派。估计他们在克罗地亚的民众支持率勉强超过 5%。

塞尔维亚对该协定的反对派不久发展成为一个更大的、虽然性质未定的公众舆论派别。其最小的来源是迪米特里耶·廖蒂奇(Dimitrije Ljotić)公开的法西斯"集会党"(*Zbor*)。律师廖蒂奇在 1931 年结束其作为司法部长的短暂任期,当时国王否决了他提议的《宪法》——因为这部《宪法》过于独裁。在 1935 年他创立集会党或团结党(Rally Party),然而在接下来的两次选举中他没有赢得一个席位,并且仅赢得已投选票的 1%。到 1940 年时,廖蒂奇对该协定的激烈反对吸引了大概 5 000 名成员和一个学生组织"白鹰"(*Beli Orlovi*)(沃伊斯拉夫·舍舍利[Vojislav Seslj],为在 1992 年派往波斯尼亚的准军事部队采用同样的名称"白鹰")。12 月,该摄政政权严厉惩罚这个运动,拘留了其几百名成员,并且迫使廖蒂奇躲藏起来。[32]

更大的塞尔维亚族反对派到目前为止来自两个来源。就任何邦联的南斯拉夫而言,这两个来源具有不同的但值得注意的重大变化。在某种程度上,他们的成员部分相同。这些发起者是塞尔维亚文化俱乐部和民主党。塞尔维亚文化俱乐部由受人尊敬的律师和历史学家斯洛博丹·约万诺维奇在 1937 年创立。一个俱乐部成员称《塞尔维亚族-克罗地亚族协定》为"塞尔维亚人的慕尼黑",因为作为少数民族塞尔维亚族被列入到克罗地亚巴纳特,特别是在波斯尼亚的塞尔维亚族少数民族。民主党的领导人米兰·格罗尔撤回其政党对一个独立的波斯尼亚-黑塞哥维那的较早支持,并于此时要求未列入克罗地亚族巴纳特的那些地区归入一个单一的塞尔维亚族巴纳特。格罗尔幻想的塞尔维亚也包括伏伊伏丁那和"国家有机体的主干"马其顿。斯洛文尼亚将属于该

198 国其余部分的什么地方未列入讨论。斯洛文尼亚最主要的政治家和保罗亲王的密友科罗舍茨在1940年12月去世。一旦亚历山大的儿子彼得在1941年9月其18岁生日时成为国王，那么即使没有发生战争，某种邦联的新结构也是可能产生的。

《三国轴心协定》和战争

由于德国在巴尔干半岛缺乏军事利益，所以斯托亚迪诺维奇的战略是按照预订计划去防止南斯拉夫同意大利的战争。到1940年时，茨韦特科维奇政府没有看到能够逃避这个战略的任何有效方式，这个战略包括一个基于捷克和德国进行装备交货的重整军备计划。此时捷克的交货已经受到纳粹控制，像意大利的政策暂时已经受到纳粹控制的那样。齐亚诺伯爵再次试图诱惑马切克签订关于独立的克罗地亚和一个意大利的达尔马提亚的协定，但是此事毫无进展。当墨索里尼失去耐心并且计划在1940年3月进攻南斯拉夫和希腊时，希特勒突然告诉他不要插手巴尔干半岛。这将是斯托亚迪诺维奇的投资组合带来的最后红利。

保罗亲王及其首相花费接下来的12个月时间试图避免与纳粹德国签订某种正式约定，他们要求纳粹德国能给其带来进一步的红利。[33]意大利进攻的威胁促使保罗亲王去探究同英国和法国发展更密切联系。保罗亲王特别担忧萨洛尼卡的安全。魏刚(Weygand)将军表示愿意派遣一支法国军队到希腊北部港口，但是张伯伦政府不会允许这么做。5月，纳粹闪电战迅速消灭了法国军队和政府。贝尔格莱德的震惊刺激了这个反共政权去寻求与苏联的外交关系。6月下旬，在安卡拉(Ankara)的谈判终结了长期以来南斯拉夫后继政府对同苏联建立关系的坚持抵制。南斯拉夫同苏联的一种较早的联系是否可能会提供给南斯拉夫王国更大的安全，这当然是难以预料的。

1940年10月28日墨索里尼不明智地入侵希腊，最终使希特勒卷入巴尔干半岛战事。意大利的进攻迅速停顿并且转入退却。德国军队刚刚被派往北非去扭转这种打击，这种打击就是：大批缺乏训练并且装备很差的意大利军队正为一小支英国远征军所压制。在北非,德国指挥官曾经想要通过最短的路线运送补给品,这一路线贯穿了南斯拉夫和希腊。在法国陷落期间上台的丘吉尔(Churchill)政府必须保护其有效打击纳粹的部队。伦敦在1941年2月决定派遣几个师到希腊北部,不是到 199
达边界而是沿着阿利阿克蒙河(Aliakmon river)到萨洛尼卡的西南。

一些西方学者认为,英国进入希腊的决定是对德国试图维护最短补给线的最终打击,要不然那些努力可能会使南斯拉夫成功地置身于战争之外。而最详细的南斯拉夫报告反驳道,早在1940年7月,希特勒就已和南斯拉夫产生敌对,尽管他在1940年后期拒绝墨索里尼进攻南斯拉夫。[34]这似乎令人怀疑,不过我们可以推测,即使全心全意地遵守《三国轴心协定》,也不会把南斯拉夫从对德国战争努力的义务中拯救出来。南斯拉夫的这种义务就是像保加利亚所做的那样,对英国和美国宣战,并且提供补给品和完全过境权。

保罗亲王和茨韦特科维奇政府尽他们所能不参与德日同盟。意大利在1940年9月加入德日同盟,从而形成《三国轴心协定》。匈牙利的霍尔蒂政府在9月也签约承担义务,但是南斯拉夫对《三国轴心协定》的支持将更有帮助。南斯拉夫的支持将阻挡英国或俄国在巴尔干半岛的任何存在,并且缩短到北非的补给线。米兰·内吉奇(Milan Nedic)将军是南斯拉夫陆军司令,他自斯托亚迪诺维奇时代就是德国的同情者,他建议南斯拉夫加入轴心国。为了巩固这种结合,南斯拉夫军队随后应当从希腊夺取萨洛尼卡以防止英国军队进入。正当茨韦特科维奇政府开始秘密供应军需品和马匹给希腊军队时,11月5日保罗亲王将内吉奇予以免职。英国和美国大使馆对此提供了迟来的鼓励。1941年1月,威廉·多诺万(William Donovan)作为罗斯福总统(President Roosevelt)的代表访问贝尔格莱德,只是传递了这样一个信息。到1941年3月为止,这些努力有助于坚定该政府抵制《三国轴心协定》的决心。

但是如同保罗亲王告诉美国大使亚瑟·布利斯·莱恩(Arthur Bliss Lane)的那样,"你们大国是不软弱退缩的。你们谈论我们的荣誉,但是你们在远处"。[35]保加利亚政府在3月1日表示遵守《三国轴心协定》,35

万德国军队随后到达保加利亚,这使得保罗亲王及其政权不可能再继续加以反对了。3 月 4 日,在秘密访问贝希特斯加登(Berchtesgaden)期间,保罗亲王当场拒绝签署《三国轴心协定》。然后德国外长约阿希姆·冯·里宾特洛甫(Joachim Von Ribbentrop)正式修改德国的提议,取消了德国军队(但不是补给品)穿越南斯拉夫的通过权或军事援助的请求。其秘密条款许诺,南斯拉夫随后“自由进入”萨洛尼卡,然而德国的这一讨好似乎没有像期望的那样说服贝尔格莱德。即使南斯拉夫同意签署协定,茨韦特科维奇政府还指令其驻柏林大使伊沃·安德里奇
200 (Ivo Andrić)推迟签署。像许多其他人一样,茨韦特科维奇政府的情报机构已经听到了关于德国即将进攻苏联的传言。如果德国入侵苏联,就有可能牵制德国对南斯拉夫的进一步压力,但是这些并没有很快到来。3 月 25 日,茨韦特科维奇政府正式签署了《三国轴心协定》,尽管该政府再三地对德国大使进行过警告,即应充分考虑塞尔维亚公众对加入他们仍视为自第一次世界大战以来的敌人一方的反应。

两天以后,塞尔维亚的政治派别和贝尔格莱德公众全力支持了推翻茨韦特科维奇政府的军事政变,并且宣布还未成年的彼得国王取代保罗亲王。即使德国军队直到 4 月 6 日才入侵,但是 3 月 27 日的政变和希特勒的“摧毁目前存在的南斯拉夫国家”的即刻决定,已经预示了第一南斯拉夫的终结。

第七章　世界大战和内战（1941—1945） 201

第二次世界大战对第二南斯拉夫的塑造甚至比第一次世界大战对第一南斯拉夫的塑造还要多。纳粹主导的对第一南斯拉夫的瓜分实际上摧毁了其所有的现行制度。如果没有第二次世界大战提供给南斯拉夫共产党这个支持抵抗并且代替那些制度的好机会，那么铁托的 8 000 人小党不可能梦想在 1945 年取得政权，并且几年以后公然反抗苏联。本章探究这两方面之间的联系，即东欧共产党政权的最迅速夺权，以及在南斯拉夫和第二次世界大战的历史中最复杂、最有争议的主题。

这场战争本身已经引出大量间接报道，但是与欧洲的其他地方相比，这场战争给权威性的南斯拉夫史留下较少的原始证据。南斯拉夫的国内动态对共产党夺权是至关紧要的，并且最至关紧要的是与塞尔维亚人-克罗地亚人的关系。英国、美国和苏联的各自作用日益明显，但是现在看来它们中没有一个是决定性的。

通过专注于国内事件的趋向，可以获悉更多的事件。首先到来的是 1941 年 4—6 月德国对南斯拉夫王国的武力摧毁。分割这个国家的后继政权的势力和残忍在 1942 年达到极点。到 1943—1944 年时，共产党在农村的优势不断增长。然而，在同非共产党的塞尔维亚族抵抗组织的内战中，后继政权获得了优势。内战伴随着与反对外国占领者、他们的合作者或在萨格勒布不受拘束的本国法西斯政权的斗争,并且有时使其黯然失色。

第一南斯拉夫的毁灭

虽然1941年4月6日德国的进攻给予南斯拉夫王国致命打击,但
202 时间只从3月下旬延续到6月。6月22日,希特勒对苏联的进攻促使南斯拉夫共产党积极投身公开的抵抗,这种公开的抵抗已在黑塞哥维那爆发,并将在黑山和塞尔维亚爆发。

如果时间允许,那么3月27日贝尔格莱德通过不流血政变产生的领导人们即使冒着来自波斯尼亚穆斯林暴力反抗的风险,也想要改变统治南斯拉夫的《1939年协定》中非克罗地亚人的状况。一个塞尔维亚族的河省必定包括不归属于克罗地亚的全部波斯尼亚-黑塞哥维那。但是无论如何,也没有时间这么去做。从这个新政权执政的那一天起,希特勒就决心摧毁它,尽管该政权发表愿意通融的声明。新首相杜尚·西莫维奇(Dusan Simovic)将军曾指挥过南斯拉夫空军,并且他是设法获得英国大使馆支持的诸多塞尔维亚军官中的一位。但是西莫维奇及其副手博拉·米尔科维奇(Bora Mirković)没有从与英国情报人员在空军武官办公室的接触中获得足够的支持,以证明下述断言是正确的,即伦敦导演了这次政变。西莫维奇及其副手博拉·米尔科维奇策划了军队参与政变和塞尔维亚文化俱乐部的关键人物对政变的支持,[1]这对希特勒而言并不要紧,因为西莫维奇政权能够说服克罗地亚领导人弗拉德科·马切克参加其内阁,或立即尽一切外交努力去向德国外长保证严格遵守在3月25日同意签订的协定。

南斯拉夫位于希特勒的俄国前线南侧,并且横跨到隆美尔(Rommel)的非洲军团(Afrika Korps)和东地中海的最短路线,南斯拉夫怎么可能在1941年始终保持中立呢?德国对意欲占领希腊全境的"马里查河行动"(Operation Maritsa)的准备已经就绪;增加的南斯拉夫战役只是并不重要的又一步骤。1941年春,英国劝诱南斯拉夫军队进攻在阿尔巴尼亚的意大利军队,这反而增加了希特勒与"塞尔维亚叛

徒"清算的意愿。希特勒因塞尔维亚开始第一次世界大战而斥其为"塞尔维亚叛徒"。[2]3 月 27 日上午,支持政变和西方盟国的大规模示威堵塞了贝尔格莱德的主要街道,这证实了希特勒的判断。温斯顿·丘吉尔对这次政变的反应也是这样,他的一句名言是,"现在南斯拉夫已经找到其灵魂。"

战后,共产党声称他们的支持者领导了贝尔格莱德的这些示威。宣传照片中的时钟已经被删掉,以隐藏这一事实,即南斯拉夫共产党直到上午晚些时候才加入到这些自发的群众运动中去。可是他们要求同苏联联合的标语显示在这些早期标语的旁边,即"战争比签订条约更好"和"死亡比做奴隶更好"的标语。在萨格勒布,铁托必然批准这个参与示威的决定,这一决定将公开藐视 1939 年《苏德互不侵犯条约》。或许铁托及党的其他领导人已经知晓德国全面准备进攻苏联,这种进攻一旦发生显然将粉碎《苏德互不侵犯条约》。更有可能的是,他们已经获悉待定的同苏联的互不侵犯条约,保罗亲王已经批准这一条约。(该条约在德国进攻之前几小时将被签署,并且注明前一天的日期。)在 1940 年,他们收到共产国际的早先指令(见第六章),开始筹备"自下联合阵线"去反对纳粹扩张,但是参加这次示威是反对派的第一次公开行动。 203

在政变两三天后,在柏林的南斯拉夫武官已经提醒新的西莫维奇政权注意德国主导的进攻。但该政权什么也没有做,它可以做什么呢?有 459 架飞机的巴尔干半岛最大的空军将面对德国人派遣的 1 500 架飞机,这 459 架飞机中只有 87 架现代战斗机。已经在保加利亚和匈牙利集结的纳粹军队,由很大程度上机械化的 24 个德国师组成,并且将联合 23 个意大利师和 5 个匈牙利师,从四面八方发动攻击。南斯拉夫军队在其试图守卫的漫长边界薄弱地铺展开来,纳粹联军横扫了南斯拉夫军队。南斯拉夫大约 70 万人已经动员起来,但是他们的 30 个师人员不足,并且装备和机动性严重缺乏。这些都证明打击将是毁灭性的,即使军官团已经从将保卫地区的主要民族中按比例选取,而不是由超过 70%的塞尔维亚人组成。与其他地方相比,纳粹德国 10 天的闪电战在克罗地亚面临更少的反抗,并且发现更多的纳粹合作者。闪电战在塞尔维亚和斯洛文尼亚遭遇到来自零散部队的较大反抗,但是闪电战的速度没有被显著放缓。德国军队损失不到 200 人,而南斯拉夫军队至少损失了3 000人。[3]

随后的第一南斯拉夫划分太过复杂,以至于如果没有看到地图都不能得到理解。各种各样的瓜分(见地图 7.1)在德国和意大利及其同伙之间展开,从扎达尔到斯普利特的达尔马提亚海岸和黑山海岸给了意大利,德拉瓦河和多瑙河的北部地区(斯拉沃尼亚的梅吉穆耶和普瑞科穆耶,加上伏伊伏丁那的巴拉尼亚和巴奇卡,包括诺维萨德)给了匈牙利,科索沃和马其顿西部给了意大利的阿尔巴尼亚,保加利亚占领马其顿的其余部分,意大利占领黑山的其余部分,而德国占领全部塞尔维

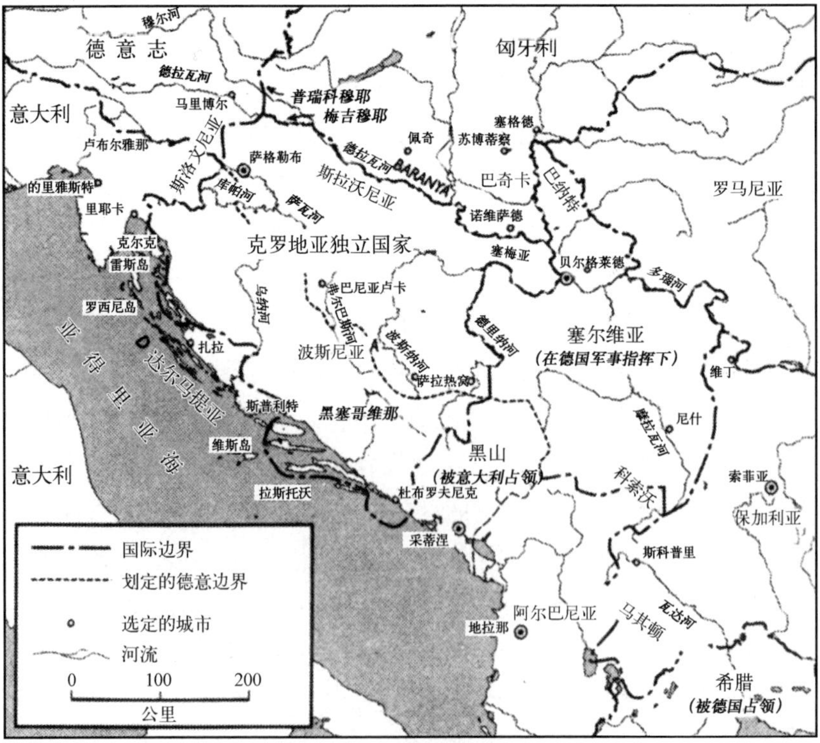

地图 7.1　1941—1944 年前南斯拉夫的分割

亚,加上控制蒂萨河(巴纳特)的伏伊伏丁那东部的独立德国行政区。也要注意把德国和意大利在被称做“克罗地亚独立国家”(Independent State of Croatia)(NDH)中的军事责任分开的那条东西线。在战争最 204
初几个月期间,对南斯拉夫国家的未来而言,最关键的是在“克罗地亚独立国家”和德国占领的塞尔维亚中的形势。

塞尔维亚和科索沃

与该国的其他方面相比,德国的进攻使贝尔格莱德遭受更多的是有形损失和心理冲击。从周日清晨到4月6日下午,德国轰炸机的攻击波狂轰滥炸了这个城市,并且于第二天再次轰炸。轰炸杀害了大约2 300人,这接近于整个南斯拉夫军队遭受的损失。相当数量的建筑物被毁坏或严重破坏,包括国家图书馆和许多政府机构。所有基本公共服务系统瘫痪。与其杀害的人相比,轰炸伤害了更多
的人,并且促使更多的人逃离这个城市,包括政府领导人。彼得国王 205
以及缺乏马切克的西莫维奇内阁在4月11日抵达接近萨拉热窝的帕莱(Pale),在4月14、15日从黑山的尼克希奇(Nikšić)乘飞机去了雅典(Athens)。

在占领的最初时期,德国人设法保证对贝尔格莱德和塞尔维亚全境的恐怖统治不存在任何干扰因素。在4月12至14日经批准的抢劫之后,纳粹军队直接控制了所有城市中心。在正式投降的前一天即4月16日被迫签署的公告,要求所有犹太人向警方登记。有些人立刻被简单地处决,例如著名出版商盖察·昆。许多市政当局被说服合作,而在贝尔格莱德匆忙征募的新特种警察部队的成员是来自伏伊伏丁那的德裔居民(*Volksdeutsche*)。他们参加德国陆军部队,去实施实际上是戒严法的宵禁令和其他条例。在贝尔格莱德周围的几个集中营很快被建立起来,以供关押罪犯。所有文化生活也迅速处于德国的控制之下,经授权的唯一报纸《新时代》(*Novo Vreme*)在5月开始发行。

为了加重对整个塞尔维亚的打击,纳粹占领者把抓捕的接近20万南斯拉夫军官和士兵关押到在德国的战俘营。这些士兵像在德国进攻

期间最初被俘的超过 30 万人中的绝大多数一样,是来自塞尔维亚的塞尔维亚人。1 万名或更多的军官包括许多预备役军人被扣留在德国,他们大部分曾经是塞尔维亚的政治和职业精英。

职业陆军上校德拉扎·米哈伊洛维奇(Draža Mihailovic)是那些未被俘获的军官之一。他的早期经历几乎没有为他领导非共产党的塞尔维亚族对占领的抵抗做好准备。因为在第一次世界大战中的一次醉酒意外事故,他未被晋升为将军。在 20 世纪 30 年代后期他也遭到几次申斥,一次是因为民族主义建议,即把军队分成独立的塞尔维亚族、克罗地亚族和斯洛文尼亚族等三个单位。在 4 月战争中,他侥幸逃过同德国坦克在波斯尼亚的交战,并且在一群士兵的陪同下撤退到崎岖的西部塞尔维亚高地。当他们 5 月 12 日到达拉夫纳山(Ravna Gora)的时候,陪同的士兵总计只有 31 人。这样,第二次世界大战中南斯拉夫最有争议的一个人物的冒险旅行开始了。被击败的塞尔维亚和一个大胆反抗的丘吉尔政府不久对米哈伊洛维奇寄予了很大的希望。米哈伊洛维奇随后同意大利和德国当局的交易中提出了下述仍被争论的问题,即他同意大利和德国当局的合作有多么值得注目,并且他对其分散的"切特尼克"(*Cetnik*)部队行使了多少支配权。这些部队无论如何将输掉由克罗地亚的"乌斯塔沙"开始并且由铁托游击队结束的内战。

206 米哈伊洛维奇本人为他的部队选择了"切特尼克"这个名字,正式名称最初为"拉夫纳山运动",后改为"南斯拉夫军队在祖国"(Yugoslav Army in the fatherland)。他们的功绩将使"切特尼克"(Chetnik)这个词进入英语中。这个名字取自塞尔维亚和马其顿给予反抗奥斯曼帝国统治的高地游击队的专用名词。这个名字更早出现在第一次世界大战期间,特别是在波斯尼亚塞尔维亚族游击队之中。然后它成为地方民兵组织的名称。在 1929 年法令解散了克罗地亚的塞尔维亚人和塞尔维亚的两个正式组织之后,亚历山大国王非正式地允许地方民兵组织再度出现。这两个拥有接近 50 万不活跃成员的庞大组织,后来受到利用。但是我们不应当把年迈的科斯塔·佩查纳茨(Kosta Pećanac)领导的最大的后继民兵组织与米哈伊洛维奇的"切特尼克"弄混淆了。1941

年8月,佩查纳茨选择了同德国占领者的合作。

在战争的最初几个月,米哈伊洛维奇的“泛塞尔维亚运动”(Chetnik movement)有着显著的发展。[4]他把大约1万人吸引到他在塞尔维亚西部的队伍中,这足以把一个单凭主观愿望的想法传遍塞尔维亚,这个想法就是:积极的抵抗已经开始。事实上,他正在为德国的最终战败保存他的部队,或许把这种意图传给德国司令部,即他将不会挑战德国司令部此时的权威。共产党指控,在米哈伊洛维奇的心中合作是最重要的。但是与共产党的这种指控不符,米哈伊洛维奇敦促同王室流亡政府建立联系。最初西莫维奇政府在伦敦受到欢迎,并且在6月21日赢得承认。这个西莫维奇政府由8名塞尔维亚人、2名克罗地亚人和1名斯洛文尼亚人部长组成。陆军部长和无足轻重的军事参谋部仍然在开罗(Cairo)。在赢得承认的两天前,一个“切特尼克”信使到达伊斯坦布尔(Istanbul)。他报告,米哈伊洛维奇的部队已经请求被承认为一支志愿军,从而与在塞尔维亚的德国占领者作战,并且对正在被“克罗地亚独立国家”的“乌斯塔沙”部队屠杀或清洗的波斯尼亚和克罗地亚的塞尔维亚族村庄给予更直接的援助。

此时,最主要的“切特尼克”理论家斯特万·莫列维奇(Stevan Moljevic)已经起草了一份《备忘录》和一份附随地图,提议建立一个庞大的“同种的塞尔维亚”。莫列维奇是一名来自波斯尼亚北部的巴尼亚卢卡(Banja Luka)的律师,直到1943年他才在米哈伊洛维奇的中央民族委员会(Central National Committee)中崭露头角,取代贝尔格莱德的德拉吉沙·瓦西奇(Dragisa Vasic)。这个值得注意的细节和该委员会的次要地位削弱了以下这种论点,即莫列维奇地图是一套连贯的“切特尼克”战争目标的中心。莫列维奇估计,为了创建一个覆盖重组的南斯拉夫三分之二国土的塞尔维亚,100万克罗地亚人将不得不被驱逐。一个残余的克罗地亚和一个被伊斯特拉半岛扩大的斯洛文尼亚将组成其其余部分。

正好在这个时候即6月22日,纳粹侵略苏联,这导致南斯拉夫共产党经由共产国际指示,着手“立刻组织游击队特遣部队开始敌后游击 207

战争”。南斯拉夫共产党在7月4日开始了一场协同的蓄意破坏运动。这证实了南斯拉夫共产党的军事准备早已开始。贝尔格莱德是必然的中心。它的规模、地位和大学已经吸引了最多的成员参加南斯拉夫共产党。4至7月，这个政党及其共产主义青年组织成员增加了50%，分别达到1.2万人和3万人。铁托在5月8日从萨格勒布到达贝尔格莱德，开始为积极的抵抗去组织部队并收集武器。

虽然《苏德互不侵犯条约》仍然生效，但是南斯拉夫人的爱国主义激励了该政党的某些成员准备与德国人战斗，特别是其青年组织中的那些人。必须迅速添加两个限制条件：首先，此刻那些关于纳粹即将进攻苏联的广泛流传的报告无疑已经交给了铁托。其次，根据米洛万·吉拉斯(Milovan Djilas)所说，该党的最高领导层不但把克罗地亚的“乌斯塔沙”，而且把“隐藏在塞尔维亚西部山区的(塞尔维亚族的)军官群体”均视为其敌人，他们将是战后权力的竞争对手。[5]南斯拉夫共产党领导人期望德国及早败北，这反映了共产党对苏联红军战胜任何对手有极大信心。即使他们与“切特尼克”把“乌斯塔沙”视为共同敌人，并且他们为抵抗而动员的大部分成员是塞尔维亚人，但是共产党仍然应该受到赞颂，因为他们认为其自身是一个南斯拉夫人的运动，而不是一个塞尔维亚族的运动。铁托召集来自所有主要民族的代表出席了贝尔格莱德的中央委员会5月会议。虽然没有马其顿的领导人绍尔洛(Sarlo)，但是邦联的斯洛文尼亚和克罗地亚各方的领导人出席了。在4月19日之后，像马其顿的大部分领导人一样，绍尔洛已经转而效忠于保加利亚共产党。在4月19日，保加利亚军队越过边界，并且索菲亚当局控制了马其顿的大部分地区。他们没有面临任何激烈的反抗，并且最初受到相当多的马其顿人欢迎。

突然获得授权的阿尔巴尼亚人在科索沃对塞尔维亚人开始大肆屠杀，并焚烧民居和东正教教堂。他们遭到“切特尼克”的有限抵抗，并且实际上没有遭到主要是塞尔维亚人的几百名共产党人的任何抵抗。当流浪的科索沃人把两次世界大战之间的塞尔维亚族或黑山族殖民者确定为靶子时,在其扩大的阿尔巴尼亚保护国中的意大利当局却袖手旁观。大约2万人设法逃往塞尔维亚,到1944年时有1万多人加入他们。战争期间,在科索沃被杀害的1万塞尔维亚人中的大多数死于这 208
场最初的驱逐。[6]

克罗地亚

纳粹军队(Wehrmacht)毁灭了南斯拉夫国家,这种毁灭却创建了完全独立的克罗地亚。安特·帕维里奇(Ante Pavelić)领导的无足轻重的"乌斯塔沙"少数党去统治这个完全独立的克罗地亚,这不是德国当局的最初选择。在德国进攻前夕,多数党克罗地亚农民党的领导人弗拉德科·马切克和匈牙利的霍尔蒂政权都被德国邀请匆忙地征求意见,双方均没有接受。纳粹外长冯·里宾特洛甫的代表求助于萨格勒布的中尉安特·帕维里奇,在意大利,这个"乌斯塔沙"领导人自从1929年后一直得到支持,但有时也受到限制。前哈布斯堡王朝军官斯拉夫科·克瓦泰尔尼克(Slavko Kvaternik)此时是帕维里奇的军事指挥官,在4月5日他同意接受条件。作为对这个夺取政权机会的报答,"乌斯塔沙"欣然接受意大利对达尔马提亚中部的上述吞并,并且接受一个名义上统治克罗地亚的意大利国王。这个"克罗地亚独立国家"将合并帕维里奇的家乡波斯尼亚-黑塞哥维那和东斯拉沃尼亚的斯雷姆地区,从多瑙河上的武科瓦尔一直延伸到横跨来自贝尔格莱德的那条河流泽蒙(Zemun)。

到4月15日,安特·帕维里奇及其少数随行人员赶到萨格勒布,但是克瓦泰尔尼克仅仅在入侵4天之后即4月10日,就宣布成立"克罗地亚独立国家"。由主要鼓吹者米莱·布达克(Mile Budak)和新的内政部长安德里亚·阿尔图克维奇领导的其他长期追随者也在等候帕维里奇。《1939年协定》允许他们返回,并且给予他们更大的自主权去吸引新成员。但到1941年时,该党的成员人数仍只有1.2万人,与共产党的成员人数相当;其全部的支持者仍然不到政治活动积极的克罗地亚人的10%,远低于与其极相似的组织,即"匈牙利箭十字"(Hungarian

Arrow Cross)和“罗马尼亚铁卫军”(Romanian Iron Guard)。[7]尽管如此,没有更广泛的磋商或德国和意大利的批准,帕维里奇就宣布自己为领袖(*Poglavnik*),委任一个内阁,并且从其政党信徒中任命一系列地区领袖(*Zupani*)。

涌入克罗地亚的德国和意大利军队不久在如地图7.1所示的东西分界线后面设立长期驻军;一个中心地带将维持未被占领状态,这个中心地带从莫斯塔尔的北部延伸到意大利一侧的卡尔洛瓦茨(Karlovac)南部。强大的轴心国驻军可能使帕维里奇政权上台,但是轴心国驻军没有控制它或设定其议事日程。从帕维里奇政权突然出现以后,第二209 次世界大战期间在纳粹政权以外的欧洲任何地方发生的最凶残的现象都出现了。该政权最重要的目的是建立一个种族上纯净的克罗地亚人的国家,塞尔维亚人、犹太人和吉普赛人将从这个国家永久清除出去。

“乌斯塔沙”的纲要刻不容缓地宣告出来,它揭露了其辩护者的主张是虚假的,即声称这是对塞尔维亚族反抗的一种反应。4月17日南斯拉夫正式投降。4月17日的法令建立了一系列三人共同管理的人民法庭,这些法庭有权对声言反对该政权、支持共产党或鼓吹更小边界的任何人判处不许上诉的死刑。“乌斯塔沙”地方当局滥用了这种广泛的行动自由。有时甚至利用两次世界大战之间塞尔维亚族组织的名单,他们开始处死怀疑的反对者,并且鼓励他们的地方民兵组织去驱逐适用于递解离境的塞尔维亚族家庭到塞尔维亚。递解离境在6月4日开始。4月25日的另一个法令禁止使用西里尔字母(Cyrillic alphabet),并且把塞尔维亚的东正教叫做“希腊人的东正教信仰”。到5月时,来自波斯尼亚-黑塞哥维那的穆斯林代表请求意大利的指挥官们保护未被占领的中心地带。尽管帕维里奇把波斯尼亚穆斯林视为最纯粹的克罗地亚人——“民族之花”,但是他们遭受了歧视和一些迫害。从4月下旬直到6月,被处死的塞尔维亚人的数量失去控制,达到几千人,主要在像格利纳(Glina)和克宁(Knin)那样的克拉伊纳(Krajina)城镇。犹太人在4月25日被命令佩戴表明身份的臂章,并且按照4月30日的法令被进一步认定为“非雅利安人”。到6月4日时,即塞尔维亚族开始被驱逐到塞尔维亚的同一天,犹太人被禁止进入公共设施。在地方上,犹太人也被迫完成那些劳动琐事,例如摧毁在巴尼亚卢卡的塞尔维亚族东正教堂。

在5月和6月期间,帕维里奇的主要副手们在其扩张领土的35个城镇的一系列宣传集会中宣告,塞尔维亚人和犹太人"在克罗地亚没有任何生存空间",因为他们"危及克罗地亚人的生存"。在6月22日,在戈斯皮奇-克拉伊纳杀人场的中心,帕维里奇的教育部长米莱·布达克公开宣布这个新国家的190万塞尔维亚人中的三分之一将被驱逐到塞尔维亚,另外的三分之一将皈依天主教,并且由此克罗地亚人化(或再皈依,鉴于狂热的"乌斯塔沙"宣称,在两次世界大战之间的塞尔维亚人的压力下,20万克罗地亚人被迫加入东正教)。他补充说,其他的三分之一塞尔维亚人将被简单地杀死。[8]

克罗地亚天主教会及其大主教阿洛伊齐耶·斯特皮纳奇(Alojzije Stepinac)在这些臭名昭著的事件中起什么作用呢?阿洛伊齐耶·斯特皮纳奇是一个热心的民族主义者,但是在政治上很幼稚。与米哈伊洛维奇和铁托一样,斯特皮纳奇是这次战争的另一个最有争议的人物。他没有鼓励,更不用说发动在萨格勒布之外展开罪恶的宣传和行动。 210
但是在初期几个月期间,斯特皮纳奇确实公开和狂热地欢迎这个新政权。在克瓦泰尔尼克宣布成立"克罗地亚独立国家"两天后,他祝贺克瓦泰尔尼克,并且在4月16日同帕维里奇正式会面。斯特拉·亚历山大(Stella Alexander)认为,宣布成立"克罗地亚独立国家"同克罗地亚最早联系罗马帝国的1 300周年纪念日巧合提供了一个宗教理由。这个宗教理由战胜了斯特皮纳奇的这种怀疑,即对"乌斯塔沙"与异教的纳粹分子的联合和法西斯主义意大利夺取达尔马提亚的怀疑。[9]斯特皮纳奇在4月28日对教士的《通谕》中谈及了对"其由于同这个国家的神秘联系而流血"的"自豪和欣喜",代替谈及上述的怀疑。他断定,很容易"看到上帝之手在这里起作用。"他也赞成各种新约束,从适用于诅咒的监禁刑罚到适用于堕胎的死刑。但是到5月22日时,他向内政部长抗议这个条例强迫犹太人公开佩戴表明身份的特定标记,虽然他勉强承认他们至少应有义务购买这些特定标记。战后共产党政权对大主教臭名昭著的审判很大程度上依赖于这一早期证据,并且忽视了他对“乌斯塔沙”政权不断增长的非公开的觉醒。尽管如此,他的狭隘的教条式世界观自始至终继续下去,与拉迪奇的世界观相比,他的世界观在克罗地亚历史中更类似于马切克。

“克罗地亚独立国家”、占领政权和积极的反抗(1941—1942)

从1941年夏—1942年,第二次世界大战的这些最无谓的残忍和政治上相互脱节的事件给“前南斯拉夫”留下了精神创伤。一旦大部分德国军队按计划动身前往俄国,并且20多万意大利军队中的一半被撤回,在塞尔维亚、黑山和斯洛文尼亚还是爆发了反对占领者的公开反抗。“克罗地亚独立国家”政权在黑塞哥维那发动的波斯尼亚大屠杀促使共产党和“切特尼克”抵抗组织彼此内战,导致意大利军队同“乌斯塔沙”民兵爆发公开冲突,以及同一些“切特尼克”部队结成联盟。新注入的德国军队也重新开始追击铁托的游击队。铁托游击队的最初挫折促使波斯尼亚塞尔维亚族和黑山族游击队把他们的红色恐怖强加于其控制下的地区。然而与他们杀死的“切特尼克”、德国人或意大利人相比,他们杀死的无辜平民较少;如果与他们杀死的“乌斯塔沙”分子相比,他们杀死的无辜平民更少。同时,使德国军队或补给品从北非转向南斯拉夫的前景引起了英国政府的注意,在伦敦的南斯拉夫流亡政府进一
211 步使英国政府相信米哈伊洛维奇的“切特尼克”是一支人数众多、协调和积极的部队。

“克罗地亚独立国家”和波斯尼亚-黑塞哥维那

在1941年夏,“乌斯塔沙”民兵和一支匆忙指派的宪兵队在波斯尼亚-黑塞哥维那和克罗地亚的克拉伊纳呈扇形散开,每一方最终总计大约有2万人。他们独断独行,最初试图把尽可能多的塞尔维亚人驱逐到塞尔维亚的集中营,所有的反抗者则被杀死。当驱逐变得日益困难

时,他们在塞尔维亚族村庄中杀害了许多人,或把剩余人押解到几个死亡集中营去。

与被杀死的塞尔维亚人的数量相比,被驱逐的塞尔维亚人的数量无疑更多。到1941年7月时,塞尔维亚的德国当局记录了接近14万人被迫跨越边界,或许还有4万人未被记录。在贝尔格莱德的德国军事指挥部作出反应,把核准的边界过境点的数量削减到两个,后又减到一个,到秋天时一个也没有了。"乌斯塔沙"政权的唯一选择方案是改变信仰,否则就被杀害。通过伪历史宣传,该政权和当地许多神父们发动了一场强迫皈依的运动。这种宣传就是:波斯尼亚-黑塞哥维那和旧时军事边界区的塞尔维亚人,主要是在奥斯曼帝国时期或两次世界大战之间克罗地亚人或瓦拉几人被迫皈依东正教。这些神职人员经常是圣方济各会修士。1941—1942年,大约25万塞尔维亚人接受了这种违反基督教教义的提议。数量少得多的塞尔维亚人加入了"克罗地亚东正教会"(Croatian Orthodox Church)。该政权在1942年匆忙创立由一个可利用的俄国教士领导的派别,似乎承认这种皈依运动不能再进一步下去。到1942年末,尽管有德国的禁令,或许另有5万塞尔维亚人逃到了塞尔维亚。

到1942年末,争论仍然围绕着在"克罗地亚独立国家"的领土上被当场杀死的塞尔维亚人的数量。这颇具争议的数字必定超过30万男人、女人和儿童。[10]当地大屠杀死亡人数占早期屠杀的大多数。接近戈斯皮奇和其他地方的一系列小集中营对大约5万人的死亡负有责任,并且亚塞诺瓦茨(Jasenovac)和旧格拉迪斯卡(Stara Gradiška)这两个明确的死亡集中营最终应对大概10万人的死亡负责,不包括1943年时被送到奥斯威辛集中营(Auschwitz)的几千人。战后共产党的历史学家声称,仅仅在亚塞诺瓦茨就有超过50万人死亡,包括犹太人和吉普赛人。这个数字被近来塞尔维亚的伪历史加倍,然后又被克罗地亚学者精确地减少到略少于10万人。从那以后,这个数字被克罗地亚的伪历史进一步减少,并且其自觉的种族主义目的被克罗地亚的伪历史
否认。这两种伪历史都把注意力从笼罩着"乌斯塔沙政权"的、作为其 212

唯一墓志铭的有罪裁决转移开来。与亚塞诺瓦茨本身相比，在诸如克宁、格利纳(Glina)、帕克拉茨(Pakrac)和耶利纳(Bijeljina)，这些村庄的屠杀播下了更多家族复仇的种子。

“乌斯塔沙”领导层试图全部消灭克罗地亚和波斯尼亚的3.6万犹太人居民。在其自身的排犹主义而不是由于德国的指令或克罗地亚民众的授权推动下，该政权在1941年6月开始有计划、有步骤地逮捕和处决这些不能自卫的城市居民。仅有4 000人在战争中幸存下来，而大约2.6万人在克罗地亚的死亡集中营或奥斯威辛集中营死去。据“乌斯塔沙”领导人尤金·克瓦泰尔尼克(Eugen Kvaternik)所说，这些犹太人的罪行是犹太人医生在两次世界大战之间克罗地亚进行了“几十万例堕胎手术”，“以减少克罗地亚族居民。”然而，这些迫害基于这一种族主义假定，即克罗地亚人是哥特族或伊朗裔的雅利安人，他们将被与非雅利安人种的犹太人或斯拉夫人的接触所污染。

许多天主教统治集团成员、克罗地亚农民党的领导人和波斯尼亚穆斯林的一些领导人不久表示反对帕维里奇政权。[11]他们消极抗议，呼吁该政权改过自新，而不是倡导积极的反抗，不过他们仍然值得褒奖。虽然大主教斯特皮纳奇没有将犯罪的教士免职，或自己威胁要辞职，但是他私下对“乌斯塔沙”领导层发出屡次抗议，抗议强迫皈依和虐待犹太人。他的谨慎倡议挽救了几千人的生命。斯特皮纳奇也没有为该政权向从罗马被迅速派遣到萨格勒布的梵蒂冈代表辩护。“克罗地亚独立国家”从未获得罗马教廷(the Holy See)的外交承认，而帕维里奇热烈地期望获得这种承认。1942年国民议会选出的克罗地亚农民党领导人中的三分之一拒绝在该政权中担任职务。该政党的乡村普通成员通常回到他们的家庭。克罗地亚农民党领导人弗拉德科·马切克再三拒绝公开表示支持该政权。因为违抗，他从软禁状态转到亚塞诺瓦茨集中营。

“乌斯塔沙”引诱作为“克罗地亚民族珍珠”的波斯尼亚穆斯林，但是这种引诱从未说服一个少数民族去放弃他们的波斯尼亚人身份。到1941年秋天时，穆斯林的宗教和城镇领导人已经在组织抗议集会。而从两次世界大战之间，“乌斯塔沙”已经把亲克罗地亚人的穆斯林提拔到“克罗地亚独立国家”统治集团的几个高级职位，并且归还了土地改革中被没收的土地。但这无法补偿该政权在波斯尼亚对非克罗地亚人身份的否认，以及对一些穆斯林、许多塞尔维亚人和差不多所有犹太人 213
所犯下的罪行。在萨拉热窝、图兹拉(Tuzla)、巴尼亚卢卡和耶利纳(Bjieljina)的穆斯林发表决议，特别抗议对塞尔维亚人的迫害。而且，那些城镇中的波斯尼亚穆斯林在很大程度上为隐藏幸存下来的2 000名犹太人(出自战前1.4万犹太人)作出了努力。

毫不奇怪，对“乌斯塔沙”政权的第一次积极反抗来自克拉伊纳、达尔马提亚和波斯尼亚-黑塞哥维那的农村塞尔维亚人。1941年6月，在东部黑塞哥维那自发开始最初的起义。与占该地区人口三分之二的塞尔维亚族多数人口对抗的是一个残忍的新政府及其当地代理人。后者的大部分选自占人口另外三分之一的穆斯林，并且其祖先直到1919年都是塞尔维亚族佃农的地主。塞尔维亚族无组织的反叛从那里展开，他们有两个共同特征：第一，其领导人是当地人，他们属于塞尔维亚农民党或属于两次世界大战之间“切特尼克”组织之一或这两者都有。他们不是王室军队的军官，最初也不在米哈伊洛维奇的“切特尼克”的指挥下。第二，虽然这些黑塞哥维那的塞尔维亚人攻击“乌斯塔沙”当局和设施，但是他们也对易受攻击的农村进行血腥袭击。与克罗地亚族的村庄相比，这些村庄更可能是波斯尼亚或桑扎克(Sandžak)穆斯林的村庄。他们杀死超过1 000名男人、女人和儿童的最大屠杀发生在波斯尼亚东部城镇福察(Foca)。

在第二次世界大战期间，特别在这一早期阶段，南斯拉夫这些军队的序列和他们彼此的关系是一件更复杂的事情。为了理解这些关系中最具决定性的“切特尼克”对铁托游击队的关系，我们必须首先分辨德国和意大利军队在“克罗地亚独立国家”中所起的作用。确实，一支协调一致的“切特尼克”武装同德国1943年的两次进攻合作，去反对一支不断增强的游击队军队，但是他们的行动起因于1941年以来更多合乎情理的先例。在更早时期，无组织的“切特尼克”部队同被召回的意大利军队建立联盟，以排挤嗜好劫掠的“乌斯塔沙”民兵，并且恢复秩序。即使意大利没有在乡村建立其权威，但是这些早期的安排建立了意大利在这些城镇的权威。随着苏德战争继续下去，在此期间，“克罗地亚独立国家”边界线以北的德国军事存在已经被减少到两个师。在萨格勒布的德国武官埃德蒙·格莱兹·冯·霍斯特恩（Edmund Glaise von Horstenau）将军蔑视“克罗地亚独立国家”，从而进一步限制了纳粹的支持。这个前哈布斯堡王朝的军官对“乌斯塔沙”政权和意大利军事存在的敌视，以至于只允许冯·里宾特洛甫的规划不周的外交代表，即以前的波罗的海诸国的纳粹党人齐格弗里德·卡舍（Siegfried Kasche）去代表该政权讲话。

该政权的暴行使一支庞大的轴心国武装即意大利军队愿意和该政
214 权对抗。他们的对抗为“克罗地亚独立国家”中的“泛塞尔维亚运动”打开方便之门。[12]1942年初，铁托游击队未能保持其最初追随者的效忠，故而扩大了上述这种机会。游击队指挥官残忍对待被怀疑同情“切特尼克”或反抗当地共产党当局的村庄，这被共产党历史学家称为“左倾”，并且被其他人称为“红色恐怖”。游击队缺乏粮食和武器也对“切特尼克”在黑塞哥维那保持支配地位产生影响；对“切特尼克”而言，因为与意大利的联系，粮食和武器的缺乏状况不太严重。南斯拉夫的伦敦流亡政府此时由斯洛博丹·约万诺维奇领导。1942年1月，伦敦流亡政府决定任命米哈伊洛维奇为作战部长，也对“切特尼克”在黑塞哥维那的支配地位产生影响。除了“红色恐怖”，推动这一决定的是“切特尼克”和游击队在黑山和塞尔维亚的关系。

黑山和塞尔维亚

黑山最早产生不能容忍最轻微的反对游击队武装起义的模式。意大利占领当局允许一小群主张自治的绿色和平主义者（*zelenasi*）企图让黑山从塞尔维亚分离，使他们相信一个在意大利国王统治下的、名义上独立的黑山将几乎不会遭到反对。大部分意大利军队故此可能撤退。但是在1941年7月13日，在绿色和平组织宣布独立的第二天，武装的村民和许多幸存的南斯拉夫军官和士兵举行起义，他们迅速控制黑山的大多数高地。米洛万·吉拉斯是共产党领导层中级别最高的黑山人，而阿尔索·约万诺维奇(Arso Jovanovic)后来是支持斯大林反对铁托的级别最高的军官。他们从塞尔维亚被派遣过来，试图把这些分散的火焰煽动成为一堆篝火。仅仅三个星期以后，一个意大利师返回镇压了这次起义，并且放纵他们的盟友即大部分是土耳其人的桑扎克(Sandžak)穆斯林去劫掠和焚烧。吉拉斯本人记述了在 7 月游击队如何立刻草率地处决任何反对者。[13]

到 1942 年初时，在黑山和黑塞哥维那东部，这些任意处决的消息增加了游击队员开小差的情况，并且壮大了意大利批准重组的“切特尼克”部队。虽然黑山“切特尼克”的这三个主要团体全部由前南斯拉夫军队的军官指挥，但是他们没有组成一支统一的军队。只有东部的指挥官帕夫莱·久里希奇(Pavle Djurisic)是公开亲米哈伊洛维奇的，并且可能同“切特尼克”在塞尔维亚的司令部有联系。但久里希奇并不谋求任何协调作战，专 215
心于对桑扎克穆斯林的报复，而桑扎克穆斯林中的许多人是无辜的村民。

在塞尔维亚，到 1941 年末，针对协调抵抗的几次尝试证明是失败的，并且“切特尼克”将与游击队作战。同时，德国陆军部队在塞尔维亚大批杀害游击队武装。铁托不得不转移其司令部到波斯尼亚东部，其幸存下来是依靠吸收来自“克罗地亚独立国家”和黑山的新成员。在此期间，米哈伊洛维奇试图，通过赢得英国的长远支持和德国的暂时容忍维持其在塞尔维亚的基地，但他在这两方面都没有取得成功。

游击队和“切特尼克”的冲突进一步使“乌斯塔沙”在“克罗地亚独立国家”已经开始的内战复杂化。只有斯洛文尼亚，像我们将在下一部分看到的那样，能够用类似统一战线的某种组织去对抗占领军。游击队武装在 1941 年 7 月 4 日开始了针对德国军队的蓄意破坏和小规模进攻，几支“切特尼克”部队同情游击队武装，甚至与游击队武装进行合作。破坏南部到萨洛尼卡的德国交通线是这种入侵应该排除的真正危险，带来了很快的效应。负责塞尔维亚的德国军队指挥官用米兰·内吉奇将军领导的一个成熟的傀儡政府，代替了由贝尔格莱德的一批塞

216

图 7.1　1944 年作为游击队司令官的铁托（中）。兰科维奇（Rankovic）、武克曼诺维奇-滕波（Vukmanovic-Tempo）和吉拉斯（Djilas）在其右侧，卡德尔（Kardelj）、祖约维奇（Zujovic）和巴卡里奇（Bakaric）在其左侧。安德鲁·海布兰格（Andrija Hebrang）没有出现。

尔维亚族通敌分子组成的无关紧要的行政官委员会。保罗亲王在1941年初已将内吉奇免职,因为内吉奇拥护一个德国联盟。两次世界大战之间的“切特尼克”领导人科斯塔·佩查纳茨(Kosta Pecanac)和真正的法西斯塞尔维亚族领袖迪米特里耶·廖蒂奇,追加各自8 000人和4 000人的分遣队到“塞尔维亚国家卫队”(Serbian State Guard)。“塞尔维亚国家卫队”是内吉奇主要靠纠集其旧时宪兵队组成的武装。他们的人数合起来大致与“乌斯塔沙”民兵的3万总数相匹敌,但是他们从未独立实施在1941年晚秋玷污塞尔维亚土地的严重战争罪行,他们也没有发动这种严重的战争罪行。根据近来的学术成果,反而是纳粹德国国防军的指令以及由当地德国指挥官指挥大部分是奥地利人的分遣队承担了这一责任。[14]

为了阻止袭击并摧毁反叛武装,被召回的德国陆军部队开始了新一轮的战争罪行。到9月时,一个步兵师和一支装甲部队已经到达。这些军队拥有国防军统帅部的新指令,即以后一个德国士兵如果被杀,那么将处决100名平民;如果一个德国士兵受伤,那么50名平民将被处决。尽管德军大肆宣传进行报复,游击队袭击和随之而来的屠杀一直持续到10月。前哈布斯堡王朝军官弗朗茨·伯梅(Franz Böhme)将军是负责塞尔维亚的德军指挥官,他决定树立一个更严厉的榜样。在克拉列沃(Kraljevo)和克拉古耶瓦茨(Kragujevac), 217
为了处决所有成年男性,德国和伏伊伏丁那德裔组成的部队在“塞尔维亚国家卫队”的支援下,用警戒线隔离了这些城镇。当10月21日在克拉古耶瓦茨几乎无法找到成年人时,男学生也被抓,从而使被抓人数增加到2 000多人。第二天早晨他们被带到城外的一处旷野,被整队射杀。“走在前面,射击”,一个上了年纪的学校老师说,“我正带领我的班级。”

这次大屠杀是一个分水岭。这次大屠杀恰好发生在首位英国军官抵达,从而与米哈伊洛维奇在拉夫纳戈拉(Ravna Gora)的司令部取得联系的前几天。这位英国军官是特别行动远征队(Special Operations Expedition,SOE)的威廉·哈得孙(William Hudson)上尉;并且这次大屠杀恰好发生在米哈伊洛维奇同铁托的第二次也是最后一次会面之前的一个星期。这么多塞尔维亚人的被杀使得米哈伊洛维奇对这种共产党战略加大抵制。这种战略就是共产党有意识地煽动对德国人的报复,把幸存者赶进山,并且赶进他们的军队。米哈伊洛维奇的来自伦敦的指令和他的本能,是将节俭使用他的资源和塞尔维亚人的生命,直到德国被击败,或至少直到一个新的萨洛尼卡阵线建立,像他在第一次世界大战中建立的那样。哈得孙的抵达坚定了米哈伊洛维奇的这种期望,即英国武器将帮助他为那遥远的一天作准备。但是铁托许诺,分享在西南部的乌日策(Užice)的游击队司令部生产的武器,促使了米哈伊洛维奇去签署一项临时协议,从而至少避免相互的冲突。不过到 10 月末,发生的几次冲突破坏了这一协议。

德国战地指挥官没有理会这种分歧,并且派出足够的援军去破坏所有积极的抵抗。在这个过程中,他们处决了大约 2.5 万名平民。米哈伊洛维奇得出结论,即他的不到 2 万人、装备很差的分散部队不能比更大的、装备好得多的德国军队存在的时间长。到 1941 年 11 月 11 日时,他开始同德国代表谈判达成一种暂时的妥协(modus vivendi)。但是当德国人要求彻底投降时,他放弃其司令部并且更进一步分散其部队。这种实际的虚弱以及消极战略没有引起英国的注意。当时和以后的这一情况也没有引起英国的注意,即在塞尔维亚内部,没有任何英国武器交给"切特尼克"部队。丘吉尔的指挥官们仍然愿意相信南斯拉夫的流亡政府告诉他们的关于米哈伊洛维奇的事情,并且急欲宣传在希特勒的欧洲内的抵抗的任何证据。用沃尔特·罗伯特(Walter Robert)的话说,米哈伊洛维奇从而能够保持"盟军英雄"的形象到 1942 年。[15] 他被假定在黑塞哥维那和黑山控制着上文讨论的"切特尼克"部队,并且他们被假定正在与轴心国占领者作战。

218 在此期间,德国的进攻已经迫使铁托仅 1 万人的主力部队在 1941 年底放弃乌日到东部波斯尼亚的福察。在那里,他们勉强幸免于德国的第二次袭击。到 1944 年时,德国将发动七次袭击。然而到 1942 年末,幸运和声望的逆转已经开始。

共产党的优势(1943—1944)

在南斯拉夫,与第二次世界大战的其他任何方面相比,这种逆转已经引起更多的争议。这种持续的争议不仅起源于大部分是英文的、具有更大可用性的主要证据,而且起源于反共的塞尔维亚族和克罗地亚族作者的引诱,即假定英国和以后的美国政策在这个小共产党的崛起中是起决定性作用的。毕竟,在 1944 年 2 月一个小型军事代表团到达之前,共产党没有收到来自苏联的任何援助;并且在 1944 年 9 月苏联红军从保加利亚进入塞尔维亚之前,共产党是无关紧要的。无疑,这种论点得到迅速传播,该论点就是:英国政府在 1943 年决定把其支持从米哈伊洛维奇转到铁托,并且在美国补给品 1944 年越来越多地流入游击队中起到至关紧要的作用。但是大部分西方学术成果表明事实并非如此。

这两种盟军政策不是不相关联的。在着手证明之前,让我们简述盟军政策的主要特征和它们的后果。丘吉尔政府负责英美在东南欧的规划,并且他本人屡次对盟军在达尔马提亚海岸登陆的可能性表示热衷。然而,每次,他的总参谋部和美国司令部都迅速说服他坚持在 1943 年取得一致意见的战略。对希腊和南斯拉夫而言,这个战略将促进这种欺骗,即为了使德国军队相信确实存在这种盟军登陆而绕道远离西西里岛(Sicily)和意大利,并且这种欺骗起作用了。接连的欺骗不仅使希特勒而且使铁托、米哈伊洛维奇和希腊抵抗运动领导人相信大规模登陆迫近了。事实上,像丘吉尔在 1944 年 5 月告诉积极参与地中海军事行动的英联邦(当时自治领)领导人的那样,"在巴尔干半岛从未存在过任何主要战事"。[16]

那时,盟军的这种战略鼓励了米哈伊洛维奇而使铁托焦虑。在战争期间(然后很可能是在战争之后)南斯拉夫将存在英美驻军吗?结果,通过吸引更多的德国军队进入该地区,并且追赶他们的行踪,西方盟军正准备登陆的这种传言无意中造成了共产党的优势。1942 年不间 219
断的暴行正使铁托卷入到同"切特尼克"的内战。与继续内战相比,铁托仅仅通过逃避德国军队就赢得了当地和盟军的更多支持,并且在战争结束,将没有任何西方军队去对付或防止当地对宿怨的清算。

如果自1943年起游击队没有扩大规模保持团结,并且很少争取到公众对其的支持,那么即使到1945年,通往共产党权力之路也绝不可能打开。当时,“切特尼克”失去塞尔维亚之外的追随者,“乌斯塔沙”政权丧失对萨格勒布之外的“克罗地亚独立国家”大部分领土的有效控制。另外,反对1941年意大利化措施的斯洛文尼亚的共产党领导层在前南斯拉夫的任何地方都能够支撑起一个反对派统一战线,即使在1943年他们已有了一批组织涣散的竞争对手。

如果把共产党力量在斯洛文尼亚和其他地方的几个来源的重要性排名的话,丘吉尔政府抛弃米哈伊洛维奇而支持铁托的这个决定应该排位不高。关于“特别行动委员会”(The Special Operations Executive, SOE)的一些英国研究成果因为同情共产党而责备“特别行动委员会”的开罗总部,因为同情共产党就是拒绝给予米哈伊洛维奇一个公平的发言机会。其他研究争辩说,伦敦保守党对更为活跃的游击队加以阻止。这两种偏见都存在,但一种偏见既不能消除另一种偏见,也不能战胜来自电子情报和现场的“特别行动委员会”代表团的证据。到1943年末,这样的代表团接近20个。那些证据就是游击队正在更多地破坏德国的战争努力。丘吉尔的一个保守党朋友,即菲茨罗伊·麦克莱恩陆军准将(Brigadier Fitzroy Maclean)在11月6日的证言是决定性的,因为该证言证实了超级破译的德国绝密军事情报正在揭示的东西。[17]

喜欢争论和日益无能的南斯拉夫流亡政府也不能对推翻的证据产生必要的理会。在1942年1月,流亡政府晋升米哈伊洛维奇为将军和作战部长的决定,使这个平民内阁能够免除首相的一个军方候选人,即难以共处的西莫维奇将军。西莫维奇将军是1941年政变领导人,并且他倡议除掉在开罗的政变前总参谋部成员。但是没有任何值得注意的武装力量能够在开罗或伦敦被集结起来。新首相是72岁的斯洛博丹·约万诺维奇,他深受尊敬,但是政治上缺乏经验。正当约万诺维奇说服他的塞尔维亚族同事去接受战后南斯拉夫的联邦制改组时,他不能防止不负责任的年轻国王彼得二世替换他。到1943年8月时,国王已经任命其个人的文官内阁,不是因为这些文官反对改组,而是因为他们赞成他迫近的婚礼。丘吉尔也赞成这个婚礼。但是到 1944 年时,国王太孤立了,以至于不能宣称他代表了一种政治共识。即使在流亡者中,国王也不能宣称他代表了一种政治共识。引用斯特万·帕夫洛维奇(Stevan Pavlowitch)对其表示同情的评价,即“南斯拉夫政府无论代表什么,它都不是团结的”。[18] 220

在 1943 年 2 月,英国对米哈伊洛维奇的幻想第一次破灭。米哈伊洛维奇严厉指责英国军官,因为伦敦未能向他供应其曾经要求的武器,或未能理解他不能经常进攻德国目标的原因。“特别行动委员会”代表团长官 S. W. 贝利(S. W. Bailey)两个月前才到达黑山司令部。他用无线电传送出一份逐字逐句的笔录送达丘吉尔的办公桌。米哈伊洛维奇的激烈言论引发随后越来越多的证据,即一些“切特尼克”部队勾结意大利或甚至德国军队,并且更重要的是,几乎没有任何“切特尼克”部队干扰意大利或德国军队。来自游击队的许多报告传递给公认的英国共产党员詹姆斯·克卢格曼(James Klugman)和“特别行动委员会”中的其他同情者。然而值得可疑的是,即使没有战争中的三次决定性事件,到 1943 年末,这些报告也有可能已经完全改变英国的政策。所有这些事件被“超级侦听”部门详述给了英美情报机构。

第一次决定性事件,是大约 2.5 万人的游击队主力幸免于“白色行动”(Operation Weiss)。在战争期间,德国主导了对游击队的七次攻势,“白色行动”是其中最大的一次。为了躲避来自萨拉热窝的德国军队,游击队主力两次英勇横渡内雷特瓦河(Neretva),从而承受了重大伤亡,然后他们驱散了等候他们的一支 1.2 万人的“切特尼克”部队。此后,从波斯尼亚到黑山的游击队武装开始吸引新成员,一些人来自“切特尼克”一方。(如果“切特尼克”在这次战役中成功地打击了游击队,那么他们可能面临出自德国人之手的缴械。)

第二次德国攻势是“施瓦茨行动”(Operation Schwarz)。5 月,一支超过 10 万人的德国人、保加利亚人、意大利人和“乌斯塔沙”的混合部队试图把铁托仅 2 万人的主力困在波斯尼亚东南的泽伦戈拉

(Zelengora)山上。铁托的主力再次逃脱,虽然其后卫部队和他们在苏捷斯卡(Sutjeska)交战中的伤亡总数达到 6 500 人。泽伦戈拉成为第二个转折点,因为"超级侦听"让丘吉尔的朋友比尔·迪肯(Bill Deakin)领导的一个英国代表团正好及时到达去目睹这一切,包括"切特尼克"对这次攻势有些迟来的援助。类似迪肯这样关于德国军团正在转向追击游击队的报告越来越多。如果英国早知道铁托的米洛万·吉拉斯中尉在 1943 年 3 月同德国代表接触的话,那么这种情报不可能说服英国
221 将其支持转向铁托。据沃尔特·罗伯茨(Walter Roberts)和吉拉斯本人所说,共产党愿意接受同德国人的停火,作为放手处理"切特尼克"的报答;据一个德国参与者所说,万一英国在亚得里亚海岸大规模登陆的话,他们甚至考虑一种联盟。[19]希特勒不可能这样讨价还价,于是此事到此为止。

接着在 1943 年 9 月,意大利退出战争。这第三个转折点是落入游击队手中的意大利军队的装备。在 1943 年夏,意大利指挥官们已经决定抛弃他们同"切特尼克"的联盟,他们竟然解除了许多"切特尼克"部队的武装。这个决定促使更多的"切特尼克"士兵投奔游击队,并且保证了当意大利军队在 9 月离开时,将不会把武器和装备移交给"切特尼克"。到 1943 年秋,铁托的部队还没有壮大到能与德国人进一步讨价还价的程度。因为意大利的意外之财填补了有限的英美补给,游击队的总兵力当时增长到超过 10 万人,而它面对的是已经加倍到 13 个师的德国军队。

游击队在 1943 年的幸存和支配地位与 1944 年盟军的攻势结合起来,决定了第二次世界大战在南斯拉夫的结局。到 1943 年末,米哈伊洛维奇已经撤退到塞尔维亚。在塞尔维亚,他的 5 万人总兵力不得不与德国占领者缔结各种协议以留在原地。铁托决定召开"南斯拉夫反法西斯解放运动"(Anti-Fascist Liberation Movement for Yugoslavia, AVNOJ)的第二次会议。兵力两倍于"切特尼克"是铁托作出这个决定的后盾。一年前,"南斯拉夫反法西斯解放运动"已经在比哈奇(Bihać)的一个小得多的根据地召开。此时在 1943 年 11 月 29 日,他的 143 名

代表在波斯尼亚中部的亚伊采(Jajce)建立了一个临时政府。他宣布成立“南斯拉夫民族解放委员会”(National Committee for the Liberation of Yugoslavia)。比尔·迪肯发现没有一个苏联观察员出席,也没有来自莫斯科的预先核准。亚伊采计划谴责王室政府,并且提议建立一种联邦制结构。这种结构将包括独立的波斯尼亚-黑塞哥维那和马其顿,加上阿尔巴尼亚人和其他的少数民族权利。莫萨·皮亚德(Moša Pijade)和其他塞尔维亚人对波斯尼亚共和国的异议遭到拒绝,但是还没有到让他们承认波斯尼亚穆斯林作为一个组成成分的程度。为了理解不到一年以后他们将实际上开始统治,并且将重塑一个什么样的南斯拉夫,让我们简要考虑一下到战争最后阶段时留给斯洛文尼亚、克罗地亚、波斯尼亚-黑塞哥维那和塞尔维亚的这些独立的遗产。这些遗产在铁托去世后将困扰他的南斯拉夫,并且帮助摧毁它。

222

斯洛文尼亚

这些遗产中最吉祥的是斯洛文尼亚的遗产。战争爆发仅仅两周,斯洛文尼亚的一半就被意大利并吞,另一半被德国公开并吞。在6月纳粹对苏联的进攻使斯洛文尼亚共产党能腾出时间去建立一个用于抵抗的“解放阵线”(Liberation Front,OF)。南部地带专制的意大利化和为了给德国移民腾出空间而从北部驱逐25万斯洛文尼亚人的纳粹计划激起了民众的愤恨。不到2万斯洛文尼亚人最终被迫前往塞尔维亚或波斯尼亚,但是3.5万人被送到适用于“日耳曼化”的德国。无论如何,在斯洛文尼亚北部,德国的军事存在太强大了,以至于“解放阵线”不能迅速提出挑战。不过在斯洛文尼亚南部,在地下活动方面经验丰富的共产党领导层能够吸引来自更大的“基督教社会党”(Christian Socialist Party)和索科尔(Sokol)青年组织的追随者。意大利军队镇压了他们在1941年夏的起义,处决了9 000名斯洛文尼亚人,并且在集中营关押了3.5万多人。这些迫害有助于在未来两年使更多人加入了共产党。

意大利和德国对展开抵抗的斯洛文尼亚村庄的报复为米哈伊洛维

奇的这种努力打开方便之门,这种努力就是赢得非塞尔维亚人加入“切特尼克”的队伍。在1943—1944年期间,米哈伊洛维奇的蓝卫军(Blue Guards)和意大利发起的白卫军(White Guards)都能够集合一些部队。在1943年,他们的人数加上斯洛文尼亚人民党部队的人数略多于共产党领导的“解放阵线”,即使共产党领导的“解放阵线”在获得意大利武器而使游击队成员从2 500人增加到6 000人之后。但是在战役的总趋势转变之前,游击队组织的更大程度的团结和更明确的目的给予了他们优势。1943年,在“南斯拉夫反法西斯解放运动”的亚伊采代表大会上,“解放阵线”团结的高潮到来了。斯洛文尼亚人民党的基督教社会主义者领导人、持不同政见者爱德华·科茨贝克(Eduard Kocbek)在那里雄辩地谈及“共产党人和天主教徒的合作”。他们的不稳定联盟持续了整个战争时期。1944年,一个美国代表团鼓励该联盟去发挥主导作用,并站在游击队一边。美国战略情报局(OSS)的一支小部队成功地同施蒂里亚(Styria)的斯洛文尼亚游击队合作去摧毁唯一的双轨铁路线,这条铁路线把经由维也纳的德国中部与经由卢布尔雅那隘口(Ljubljana Gap)的意大利前线连接起来。[20]

克罗地亚和波斯尼亚-黑塞哥维那

与其有限的地区权威或其在同游击队作战中可能表明的从属作用相比,“克罗地亚独立国家”在第二次世界大战的最后几年留下了更多的印迹。当然这也不是因为广泛的民众支持。因为德国军队需要保护
223 其撤退路线,“乌斯塔沙”政权在萨格勒布苟延残喘到1945年5月。大主教斯特皮纳奇和天主教统治集团没有发表不承认“乌斯塔沙”政权的任何公开声明,尽管他们进行私下抗议,努力去保护那些受到威胁的人。大主教在4月10日甚至用感恩赞美诗庆祝该政权的第四个周年纪念日。科茨贝克式的人物没有主动站出来去建议同共产党签订一个协议,或建议需要因战争罪行而审判圣方济各会的坚贞信徒或其他人。最初是共产党政治家,然后是塞尔维亚历史学家利用“克罗地亚独立国家”未履行的记录,去质疑克罗地亚政治家或教士的任何战后倡议,尽

管这些倡议是如何的不相干。

虽然早期战争罪行留下了治愈缓慢的创伤,“克罗地亚独立国家”后来的失控使其他问题对第二南斯拉夫的建立同样重要。这些问题是:(1)“克罗地亚独立国家”在克罗地亚陷入的经济灾难;(2)独立的克罗地亚共产党解放阵线的崛起;(3)波斯尼亚穆斯林为赢得“克罗地亚独立国家”丧失的忠诚,而在游击队和迟来的纳粹努力之间作出的选择。

“乌斯塔沙”干部在经济上的无能和腐败不久使纳粹想把克罗地亚纳入到更大的德国经济范围。据霍尔姆·松德豪森(Holm Sundhaussen)的权威性研究,到1943年时,双方取得的成果远少于他们所期待的。[21]这些问题超过了游击队对交通的破坏。在1944年之前,破坏交通主要限于波斯尼亚和达尔马提亚。“乌斯塔沙”官员不能把许诺的铝矾土和其他有色金属生产交给德国。他们无法收集到需要供应更小城镇的粮食,尽管他们努力夺取克罗地亚农民党近来扩展的合作社网络,并且为此目的利用它。他们同第三帝国(Third Reich)的贸易赤字推升了通货膨胀率,到1943年时,通货膨胀已经把库纳贬值到不及其1941年价值的10%。库纳是一种被复活的中世纪货币单位,区别于南斯拉夫的第纳尔。到1943年年底,其工业生产已经下降到其战前水平的20%。可是曾经在第三帝国工作的25万克罗地亚人在对德国的战争努力中作出了重大贡献。

在1943—1944年,克罗地亚人对这个政权的反对迅速增大。除了5万“乌斯塔沙”官员和军官,该政权未曾为任何人做过好事。尚未转向“乌斯塔沙”的马切克和克罗地亚农民党其他领导人的消极政策让游击队受益。意大利吞并达尔马提亚后,当地共产党把克罗地亚人和塞尔维亚人吸引到一支几千人的游击队武装中。到1942年,一支主要是
达尔马提亚人的分遣队可能占2万游击队员的10%兵力,到1944年 224
初,克罗地亚人的比例已经增长到游击队总人数的大约30%。游击队总人数超过10万人。党的领导人安德里亚·海布兰格(Andrija Hebrang)及其副手们通过强调“克罗地亚解放委员会”(ZAVNOH)的独立结构从而吸引了更广泛的支持。该委员会源自1942年的比哈奇

会议,该会议建立了所有南斯拉夫人的“南斯拉夫反法西斯解放运动”。铁托已经授权克罗地亚解放委员会隐瞒与一个共产党抵抗组织的联系,起初该抵抗组织的90%是塞尔维亚人和黑山人。海布兰格艰难地努力设法使这种差别延续至战争的其余时间。到1944年5月,他宣布克罗地亚解放委员会将作为再生的克罗地亚议会。与《1939年协定》曾经提议的自治相比,他许诺更多的战后自治,这种自治脱离“来自贝尔格莱德的塞尔维亚人派系”。虽然海布兰格作出一些努力去使塞尔维亚族居民安心,但是用铁托的话来说,他太多谈及克罗地亚族自治和“他自己的通讯社”。到1944年夏,铁托免除了海布兰格作为克罗地亚解放委员会领导人的职务。[22]

除了越来越多地发生“乌斯塔沙”部队的伤亡以外,波斯尼亚穆斯林的伤亡主要来自“切特尼克”的手下。在1942年,几个穆斯林领导人致希特勒一份《备忘录》,抗议“乌斯塔沙”的劫掠并且吹嘘自己的哥特人出身。作为对在“克罗地亚独立国家”内自治(并且无视内吉奇政权对波斯尼亚东部所宣布的要求权)的报答,他们关于一个波斯尼亚穆斯林军团的提议仍然是一纸空文,直到党卫军头目海因里希·希姆莱(Heinrich Himmler)接受该提议,作为他召集非德国人的新师团的另一个迟来的努力。尽管没有关于穆斯林自治的任何德国许诺,但是帕维里奇政权激烈反对这个师。穆斯林师(Scimitar Division)至少集合了1.2万人,他们被迅速派遣到法国和德国接受长期训练。当他们在1944年2月最终返回波斯尼亚时,一些部队对塞尔维亚族村民实施了超过舒茨军团(Schutzkorps)在第一次世界大战中曾经实施的大肆杀戮和其他暴行。然而到1944年中期,与站在德国人一边已犯下战争罪行的波斯尼亚穆斯林相比,更多的波斯尼亚穆斯林直接参加了游击队或从这个师开小差,并且在战争期间死亡的穆斯林比死亡的波斯尼亚塞尔维亚族的比例稍大。[23]到20世纪90年代,这件事一点也没有影响这些人,即死亡村民的后代或利用他们回忆的波斯尼亚塞尔维亚族政治家。

塞尔维亚

德拉扎·米哈伊洛维奇在1943年中期返回塞尔维亚。此时的塞尔维亚已经较少经历实战，但是与前南斯拉夫的任何其他部分相比，塞尔维亚在纳粹手下遭受了更多苦难。根据1941年国防军最高统帅部(OKW)的报复命令，两个德国师，即一支庞大的盖世太保(Gestapo)补充部队和内吉奇将军的从属国家卫队只能通过每月处决几百人来维持 225
秩序。占领费用是对"克罗地亚独立国家"征收的人均税额的6倍。1943年中期以后，几乎没有肉类供应贝尔格莱德，而其通货膨胀率超过萨格勒布最高通货膨胀率的50%。强迫劳动只能榨出铅和铜的战前产量的一半，铅来自特雷普卡(Trepca)，铜来自博尔(Bor)。超过10万劳工被送到第三帝国，这构成塞尔维亚对德国的主要战争贡献。希特勒的新巴尔干特使、巴登苯胺苏打股份公司(I. G. Farben)前董事赫尔曼·诺伊巴赫(Hermann Neubacher)率领1943年中期代表团减少了作为新的反共运动一部分的报复行为，但是没有作出任何经济让步或其他改进。[24]

到1943年末，诺伊巴赫代表团成功地使米哈伊洛维奇在塞尔维亚的指挥官们参与同德国人的谈判。他们就四个地区达成协议。只要他们在农村地区保持孤立，"切特尼克"部队在这些地区至少能够幸存。当1944年初，困惑的米哈伊洛维奇与饱受批评的"泛塞尔维亚运动"在波斯尼亚-黑塞哥维那召开一次大型会议时，他试图遏止通敌的倾向。虽然他仍然忠于君主政体，但是米哈伊洛维奇此时倡导一种联邦制和民主的南斯拉夫。他驳回了莫列维奇(Moljevic)在1941年曾经建议的单一性大塞尔维亚提案，但没有为一种联邦制可供选择的办法提出任何详细的建议。米哈伊洛维奇也没有反对"切特尼克"同德国军队的停战协定，这些停战协定不久适用于整个塞尔维亚。

到1944年9月，英美飞机轰炸贝尔格莱德长达六个月，并且苏联红军未受阻挠地进入到保加利亚。当铁托的8万主力从波斯尼亚逼近时，米哈伊洛维奇仅能够召集4万部队。米哈伊洛维奇的大部分部队来自塞尔维亚,这和游击队部队形成了对照。有数量不成比例的黑山人、波斯尼亚穆斯林、波斯尼亚和克罗地亚的塞尔维亚人出现在游击队部队中。在米哈伊洛维奇进行最后超现实的赌博去迎接在贝尔格莱德的苏联红军并通力合作之前,"切特尼克"的逃兵已经参加了游击队。米哈伊洛维奇的这种赌博在10月初终于失败。在一个月前彼得国王已经答应英国的要求,并且播放呼吁所有南斯拉夫人去支持游击队的无线电广播节目。也是在9月,罗斯福总统接受了丘吉尔的这个要求,即从米哈伊洛维奇的司令部撤回罗伯特·麦克道尔(Robert McDowell)领导的、态度暧昧的美国战略情报局代表团。为了撤走那些美国飞行员,美国战略情报局代表团在7月到达。当他们的飞机在轰炸罗马尼亚的普洛耶什蒂(Ploesti)炼油厂后不能返回时,这些美国飞行员在塞尔维亚上空跳伞。虽然美国战略情报局代表团被撤回了,但是他们充分同情"切特尼克"。这使得铁托相信美国人正在给米哈伊洛维奇提供武器。虽然美国人无意地加强了"切特尼克"的决心,但是他们
226 没有提高米哈伊洛维奇部队抵抗游击队部队的能力。游击队部队在10月20日进入贝尔格莱德。[25]

在这期间铁托是忙碌的。在侥幸逃脱1944年5月德国人对他的德瓦尔(Drvar)司令部的进攻之后,英国飞机送铁托到维斯岛(the island of Vis),然后在8月送他到意大利。身着元帅军衔军服的铁托光彩夺目。这个以前的约瑟普·布罗兹,利用哈布斯堡王朝礼仪使他的东道主对他的"非巴尔干人的"体面留有深刻印象。作为一个年轻工人,他在布拉格和维也纳曾被哈布斯堡王朝的礼仪所吸引。同英国陆军司令部和丘吉尔的会晤也确立了他的政治敏锐性。铁托提出适用于战后南斯拉夫和国王的巧妙而模糊的政治计划,但否认任命一个共产党政府的任何意图。他宣布自己准备同那个伦敦政府的新首脑伊凡·舒巴希奇(Ivan Šubašić)合作。他们将在亚伊采方案的基础上商定一种战后的民主过渡,正像他们在6月维斯岛会晤期间已经取得一致意见的那样。

与英国领导人相比,斯大林(Stalin)对铁托的举止和寻求国内支持

的要求没有留下多少深刻印象。然而斯大林答应铁托的这个要求,即游击队主力随同苏联红军一起解放贝尔格莱德。斯大林也许诺到1944年末为12个游击队师提供武器,从而结束其对英美援助的依赖。9月,游击队领导人从维斯岛到莫斯科的秘密之行提醒了西方政策制定者,即他们仍在与一个共产党人交往。到1944年11月时,这个聪明的共产党人及其同事已经出现在贝尔格莱德,而苏联红军已经向北移动进入匈牙利,穷追不舍来不及认真抵抗的德国军队直至布达佩斯。与东欧的其他地方形成对照,在建立第二南斯拉夫的共产党政权的过程中,红军和苏联的政治监督都起不到决定性作用。

巩固共产党政权(1945)

即使没有苏联军队,游击队的英勇幸存、其多民族成分和许诺的联邦制方案,也会容许南斯拉夫共产党去巩固战后政权。铁托采用一种冷酷的斯大林主义和一套中央集权的策略抓住了这个机会。尽管这样,如果没有清算战时账目和修复战争破坏提供的理由,这样的策略可能不会成功。处决或审判战时对手为恐吓或逮捕所有政治对手树立了先例。这些战时对手都被恶毒地抹黑,其实,只有克罗地亚的"乌斯塔沙"和廖蒂奇(Ljotic)更小规模的塞尔维亚运动才应受到这种抹黑。

到1945年,新当选的立宪会议不予理会包括舒巴希奇的临时联 227
盟。共产党的民族阵线持有立宪会议的所有席位。尽管拥有政治垄断,但是铁托及其核心集团也相当注意打击可行的种族平衡。他们确定的新内部边界和他们提议的补偿性人口流动将会困扰第二南斯拉夫,但主要还是在铁托去世之后。

清算内战账目

铁托政权把击败仍然列队反对他的国内军事武装作为1945年的首要任务。来自塞尔维亚、黑山和波斯尼亚的幸存的"切特尼克"大多数部队在米哈伊洛维奇的指挥之下集中于波斯尼亚东部,但是他们在3月发生了分裂。在帕夫莱·久里希奇(Pavle Djurišić)领导下的黑山部队前往斯洛文尼亚参加这次最后的战斗，就是法西斯主义者迪米特里耶·廖蒂奇及其小规模的塞尔维亚志愿军团(Serbian Volunteer Corps)正在斯洛文尼亚同斯洛文尼亚蓝卫军(Slovenian Blue Guards)和克罗地亚或波斯尼亚的塞尔维亚族“切特尼克”的最后战斗。大多数部队从未通过德国或“乌斯塔沙”的防线。米哈伊洛维奇和大约1.2万人向南前进。但是在1945年5月，在他们能够抵达塞尔维亚之前，游击队陆军和当时的空军迫使他们进入泽伦戈拉山。不到两年，前铁托部队勉强才从泽伦戈拉山逃脱。到1946年3月，米哈伊洛维奇和几个幸存者逃脱了被俘，但是其军事抵抗能力遭到终结。在此期间，追捕“切特尼克”的个人支持者证明游击队的战时安全机构的迅速增长和不受制约的权威是正当的，这些个人支持者在波斯尼亚东部和黑塞哥维那以及塞尔维亚西部最为强大。铁托告诉“人民防卫组织”(Organization for the Peoples' Defense, OZNa)的首脑亚历山大·兰科维奇(Aleksandar Rankovic)，该组织更广泛的目的是“使那些不喜欢这种南斯拉夫的人心惊胆战”。从1946年6—7月，对米哈伊洛维奇的公开审判允许该政权的公诉人把伦敦政府的前成员，甚至斯洛博丹·约万诺维奇增添到那些被告的名单中。米哈伊洛维奇在被处决之前发表一份有尊严的最后声明。他在这份声明中所哀叹的“时局和斗争的旋风”，在1945—1946年期间大概使10万人死亡。[26]

在苏联红军和撤退的德国人已经使南斯拉夫摆脱第二次世界大战之后，没有确切记录的成千上万的人死于新人民军发动的另外一次重大军事行动。在1941年南斯拉夫被摧毁之后，意大利控制的阿尔巴尼亚已经合并了科索沃。
228 对铁托的共产党而言，暂且不谈德国人，科索沃的阿尔巴尼亚人已经证明是最难以增补为新成员的少数民族。1944年初，阿尔巴尼亚民族主义的国民阵线(Balli Kombetar)的一支科索沃分遣队和匆忙组成的纳粹斯肯德伯格(Skenderbeg)党卫军师已经对他们在科索沃或黑山发现的任何塞尔维亚人实施恐怖统治，迫使另外1万人逃亡。1943年末，甚至科索沃共产党中的大多数人已为阿尔巴尼亚人，他们在有争议的布汉(Bujan)会议上承认同共产主义的阿尔巴尼亚的战后联盟。布汉的位置正好越过战前阿尔巴尼亚的边界。铁托不承认这样一个联盟,但是在20世纪80年代,塞尔维亚历史学家举行了反对他的会议。随后在1944年,铁托派遣斯韦托扎尔·武克曼诺维奇-滕波(Svetozar Vukmanovic-Tempo)去赢得科索沃和马其顿的支持。武克曼诺维奇握有某种巴尔干联邦的含糊承诺,但是太多的非共产党的科索沃阿尔巴尼亚人害怕铁托的南斯拉夫及其许诺的联邦将只是再次强加的塞尔维亚人的控制。1944年12月,他们在德雷尼察(Drenica)到阿尔巴尼亚边界发动一次武装起义反对游击队当局。起义向东北扩展到特雷普卡(Trepca)铅矿,并且逐步升级为许多城镇的激烈战斗。陆军和人民防卫部队吸收大约3万人参加,直到1945年夏天才扑灭这些抵抗。[27]

对科索沃而言,这里随之到来一个基于共产党小核心的专制政权。整个第二南斯拉夫时期,在塞尔维亚人或阿尔巴尼亚人的领导下,这个共产党小核心保持了本来的位置。铁托最初禁止两次世界大战之间的塞尔维亚族殖民者返回。他们中的一些人是"切特尼克",而且其他人已经逃命。作为在下一节中被描述的新殖民计划的一部分,游击队员或他们的支持者在伏伊伏丁那或其原籍地区将获得家宅。然而科索沃禁令不久变成允许两次世界大战之间的少数民族殖民者返回的计划。铁托政权也未给予当地阿尔巴尼亚族共产党人很大的权威,同时也未对来自阿尔巴尼亚的大规模移民开放边界。在1941年到1948年,大概2.5万人已经到来。

伴随着共产党政权的巩固,克罗地亚和斯洛文尼亚承受了最多的死亡人数。在1945年4—5月,已经直接向游击队投降或被英国军队遣返的"乌斯塔沙"和斯洛文尼亚白卫军或"切特尼克"部队被立刻处决。几乎不应对战争负责的克罗地亚义勇军(Croatian Home Army)和斯洛文尼亚乡村卫队(Slovenian Village Guard)的许多成员在这个极其不符合司法的进程中被卷入。虽然在战争期间其大多数人是在拘留营中。犯有通敌罪但是没有战争罪的3万多人在布莱堡 (Bleiburg)和科切夫斯基-罗格(Kočevski Rog)的斯洛文尼亚森林中被枪杀。直

229 到第二南斯拉夫的最后岁月,这些行为才为官方所承认。

司法程序在共产党巩固克罗地亚政权中也发挥了官方宣传的重要作用。到 1945 年 6 月,随着来自亚塞诺瓦茨(Jasenovac)死亡集中营的重要人物和那些没有逃到德国或意大利的“乌斯塔沙”领导人理所当然地被判定有罪,审判开始了。这些审判迅速波及相当多的天主教神父,他们中一些人犯有强迫皈依罪和战争罪。大主教斯特皮纳奇和其他高级教士坚持认为他们无罪,并且指出他们成功挽救了许多人,其中有几千名塞尔维亚族儿童和游击队员。除了斯特皮纳奇公开热情地接受共产党政权之外,对他的权威而言,他依然作出太多意味着支持“克罗地亚独立国家”的公开姿态。他不能理解,更不必说领会铁托的这种暗示,这种暗示就是他必须使克罗地亚教会独立于梵蒂冈,或他简单地离开这个国家。当世俗婚礼的新措施、土地改革中教会财产的列入、对天主教学校和报刊的限制瀑布般地落到克罗地亚教会头上时,与他曾针对“乌斯塔沙”领导人安特·帕维里奇的任何批评相比,斯特皮纳奇用更多和更严厉的批评公开回应这些措施。[28]这使对斯特皮纳奇的审判和定罪成为必然。

虽然斯特皮纳奇对低级教士的罪行负有责任的证据尚有争议,但是他被判定有罪的结果没有产生争议。1946 年 11 月他被判处监禁,随后被减刑为软禁,直到 1960 年去世,这阻碍了他和天主教统治集团在塑造第二南斯拉夫中发挥任何作用。教学许可证的规定剪除了教会在克罗地亚教育系统中的存在。或许最重要的是,许多塞尔维亚人仍然确信他有罪,而许多克罗地亚人假定他无罪,这将使得天主教的宗教权利问题转变成一种易被利用的民族争端。

内部边界和提前举行大选

在 1945 年期间,铁托的共产党和游击队部队有很好的条件去巩固政治权力。他们完全没有准备容忍合法的反对派或爱挑剔的新闻界,无论其有什么反法西斯的证明。在克罗地亚难以取得强有力的证明,在那里,来自战前时期的一个重要的民主政党即克罗地亚农民党在战争期间已经严重分裂。它的许多领导人和支持者们已经转向“乌斯塔沙”或游击队。该党的领袖弗拉德科·马切克既没有转向“乌斯塔沙”,也没有转向游击队,但是在因为可能被热心的克罗地亚共产党逮捕而选择移民之前,他几乎没有说些什么。克罗地亚农民党剩余的民主人 230
士试图团结在玛丽亚·拉迪奇(Marija Radic)的周围,她是克罗地亚农民党的偶像斯捷潘·拉迪奇的遗孀。但是他们面临来自铁托的联盟伙伴、他们的同仁伊凡·舒巴希奇的反对,以及来自克罗地亚共产党及其强有力的克罗地亚解放委员会的反对。舒巴希奇坚持这种信念,即他能够在一个共产党领导的联盟内保持克罗地亚农民党的独立地位。

在塞尔维亚,三个幸存政党的领导人准备参与创立一个新南斯拉夫,即使是一个没有君主政体的新南斯拉夫。他们也从未有机会对塞尔维亚的人们解释清楚,像沃伊斯拉夫·科什图尼察(Vojislav Kostunica)和科斯塔·查沃什基(Kosta Čavoški)在铁托之后的20世纪80年代含蓄批评的那样。[29]

塞尔维亚的民主党、共和党和农民党面对着这样一个南斯拉夫共产党,其成员人数到1945年已增长到令人敬畏的14万人。1944年12月,南斯拉夫共产党领导层已经机敏地将战时的民族解放阵线转变成一个新的民族阵线,它将代替南斯拉夫共产党争取赢得立宪会议的选举。1945年9月,铁托的“南斯拉夫反法西斯解放运动”代表和独立的克罗地亚共和农民党(Croatian Republican Peasant Party)操纵了临时议会。克罗地亚共和农民党由游击队的支持者建立,以排斥可怜的舒巴希奇及其少数代表。临时议会批准选举日期为11月11日,即游击队部队获得西部地区仅六个月之后。他们的斗争已经从一场灾难性的战争中挽救了南斯拉夫的一些荣誉和希望,并且他们的共产党领导层极大地受益于民众的真诚支持。

虽然这些选举以无记名投票方式公平地进行,但是先于这些选举的竞选活动是对民主惯例的嘲弄。在克罗地亚,共产党的选举官员以战时“乌斯塔沙”活动为由,从花名册中简单地勾销了大量符合条件的选民;在斯拉沃尼亚,这一部分比例接近40%。在独立的克罗地亚农民党报纸被取缔之前，玛丽亚·拉迪奇只能够发行该报纸的限量版。在塞尔维亚，不到5%的选民被排除，这里最大的反对党和一份反对派报纸的命运是有象征意义的。《民主》(*Demokratija*)的编辑米兰·格罗尔也领导着民主党和联合反对派(United Opposition)，它们同农民党和激进党一起参加1945年竞选运动。他的战前观点——波斯尼亚和马其顿为塞尔维亚的遗产——让他易于招致合乎情理的批评，就像他战后未能对克罗地亚的非共产党人提供援助那样招致批评。然而共产党的报刊狠批格罗尔为“法西斯流亡者”的有名无实的领袖，并且警告其支持者“人民不能袖手旁观”。更明确的人身威胁跟着到来。到9月
231 末，格罗尔及其联合反对派退出这一竞选运动以示抗议。他试图继续发行《民主》，指出共产党在这些选举之前对反对者所做的嘲弄。在1920年立宪会议选举之后，共产党对反对者施加了这种嘲弄(见第四章)。贝尔格莱德共产党人组织学生攻打该报纸的办公室，并且利用印刷业的联合抵制，使其在选举前几个星期停刊。

在随后的投票中，表达反对的唯一方式将是检查“没有候选人的选票的投票箱”，“没有候选人的选票的投票箱”也就是说没有提出可供选择的候选人。共和党领导人亚萨·普罗达诺维奇(Jasa Prodanovic)最初建议这种方式，但是一旦联合反对派取消了这一建议，铁托的副手爱德华·卡德尔(Edvard Kardelj)就会对这种方法纠缠不放。在新联邦议院的选举中，斯洛文尼亚记录了“空箱选票”的最高比例达16.8%，跟着是伏伊伏丁那的14.6%、塞尔维亚的11.4%和克罗地亚的8.5%。而在塞尔维亚存在高达20.8%的直接弃权，从而把投票赞成民族阵线的人选比例降为68.3%。甚至这个数字，对共产党而言也足以把这一结果宣扬为塑造一个符合他们愿望的新南斯拉夫的授权。由于在波斯尼亚-黑塞哥维那、马其顿和黑山之外的10%至20%的“空箱选票”，共产党在投票选举民族议院(Chamber of Nationalities)时获得了有点不太令人信服的授权。

需要一套新内部边界去代替存在争议和矛盾的1941年内部边界。在1941年，全国性的君主政体仍然基本上支持一个扩大的邦联制克罗地亚和一个不确定的塞尔维亚。该君主政体没有重获其权威的希望。

铁托和“南斯拉夫反法西斯解放运动”的代表们已经决定南斯拉夫将存在6个共和国,它们是独立的马其顿、黑山和波斯尼亚-黑塞哥维那同塞尔维亚、克罗地亚和斯洛文尼亚。即使没有科索沃的形式和伏伊伏丁那对塞尔维亚的附属地位,这个事实很可能也将阻止来自贝尔格莱德的两次世界大战之间的行政部门再次出现。波斯尼亚-黑塞哥维那有一套完整的内部边界。在第一次世界大战之前这些内部边界已被大家接受。随着聂姆(Neum)的并入提供了一个到亚得里亚海的出口,这些内部边界得以重申。新马其顿共和国在1944年8月宣布成立,其引起争议的唯一边界是同保加利亚和希腊的边界。铁托最初提议去合并划入保加利亚一边的皮林地区,而许多希腊人担心他们的爱琴海地区也将被包括进去。[30]斯洛文尼亚的西部边界得以扩展,去包括以前在法西斯意大利统治下的民族伙伴,即使没有包括铁托也觊觎的主要是意大利人的的里雅斯特港。虽然皮林问题持续到1948年,但是意大利的边界则被争论到1954年(见第八章),其他两个共和国的内部边界更是造成了长期的问题。

为克罗地亚和黑山划定的边界将共产党领导层卷入民族裁决之 232
中。到20世纪80年代时,克罗地亚和黑山将因这一民族裁决而公然记恨他们。[31]从意大利吞并伊斯特拉半岛的较大部分使克罗地亚成为最后的赢家,但是这种吞并迫使居住在那里的25万意大利人接受一种有效的、即使在很大程度上是不流血的种族清洗。种族清洗在1945年开始,并且持续到50年代初。这一领土收获被当做是补偿克罗地亚进一步失去亚得里亚海海岸的损失。科托尔湾位于历史上达尔马提亚海岸的南端,主要是黑山人的居民到达科托尔湾,这证明这个海湾裁决给黑山是正当的。黑山也获得新帕扎尔行政区的最大部分及其土耳其穆斯林少数民族。在历史和种族方面,该行政区更接近波斯尼亚-黑塞哥维那,但是黑山游击队在第二次世界大战中发挥的不相称的作用,使其共和国成为这个共产党政权动荡地区更安全的监护人。

最终在克罗地亚和伏伊伏丁那之间存在着边界,虽然大量的德裔少数民族已经逃走,但是同样庞大并且不甘心的匈牙利少数民族仍然存在。1945 年 6 月,铁托任命米洛万·吉拉斯去主持一个专门负责绘制该边界的委员会。该边界的北部和南部的边缘地带是令人烦恼的。在北部,与匈牙利接壤的苏博蒂察(Subotica)地区的人口主要是匈牙利人或布涅瓦茨(Bunjevci)天主教徒,布涅瓦茨天主教徒到此刻都认为自己是克罗地亚人。然而该地区被认为对塞尔维亚而言太敏感,并认为对共产党的新殖民计划太重要,以至于不能被隔绝于贝尔格莱德。在南部,被哈布斯堡王朝长期统治的、大部分是塞尔维亚人的斯雷姆,根据《1939 年协定》已给予克罗地亚族巴纳特,这使得塞尔维亚民族主义者大为愤慨。斯雷姆被命中注定地加以分裂。来自武科瓦尔和博罗沃(Borovo)北部的郡转到克罗地亚,而几个南部的郡转到塞尔维亚。在克罗地亚的中部是布兰克·彼得拉诺维奇(Branko Petranovic)称为"塞尔维亚绿洲"的地方。然而它和克罗地亚的几个更大的塞尔维亚族地区都没有获得任何独立的地位。铁托早已拒绝莫萨·皮亚德的战时建议,即应当在新的克罗地亚共和国中建立一个或更多的塞尔维亚族自治区。吉拉斯在 1945 年认为,通过从贝尔格莱德迁都到萨拉热窝,民族和解可能被更好地达成。党的其他领导人以这个波斯尼亚城市缺乏基础设施和出入通道为理由,迅速拒绝了该建议。人们尽可以质疑这一迁移可能会造成什么差别。当然,当新的立宪会议在 1946 年 1 月召开时,共产党政权似乎坚如磐石,以至于不能使这些领土问题的正式争论成为可能。

第八章　建立第二南斯拉夫（1946—1953） 233

在战争末期，什么样的国家出自民众对游击队战争努力的有限授权和共产党手中的无限权力呢？使第二南斯拉夫成为一个共和国是容易的。人民阵线(Popular Front)的共产党代表操纵了新当选的立宪会议。1945年11月29日立宪会议在贝尔格莱德召开。选择这个日期是为纪念“南斯拉夫反法西斯解放运动”在亚伊采宣布成立游击队临时政府两周年。代表们一致投票废除君主政体，结束流亡国王彼得二世的摄政统治。自从3月铁托以彼得二世的名义已经作为首相统治。新的南斯拉夫联邦人民共和国(Federal People's Republic of Yugoslavia，SNRJ)取代了君主政体。

第二南斯拉夫正好有两倍于第一南斯拉夫的时间去成立。它的诞生像第一南斯拉夫一样血腥。如果1945—1946年全部可能的伤亡被加到第二次世界大战的伤亡中，那么第二南斯拉夫的成立类似第一次世界大战，它使南斯拉夫死亡和未能出生的人数接近200万。1945年后的国际环境证明对其是更有利的，第二南斯拉夫以兼并意大利的伊斯特拉半岛作为开始。然而，这个新联邦未能幸免于苏联集团的崩溃，实际上该新联邦已经耗费了整个战后时期，以使自己区别于苏联集团。本章试图探究第二南斯拉夫1989年后分裂的一个主要根源。在1946—1953年的形成期间，作为社会主义联邦的南斯拉夫根本没有达到它曾许诺地方民主和工人自我管理的那种程度的改变。其最初意图只是追随苏联模式。在苏联模式中各级党组织控制着一个虚构的联邦,并且追求重工业的迅速发展。1948 年铁托和斯大林的分裂反而加强了一种战后的受围心态。

苏联模式的种种弊端加上公开否定苏联模式的渴望,把铁托的政治局推向一种分权式社会主义的新理论。专门用来代替苏联风格的《1946 年宪法》的《1953 年宪法》体现了这种新理论。这种新实践不是一次愤世嫉俗的练习,其主要作用是把共产党领导层、警察和军队未受
234 到挑战的专断权威授予共产党领导的地方委员会,而不是授予著名的工人委员会。他们都深信阿克顿勋爵(Lord Acton)的经典警告——"绝对权力绝对产生腐败",将不适用于他们。可是米洛万·吉拉斯(Milovan Djilas)早就持有疑问。即使他并不怀疑专断权威的授予以后将集中于共和国一级而不是联邦一级,但是这些将会煽动民族利己主义和排外主义的热情。铁托及其游击队精英声称已经消除了这种热情。

根据《1946 年宪法》巩固权力

类似之前的第一南斯拉夫和塞尔维亚,第二南斯拉夫投入相当大的精力来制定一系列正式宪法。1946 年 1 月,立宪会议批准了铁托统治的南斯拉夫的四部宪法中的第一部。这四部宪法都是在爱德华·卡德尔(Edvard Kardelj)的控制下起草的。没有一张反对票投给这个不寻常的 1946 年契约。它严格模仿《1936 年苏联宪法》,然而其 139 项条款中没有一项使用"社会主义"这个词或提到南斯拉夫共产党。政府仅建立六个主要部委:一个邮电部加上处理军事或外交事务的其他五个部委。其他部门同六个共和国的对应部委混合在一起,实际上建立了六套独立的地方官僚机构。像苏联的加盟共和国一样,这些共和国获得退出联邦的正式权利,并且获得稍大的财政权。保证更大的宗教自由表明了该文件对苏联模式唯一相反的重大违背。像我们将看到的那样,在 20 世纪 60 年代以前,这种保证不值几何。

新的两院制国民议会成为"国家最高权力机关"。联邦参议院

(Federal Council)是一元制的,基于每 5 万居民选举一位议员,非常类似于《1921 年宪法》的国会。民族委员会(the Council of Nationalities)是一个联邦制的机构:每个共和国有 30 位代表,虽然伏伊伏丁那作为塞尔维亚的一个自治省获得 20 个席位,并且在没有解释这种差别的情况下,科索沃作为塞尔维亚的第二个自治区获得 15 个席位。1945 年 11 月,已被推选到立宪会议的人民阵线候选人供职第一个四年任期。人民阵线最初是八个党派的联盟。该阵线提出候选人,这些候选人或是南斯拉夫共产党员,或是已为共产党的内部决策认可。反对派只能检查弃权的“空票箱”(见第七章)。然而,在批准《1946 年宪法》之后,人民阵线首先在共产党领导层的头脑中成为一个共产党的群众组织, 235
然后事实上成为一个共产党的群众组织。

地图 8.1　1945—1991 年南斯拉夫的内部边界

铁托新内阁的提议没有面临超出少数非共产党员个人异议的任何反对，那些少数非共产党员继续把“人民阵线”视为独立政党的联盟。[1] 塞尔维亚左翼的农民联盟(Agrarian Union)的激进领袖德拉戈·约万诺维奇(Dragoljub Jovanovic)最响亮地发出抗议，但是他被高声喝止。塞尔维亚共和党更加克制的领袖亚萨·普罗达诺维奇(Jasa Prodanovic)只能在他的《共和国》(*Republika*)专栏中加以抱怨。《共和国》是在1945年后依然存在的贝尔格莱德非共产党报纸。在两院内，共产党代表责骂这种反对，并且要求一致投票谴责这些“同种的破坏者”及其所谓“外国主子”。在这种情况下，人们如何能够使用立法权去废止第129条规定的行政法规，或使新的人民法院或公诉人达到第115至128条中规定的独
236 立司法官的标准呢？这一举动在“其他地方”是显而易见的，比如前苏联最高苏维埃(Supreme Soviet)在20世纪30年代期间就让带贬义的“橡皮图章国会”进入西方的政治词汇表。

“其他地方”包括动员政治支持、镇压最轻微的反抗，并且促进经济复苏的南斯拉夫共产党的那些努力。在转向研究西方援助和对抗所起的作用之前，我们研究一下共产党和政府对这三个目标的倡议。

动员和镇压

共产党的宣传机关试图把公众的支持团结在南斯拉夫主义而不是联邦主义或社会主义的意识形态周围，并于最初取得了成功。联邦主义者和社会主义者是铁托及其政治局想要其国家从长远来看依靠的两根支柱，这些主张和这两根支柱的机构都没有引起广泛的关注。他们的南斯拉夫主义自信地强调在单一的游击队斗争中的共同经历，把克罗地亚、斯洛文尼亚和马其顿的独立政党和解放委员会漠视为战时的权宜之计。共产党的宣传机关把他们的战时成功更大部分归因于解决民族问题。他们说，看看基于“兄弟情谊和团结”(*bratsvo i jedinstvo*)的南斯拉夫主义为了驱逐法西斯侵略者已经做的事情。我们不应当低估战后第一代政府权力合法化的宪章神话。

《1946年宪法》明文昭示“兄弟情谊和团结”存在于阿列克萨·吉拉

斯(Aleksa Djilas)所称的“四个平等”中。[1]第一,不论种族划分或宗教,所有公民拥有平等的权利和义务;第二,所有的共和国,它们的少数民族和占多数的居民也拥有平等的权利和义务;第三,所有的南部斯拉夫人的“民族和其他集团”应该得到平等的地位,第四,所有人被假定对战争获胜作出了平等的贡献。各民族的名单包括马其顿人和黑山人,以及塞尔维亚人、克罗地亚人和斯洛文尼亚人;按照卡德尔的战前构想(见第六章),波斯尼亚穆斯林至少被承认为一个独立集团。匈牙利人和阿尔巴尼亚人未被列入名单中,德国人和意大利人也未被列入名单中。他们只能算做南斯拉夫人,其余民族特别是波斯尼亚穆斯林被鼓励采用这种分类。

新政权在农村青年中特别受到欢迎。到1945年中期,农村青年大致构成14万党员中的四分之三;到1948年,他们大致构成另外增加的33万党员中的同样比例。党内外许多人渴望拒绝民族排外主义。与纳粹和法西斯占领者在战时已经夺走的生命相比,民族排外主义在战时夺走了更多人的生命。但是米洛万·吉拉斯领导的中央委员会的宣 237
传鼓动部错过了这个机会,反而强调反对德国人的联合斗争,从而把这个将持久存留于南斯拉夫历史教科书的主题引入20世纪80年代。

共产党近乎垄断的新闻界利用1946年对“切特尼克”领导人德拉扎·米哈伊洛维奇的贝尔格莱德公开审判,把勾结外国列强变成最骇人的罪行,这种审判类似同年稍后对大主教斯特皮纳奇的萨格勒布审判(见第七章)。这样的氛围至少使与西方的联系变得忧心忡忡。对斯特皮纳奇的审判对天主教教士发出了这种信息,即应当避免与梵蒂冈的联系。克罗地亚教会大约100种战前出版物不允许被复刊。到1947年,共产党倡导的神职人员协会在每个共和国建立了,这些协会试图颠覆所有宗教统治集团,即东正教、穆斯林和天主教统治集团的权威。代表性最少的是代表克罗地亚天主教会的协会。

然而,除了宗教政策以外,共产党对文化政策的态度仍然是谨慎的。[3]甚至“形式上的民族主义和内容上的社会主义”这种模糊的苏联口号也被修改,用更模糊的“广泛的人道主义和民主主义”代替“社会主义”这个词。虽然新闻界继续赞美出自战争中的“南斯拉夫人的共同精神”,教育制度却被允许存在独立的共和国轨道,这增加了以后地区间缺乏相互的理解。《1946 年宪法》保留了前一年已被建立的共和国教育部,但是清除了类似的联邦部。

这个决定表明,南斯拉夫共产党内关于统一教科书的集中准备结束争论。来自黑山、马其顿和波斯尼亚-黑塞哥维那的代表论证统一的教科书是良好的苏联惯例,并且认为他们共和国的资源太有限,以至于无论如何不能出版他们自己的教科书。克罗地亚人、斯洛文尼亚人和一些塞尔维亚人的代表想要出版他们自己的教科书。政府有胜过历史和文学的至关紧要的文化行为准则,这些文化行为准则应该是临时性质的。为了撤销这个决定,从 1948 年开始,多年来各种联邦委员会要求建立,但是除一些标准的相似之处以外没有一个联邦委员会取得成功。这些相似之处包括对两次世界大战之间南斯拉夫的意见一致的诋毁并且没有提及宗教,或包括两次世界大战之间的现代派作家,例如廷·乌耶维奇或政治上令人怀疑的米洛什·茨尔年斯基(Miloš Crnjanski)。但是,类似两次世界大战之间的文化政策(见第五章),从 1947 年反穆斯林的《山环》(*Mountain Wreath*)出版百年庆典以后,该政权开始赞美 19 世纪的涅戈什(Njegoš)及其《山环》。

238 到 1946 年 7 月,电影业开始避免预示着更大程度集中的事情,尽管从长远来看这具有远非有害的后果。在萨格勒布和卢布尔雅那的电影制片厂抵制将其设备和方案交给该党一年前在贝尔格莱德建立的中央电影公司。自 20 世纪 20 年代就经常看西方电影的贝尔格莱德公众蜂拥到放映好莱坞音乐片的剧院,并且不理睬该党的宣传影片。

虽然这种前后矛盾的文化政策没有赢得城市对南斯拉夫的更广泛支持,但是与政治反对派曾经在第一南斯拉夫经历的相比,共产党对司法系统的控制使政治反对派充满危险。亚历山大·兰科维奇(Aleksandar Rankovic)是铁托的核心集团成员和铁托的安全机构人民保卫部(Department for Protection of the People, OZNa)的战时首脑,铁托任命兰科维奇去领导新的内政部和国家安全局(State Security Administration,UDBa)。国家安全局在 1946 年 3 月建立,取代了人民保卫部。国家安全局没有经过公开指控或审判就行使不受限制的权力去逮捕、关押甚至处决政治对手。兰科维奇是幸免于战争的几个主要塞尔维亚共产党人之一。他出身于农村,到 1937 年时,十多岁的他作为领导塞尔维亚政治委员会的成员还在监狱服刑。战争期间负责人民保卫部时,他极度依赖塞尔维亚人或黑山人去为新组织及其准军事部队配备人员。据一个英国评论员说,他"在每一幢公寓楼、每条街道、每个村庄和每个兵营房间中"招募密探。[4]粗略的估计各不相同,但是国家安全局在 1946—1947 年处决的人数可能达到 5 位数,被监禁在集中营的人员数目至少也达到 6 位数。

来自人民法院、法官和公诉人(后者专门设立,以铲除政治反对派)这个新网络的定罪增加了集中营人数。该系统不考虑合法诉讼程序或被告的权利,按照在战后继续运转的军事法庭的方式运作。塞尔维亚农民党领导人德拉戈·约万诺维奇(Dragoljub Jovanovic)抱怨新的共产党公诉人已经成为"司法系统中拥有全权的机构"不久,他就在 1947 年 4 月被捕,并且被判处九年徒刑。约万诺维奇的法官无疑符合"基本的道德资历"。共产党对米哈伊洛维奇审判的首席公诉人米洛什·米尼奇(Miloš Minic)把"基本的道德资历"解释为不理会更重要的法律培训的"无限忠诚"。[5]

经济复苏和联合国善后救济总署

共产党巩固东欧政权的常见要素中不应当遮掩使南斯拉夫与众不同的那些。虽然 1945 年已经重新划定了游击队部队,但大规模的南斯 239
拉夫人民军(Yugoslav National Army,JNA)是使南斯拉夫与众不同的一个要素。南斯拉夫人民军不久被削减一半,却仍然有 40 万人。对该政权而言,南斯拉夫人民军是合法和可控制的一个来源。铁托仍然是南斯拉夫人民军的总司令。该政权也享有一些真诚的公众支持。在 1946 年达到高潮的经济复苏,很大程度上归功于当地共产党领导的新方案和西方援助。

与欧洲其他任何地方相比，四年更连续的战斗已经杀死了100万人，并且让另外70万人未能出生。四年战斗也给南斯拉夫造成巨大的物质损失，特别是对其基础设施，尤其是运输网造成了巨大破坏。所有的铁路线和公路需要修复，机车车辆和修理厂已经被减少至少一半，并且几乎没有汽车余留下来。大约15%的战前房屋、40%的工业设施以及超过50%的家畜饲养和农业机械已经被毁坏或严重破坏。从克罗地亚的克拉伊纳到塞尔维亚南部，如果救济物资没能送给这些粮食匮乏的广大地区的人们，他们就将面临饥饿。

然而，通过迅速重建的铁路和公路网，救济物资运送给了他们。亚得里亚海港口重新得到开放，虽然到1947年时通过亚得里亚海港口的国内农产品出口是1936—1939年水平的90%。像大多数大型工业企业和矿山那样，包括特雷普卡(Trepca)的铅矿和博尔(Bor)的铜矿，面粉厂和锯木厂也重新开始运作。到1947年，工业生产据称超过1939年水平，远远超过了东欧其他地方记载的经济复苏。虽然我们可以特别怀疑该政权的工业统计数字，但是对大部分是农村的人口而言，经济复苏似乎是明显的。它是怎样发生的呢？

共产党组织的青年旅之间类似运动的竞赛为其提供了部分答案。[6]中央集权的共产党统治集团试图协调他们的计划，但是他们的成功主要出自共产党年轻领导人在地方一级没有太多监督的工作。这些共产党年轻领导人多是游击队老兵。南斯拉夫人民军的应征新兵和大量的强制劳工充当了更多的角色。许多青年旅的领导人毫不犹豫地去胁迫或打动当地青年加入他们的军队，或动员来自集中营的独立囚犯旅。

如果联合国善后救济总署(UNRRA)没有给它提供4.15亿美元的援助，那么这种无偿努力大部分可能是徒劳的。这是联合国善后救济总署对任何一个欧洲国家的最大交付额，总数是1938年南斯拉夫进口额的两倍。食品、衣服和医疗用品的价值总计2.37亿美元，其中包
240 括复兴农业、工业和运输网的设备。到1946年时，足够的铁路路轨和

桥梁支柱、机车车辆和火车头、内河驳船和港口设施抵达，从而恢复内陆运输网的90%。联合国善后救济总署几乎更换了该国战前全部1.5万辆卡车。

联合国善后救济总署交货中的最大部分，即价值接近2.98亿美元的部分或占72%的部分毫不奇怪地来自美国。美国没有受到战争破坏，其经济得到高速度发展。美国和南斯拉夫政府都不赞赏美国的这种巨大作用。[7]美国官员和许多国会议员怀疑南斯拉夫军队正在挪用煤炭和其他补给品供他们自己使用。拖拉机确实正在被运送到少数新的国营农场。救济总署新署长菲奥雷洛·拉瓜迪亚(Fiorello Laguardia)派遣的一个联合国善后救济总署代表团未能证实其他指控。菲奥雷洛·拉瓜迪亚是前纽约市长，并且在此之前短暂担任过美国驻里耶卡领事。尽管存在这一事实，即联合国善后救济总署任命一个俄国人领导该南斯拉夫行动，但是铁托政权仍然怀疑附属于该行动的300名美国人和贝尔格莱德的美国军事代表团有联系。他们身着美国制服到偏远地区的旅行加深了这种错误的怀疑。另外，共产党领导层依然希望苏联或其盟国作为援助的唯一来源，从而拒绝公开承认联合国善后救济总署的大部分援助来自美国。

对抗西方盟国

从1943年始，铁托政权和英美联盟之间的纠纷已经酝酿。1944年8月，美国代表团对米哈伊洛维奇的访问(见第七章)受到误解，这加重了共产党对英国可能登陆亚得里亚海海岸的惊愕。而且美国和英国坚决要求游击队武装撤出的里雅斯特，以支持澳大利亚和新西兰军团作战。澳大利亚和新西兰军团在1945年5月已经失去在亚得里亚海最前沿的有价值的港口。同意大利随后的边界争端继续恶化到1954年，但是在这个初始阶段南斯拉夫一方把它当做英美的一种敌对行动。当苏联同西方联盟的对抗在东欧上演时，不屈不挠地怀有敌意的美国大使威廉·帕特森(William Patterson)抵达贝尔格莱德。铁托核心集团好斗的战后自信进一步地加热了这杯苦酒。

1946 年,几个新的因素使南斯拉夫同美国的关系恶化达到沸点。到 1946 年底将生效的一个新的国有化法律威胁要永久性地接管那些已被扣押的外国公司。在战争期间那些外国公司是在德国人或意大利人的控制之下。美国官员对少数美国公司的案件逼得很紧,利用南斯
241 拉夫国家银行 4 680 万美元的黄金储备作为他们达到目的的主要手段。在 1941 年,这些黄金储备已经运送到纽约妥善保管。

关于的里雅斯特和美国飞越领空的这些争端更具煽动性。它们之间也是有联系的。在 1946 年夏天,与英国、法国或苏联提议的任何一条边界线相比,美国对共同边界的提议把包括的里雅斯特的意大利领土(A 区)进一步向东纳入南斯拉夫要求拥有的领土(B 区)。为此,的里雅斯特的斯洛文尼亚少数民族和意大利共产党(PCI)在一系列示威和罢工中通力合作。当南斯拉夫军队前进到已成为 B 区边界的法国提议的分界线时,铁托的空军指挥官们日益强烈反对美国飞机擅自飞越领空。他们的观察员无疑夸大了数量,并且把运输机当成轰炸机,但是美国的机组人员也利用任何借口去选择这条从维也纳到罗马的最短路线。或许为了向抱怀疑态度的铁托证明飞越领空正在发生,8 月上旬铁托在卢布尔雅那的空军指挥官们命令迫降一架擅自侵入的 C－47 运输机。[8]当两周以后他们击落另一架 C－47 运输机并且杀害全体机组人员时,美国官员和公众舆论感到愤慨。

南斯拉夫的宣传机关没有退却。尽管苏联明显缺乏对的里雅斯特的支持,但是新闻界仍然认可了苏联对西方政策的所有控告。在希腊内战中,南斯拉夫对共产主义事业的支持超出了宣传,新的马其顿共和国成为希腊共产党人的避难所。在那里,他们有时可获得武器和其他装备去支持在 1946 年再次爆发的战争。

铁托政权似乎已经焚烧了通往美国的最后一座桥梁。来自初出茅庐的国际复兴开发银行(International Bank for Reconstruction and Development)的美国存款或贷款有什么要紧吗?经济复兴正在顺利进行,并且党员人数正在迅速增长。南斯拉夫还刚刚同苏联、苏联的东欧附庸国和战前伙伴捷克斯洛伐克签署了一系列双边贸易协定。这些

贸易协定的优惠条款被认为保证了野心勃勃的五年计划的实施。这个五年计划准备在1947年开展,早于任何其他东欧政权一年。无疑由此产生的跃进将塑造一个忠于该新政权和苏联的南斯拉夫公民的社会主义社会。

挫折和铁托-斯大林的分裂(1947—1949)

1948年,同苏联集团著名的决裂使铁托的南斯拉夫成为东欧独特的国家,并且最终导致铁托的南斯拉夫成为任何共产党政权中同西方关系最好的国家。但是它并没有一开始就这样。该党的经济计 242
划在1947年受到严重困扰。当西方缓慢提供援助时,该政权对与斯大林的争论和苏联集团经济禁运的最初反应使事情变得更为糟糕,至少此时南斯拉夫突然中断了这种过分自信。这种过分自信从铁托的核心集团已经扩展到党的其他干部。他们对斯大林的坚决违抗也使南斯拉夫公众恢复对其支持。然而除了公众观点外,清洗党员和法外惩处所有潜在对手使这种受困心态加深,这种受困心态成为分裂的一种破坏性遗产。一些政治暴行也损害了基于一种“民族盲目”联合的南斯拉夫主义观念。

经济挫折

根据各方面资料,按照苏联标准的南斯拉夫的第一个也是最后一个五年计划是一次惊人的失败。[9]该计划渴望复制20世纪30年代苏联在重工业和军备上的进步,而铁托漠视安德鲁·海布兰格(Andrija Hebrang)的反对并且仓促开始1947—1951年的全面计划。海布兰格是有权势的经济委员会首任主席和工业部长。除经济现实以外,海布兰格在1946年几乎没有机会证明他的有理。两年前铁托因“民族主义倾向”已经免除海布兰格作为克罗地亚解放运动(ZAVNOH)首脑的职务(见第七章),现在用更值得信赖的斯洛文尼亚族政治局成员鲍里斯·基德里奇(Boris Kidrič)取代海布兰格。基德里奇刚刚从莫斯科的苏联规划速成班返回。尽管没有接受其他培训,但是基德里奇成为该政权最主要的经济学家,直到 1954 年去世。海布兰格作为新的联邦计划委员会(Federal Planning Commission)的首脑暂时坚持下去,直到 1946 年 12 月基德里奇担任这个职位。

基德里奇和联邦计划委员会中的一小批年轻党员匆忙拼凑了一个五年计划。这个五年计划极其详细,事实上极其野心勃勃。它是地方计划的集合体,每周的指令和报告增加到大约 1.6 万条,最终它的卷宗重达 1.5 吨。每周的指令和报告在 215 个贝尔格莱德或共和国的部长和所有国有工农业企业之间传递。到 1951 年时,国民收入达到其 1939 年水平的两倍,主要依赖的是工业生产上的五倍增长。超过1 000英里的新铁路轨道得以铺设。基德里奇不予考虑几个斯洛文尼亚族同事的这些抱怨,这些抱怨就是为欠发达的共和国计划的大规模工业投资是一种没有人将从中受益的“虚假的团结一致”。
243 无论如何,无经验的规划者们过高估计现有的工业生产力,并且过高估计至少一半经过培训的人员数量。到 1947 年末,南斯拉夫的规划者们能够确保的只有生产量的最明显夸大。无论其质量怎样低劣,这种夸大将满足苏联顾问的目标。苏联顾问怀疑地方成分,从一开始就持批评态度。即使有相当大的夸大,也只有斯洛文尼亚、克罗地亚和塞尔维亚的发达工业部门接近完成他们 1947 年的目标。南斯拉夫的统计学家后来认为,1947 年数据太不可靠,以至于不能记录在后来的年鉴中。

基德里奇及其新的规划者们是怎样期望成功的呢?他们后来的报告强调了他们指望来自苏联、匈牙利和捷克斯洛伐克的设备和原料能加快交货。而这三个经济体有其自己的战后问题,并且无论什么原因,根据延迟支付或易货支付的条款,它们中没有一个符合适用于 1947 年规划的提前交货时间表。在 1948 年中期南斯拉夫同苏联集团分裂之前,这三个国家大概实际上提供了 1947 年许诺的贷款的 5%。此时南斯拉夫来自这三个国家的进口略有下降,只达到 1946—1947 年的一个较高总值的 44.8%(见表 8.1)。同时,西方的进口从 15.1%上升到 23.6%。如果农业能够作出更大的贡献,那么南斯拉夫的规划者们仍然希望为西方的进口和自己在重工业上的投资筹措资金。

表 8.1 1947—1953 年的外贸

	出口额（百万美元）	西方份额(%)	进口额（百万美元）		贸易收支差额
1947	173	19.3	279	23.6	−106
1948	323	24.7	378	25.3	−55
1949	193	60.3	333	51.5	−140
1950	162	70.4	287	75.8	−125
1951	186	75.9	434	78.8	−248
1952	249	80.6	393	69.1	−144
1953	183	65.7	418	78	−235

资料来源：John R. Lampe, Russell O. Prickett, and Ljubiša S. Adamović, *Yugoslav-American Economic Relations since World War II* (Durham, NC: Duke University Press, 1990), 41 and 70 - 71; Jozo Tomasevich, "Immediate Effects of the Cominform Resolution on the Yugoslav Economy," in *At the Brink of War and Peace: The Tito-Stalin Split in Historical Perspective*, ed. Wayne S. Vucinich, vol. X, *War and Society in East Central Europe* (New York: Brooklyn College Press, 1982), 105 - 106; and Dragana Gnjatovic, *Uloga inostranih sredstava u privrednom razvoju Jugoslavije* (Belgrade: Beogradski economski institute, 1985), 78 - 79。

为农业政策负责的几个机构都同意应当从农民中提取巨额盈余，不仅像苏联那样去为一支庞大的军队和越来越多的产业工人提供粮食，而且到 1947 年时去赚取大量外汇。拥有这样的收入，南斯拉夫当时能够为必需的西方或(直到 1948 年共产党的布拉格发生政变)捷克斯洛伐克的进口商品付钱。然而，只有农业理事会提倡大规模地投资于农业，并且提倡一种将吸引农民加入国营农场或生产者合作社的合约制。农业理事会由战前的农民联盟领导人、此时的农业部长瓦萨·丘布里洛维奇(Vasa Cubrilovic)领导。两个更有影响的机构，1946 年的经济委员会和新的联邦计划委员会预见到一个日益强大的国有部门将控制农业，并且如果必要的话会使用暴力让农民服从。自从安德鲁·海布兰格以战时努力去镇压克罗地亚农民党，上述计划已经是他的目标了。小农场的克罗地亚族农民已经构成这个以前占优势的政党及其广大的合作社网络《经济协约》的支柱(见第六章)。在1945年,海布兰格利用当年夏季的干旱,通过地方上的共产党当局敦促以固定的
244 低价强制性征收定额的粮食。到9月时,他要求逮捕那些拒缴粮食的农民,并将其当做人民的敌人。当基德里奇取代海布兰格作为经济委员会和联邦计划委员会的首脑,并且准备在1947年4月开始第一个五年计划时,基德里奇只是恢复了这项政策。基德里奇可能会被追究对这种情况——保持1947—1951年规划的国家投资的农业比例到7%——负责。

随后10%的微薄增长不是农业生产上严重不足的主要原因。共产党对小农的政策是模棱两可和易变的,这些政策更促成这种不足,并在乡村激起对该新政权的广泛抵制。这些政策包括海布兰格在内的南斯拉夫共产党代表,在战争期间曾许诺的维持私人小农场。好像为了履行1945年8月的这个诺言,该政权宣布农业土地改革,即重新分配来自八个类别的土地。最大的一类是以前德国人的地产(40.7%)、超过45公顷的庄园(15%)和超过10公顷的教会土地(10.5%)。小农和新建立的国营农场或其他机构,均可获得这些土地中的大约一半,占耕地总数的大约10%(比较在1919年改革中被重新分配的20%土地;见第五章)。虽然私人土地的最大持有额限制在25至35公顷,但是农民相当多的积压债务也被取消。[10]

共产党领导层相信这些姿态将吸引农民自愿地加入大农业合作社(General Agricultural Cooperative),大农业合作社在1946年创立去取代战前的合作社网络。他们很快大失所望。新的合作社只占重新分配土地的不到3%。农民把这些合作社主要看做一个征收赎金的机构。尽管有4月的决定,在整个1946年农民对合作社的抵制继续增长。4月的这个决定减免了私人耕种的粮食收成的一半和对饲养家畜的家庭分配定额,并且给予地方当局在赎买上的回旋余地。在这个夏天,因为逃避这些减少的缴付和土地征用的情况迅速增长,以至于为了征集收获物,该政权被迫宽恕许多冒犯者,并且归还他们的土地。当实现1946年规划的赎金缴付不到一半时,在重组的中央集权的行政部门

管理下,该政权恢复了更苛刻的条件。政府预先提出这些缴付和土地播种的义务,如果到 1946 年秋天没有达到要求,那么土地所有者将受到起诉。为了批评这些抵抗者为资本主义囤积者,《战斗报》(*Borba*)和共产党新闻界的其余报刊翻出了苏联带贬义的“富农”(kulak)这个词。但是再一次的逮捕人数是这样为数众多,以至于为了募集 1947 年 245
的收获物,该政权不得不宣布特赦。基德里奇和他的同事们曾经很想放弃这种努力,即控制私人农业、赞同苏联式的集体化,像斯大林在 1928 年放弃了的类似的新经济政策。于是 1948 年的争论给予他们确认其共产主义资质的进一步意识形态理由。

对抗斯大林的苏联

在所有战后东欧共产党政权中,南斯拉夫的共产党政权是唯一一个能够同苏联闹翻的政权。铁托握有在斯大林的战前清洗期间如何对待外国共产党人的第一手资料,并且在 1944 年 10 月围攻贝尔格莱德之前,苏联的战时军事支持未能实现。但是铁托及其政治局没有设想同苏联闹翻。然而,一旦当权,南斯拉夫共产党人就渴望表明他们的忠诚。他们通过支持苏联的外交政策和欧洲共产党的倡议来表明其忠诚。然而他们的核心集团不包括任何一个曾经在苏联度过战争或更长时期的所谓“莫斯科人”(Muscovites)。这些男人们和罗马尼亚的安娜·波克尔(Ana Pauker)是这些共产党政权中至关紧要的人物。这些共产党政权从 1946—1948 年在东欧其他国家取得政权,它们拥有红军和苏联安全部队的支持。铁托的政权在 1945 年掌权,拥有一批选自本土游击队的核心人物。在南斯拉夫的苏联驻军是东欧国家中最少的。

当斯大林的政治代理人开始像对待罗马尼亚或匈牙利的过渡政权一样对待南斯拉夫“人民民主国家”时,他们发现没有“莫斯科人”按照他们的命令做,并且赞美这种命令。苏联的企业和保安人员迅速耗尽了他们的受欢迎状态。莫斯科未能认可铁托对的里雅斯特的领土要求,以及他对希腊共产党起义的支持。到 1947 年时,一个新的共产党国际组织即“共产党和工人党情报局”(Cominform)的建立,以及巴尔干联邦的虚假争端(伪装的马其顿问题)正在把双方推向公开的分歧。南斯拉夫领导人们同斯大林本人的第一次会见打消了他们的疑虑,而最后一次会见反而使事情变得更糟。

总之,南斯拉夫政治权力的原始斗争是铁托-斯大林分裂的根源。根据一份详尽的南斯拉夫人证词,意识形态的分歧在其中没有起到重要作用。[11] 双方的经济摩擦在 1946 年就披露了出来,但是斯大林在 1947 年似乎挥了挥手就解决了它们。

246 当南斯拉夫-苏联合资企业在 1945 年开办时,铁托的代表乐意接受关于这些合资企业的讨论。共产党政权渴望创办重工业,这样的交易似乎为重工业的迅速发展承诺了苏联的原料和设备。到 1946 年初,这两个政府签署了一个《经济协作总协定》。苏联立即提议一系列采矿企业、一个联合航空公司(JUSTA)和多瑙河航运公司(JUSPAD)的合作意向。

南斯拉夫同联合航空公司和多瑙河航运公司的失败合作有助于中止任何提议的石油、煤炭、铁矿石或有色金属矿物的交易。南斯拉夫特别富有这些矿物。它的苏联总裁利用联合航空公司去接管南斯拉夫的空域交通管制,并且把初出茅庐的南斯拉夫航空公司(JAT)局限于几条较小的国内航线。作为对许诺的苏联投资的报答,联合航运公司开始经营南斯拉夫的多瑙河舰队,而苏联投资不到投资额的 10%。多瑙河航运公司收取苏联商品的费用是南斯拉夫产品收费的一半,因而南斯拉夫产品在苏联的卸货被无限制地推迟。除了这种苛待外,苏联代表对各类矿产企业坚持太过剥削以至于不能被接受的条件。南斯拉夫人没有觉察到严重的经济疲软,斯大林则寻求对西方隐瞒并且用东欧能够提供的一切资源去尽快补救这种经济疲软。铁托的副手们可能不知道苏联反对南斯拉夫五年计划的宏伟目标的一个原因就是它将消耗苏联的资源。

在 1947 年夏,斯大林去掉了这些经济炸弹的雷管。他抓住同爱德华·卡德尔会面的时机拒绝了关于联合企业的任何进一步讨论。斯大林承认这些联合企业适合在东欧其他国家的过渡政权,但是不适合像南斯拉夫这样的人民民主国家。斯大林反而提出了总额达

1.35亿美元的慷慨的投资贷款。在双方分裂之前，价值不到100万美元的投资贷款将要交付。然而，根据弗拉基米尔·德迪耶尔(Vladimir Dedijer)的内部报告，一时南斯拉夫领导人"兴高采烈于这种态度。斯大林……使我们相信他是公平的，只有苏联官僚机构应为我们的困难负责"。[12]

虽然斯大林突然停止否决南斯拉夫五年计划这一过于自信的方案，但是他不准备在共产党政策的国际协作方面作出妥协。1947年9月，他在波兰召开的欧洲共产党会议上没有接受安德烈·日丹诺夫(Andrei Zhdanov)的建议，即建立一个各国共产党常设理事会，此时他似乎挑出南斯拉夫共产党加以特别责备。代表们只能同意建立一个 247
"共产党和工人党情报局"。它"以双方同意为基础，当必须时"能够协调他们的活动，它的主要任务将是出版来自总部的一系列期刊，总部将设于贝尔格莱德。苏联情报部门，即拉夫连季·贝利亚(Lavrenti Beria)的内务部(MVD)利用设于南斯拉夫首都的情报局总部去加紧已开始的征募间谍工作。亚历山大·兰科维奇的内政部下属的国家安全局分布广泛的网络不可能没有注意到苏联人正在建立一个与之竞争的情报网。

到1947年，南斯拉夫在爱琴海-马其顿对希腊共产党的声援和物质支持更坚定了斯大林控制南斯拉夫领导层的决心。南斯拉夫的干涉正在暗中破坏1944年斯大林对丘吉尔的这种承诺，即把希腊交给西方，作为苏联控制罗马尼亚和保加利亚的代价。当关于巴尔干联邦的战时建议再度出现时，苏联领导人看到了他的机会。卡德尔最初在1944年底就开始散布这个建议，就是使保加利亚和马其顿加入南斯拉夫新联邦，但是处于第六和第七共和国的从属地位。保加利亚共产党(BKP)阻挠这个建议，要求保加利亚与南斯拉夫的所有共和国具有平等地位。战后，铁托的马其顿族党领导人认为，如果没有同保加利亚的皮林-马其顿地区(Pirin region of Macedonia)的某种联系，那么他们在瓦尔达尔(Vardar)地区的地位仍旧太脆弱。这种脆弱的感觉促成1947年8月的《布莱德协定》，铁托和保加利亚共产

图8.1 1947年共产党在贝尔格莱德游行，承诺使小麦产量加倍。铁托的画像巍然悬挂于路旁的高楼上。

党领导人格奥尔基·季米特洛夫(Georgi Dimitrov)签署这一协定,作为关税联盟的前奏。对这两个共产党而言,更重要的是这一协定的直接条款,这些条款不久就被保加利亚人怨恨,因为来自斯科普里的100多名教师在皮林地区开始教授一种新的、独特的马其顿语,并且传播独立的马其顿文化信息。[13]

对斯大林而言,更重要的是《布莱德协定》的缔结没有得到来自莫斯科的预先批准。1948年2月,斯大林传唤南斯拉夫和保加利亚领导人到莫斯科。铁托派遣卡德尔和吉拉斯(Djilas)代表他前去苏联。在斯大林因为倒霉的季米特洛夫提议一种更广泛的联邦而叱责季米特洛夫之后,斯大林对南斯拉夫产生敌意。南斯拉夫人期望从希腊内战获得什么?如果他们不想征求莫斯科的意见就派遣南斯拉夫人民军的一个师进入阿尔巴尼亚,难道就不会发生另一次“不能允许的”失败吗?(更不用说斯大林在1947年一次醉酒的晚宴上曾经邀请吉拉斯去“压制阿尔巴尼亚”。)虽然南斯拉夫人想要同保加利亚建立一个联邦,但是斯大林要求他们对联邦构成的排名位置达成协议,大致按照保加利亚的一半对一半的条件,即负有对北部马其顿的某些共同责任。对此南 249
斯拉夫没有同意,并且同斯大林没有进行更多的会面。

苏联人继续策划了一系列事件试图将这种分裂公开化。斯大林自信地期望一旦“我摇摇手指”,南斯拉夫党就将迅速发现一批更顺从的新领导人。他在3月19日撤走苏联军事顾问,并且次日撤走他们的文职人员。铁托发送了一封措词痛苦的信,表示惊讶和抗议。斯大林作出回应,在3月27日中止《长期贸易协定》,并且发送了一份账单细目。他有意识地选择这个日期让南斯拉夫人想起这一政变,即在1941年相当轻易地推翻保罗亲王的摄政统治的政变。斯大林的回应文件发出威胁道,“我们认为托洛茨基(Trotsky)的政治生涯相当有教育意义”,转弯抹角地指托洛茨基在1940年被斯大林的特务暗杀。

南斯拉夫政治局惊魂未定,但是深信这是暂时的误解,并认可了铁托的两封辩驳信。这些信否认这些指控,即认为南斯拉夫共产党是“不民主的”,并且其纲要是非社会主义的。铁托在4月的第二封信中申明了南斯拉夫共产党对社会主义和苏联的热爱,但是增加了这句名言,即一名光荣的党员"决不能不热爱他自己的国家"。5 月,亚历山大·兰科维奇命令逮捕第一批被怀疑支持苏联人的南斯拉夫共产党员。在他们当中有政治局成员、塞尔维亚人斯雷滕·祖约维奇(Sreten Žujović)和长期有争议的克罗地亚人安德鲁·海布兰格。苏联外交官们要求出席对这两位领导人的审判。忠诚的莫萨·皮亚德(Mosa Pijade)抓住这个机会,通过把这种要求比做"奥地利的条件"成功地获得宣传点。1914 年塞尔维亚拒绝奥地利的条件曾经导致第一次世界大战(见第三章)。由于"共产党和工人党情报局"的布加勒斯特会议,南斯拉夫在动员公众支持,特别是塞尔维亚的公众支持方面出现意外的更大收获。斯大林的代表们选择了被认为是恐吓的另一个日期从"共产党和工人党情报局"正式开除"铁托的派系"。但是 6 月 28 日这个日期反而提出了一项戏剧性的挑战,6 月 28 日是 1389 年科索沃战役、弗朗茨·斐迪南在萨拉热窝被暗杀,以及 1921 年公布第一南斯拉夫《宪法》的周年纪念日。

围困和斯大林主义者的最初反应

尽管没有公众舆论的可靠指标,如果不是苏联的挑战,原来对该政权不断衰减的支持可能得到复苏。似乎更清楚的是,与斯大林的预料相比,失去苏联的认可对南斯拉夫共产党来说似乎并不重要。游击队
250 员很难相信苏联人在战争期间或此后做了很多事情去援助他们的南斯拉夫。塞尔维亚分享黑山同俄罗斯的传统联系的想法在 1948 年没有更多意义。(关于俄罗斯和塞尔维亚之间并不令人鼓舞的有限历史联系见第一章至第三章。)在 1948 年,南斯拉夫共产党的人数差不多翻倍,从 28.5 万人增加到 48.3 万人。铁托和他的政治局显然认为这种增长意味着更多的民众认可。

无论什么原因,与苏联的分裂促使南斯拉夫政权重新献身于苏维埃的社会主义实践。党的领导人们谈及追随真正的列宁主义道路。虽然需要斯大林式的专制方法去使农业集体化并且镇压任何苏

联的同情者,但是党的领导人们对此意见一致。至于工业,由此产生的苏联围困大幅削减了南斯拉夫的进口,并且增加了国防开支。所有这一切都助长了自给自足的心态,而这种心态是 20 世纪 30 年代苏联的五年计划的核心所在。

共产党领导层在 1949 年开展了使占相当大比例的南斯拉夫小农实现集体化的运动,以努力恢复同苏联集团关系的新中心。早期的这些努力没有取得效果。在 1948 年 4 月,铁托快速通过了一项国有化第三产业的法律。铁托在 7 月南斯拉夫共产党代表大会上的讲话回荡着对斯大林和伟大苏联的赞美。他承认这种破裂,但是他称其为一种“暂时的误解”。南斯拉夫外交官在一些国际谈判中支持苏联的立场,如 7 月晚些时候在贝尔格莱德召开的、关于多瑙河河岸和过境权的国际谈判。然而苏联人加速他们对铁托政权和站在同一战线的“共产党和工人党情报局”的其他成员国的宣传攻势。

1949 年 1 月的南斯拉夫共产党中央委员会全体会议没有达成决议以顺利终止对私人农业的主要依赖。对此,甚至兰科维奇也提出异议,因为他担心此举会伴随着农民的反抗。然而,像我们看到的那样,开展集体化运动的决定超出了对苏联的主要诉状的反应。放宽赎回条件,或最低价格的强制性粮食销售,也未能从 1947 年的普遍丰收中征集到预计数额一半的粮食。经济总监鲍里斯·基德里奇(Boris Kidrič)在 1948 年初曾试图重新实行一种更严格的制度。他对那些自愿加入合作社(Peasant-Worker Cooperatives, SRZ)的农民提供赎回豁免,但是很少有人响应。农民合作社是与苏联集体农庄(*kolkhozi*)最接近的农村合作形式。农民合作社仍然仅占耕地的 4%,国营农场占耕地的 3%,这些国营农场复制于支付工资的苏联国营农场(*sovkhozi*)。然而,1948 年的收成达不到前一年的收成,强制的赎回销售未能征集到更高比例的粮食。加上一些来自克罗地亚食物匮乏地区的塞尔维亚族殖民者开始离开他们新获得的小农场。在伏伊伏丁那,结构松散的农业综合合作社(General Agricultural Cooperatives)也未能把这些殖民者捆在一起。[14]他们的返回,促使纯私营农场主的数量下降。(在贫穷的克罗 251

地亚人已经接管以前塞尔维亚族土地的地方,他们开始抵制塞尔维亚族返回者,这恶化了战后民族关系。)少数的国营农场也不繁荣,大部分在伏伊伏丁那的前德国人土地上。编入五年计划预算的少量农业投资使得这些问题恶化,这些问题伴随着提拔来自农业落后地区的、无经验的年轻游击队员为农场管理者而发生。

在1949年,党的宣传者们和国家安全局组织在农村构成扇形布置,迫使25万个农民家庭加入农民合作社,在23%的耕地上把加入农民合作社的农民家庭总数提高到32.4万个。到1950年6月时,他们已经增加了另外的10万个家庭,虽然可耕地总面积仅仅增加到28%。反抗者们被污蔑为“富农”,虽然他们只有小块地产。一些农民怀着避免强制销售的希望,加入农民合作社。新成员的最初征募在伏伊伏丁那最为广泛,这把塞尔维亚耕地的集体化比率提高到21%,略高于波斯尼亚1950年6月的数字。马其顿和黑山的农民合作社拥有最多的土地(拥有55%和80%的耕地),而克罗地亚和斯洛文尼亚的农民合作社严重落后,拥有14%和12%的耕地。虽然农业综合合作社已筹备完毕,但是基德里奇和政治局期望更大部分的粮食生产应来自农民合作社。然而这种情况未能发生。1949年,超过90%的好收成来自综合合作社或其他私人小农场。小麦产量比1933—1937年水平略有增长,但是缺乏机械化和高效的管理降低了农民合作社的贡献。[15]

这种情况似乎是清楚的,即绝大多数的农民家庭被迫加入农民合作社,却没有关于农民反抗遍及全国的证据。共产主义南斯拉夫解体后,在东欧其他国家可以得到的内政部档案现在尚未公开。然而近来的学术研究概述了克罗地亚中部的重大反抗,并且详述了在波斯尼亚西北部的比哈奇附近的大规模起义。[16] 1949年12月,因为抵制集体化运动而在比哈奇逮捕了几个波斯尼亚穆斯林,但并没有像期望的那样恐吓住该地区的农民。波斯尼亚起义者来自大克拉杜沙(Velika Kladuša),大克拉杜沙是成功的奥地利鸡蛋生产企业(见第三章)和20世纪80年代菲克雷特·阿布迪奇(Fikret Abdić)的阿格若考莫奇
252 (Agrokomerc)集团公司所在地。1950年5月,反对当地共产党当局的

武装起义爆发了。塞尔维亚人和一些克罗地亚人欣然加入波斯尼亚穆斯林,去抵抗外部控制。国家安全局和在该地区外的军队被派去镇压这次多民族起义。在杀害了几百个农民之后,他们成功地镇压了起义。

这样的民族联盟本不应该在南斯拉夫共产党之外出现,但是铁托最初依赖遗留的波斯尼亚塞尔维亚族共产党人去统治波斯尼亚-黑塞哥维那,使得该党丧失了建立一种多民族框架的机会。上述塞尔维亚人代表了人数最多的波斯尼亚游击队员,并且战后他们的领导人不得不被说服去接受一个独立于塞尔维亚的共和国。从那时以来,他们迫使波斯尼亚穆斯林的大多数党领导人声称自己是"塞尔维亚人",只有几个党领导人称自己是"南斯拉夫人"。加强波斯尼亚塞尔维亚族地位的是 1946—1949 年的几次审判。这些审判宣告势力小的青年穆斯林组织(Young Muslims organization)的成员们有罪,其中包括年轻的阿利雅·伊泽特贝戈维奇(Alija Izetbegović)。[17]伊斯兰教极端主义的虚假指控遮掩了他们的真正罪行,即试图成立南斯拉夫穆斯林组织(JMO)的后继组织。南斯拉夫穆斯林组织是两次世界大战之间的政党(见第五章和第六章)。

在同苏联分裂期间,与南斯拉夫的任何其他机构相比,这个国家不断扩大的安全机构使南斯拉夫共产党的成员们自己也处于更严密的监视之下,正像苏联共产党人在 20 世纪 30 年代斯大林大清洗时期遭受的那样。此时斯大林指望这个庞大的南斯拉夫党去推翻铁托的政权,到 1948 年末,南斯拉夫党壮大到将近 50 万人。对兰科维奇的国家安全局和军队情报机构(KOS)而言,在 4 月份逮捕两个政治局成员(海布兰格和祖约维奇)和在 8 月份枪杀试图越过边界进入罗马尼亚的阿尔索·约万诺维奇(Arso Jovanovic)将军是不够的。其他情报局人员(*ibeovci*)已经找到他们通往布加勒斯特和莫斯科的道路,并预言铁托即将被推翻。简单开除被怀疑的苏联同情者的党籍似乎也是不够的。1948—1949 年被开除党籍的人数从 1.3 万人增长到 2.7 万人。在南斯拉夫共产党的领导层看来,逮捕和"艰难的时势"需要发送一个有效信息给该党的广大成员。

后来承认逮捕的1.6万名党员(实际数字可能更高)确实经历了艰难的时势。总之,像伊沃·伯纳克(Ivo Banac)已经证实的那样,除代表人数大大超出比例的黑山人以外(占该共和国党员的21%或将近三分
253 之一),他们的种族比例也符合其在总人口中的比例。[18]塞尔维亚族代表人数略超比例(44%),克罗地亚族和斯洛文尼亚族代表人数低于适当比例。甚至不到五分之一的人还遭到民事或军事审判。受制于所有党员都要服从的"行政程序",大多数人受到完全控制。自1949年以来,他们和其他政治犯被专横地送往南斯拉夫各处的12个集中营中,像埃米尔·库斯图里卡(Emir Kusturica)1987年的电影《父亲因公出差》的主人公那样。这些集中营中最声名狼藉的是伊索拉-卡瓦(Goli otok)。它实行斯大林式的工作生活制度、条件糟糕,并且强迫同狱犯人殴打新囚犯,这些劣迹甚至使1951年去监狱访问的米洛万·吉拉斯感到震惊。尽管在其存在期间只有400名囚犯在那里死亡,但是心理创伤往往是伴随其他人终生的。直到20世纪80年代,伊索拉-卡瓦的详情才被曝光,该党的名声因而受到损害。然而在1953年时,亚历山大·兰科维奇承认,对1950年所有主要罪行而言,3.6万次正式逮捕中接近一半未曾被证明是正当的。被拘留或被调查的人数当然大得多,根据一项估计,仅仅在克罗地亚就有大约2.2万人遭到拘留或调查。国家安全局和军队情报机构中三分之二多数的塞尔维亚人和黑山人,何时并且在什么程度上使1948—1950年斯大林主义者的暴行似乎成为针对非塞尔维亚人的种族歧视呢?这个问题仍然有待解答。

最后,苏联的围困推动了新近国有化的工业部门走向自给自足,并且推动它的投资资金进入国防生产,特别在波斯尼亚-黑塞哥维那。南斯拉夫的对外贸易额在1947年仍然仅为其战前水平的一半,从1948年到1950年,南斯拉夫的对外贸易额再下降了三分之一。来自苏联集团的进口在1948年占南斯拉夫进口总额的47%,在1949年下降到14%,在1950年下降到零(见表8.1)。出口也出现了类似的现象,由于商业和政治原因,西方迟迟没有弥补这种差额。在1950年年底之前,也没有大量的美国援助到来。

这种围困最为严重地打击着该政权在重工业上受到优待的投资。其进口的设备和原料大约90%原定来自苏联集团。在这些交货完全终止之前,定于1948—1949年的交货仅收到5%。斯大林许诺的1947年贷款在1948年仍不见踪影,并且那些东欧贷款在1949年5月也仍未见到。于是,遭受围攻的南斯拉夫政权自然给予国防工业优先权,并且尽可能快地推动这些项目继续进行下去。另外,位于塞尔维亚、斯洛文尼亚和马其顿的许多工厂从这些边境共和国搬到波斯尼亚,然后搬 254
到克罗地亚。工人们因搬迁也不得不被替换,仅仅波斯尼亚就需要超过10万工人。用于国防的国民收入比例接近翻倍,从1948年的9.4%增长到1950年的16.7%,用于国防的国民收入被勉强解释,以掩盖这部分投资。

苏联为首的入侵威胁也证明了拥有一支更庞大的南斯拉夫人民军是正当的。斯大林计划的这种入侵似乎是真实的。1947年南斯拉夫人民军依然很庞大,到1951年时其兵力增长了整整50%,达到60万人。铁托已经发布命令,即军队的最高领导层应当在各主要民族之间保持大致平衡,但是在1946年,塞尔维亚人和黑山人已经占庞大的军官和士官队伍的60%。克罗地亚人和斯洛文尼亚人按比例占有代表,但是其他民族几乎根本没有代表名额。[19]在与苏联分裂之后,更大规模的南斯拉夫人民军在塞尔维亚之外助长了以塞尔维亚族为主的观念。另一方面,与任何其他共和国相比,集体化运动的联合作用、反对共产党和工人党情报局分子的运动,以及国防生产的重新安置,似乎更多地针对塞尔维亚。我们应当提醒自己,即便在那时,该政权及其支持者们都把这些措施看做维护南斯拉夫的独立和共产党权力的手段,并且都没有把这些措施看做获得民族利益的手段。

255

沿着南斯拉夫的道路迈出的第一步

苏联的围困解放并限制了铁托政权。为了保存下来,铁托政权不得不在经济上向西方靠拢,并且在意识形态上远离苏联。西方关于南斯拉夫社会主义的学术研究通常认为,1950年是这种转折的时间点,即远离农业集体化和政治工厂、并且转向工人委员会和自我管理的转折点。要求工人自我管理的第一个法律,确实紧跟着1950年6月铁托的政治局和中央委员会内的著名对话到来。[20]据某些人所说,这个法律从米洛万·吉拉斯、爱德华·卡德尔和鲍里斯·基德里奇在一辆轿车里的三方对话开始。米洛万·吉拉斯和爱德华·卡德尔赞成把国有企业的支配权从运转不灵的中央计划机构转移到自治的、但是很大程度上由共产党领导的工人委员会。他们严格的意识形态争论提出"开始创建马克思的生产者自由联合"。与铁托相比,让作为首席中央经济计划者的基德里奇信服社会主义新核心需要更长时间。对基德里奇认可的铁托元帅而言,一旦这种社会主义新核心被改头换面为"一种对斯大林主义的彻底背离",他就欣然同意。

共产党领导层早在1949年事实上已经开始探究使南斯拉夫实践有别于苏联的方式。更重要的是,与许多西方观察家们设想的相比,他们的改革将以较慢速度继续进行,并且与市场机制关系小一些。什么样的西方援助在1950年开始大量提供并且在1953年达到顶峰呢?大部分西方援助是美国援助。援助的到达也促进了南斯拉夫社会主义新道路主要特征的形成,这种主要特征就是,减少共产党对工业持续的政治控制。虽然提防真正自治对共和国本身的危险,但是1953年新宪法寻求认可这种控制。对核心集团成员米洛万·吉拉斯而言,这个结果允许该党拥有过多中央权力或专断权力,尽管该党改组为南斯拉夫共产主义者联盟(League of Yugoslav Communists, SKJ)。米洛万·吉拉斯的两次长期监禁和1954—1967年铁托的南斯拉夫的各方面进步(见第九章),防止了他关于第二南斯拉夫的第二种想法产生更为广泛的影响。

工人的自我管理或共产党的分权化

吉拉斯从一开始就卷入的核心集团的第二种想法,无疑开始于重新评价中央集权的苏联实践。即使在铁托和斯大林分裂之前,这种重新评价对这些想法也没有很好地起作用。我们可以鉴别1950年中期意识形态转变前一年的地方分权的若干举措。早在 1949 年 5 月,地方政府的主要机构即人民委员会(People's Councils, NO),得到允许开始维持自己的预算,并且保有自己的公众会议去动员支持。12 月的中央委员会全体会议批准了进一步的措施,这些措施就是除了取消对集体化的一些强制性压力之外,还授权最大的 215 个相关国防企业利用工人委员会进行非正式的试验。最后,没那么幸运的是全体会议也正式认可现存的共和国一级的教育组织。到 1950 年初,一个相关的倡议减少了中央机构中政府和党的职位数量。在下半年,大约 10 万个职位被大幅度削减,略占中央职位总数的一半。在 1950 年初,贝尔格莱德的轻工业部门首长级人员已经被调到各共和国,1950 年后期重工业也是如此。所有以前"联邦"经济企业向共和国或地方控制的转移也在进行之中,到 1951 年 4 月,只留下了中央控制下的铁路、邮电业、内河运输和航空运输业。

拥有一种非苏联外表的社会主义意识形态中心几乎在一年前就准备就绪。1950 年 6 月 27 日,联邦议院不经审查就批准了新的《关于劳动集体管理国营经济联合组织的法律》(*Law on the Management of State Economic Associations by Work Collectives*)。工人委员会得到正式授权,并且"工人的自我管理"进入官方宣传记录。在下一个 10 年,对非共产党员而言,真正的权力或显示自己权威的机会将不会延伸到该委员会。确实,1951 年 12 月,《计划管理法》在中央留下一个权力真空。贝尔格莱德庞大的计划委员会已经被废除,现在它只成为一个承担制定五年计划的小型机构,这个五年计划被缩减为 20 页的广泛性指导方针。这些指导方针只能估计通过国家银行划拨到各经济部门的一般投资基金的新比例。关于其比例的讨价还价权力确实移至地方一级,但是没有移至新企业或它们的工人委员会。在 1951 年期间,太多的委员会利用其获得的对企业盈利的有限控制,去投票赞成对熟练工人的工资奖金,而不是去为其自身的投资提供资金。为了弥补资金不足,它们解雇了足够多的非技术工人,使社会部门中的失业率超过 5%。到 1952 年年初,这些新委员会基本上失去了按照一组固定的比例分配奖金的权利,直到 1961 年才重新获得这些权利(见第九章)。作为计划机制的替代品,一种被控制的机制而不是市场价格机制将持续到 20 世纪 80 年代。

257 到 1952 年,决定投资基金的权力转到数量减少的地方委员会。管理成为地方党组织的主要特权。这些新的委员会从7 104个削减到3 834个,以符合社区规模。这些新的委员会仅仅依据郡或城市的边界,而不是依据共和国的边界来分组。一旦在 1952 年 4 月引入,地方委员会就把地方政府的所有权力掌握在自己手中。除了拟订自己的预算,像其前任自 1949 年以来曾经做的那样,它们现在获得从其地区的企业利润中分得保证份额的权利。在第二南斯拉夫的整个历史中,这些社会缴款妨碍了企业积极性。到 1954 年,不到 5%的净利润交给工人委员会,虽然其余部分的地方份额仍然比联邦份额小得多。在这些有重大影响的时期中,同样重要的是该委员会对能够接近共和国和联邦高级负责人的所有人实行控制,并且在企业主管选拔中将它们的两张选票给予工人委员会一张。依照美国大使馆的报告,铁托及其核心集团一直争论在没有失去政治控制的情况下如何进行地方分权的问题,并且认为价格控制和该党分等级的组织暂时是比工人的阶级意识更好的保证。[21]

美国援助的作用

1950 年,美国援助开始大量到来,广泛的外交报告并且关注南斯拉夫成为美国援助的几个较长期后果之一。在南斯拉夫一方,这种援助促使更为精确的经济核算,这以后将不仅有益于更具竞争力的南斯拉夫企业,而且有助于为 20 世纪 60 年代初美国援助结束之后的世界银行 40 亿美元贷款提供机会。然而当援助结束而这种关注继续时,美国大使馆选定在首都贝尔格莱德,从而招致萨格勒布和卢布尔雅那的这种推定,即美国人像两次世界大战之间的英国大使馆一样,通过塞尔维亚人的眼睛观察南斯拉夫。

主要是美国的努力支持了最初的共产党政权同苏联集团绝交。本章强调了这种美国努力的相当大的短期后果。[22]这种努力缓慢地开始，尽管早在1947年6月美国大使馆就报告，南斯拉夫官员令人惊讶地独立于苏联的控制，并且“最终肯定厌倦苏联的监护”。然而，整个1948和1949年的大部分时间里，这两个政府仍然彼此警惕。美国官员很想知道南斯拉夫同苏联的分裂是否是永久的，如果这不是一个彻头彻尾的骗局的话。而铁托及其核心集团怀疑这个资本主义超级大国，并且 258
担心苏联对美国援助的反应。美国政府连同英国和法国政府，正好在斯大林上述指责之前的一周，即在1948年3月20日也曾经打算将整个的里雅斯特的自由领土置于意大利的主权之下。在1948年，能够协商的只有解禁自1941年被保存在纽约银行的战前黄金储备中的价值3 000万美元的黄金，而在1949年能够被协商的是总计4 500万美元的两笔贷款，这两笔贷款均来自设于华盛顿的官方进出口银行。

1950年西方开始向南斯拉夫大量提供农业援助，不久，一个美国军事代表团和一个英法的合资企业加入进来，以支撑西方贸易中不断增长的国际收支不平衡。英国外交大臣欧内斯特·贝文(Ernest Bevin)一语中的，他说，与“使铁托免于经济困难”相比，提供的农业援助更多地阻止了以苏联为首的入侵。农业援助不仅帮助该政权抛弃农业集体化，帮助该政权保持其庞大的军队，并且具有讽刺意味地帮助其保持这种承诺去按照苏联模式迅速发展重工业。

1950和1952年的严重干旱，迫使铁托政权寻求美国的紧急粮食援助。新近集体化的农民工合作社拥有从斯拉沃尼亚到塞尔维亚到伏伊伏丁那的肥沃土地，但是农民工合作社未能生产可能用于供应南部缺粮地区的剩余农产品。新的美国大使乔治·V.艾伦(George V. Allen)在1950年成功地敦促杜鲁门政府快速行动。援助希腊的例子和铁托撤回支持希腊共产党起义的决定也鼓励了杜鲁门政府。到1951年3月，国会的一个特别法案迅速启动总计3 200万美元的粮食援助。来自马歇尔计划(Marshall Plan)的西欧物资和其他来源的更多援助使1951和1952年的交付总额各增长1亿美元。

虽然美国代表们敦促铁托政权把农业集体化拒之门外作为粮食援

助的报答,但是集体化农业的其实拙劣成效和比哈奇三角洲引人注目的农民抵抗正朝着相同方向逼迫铁托政权。基德里奇在 1950 年 9 月取消了农机站(Machine Tractor Stations)这种控制农场经营的苏联手段,并于次年废止了被极为憎恶的赎金交付。农民在 1952 年开始退出农民工合作社,到 1953 年末,农民工合作社的种植面积减少到 1951 年最高点的 14%。但该政权仍然拒绝对农民的小农场提供任何鼓励,并且把它们的最大面积从 25 至 35 公顷削减到 10 公顷。[23]

美国给南斯拉夫人民军提供各种军事援助,但是没有提供多少武
259 器装备。在 1952—1953 年期间正式交付的 2.96 亿美元军事援助中,仅有 4 300 万美元的物资能够被称为武器。然而,对南斯拉夫在两次干旱和一次供应的普遍短缺中维持 60 万军队而言,其余的军事援助证明也是必不可少的。在 1951 年抵达的美国军事援助团(MAAG)人员发挥了双重用途。他们提供训练,这种训练有助于完成苏联顾问已经开始的南斯拉夫人民军从游击队到正规军的转变。美国的特别军事存在事实上是小规模的,尽管美国同南斯拉夫没有任何正式联盟,这种特别军事存在也可能阻拦了苏联为首的入侵。苏联为首的入侵是为了避免美国卷入。随着大量的边境挑衅事件和苏联举行军事演习的频率在 1951 年之后下降,该政权的生存基本上只剩下一个经济问题。[24]

在的里雅斯特争端意大利市场仍然被限制的情况下,如何出口足够的商品到西欧和美国以换取外汇,去偿还苏联集团可能为迅速工业化所提供的援助资金呢?南斯拉夫的经济不能独立应付这个问题,除非其领导人放弃他们对工业化的马克思主义承诺或与斯大林妥协。这两者他们都不能做,在同苏联集团的经济关系完全修复以后的很长时间里,他们都将努力找到答案。面临往来账户(商品和服务贸易)的经常性赤字,他们开始并且继续期望西方的赠款或贷款,以平衡他们的国际收支。

美国援助的最初注入已经把 1950—1951 年的巨额入超削减至往来账户的可控制赤字,但是在 1952—1953 年,收支问题的威胁使预计的进口无法兑现。自分裂以来,有限的经济进步使那些抵达的进口商

品成为必不可少的。尽管 1948—1952 年工业生产的实际价值每年增长 5.4%,但是农业总产值则下降了 2.9%,这使得南斯拉夫社会生产总值(Gross Social Product)(社会主义部分的商品和服务)仅拥有 2% 的适度年增量。[25] 国际信贷的两个主要机构,即国际货币基金组织(International Monetary Fund)和国际复兴开发银行(International bank for Reconstruction and Development)(以后的世界银行),仍然规模太小,并且对南斯拉夫而言它们的标准太严格,以至于南斯拉夫不能从这两个机构获得很多救济。在 1952 年允诺美国牵头同英国和法国政府结成一个三方协定。尽管在 1953 年英国援助的比例急剧下降,但是美国捐赠增长 85%,这使三方协定可以去弥补 1953 年南斯拉夫往
来账户的大部分赤字。在 1950—1953 年,它们成功弥补了连续 4 年往 260
来账户赤字的 88%,美国在这些赠款和其他经济援助中占到了四分之三或 6.2 亿美元。西方或国际贷款可能只弥补了那些赤字的 12%,以上事实提出一些质疑,即如果没有更多的赠款,那么在未来如何能够忍受这种短缺。

对一种更具竞争和外向型的经济而言,美国的回答在 1952 年将使铁托本人苦恼。铁托同意南斯拉夫第纳尔的第一次贬值,即美元对第纳尔的汇率从 50 涨到 300,并且同意作出一些价格调整去反映相对的短缺。为了减少已用国家投资资金开展的数量庞大的工业项目,铁托最乐观地同意了 7 条以市场为导向的指导方针,然而其中只有货币贬值实现了。由于工业总投资的年度增长,1953 年工业总投资没有减缓,1952—1953 年工业总投资平均为 16%以上。南斯拉夫当局证明这些项目的五分之四对国防是必不可少的,在 1953 年这是一个很难反驳的论点。美国只继续坚持的项目数量较少,这导致主要在轻工业或生活消费品方面的缩减。而轻工业或生活消费品,是最适合出口市场的。[26]

总之,美国对南斯拉夫的最初援助允许该共产党政权继续让农业部门极度匮乏,以支持重工业和防务。然而,针对这些不利条件,我们必须平衡维护南斯拉夫独立于苏联集团之外。如果在斯大林任期中南

斯拉夫共产党领导层的变动已经发生,那么可以根据罗马尼亚的不幸经历来评定其可能的授权。在1952年,格奥尔基·乔治乌-德治(Gheorghe Gheorgiu-Dej)的权力移交加强了中央的工业计划编制,故而农业全面集体化不可避免,并且结束了特兰西瓦尼亚(Transylvania)的匈牙利人集中区的地区自治。主要是塞尔维亚人和黑山人的情报局人员会区别对待克罗地亚和斯洛文尼亚吗?像第九章将表明的那样,铁托的南斯拉夫反而有机会去使它的西方经济关系和地方分权的国内承诺,成为其独特的优势。

第二部宪法和最初的异议

1953年的新宪法勇敢地谈及地方分权和对苏联实践的其他违背,但是其具体条款没有指出这一方向。部分掩盖这些矛盾是后来1963和1974年《宪法》的另一个特征。这些宪法令人困惑的内容繁多。《1974年宪法》将超过400项条款,而《1953年宪法》则又有115项新条款,辅以1946年文本的139项条款中的大部分。两个最主要的共产党
261 理论家共同对新宪法负责。莫萨·皮亚德担任1952年的立法委员会主席。立法委员会承担起草一份文件,去代替新宪法草案,新宪法草案令人尴尬地极相近于斯大林《1936年宪法》的一个复制品。随后爱德华·卡德尔轮到时机,他寻求马克思主义的古老主题即"国家的消亡"的详细阐述,但是却用他的费解的文章来遮掩。另一个主要的理论家米洛万·吉拉斯袖手旁观,不久他开始反对共产党持续的权力垄断。

《1953年宪法》的三项主要条款表明该《宪法》的确把其精力贯注于这些共和国的消亡上。[27]首先,这些共和国失去在1946年被授予的脱离联邦的权利和主权。现在主权寄托于人民,而人民被不准确地定义为统一的南斯拉夫工人阶级。他们单纯的社会主义觉悟将创建一个单一的南斯拉夫人的国家,去代替在第二次世界大战期间已经名声扫地的各种民族主义。因此在第一次世界大战前后(见第二章至第四章)重新出现的19世纪伊利里亚运动的南斯拉夫主张和"三种名称的民族"观念,被重新界定为一种超民族的特征,但是假借同一个名称,即

"南斯拉夫"(在克罗地亚语中仍然是"南斯拉夫")。共产党对南斯拉夫的倡议不会帮助南斯拉夫幸免于铁托时代。我们也必须承认,对这些共和国中已经变得声名狼藉的公诉人而言,限制共和国在司法机构中权力的许多相关条款旨在消除这些弊端。

其他两项条款导致联邦政府出现具体的变化,联邦政府几乎没有机会去推进代表共和国的利益,其中一项条款改组了两院制的联邦议会。未分化的党或党批准的代表组成的联邦议院(Federal Chamber),此时并吞了以前的国民议院(Chamber of Nationalities),把来自共和国和省议会(科索沃和伏伊伏丁那)的 70 名代表增加到每 6 万选民选出的 212 名代表中。新的生产者协会对工业的偏爱超过农业。新的生产者协会有 135 名工业代表和 67 名农业代表,更多去代表工人委员会及其很可能是社会主义的南斯拉夫觉悟。第二项条款任命铁托为总统,并且建立一个新的联邦执行委员会(Federal Executive Council, SIV)去代替部长会议(Council of Ministers)。为了推进国家的消亡,卡德尔想把联邦执行委员会和行政责任分开。其成员可自由地专心协调这些自我管理的机构和简化的国家机构之间的新联系。

然而,事实上建立了联邦一级的双重权力机构。联邦执行委员会
和各部门都不受约束地给它们在贝尔格莱德的办公室调配干部而不考 262
虑种族平衡,据说种族平衡是铁托的南斯拉夫的标志。联邦执行委员会领导层中塞尔维亚族和黑山族的重大优势只出现在 20 世纪 50 年代晚期的一个短暂时期(在 1958 年,联邦执行委员会领导层的 34 个成员中塞尔维亚人和黑山人占 20 人)。但是到 1953 年,克罗地亚族在最高领导层中的人数少得不成比例,大量的是塞尔维亚族、黑山族工作人员,这已经成为固定的模式。

除了减少当地共产党人进行人身攻击的数量,1953 年的《宗教团体的法律地位法》(*Law on Legal Status of Religious Communities*)没有改变 1945 年已经开始的歧视天主教、东正教和穆斯林的现实。天主教统治集团反对该政权在斯洛文尼亚、波斯尼亚-黑塞哥维那和克罗地

亚主办的独立神父协会,这导致了 1952 年南斯拉夫同梵蒂冈外交关系的破裂。图兹拉(Tuzla)的东正教主教遭到攻击,仅仅因为他建议 1953 年法律去保证教会举行礼拜的权利。[28]

在 1948 年之后,亚历山大·兰科维奇安置在科索沃的塞尔维亚族领导的强硬政权,也没有只限于镇压科索沃的阿尔巴尼亚人。东正教的塞尔维亚族教士受到迫害,他们和信仰伊斯兰教的阿尔巴尼亚人的遭遇差不多。甚至最神圣的塞尔维亚族修道院的广大土地也被没收。然而,从 1951 年以来,兰科维奇政权强迫三分之二多数的阿尔巴尼亚人去宣称自己是土耳其人,并且进入土耳其语的学校。在南斯拉夫同土耳其签订了令人回想起《1938 年协定》(见第六章)的《1953 年协定》之后,在未来数年期间,至少 10 万阿尔巴尼亚人移居土耳其成为土耳其人。[29]

在官方言论或米洛万·吉拉斯提出的关于新宪法框架的异议中,这些宗教和民族问题没有起到作用。一个主要的关注是共产党的任务。1952 年 11 月在萨格勒布召开第六届党代表大会。铁托告知第六届党代表大会,斯大林"为了国家资本主义和史无前例的官僚体制而完全背叛社会主义原则",并且他要求南斯拉夫共产党跳出中央政府直接控制的圈子看问题。这里首次谈到该党需要去说服而不是去命令,这是铁托有生之年的宣传主题。代表们迅速投票同意把该党的名称改为"南斯拉夫共产主义者联盟"(League of Yugoslav Communists, SKJ)并且把政治局的名称改为"执行委员会"(Executive Committee)。人民阵线(Popular Front)变成"劳动人民社会主义联盟"(Socialist Alliance of Working People, SSRNJ)。杰出作家米罗斯拉夫·科尔莱扎(Miroslav Krleža)发表了拒绝社会主义唯实论作为一种文化标准的演讲。不久,政府取消了对媒体提
263 供这样素材的宣传鼓动机构。吉拉斯竭力主张改变该党的名称,他认为马克思本人提倡一种更松散的联盟,而不是一个分等级的政党。当铁托元帅在 1952 年 3 月预言共产党的最终缩编时,该政权的首席宣传官员似乎相信铁托说的是真话。1953 年 3 月斯大林

的去世，预示着使国内改革更为容易的机会很快到来。

自1950年以来，吉拉斯一直对严密进行激进政治改革的需要感到苦恼，这种“严密”使他的传记作者斯蒂芬·克利索尔德(Stephen Clissold)想起鲍格米勒派(Bogomil)的“完美”。[30] 参观伊索拉-卡瓦集中营并且获悉西方对这种方式的批评使吉拉斯感到沮丧，他告诉铁托需要正常的司法程序。卡德尔反驳说，“现在我们迫切需要集中营”，铁托赞成他的意见。在1951年吉拉斯首次访问伦敦时与工党中有争议的人物安奈林·贝文(Aneurin Bevan)会面。安奈林·贝文是吉拉斯政府的卫生部长，并且从一开始就是吉拉斯的知己。吉拉斯离开时对多党制下的英国走向社会主义的逐步进展留下深刻印象。到1953年秋，这种印象和不断增长的对南斯拉夫共产主义者联盟内小规模滥用权力的敏感性，鼓动了党报《战斗报》发表一系列批判文章。这些文章基于吉拉斯的下述观点，就是即将到来的选举，应当提供两个以上来自社会主义者联盟的党批准的候选人去为相同职位而竞争。“有觉悟的社会力量”应该得到来自“共产党的官方团体”以外的独立代表权。后来的文章认为，“争取民主的持续斗争”是社会的最高目标，这一目标可能最好由一个新的社会主义者政治组织来达到，这个政治组织应独立于南斯拉夫共产主义者联盟。这显然是走得太远了。在党的会议上，卡德尔被匆忙叫来去对抗吉拉斯，卡德尔指控吉拉斯复辟著名的德国修正主义者爱德华·伯恩斯坦(Eduard Bernstein)在1914年之前的议会式社会主义。皮亚德指控吉拉斯搞“政治色情”。到1954年1月，吉拉斯被开除出中央委员会，并在3月交还他的党证。到1956年，他的进一步违抗把自己送进了监狱。

吉拉斯在1953年最初违抗对第二南斯拉夫的塑造更有意义。只是当时吉拉斯脱离核心集团去证明他的异议，而核心集团拥有团结其他人的一些机会。除了来自弗拉基米尔·德迪耶尔(Vladimir Dedijer)的某些个人支持，没有一个人支持他。这个庞大的党自1948年已经扩大了三分之二，拥有78万党员。新的社会主义者联盟声称有700万成员，并且该党统治集团牢牢控制着可能来自其队伍的任何倡议。在通向社会主义南斯拉夫的道路上，南斯拉夫共产主义者联盟领导层及其未受到挑战的领袖、此时的总统约瑟普·布罗兹·铁托依靠这两个组织
264 去控制新的工人委员会和脱离集体化的农民。新的工人委员会在提高效率方面开局不顺。铁托的共产党维护了一个独立的南斯拉夫。这个独立的南斯拉夫反对斯大林所做的一切，直到斯大林去世。他们的成功恢复了这种战后信心，就是没有什么能够阻止他们。

第九章　上升时期的铁托的南斯拉夫（1954—1967） 265

1953年新宪法框架预示了共产党的控制只能够从下而上进行。然而到20世纪60年代,共产党把太多权力交托党的最高领导层或它任命的当权人物(nomenklatura),并且期望铁托的南斯拉夫将自身与其余东欧政权区别开来。被重新命名的南斯拉夫共产主义者联盟的成员们继续操纵新近加强的社区委员会,以及每个企业中仍然处于第二位的工人委员会。怎么能够期望这些地方党员去勇敢抵抗仍由铁托领导的党的统治集团呢?铁托这个"老人"克服一切困难,最初从战争中胜出,现在又从与斯大林的斗争中胜出。在他的权力或威望不足的地方,几个经济机构或兰科维奇的安全机构仍然能够施加集中控制。但是到1966年,随着兰科维奇因滥用特别权力而被突然封杀出局,市场机制将会受到欢迎。

在这个过程中,与邻近东欧政权的任何地方相比,南斯拉夫成为一个更开放和更好的居住地。它记录了整个20世纪50年代剩余时间的经济增长率,这足以敌得过东欧的任何国家。像其他共产党经济体一样,它们强调重工业,这让生活水平发展滞后。但是在60年代期间,南斯拉夫大多数人的生活水平显著改善。国内生产和西方进口带来了粮食和消费品的更好供应。前来参观的波兰人、捷克人和匈牙利人几乎都注意到这种差异。西方的旅行者和学者也开始证实这种差异。与任何其他共产党国家中的人民相比,南斯拉夫人能够更自由地谈话、学习或旅游。作为公民个人,无论是不是党员,他们中的一些人开始想要做拥有法定权利的南斯拉夫人。本章的重点是研究这种情况是如何发生的,为什么这一进程又到此为止。

铁托在这些进步和它们的局限中都发挥了一种突出作用。后者来自铁托对共产党左翼的终身承诺。他也应当被评为两个南斯拉夫的历
266 史中最老练的政治人物。铁托在 1952 年已经 60 岁,但他在整个 20 世纪 60 年代仍然身体强健并且思维敏捷。他从不是一个有影响的公众演讲者,否则他不会犹豫去利用这种无可争议的权威。他的名声、党内职位和个人崇拜给予了他的这种权威。斯大林去世后在东欧严重失败的联合领导层没有强加给他。他在 1956 年没有面临像在波兰和匈牙利发生的那种内部危机。不久以后,铁托继续参观主要的建设项目。他来参观时用技术细节的知识武装自己,离开时从与工长和其他主要人员的会谈中获得更多知识。他给该政权带来了真正的某些民众认可。

铁托在四个领域的第一个领域中作出最大贡献,就是使南斯拉夫与众不同,并且某种程度上超过其东欧邻国。该国在西方列强和苏联集团之间成功地保持平衡,铁托的外交手腕是不可缺少的。通过鼓励西方列强和苏联集团对他的政治倾向的竞争,铁托为南斯拉夫从双方索取了重大经济利益。铁托在创立不结盟运动(Non-Aligned Movement)中的个人作用进一步鼓励了这种竞争。

其他南斯拉夫人——经济、媒体和教育领域中的专业人士和党员,因为这个充满希望的时期的其他三个特色而颇受赞扬。第一个特色是向西欧市场开放,特别是意大利市场。这种开放逼迫一些企业去提高效率,并且逼迫一些党领导人放松政治控制。允许一些熟练工人在西方工作,如果他们返回,允许他们期望更多的变化。第二个特色是 1965 年的经济改革。在 1989 年之前共产主义世界任何地方进行的以市场为导向的改革中,它是最野心勃勃的。发动这些改革的这种动力

也不理会它们的主要对手——亚历山大·兰科维奇。第三,到 20 世纪 60 年代时,该政权给予学术自由一些真正的活动空间。教育水平提高,一个更开放的、虽仍被监控的媒体开始产生影响,自由表达观点和宗教实践受益于这些重大让步。城市文化十分繁荣,农村到主要城市的移民壮大了城市文化的观众。民族融合、西方培训的曝光和妇女更易于接触西方培训鼓励了大部分的职业。这些区别预示了一种政治改革,它将使南斯拉夫的发展变得自给自足。为什么这种更大的承诺没有得到遵守将是本章的末尾和下两章的全部内容。

在东西方之间寻求平衡 267

在斯大林去世之后的 10 年期间,与任何其他政府相比,铁托的南斯拉夫从世界上最孤立的国家之一,变为同更多国家享有良好外交关系的国家。他及其能干的代理人基本上按照南斯拉夫的条件开始重建与苏联集团的关系。通过发扬光大不结盟运动,他们与大多数去殖民化的第三世界(Third World)新国家建立起联系。而铁托在建立不结盟运动中起重要作用。南斯拉夫的各方代表设法在没有疏远西方的情况下做到所有这一切。他们不久把 20 世纪 50 年代初来自美国的紧急援助改变为定期的经济援助,到 60 年代初,定期的经济援助反过来给世界银行和其他国际贷款者的相当多贷款开辟了道路。

与苏联妥协

南斯拉夫没有放弃共产党的那种坚定的最初意图,即,使重工业成为经济的主导部门。如果它要发展,铁托政权就需要以某种方式利用斯大林逝世去解除这种禁运——强加于南斯拉夫同东欧、苏联的贸易禁运。但是结束封锁也预示了放松受围心态,这种受围心态将有利于党内那些人。他们反对市场改革、反对更开放的边界,或在他们领域里拥有更多公民权。

任何对封锁的突破不得不从莫斯科开始。1953 年 4 月斯大林的去世提供了这种机会。尼基塔·赫鲁晓夫(Nikita Khrushchev)占优势的苏联联合领导层早在 1953 年 8 月就寻求同南斯拉夫的某种和解。苏联国家元首格奥尔基·马林科夫(Georgi Malenkov)公开谈到两国关系正常化。随后,这两个国家互派大使,并且开始了一个贸易协定的谈判。但是在 1954 年以前,苏联方面没有进一步前进,以避免最微小的政治让步。南斯拉夫最严厉的批评家米洛万·吉拉斯被开除党籍,让苏联人指责吉拉斯和苏联以前的安全部门首脑拉夫连季·贝利亚(Levrenti Beria)损害了相互关系。现在这两人都离去了。在斯大林去世后不久贝利亚被处决,吉拉斯被驱逐。然而即使在 1955 年初他们同苏联签署一个贸易协定之后,南斯拉夫领导人也拒绝这种提法。

苏联党主席赫鲁晓夫也想要一种政治和解,不过他抵制铁托来莫
268 斯科举行政治谈判的强硬要求。赫鲁晓夫反而在 1955 年 5 月率领高级代表团去贝尔格莱德,然而这次会谈没有按照他的方式进行。赫鲁晓夫直率的同志情谊以在正式晚宴中的醉酒而达到顶峰。自信的铁托穿着元帅制服显得光彩夺目,他引导着这次艰苦的外交谈判。铁托拒绝重建政党之间的关系,甚至共同意识形态的提法。6 月 2 日的《贝尔格莱德宣言》(*Belgrade Declaration*)只涉及这两个国家之间的关系。爱德华·卡德尔和其他人为铁托准备的文本压倒了苏联草案。卡德尔的文本中承认了南斯拉夫的这种权利,即建设社会主义和没有外部干涉自主处理对外关系的权利。

莫斯科和贝尔格莱德之间的关系,以及贝尔格莱德同东欧的关系不得不等待 1956 年 6 月 20 日的《莫斯科宣言》(*Moscow Declaration*)。这个更具体的文件在"完全自愿和平等"的基础上恢复了这两个主要共产党之间的关系。[1]该文件也包含了措辞谨慎的意识形态共识。通过《莫斯科宣言》在南斯拉夫新闻报道中的不断引用,能够估量出《莫斯科宣言》的重要性。通常在报道对许多高层人物访问的文章中,第一句话就引用《莫斯科宣言》。

然而,1956 年协定并不意味着同苏联及其东欧盟国的关系在铁托的有生之年平稳地继续下去。铁托是一个老布尔什维克,布尔什维克的意识形态倾向在《莫斯科宣言》中被光明正大地再次提出。然而他希望抵

制苏联的控制也是真实的。这可能导致另一次彻底的决裂,以致 20 世纪 60 年代初的中苏分裂没有促使他和赫鲁晓夫重新走到一起。

1956 年 10 月下旬"匈牙利革命"的爆发,似乎预示着即将结束仅仅几个月以前在莫斯科达成的和解。因为南斯拉夫在同斯大林争论期间遭到匈牙利的强烈反对,铁托及其副手们仍然怨恨马亚斯·拉科西(Mátyás Rákosi)和艾尔诺·格罗(Erno Gerö)。他们是 1956 年起义前的最后两位匈牙利领导人。铁托及其副手们赏识匈牙利新领导人伊姆雷·纳吉(Imre Nagy)。因为纳吉在感情上亲南斯拉夫、对工人委员会感兴趣,并且同一些驻布达佩斯的贝尔格莱德外交官有联系。赫鲁晓夫认为铁托的立场十分重要,以至于在这些最初的日子里赫鲁晓夫同马林科夫乘飞机到铁托在布里俄尼群岛(Brioni)①的休养所,灌输他对正聚集在纳吉周围的"反革命势力"的疑虑,虽然纳吉是共产党人。10 月 31 日—11 月 1 日,贝尔格莱德最主要的党报《战斗报》停止对纳吉政府的初期支持,例如"无论如何……不是一次反革命活动",并且《战斗报》开始批评纳吉政府同"右翼分子"的联系。这个新态度暗示铁托准备接受针对这次起义的苏联第二次和残忍的军事干涉。一周以后,铁托称这种进攻是令人遗憾的,但是对 269
"挽救匈牙利的社会主义"而言是必要的。纳吉有讽刺意味地寻求南斯拉夫大使馆的庇护,但是在 11 月 22 日他表面上被移交给匈牙利当局。匈牙利当局没有抵制几个街区之外的苏联人对他的扣押。[2]

赫鲁晓夫因迟来的支持而谨慎地感谢铁托,如果铁托拒绝给予支持,那么可能鼓励其他东欧居民举行起义,反抗他们的共产主义政权。1957 年,苏联领导人驱逐了最后的老资格的斯大林主义者、为时甚久的外交部部长维亚切斯拉夫·莫洛托夫(Vyacheslav Molotov),具体来说是因为他"在南斯拉夫问题上的错误立场"。一旦东德和苏联恢复为南斯拉夫铝制造业供给资金的合作计划,铁托将因为承认德意志民主共和国(DDR)而失去同西德的外交关系。1956—1957 年来自苏联集团的进口额现在攀升了 30%以上,同苏联的进口占其一半(见表 9.2)。

① 在南斯拉夫西北部。

表 9.1　1949—1967 年美国对南斯拉夫的援助(百万美元)

	马歇尔计划 1949—1952 年	共同安全法 1953—1961 年	对外援助法 1962—1967 年
Ⅰ.经济援助总额	186.8	1 038	536.4
赠予	186.8	617	91.9
贷款		422	444.5
A. 援助和前身	124.4	454	12.5
赠予	124.4	265	12.1
贷款[a]		189	0.4
补充性安全援助	(109.2)	(321.2)	(10.7)
B. 粮食促进和平项目(480 公共法案)	24.8	585	523.9
赠予	24.8	352	79.8
贷款		233	444.1
C. 其他经济援助	37.6		
Ⅱ.军事援助总额	310	412	1.8
Ⅲ.经济和军事援助总额	496.8	1 450	538.2
贷款		1 422	445.9
赠予	496.8	1 028	92.3

a 包括以前年度贷款的资本化利息。

资料来源:John R. Lampe, Russell O. Prickett, and Ljubiša S. Adamović, *Yugoslav-American Economic Relations since World War II* (Durham, NC: Duke University Press, 1990), 70。

表 9.2　1954—1980 年对外贸易的收支差额和分配

	出口额和进口额(年平均数以百万美元计)		西欧和美国[a](占总额的百分比)		苏联(占总额的百分比)		其他东欧国家(占总额的百分比)	
	出口额	进口额	出口额	进口额	出口额	进口额	出口额	进口额
1954	246	265	76.8	81.1	0.5	0.3	2.8	0.7
1956	329	495	65	68			23[b]	22[b]
1958—1959	475	701.5	58	70.7			29.6	26.2
1960—1962	620	817.3	51.9	29.7	8	6.8	20.6	18.7
1963—1964	1 394.5	1 695	65.7	56	11.9	7.2	24.6	18.6
1965	1 092	1 182	42.2	66.9	17.2	8.4	24.8	21.4

(续表)

	出口额和进口额(年平均数以百万美元计)		西欧和美国[a](占总额的百分比)		苏联(占总额的百分比)		其他东欧国家(占总额的百分比)	
	出口额	进口额	出口额	进口额	出口额	进口额	出口额	进口额
1966—1968	1 246.3	1 550	48.5	57.6	16.6	9.8	18.6	18.1
1969—1971	1 658	2 529.3	50.3	69.3	14.4	7.7	18	14.7
1972—1980	1 657.3	2 712.5	34.7[c]	45.4[c]	20.7	12.3	20.1[d]	14[d]

a 1954—1959 年美国占全部进口额的 28.5%和全部出口额的 9.7%。

b 包括苏联。

c 只有欧洲经济共同体的成员和美国。

d 包括中国。

资料来源：Vinod Dubey, *Yugoslavia: Development with Decentralization* (Baltimore, Md.: Johns Hopkins University Press, 1975), 403 - 404; Dragana Gnjatovic, *Uloga inostranih sredstava u privrednom razvoju Jugoslavije* (Belgrade: Beogradski economski institute, 1985),78 - 79; *Jugoslavija, 1918 -1988 Statisticki godisnjak* (Belgrade: Savezni zavod za statistiku, 1989), 300 - 305; *OECD Economic Surveys: Yugoslavia 1979 and 1988 -1989* (Paris: Organization for Economic Co-operation and Development, 1980 and 1990), 67 and 101。

1957 年末,苏联著名的战时司令官格奥尔基·朱可夫(Georgy Zhukov)将军和南斯拉夫国防部长互访,标志着两国军方之间恢复接触。苏联武器开始蜂拥而来,不久就超过了库存适度的美国装备。1955 年南斯拉夫人民军(Yugoslav People's Army, JNA)被缩减到 50 万人,此时南斯拉夫人民军的人数下降到 30 万人。"匈牙利革命"显然未能复活南斯拉夫对苏联军事干涉的恐惧。然而这种恐惧和它恢复国家团结的能力从未完全消失。这种恐惧定期出现,在 1979 年苏联干涉阿富汗(Afghanistan)之后这种恐惧最后一次露面。1959 年苏联-南斯拉夫关系的恶化,从而 126 个游击队旅作为游击战部队被编入南斯拉夫人民军的军事规划。[3]

那时,被一些观察家称做南斯拉夫-苏联第二次分裂的事件正在快速发展。[4]1957 年 11 月,这两个党开始发生冲突。在布尔什维克革命 40 周年纪念日的时候,苏联人提出所有共产党在莫斯科签署一个《和平宣言》。苏联代表要求他们的党被认可为"同辈中年纪最长者"(*primus inter pares*),而南斯拉夫的党代表坦率地拒绝接受这种提法,称这种提法违背《莫斯科宣言》。1958 年 4 月在卢布尔雅那举行的南斯拉夫共产主义者联盟的第七次代表大会上，他们的反抗再次浮出水面。铁托的开场白有目的地意在和解，但是卡德尔和兰科维奇都发表了强有力的、不妥协的讲话。除了一个熟睡的波兰观察家之外，苏联和东欧的所有观察家都退席抗议。这个正在起草中的(并且是最终的)纲要明确否认苏联党“在工人运动中的垄断地位”。

270 苏联的反应迅速到来。在几个星期内，《真理报》(*Pravda*)转载了中国人对南斯拉夫式社会主义的一些严厉批评。莫斯科不久取消了伏罗希洛夫(Voroshilov)元帅的一次拟议中的访问，并且更重要的是苏联取消了对南斯拉夫的一批经济贷款。苏联许诺的小麦交货也没有到来。南斯拉夫同苏联的贸易下降到 1957 年进出口贸易值的 15%的一半。南斯拉夫代表通过抗议处决伊姆雷·纳吉进行了回击。自 1956 年以来，纳吉一直被苏联人关押在罗马尼亚或匈牙利。

莫斯科同毛泽东和中国共产党的更严重分裂让莫斯科同铁托的南斯拉夫的关系得到缓解。到 20 世纪 60 年代初，中国人的意识形态攻击使修正斯大林列宁主义成为苏联党的主要罪孽，并且这种攻击指出南斯拉夫的事例，作为这种修正主义能够走多远的逃避不了的罪证。随声附和中国攻击的是来自阿尔巴尼亚的同样强烈的批评。这时，恩维尔·霍查(Enver Hoxda)的共产党政权已经将其忠诚从莫斯科移至北京。与中国人的联盟似乎提供了阿尔巴尼亚一个更好的机会去满足霍查的两个优先事项，即排除西方的影响和对抗南斯拉夫。南斯拉夫是阿尔巴尼亚的邻国和最危险的对手。在 1961 年初，因勾结南斯拉夫和西方间谍的嫌疑，阿尔巴尼亚安全人员逮捕了一群高级官员。当阿尔巴尼亚的海军上将被证明是一个苏联间谍头目时，莫斯科和地拉那之间的外交关系破裂。而在 1960 年纽约的一次联合国会议上会面之后，铁托和赫鲁晓夫恢复之间的个人联系，这有助于结束 20 世纪 50 年代后期南斯拉夫和苏联之间的敌对关系。[5]

同苏联和除了阿尔巴尼亚和保加利亚之外的所有苏联集团成员的相对良好关系经受住了赫鲁晓夫在 1964 年的垮台。直到 1968 年苏联入侵捷克斯洛伐克前,这些相对良好的关系继续加以改善。在此期间双方都获得了相当大的经济利益,能源需要与城市住宅区和重工业的持续增长并驾齐驱。而南斯拉夫的自然资源只能为自身提供不到一半的能源,苏联的石油和天然气以及波兰的煤成为南斯拉夫特别有价值的进口商品。自20世纪50年代以来,南斯拉夫的工业已经具备了出口多种相对高质量产品的能力,这些产品从电器到货船不一而足。此时这样的"耐用商品"成为双边协定中的有利条件,苏联集团的所有成员国通过双边协定来开展它们的对外贸易。1960年之后,整个苏联集团的对外贸易起飞,比任何其他经济指标的增长都更为迅速。即使苏联发起的经济互助委员会(经互会),也几乎没有促进欧洲经济共同体 271
(欧共体)或欧洲自由贸易联盟(The European Free Trade Association)中的多边自由贸易。南斯拉夫向经互会国家的出口在1965年达到巅峰,占其出口总值的42%,这多亏了铁托成功拜访赫鲁晓夫的继任者之后签订的一份船舶建造合同。虽然1966年南斯拉夫向经互会国家的出口减退到36%,但是其进口值中的经互会份额还是增长了几个百分点,达到31%这个战后最高纪录。[6]

南斯拉夫在新兴不结盟运动中的作用也有助于它同苏联的关系在20世纪60年代的大部分时间轻易地得以推进。对赫鲁晓夫及其继任者而言,南斯拉夫在新兴不结盟运动中的这种作用显然胜过南斯拉夫市场改革的不良势头,以及南斯拉夫明显发展的与西方更开放的联系。一种与苏联更令人感到安慰的关系是铁托这种努力的几项红利之一,铁托在这两个联盟体系之外努力建立一种国际联盟,其在欧洲之外的这种努力似乎首先提供了红利。

来自不结盟运动的早期红利

铁托与斯大林分裂的高潮中,有讽刺意味地刺激了南斯拉夫开展同"第三世界"国家的最初联系,南斯拉夫寻求"第三世界"国家支持反对苏联。南斯拉夫是在联合国中开始寻求这种支持的。在1948年当南斯拉夫同苏联的对抗开始时,作为1945年以来的联合国宪章成员国,南斯拉夫无处寻求直接的支持。南斯拉夫的代表最初在联合国大会中继续支持苏联的所有立场。然而到 12 月时,南斯拉夫外交部部长卡德尔利用一次演讲提出他的初步建议,即社会主义“不再只是一个单一国家的问题”。该演讲的主要议题是需要加强作为一个独立实体的联合国。如果苏联集团事实上试图进行侵略,那么南斯拉夫入选 1950—1951 年的联合国安理会(Security Council)就增加了联合国援助南斯拉夫的前景。由于考虑到这种前景,南斯拉夫代表投票赞成美国和安理会的其余国家去保卫南朝鲜免于北朝鲜在 1950 年 6 月的侵略,对此,苏联代表团不明智地缺席了。

南斯拉夫在 1952 年入选联合国的经济和社会理事会,从而帮助了南斯拉夫有外交手腕地寻求至关重要的亚洲和非洲国家的开发援助。在整个 20 世纪 50 年代,它们的联合努力未能创办一项扩大的技术援助特别基金(SUNFED),但是最终召开了第一届联合国贸易和发展会议(UNCTAD)。1964 年第一届联合国贸易和发展会议在日内瓦举行,它的召开,大部分成就应归功于南斯拉夫在集合包括以色列和南非
272 在内的、所有有关各方中所起的作用。在铁托时代的其余时间,南斯拉夫一直保持作为这个世界组织的最积极成员之一的名声。[7]

类似的南斯拉夫系的第三世界政权从印度和缅甸开始,不久扩展到埃及和印度尼西亚,然后合并为不结盟运动组织。在 1950 年联合国关于保卫南朝鲜的争论期间,缅甸和印度都显示出脱离西方控制的独立,这出乎南斯拉夫代表的意料。这给他们留下了真正深刻的印象。南斯拉夫首任驻印度大使赞美贾瓦哈拉尔·尼赫鲁(Jawaharwal Nehru)总理提倡“不结盟”外交政策的 1951 年演说。在新德里的缅甸和印度尼西亚外交官也采取同样的立场。出席关于如何结束朝鲜战争的萨格勒布会议的代表进一步使南斯拉夫人对这种国际联合的潜力留下深刻印象。到 1953 年,铁托决定派遣代表参加在仰光的第一届亚洲社会主义者会议。第二年,铁托邀请埃塞俄比亚的海尔·塞拉西一世皇帝(Emperor Haile Selassie of Ethiopia)访问贝尔格莱德,然后在 1955 年初铁托本人到印度和缅甸旅行。这些创始

成员之间的协调政策始于铁托1956年同尼赫鲁和埃及的贾迈勒·阿卜杜勒·纳赛尔(Gamal Abdel Nasser)总统的会面。纳赛尔总统成为铁托在这些领导人中的最亲密伙伴。与1955年在没有南斯拉夫人出席的情况下亚非国家万隆(Bandung)会议所取得的成果相比,这三位领导人的特意会面完成了更多的预定目的。

根据阿尔文·鲁宾斯坦(Alvin Rubinstein)所说,在1956年到1967年这个最初时期,两项红利自然增加。[8]第一项红利使南斯拉夫同苏联的关系比以往更轻松。在苏联镇压“匈牙利革命”之后,赫鲁晓夫不断希求增强苏联在埃及的影响,这促进了苏联同南斯拉夫的和解。那时,纳赛尔已经公然反抗英国和法国对苏伊士运河(Suez Canal)的控制。以色列无疑未能像斯大林的一些顾问希望的那样,成为苏联在中东的一个盟国。能干的马尔科·尼凯齐奇(Marko Nikezic)在1953年出任南斯拉夫驻埃及大使,并且南斯拉夫对纳赛尔和阿尔及利亚民族解放阵线(Algerian FLN)提供武器,这为苏联代表提供了许多良机。来自25个国家的代表在1961年到达贝尔格莱德,出席不结盟运动的第一次会议。这次会议也为结束苏联-南斯拉夫的第二次争论铺平了道路。除了来宾发言的反西方和反资本主义的一般言论外,铁托本人出乎意料地用提到苏联近来恢复核试验的方式来宣布会议开始。铁托没有使用已准备好的文本,美国大使乔治·凯南(George Kennan)已把这份文本传送给华盛顿。铁托遗憾地特别提到苏联恢复核试验,但是他补充 273
说,面临西方的敌对政策,这是完全可以理解的。为此,南斯拉夫同苏联集团贸易关系的改善随之而来。后来在1967年,正好在南斯拉夫由于1968年苏联入侵捷克斯洛伐克而再次对抗苏联人之前,铁托支持纳赛尔向以色列发动灾难性进攻,这个决策颇让苏联安慰。

与该运动为其在国际外交中开拓出一种真正独立地位的能力相比,第三项红利持续的时间更长。尼赫鲁在1964年去世,并且这一年的开罗会议未能实践大多数代表重视第一项红利的承诺。此后,该运动仍然是南斯拉夫宣传工人自我管理的理论和实践的最佳论坛。南斯拉夫派往秘鲁(Peru)、阿尔及利亚(Algeria)、印度尼西亚这一长串国家的官方代表团，促进了这些国家对其在联合国中地位的普遍支持(见第十章)。与苏联集团的任何成员相比，这也为南斯拉夫在第三世界中进行更有利可图的商业活动打开了方便之门。从1960—1990年，这种经验与南斯拉夫的这种推动进一步相结合，使技术援助特别基金(SUNFED)和联合国贸易和发展会议(UNCTAD)变为轻松获得大约40亿美元的世界银行贷款的机会。

继续同美国的联系

这样持久的支持也归功于美国1953—1964年提供给南斯拉夫的175万美元赠款、软贷款[①]和第纳尔销售。联合国善后救济总署(UNRRA)在1946—1947年交付了2.98亿美元给南斯拉夫，1949—1952年期间又提供了4.97亿美元的紧急援助(见第八章)。在此之后，1953—1964年，美国援助铁托南斯拉大占美国25亿美元援助中的四分之三。这种援助的最后分配，要求南斯拉夫一方提交发展建议。当美国的赠款和软贷款在1961年之后几乎结束时，这种要求使南斯拉夫代表四处奔走，去成功竞争国际贷款。

在南斯拉夫同美国及其西欧盟国特别是英国的关系中，更大的问题当然不是经济发展，而是铁托脱离苏联的独立。就南斯拉夫保持独立并且在这个过程中蓬勃发展来说，西方联盟可以使苏联的东欧盟国拉开它们同苏联集团的联系。强烈反共的约翰·福斯特·杜勒斯(John Foster Dulles)是艾森豪威尔(Eisenhower)政府大部分任期的国务卿，他成为这一观点最强硬的拥护者。当南斯拉夫-苏联的关系改善时，美国的援助从而能够收缩；当南斯拉夫-苏联的关系恶化时，美国援助再
274 次增长。然而，对南斯拉夫更直接的影响将是，这种援助和由此密切的外交关系是对20世纪60年代中期以市场为导向的改革和经济潜力的鼓励。第十章重提一项较长期的不幸遗产，就是免除监督南斯拉夫的政治和法律进程。西方世界对其他共产党政府施加这种监

① 借款国可用本国软货币偿还。

督,特别是在 1976 年《赫尔辛基协议》(Helsinki Accords)之后。

铁托及其外交官们不久就从他们最初的这种惊奇中平静下来,这种惊奇就是在 1953 年之后能够以任何条件继续获得援助;他们艰苦地讨价还价,主要为了用第纳尔购买美国农产品。迫在眉睫的苏联为首的入侵威胁已经消逝。南斯拉夫作为第三世界社会主义典型的角色和修复同苏联集团联系的经济需要,都没有使这些谈判变得容易。南斯拉夫当局仍然认为这些谈判是必要的,部分是因为防备苏联的政治保障措施和令人信服的经济原因。南斯拉夫同苏联集团的最初决裂打开了西方市场和供应的来源,如果没有这些,一种独立的经济可能无法生存。这种对西方市场的早期准入刺激了以消费者为导向的更加高效的生产,但是它没有保证出口销售。激增的进口已经造成往来账户(销售和购买商品和服务)的相当大赤字,到 1953 年,赤字超过硬通货出口值的两倍。短期贷款没有提出解决办法。到 1954 年,应偿西欧各方贷款威胁着这种偿债比率,这种偿债比率将消耗 1954 年出口收入的 20%,并且促使下一年度进口的大幅削减。美国官员最初通过呼吁一种延期偿付的更广泛的债权人会议作出反应。两年前,美国、英国和法国已经召开过这种会议。到 1954 年,英国和法国政府都不愿意继续它们对赤字救济金的捐赠。由于害怕南斯拉夫将利用这一时机请求更多的美国紧急援助,华盛顿不久重新考虑并且取消了这一会议。[9]

然而到 1955 年,铁托使杜勒斯国务卿相信南斯拉夫永远不会返回到苏联阵营,为此美国给南斯拉夫提供了 1.53 亿美元的新经济援助,超过 1953 年就是以前最高纪录年份的经济援助。根据新的国际粮食援助计划第 480 条款(PL 480 program),超过三分之二的经济援助来自美国粮食和棉花的赠予或第纳尔销售。美国的粮食和棉花都大量过剩。为保险起见,杜勒斯根据《共同安全法案》(*Mutual Security Act*)确认了这种销售。在 1951—1954 年,军用物资的供应平均每年达1.73 亿美元,之后急剧下降到《共同安全法案》完全结束之前的 1955—1958 年的平均每年2 600万美元。在 20 世纪 50 年代的其余时间,农产品的 275
交付随着美国国会对南斯拉夫-苏联关系的看法而波动。农产品交付的最高纪录年份是1957和1959年。在1957年,铁托因为反对苏联干涉匈牙利而获得本不该有的贷款,1959年是南斯拉夫-苏联第二次争论的高潮时期。尽管到1962—1963年南斯拉夫-苏联的关系有所修复,但是交付南斯拉夫的美国农产品的年度总额再次超过1亿美元。对肯尼迪政府而言,南斯拉夫的独立声誉已得到充分认可,从而多次击败威胁南斯拉夫最惠国待遇的美国国会少数派。

按照西方标准,南斯拉夫是信用良好的投资项目,这种声誉使南斯拉夫获得最重要的一笔美国援助,就是1959—1961年的一系列小规模的发展贷款。总计不到1亿美元的这九笔长期贷款给合乎西方规范的钢铁、化学和电力工厂的建设提供了资金。它们也把以"肯尼迪"署名的柴油机车队交付给南斯拉夫铁路,即使这些机车是在约翰·F.肯尼迪成为总统之前到达。纵然公众眷恋这个遭到杀害的总统,但是与机车的交付相比,开发贷款基金(Development Loan Fund)批准的这些投资项目造成更大的影响。南斯拉夫使用这些贷款不得不符合美国经济援助程序新的严格标准,这种美国经济援助是南斯拉夫通过1961年成为国际开发署(Agency for International Development)的机构获得的。南斯拉夫使用这些贷款符合这些标准,并且按照规定时间完成项目并且按期还款。南斯拉夫当局在1983年进行了最后一次支付还款。这些记录和经历重新打开了自1950年以来独立的美国进出口银行(US Export-Import Bank)贷款对南斯拉夫关闭的大门。1961年美国进出口银行对南斯拉夫提供5 000万美元贷款。到1990年,其贷款总额几乎达到10亿美元。上文提及的世界银行的40亿美元贷款在同年开始。

在整个20世纪80年代,美国继续担任南斯拉夫的最后贷款人的角色。在1952年,南斯拉夫首次要求美国帮助其弥补国际收支的严重不平衡,在1960年南斯拉夫发出第二次请求。为此,艾森豪威尔政府捐资1亿美元并且带头整合总计2.75亿美元的国际一揽子长期贷款。

当肯尼迪政府授权的国际粮食援助计划第480条款的最后一拨软

销售被追加到1963年斯科普里地震之后的紧急援助中时,美国已经弥补了1950—1964年南斯拉夫往来账户赤字的60%。20世纪50年代的一个粗略估计认为,美国的援助为南斯拉夫国内生产总值(Gross Domestic Product)7.5%的年均增长贡献了2个百分点。[10]而农业援助提高了这个经济体多少效率仍然是值得怀疑的。这种经济体仍然扼杀 276 主要为私营农业的现代化,并且几乎在每个共和国中都集中自身资源,用于同样的重工业基地的过度发展。尽管如此,美国援助的持续和苏联集团贸易的复苏为南斯拉夫提供了较多的经济利益,这些经济利益受益于南斯拉夫外交政策的巧妙平衡能力。

西方市场和自我管理的企业(1954—1962)

而上述两种利益都没有诱使走向市场化改革的南斯拉夫经济达到同西欧贸易的那种程度。首先是西德,然后是意大利自告奋勇作为南斯拉夫最重要的贸易伙伴。总的来看,它们的设备和消费品提供了高质量的进口商品,这些进口商品达到没有一个苏联集团成员国能够匹敌的高标准。到20世纪50年代后期,获得此类进口商品成为扩大农产品进口、改善工业产品出口或发展旅游设施的可能赢得的奖赏。虽然一些企业开始作出反应,但是多数企业没有作出反 277 应,并且自我管理机构的地方党组织仍然处于发号施令的地位。在没有西方投资竞争的情况下,单一的中央控制的总投资基金(General Investment Fund, GIF)分配大部分新资本。高估的第纳尔汇率也阻碍出口并且鼓励进口,像在两次世界大战之间的南斯拉夫和1914年之前的塞尔维亚已经做过的那样,获得西方资本是奉行这种政策的奖赏。

然而到20世纪60年代初,工人委员会和社区银行都拥有足够的自治权,来响应西方市场的这些信号。1961年第纳尔贬值,尽管不是贬值很多。根据苏联模式的价格管制仍然在运作。党内大辩论的势头正在加强,这种党内大辩论在1965年开始的大刀阔斧的改革中达到高潮。在这次辩论以前,民族对立和共和国权利的问题仍然隐匿,但是这些问题还是实际存在的。

从的里雅斯特到意大利市场

只要关于的里雅斯特和附近边界的争端继续下去，同邻近意大利的贸易关系就会停滞不前。1954 年 10 月，一次较为老练的英美调停提出了一个解决办法。一年后，美国试图通过威胁英美占领军撤出包括的里雅斯特的 A 区去强加一个解决办法。所有四方在伦敦签署了一个《谅解备忘录》。这个《备忘录》给予南斯拉夫对 B 区的主权，以及使用的里雅斯特自由港的权利；作为报答，给予意大利对 A 区的主权(见地图 8.1)。至此，在两次世界大战之间断断续续搅扰南斯拉夫-意大利关系的边界争端显然结束了。[11]

在 1954 年《伦敦协定》签订之后两个月，意大利和南斯拉夫就缔结了一个贸易协定，其中包括对南斯拉夫进口的信贷条款。到 1956 年，它们的贸易量迅速上升，并且次年再次上升，从而意大利成为南斯拉夫最大的贸易伙伴。南斯拉夫对意大利和西德的出口记载了预示超过进口的不断扩大的盈余。这种盈余和 20 世纪 60 年代将拖累南斯拉夫同美国的庞大贸易的巨额赤字形成对比。

1961 年的宏观经济增长和有限改革

与世界上的大多数国家相比，包括苏联集团的那些国家，南斯拉
278 夫的经济从 1953—1961 年以更快的速度增长。表 9.3 中的指标确实令人印象深刻。根据官方统计资料，工业产值的年均增长率为 12.7%；而根据约翰·摩尔(John Moore)的重新计算，工业产值的年均增长也仅降低到 11.2%。[12]“社会部门”中的就业(工业和公共事业机构加上国营农场)从 180 万人增加到 320 万人。尽管劳动生产率的适度增长平均仅为 3.9%，但是工业工资每年增长 6.2%，而受控价格仅上涨 3%。到 1961 年，社会部门中的失业率攀升至接近 20 万人或 6%，但是在私人农场的农民数量从 510 万人下降到 430 万人。农产品的更高价格和以 1959 年产量记录而达到顶峰的连年丰收有助于支撑农业生产。

表 9.3　1952—1970 年宏观经济增长(年度变化的百分比)

	1952—1960	1961—1965	1965—1970	1952—1970
实际国内生产总值	6.7	6.2	4.8	6
制造业和采矿业	12.3	10.7	6.1	10.1
建筑业	4.9	9.5	4.7	6.1
消费	4.8	4.7	6.3	5.2
实际个人收入	1.3	9	5.9	7
出口额	12.5	12	8.2	11.1
进口额	8.4	8.3	11.7	9.8
固定投资总额	9.7	7.5	6.3	8.2
投资类型(占百分比)				
经济的	77.6	67.1	60.1	63.6
非经济的	22.4	32.9	39.9	36.4
部门(占总额的百分比)				
制造业和采矿业	36.7,[a] 26.7[b]	25.2	23.3	
农业	11.7,[a] 16.4[b]	11.7	9.7	

a 1952—1956。
b 1957—1960。
资料来源：Vinod Dubey et al., *Yugoslavia: Development with Decentralization* (Baltimore, Md.: The Johns Hopkins University Press, 1975), 385-386。

1953—1961 年的工业增长促使由机械及运输设备带领的出口年均增长 11%，由原材料支付费用的机械及运输设备从占出口总值的 5%攀升至占 15%。在 1935—1939 年农产品出口已经占出 279
口总值的 37%，到 1952—1956 年，农产品出口下降到出口总值的 20%。成品生产从 1952 年占出口总值的 7%，暴涨到 1962 年的 43%。

这些进展适合粗放式增长模式，而粗放式增长模式为苏联集团经济的学生们所熟悉。资本和劳动力的大量投入超过生产率的增长。国内生产总值中投资的比例居高不下。这一比例仍然是 1957—1959 年国内生产总值的 35%，或是西欧水平的大致两倍，并且是第一南斯拉夫时期、两次世界大战之间水平的四倍。消费量相应较低，占国内生产总值的48%。当局把国内原材料的价格固定在人为的较低水平,以鼓励工业生产。但是各种税收和捐款索取了超过总增加值的一半。这些税金和捐款中的最大部分转到政府的总投资基金,在1956年之后,总投资基金通过设于贝尔格莱德的新南斯拉夫投资银行(Yugoslav Investment Bank)来分配投资。该基金占1957年所有投资的71%,并且支持合乎标准苏联模式的、资本密集型的生产资料重工业。[13]

尽管如此,从1954年以来,与苏联集团的任何成员相比,南斯拉夫经历了关于如何脱离这种头重脚轻的投资机制的更多持续讨论。在1955年,铁托的执行委员会只是试图削减工业投资,并且增加消费和农业投资。对这些决定负有最大责任的该委员会成员斯韦托扎尔·武克马诺维茨(Svetozar Vukmanovic-Tempo),用他优先投资的古怪选择使这些决定的努力落空。斯韦托扎尔·武克马诺维茨被丹尼森·拉西诺(Dennison Rusinow)恰当地描述为“一个热切的、纯朴的人和自信的经济文盲”。在1955年访问华盛顿期间,由于斯韦托扎尔·武克马诺维茨的鲁莽要求,他几乎单枪匹马地使美国的农业援助落空。他在1958年调任主持苏联式工会的垂死网络。这是双重幸运的,不仅消除了他对投资的任何影响,而且把他的可怕精力放在同样的工人委员会的一方。[14]工人委员会和更软弱无力的工会在1957年都没有足够的影响力去防止斯洛文尼亚主要煤矿的自发罢工,这种罢工很快席卷了该共和国的许多地区。“停工”是南斯拉夫对罢工的委婉说法,“停工”和其他工人委员会越来越多的抱怨的关键,是要求分配更多的企业收益去提高工资。这些压力促使执行委员会批准工资列入企业可保留净收入的计算,执行委员会立即用对该收入的一个新税种抵消了这种利益。斯韦托扎尔·武克马诺维茨及其工会的抗议无效。

280 “五年计划”现在是对投入和产出的庞大矩阵,是没有苏联式生产具体指标的投资指南。“五年计划”复兴的实践,为1957—1961年期间如何进行关于“五年计划”的公开讨论提供了一个焦点。不包括卡德尔和兰科维奇的大部分领导人赞成把投资方向转向消费品、旅游业和农产品加工。旅游业正在帮助奥地利和希腊摆脱它们在两次世界大战之间的贫困;作为对西欧的出口商品,经过加工的农产品预示了最大利润。像在“匈牙利革命”之后重新开放的该党培训学校那样,总投资基金保持了自己的位置。但是在斯韦托扎尔·武克马诺维茨调任之后,事实上一些投资被改变方向。在国营农场购买国产设备的拨款的指引下,社会(非私人)企业总投资中的农业比例从1953—1956年的7.6%增加到1957—1958年的15.9%。[15]

另外,1958年的行政改革把乡镇数量从接近4 000个削减到800个,使它们可能获得的所有预算和投资基金的28%分配额更有效率。然而,企业仍然需要获得投资基金的独立通道。与这些乡镇或联邦政府相比,企业和共和国都获得更小的投资比例——即上述总预算和投资的17%。 281

地区不平衡和企业管理的困境

到20世纪50年代末,南斯拉夫自我管理的社会主义企业制度面临着两个相互关联的难题。详细的中央计划的繁琐限制早已不复存在,但是在欠发达的共和国和地区总投资基金对重工业的偏爱,已经开始阻碍较发达地区的增长。斯洛文尼亚和克罗地亚的经济学家也更加贴近繁荣的意大利市场,他们断定设在贝尔格莱德的基金和投资银行正在对他们产生不利。在效率最初增长之后,大多数企业和领导层未能对1952—1953年的权力下放作出进一步的反应。此刻,只有少数企业正在开发满足消费者需求的市场,从而推进了与许多西欧公司的业务。党的最高领导层宣传1961—1965年新的“五年计划”是这一系列改革的机会。这一系列改革就是在欠发达的共和国提高企业效率,并且整合足以消除地区歧视的任何问题的国家经济。当1961年计划和这些改革迅速遭到失败,地区政治公开化成为可能。

虽然能源和其他原材料的低廉价格上限没有支持这些欠发达的共和国,但是投资政策支持了这些欠发达的共和国。能源和其他原材料是这些共和国的主要经济部门,而这些欠发达的共和国同斯洛文尼亚、克罗地亚和塞尔维亚之间的差别反而继续增长。贫富差距继续拉大,斯洛文尼亚的人均收入是1950年科索沃人均收入的三倍,到1960年时是科索沃人均收入的五倍。然而,如果1952—1960年南斯拉夫的固定资产总投资相对于物质生产总值(Gross Material Product)等于100,马其顿、黑山和科索沃的这一比率则是126,那三个发达共和国的这一比率仅是92。波斯尼亚-黑塞哥维那记录了在武器生产方面的投资强度为114,到20世纪50年代后期,武器生产计划已经大部分完成。[16]

资本川流不息地涌入波斯尼亚-黑塞哥维那的军事制造业,为把波斯尼亚共和国排斥在“保证收益的投资产品”之外提供了理由。该投资基金把这种“保证收益的投资产品”大量给予马其顿、科索沃特别是黑山。用铁托自己的话来说,或许最著名的“政治工
282 厂”是一个制造冰箱的工厂,它位于一座山巅,并且只能通过一条未铺砌的道路到达,这条未铺砌的道路在每年大部分时间是不可通行的。然而当这个工厂被修建时,该工厂设于曾经在战争期间支持游击队的一个地区,并且位于黑山。在包括投资沙皇斯韦托扎尔·武克马诺维茨的南斯拉夫共产党领导层中,黑山是一个代表人数大大超出比例的共和国。总的来说,如果我们把100第纳尔作为20世纪50年代南斯拉夫的平均水平,那么黑山获得230第纳尔。然而与南斯拉夫人的平均水平和大多数共和国比较,它的人均收入几乎没有提高。只有克罗地亚和斯洛文尼亚取得重大进展(见表11.2),而波斯尼亚-黑塞哥维那像科索沃那样处于不利的地位。虽然没有统计数据可以得到,但是特别在黑塞哥维那的相当大地区,对克罗地亚的“乌斯塔沙”或反共的“切特尼克”的忠诚可能在这种比例下降中起了作用。

那时,更明显并且当然更有争议的是影响企业效率的这些障碍。到20世纪60年代初,三个障碍似乎是最紧迫的:第一个障碍是南斯拉夫的工业企业是大型的,类似它们在苏联集团中的那些对应企业,拥有超过4 000名工人的企业雇用了劳动力人口的62%,拥有超过125

名工人的企业雇用了劳动力人口的97%。管理事关紧要,尤其是在最大型的企业那里,严重的生产力利用不足已经把77%的全国平均水平拉低到1961年的70%。和它们的苏联对应企业不同,这些企业能够解雇工人,并且它们已开始这样做。到1962年,社会部门中的失业率达到7.3%。第二个障碍是,太多的单位负责人不仅仅是政治性任命的官员,而且他们是因为他们的战时背景而由社区委员会选举的代表(总是男人)。常常教育程度最低的农民最符合要求,他们青少年时就已经参加游击队。他们对其职位准备不足,并且很容易被诱惑去分配留存盈余作为工人委员会的奖金,而不是投资于改进工作。第三个障碍是,无论如何留存盈余仍然十分有限。在各种各样的税收、捐款,并且支付总资产的6%利息给总投资基金之后,1959年收益中仅有43%留在了企业。[17]

在20世纪50年代后期,总量增长的高潮似乎掩饰了这些问题。从1957年年末开始的1957—1961年"五年计划",到1960年时达到其总体目标了吗?1959年的大丰收,显然已经为用第纳尔交易的美国粮食软采购方面的1960年锐减扫清了道路。南斯拉夫进口总额中的美国份额下降了一半,从20%下降到10%。但是1960年收成预计更少,并且当对西欧进口的短期贸易信贷继续增长时,南斯拉夫当局面临往来账户中的巨额赤字。这一赤字对南斯拉夫当局近来提交的关贸总协 283
定(GATT)成员资格申请相当不利。到1960年末,南斯拉夫恳求加强援助,这使南斯拉夫获得了美国主导的2.75亿美元的一揽子短期贷款。作为回报,南斯拉夫许诺削减关税,并且向单一汇率贬值第纳尔。在任何情况下,这两条都是关贸总协定成员资格的基本条件。第纳尔正式从300贬值到750,并且各种各样的特别汇率被取消,其中一些特别汇率使原材料进口不可遏止地便宜。[18]南斯拉夫获得了关贸总协定准成员资格。但是为了利用南斯拉夫出口商品的价格下降,并且出售足以超过单位收益中损失的部分,企业不得不更有效地运作。

因此,1961—1965年新的"五年计划"包含一系列改革。这一系列改革想要不改变其管理上的社会主义结构,就把市场压力施加于工业企业。第一,企业负责人和工人委员会再次得到批准把工资总额计入他们控制分配的净收入,而没有开征取消该1958年特权的新税;甚至以企业的统一费用税制代替侵犯收益刺激的累进税制。第二,大多数短期贷款的分配从贝尔格莱德的南斯拉夫国家银行转到380家社区银行。自1955年以来,这些社区银行迅速出现。在1961年,这些社区银行分发接近两倍于它们和国家银行仅两年以前已提供的企业贷款。这两个改革都产生了通货膨胀的压力。在第纳尔贬值之后,进口商品价格上涨也施加了通货膨胀的压力。通货膨胀开始出现,第二南斯拉夫在剩下来的时间里以高通货膨胀率为特色。从1959—1962年工业品批发价格上升10%,生活费用更暴涨30%。[19]

像铁托政府在它的剩下来的时间里将做的那样,政府通过拉闸市场机制作出反应。铁托政府放弃了对外贸易自由化,并且利用总投资基金加上贝尔格莱德的国有银行(加上1958年的对外贸易银行,现在贝尔格莱德有三家国有银行)去提升生产资料在工业投资中的比例,使其重新回到超过50%。到1962年,太多的企业选择增加工资,并且新借贷款超过它们收入的再投资,该政权于是控制其他投资并且冻结工资。在1961—1962年,工业生产值实际下降。因此在新的"五年计划"已宣布之后,它不得不被中止一年半。

铁托作出反应,强调党需要在使经济整合成一个单一实体方面带头。1962年5月,在斯普利特的一次被传达的讲话中,铁托把经济一体化与"南斯拉夫统一的社会主义文化"联系起来。1958年党代表大
284 会曾提议"南斯拉夫统一的社会主义文化"的优先权。像卡德尔在卢布尔雅那代表大会上含糊解释的那样,社会主义的劳动分工将创造这种新型的南斯拉夫意识,它不是同化各民族为一个单一实体的战前概念。[20]但是这能意味着别的什么吗?鉴于数量微不足道的人在1961年的人口普查中宣称自己是南斯拉夫人——大约有31.7万人,民族团结的前景似乎遥远。在1965年经济改革试图推进该国的一体化之前,1963年的新宪法使民族团结的前景更为遥远。

市场改革和兰科维奇的倒台

在第二南斯拉夫的历史上,1963—1966 年的时期出现了关于经济改革的最密集的政治争论。1963 年新宪法提出更多政治方面的改革,但是它几乎没有解决改革如何进行的问题,反而使争论激化了。建立其他政治党派或不同于工人自我管理的一种企业架构不是讨论的焦点。私有化不是一种前景。许多克罗地亚族和斯洛文尼亚族的经济学家直率地主张来自贝尔格莱德政府的更大自由,他们把贝尔格莱德政府看做中央政府而不是联邦政府。他们和一小部分塞尔维亚族和马其顿族同行分享一种更加广泛的目标,他们被其对手称为“自由主义者”。他们希望用西方市场的客观规则代替地方和中央统治集团的个人权威,他们希望南斯拉夫企业在西方市场更有效地竞争。一些人也支持仍被共产主义者联盟间接监督的、更开放的社会和理性氛围,共产主义者联盟仍然是唯一的政党,但是对更大程度的多元化和更少的地域性存在意见分歧。事实证明,代表们对经济权力下放更容易取得一致意见。

市场改革的主要反对者亚历山大·兰科维奇在幕后利用政治压力去阻止市场改革,并且在 1966 年因为这些作为而被贬黜。自由主义时期似乎已经来到。然而,早在 1967 年就存在这些迹象,即共产党员的不情愿和基于民族的抵抗,比国际和国内一体化的市场经济的诱惑更为强烈。无疑,不断提高的教育水准和不断扩大的宗教及学术自由,配以相称的媒体和文化机构,将战胜这种不情愿和抵抗。或许据许多西方观察家看来是这样,包括笔者。没有人认识到,到达一个转折点并不能保证其开始转变。在拉塞尔·普里克特(Russell Prickett)的回顾性
隐喻中,南斯拉夫此后的发展似乎像明尼阿波利斯(Minneapolis)以南 285
密西西比河的流向,在那里,密西西比河似乎正在绕过一个拐弯,但是事实并未如此。

《1963 年宪法》和南斯拉夫主义的终结

1963 年铁托在斯普利特的讲话标志着一种复兴的中央集权从社

会主义文化领域扩展到经济领域。针对私人企业的监管运动查封了很多小型维修工厂,但是消费者的抱怨迫使其重新开放。该党的执行委员会批准一组委员去监督前一年放宽的企业纯收入的分配。到1962年中期,铁托承认,其中没有一个代表了经济政策中的转折点。然而,到1964年末,他似乎加入了市场改革者的行列。由于他改变态度,1965年真正变革的运动从而不可阻挡。

据丹尼森·拉西诺(Dennison Rusinow)所说,这次运动开始于1962年12月和1963年1月南斯拉夫经济学家协会的两次会议,以及关于南斯拉夫经济的两项研究(被称之为黄皮书和白皮书)。[21]第一次会议的特意召开是为了讨论新《宪法》草案的经济条款。第二次会议在萨格勒布召开,是经济规划研究所的一次会晤。一些经济学家支持黄皮书提出的中间道路,一些经济学家支持解除管制。编写白皮书的克罗地亚自由主义者拥护解除管制。当这一争论在1963年之后公开化时,自由主义的支持解除管制者在克罗地亚之外赢得盟友。在经济不利消息的帮助下,他们的立场占了上风。1963年的经济好转未能控制过度的投资和进口,过度的投资和进口已经导致1961—1962年的衰退。

1963年的新宪法引诱了更多的支持者。该新宪法主要由卡德尔构思,像往常一样,它的新立法架构试图进一步孤立独立的共和国或民族利益。虽然小的民族议院(Chamber of Nationalities)仍然是大的联邦议院(Federal Chamber)的一部分,但是另外的四个专门议事厅得以建立起来。它们将处理经济问题、教育和文化、福利和卫生以及机构政策。卡德尔想要这些专门议事厅去构成一个次等的、更有代表性的立法机构。企业和公共机构将提名代表,大约400个社区会议推选出代表。他采用轮流(rotacija)的原则拒绝承认社区会议和工人委员会的代表同时担任职务,并且防止担任职务超过两届。但是在某种程度上
286 这些代表也更有代表性,从而对铁托和卡德尔寻求更紧密的南斯拉夫社会主义一体化不利。几乎所有代表都是党员,但是许多人是各自领域的专家,包括经济学家和经理。与联邦议院的代表相比,他们似

乎更愿意讨论其专业领域内有争议的问题。到 1964 年 1 月,这些人要求地方分权,他们不久还将推动更大的议院进行关于经济改革的全面讨论。联邦议院讨论的媒体报道使这些问题进入到公众的视线内。

谈及“私有化”(de-etatization)而不是“去集中化”的辩论把铁托和卡德尔争取到改革一方。国家的消亡是它们在同苏联的争端中最初的区别点之一。即使宣称自己是南斯拉夫人的公民权利经受住了《1963年宪法》起草工作中的挑战,但是“私有化”的推进力给南斯拉夫敲响了丧钟。联邦政府甚至共产党中央统治集团本身的相当大权力第一次被削减,这特别有利于各共和国和地区。该宪法开端的一般性原则,声明恢复了各共和国脱离联邦的权利,如果各共和国都同意的话。联邦执行委员会与行政内阁权力相等,第 226 条款把联邦执行委员会关于共和国平衡代表的现行惯例编成法典。新的宪法法院也能够审理各共和国对侵犯其权利的联邦法律的上诉,以及联邦对各共和国立法的上诉。[22]

比该宪法中任何条款更为重要的是,1964 年 12 月共产主义者联盟第 8 次代表大会批准,为了准备各自立场,各共和国和地区可在党联席会议之前召开自己的讨论会。南斯拉夫共产主义者联盟(LCY)的联合从而开始,即使铁托的权威仍然远远超过任何与之竞争的共和国领导人,但至少到 1967 年,该国的立法框架继续让共和国的实践或种族政治变得困难。

1965 年的经济改革

必须强调经济改革的问题占用了太多的公共空间。1965 年改革未能做得更好,关于 1965 年改革能否走得更远的问题同样引起地区内讧,这种地区内讧后来伴随有 20 世纪 80 年代灾难性的通货膨胀。但是希望比 20 年前更高了。西欧经济体是更受欢迎的伙伴,并且该党作为单一个体的自信仍然未受影响。

1963—1964 年的经济高速增长似乎正在失去控制。1965 年就在 287

这个令人不安的消息的笼罩下开始了。1964 年的通货膨胀率暴涨到 10%,这是单一年份中的最高通货膨胀率,并且在 1963 年进口盈余增长近一倍,从 1.88 亿美元增长到 3.23 亿美元。像在 1962 年所做的那样,简单取缔优先项目范围外的投资只会产生另一次衰退,并且不会找到长期解决的办法。太多的公司逐渐依赖当地社区银行的短期贷款,并且在应该偿付时违约,从而形成事实上的长期贷款。这些相当可观的、虽然不确定的款项,必须被添加到绝大部分正式的固定资产投资中。固定资产投资现在超出联邦政府的直接控制范围。当社区或银行控制下的贷款比例从 27%暴涨到 59%时,这一部分贷款的比例也已经从 1961 年的 63%增长到 1964 年的 93%。总投资基金的最大部分资产转移到贝尔格莱德的南斯拉夫投资和对外贸易银行(Yugoslav Investment and Foreign Trade Banks)。从而提出进一步的问题,就是这些银行将以商业原则进行运作,还是迎合它们所在的塞尔维亚共和国的政治要求。[23]

银行业务和信贷的结构因而受到最初的关注。1965 年 3 月的法律提出大幅度减少银行的数量,这实际上废除了 380 家社区银行的现有网络,有利于 30 至 40 家更大的区域银行。在某种程度上,它们的资本金和投资方向将取决于已作改变的主要企业和现在成为股东的机构存户。这些新银行将依靠商业原则运作,提供长期和短期贷款给最有可能偿还其贷款的借款人,而且在政府的社会计划的指导方针范围内贷款。虽然它们将接受来自南斯拉夫全境的贷款申请,但是其新的管理部门将包括主要存户的代表;这些主要存户来自当地或共和国的最大企业。这三家拥有国有资产的贝尔格莱德大银行,即投资银行、外贸银行和农业银行,将面对值得注意的竞争者,以确保按照同样的商业路线运营。

其余部分的改革在 7 月被大张旗鼓地宣布。它由五个主要条款组成。[24](1) 商品营业额税被减少并且更统一,企业的净增值税被取消,并且固定资产税削减到 4%。结果企业利润将从低于 50%增长到 70%。(2) 1963 年已经建立的"欠发达共和国和科索沃的加速发展基金"(FADURK),现在从所有社会企业总收入中征收的 1.85%新税中获得了大量资源。(3) 到 1966 年,旨在达到关贸总协定完全成员资格的目标。第纳尔再次被贬值,第纳尔对美元的汇率从 750 贬值到1 250,除以 100,贬值率等于 12.50,第纳尔似乎更像新的法国法郎。进口商品的关税从 23%削减到 12%的一般水平,并且出口补贴被缩减;1964 年出口补贴,快速增长到出口值的 20%。(4) 农产品和原材料的价格仍然被控制,但是为了使其更接近世界水平,农产品和原材料的价格平均增长 60%,并且工业品价格增长 30%。(5) 经营私有土地的农民被允许使用银行信贷去购买他们需要的拖拉机和其他农业设备,以支撑其落后生产力。

如果南斯拉夫其余地方的经济像坐落于肥沃低地的 50%私人农场那样对 1965 年改革作出反应,那么南斯拉夫很可能已经转危为安,走向集约型增长和以市场为基础的发展。甚至 1965—1970 年期间适度使用实际给予的银行信贷,也使私人持有的拖拉机数量从 5 000 台增加到 3.9 万台。化肥消费增长了一半。拥有土地的平均面积现在少于 4 公顷,但是当 1960—1970 年更多的农民离开土地时,可耕地的数量也下降了 7%。这一时期人口的农村比例从 60%下降到 50%,但是私有土地上小麦和玉米的产量增长了 50%。私人农场继续出产粮食、肉类和鸡蛋总产量的近三分之二,国营农场拥有更高产量的只是糖用甜菜和向日葵。1966—1970 年,私营生产每年攀升 6%,并且带头把粮食比例缩小到进口值的 8%,即大约两次世界大战之间的水平。[25]

然而,其余部分的改革几乎没有进行下去。银行业的重组结果是关闭了一些高效率的社区银行,用更大的银行代替它们。到 1966 年,这些更大银行的少量和谨慎的贷款政策造成信用紧缩,尤其在特定的共和国之外。在 1965 年的其余时间和整个 1966 年,以不变价格计算的固定资产净投资额下降了 15%。对这些企业而言,工资增长耗费太多的新获自由的企业利润,从而使投资停滞。1966 年国内生产总值仅增长一个百分点,但是进口值却暴涨了 23%,从而恢复了前一年暂时消失的贸易赤字。所有这一切造成制造业的成本大幅增加 28%,与之相对增加值增长了 16%。

哈罗德·利德尔(Harold Lydall)对改革的批判性分析确认了两个更为长期的令人不安的预兆。[26]第一个,社会部门中主要制造业就业率
289 的战后长期上升趋势突然停止。1965—1968 年,工业部门就业人数总体下降。在同一时期,社会部门中官方公布的失业率从 6%上升到 9%。西欧"外籍劳工"的数量(在西德的克罗地亚人最初是最大群体)从 5 万人骤增到超过 1968 年登记的失业人数 28 万。由于更多的移民仍然来自农村,市场改革的反对者借此指责"社会主义失业"。[27]这些反对者未能考虑南斯拉夫资本密集的大企业效率低下因素,这些企业有讽刺意味地集中于失业率最高的欠发达地区。如果更多的资本投资于更小的劳动密集型企业,那么就有可能提供更多的就业机会并且提高资本生产率。但是它们不能满足国防需要,这种国防需要仍然与适用于相对市场优势的生产竞争。第二个,通货膨胀成为一个长期问题。作为一个整体的经济,不再能够通过被迫削减消费而设法得到投资,出于政治动机寻找任何来源(国内或国外)的信贷只会导致通货膨胀。塞尔维亚当局迅速这么做了,这为米洛舍维奇(Milošević)政权在 1990 年 12 月选举之前突击检查货币供应量提供了一个不祥的预演。按照 1965—1966 年当时价格,该共和国的固定投资总额增长 21%,联邦的其余共和国固定投资总额增长 5%。刺激这种通货膨胀扩展的是来自这三家贝尔格莱德大银行的资金,以及兰科维奇抵制这种改革的决心。

兰科维奇的倒台和自由主义时期

到 1966 年中期改革处于严重的经济困难之中,但是改革的主要政治对手突然倒台。除了波斯尼亚-黑塞哥维那之外,每个共和国自由主义者的广泛联盟都拼命想把兰科维奇打倒。铁托和卡德尔给他们提供了决定性的支持。卡德尔从一开始就赞成通过市场机制下放权力,但是他从未接近兰科维奇。根据卡德尔妻子所说,卡德尔也因兰科维奇未能阻止 1959 年暗杀他的企图而责备兰科维奇。更确定的是,铁托委派兰科维奇而不是卡德尔担任副总统职位的决定很可能激怒了卡德尔。副总统是由《1963 年宪法》规定的潜在的继承人职位。

铁托仍然是终身总统并且不可战胜,尽管他接受这种改革,但这不是因为 1966 年夏天异乎寻常的事情的进展。一些谣言开始传播。这 290
些谣言就是以前的国家安全局、现在的国家安全机关(SDB)自 1954 年以来利用其未加限制的电子监测权力,在最高级官员和党领导人的办公室和住宅安装窃听器。只有兰科维奇才能得到这一授权。铁托不信任国家安全机关去调查此事,而要求与之竞争的军队情报机构(KOS)去核查事实。据称他们在 6 月份发现在铁托的床上方的一个装置。几个星期以后,兰科维奇被传唤出席在铁托的布里俄尼休养岛匆忙召集的南斯拉夫共产主义者联盟全体会议。在 7 月的第一个星期,贝尔格莱德的军队继续提高警惕,但是在首都或塞尔维亚的其他地方,对兰科维奇遭到免职的通告没有明显的反应。[28]

必须强调,这个自由主义者联盟包括来自塞尔维亚和马其顿、克罗地亚和斯洛文尼亚的党领导人。这些领导人在这两个东部共和国中足够强大吗?还是他们在没有铁托站在他们一边就已占上风的另两个西部共和国中足以消除地区不满?这仍然是一个值得怀疑的命题。但是在兰科维奇倒台之后,在他们前面的道路障碍似乎清除了。这个塞尔维亚铁腕人物的最亲密的支持者们都不见了,他先前在那些欠发达共和国中谋求盟友的努力也仅形成了与最小的共和国——黑山的一系列协议。马其顿党和其领导人克尔斯特·茨尔文科夫斯基(Krste Crvenkovski)拒绝提议继续投资补贴作为对一个政治联盟的报答。在塞尔维亚党自身,自从米亚尔科·托多罗维奇(Mijalko Todorovic)在 1958 年继武克马诺维茨之后出任负责投资政策的执行委员会成员,经济政策已经是自由主义的。20 世纪 60 年代中期,升到党的高级职位的、前外交部部长马尔科·尼凯齐奇(Marko Nikezic)和来自大学的洛廷卡·佩罗维奇(Latinka Perovic),预示了贝尔格莱德未来的政治变革。如果坚持塞尔维亚同克罗地亚、斯洛文尼亚的经济学家以及同克罗地亚党领导人弗拉基米尔·巴卡里奇(Vladimir Bakarić)的联盟,这一势头似乎不可阻挡。

幕后的民族对立到什么程度可以罢免他们?即使以非暴力形式号

召政治舞台的这种对立，但是由此也提出了两个更为迫切的问题。这些问题在经济不确定性和1968年国际动乱的推动下到来了。一旦自由主义联盟遭到拆散，那么南斯拉夫的政治领导层在铁托生命的最后10年将如何去对付年迈的、仍然无人挑战的并且日益固执的铁托呢？我们将在第十章中详述被劳务输出和资本输入遮蔽的该联邦的政治衰退。我们已经能够洞悉在兰科维奇倒台后发生的这两个基本问题的梗
291 概。一个问题是，真正革新执政的共产党，如果没有丧失对权力的垄断，那么在任何地方都不会完成这种革新壮举；另一个问题是地区经济竞争的相关压力。老吉拉斯的建议在1966年得到披露，这一建议就是使所有工人被迫参加的庞大的社会主义者联盟转变为第二个政党。然而，尼凯齐奇和巴卡里奇这样的自由主义者也像幸存的中央集权主义者一样迅速地拒绝了这一建议。只有共产党权力进一步下放给共和国或地方一级，才能够创造一种双方能取得一致意见的民主改革意识。特别是对铁托和卡德尔而言，保持该党权力垄断的观点仍然能够占上风。这些观点阻碍了1965年改革最后部分的迅速通过，1965年改革的最后部分就是鼓励外国投资。直到1967年，《投资法》才被批准，而且这一《投资法》几乎没有鼓励西方投资者。其条款大致保持兰科维奇倒台之前的内容，仅批准在南斯拉夫人的经理领导下的合资企业，外国合伙人在董事会中仍是少数，并且不拥有普通股。[29]

伴随这一改革而创立的适用于欠发达共和国的加速发展基金，对国内投资来源日益稀缺的地区增强了竞争。加速发展基金至少分配投资和社会成本总产值(Gross Material Product, GMP)的2.63%给四个东部共和国，即波斯尼亚-黑塞哥维那、科索沃、马其顿和黑山。占总产值中最大份额的两个西部共和国——克罗地亚和斯洛文尼亚抱怨其“税收第纳尔”的转移。塞尔维亚的代表此后抱怨科索沃获得加速发展基金的最大相关份额。然而波斯尼亚的党领导人最先表示反对，称其共和国仅获得科索沃人均份额的三分之一。为了让欠发达共和国站在他们一边，自由主义者联盟具有讽刺意味地在1965年初大力推进发展基金。塞尔维亚人的统治曾经使这个广泛的联盟团结起来，一旦兰科维奇的离开消除了塞尔维亚人(或

更好的中央集权主义者)统治的威胁,该基金反而开始去分裂这个广泛的联盟。[30]

积极的信号和公众舆论

尽管共产党垄断政治权力,但是现代化的城市机构培训了足够的专业人士,使一个完整统一的南斯拉夫的前景似乎仍然是真实的。这一进程的一些荣誉属于该政权及其与西方的关系。更大的荣誉,像在本章的开始证明的那样,属于经理和工人,属于来自学 292 校、社会福利部门或媒体的专业人士,并且在较小程度上属于教士,他们正在把其公共机构纳入欧洲主流。但是它们离一个完整统一的南斯拉夫有多远呢?需要作一些统计去了解为什么铁托的南斯拉夫的这么多市民和最密切的观察家继续对这些可疑点作有利于其前景的解释。社会经济指标(表9.4)表明这种全面的进步是相当大的。

表 9.4　1950—1970 年的社会经济指标

	1950	1960	1970
人均国内生产总值(按照 1966 年价格计算)	216	333	520
婴儿死亡率(每千个安全出生的婴儿)	118.6	87.7	55.2
文盲率(占 10 岁以上人口的比例)	25.4	19.7	15.2
每名医生服务的人口数	3 360	1 474	1 010
收音机(每千人)	21	78	166
汽车(每千人)	0.4	2.9	35
人口			
城市人口所占比例	21	28	39
非城市人口所占比例	79	72	61
农村人口所占比例	64	50	38

资料来源：Vinod Dubey, *Yugoslavia: Development with Decentralization* (Baltimore, Md.: The Johns Hopkins University Press, 1975), 54-60 and 385-386; and *Jugoslavija, 1945-1985* (Belgrade: Savezni zavod za statistiku, 1986), 52。

下面我们探讨一下企业和学校的示范性案例。尽管具有一般性缺点，工人的自我管理体制产生了一些主管和工人委员会，他们选择利用在1961年和1965年获得的更大自主权，去投资制造更有竞争力的产品，而不是把这些利润作为奖金。到1965年，美国商务部将几百个南斯拉夫企业列为符合西方竞争标准的企业。以萨格勒布的伊沃·温斯基(Ivo Vinski)和卢布尔雅那的亚历山大·巴伊特(Aleksandar Bajt)为首的独立的经济研究所，获得了没有一个苏联集团研究所能够匹敌的国际声望。对贝尔格莱德大学的国际经济学系的科研项目而言，也同样如此。

在1963年国民议会重组之后，这些经济学家、经理和工人们出现在国民议会的各委员会，并且帮助推动1965年的改革。他们不是那些仍然控制军队、安全机构和党统治集团的老迈的游击队员，他们是更年轻的男人和人数日益增加的女性。他们具有高中或大学学历，经常接受一些培训或在国外旅行。1952—1960年，接受高等教育的机会已经显著增长，与1952年在这一方面已经取得的进步相匹敌，就是扩展小学教育到两次世界大战之间被忽视的地区(科索沃和克拉伊纳除外)。正如第十章中特别提到的那样，就其阿尔巴尼亚族多数而言，直到20世纪70年代，科索沃在各个层次中仍然较为落后。作为一个整体的南斯拉夫，对中学教育而言，作为其年龄组一小部分的在校学生数已经增加了23%；对大学而言，在校学生数增加了5%。三所新大学在萨拉热窝、斯科普里和诺维萨德开设，而在贝尔格莱德、萨格勒布和卢布尔雅那开设的那些大学增加了教员和学生。与女性在适用于大学毕业生的所有社会就业中的四分之一比例相比，在这里，相对于企业，女性占据了较高比例的职位。[31]研究的客观性和教学质量也提高了，到20世纪60年代中期，这种情况显著受益于同西欧特别是同美国的多种教员和学生交流。出于政治原因的犹豫之后，著名的富布赖特
293 (Fulbright)计划在1964年开始在南斯拉夫运作，并且其迅速扩大，成为仅次于西德的欧洲最大的富布赖特计划。所有这一切造成人力资本的改进型贮备。与任何苏联集团国家中的同行相比，他们愿意

在该体制内更艰苦地工作。这也使英语成为被最广泛研究的外语和文字。

与苏联集团的同行相比,南斯拉夫的媒体显然受到的限制也已更少。虽然多数新闻记者仍然是党员,但是在贝尔格莱德、萨格勒布和卢布尔雅那的主要报纸《政治日报》(*Politika*)、《信使报》(*Vjesnik*)和《工作报》(*Delo*)经常各自发布独立的分析。那些城市的电台和电视台的新闻报道内容也日益翔实,更加受到信赖。例如《尼娜》(*NIN*)那样的周刊甚至更直率,也可讨论批评铁托或一党制这样的禁忌话题。1962—1966 年,全国广播电台的数量从 21 个暴涨到 77 个。收音机的数量增长了一半。电视机的数量增长五倍,接近 80 万台。[32]

对此,普雷德拉格·马尔科维奇(Predrag Markovic)一语中的,如果流行文化被看做是东西方之间的一个战场,那么到 20 世纪 60 年代中期,该党已经将贝尔格莱德这个战场交给西欧,特别是美国人。[33]好莱坞电影带来税收并且提供人为的公开性,而国内电影则需政治审查。有机会接触西方电影和西欧电视从而满足了消费者这些不断提高的期望,这些期望就是获得西德的设备和"纺织品游客"前往的里雅斯特或伦敦成为可能。苏联集团的电影和旅行没有市场,更不必说流行音乐。对孩子们而言,他们的卡通片可能更胜一筹,但是每天出现在《政治日报》中的是唐老鸭(Donald Duck)。

至 1966 年,出版的 23 家日报和 150 家周刊中,许多是宗教出版物。它们的出版象征着共产党统治集团愿意同天主教会和东正教会达成一项拖延已久的工作协议。在这个 10 年中几乎没有兑现《1953 年宪法》许诺给天主教会、东正教会、穆斯林以及新教徒的法律地位。然而,1960 年斯特皮纳奇大主教去世之后,该政权开始了同梵蒂冈的长期谈判,1966 年谈判最终形成了一个联合草案。神父的培养和出版《教会之声》(*Glas koncila*)周刊此时受到的干扰最小。同样地,为了这种复兴神学院和出版各种刊物的权利,塞尔维亚的东正教会能够与共产党统治集团讨价还价,1967 年《东正教》(*Pravoslavije*)周刊的出版表明了对于宗教的最为宽松的氛围。或许更重要的是,塞尔维亚教会在20世纪60年代末能够建造181所新教堂,并且重建了另外841所
294 教堂。[34]只是在像克宁(Knin)和东黑塞哥维那这种地区,重建被“乌斯塔沙”政权毁坏的东正教堂则更为困难。在战争期间那里的居民压倒性地支持“切特尼克”,超过了支持游击队。

忽视以前的“切特尼克”地区并且忽视圣方济各修会的这种质询,确实为铁托去世之后的南斯拉夫积蓄了麻烦。圣方济各修会揭露数量高得不成比例的塞尔维亚人在克罗地亚担任警务人员和其他公职。在那个时候,宗教生活的主要特征在南斯拉夫似乎很难构成威胁。教堂再次成为社会生活中的现实,它主要用于婚礼和葬礼。但是即使最积极的克罗地亚天主教会也未能在其人口中引起更深的政治共鸣或宗教共鸣。在克罗地亚,信仰宗教的人口比例仍然高于东正教的东部共和国,但是这仍然反映了在20世纪50年代开始的信教人口的全国性下降。1964年,报告信仰宗教的人口比例下降到70%,20年以后与克罗地亚的33%相对照,这一比例下降到不足四分之一。按西方标准的民意调查是可靠的。在这种民意调查中,所有共和国确认种族性民族主义的表现是一种落后现象,并且因缺乏经济现代化而受到指责。除斯洛文尼亚以外,民意调查的接受者们没有因为民族主义怨恨而指责经济不发达地区的宗教或民族文化。在这里,民族主义怨恨被假定为他们的独有领域。[35]

即使无法找到满意的工作,南斯拉夫的人口仍然首先进入城市,然后进入西欧。南斯拉夫人口的大规模流动在创造一种具有欧洲风格的世俗文化中也发挥了作用,这种文化没有将其存在完全归功于共产党政权。至1966年,南斯拉夫接近2 000万人口中的城市人口比例已经超过30%,只有波斯尼亚-黑塞哥维那大大落后于第一南斯拉夫时的20%。但那是因为数量不断增长的农村克罗地亚人,特别是塞尔维亚人正在永久地离开波斯尼亚-黑塞哥维那,迁入克罗地亚和塞尔维亚的城镇。更好的经济机会而不是波斯尼亚穆斯林骚扰的任何暗示才导致他们离开。从西欧回来休假的

“外籍劳工”和数目更大的西方游客正给该国带来相当大的收入。这两个群体都带来了西方流行文化和消费者需求的进一步注入,从而迫使南斯拉夫共产党政权作出回应,这种进程在苏联集团中仍然是新奇的。在一种社会主义体制内,这些市场压力和人力资本正在积聚,这种体制似乎为铁托的南斯拉夫提供了克服1965年改革的迫切问题并且在未来安全地使自己有别于苏联集团的办法。铁托仍然操 295
纵着一条精明的外交路线,直到1980年他去世。然而南斯拉夫的国内困境犹存,他的长寿被证明是原因之一。

纠正在农村基层的地区不平衡将证明是这些国内困境中最困难的。与两次世界大战之间的那些国家相比,20年共产党统治中,主要是城市的进步确实已经更迅速地推进了南斯拉夫的综合发展水平。工业显然领了路,一种更为有利的国际经济和共产党对国内投资的优先考虑推进了工业。到1964年,全部工业就业达到125万人,约为1938年23.8万人的五倍。产品的附加值更是增长了五六倍。减去贝尔格莱德,塞尔维亚的就业此时超过波斯尼亚-黑塞哥维那。而斯洛文尼亚和克罗地亚的南部或东部的所有地区,总就业的比例从40%增长到60%。

然而,大量的农村人口仍然没有受益于农业增长的均衡分布。这种增长不是一帆风顺的。[36]在集体化运动失败后的缓慢复苏中(见第八章),尽管在牺牲粮食耕种面积的情况下饲料和工业原料作物的耕作面积得到增长,1957—1977年的作物产量却再次约占1930—1939年产量的一半。然而具有代表性的小型高地农田仍然被带状耕作分开,并
且无法实现销售盈余。这些高地农田继续占到所有私人农场的一半, 297
并且超过所有农场的三分之一。到20世纪60年代中期,自1953年以后购买、出售或出租其土地的机会没有阻止这些地区农场数量的增加,这些地区从克罗地亚的克拉伊纳经由波斯尼亚和南部的塞尔维亚到科索沃。庞大的移民用几乎同样过大的每英亩耕地人口密度留下了这条南部中心线,在两次世界大战之间,过大的每英亩耕地人口密度一直困扰着他们(1957年,见地图9.1)。[37]

图 9.1 1984年萨拉热窝冬季奥林匹克运动会开幕式

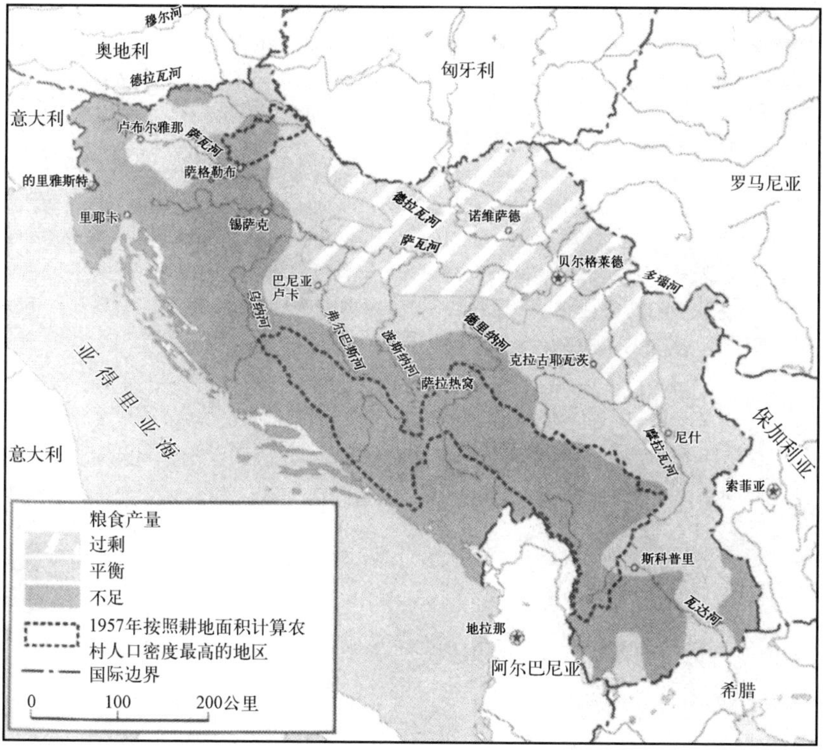

地图 9.1　1970 年粮食产地和农村的人口过剩

这条中心线也包含了最大的文盲保护区,尽管有 8 年制初等义务教育,最大的文盲保护区仍持久存留。到 1961 年,在斯洛文尼亚事实上已经消失文盲,但是在克拉伊纳东南的高地农村地区的文盲率介于 30%至 60%之间。城市和受过专业教育的公民数量越来越多,但是科索沃人口的 41%仍然是文盲。1950 年农民起义的发生地——比哈奇周围的察津(Cazin)地区记录了 51%的文盲率。在整个南斯拉夫(表9.4),1961 年接近三分之一的超过 5 岁的儿童仍然没有上学。在受过教育的大多数民众周围正在积聚非技术性劳工和未受过教育的公民。如果在未来岁月他们将支持共产党政权,或支持共产党政权以市场为导向的改革,那么他们的经济前景和教育机会需要得到提高。 298

为了改变这种状况,一些人从像黑塞哥维那样的高地迁移到斯拉沃尼亚和伏伊伏丁那的富饶平原。这里安置了来自纯塞尔维亚族区和纯克罗地亚族区的塞尔维亚人和克罗地亚人,他们带着在邻近的农场或工厂,例如在武科瓦尔周围的残酷战时记忆。在 1991 年他们被说服去彼此攻击之前,他们在一起和平地生活了又一个 25 年。

第十章　铁托的南斯拉夫的衰退时期(1968—1988) 299

从它最有希望的时期——20 世纪 60 年代晚期——到不祥的 80 年代,铁托的南斯拉夫缓慢而并不平稳地衰退下来。在铁托 1980 年去世时南斯拉夫流亡者曾预言的政治危机,在下一个八年中并没有公开出现。但是到 80 年代中期,在卡德尔的复杂《宪法》框架中,联邦与共和国的关系灾难性地陷入了僵局。只有进行某种根本重组才能挽救南斯拉夫。许多提议的《宪法》修正案正在讨论,但是这些宪法修正案很少得到实施。到 1988 年,共产主义者联盟的联邦总理及其内阁被迫辞职。

自 1979 年第二次国际"石油危机"以来,令人泄气的经济衰退在南斯拉夫就已经开始,并且在未来 5 年将持续下去,以至于不能将之归咎于"石油危机"的长期影响。[1]南斯拉夫社会部门中登记的失业率稳步上升,从 1977—1981 年稳定时期的 13.8%上升到 1985 年的 16.3%。1979—1985 年,主要社会部门的实际收入下降了整整 25%。在 1985 年稍微向上逆转之后,第二年这些实际收入又重新开始稳步下降。超过 100%的年通货膨胀率部分地推动了这种情况的发生。与低于 50%的欧洲平均水平相比,1979—1985 年的累积通货膨胀已经超过1 000%。鉴于通货膨胀的这种悬殊情况,难以使进出口贸易蓬勃发展。而对付到铁托去世时已经失控的外债,需要保持出口贸易的不断发展。又一次美国主导的一揽子债务免除项目开始展开。1984 年萨拉热窝冬季奥运会召开。但两者都没有在南斯拉夫导致预期的国内改革。

此时大部分人的生活比铁托在世时的情况更糟，但是他们对铁托去世后出现政治危机的恐惧已经逐渐消失。铁托的长寿允许爱德华·卡德尔继续详细地阐述一种不可理解的选举框架，这种选举框架只有作为一种阻挠地方、共和国或联邦一级政府对抗共产党政权的手段才
300 合乎情理。卡德尔在 1979 年即铁托去世的前一年去世。在 10 年多的时间里，把这个现代欧洲国家拆散的实验也寿终正寝。

早在 1968—1969 年，民族骚乱就挑战了共产党的政治秩序。然而这些民族骚乱并没有必然导致民族战线，这种民族战线可认为是大约 20 年以后民主政治的代用品。如果更多市场导向的经济改革和遍及全国的多元化政治的机会跟着这些民族骚乱到来，那么在整个 20 世纪 70 年代，对大多数居民而言这些民族不满就会留在他们的潜意识里。这种多元化政治甚而存在于共产主义者联盟内部。处于最前列的是在不断扩大的现代化经济中个人的学习或工作的努力。这些同更广阔世界不断增长的联系孕育了一种南斯拉夫人身份的常识。这也鼓励了一组多重或平行的身份——例如个人和欧洲人、南斯拉夫人和塞尔维亚人或克罗地亚人，或其他种族划分——与两次世界大战之间的西欧相比，这使得西欧转变为一个非常不同的地方。

本章必须权衡留给铁托后南斯拉夫的资产与许多债务。三种“债务”似乎最为严重，它们是 1974 年邦联《宪法》的后果、1976 年工人委员会细分为联合劳动基层组织的后果以及 20 世纪 80 年代初的外债危机。这三种“债务”起因于 1968—1971 年共产党领导层对党内外反对派的反应，这三种“债务”是在铁托去世后的数年里促成联邦未能重建南斯拉夫政治和经济框架的因素。这种卷入破坏性种族政治的联邦真空状态(见第十一章)，支持了超出共产党控制的社会紧张状态和地区对立。

反对派公开化(1968—1969)

当 20 世纪 60 年代将近结束时，国际关系和国内经济的发展似乎正

在有利于铁托的南斯拉夫。1968 年 8 月苏联入侵捷克斯洛伐克,这使南斯拉夫公众舆论和党内舆论恢复了更紧密的团结。如果苏联军队能够不受惩罚地占领该集团的成员国,那么进攻南斯拉夫的旧时威胁难道不会再次成为现实吗？此外,铁托大胆地批评入侵,并且正式拒绝送回任何一个在亚得里亚海休假的捷克人和斯洛伐克人,这提高了南斯拉夫在西方的资本。铁托在 1967 年"六日战争"(Six Day War)中支持埃及并且断绝同以色列的外交关系的决定,曾损害了南斯拉夫在西方国家的地位。在这种情况下,要求南斯拉夫进行市场改革的呼声开始抬头。

此时,国内几个方面的发展也看起来前途无量。在没有可比较的 301
往来账户或预算赤字的情况下,商品和服务的国内生产总值在 1968 年向上翻转,次年国内生产总值的比率几乎比得上 1963—1964 年的高比率。出口上升,而旅游和外汇收入出现几倍暴涨,这使进口在没有重新出现严重支付赤字的情况下得到更多增长。尽管在国内贷款和对外投资上存在限制(见第九章),但是 1965 年开始的改革至少使一些企业改进了管理。被公开称做自由主义者的具有国际头脑的一批人,到 1968 年末接管了塞尔维亚共产主义者联盟的领导层。以欧洲标准培养的专业人士和管理人员的数量继续增长,他们中许多人在 1969 年举行的联邦议会的多候选人的选举中赢得席位。

在 20 世纪 60 年代种族争论偶尔浮出水面,然而这在党内似乎是限制和可控的。早在 1961 年,塞尔维亚族小说家和以后的民族主义者多布里卡·乔西奇(Dobrica Ćosić)就利用他在塞尔维亚中央委员会的职位质疑斯洛文尼亚对"清楚成形的国家社会组织"的各共和国的表述。[2]乔西奇支持用南斯拉夫人身份取代任何民族身份的国际主义主张。如第九章所述,到 1963 年被铁托放弃为止,这种主张一直是党的路线。到 1968 年 5 月,乔西奇在党的全体会议上公开支持塞尔维亚的利益,并且反对伏伊伏丁那的地方自治,但是他这种行动带来的唯一结果是他被驱逐出中央委员会。

和随后在科索沃、斯洛文尼亚和克罗地亚的反对不同,对党和国家政权的第一次公开挑战与民族问题无关。在防暴警察指控一小群学生同青年旅工人并肩作战一晚上之后，1968年6月，学生们在贝尔格莱德大学罢课。次日警察开枪射击聚集的更多人群。于是全面罢课的浪潮迅速席卷萨格勒布、卢布尔雅那和萨拉热窝的大学。这种抗议呼应了在西欧和美国展开的学生骚乱。这些学生都要求在大学事务中拥有某种发言权。

学生们对日益加大的经济不平等和带有资本主义气息的任何事物的更普遍反对可能听起来相同，但是它有一个更具体的目标，即1965年的经济改革。在“新左派”口号背后，对改革的资本主义后果和对富裕的共产党精英的谴责奠定了“马克思主义人道主义”(Marxist humanism)运动，“马克思主义人道主义”激发了许多有影响力的教员的想象力。他们的“圣经”是以萨格勒布为基地的杂志《实践》(*Praxis*)。自从《实践》1964年创刊，它的编辑们就一直以左翼立场反
302 复强调南斯拉夫人自我管理的失败。他们认为，社会主义的理想主义而不是市场动机可以阻止企业管理人员和党的领导层通过其职位牟利。贝尔格莱德对此反响特别强烈。米哈伊洛·马尔科维奇(Mihailo Markovic)最终是一位归附20世纪90年代初米洛舍维奇政权的民族主义者。马尔科维奇是这群人的重要代言人。20世纪70年代这些人被大学放逐，并且此后被歌颂为“贝尔格莱德八人”。1968年6月，他们成功说服大学的党组织去支持罢课。他们对1965年市场改革的敌意使他们对改革失败负有一些责任，这种失败超过其最初几年的经济困难。同样的敌意弥漫于学生报刊。自从1966年亚历山大·兰科维奇倒台，学生报刊就在更宽松的政治气氛中更自由地畅所欲言。[3]结果，除了经济学的系科之外，这些大学没有对这种实际任务提供理论支持，这种实际任务就是减少该党及其赞同经济效率的被任命者的垄断权力。

要求取消1965年改革的示威持续了整个星期，在官方监督的媒体上，这些示威博得了对其要求的一些认可。特别是《战斗报》的新闻报道表明，铁托和党的执行委员会现在决定将这些学生们选为新成员。官员们留心阻止这些示威者到达工厂，去谋求工人的支持；官员们也压制那些本着兰科维奇时代精神只想镇压学生的党的工作人员。于是在

6月9日,铁托在电视上发表讲话,申明他本人"支持学生们"。确实,许多大学改革随后进行下去。但是总的来说,这次经历有助于使铁托、卡德尔和许多共产党领导人确信,在南斯拉夫的自我管理中,开明的公众舆论支持将定义不明确的社会主义置于市场机制之前。

科索沃

随后那年夏天,一种不满在塞尔维亚的科索沃-梅托希亚(Kosovo-Metohija)自治区浮现出来。从科索沃大多数阿尔巴尼亚族的主要压迫者——亚历山大·兰科维奇倒台,两年已经过去了。在这个省,兰科维奇的国内安全部队(国家安全机关,原来的国家安全局)主要由塞尔维亚族充任,它不再拥有任意逮捕和秘密审判的权力。一群科索沃阿尔巴尼亚人被证明无罪;在1956年一次非法操纵的公开审判中,他们被定罪为阿尔巴尼亚间谍。而其他方面,对人种是阿尔巴尼亚族的70%居民而言几乎没有发生变化。学校和教师的缺乏加上使女性远离学校的父权制习俗,使科索沃的识字率一直低于50%。新的联邦基金 303
对欠发达地区的投资(见第九章)投到资本密集型产业,并且为这个地区带来非常少的新就业机会。这个地区的失业率是迄今为止南斯拉夫最高的,超过20%。科索沃的人均收入继续下降,落后于其他地区和共和国。到1967年,科索沃的人均收入下降到不足斯洛文尼亚人均收入的四分之一。更重要的是,塞尔维亚人和黑山人仍然占据这个省超过一半的专业人士和公务职位,包括警察和国家安全机关。

当地科索沃党员带着这些委屈参加了那年夏天联邦议会的宪法委员会组织的公众集会。他们把提升这个独立共和国的地位视为解决他们所有问题的最有前途的办法。尽管阿尔巴尼亚族的生活水平仍然较低,并且有冷酷高压的斯大林主义政权,但是由于上述问题,他们产生了一种孤立于南斯拉夫之外的感觉,并且产生了与邻近的阿尔巴尼亚发展某些联系的渴望。南斯拉夫的共产党领导层,不只是塞尔维亚族成员,都把这种倾向视为分裂的前奏,尽管这种倾向几乎不是一个连贯的计划。鉴于《1963年宪法》的"序言"已经包括了几乎被普遍视为恢复该共和国退出联邦权利的文字,于是该党统治集团抵制让科索沃成为一个独立共和国的任何建议。但是该地区的阿尔巴尼亚语报纸《再生报》(*Relindja*)在8月散布了这个主张。结果,那年秋天在该地区党的机构中,仅产生了稍多的阿尔巴尼亚族代表。

因为南斯拉夫解放日适逢11月29日,即阿尔巴尼亚独立的周年纪念日,这一巧合使科索沃示威者们走上首府普里什蒂纳(Pristina)和其他几个城镇的街头。几百名暴徒击碎橱窗和汽车玻璃,他们采取集体行动,并且与试图阻止他们的警察作战。类似的暴力行为也在泰托沃(Tetovo)和马其顿西北的其他城镇爆发,这些城镇拥有大批阿尔巴尼亚族居民。以许多人受伤和几人死亡为代价,内政部领导下的军队迅速而残酷地恢复了秩序。那些头目被判5至7年徒刑,并且受牵连的少数党员得以开除,于是科索沃出现许多反政府的分离主义口号。

在那个时候授予科索沃的特许权似乎无关紧要。梅托希亚被取消即刻成为一个与伏伊伏丁那平等的省的权利,并且不被允许在南斯拉夫旗帜下悬挂阿尔巴尼亚黑鹰旗。更值得注目的是,除了国家安全机构拥有阿尔巴尼亚族同事之外,科索沃的党领导人能够重新任职于所
304 有公务职位;他们还获得了开设普里什蒂纳大学的批准。一年以后,普里什蒂纳大学开办起来。科索沃阿尔巴尼亚族操纵的省政府专有控制普里什蒂纳大学,并且预定普里什蒂纳大学至少三分之二的学生将是科索沃人。《再生报》出版社主任率领一个代表团到阿尔巴尼亚的首都地拉那访问,在这里他们签署了一个致命的协定。这个协定使大学和整个学校系统充斥了似乎反对科索沃并入南斯拉夫的阿尔巴尼亚语教科书。更令人增加隔阂的是这些教科书使用阿尔巴尼亚语的南部托斯克(Tosk)变种。该语言是长期的文学语言,但它完全不是阿尔巴尼亚北部和科索沃的盖格人(Ghegs)所讲的那种变种语言,也不是许多年纪较大的塞尔维亚族定居者所理解的那种变种语言。[4]

甚至在普里什蒂纳大学开办之前,塞尔维亚族和黑山族的官员和专业人士就开始迁出这个省,他们或者被迫离开家园,或者满腹苦恼。

塞尔维亚的东正教主教们正式提出第一次上诉,徒劳的去抗议科索沃人亵渎修道院的墓地和财产。在 20 世纪 70 年代期间,至少有 5 万塞尔维亚人离开科索沃。在 1966—1986 年的较长时期,同样数量的阿尔巴尼亚族人从南斯拉夫的其他地区返回。这些民族来来往往的移民加上阿尔巴尼亚族人的高出生率,使该省阿族科索沃人在 1971 年达到 74%,到 1981 年达到 78%。那时,科索沃人在社会企业中的就业比例甚至更高。

斯洛文尼亚

1969 年夏,各共和国的党领导层之间爆发的关于道路建设的争论产生更为直接的影响。由于急于扩大该共和国接近西欧市场和游客的机会,斯洛文尼亚族官员们向世界银行精心准备请求 3 000 万美元贷款中的一部分。当时南斯拉夫正在为几个项目寻求这 3 000 万美元贷款。在 1968 年同其他共和国代表们协商的会议上,这些资金在斯洛文尼亚、克罗地亚和马其顿之间的分配赢得初步批准。然而,当次年 6 月这笔贷款到账时,贝尔格莱德的联邦执行委员会(SIV)投票把延伸到奥地利边界道路的斯洛文尼亚部分排除在外。其实斯洛文尼亚仍将获得这笔贷款的超过一半。但是斯洛文尼亚的公众舆论和党的领导集团为这种指控所激怒,这种指控就是:他们没有充分保证其利益,并且他们抱怨在贝尔格莱德会议上缺乏来自卢布尔雅那的负责官员。他们的斯洛文尼亚族同事、联邦执行委员会总理米蒂亚·里比契奇(Mitija Ribičič)试图阻止公众抗议,但是遭到 305
挫败。一些斯洛文尼亚人正因一部新联邦法律而烦恼,这部法律试图禁止私人拥有超过 5 吨重卡车进行商业运作。他们正确地判断到,与其他任何共和国相比,斯洛文尼亚将更加受到这种限制的影响。这种争论也有助于破坏党领导人与自由主义联盟的关系。这些党领导人来自正被讨论的三个共和国和塞尔维亚。史蒂芬·伯格(Steven Burg)令人信服地证明,这些共和国首次抗议该联邦决议,这暗中破坏了羽翼未丰的自由主义联盟存在下去所需要的相互信任和信心。[5]

从“克罗地亚危机”到《1974 年宪法》

与 20 世纪 60 年代晚期的任何其他问题相比,克罗地亚的文化和经济利益危机可能更加动摇联盟中的彼此信任。在该联盟最终在 1972 年解散之前,铁托已经将克罗地亚、塞尔维亚和斯洛文尼亚党的自由主义领导人免职,并且把马其顿党的自由主义领导人降职。爱德华·卡德尔也被授权根据 1971—1972 年《修正案》去起草一部新《宪法》。1971—1972 年《修正案》使任何一个共和国免受其他共和国之害的权利成为至高无上的法律规定。在成为《1974 年宪法》的这些条款的“迷宫”中,解决冲突的契约程序正式代替崭露头角的联盟政治惯例。各个一党制政权的邦联得到允准去统治一个单一国家及其经济。这个邦联只拥有一支保证安全的军队,这支军队的形式为各共和国防卫部队暗中复制。

克罗地亚的抱怨和自由主义联盟

早在 1967 年,许多克罗地亚族知识分子已经公开表达自己的文化诉求。长期以来一些人早已重新考虑 1954 年的《诺维萨德协定》,去创建“一种单一语言”。但是常见的塞尔维亚语-克罗地亚语拼写法和词典还能够精确地称为克罗地亚语-塞尔维亚语吗? 当 13 年后该词典的前两卷最终出版时,克罗地亚人的异议变成了公众抗议。在这语法完全相同的语言中,选择塞尔维亚语变种依然超过克罗地亚语变种。自中世纪以来,克罗地亚真正独立和比较长久的文学传统从未间断过。然而在这个过程中,这种文学传统似乎丧失了。著名作家、党的知识分子米罗·科尔莱扎(Miroslav Krleža)和著名的克罗地亚语言学家联合领导这些抗议。像我们过去看到的那样,米罗·科尔莱扎几乎不是一个种族排外的昔日鼓吹者。这些语言学家在 1967 年发表《三月宣言》,该宣言要求所有官员(含蓄地包括克罗地亚的塞尔维亚人)承认独立的
306 克罗地亚语及其公共用途。因而开始了萨布里纳·拉梅(Sabrina Ramet)所称的“克罗地亚民族复兴的四年半”时期。[6] 语言论战给予这

个文化组织“主流克罗地亚”(Matica Hrvatska)政治关注和大众社交活动。在未来几年,它同诺维萨德的“主流塞尔维亚”(Matica Srpska)的竞争最终否决了单一词典的方案。它们的交流逃避了共产党的直接控制,并且吸引萨格勒布和贝尔格莱德的媒体卷入了各自的选择,而不是去寻求共识。

更宽容的政治气氛使得克罗地亚人去表达他们对1965年改革经济结果的不满,而1965年改革反过来又鼓励了文化争论的传播。这种行动或言论的自由使卡德尔和其他老游击队员们惊恐万分,他们提议尽快消除其真正民主的特征。

随着《1963年宪法》的41个《修正案》中的首个修正案获得通过,这种专制的松动在1967年4月就已经开始。在克罗地亚、斯洛文尼亚和马其顿的党领导人的自由主义联盟的压力下,长期从属的民族议院(Chamber of Nationalities)(实际上是各共和国和各省的议院)获得更广泛的权力和分别集会的权利。到1968年,另一个《修正案》废除了长期占优势的联邦议院(Federal Chamber)。实际上联邦议院120名社区选举的代表经常由中央提名,并且人数超过分配给各共和国(每个共和国10名代表)和各省(每个省5名代表)的、组成民族委员会(Council of Nationalities)的70名代表。首先是1969年选举,民族委员会的成员人数增加到140名,大于拥有120名代表的其他四个专门委员会中的任何一个。这些专门委员会是根据卡德尔的《1963年宪法》框架设立的。民族委员会,即以后各共和国和各省的议院,也负责提出法律。此刻,塞尔维亚党的新自由主义领导人也已经接受了科索沃和伏伊伏丁那议会去选举并且指令自己的代表参加扩大的联邦议会的权利。

如果它不是适用于新型党员,那么这些变化中没有一个会是重大变化。在允许不止一位候选人参选的选举中,新型党员现在开始自告奋勇了。多候选人提名已经成为社区议会选举规则。多候选人提名名单中暗含1967年联邦议会14个席位的选举名单。两年以后,在直接选举中,多名候选人表态支持拥有120个席位的多数党。直接选举刚被批准适用于联邦议会中的社会政治委员会。自联邦议会重建后,联邦议会不得不批准提交给民族议院的所有法规。拥有2 769个席位的各共和国和各省的所有议院,同拥有40 279个席位的社区议会也在
307 1969年4月举行直接选举。大约700万符合条件的选民从8万候选人中选择这些代表。[7]

相当数量的候选人如今已是企业管理人员或专业人士。除党证以外,他们还拥有资格证书。这些人是党员中的上层集团,因为到20世纪60年代晚期,工人和农民减少到全体党员的三分之一,而妇女一直占全体党员的五分之一。企业管理人员或专业人士似乎是自由主义联盟的天然盟友,于是各方放弃了走向直接竞争性选举。卡德尔和他的老游击队员们在许多企业负责人中找到前景不妙的盟友。与代表种族利益的非党候选人相比,这些企业负责人表现不佳。像丹尼森·拉西诺(Dennison Rusinow)对这种逻辑已经解释的那样,最好允许该党的提名程序更进一步复杂化,并且为了给予企业在1965年改革中所许诺的更大自由,必须依靠同党的自由主义者的非正式联盟。[8]

克罗地亚人对1965年改革的抱怨现在涌现出来了。像斯洛文尼亚人在1969年"道路建设危机"中所显示的那样,克罗地亚人兼有对经济和地区的不满。[9]来自克罗地亚的亚得里亚海岸沿线旅游和运输的收入正在快速增长,但是利润落后于投资和旅游业的收入。数字并非总是准确的,但这类抱怨是非常具有诱惑力的,这些抱怨就是忽视过高成本并且抱怨关照贝尔格莱德主要贸易企业的腐败交易。难道三家贝尔格莱德大银行仍未控制硬通货信贷的五分之四和信贷总数的一半吗?到1971年,正在宣扬这类抱怨的"主流克罗地亚"的《周报》发行量达到10万份。相关的谣言使塞尔维亚希望通过提升一个独立于克罗地亚的达尔马提亚共和国或省,去保护其假定的沿海经济优势。

第二个经济问题因许多民族共有的、对人口下降的古老恐惧而放大。依照1971年人口普查统计的数字,主要由于城市化,克罗地亚人的出生率已经低于除斯洛文尼亚之外的所有其他共和国。像1961和1981年的人口普查(或1931年的人口普查,见第六章)一样,这些统计

结果扩大了民族忧虑。在西德或其他地方工作的克罗地亚劳动力比例接近10%,而塞尔维亚的比例不到4%。塞尔维亚人从欠发达地区特别是波斯尼亚-黑塞哥维那,移居到克罗地亚和塞尔维亚。这种移居提高了克罗地亚党中塞尔维亚族的比率,使其12%的人口比例加倍。在此期间,克罗地亚对“欠发达共和国和科索沃的加速发展基金”(FADURK)的巨额捐款似乎没有产生什么效果。

如果没有这些经济问题,那么到1971年,“主流克罗地亚”持续的文化诉求和新近过分自信的天主教统治集团可能不会使克罗地亚共产 308
主义者联盟以及其他的自由主义领导人陷入到与其联盟伙伴和铁托的冲突之中。当主要的克罗地亚共产党员米洛斯·扎尼科(Miloš Zanko)从攻击极端民族主义的“主流克罗地亚”,转变到指控主要的自由主义者时,这种斗争在1970年就已经汇合。克罗地亚的党领导人现在是米卡·特里帕洛(Mika Tripalo)和萨夫卡·达布塞维奇-库查尔(Savka Dabčević-Kučar),两人都是坚定奉行自由主义的四十五六岁的达尔马提亚人,并且两人都是巴卡里奇(Bakaric)在克罗地亚党的领导层中亲自选定的继承人。他们迅速迫使扎尼科离开其高层职位。到1971年,克罗地亚的共产党领导人发现自己已经被迫支持或至少不公开拒绝修订克罗地亚《宪法》这些要求。

这些最终的要求远远超出他们的自由主义议事日程。《1963年联邦宪法》的更多《修正案》到此刻已经创立了五个跨共和国的委员会。这些委员会的权限是协商各共和国之间的共同政策,这些委员会使人想起那些解决1867年之后奥匈帝国的奥地利和匈牙利之间国内问题的“哈布斯堡王朝委员会”。较年轻的克罗地亚共产党员们,例如马尔科·韦塞利察(Marko Veselica),或学生领袖德拉任·布迪沙(Drazen Budisa),与“主流克罗地亚”合作去要求建立一个独立的克罗地亚银行,这也意味着要求一支独立的军队和在联合国的代表权。[10]显然铁托不可能允许公开讨论这种要求,或允许赞颂老的反共产主义者斯蒂芬·拉迪奇及其“富农组织”——克罗地亚农民党。铁托担心“这是1941年场景的重新上演”。拉迪奇的继承人弗拉德科·马切克的那些要求以《1939年协定》(见第六章)而达到顶峰,而这些要求将提供更为精确的相似诉求。

贝尔格莱德媒体带头夸大报道克罗地亚危机。在兰科维奇让位后,电视新闻和一些媒体更公开地报道国内新闻。但是他们迅速指控,克罗地亚的抗议声音与任何南斯拉夫人国家的克罗地亚流亡反对派有着某种联系。1971年4月,来自"乌斯塔沙"国外残余组织的两名克罗地亚族恐怖分子设法闯入斯德哥尔摩大使馆,并且暗杀了南斯拉夫驻瑞典大使。南斯拉夫驻瑞典大使刚从派往澳大利亚的代表团而来,该代表团是去调查流亡者的活动。[11] 同时,最激烈地声称战时"克罗地亚独立国家"政权具有合法性的克罗地亚流亡者刊物,开始吹捧苏联对铁托南斯拉夫的最新觉醒。该刊物称颂莫斯科对一个"苏维埃的克罗地亚"的兴趣,除了在亚得里亚海筹划的苏联海军基地以外,该"苏维埃的克罗地亚"是独立的。几份贝尔格莱德周刊把这种令人难以置信的设想同一种未经证实的证据联系起来,这种证据就是克格勃曾资助斯德
309 哥尔摩暗杀。或许他们推断更多的联系存在于"主流克罗地亚"、萨格勒布学生和不情愿的共产党领导层曾经在克罗地亚动员"克罗地亚春天"运动(*maspok*)。这种对外联系似乎是幻想出来的,但"克罗地亚春天"运动的民族主义内容,仍然对共产党领导层在战后南斯拉夫的政治垄断提出了第一次严重挑战。年迈的克罗地亚名人、铁托的战时同事弗拉基米尔·巴卡里奇(Vladimir Bakarić)警告铁托,"不是我们的人在政治舞台上出现"。关于一个"大克罗地亚"阴谋的狂热想法,巴卡里奇告诉铁托"贝尔格莱德论坛"(Belgrade carsija)或"土耳其论坛"正忙于这些常见的诡计,就是散布用意歹毒的流言蜚语。

脱离塞尔维亚自由主义者

确实,1967—1972年持久的"克罗地亚危机"的最致命后果,可能是它给予了铁托和卡德尔打倒塞尔维亚党的新自由主义领导层的机会。自由主义的塞尔维亚与其他来自克罗地亚、斯洛文尼亚和马其顿的自由派联盟联合,可以巩固1965年关于市场机制的改革;并且使

1969 年直接差额选举成为虽然仍然是一党政治但更加政治多元化的基础。在铁托时代,1970—1971 年时期为南斯拉夫提供了一个转向华盛顿的最后机会。

塞尔维亚的党拥有领导这种转变的最佳机会。铁托决心替换彼得·斯坦博利奇(Petar Stambolić)和其他党领导人,他们未能阻止 1968 年 6 月贝尔格莱德学生示威的爆发。然而,斯坦博利奇和他的盟友们强大得足以指派他们的继承人。铁托费力地使不情愿的马尔科·尼凯齐奇(Marko Nikezic)放弃其喜欢的外交部部长职位,在塞尔维亚的党代表大会上去击败塞尔维亚中央委员会主席的保守候选人。尼凯齐奇出生于 1921 年,其母亲是法国人,父亲是黑山人。作为一个两次世界大战之间的商人,其父亲曾经在国外旅行。作为一个初露头角的共产党知识分子,尼凯齐奇在“巴黎左岸”(Left Bank)度过 20 世纪 30 年代的一部分时期。他在外交部迅速升至驻美大使的职位,然后到 1965 年成为外交部长,这也使他置身于罢免兰科维奇的国内斗争之外。一个拥有学历的年轻自由主义者洛廷卡·佩罗维奇(Latinka Perovic)赢得了另一个主要职位——党书记。她也没有卷入兰科维奇事件,并且兰科维奇的以前盟友也赞成她的登位。

塞尔维亚的自由主义者提出五个目标:(1) 市场经济;(2) 现代化的塞尔维亚;(3) 解除塞尔维亚的南斯拉夫主义和自私自利的“稳定因素”;(4) 支持“专家治国论者”;(5) 与其他共和国协作而不是与其他共和国对抗。尼凯齐奇以后的想法间接表明后四项目标是真正的承诺。[12]他断言,“如果这一意识继续,即塞尔维亚人是南斯拉夫的基础,那么我们在这个国家内不能期望统一……如果南斯拉夫是必要的,那么南斯拉夫对所有人而言都是必要的,而不仅仅是对塞尔维亚人而言。”至于自我管理,他承认自我管理更多是一种“文化革命……自我管理未被创设去削弱政治权力,而是去加强政治权力”。这也违背了对更开放和现代化的企业进行管理的需要。 310

铁托在 1972 年 10 月使尼凯齐奇及其盟友们离开塞尔维亚领导层。一旦 1971 年 11 月的萨格勒布学生罢课最终说服铁托去将克罗地亚的自由主义领导人免职，那么铁托也可以利用种族平衡的借口去将所有其他共和国的领导人免职。1971 年 12 月，在铁托的卡拉卓尔杰(Karadjordjevo)狩猎小屋进行的著名摊牌期间，铁托要求特里帕洛(Tripalo)、达布塞维奇-库查尔和佩罗·皮尔克(Pero Pirker)组成的克罗地亚三人领导小组辞职。他们抗拒了一个星期，但是随后遵从了铁托的意愿。接着超过 1 000 名成员从克罗地亚的基层党组织中清洗出去，他们中 90%是克罗地亚人。然而，一系列的特别不满也鼓励铁托去免除那些支持保守派的塞尔维亚领导人的职务，这些保守派有讽刺意味地亲近兰科维奇。

铁托过去对尼凯齐奇的不满始于尼凯齐奇作为外交部部长在 1967 年"六日战争"之后反对南斯拉夫与以色列断绝外交关系。作为塞尔维亚的党主席，尼凯齐奇后来在进一步的经济改革中支持米亚尔科·托多罗维奇(Mijalko Todorovic)，反对卡德尔提倡依赖市场机制。尼凯齐奇也拒绝了铁托的直接要求，即把塞尔维亚党的一个职位高的同事免职，并且尼凯齐奇对 1971—1972 年获得通过的许多去中央化的《宪法修正案》提出异议。最重要的是，尼凯齐奇抵制克罗地亚人在卡拉卓尔杰的被迫辞职和党中央机关的随后重建。[13]

尼凯齐奇在塞尔维亚内部面临多少反对也是有争议的。在最高领导层的 80 名成员中，只有 8 个人在贝尔格莱德召开的一次声讨他的会议上批判他。铁托亲自主持这次会议，并且当绝大多数人公然反抗他时突然宣布休会。虽然缺乏相应的证据，但是塞尔维亚党统治集团的下级官员可能从一开始就支持铁托。总之，他们无从抗拒铁托。到 10 月，铁托精心安排了尼凯齐奇和佩罗维奇的辞职，然后用不知名的软弱人物代替他们。到 1973 年，与克罗地亚相同数量的塞尔维亚的党的官员(正好超过 1 000 人)已经辞职、被开除或被代替。

311 同样的清洗也延伸到马其顿和斯洛文尼亚。卡德尔批评了斯洛文尼亚的党领导人斯塔内·卡夫契奇(Stane Kavcic)，因为卡夫契奇没有认识到欣然接受市场经济的后果将意味着对西方的"政治依赖"。其他人竟然称卡夫契奇为"亲巴伐利亚人"，不管这可能意味着什么，卡夫契奇的真正罪孽是有国内独立的倾向。确实,在1967年成为领导人时,他就开始鼓吹推行中的自由主义经济改革。以下这些行为注定了他的免职。这些行为就是:1971年他提名一位不同于共产党选择的联邦总统职位候选人,继之他又拒绝接受在贝尔格莱德的一个联邦职位。在波斯尼亚-黑塞哥维那没有发生任何强加的变化。在那里,该党领导层几乎不能被称为"自由主义者"。[14]到1972年末,20世纪60年代自由主义联盟的其他地方领导人都已经消失。

邦联修正案和一部新《宪法》

党的领导人此时不受该联盟的拘束,希望在地方、共和国或联邦一级保持或重建无可争议的权威。他们与铁托和卡德尔一起准备了另一部《宪法》。自从1963年得到通过,以前的《宪法》到1970年时已经被修正了19次。1971年3月更多的一揽子修正案(21个)缩小了联邦政府的权力,其主要方式是:允许个别共和国去控制其外汇收入,或在联邦政府能够将这些社会计划聚集在一起之前裁决其社会计划。当铁托仍然支持克罗地亚党的三人领导小组时,这样的让步到来了。1971—1972年清洗之后出现的克罗地亚新领导层现在面临一种复杂的机制,卡德尔希望通过这种机制去限制他们的权力和联邦政府的权力。

在1970年夏季,正当78岁的铁托同意批准一种集体的政府机构时,卡德尔的最后宪法委员会开始其质询。该委员会后来的建议揭示了这种倾向,即在该新《宪法》中,1971—1972年的那些修正案应首先得到考虑。铁托仍然是该共和国的总统,并且成为该政府机构的主席。该政府机构的23名成员不久被削减到14名,每个共和国有两名代表,科索沃和伏伊伏丁那这两个自治省各有1名代表。它们的工作人员也在一种共和国或省的基础上选择,只有联邦执行委员会(SIV)豁免于种族平衡的"关键"制度,这种制度从1971年适用于民事或军事的所有高级联邦职位。直到他们遭到罢免,克罗地亚领导层一直迫切要求在所有共和国政府机构中的否决权。为什么他们遭到罢免了,而卡德尔 312
仍然接受在要求一种一致表决的和解或调整(*usaglašavanje*)中的事

实上的否决权呢？塞尔维亚的法律学家约万·乔尔捷维奇(Jovan Djordjevic)称这样的全体一致为一种“不正当的否决权”。卡德尔抱定决心要从联邦和各共和国政府中砍掉足够的权力，使得这一条款不会产生重大影响。当这一条款后来也波及党的决定时，虽然铁托已经确定它不应当如此，但是它还是非常关键的。同时，这个新政府机构的责任与制订中央政府政策的一个相关机构即联邦执行委员会[15]的责任重叠。

1971年《修正案》也在联邦执行委员会内创立了五个跨共和国委员会。这些跨共和国委员会制定共同政策的责任也有取代联邦执行委员会和联邦议会职权的预兆。这些跨共和国委员会应当精确处理经济政策和对市场一体化最至关紧要的领域的问题，即区域均衡发展、货币政策、外贸和硬通货、市场机制和金融监管。这些委员会没有采取任何行动去防止1971年12月的“克罗地亚危机”。尽管存在这一失败，但是它们解决了提交给它们的超过90%的问题，直到两年以后走下坡路。应当强调，它的成员投票是根据他们所代表的各共和国或各省的严格指令，同样的邦联程序适用于南斯拉夫党代表大会的代表，以及各共和国和各省的议院会议的代表。这些委员会在协商各共和国之间工作协作方面的成功，使该联邦的立法过程和这些代表们似乎无关紧要，不管是推选的还是委派的代表。

卡德尔及其立宪委员会认为，他们准备的《宪法》到1974年应当减少某些邦联要素，并且也应当简化已成为南斯拉夫政府的这种令人难以理解的复合物。他们也决心重新干预作为一个整体的共产主义者联盟的职能，这将防止类似1971年底那样的另一次政治危机。史蒂文·伯格(Steven Burg)把他们的工作称为“寻找一个制订规章的方案”，或者更确切地说，是一个解决冲突的方案。[16]他们在党的中央控制和共和国自治之间的妥协，使联邦执行委员会工作人员避免了种族和谐的要求。这把仍在铁托的全面指挥之下的武装部队的唯一权威给予了该政府机构的三人军事委员会，三人军事委员会包括南斯拉夫人民军参谋长。同时，各共和国获得正式授权去保持在国外的经济关系协调委员会(Coordinating Committee for Economic Relations)作为其商会的扩展。在1970年之后,这些经济关系协调委员会迅速出现。许多共和国 313 试图篡夺联邦外交部的那些职责。另外,那两个自治省成为实质上的共和国,它们仅缺乏公民权和脱离联邦的权利。

在1974年2月提交批准的《宪法》成为世界上最长的《宪法》。该《宪法》有406项条款,超过印度宪法。卡德尔确实已经简化立法机构,把联邦议院的数量从5个减少到2个,但是他也创立了这个20世纪最复杂的选举制度。几乎没有南斯拉夫人曾经完全理解该选举制度,或感到在该选举制度之下他们获得了任何真正的代表。这两个议院中更小的议院也是更有势力的。影响共和国利益的法规必须和谐一致,获得所有8个系列代表的一致同意而不是通过多数裁定原则。因此,联邦执行委员会提出的大多数重要措施降临到这个新的、拥有88个成员的各共和国和自治省的议院头上。6个共和国议会各派出12名代表到该议院,那两个自治省议会各派出8名代表到该议院。每个代表系列在其本国议会的指导下投票。8个选区中最小的选区要求引进允许科索沃或伏伊伏丁那独立的一种措施。同样的地区方案也适用于有220名议员的更大的联邦议院,每个共和国拥有30个席位,每个省拥有20个席位。作出多数决定的权利反映其审议的相对无足轻重。但是由各阶层代表进行的议员间接选举削弱了这两个议院的公众存在。从上到下,对议院和集体性政府机构中的共和国和省代表的一致同意的要求,证明是《1974年宪法》的主要政治弱点。

从下到上,选举代表的新程序造成最大的破坏。1974年4月开始的三轮选举,选出代表1.2万个地方社区和6万个工作单位的总数惊人的82万名代表。代表团在代表劳工、地方政府和社会政治利益的500个社区理事会之间分配,10个以上代表团投票赞成党、工会和社会主义者联盟的代表去选择第二层次的代表团,这些第二层次的代表团将选举共和国和省一级的3个类似理事会。三轮选举选出的那些议会最终任命南斯拉夫社会主义联邦共和国议会(Assembly of the Socialist Federal Republic of Yugoslavia)的理事会代表。卡德尔声称

该代表团制度依靠一种“授权制”(imperative mandate)去遵循自下而
314 上的更大团体的指令，从而防止专职政客操纵政治进程。事实上，该党下一个最高级的干部委员会在选举这些代表团中没有求助于卡德尔从未期待的公开政治竞争。与其前任相比，代表们通常更年轻并且缺乏经验。供职时，他们也被要求继续其固定工作。这种要求阻止了最积极的企业管理人员和专业人士参与。据拉斯洛·塞凯利(Laszlo Sekelj)所说，“通过非正式的、非选举产生的、非制度化的和无法控制的地方寡头政治，整个计划实际上意味着对选举程序的绝对控制”。[17]

这些自幕后出现的代表们几乎完全是党员，但对已经选举出最初82万名代表的投票民众而言也是匿名的。与集体性政府机构的日益不知名的成员相比，这些代表变得更加不那么令人瞩目。在10年中，特别在电视和电影正在使公众人物更可识别的情况下，南斯拉夫公众抛弃了铁托元帅。例如，当集体性政府机构的其他成员出现在主要城市的电影银幕上时，观众们放声大笑，并且公开交流关于这些可能是匿名人物的笑话。

在这种新制度中铁托看到共产党统治合法性的危险。他断定，太多新当选的代表缺乏强有力的政治存在或承诺。另外，到1969年，共产主义者联盟已经几乎失去其100万党员中的15万。虽然到1974年招募的新党员充满了新人的干劲，但是这些新来者受教育较少或技能较少。在选举周期已完成后的一个月，即1974年6月的第10次党代表大会上，铁托尽其所能通过改组中央委员会去重申控制。由于管理人员和专业人士靠不住并且供应不足，铁托寻求用其他两个群体在数量上超过他们，这两个群体就是较年轻的产业工人和年老的游击队军官。按照莱纳德·科恩(Lenard Cohen)的统计，从1969年开始，铁托的倡议使工人在中央委员会中的比例增加两倍到19%并且使军官的比例增加到11%。[18]他们中几乎所有人都属于像铁托一样的同样衰老的战时一代。他们大多数也是塞尔维亚人或黑山人，这使得这两个民族构成中央委员会成员的41%。斯洛文尼亚人和马其顿人的数量下降，这有利于波斯尼亚穆斯林、阿尔巴尼亚人和匈牙利人。克罗地亚人在人口统计学上仍未被充分代表,他们占 15%。在其他方面,共产主义者联盟领导层的种族平衡大致与人口成比例。新的南斯拉夫人民军成员被视为主要是铁托的部下。

从半市场经济到契约经济 315

要是这种经济继续扩展会怎么样呢？像其在 20 世纪 50 年代中期以来的大多数年份中做的那样,这种方式可能不会对后铁托时代的政治实验即更直接的选举制开放更广泛的代表吗？在 1979—1980 年之前,特别是如果铁托和卡德尔早已辞去其领导职位,那么这是可能的。仍然存在着工人自我管理的低效率和需要支持的日益通货膨胀的经济。在 20 世纪 70 年代期间这两个问题都逐步发展,不利于后铁托时代的南斯拉夫的任何政治结构。

相当数量的训练有素的企业管理人员试图奉行以市场为导向的增长和有成效的生产,但是在 1970 年之后,他们只能在一系列新障碍之下运作。与苏联集团中的大多数同行相比,他们相当自由地选择其生产线并且争夺客户,但是他们发现在其他方面受到限制。他们是这些主要群体之一,这些主要群体与其他像“技术专家、官员”一样的受过教育的专业人士混在一起。卡德尔的 1974 年选举制旨在政治上排斥这些专业人士。正如上文所述,他们不属于应该操纵这些新代表团的“以前未受牵连的社会阶层”。他们的企业在另外两项约束之中挣扎,这两项约束就是政治性获得贷款并且细分工人委员会。这两项约束鼓励通货膨胀从而搅乱市场行为。

银行业、基层组织和营业不利

1965 年改革未能创立一种在全国经营的商业或投资银行网络,这不久促使许多企业开始起草它们之间的信贷协议。他们只是缔结非正式协议去接受或认可交付货物的延迟付款。回想起 20 世纪 30 年代期间德国与中欧国家贸易的结算账目,这些交易现在被称为“灰色发行”。这是正确的,因为到 20 世纪 70 年代初,这些交易短期内相当大地增加了货币供应量。未偿付的企业贸易债务的总额等于1970年国内生产总值的四分之一，并且超过企业总负债的40%。转移这些债务的共同协议掩盖了超过国内生产总值4%的企业亏损。

1965年之后，取代480家社区银行的102家商业或投资银行，此
316 刻已经被减少为55家混合的或普通的银行。它们受到共和国边界和地方政治有代表性地限制，给予得到优待的企业以长期低息贷款。当与贝尔格莱德尚存的3家大投资银行的信用结合时，它们提供了1970—1971年国内固定投资的51%。政治上鼓励的优惠被称为"选择性的信用证"，拉动现行利率，现行利率甚至低于10%的法定最高利率或6%的定额利率。[19]鉴于1970—1979年平均为18%的年度通货膨胀率，从而扩大了借入资金的"负利率"。表10.1显示社会部门对这种贷款和加速的通货膨胀率的依赖，这种通货膨胀率几乎是20世纪70年代世界平均水平的两倍。1972年"石油危机"打击了至少如南斯拉夫的价格水平一样稳定的世界价格水平。

表10.1　1965—1985年银行信贷和通货膨胀率

	1965—1970	1970—1979	1980—1983	1984—1995	
零售价格(年增长率)(%)	12	17.7	36	63	
	1960	1970	1975	1980	1984—1985
利率(%)	6	6	6	6	67
银行信贷占社会部门投资的比率(%)	1	43	43	47	33

资料来源：*Jugoslavija, 1918 -1988, Statisticki godisnjak* (Belgrade: Savezni zavod za statistiku, 1989), 160 - 166; and *Jugoslavija, 1945 - 1985* (Belgrade: Savezni zavod za statistiku, 1986), 72, 239。

到1972年，贝尔格莱德报纸《经济政治报》同萨格勒布和卢布尔雅那的许多经济学家一起，敦促进一步的银行改革。甚至在不断追加的"灰色发行"之前，货币供应量的增长一直超过通货膨胀。它们的舆论瞄准利率的最低上限和中央银行缺乏限制货币发行的权力。但是制定《1974年宪法》的卡德尔和政治舆论有其他优先考虑的事情。他们乘

机解散了贝尔格莱德投资银行,把该投资银行的各共和国分行变成独立的联营银行。各共和国中的最大银行,即这些联营银行立即进一步促成投资分散化,这种投资分散化把联邦预算中各共和国的比例从前一年的4%提高到1972年的14%。惟恐这9家新的大投资银行的信贷政策过于接近严格的商业原则,在遵守官方1976—1980年社会计划中被放弃的分配指导方针方面,1976年关于银行业和信贷的法律责令这些投资银行的信贷政策与共和国和地方当局合作。[20]该法律加强了卡德尔的意图。他希望用一系列契约或“社会契约”取代市场机制的任何依靠,共产主义者联盟能够通过其地方或共和国统治集团继续在这些“社会契约”中行使权威。信贷这种分散的但是政治性的分配,成为整个20世纪70年代南斯拉夫过度通货膨胀的一个主要原因。

来自工人委员会的工资上涨压力提供了另一个主要原因。沉重的税收和其他扣除,已经把工资收入降低到20世纪70年代初期生产性固定资产总值的三分之一的水平。通过把4 000个工人委员会细分为联合工党基层组织(Basic Organizations of Associated Labor),《1974年宪法》许诺去增加这种通货膨胀压力。

1976年11月《联合工党法》(*Law on Associated Labor*)准备就绪。 317
《联合工党法》达671项条款,并且迅速被取绰号为“小《宪法》”。[21]早在1959年,大公司已经获得按照功能或地点细分其委员会的权利。现在要求工业、农业或服务业方面的所有社会企业创立这一系列更小的委员会,到1978年,这些委员会总数达1.9万个。它们的总成员数增加到70万人,但是这些委员会占用更多生产时间用于例会,通常每周5至6小时。为了让妇女在下午购物或准备膳食,工作在上午7点开始,在下午2点结束。个人活动占用工作日的最初和最后一小时的大块时间,而此时更多的时间浪费于更多的会议。

一个单一企业中新的联合工党基层组织的分支机构招致两类腐败。一个机敏的主管可能在联合工党基层组织之间挑拨离间,并且暗中破坏雇员在管理中的任何实际作用。更经常地,在各分支机构之间或它们和主管之间的政治交涉,代替了作出业务决策的任何连贯过程。虽然少数工人感到决策过程已经变得更民主，但是无论在哪种情况下，企业的效率都蒙受损失。[22]为企业自己支付不断增长的工资，提供了一种最便当的方法。大部分联合工党基层组织和企业主管们接受这一提议。

该法律提高效率的主要措施是把劳动纪律作为目标。仍被称为
318 “工作中断”的罢工，已经是20世纪50年代后期以来南斯拉夫工业生活中的事实。到20世纪70年代，罢工的次数已经增加三倍，达到每年1 000多次。更显著的仍然是旷工的增长。到1976年，浪费的工作日使工业劳动生产率降低1.5%。尽管该法律的惩罚旷工和奖赏劳动的特殊条款提高了生产率，但是联合工党基层组织通过削弱企业管理的直接权威而对生产率的提高产生不利影响。

南斯拉夫的企业已经非常庞大并且人浮于事(见第九章)。南斯拉夫企业现在面临情况严峻的劳动力市场，并且在西欧工作的机会减少了。这种劳动力市场起因于战后婴儿潮，而在20世纪70年代期间劳动力市场继续膨胀。像1965年改革后做的那样，不得解雇富余人员从而使压力相应增长。虽然1966—1970年社会部门就业每年增长不到1%，但是1971—1978年这种增长平均达到4.3%，几乎两倍于劳动生产率的增长。创造的100万个新职位与正在进行的农村迁徙相对应。但是国外的100万个工作岗位中的30万个已经返回南斯拉夫，仅仅在1975年就有一半返回。1971—1975年登记的失业人员数量翻倍，到1978年更激增了20万人，占国内雇佣劳动者的13.6%。[23]

上述两个因素对失业率产生不利影响，失业率在科索沃和马其顿已经超过20%。大多数工业企业规模庞大，而主要是农业的、小规模的私营部门仍然面临农民就业的障碍。从1970—1977年，130家最大的南斯拉夫制造和采矿企业已经把其社会就业的比例从三分之一增加到二分之一。10家最大的企业各雇佣超过3万名工人，其余企业代表性地雇佣超过1万名工人。索尔·埃斯特林(Saul Estrin)和斯蒂芬·萨克斯(Stephen Sachs)进行的独立研究表明，南斯拉夫经济中这些企业的重要性给予了它们一种垄断权利，这些企业在就业和资产方面的比率是美国平均数的两倍。[24]新的国内竞争者实质上被拒绝进入这些工

业领域，并且这些企业具有享受优惠利率使用国内资本的机会。政治上被监控的大企业忽视剩余的求职者，并且继续准许工资通胀增长。资本密集战略继续是个体企业的一种理性选择，这增加了信用产生的通胀压力。根据萨克斯的系列案例研究，在联合工党基层组织控制之下的业务细分，极少对市场要求或更精确的投资定位作出增强性的回应。而同期这种更精确的投资定位正在为许多西方企业实现。

小农场农民继续占私营成分的大部分。但他们的人数不断减少， 319
到1978年下降至劳动力的三分之一，这有助于支撑老龄化农村人口人均收入的适度增长。《1974年宪法》未能取消私人地产的10公顷最高限额，虽然有时执法不严，特别是在伏伊伏丁那。雇佣波斯尼亚或马其顿季节性劳工的更大农场，在20世纪70年代期间帮助该省的人均收入比南斯拉夫其他任何地区增长得更快。在其他地方，该政权的花言巧语使私人企业普遍地失去信心。惩罚性的征税和继承限制把私营成分限制在旅游业、建筑和手工艺制造。整个20世纪70年代，国外的汇款继续提供与合法登记的私人企业几乎同样多的收入。[25]

成功和失败的案例研究

我们对这种有缺陷的框架的专注，忽略了那些相当大数量的南斯拉夫企业。按照市场标准运作，许多南斯拉夫企业效益超过苏联集团中任何地方的企业。如果我们着眼于一些成功和失败的代表性案例，那么不熟悉经济总量的读者也可对一个南斯拉夫企业实际上能够做的事情有一种更清醒的认识。

布鲁斯·麦克法兰(Bruce Mcfarlane)概述的那些成功故事对利润再投资都有共同的依赖，而不是寻求一笔国家补贴、一个外国投资者或一个商业债权人。[26] 1962年创立的靠近贝尔格莱德的图措维奇(Tucovic)炼糖厂把其税后纯利的一半再投资，而不是投资象征性的30%、其余求助于银行信贷。在作出削减决策部门一半数目这个早期决定之后，企业效率显著改善。在1965年改革之后，巨大的博尔(Bor)铜精炼厂的管理部门和工人委员会对大量补贴感到厌恶。作为英法的一项主要投资，到 20 世纪 30 年代，博尔铜精炼厂已经实现现代化。尽管它确定了明显较高的价格，但是由于它可靠地交付更高质量的产品，其销售额不久就增加了。由此产生的利润提供了进一步现代化所需要的资金。斯洛文尼亚巨大的依斯克拉(Iskra)电器企业和贝尔格莱德的克卢兹(Kluz)服装企业的成功主要依靠西方的出口市场。到 20 世纪 60 年代后期，这两个企业的年出口量都大约占其年产量的四分之三。依斯克拉电器企业倡导同西欧合伙人的营销协议，这些营销协议为斯洛文尼亚企业保证了基本进口商品可预料的交货和价格。
320 进入 80 年代，通过使工资增长与生产率相适应并且为自己的扩张筹措资金，克卢兹服装企业继续提升每个工人的年度收益。类似的故事大量存在于除科索沃、克拉伊纳和黑塞哥维那之外的所有地区。进入 70 年代，大多数西方关于南斯拉夫自我管理的范围广泛的学术研究，仍然期待着这种传播和最终改变该体制的最佳做法。

政治抵制有助于防止更广泛地传播该体制。与外国直接投资的主要角色缺位相结合，西方市场和债权人也分担了某些责任。1973 年和 1979 年的“石油危机”，中止了西方市场自 20 世纪 50 年代中期以来的稳步增长。同时由于石油美元的涌入并且其持有者有利可图地使用这些石油美元，于是西方银行发现了自己的才能所在。南斯拉夫对外国投资的限制性立法，使超过 98%的西方资金转向短期或中期贷款，而不是长期投资。

除了在各种限制之下存放利润并且将这些利润调回本国之外，1967 年的《合资企业法》(见第九章)拒绝给予外国投资者以多数所有权和管理自由。该法律后来的《修正案》在 1971 和 1973 年放松了这些限制，然后在 1976 年又加强了限制，在 1978 年时《修正案》取代了整部法律。这些频繁的变化造成了不确定性。另外，根据该新法律，投资者现在要面临地方和联邦政府的两级批准。该法律最终在 1984 年被修订。修订后的该法律准许多数所有权，并且在 1988 年准许外国投资者不受限制地行动。而之前，1967—1977 年期间吸引的 3.25 亿美元外国投资没有大量增加。

美国占有这些公司 35%的最大单一份额,但是麦克唐纳·道格拉斯(McDonnell Douglas)、约翰·迪尔(John Deere)和阿曼德·哈默(Armand Hammer)这些公司的早期成功,没有导致在制造业上的更大投资。这些公司通过类似美国大通国际集团有限公司(Genex)这样的南斯拉夫主要进出口企业安排易货贸易。美国最大的独资企业——陶氏化学公司(Dow Chemical)同克罗地亚主要的石油企业——克罗地亚国立石油公司(INA)联合建设的一个石化炼油厂在 1976 年大张旗鼓地创办,但是到 1982 年该厂因严重亏损不得不遭到放弃。这两个资方在未能准确地判断世界市场和互相协调方面都负有责任。除了在恶劣的地方管理之下遭受的痛苦之外,美国的另一次投资努力也误判了世界市场。这一努力就是为在马其顿的费尼(FENI)铁镍厂进口美国的加工设备提供1.25亿美元的资金。[27] 作为对任何一个不发达共和国或科索沃为数不多的对外承诺之一,随之而来的进口信贷也是意义重大的。到 1980 年,塞尔维亚、伏伊伏丁那、克罗地亚和斯洛文尼亚拥有 321
投资于合资企业的外国资本的 83%份额。

该国最大的汽车制造商——克拉古耶瓦茨的红旗汽车厂(Crvena Zastava of Kragujevac)可能提供了这个最有启迪作用的案例研究,即关于自我管理的企业、世界市场和西方投资的组合失败的案例研究。作为塞尔维亚在克拉古耶瓦茨的国家兵工厂的继承者,该企业在 1954 年创立。1959 年,该企业及其能干的厂长获得了 3 000 万美元的投资和意大利菲亚特(Fiat)公司的培训。到 20 世纪 60 年代初,国内市场和东欧不断增长的需求也促成了就地创办一家工艺大为改进的新工厂。到 60 年代末,国内和西方的借款再次使其生产能力加倍。不过,因为这个厂长抵制政治干涉和迫近的基层组织(OOUR)重组,1974 年时他被撵走。然后,新经理在地方政治压力之下使劳动力人数加倍,结果每个工人生产力下降。依照迈克尔·帕勒里特(Michael Palairet)对红旗汽车厂的详细分析,零配件日益严重的短缺以及延迟与克拉古耶瓦茨联合企业的合作,使生产的每 5 辆汽车之中大约 2 辆不适合于销售。而这些零配件是根据同南斯拉夫各地的其他公司的转包合同提供的。[28]

到20世纪80年代，就该企业及其5万名工人而言，红旗汽车厂已经积累了太多的硬通货债务，以至于如果没有在至少一个西方市场得以出售就不能生存下去。一个有争议的加拿大企业家马尔科姆·布里克林(Malcolm Bricklin)试图使美国成为该市场。他创办南斯拉夫—美国有限公司，假定这个稍有改进的机型能在美国市场发现商机。该机型从红旗汽车厂得到许可，并且定价正好低于一辆二手车的平均价格。但是，1985—1988年该机型在美国销售不利并且创造了最低利润额，这些在一定程度上可追溯至南斯拉夫生产中的浪费和交付延误。到1989年，这些问题迫使该南斯拉夫企业破产。红旗汽车厂彻底接管了它，但是成功的机会微乎其微。

外交政策和债务危机(1979—1985)

铁托的外交政策留给南斯拉夫一笔可商榷的遗产。他在“冷战”时期在东西方之间的平衡举动为西方援助最终注入南斯拉夫保持了敞开的大门，在他去世之后甚至也是如此。当西方债权人最终拒绝继续这种在20世纪70年代已经开始的不计后果的借贷时，一个被称做“南斯拉夫之友”的美国主导的财团在1983—1984年减免了南斯拉夫数量相当大的债务。1968—1972年南斯拉夫的外债已经翻倍，接近40亿美元。而到1976年时，这个相对适度的总数再次翻倍，此后它增长更快，到1982年达到200亿美元。更为糟糕的是，对任何中央机构而言，同意贷款的经济企业、银行以及联邦和地方机构的过剩，使了解债务总数的动态很困难，更不用说控制它了。
322

整个20世纪70年代，借贷的狂热行动维持了经济的迅速增长。在1970—1979年，按照1972年的不变价格，人均国内生产总值每年增长5.1%，但是外债每年增长足足达到20%。估值过高的第纳尔使支持国内投资的半成品进口更便宜。这些商品占进口值的三分之二，并且助长了作为国内生产总值一部分的固定投资总额的通货膨胀。在20世纪70年代，固定投资总额从28%增长到35%。获得国内信贷也比获得外国信贷更为容易。1976—1980年,货币供应和国内贷款都增至票面价值的三倍,到1982年再次加倍。此时由银行担保的企业信贷仍然占国内贷款的近40%。

通货膨胀率相应地增长,而国际贸易平衡恶化,这超出了旅游业和海外工人汇款弥补支付赤字的能力。1979年生活费用增长21%,并且支付赤字达到国内生产总值的6%,这两个都是新纪录。1980—1982年,进口和投资大幅削减,新的西方贷款削减了支付赤字,但是通货膨胀继续上升。1981年零售价格攀升42%。出口商品仍然太少专业化并且获得太多补助,以至于不能利用第纳尔迟来的贬值。哈罗德·利德尔(Harold Lydall)把它表述为1979—1985年的"大逆转"已经开始。[29]他的统计(见表10.2)突出了现在拖累生产和消费的负面数字。在这6年期间,生活水平足足下降四分之一。之前生活水平的增长曾经缓解了大部分地区的不满,并且使延续的共产党统治合法化。

表10.2　1960—1985年社会部门的衰落

	年平均变化(百分比)			总计
	1960—1970	1970—1979	1979—1985	1979—1985
1972年价格的社会产品(调整过的)	6	4.5	−0.5	−3.1
1972年价格的人均个人消费	5.7	4.5	−1.3	−7.7
1972年价格的固定投资总额	6.7	7.1	−7.5	−32.2
社会部门中每个劳动者的实际产品	4.3	1.8	−3.5	−19.5
社会生产部门中每个劳动者的实际个人净收入	6.8	2.1	−4.7	−27.9
已登记的求职者的月平均数	320	76	1 040	

资料来源:Harold Lydall, *Yugoslavia in Crisis* (Oxford: Clarendon Press, 1989), 41。

到20世纪80年代初,铁托的继任者们意识到这种迫在眉睫的危机。80年代初这个老人的去世增强了所有人的理智。他们最初的想法是寻找外部援助,不久他们便发现了。

铁托去世前后的外交政策

如果20世纪70年代中期南斯拉夫对苏联集团和第三世界的偏向

继续存在,那么支撑南斯拉夫金融机构的西方财政支持可能不会即将到来。南斯拉夫没有继续偏向于苏联集团和第三世界,这要感谢苏联和古巴的外交政策以及铁托的外交政策。

323 在1976年期间,南斯拉夫同苏联和不结盟运动的关系达到全盛时期。铁托不理会长期以来所宣称的不情愿,他出席了当年6月在东柏林召开的苏联发起的欧洲共产党集会。在南斯拉夫1948年被开除出共产党情报局的周年纪念日,铁托同苏联共产党总书记列奥尼德·勃列日涅夫(Leonid Brezhnev)私下会晤,并且南斯拉夫代表们宣布他们的国家属于"共产主义世界"。尽管当年夏天贝尔格莱德对几个怀疑亲苏的情报局分子进行了审判,但是勃列日涅夫还是在11月访问了南斯拉夫首都。勃列日涅夫为打消铁托和一批南斯拉夫党领导人的疑虑,称苏联共产党现在把南斯拉夫共产主义者联盟视为平等伙伴了。说来古怪,这些党领导人中没有克罗地亚人。[30]

与30年来的任何时期相比,现在南斯拉夫同美国的关系变得更容易引起争论。当备受曲解的"索南费尔特主义"(Sonnenfeldt Doctrine)似乎认可了苏联的势力范围时,自越南战争和阿以战争以来经常怀有敌意的南斯拉夫新闻界调高热度。即使苏联进攻南斯拉夫,美国总统候选人吉米·卡特(Jimmy Carter)仍假想地拒绝开战。为了结束一次飞机劫持,美国报纸公布了克罗地亚流亡者对南斯拉夫的控告,于是这把火烧得更大了。美国大使劳伦斯·西尔弗曼(Lawrence Silverman)用一种有正当理由的强硬姿态扔出最后的"圆木",去解放一名被滑稽地指控为工业间谍的南斯拉夫出生的美国公民。铁托宣布西尔弗曼为不受欢迎的人(persona non grata),美国国务院在勃列日涅夫离开贝尔格莱德的那天宣布撤回西尔弗曼大使。

324 在此期间,1976年8月在斯里兰卡(Sri Lanka)的科伦坡(Colombo)召开不结盟运动第五次首脑会议。会议认为南斯拉夫能够依靠在第三世界的名望去保障某种防备东方和西方的防卫措施。112个国家的代表出席这次会议,而1973年在阿尔及尔(Algiers)召开的首脑会议有87个国家参加。凭借在许多成员国中取得成功的南斯拉夫援助团和建设项目,铁托指出世界需要一种国际经济新秩序。他只确认对国际和平的一个威胁——以色列,并且含蓄地确认以色列的主要支持者是美国。但是到1979年在哈瓦那(Havana)召开下届首脑会议时,国际舞台上的一系列事件和南斯拉夫外交的迅速反应使该政府向西方作出让步。[31]

1979年12月苏联入侵阿富汗是最后和最具决定性的事件。如果苏联军队没有国际协商或认可就能跨越其边界,那么一旦苏南关系再次恶化,将用什么来保护南斯拉夫呢?不结盟运动没有可调动的军队,并且不结盟运动正在被好斗的古巴领导层推向一种亲苏立场。铁托在8月最后一次赴哈瓦那参加首脑会议。在会议期间,日益虚弱的他几乎不能聚集足够票数去否决古巴认可苏联对该运动具领导地位的几个决议。此刻该运动空洞的经济承诺已完全明确地展现在南斯拉夫的领导层面前。最新的“石油危机”展示了这种不受欢迎的前景。这种前景就是:进一步依赖来自苏联的石油进口以及进出口收入的巨大盈余。到12月,随着铁托的健康不断恶化,南斯拉夫的外交官们开始认同北约是欧洲安全的主要保证人。

不久铁托去世。在一所卢布尔雅那医院中住院四个月并且右腿被不祥地截肢之后,这个老人在其88岁生日之前几天,即1980年5月4日死去。虽然病情公报作了长期准备,但是整个国家的民众反应出真实的震惊和悲痛。在这次事件中,国内反应的典型是,贝尔格莱德和萨格勒布的两支主要足球队——红旗队(Crvena Zastava)和迪纳摩队(Dinamo)的运动员们在铁托的死讯公布时自发中止其关键性的比赛,并且离开赛场,泪水从他们的脸庞滑落下来。10年以后,这两支球队举行最后一场比赛的萨格勒布大型露天运动场因为塞尔维亚人-克罗地亚人在看台上的暴力行为而遭到放弃。从卢布尔雅那到萨格勒布再到贝尔格莱德,当葬礼列车穿过这个国家时,沿途挤满了虔诚的庞大人群。在未来几年,铁托的黑边照片留在许多商店橱窗中,接近一半的该 325
国人民瞻仰了那个在贝尔格莱德的简朴墓地。在一所贝尔格莱德体育场举行的铁托诞辰庆典将持续到1988年(见第十一章),这种诞辰庆典以传播“他的火炬”的全国青年接力赛而达到顶峰。

外国对铁托去世的反应更为关键。葬礼把122个国家的代表带到了覆盖国旗的贝尔格莱德。各主要国家中，只有美国未派遣政府首脑。然而美国大使带头说服西方政府和国际货币基金组织(International Monetary Fund)在南斯拉夫周围重整旗鼓。这位美国大使是在南斯拉夫任职的最后四位大使中的第二位。这种随后的努力和国际上对葬礼展示的更广泛的尊重，为铁托的继任者们提供了必要改革所需要的喘息时间。然而，这种国际尊重同时似乎也认可了现存的政治体制及其阻挠市场改革的能力，大多数南斯拉夫经济学家现在把市场改革视为债务危机的唯一出路。简单地减少进口以恢复积极的贸易平衡本身，没有能力支付累积外债的到期利息(见表10.3)。

表10.3　1965—1985年的外贸和外债

	进出口额(以百万美元计)	已付净利息[a]	经常账户盈余[a]	净外债(以百万美元计)
1965	−90			
1970	−958			
1975	−2 984	−1	−3.5	5.75
1977	−3 788	−0.7	−4	8.5
1979	−6 069	−1.1	−6.5	13.75
1981	−3 165	−2.4	−1	18.75
1983	−1 231	−2.7	0.5	18.75
1985	−588	−3.3	1.7	18.75

a 按现有价格计算的调整后的社会产品的百分化。

资料来源：John R. Lampe, Russell O. Prickett, and Ljubiša S. Adamović, *Yugoslav-American Economic Relations since World War II* (Durham, NC: Duke University Press, 1990), 98; and Harold Lydall, *Yugoslavia in Crisis* (Oxford: Clarendon Press, 1989), 66。

南斯拉夫的朋友

铁托长期以来统治一个其他方面不知名的政府机构，那么由谁来
326 代替在适当的位置去应付这种危机或任何其他危机呢？一个不知名的马其顿人担任这个9人政府机构的首脑不到两周，就让位于一个同样

不出名的继任者。那个继任者任期一年。该轮换协议确定在5月开始这一年期限。议员们是不出名的,并且一定要严密地根据共和国党领导层的指令进行投票。卡德尔的等级代表制筛选出这些议员们去进入国民议会的两个议院。只有联邦执行委员会(SIV)的主席能够担当总理,该主席经议会投票决定一个四年任期。第一个后铁托时代的选择在1982年5月被提出,这是一个幸运的选择。确实,米尔卡·普拉宁茨(Milka Planinc)依照其背景不能称之为一个自由主义者。她曾经是克拉伊纳的一个年轻的克罗地亚族游击队员。20世纪70年代期间,作为达布塞维奇-库查尔的立场强硬的接替者,她担当克罗地亚中央委员会首脑的角色。确实,共和国领导层大概不期望联邦执行委员会的唯一女性是一位强硬的主席。然而她不久就迫使一系列难以驾驭的共和国领导层和议会代表去正视债务危机所带来的这些抉择。

普拉宁茨就职时,债务危机突然袭击了南斯拉夫领导层。在1981年12月,为了让190亿美元债务的到期利息得以支付,最大的美国债权人,即纽约的"汉诺威制造商信托公司"(Manufacturers Hanover Trust)曾经试图组织一次对南斯拉夫国家银行的5亿美元的财团贷款。到2月,因为波兰拖欠其更为庞大的债务,纽约银行没有发现足够的出资者。另一家纽约银行试图募集一笔较小数额的财团贷款也失败了。一旦普拉宁茨批准一种官方的国际努力去防止拖欠贷款,美国大使戴维·安德森(David Anderson)及其工作人员就发出了后来所谓的"十字路口电报"。依照拉塞尔·普里克特(Russell Prickett)的第一手资料,"十字路口电报"号召庞大的债务减免和合并方案,这个方案承诺严格控制国内信贷并且放弃仍然牢固的价格管制。[32]

国际货币基金组织许诺的参与鼓励了现存的"西方贷款者二十国委员会"(Paris Club of Western Lenders)。二十国委员会同意提供南斯拉夫一个延缓偿还其债务的方案。普拉宁茨政府抵制"延期还款"这个词和私营的二十国委员会的倡议。美国副国务卿和美国前任驻南斯拉夫大使劳伦斯·伊格尔伯格(Lawrence Eagleburger)公开牵头组织被称为"南斯拉夫之友"的独立财团。"汉诺威制造商信托公司"领导的私人银行提供了6亿美元的初始贷款，并且为另一笔14亿美元的贷款再融资。这三个国际机构——国际货币基金组织、世界银行和国际结算银行(Bank for International Settlements)提供了1983年另一笔14
327 亿美元的贷款，然后在随后几年按照更特惠的条款合并而不是延期偿还11亿美元。国际货币基金组织的备用协议(IMF Standby Agreement)需要南斯拉夫解决第纳尔贬值、通货紧缩问题和信贷承诺才能实现，并且利率至少比通货膨胀率高1%。国民议会准备拒绝这些条件，直到6月3日清晨普拉宁茨面临着违约和结束所有国际信贷的“黑色选择”。此后，南斯拉夫逆转了经常账户赤字，到1983年其国际信贷记录略有盈余。并且南斯拉夫获得另一个30亿美元的债务再融资方案和1984年的新贷款。

联邦领导层的失败和经济衰退(1986—1988)

当1986年5月布兰克·米库利奇(Branko Mikulic)被选择接替米尔卡·普拉宁茨担任联邦执行委员会主席时，人们强烈希望他可能会继续进行国内改革并且履行国际义务。对铁托逝世后的敌对国际环境的恐惧现在已经逐渐消逝，经历苏联对阿富汗命运多舛的入侵之后，南斯拉夫同苏联的贸易和其他关系依然存在。通过上述债务减免，美国表明南斯拉夫仍然值得特别对待。

在1986年6月第13届党代表大会上，南斯拉夫各共和国的代表们比4年前更加自信。铁托的集体主义政府和党机构仍然退居幕后，它们实行为期一年的主席轮换制。基层代表选出联邦议会的入选者。1986年基层代表选举中的弃权率比1982年高，社会企业中克罗地亚基层组织(DOUR)的弃权率达到20%。然而，实质上联邦权力似乎仍属于联邦执行委员会的新主席。既然普拉宁茨政权曾经利用这一权力为延迟支付外债利息讨价还价，下届联邦执行委员会大概会采纳适用于统一的市场经济和更有效率的企业的较长远建议。在1982—1983年期间，克雷格经济稳定委员会(Kraigher Commission for Economic Stabilization)制定了这些建议。

南斯拉夫在最终实施市场改革中的困难以17个委员会的报告开始。1965年市场改革曾得到最初的许诺。一个西方经济学家认为，这些报告“令人沮丧地模糊和重复”。[33]他们指出每个经济部门中的具体问题，并且要求一个可兑换货币的市场、真实的利率、减免间接税和结束效率低下的企业间谈判。该委员会的斯洛文尼亚族首脑谢尔盖·克 328
雷格(Sergei Kraigher)曾经力促1965年改革，并因而离开了党的中央委员会，而他在1979年却填补了爱德华·卡德尔的席位。但是那些较长远的建议继续认可国有化乃至在1976年把企业细分为基层组织。他们仅仅建议涨价和破产企业税负减免以恢复市场平衡，从而使企业期望获得进一步帮助；并且建议为补给品付出代价。这样，更高的通货膨胀率肯定会跟进。与可能缓解不断上升的失业率的劳动密集型商品相比，资本密集型出口商品仍然被偏爱。在这些处方能够得到尝试之前，米库利奇政权不得不实施宏观经济稳定所急需的那些措施。

米库利奇来自党的机构。1965年他崛起成为波斯尼亚共产主义者联盟的书记。1979年以来他一直是党的中央机构的成员。作为一个波斯尼亚的克罗地亚人，他抵制20世纪60年代后期自由主义或民族主义萌动。他幸免于1972年的清洗，这次清洗肃清了大多数其他共和国领导人。米库利奇同萨拉热窝的哈姆迪亚·波兹德拉茨(Hamdija Pozderac)和其他波斯尼亚穆斯林党领导人保持密切的联系，而同以前最有影响的塞尔维亚人联系较少。他们合起来使波斯尼亚-黑塞哥维那成为最严厉限制不同政见的共和国，并且在这个过程中玷污了他们作为正当理由的多民族世俗主义。然而，米库利奇从联邦和其他共和国获得的军队援助和财政支持有助于1984年冬季奥运会的主办，并且使这次运动会成为一次明显的成功案例。(为了获得美国广播公司和其他电视网的更多支付款，他们进行了持续到最后的谈判。)在大多数共和国领导人自铁托去世以来第一次固执地拒绝接受一个塞尔维亚“首相”之后，由经济效益而产生的声誉帮助米库利奇赢得联邦执行委员会的职位。只有斯洛文尼亚代表反对米库利奇的候选资格，直到在联邦预算控制上对共和国作出让步才把他们争取过来。

米库利奇政权召集了一个委员会，虽然没有重组，但是该委员会似乎愿意追求稳定。他的28位候选人中的13位是来自企业或教育机构的年轻人。尽管各共和国的领导人在1985年强迫普拉宁茨政府接受放弃国际货币基金组织指导方针和放弃备付信用证的进一步约束这一决定，但是米库利奇宣布他们的意图旨在降低90%的通货膨胀率，并且防止贸易赤字再度出现。然而就偿还债务而言，1986年5月普拉宁茨政府同国际债权人签订的接受非正
329 式“增强监督”协议在6月底召开的党代表大会上遭到推翻，因为新的米库利奇内阁袖手旁观。

克罗地亚的约瑟普·弗尔霍韦茨(Josip Vrhovec)领导该党的政治改革委员会。该委员会的报告给予了希望抵制进一步紧缩的反自由主义者的弹药。该报告避免民主化的讨论，反而集中于批评1983年克雷格委员会倡导的有限市场改革，称它们“不符合自我管理的真正社会主义制度”。[34]政治压力集中于至少超过通货膨胀率1个百分点的高利率，国际货币基金组织已经用这种高利率“束缚南斯拉夫的手脚”。在1986年下半年，这些利率的放宽推动通货膨胀率上升到1987年6月时的150%。松散的物价管制证明了对各共和国领导人要求的更宽松信贷和新的货币发行没有造成任何障碍，贝尔格莱德的国家银行对这些要求无力阻止。据媒体进行的民意调查，国内民众对联邦执行委员会的信心重新开始大幅下调，从1983年的36%和1985年的20%下降到最低的1987年的10%。这种要求米库利奇及其内阁辞职的前所未有的呼声出现在主要的报纸上。

使米库利奇沮丧的是，在这期间他已经发现只有通过《宪法修正案》的繁琐程序，才能让这些共和国领导人允许经济政策上的全面调整。到2月，他的政府成功提出130个主要关乎经济的一揽子《修正案》。尽管斯洛文尼亚有些异议，即这些《修正案》并没有经过全面的立法审查、而这将允许任何共和国或省去否决这些《修正案》，但是在11月大约39个《修正案》获得通过。那时，很显然，重申的价格冻结不会阻止螺旋式的通货膨胀或增加出口收入。

为了弥补预期的差额,1988年到期的几笔债务迫使米库利奇政府重新开始同国际货币基金组织及其主要债权人进行谈判,从而获得另一个备用协议和进一步的支持。"南斯拉夫之友"最后一次集会并且保证提供13亿美元。鉴于1985—1987年南斯拉夫对西方债权人的大量到期债务本金的还款是基于旅游收入、海外工人汇款和进口下降的国际收支经常项目顺差,"南斯拉夫之友"非常愿意这样做。持赞成或反对市场改革观点的拉塞尔·普里克特(Russell Prickett)和苏珊·伍德沃德(Susan Woodward)质疑了转移近10亿美元盈余来偿还债务而不是缓解投资资本不足的做法,而投资资本正在帮助抬高通货膨胀率。[35]但 330
是这个方案假定,该10亿美元盈余可能获得有回报的投资,并且创造新的就业机会去减轻社会压力。食品加工、电器和旅游业是显而易见的候选投资企业,然而在别的方面它们却是被忽视的候选。西方支持是铁托最后遗产的一部分。这种西方支持现在已经成为这个问题的一部分,这个问题就是:作为对担保偿还债务的回报,它使政治僵局和经济资源分配合法化。

西方解决分配问题的倡议延迟出现在《1987年协议》所附条件中。它们包括这些通常的要求,即进出口价格应当不受扭曲管制的拘束,但是现在它们进一步要求联邦政府执行《破产条例》并且维护中央对货币和信贷供给的控制。有这种控制能力的贝尔格莱德的唯一机构——南斯拉夫国家银行(NBJ)保证消除来自西部共和国的抵制。1987年《银行法》保证了南斯拉夫国家银行的必要权力,并且允许南斯拉夫国家银行通过共和国代表的多数票表决去实施这些权力,而不是通过在其他方面继续阻挠联邦政府的一致决定去实施这些权力。但是并没有实现多数党对减少货币发行量和第纳尔固定汇率的支持。该法律增添了这些"通货膨胀会计"的规定,即迫使154家商业银行对任何新贷款收取正向利率,这种严苛的规定用倒闭威胁了欠发达共和国中的太多企业。该法律的反对者声称,7 000家企业面临破产。但是企业之间的贷款和南斯拉夫国家银行给予这些银行的选择性例外,使实际破产数始终很少。[36]

迟至1987年关于联邦对国家银行加强金融管辖权的诉讼是一个丑闻,这个丑闻也削弱了米库利奇政府,并且使波斯尼亚穆斯林对共产党政权的承诺发生动摇。从一次仓库火灾中救出的档案揭露了阿格若考莫奇集团公司从应支付其他企业的、价值多达8.65亿美元的无担保本票中支取贷款。阿格若考莫奇集团公司是最大的、显然最成功的波斯尼亚企业之一。超过60家南斯拉夫银行,最突出的是信誉良好的卢布尔雅那银行为其提供担保。该笔款项对波斯尼亚检察官而言数额太过庞大,以至于无法忽视;即使其塞尔维亚族为主的阵营也不支持这一机会,即把该罪犯与米库利奇的主要波斯尼亚穆斯林支持者、现在的联邦副总统哈姆迪亚·波兹德拉茨联系到一起的机会。波兹德拉茨的干预显然使银行授权流向了也是穆斯林的菲克雷特·阿布迪奇(Fikret Abdic)及其阿格若考莫奇联合企业。阿格若考莫奇联合企业的总部设在大克拉杜沙(Velika Kladusa),它是哈布斯堡王朝时期成功的鸡蛋生
331 产企业的后继者(见第三章)。这个战后企业在1963年小规模地开办,但是年轻的、28岁的阿布迪奇在1967年成为其厂长之后,该企业以几何级数发展,员工增长到1.2万名。阿布迪奇在通过仍被银行系统认可的无担保贷款来过分扩张企业的活动方面并不孤单,但在1987年,该企业由此产生的未支付债务占到其资产的10%。[37]对阿布迪奇的审判向其他银行和企业发出了警告,即它们应当改变其经营方式。

同时,波兹德拉茨被迫辞去副总统职位,米库利奇的兄弟也从联邦执行委员会中免职,从而削弱了米库利奇在联邦体制之内的权威。当通货膨胀率在1988年增长到250%时,要求米库利奇辞职的各方面压力变得不可阻挡。米库利奇在12月辞职,与他就职时相比,此时联邦政府甚至更加软弱了。

第十一章　种族政治和南斯拉夫的终结 332

20 世纪 80 年代后期,铁托去世之后开始的各共和国共产党之间的竞争变为成熟的种族政治。1989 年苏联集团各政权的崩溃在随后动荡中也起了作用。与南斯拉夫对西方的战略重要性相比,这些戏剧性事件使南斯拉夫付出了更大的代价。这些戏剧性事件也消除了整个东欧一党统治的合法性。共产主义者联盟失去了保持其政治垄断或代表一个单一南斯拉夫讲话的授权。在 1989 年之前,它的联邦领导层未能降服加速的经济危机。更积极的领导人安特·马尔科维奇(Ante Marković)现在自告奋勇,但是他无法建立所需要的政治共识。调整经济体制为时已晚。联邦一级的后铁托时代权力真空,已经为共和国各政党的新领导人坚持自己的权利打开了方便之门。1986 年,两个年轻人——斯洛文尼亚的米兰·库昌(Milan Kučan)和塞尔维亚的斯洛博丹·米洛舍维奇(Slobodan Milosevic)抓住了这个机会。除了波斯尼亚-黑塞哥维那的领导人之外,其他共和国领导人仍然没有改变,并且他们保持沉默。在封闭的多民族统治集团领导下的几十年严格控制之后,波斯尼亚-黑塞哥维那发生了致命的混乱。1989 年,在联邦政府机构中,米洛舍维奇已经获得 8 票中的一半,支持他提出南斯拉夫应如何在政治上调整自己的观点。库昌反对米洛舍维奇的中央集权主义道路，但是他无法促使其他 4 票——波斯尼亚-黑塞哥维那、克罗地亚、马其顿和斯洛文尼亚对一种共同选择取得一致意见。

在未来的两年中，这两条共产党的调整道路与 1989 年之后拆散南斯拉夫的新道路相互作用。共和国一级的多党选举提供了一个貌似民主的核心。一个单一的共产主义者联盟完全不复存在，留下南斯拉夫人民军及其以塞尔维亚族为主的军官团作为联邦框架的唯一保证人。在这种环境中种族政治的代价高得惊人，在 1990 年初，它首先使作出惊人承诺的、迟来的市场改革出轨。南斯拉夫的解体跟着到来。解体的方式是以颠覆来谋求和平分离的合
333 法权益。战争和分裂让前共和国建立的这些独立国家的命运仍不确定，它们的领导人只能对重返单一政治单元的不可能性取得一致意见。

在着手分析南斯拉夫最后岁月的新领导人和民族战线之前，我们必须理解为什么南斯拉夫国家和社会都易受 1989 年之后出现的不稳定的力量组合的伤害。摇摇欲坠的联邦框架和分裂的共产党领导层使这个国家无法避免根本分裂。“铁托之后的铁托”这个空洞口号代表了任何单一意义的意识形态倾向。

20 世纪 80 年代初，该党中央委员会（见第十章）同经济体制改革的明显需要作斗争，但是只能对一个从未实施的稳定方案取得一致意见。第二南斯拉夫的 40 年使社会面临生活水平、就业和教育上的一系列差别，移居到城市、其他共和国或西欧不再能够改善这些差别。由于通货膨胀，实际收入年复一年地减少，这在士兵和平民中形成一种新的不确定性。

一种流行文化进一步加剧了这种积聚的社会压力。这种流行文化假定了一种西欧生活水平和获取信息的权利。塞尔维亚、克罗地亚和斯洛文尼亚的现代媒体揭露了社会问题和个人滥用权力，这险些造成它们与自己共和国的共产党领导层对抗，反而暗示了其共和国所面临的不利条件是其他共和国的有利条件。知识分

子对不断蔓延的腐败显得越来越不耐烦。他们怀疑联邦框架超过了去怀疑陷入困境的社会主义所有制。对摧毁南斯拉夫社会主义联邦共和国的种族决战而言，这些问题才是种族决战的组成要素，而不是“古老的对抗”。

社会压力和地区关系

1983—1988 年，人民的实际收入下降了四分之一；自 1979 年起，人民的实际收入下降了三分之一。实际收入下降的幽灵始终游荡在这个逐渐变得紧张和怀疑的社会。1987 年的民意调查发现，79％的受访者不相信存在解决累积的经济问题的任何途径。1981—1986 年仍然占主导地位的社会部门中的失业率已经从 13.8％稳步上升到 16.6％。大约 60％的失业者未满 25 岁，并且一小部分至少接受了中等教育；超 334
过一半的失业者是妇女。为了扭转自 1982 年以来的劳动生产率下降，大企业需要裁员，越来越多的失业公民成为效率低下的大企业裁员的政治障碍。逐步升级的“停工”或罢工也成为大企业裁员的政治障碍。1982—1987 年，“停工”或罢工的次数加倍，这涉及社会部门中 7％的就业人数。[1]

虽然这些统计数字令人不安，但是这些总计数字掩盖了在人口增长、收入和就业上的地区或种族差异。这些差异造成最大的政治问题。一批日益老练的南斯拉夫社会科学家叙述了 20 世纪 80 年代期间这些区域性的不平衡。其研究结果的种族特色迷住了大众传媒和各种文化评论家。新闻报道经常歪曲数据资料，从而加剧了这个过程中的政治紧张局势。然而，存在着这样不容回避的事实，即南斯拉夫人口中塞尔维亚族和克罗地亚族合起来的比例从 1948 年的 65％降低到 1981 年的 56％。在返回到这种政治动荡之前，让我们观察一下社会和区域性不平衡的实际模式。他们关于民族问题的观念，对政治动荡的产生推波助澜。出生率、死亡率和文盲率的总体下降及农业人口的增长比例总体下降(见表 11.1)掩盖了这些不平衡。表 11.2 反映了 1953—1988 年地区差异的增长。

表 11.1　1921—1981 年的人口增长

	1921	1931	1948	1961	1971	1981
总人口(以千人计)	12 545	14 534	15 841	18 549	20 523	22 425
出生率(每千人)	37	34	28	23	18	16
死亡率(每千人)	21	20	14	9	9	9
占总人口的百分比						
塞尔维亚人	38	41	42	40	36	36
克罗地亚人	24	24	23	22	20	20
农业人口(百分比)	79	76	67	50	38	20
识字率(百分比)	50	55	75	79	85	91
人口密度(每平方公里)	49	57	62	73	80	88

资料来源：*Jugoslavija*, *1918 -1988*, *Statisticki godisnjak* (Belgrade: Savezni zavod za statistiku, 1989), 38 - 44。

迁移、就业和教育

自中世纪以来,多民族的迁徙融合了南斯拉夫土地上的各民族。多民族迁徙也没有因第二次世界大战而结束。城乡一体化取得真正进展,但是仍然不完善。在 20 世纪 50 年代开始大规模的远离农庄运动,在 70 年代得以加速,到 1981 年非农业人口的比例增长到 80%。在这个过程中,大约 800 万人迁居。大多数的移民留在他们出生的共和国,许多人没有迁居到城市中心。1981 年总人口中的城市比例仅为 47%。许多大企业设置于小城镇,并且大量吸收农村劳动力。然而在每英亩耕地人口密度最高的农村地区没有发现几个这样的企业。(地图 9.1 显示了每英亩耕地人口密度最高的农村地区)另外,许多迁居到大城市的非熟练农民工抵制城市中心的同化或者定居在城乡接合部的外围地区。贝尔格莱德的"乡村都市化"是最引人注目的。贝尔格莱德从
335 1944 年的 25 万人增长到 1967 年的 100 万人,到 1985 年增长到 160 万人。但是不断增长的科索沃和塞尔维亚族居民也值得一提,他们居住在斯科普里和萨拉热窝的外围地区。[2]

到1972年，900万劳动力中超过100万人已经去了国外。在10年中，大约30万人返回，这些人多半返回他们出生的共和国。然而，一个不祥的波斯尼亚例外于返回工人和一般移民的规则。在20世纪70年代，在国外工作的、来自波斯尼亚-黑塞哥维那和塞尔维亚的劳动力比例上升，从而赶上了克罗地亚族保持的最初优势（见第九章）。在60年代和70年代，波斯尼亚“外来工人”中的许多塞尔维亚人和克罗地亚人加入到受过训练或教育的更多波斯尼亚同胞中，他们搬迁到塞尔维亚或克罗地亚，主要是贝尔格莱德或萨格勒布。到1981年，每4个塞尔维亚人中就有接近1人离去，这扭转了1948年的人口结构多元化，有利于波斯尼亚穆斯林。在1948年，塞尔维亚人占波斯尼亚人口的42%，穆斯林占30%。上述情况为下列情况代替，到1981年，穆斯林对塞尔维亚人的优势为40%对32%，到1991年为44%对31%（见表11.3）。基于波斯尼亚穆斯林的自然增长率（出生人数减去死亡人数），在此期间，南斯拉夫总人口中波斯尼亚人的比例已经从1953年的16.7%提升到1988年的18.8%。波斯尼亚的人均物质产品总值（Gross Material Product）已经低于同一时期南斯拉夫的平均比率，虽然它小于科索沃的人均物质产品总值，但是超过黑山和马其顿（见表11.2）。

波斯尼亚城市化的发展也增多了穆斯林。波斯尼亚的城市化从二 337
战后各共和国的最低城市比例缓慢开始，从1961—1981年，波斯尼亚的自治市人口从占该共和国人口的19%暴涨到36%。波斯尼亚穆斯林移民占有这种增长的最大比例，总的来说，这有助于穆斯林去显示一种超过比例的收入增长；而这时，波斯尼亚的塞尔维亚族和克罗地亚族的收入略有下降。[3]更多有才能或受过教育的年轻塞尔维亚人和克罗地亚人正在离开该共和国，前往贝尔格莱德或萨格勒布，但是没有记载从科索沃收到有关歧视或骚扰的控诉。萨拉热窝没有成为一个更多穆斯林的城市，反而正在发展成所有共和国首府中最南斯拉夫化的城市。虽然南斯拉夫最丰富的世俗文化在这些人周围出现，但是在1981年人口普查中，萨拉热窝近五分之一的人口宣称自己是南斯拉夫人。

表 11.2　1953—1988 年各共和国的人口和收入

	1953			1971		1988		
	占总人口的百分比	人均物质产品总值	固定资产与工人之间的百分比	占总人口的百分比	人均物质产品总值	占总人口的百分比	人均物质产品总值	固定资产与工人之间的百分比
南斯拉夫	100	100	100	100	100	100	100	100
克罗地亚	23.2	122	101	20.4	127	19.9	128	109.9
斯洛文尼亚	8.8	175	122	8.3	187	8.2	203	133.7
狭义的塞尔维亚	26.3	91	112	25.1	96	24.8	101	91
伏伊伏丁那	10	94	95	9.3	118	8.7	119	101.6
科索沃	4.8	43	89	6.9	32	8	27	91.8
波斯尼亚-黑塞哥维那	16.7	83	82	18.6	67	18.8	68	94.9
马其顿	7.7	68	69	8.3	66	8.9	63	74.2
黑山	2.5	77	46	2.7	72	2.7	74	136.6

资料来源：Dijana Plestina, *Regional Development in Communist Yugoslavia: Success, Failure, and Consequences* (Boulder, Colo.: Westview Press, 1992), 180-181。

表 11.3　1961—1991 年波斯尼亚-黑塞哥维那、克罗地亚和科索沃的多民族人口比例(按百分比)

	1961	1971	1981	1991
波斯尼亚-黑塞哥维那	100	100	100	100
塞尔维亚人	42.8	37.3	32.3	31.4
穆斯林	25.6	39.6	39.5	43.7
克罗地亚人	21.7	20.6	18.4	17.3
南斯拉夫人	8.4	1.2	7.9	5.5
其他民族	1.5	1.3	2	2.1
克罗地亚	100	100	100	100
克罗地亚人	80.2	79.4	75.1	78.1
塞尔维亚人	15	14.2	11.6	12.2
南斯拉夫人	0.4	1.9	8.2	2.2
其他民族	4.4	4.5	5.1	7.5
科索沃	100	100	100	100
阿尔巴尼亚人	67	73.7	77.5	90
塞尔维亚人	23.5	18.4	13.3	10
黑山人	3.9	2.5	1.7	
其他民族	5.6	5.4	7.5	

资料来源：*Jugoslavija, 1918 -1988, Statisticki godisnjak* (Belgrade: Savezni zavod za statistiku, 1989), 160 - 166; and "The National Composition of Yugoslavia's Population, 1991," *Yugoslav Survey* 1(1992), 3 - 24。

那时,依照表 11.3,人口平衡已经转而对塞尔维亚族不利。这种情况不仅在科索沃出现,在波斯尼亚-黑塞哥维那出现,并且某种程度上在 338
克罗地亚也出现了。像在地图 11.1 中看到的那样,在 1991 年,克罗地亚的塞尔维亚族小型定居点仍然与波斯尼亚境内某些相当大的、但是分离的塞尔维亚族地区接壤。与整个 20 世纪 80 年代被普遍视为最危险的问题——科索沃的塞尔维亚族-阿尔巴尼亚族关系相比,它们相互潜在的联盟或它们同塞尔维亚的塞尔维亚族的潜在联盟在 1991—1992 年南斯拉夫解体中将证明更具爆炸性。像在地图 9.1 中显示的那样,当我们注意到它们同南斯拉夫每英亩耕地的人口最稠密地区密切巧合时,我们将

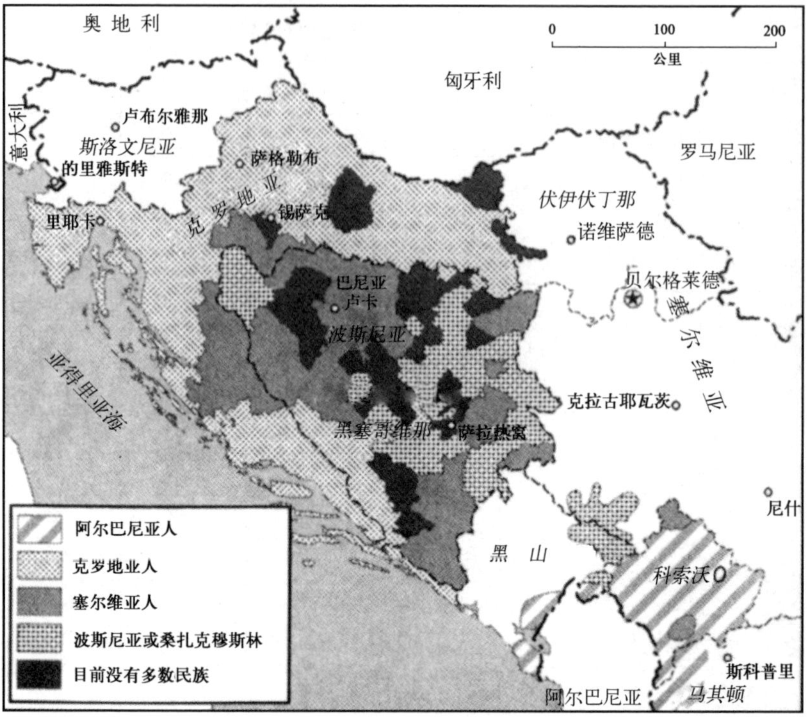

地图 11.1　1991 年波斯尼亚-黑塞哥维那、克罗地亚和科索沃的多数族裔。

更好地理解所有三个地区的人口困境。

对作为整体的南斯拉夫而言，战后人口增长已经降低了塞尔维亚族和克罗地亚族各 5%比例，到 1981 年，它们各自降到 36%和 20%。斯洛文尼亚人、马其顿人和匈牙利人的比例也下降，这种下降有利于南斯拉夫人、波斯尼亚穆斯林和科索沃的阿尔巴尼亚族。根据表 11.2 中
339 的共和国数据，斯洛文尼亚和克罗地亚能够用不断增长的南斯拉夫物质产品总值和固定资产人均比例聊堪自慰。而从 1953—1988 年，塞尔维亚的固定资产比例反而下降。

科索沃省的数量优势带来了最大的政治后果。在超过 9%的阿尔巴尼亚族比例影响下，科索沃人口从占南斯拉夫总人口的 4.8%增加到 8%。有些阿尔巴尼亚族已迁居到其他共和国就业，但是他们仍然集中居住在科索沃。在过去 100 年中，阿尔巴尼亚族已经构成科索沃

人口的近三分之二,在 1981 年这一比例暴涨到 78%,到 1991 年更是暴涨到 90%。20 世纪 80 年代期间,许多塞尔维亚族和黑山族移民离开科索沃。到 1987 年,这些移民人数达到 10 万人,但是他们的离开仅占这种人口转移的几个百分点。[4]其余的人属于科索沃人的自然增长,1981—1990 年其人口自然增长率为 27‰,这远远超过了塞尔维亚族(和克罗地亚族)的 2.2‰平均数,甚至远远超过波斯尼亚和桑扎克(Sandžak)穆斯林的 15.6‰平均数。尽管科索沃婴儿死亡率过高并且缺少医生,但是这种增长继续下去(见表 11.4)。

在科索沃侵犯人身和财产的轻罪,而不是被塞尔维亚族的某些人指控为重罪,让相当大部分的塞尔维亚族移民自愿离开。在离开的那些人中超过三分之二来自混居地区。大部分据报道的骚扰低于该国官方数字的平均数,经常在塞尔维亚媒体中被强调的各族间屠杀和强奸仍旧保持在最低限度。

科索沃的阿尔巴尼亚族经受了困扰整个南斯拉夫的两种相互矛盾的趋势,但是在科索沃,这两种相互矛盾的趋势最为严重,这两种相互矛盾的趋势就是教育水平的不断提高和毕业生更少有机会找到工作。当具有中学以上学历的科索沃人在 20 世纪 70 年代接近 50%时,毕业生失业率迅速增长。普里什蒂纳(Priština)的新大学培养出的毕业生,远远多于该省已人浮于事的资本密集型企业能够吸收的毕业生。自科索沃迁出的塞尔维亚人往往也拥有较高的学历,到 1980 年,留下的塞尔维亚族同胞的教育水平比科索沃人还低。当 20 世纪 80 年代初的经济紧缩推动该省社会部门中的整体失业率超过 50%时,科索沃人和塞尔维亚族之间争夺剩余职位的竞争加剧,无论他们是什么政治背景。在南斯拉夫,从事需要技能工作的受过教育的工人与非熟练工人的工资差额缩水了几乎三分之二以上。[5]

识字率和接受高等教育率的增长,似乎是铁托南斯拉夫的一个
最不模糊的成就。在 20 世纪 50 年代之后,文盲率从 1961 年的 21% 340
稳步下降到 1981 年的 9.5%。文盲率的地区差距仍然大得惊人,从斯洛文尼亚的不到 1%和克罗地亚的 5.6%,到波斯尼亚-黑塞哥维那的 14.5%和科索沃的 17.6%(见表 11.1 和 11.4)。在 1981 年

表 11.4　1953 年和 1988 年共和国的社会经济指标

	波斯尼亚-黑塞哥维那		黑　山		克罗地亚		马其顿		斯洛文尼亚		狭义的塞尔维亚		科索沃		伏伊伏丁那	
	1953	1988	1953	1988	1953	1988	1953	1988	1953	1988	1953	1988	1953	1988	1953	1988
人口(占总人口的百分比)%	16.7	18.8	2.5	2.7	23.2	19.9	7.7	8.9	8.8	8.2	26.3	24.8	4.8	8	10	8.7
人均物质产品总值(南斯拉夫社会主义联邦共和国为100)	83	68	77	74	122	128	68	63	175	203	91	101	43	27	94	119
人均物质产品总值平均增长率%	4.6	3.3	5	3.9	4.6	4.8	5.1	4.1	5.2	4.5	5.1	4.3	5.1	2.6	5.3	4.8
固定资产与工人之间的百分比%	82	94.9	46	136.6	101	109.1	69	63	122	133.7	112	91	89	91.8	95	101.6
每千个婴儿的出生成活率%	35.1	15.3	28.9	15.8	22.4	12.8	35	18.5	22.4	14.2	23.1	12.6	38.5	29.1	24.4	11.5
每千个安全出生婴儿的死亡率%	125.6	16.1	41	15.6	112	12.4	136.1	44.7	81.3	11.4	91.2	21.6	133	51.8	129.7	11
妇女占劳动力总数的百分比%	15.7	32	20	32.6	27.9	39.6	16.7	31	32.3	44.5	21.7	34.3	10.5	20.7	29.2	36
每名医生服务的人口数%	3 314	680	4 473	674	1 947	477	4 324	530	1 704	496	2 104	440	8 527	1 092	2 556	511
8－10 岁以上人口的文盲率%	44.9	14.5	26.4	9.4	15.6	5.6	40.3	10.9	2.4	0.8	27.4	11.1	62.5	17.6	11.8	5.8

资料来源：Dijana Plestina, *Regional Development in Communist Yugoslavia: Success, Failure, and Consequences* (Boulder, Colo.: Westview Press, 1992), 180－181。

所有 40 岁以上妇女的四分之一是文盲,她们中近一半是在波斯尼亚,更多是在科索沃。然而 30 岁以下的妇女和男子的文盲率是最低的。1961—1974 年,小学入学率(7－15 岁)已经从适龄儿童的 65%上升到 95%。到 20 世纪 80 年代初,各种大学和研究机构中的全日制学生人数超过了小学毕业生人数的 10%,自 1961 年以来这一比例已经增加一倍。

社会科学和人文学科中的意识形态指导依然继续强调一系列全体的、国家中心主义的特征。个人责任的现代价值标准太接近于复制西方模式,例如公民和雇员。教科书使党、军队和自我管理的社会主义成为南斯拉夫以此为基础的历史记忆。各共和国的独立教科书轻视战后南斯拉夫主义和它们自己的民族历史,它们最不关注克罗地亚,但是最关注马其顿。[6]大学经济学讲授市场和规划理论,假设自我管理的社会主义能够将二者结合起来。在 20 世纪 80 年代中期,由党的理论家斯蒂佩·舒瓦尔(Stipe Šuvar)充当先锋的一次迟来的大学改革寻求去规 341
范与工作更有关的课程,但是该改革仅仅是成功地减少了招生。舒瓦尔利用克罗地亚党中央委员会的 1984 年《白皮书》去挑出塞尔维亚人文学科来作为个人主义"偏差"的一个来源。

直到 20 世纪 80 年代,虽然该教育制度没有整合各共和国之间或塞尔维亚和科索沃省之间的教科书,甚至也没有整合各共和国之间或塞尔维亚和科索沃省之间的一些课程,但是该教育制度至少在除科索沃之外的国内其他地区提供了易于得到的就业机会。现在它不能对大约一半的新毕业生用接近足以支付西方消费标准的薪酬承诺就业,这种薪酬曾在 70 年代盛行。到 1984 年,南斯拉夫所有家庭中的四分之一已经陷入贫困线以下。平均收入仅仅是一个四口之家所必需收入的 70%。

媒体、流行文化和宗教

迫近的社会经济危机面临着一种流行文化,这种流行文化部分受到了南斯拉夫和欧洲的影响。但为独立的共和国或省的媒体以及不断增长的宗教影响瓜分了。吸引许多观众的体育比赛很可能是最主要的南斯拉夫内部活动。城市间的英式足球和篮球联赛遍布这个国家。这种联赛吸引了并未确认这些运动队为民族代表的大批民众和电视报
342 道。这两项运动产生了世界级的运动员,他们在国际赛事中代表南斯拉夫队的表现使民众团结起来。其他运动也得到蓬勃发展。在不存在中央集权机构或普遍政治控制的情况下,南斯拉夫运动员赢得了奥运奖牌。这种背景解释了举办 1984 年萨拉热窝冬奥会的真正热情。当地电视报道设法满足欧洲电视网的标准。自 20 世纪 60 年代以来,南斯拉夫(但南斯拉夫不是苏联集团成员)已经与西欧电视网取得了联系。

主要共和国首府的所谓“城市音乐”与达尔马提亚海岸风格交融创作的歌曲在 70 年代赢得欧洲流行音乐大赛。塞尔维亚人阿尔森·德迪奇(Arsen Dedić)和克罗地亚人加比·诺瓦克(Gabı Novak)夫妇创作的民谣最令人心酸。80 年代期间,波斯尼亚穆斯林歌唱家莱帕·布雷尼亚(Lepa Brena)演唱的摇滚民谣在塞尔维亚广泛流行。到 90 年代中期,早期很受欢迎的盗版专辑遍布以前的大部分领土,似乎成为“南斯拉夫怀旧”(Yugonostalgia)的一个普遍证据。

流行文化并不总是合成一体的。到 20 世纪 80 年代中期,朋克摇滚乐的崛起,特别是卢布尔雅那乐队的原始纳粹演出提供了最引人注目的实例。特别对塞尔维亚观众而言,中欧青年文化和刻意炫耀游击队禁忌的结合似乎带有同样的意识形态信息,仿佛在二战中穿着纳粹制服演出一样。[7]特别是在铁托 1980 年去世后的宽松政治气氛中,各独立共和国的媒体很容易散布这种独立和分裂的印象。

与任何一个苏联集团国家相比,南斯拉夫的新闻、广播和电视的相对老练和可靠,使它们对舆论有更为巨大的影响力。至 1983 年,27 家日报的发行量超过 200 万份,大约 200 家广播电台的听众就更多了。每千人拥有 175 台电视机,这与爱尔兰的水平相匹敌,并且接近奥地利的水平。“委任的”联邦议会未能赢得西方议会辩论所能吸引的任何公众关注。南斯拉夫媒体的综合影响放大了联邦议会的这种失败。因此

在新的管理部门领导下，最初是贝尔格莱德媒体，然后在1989年之后萨格勒布媒体成为种族政治和宣传的有效传播媒介，这是不足为奇的。它们在苏联集团中的同行无法施加这种影响力。

到20世纪80年代，南斯拉夫电影业集中于贝尔格莱德、萨格勒布和萨拉热窝。独立的南斯拉夫电影业没有屈从于民族主义的操纵。其独立性的显著例子是埃米尔·库斯图里卡导演的(Emir Kusturica)以 343
萨拉热窝为背景的涉及不同种族的电影和1988年创作的《没有名称的电影》(*Film With No Name*)。1988年这部电影利用《罗密欧与朱丽叶》剧情梗概去描绘塞尔维亚族-阿尔巴尼亚族冲突的有讽刺意味的情况。但是到80年代中期，电视和家用录像的传播大大减少了在未翻新的小电影院观看电影的人数，除了最受欢迎的好莱坞电影以外。[8]不久之后，持续的经济危机使南斯拉夫电影公司不可能继续一年制作大约30部电影。自60年代以来，南斯拉夫电影公司一直平均一年制作大约30部电影。

三大宗教——天主教、东正教和伊斯兰教——未曾大量使用正在崛起的电子媒体。1976—1978年通过的关于宗教权利的新共和国法律剥夺了它们合法使用广播或电视的权利。它们的教会刊物(见第九章)能够维持，但是继续禁止共产主义者联盟中存在宗教信徒并且禁止独立的儿童宗教教育。公立学校必需的无神论教导没有严重削减信徒人数，但是城市的世俗文化严重削减了信徒人数。1985年的调查发现，教徒中天主教教徒的比例已经下降到低于三分之一，东正教教徒和波斯尼亚穆斯林的比例也已下降到低于五分之一。自1960年以来，所有教徒人数下降了至少一半。

克罗地亚的天主教统治集团对该共和国的宗教法提出质疑，其报纸《教会之声》(*Glas koncila*)多次提出反对意见。从1975年开始，该统治集团举行“连续九天的盛大祈祷式——克罗地亚人的13个世纪基督教”的年度庆祝活动。这些盛大的公众集会一直持续到1984年，那一年这类集会吸引了整整40万人。集会总是包括展示克罗地亚的国家象征和歌唱共产党条例禁止的国歌。到1988年，黑塞哥维那的塞尔维亚族东正教主教,将同《教会之声》关于天主教对克罗地亚和波斯尼亚-黑塞哥维那的塞尔维亚族的意图进行公开论战。[9]在其他方面,在所有三类教士中,宗教动乱的主要倡议来自下层。波斯尼亚-黑塞哥维那的圣方济各会是迄今为止最大的天主教修会。从 20 世纪 70 年代中期以后,圣方济各会与莫斯塔尔(Mostar)的主教区权威开始作斗争。圣方济各会对默主哥耶(Medjugorje)①儿童宣传圣母像(Madonna)的超自然出现和随后的国际朝圣,加强了该修会讨价还价的能力。

1982 年,一封来自科索沃的塞尔维亚族东正教教士的信件向一位沉寂的前牧首控诉科索沃的阿尔巴尼亚族对教会财产的骚扰和破坏。当这些控诉继续下去时,1984 年东正教报纸《东正教》(*Pravoslavije*)发表了对共产党政权的首次真正批评。作为对该国一些地区东正教教344 堂重建缓慢的补偿,牧首得到允许在贝尔格莱德市中心重新开始建造圣·萨瓦大教堂。第二次世界大战曾使该教堂的建造停止下来。

到了 20 世纪 80 年代中期,只有波斯尼亚穆斯林保持沉默,他们受制于该共和国全面的共产党审查;但是提供儿童独立宗教教导的新权利和大约 800 所清真寺将要得以建造或修缮,让他们感到安慰。面对着增长的社会经济危机,该统治集团的非常克制有助于推动世俗的穆斯林学者阿利雅·伊泽特贝戈维奇(Alija Izetbegovic)和其他几个穆斯林学者为伊斯兰价值观畅所欲言。虽然直接支持类似的原教旨主义的指控不是令人信服的,但是 1979 年的伊朗革命无疑鼓励了他们。与其宗教统治集团已经做的任何事情相比,具有讽刺意味的是,根据这种并无确实证据的指控——即拥护波斯尼亚建立伊朗模式的穆斯林政府,1983 年对他们的迅速审判和监禁在萨拉热窝和其他城镇更激发了对伊斯兰教有根据的兴趣。[10]

政党和军队

到 20 世纪 80 年代中期,共产主义者联盟和南斯拉夫人民军也开

① 波斯尼亚的巴尔干半岛小镇。

始担忧旷日持久的社会经济危机的后果。1982 年该党党员数达到顶峰,从 1972 年的 100 万人上升到 220 万人。这是由于 70 年代中期在管理人员中进行的成功征募运动,以及 1979 年苏联入侵阿富汗之后在学生中进行的成功征募。尽管存在吸引他们的这些特别努力,产业工人从未超过党员总数的 30%。1985 年之后,工人和学生开始离开该党,特别是在大城市;党员人数总体开始下降,到 1989 年下降到 150 万。根据 80 年代中期进行的一次民意调查,所有党员中近 30%认为该党的名声差,并且所有年轻人中的一半说他们不想入党。在斯洛文尼亚,这一比例多至 88%,在克罗地亚这一比例多至 70%。[11] 塞尔维亚族和黑山族继续构成超过一半的党员,虽然他们仅仅构成总人口的 40%。在其他民族中,到 1981 年,克罗地亚族和斯洛文尼亚族党员人数已经在下降。尽管克罗地亚族和斯洛文尼亚族占人口的 30%,但是他们的党员数下降到全部党员总数的五分之一。只有波斯尼亚穆斯林的比例在 1971 年之后显著增长,其党员正好超过波斯尼亚穆斯林在人口中的 7.8%比例。

不论人种,整个 20 世纪 80 年代党员居高不下的一个机构当然是南斯拉夫人民军。然而面对经济紧缩,南斯拉夫人民军的人力和预算资金面临缩减。到 1984 年,军事开支从 1980—1984 年已经减少的定 345
额又缩减了三分之一,并且其部队从 27 万人缩减到 22 万人。陆军仍然是武装力量的最大组成部分,它夸耀拥有 18 万兵力,大约三分之二被征召入伍者的服役时间从 15 个月减少到 12 个月。两个特征把构成陆军其余三分之一的职业军官和士官区别开来:其一,几乎所有的职业军官和士官是共产主义者联盟的成员;其二,按照人种,大约 60%的职业军官和士官是塞尔维亚族,8%的职业军官和士官是黑山族,克罗地亚族仅占 14%,其余一个民族占 6%或更小比例。与针对非塞尔维亚族的任何歧视相比,70 年代开始崛起的城市中心和斯洛文尼亚对这些职位申请的急剧下降,更加解释了这种比例失调。

无论如何,与最主要的那些变化相比,经常被引用、有时被夸大的不平衡证明了这些变化在 20 世纪 80 年代期间是较不重要的。[12] 塞尔维亚族的影响力在那时显著提升。布兰克·马穆拉(Branko Mamula)海军上将自1979年以来一直是陆军参谋长。当这个克罗地亚的塞尔维亚人成为国防部长时,他在1982年开始把种族平衡的“关键制度”严格应用于统帅部的转变。一个塞尔维亚族将军接替了他的位置,并且他们联手让许多主要来自克罗地亚或波斯尼亚的塞尔维亚人进入统帅部的战略性职位,虽然很大程度上仍保持着整体的种族平衡。马穆拉有其他影响深远的计划去“简化”事实上是加强陆军对其部队和物力的中央控制。他努力让这些共和国的地方防卫部队(Territorial Defense Forces)从属于南斯拉夫人民军,并且把该国的防御系统合并成仅仅几个地区的防御系统。为了使南斯拉夫人民军到80年代末能够自给自足,并且在此期间为其饱受批评的军事预算创造一些出口收入,他也促进了武器生产上的新联邦投资。这每一个举措都引起政治争议,特别是在斯洛文尼亚。

新领导人和新政治

联邦机构的危机和给南斯拉夫人口的社会经济压力最终在1986年促使一批新人物登上政治舞台。正如上文所述,最先自告奋勇的是塞尔维亚和斯洛文尼亚共产主义者联盟的新领导人——斯洛博丹·米洛舍维奇和米兰·库昌。在现在开放的种族政治实践中,科索沃的阿尔巴尼亚族和南斯拉夫人民军成为各自的对手。他们和其余的共和国
346 领导人也面临着与共产党组织无关的新参与者,这些人渴望在很可能是二战后南斯拉夫最潇洒的政治表演中扮演富有表情的角色。

科索沃和米洛舍维奇的崛起

1986年时,塞尔维亚的共产主义者联盟面临一大堆问题,其中一个是科索沃的塞尔维亚族少数民族的地位问题。该共和国的领导岗位大量配备了地方干部。在1972年清洗之后,他们已经似乎是马尔科·尼凯齐奇(Marko Nikezic)及其贝尔格莱德盟友的最可靠替代者(见第十章)。在贝尔格莱德,尽管此时其人口增长率仅次于斯科普里,但是

这个大城市正在显示着联邦基金长期遭到剥夺的影响。联邦基金在其余共和国首府是可以得到的，可用于城市基础设施投资。因为贝尔格莱德是联邦首都，所以贝尔格莱德被长期剥夺联邦基金。贝尔格莱德申办 1992 年夏季奥运会的失败显示了仅为补救积累的不足就将有许多工作要做。在整个 20 世纪 80 年代，该城市的失业率上升，到 1989 年达到 25%。几年前，一些贝尔格莱德的党领导人和以市场为导向的谨慎领导人伊万·史丹姆波利克(Ivan Stambolic)日益感到不安。

贝尔格莱德有影响的媒体和学术界不能抵制这些议论，这些议论是指一些共和国正在以某种方式利用联邦在其他方面歧视塞尔维亚。但是在其他什么方面歧视塞尔维亚呢？经济危机让所有共和国同样倾向于怀疑它们自己的麻烦。塞尔维亚的党领导人要寻求解决这种迫在眉睫的危机，只有通过进一步修宪和市场改革的漫长过程。1974 年早期的修宪允许科索沃和伏伊伏丁那拥有联邦诉讼中的独立投票权，这使塞尔维亚的投票权缩小到八分之一。

伊万·史丹姆波利克在 44 岁时已经成为共产主义者联盟的领导人，此时恰好是 1980 年铁托去世之后。作为佩塔尔·史丹姆波利克(Petar Stambolic)的侄子，伊万·史丹姆波利克是铁托在 1972 年阉割塞尔维亚党的选择。那时以来，这种惰性一直是塞尔维亚党的特征，伊万·史丹姆波利克无法克服。他自己也没有笼统谈及在不诉诸联邦政治费解的、模棱两可的辞令的情况下，必须作出什么样的艰难的政治选择。但是存在两个例外。伊万·史丹姆波利克赞成市场经济改革，并且也表明他反对"民族主义对年轻人的毒害"和种族政治。1985 年，他把在党内外听到的这些想法作为攻击目标。这些想法就是南斯拉夫共产党通过一个反塞尔维亚族联盟掌权，并且米哈依洛维奇的"切特尼克"因为反 347
对这一联盟曾被歪曲为战犯。伊万·史丹姆波利克强调，"无论何时何地必须抨击"这种观点。但是由于实行审查制度而不是奖学金，并且由于限制攻击"共产党传统是无可指责的"这种神话的，他未能说服应当是其天然盟友的、数量足够多的贝尔格莱德知识分子。

斯洛博丹·米洛舍维奇准备去同那些盟友达成并不靠谱的协议，

然后同地方党干部达成更正常的协议。在伊万·史丹姆波利克的直接倡议下,年仅 44 岁的米洛舍维奇在 1985 年成为贝尔格莱德的党书记。20 世纪 60 年代初,斯洛博丹·米洛舍维奇和伊万·史丹姆波利克曾在贝尔格莱德法学院邂逅。当时米洛舍维奇刚从塞尔维亚内地到达贝尔格莱德,并且迅速在那种帮助年轻外省人进步的、与意识形态有关的委员会中寻求职位。米洛舍维奇随后晋升为科技天然气委员会(Technogas)(1970—1978 年)和贝尔格莱德银行(Beobanka)(1978—1982 年)的负责人,恰好在伊万·史丹姆波利克结束那些职位的任期之后。当伊万·史丹姆波利克在 1986 年 5 月成为塞尔维亚总统时,米洛舍维奇也从贝尔格莱德党的领导人进一步晋升为塞尔维亚中央委员会首脑。在这整个时期直到 1987 年初,米洛舍维奇遵循了所有这种主从关系的不成文规则。他在所有政策问题上支持伊万·史丹姆波利克,反对塞尔维亚民族主义的潜在威胁。[13]

在 1987 年 4 月 24 日傍晚之前,米洛舍维奇几乎没有谈及过科索沃。当天傍晚,在伊万·史丹姆波利克的敦促下,米洛舍维奇同当地的科索沃党领导人一起在城镇的文化中心向不满的科索沃塞尔维亚族和黑山族代表发表演说。在注定中世纪塞尔维亚命运的 1389 年战役遗址的近旁,米洛舍维奇看到一队警察击退一大群高呼口号的人群。对那个大厅而言,这些群众人数太多。米洛舍维奇不由自主地高喊:"没有人敢打你们。"接着他在人群中连续 12 个小时听取了一连串的怨言。让他的追随者们在未来岁月大为称道的是,在他有机会罢免其导师伊万·史丹姆波利克之前,这个宣泄性事件没有改变米洛舍维奇的政治行为。6 月,那个时机显然还没有到来,当时米洛舍维奇通过尖锐抨击这一事件为"最黑暗的民族主义",来加强他对塞尔维亚艺术与科学学院(Serbian Academy of Arts and Sciences)1986 年《备忘录》的无声批评效果。

该《备忘录》,或更精确地说是在 1986 年 10 月被泄漏给官方媒体的 74 页草案统合了这些不满。这些不满就是在铁托去世以后更宽松却也较少确定性的政治气氛中,许多塞尔维亚作家和历史学家在共产主义体制外一直表达的不满。通过重新审视过去,他们发出了一种呼声。年轻的新闻记者武克·德拉什科维奇(Vuk Drašković)、遭到长期 348
放逐的党的领导人多布里卡·乔西奇(Dobrica Ćosić)的历史小说对塞尔维亚在两次世界大战中的苦难表达哀悼。更多哀悼出现于装帧精美的新书《历史上的塞尔维亚人》(*Istorija srpskog naroda*)(第二卷)对在科索沃存在的东正教的具体称颂中;出现于韦塞林·久雷蒂奇(Veselin Djuretic)对第二次世界大战中背叛米哈依洛维奇和塞尔维亚的联盟政策的行为所进行的没有学识的、前所未有的批判;并且出现于由弗拉基米尔·德迪耶尔(Vladimir Dedijer)汇总在一起的、质疑铁托在战争期间模范作用的、不连贯的文件汇编中。[14] 累积的经济危机让这些出版物和寻求轰动效应的《贝尔格莱德周刊》大受欢迎。离开科索沃的塞尔维亚族提供的关于迫害的耸人听闻的报道,促使大批群众参加遭贬谪的亚历山大·兰科维奇的1983年葬礼。现在兰科维奇因为使科索沃"处于控制之下"而非正式地受到称颂。

起草1986年《备忘录》的几个历史学家(根据乔西奇的说明,他本人不在其中)寻求把公众的注意力集中于克罗地亚和科索沃。该《备忘录》的前半部混合着对《1974年宪法》和1965年市场机制改革的"错误转变"的批评,这种批评与对塞尔维亚在联邦经济中地位的相关抱怨混合在一起。该文件的后半部准许该文件关于民族问题的主要作者韦塞林·久雷蒂奇根据"种族灭绝"的克罗地亚族的往事,详细阐述在克罗地亚的塞尔维亚族的目前危险。第二次世界大战中"乌斯塔沙"的"克罗地亚独立国家"政权只是这些往事中的一部分。但是该《备忘录》的其余部分把科索沃作为试金石去证明一个"反塞尔维亚族联盟"已经形成,需保护"一个软弱的塞尔维亚"。该《备忘录》指控伊万·史丹姆波利克的领导正在让科索沃的"种族灭绝",它引证了塞尔维亚艺术与科学学院对近来从科索沃迁出的500个塞尔维亚族家庭的有争议的1985年调查报告。不到四分之一的家庭指责被其他调查报告所引用的那些经济原因,并且谴责阿尔巴尼亚族的暴力和胁迫。同时,该省的科索沃政权独立地投票,在联邦中拥有与塞尔维亚平等的权利。

1987年秋,米洛舍维奇机敏地转移到民族主义者一方,但是米洛舍维奇持什么信念仍不得而知。当他的贝尔格莱德市委书记继任者在中央委员会的9月全体会议上采取激化“民族主义媒体”的过分行动时,米洛舍维奇把握住了这个机会。米洛舍维奇动员足够的支持迫使伊万·史丹姆波利克离开,并且含蓄地谴责他。在几个星期内,米洛舍维奇精心安排了把《政治报》的记者联合体和贝尔格莱德电视业领军人物免职的行动。这些人不是批评了媒体的民族主义过分行动,就是批评了米洛舍维奇的支配地位。在罢免作为塞尔维亚总统的伊万·史丹姆波利克的运动中,贝尔格莱德媒体的关键作用与米洛舍维奇及其地
349 方党的支持者汇合起来。12月份他们取得了成功,南斯拉夫人民军参谋长代替了伊万·史丹姆波利克的职务。确实,新领导人继续开展对市场改革的初步尝试,市场改革被写进了由贝尔格莱德那些自由主义经济学家准备的报告中。那些经济学家迅速委派到被称之为“米洛舍维奇委员会”的机构。然而,米洛舍维奇及其重新组成的党领导层仅仅谈及再次集中权力的需要;首先在塞尔维亚,然后在整个南斯拉夫再次集中权力。

1988年米洛舍维奇以令人眩目的速度前进,不仅以常见的共产党方式巩固政治控制,而且在塞尔维亚内外举行一系列规模巨大的公众集会。他鼓励塞尔维亚民族主义那些前所未有的主张,包括展览“切特尼克”的勋章。11月,贝尔格莱德集会聚集了可能100万人,一些人被地方党领导人动员,但是更多的人为媒体或个人的冤情所动员。伏伊伏丁那的塞尔维亚族群众示威奠定了取代那里党领导层的社会基础。伏伊伏丁那的党领导层易受攻击,因为他们只管保护自己的特权,而没有做任何事情来减轻经济危机。米洛舍维奇的演说发挥了决定性的作用。他用简短明确的语句去表达大众的种种挫折,然后使这些挫折全部变成关于塞尔维亚和塞尔维亚人如何受到压制的政治示威。[15]

到1988年末,类似的骚动已经推翻了黑山共产主义者联盟的领导层并且启动了重新吞并科索沃和伏伊伏丁那的塞尔维亚《宪法修正案》。这些示威也促成了联邦总理布兰克·米库利奇(Branko Mikulić)

的上述辞职。联邦执行委员会权威的衰落,使联邦政府机构成为可能使南斯拉夫保持团结的唯一民事当局。其他共和国的党的领导层和普通公众一直在电视上观看了吸引他们的米洛舍维奇的演说,以及危险的示威。他们瞧不起米洛舍维奇未能放弃由这两个省在政府机构中把持的独立投票权。连同塞尔维亚和黑山,它们将给予新组成的米洛舍维奇阵营批准任何决议所需要的 8 票中的 4 票。僵局或对峙的情况可能已经得到一半改善。

斯洛文尼亚与南斯拉夫陆军

僵局或对峙的另一半情况可能在斯洛文尼亚开始,并且从那里蔓延到克罗地亚、波斯尼亚-黑塞哥维那和马其顿。与其他共和国相比,斯洛文尼亚仍然拥有最高的生活水平和低得多的失业率。虽然如此,到 20 世纪 80 年代中期,斯洛文尼亚的经济增长率已经大幅下降。贝尔格莱德呼吁同南斯拉夫其余部分更密切地进行经济一体化。与响应 350
贝尔格莱德的这种呼吁相比,改善同邻近的奥地利、意大利和匈牙利的关系似乎是恢复经济增长的一种更好方式。对一些斯洛文尼亚人而言,仅占人口 8%的斯洛文尼亚人负担联邦预算的四分之一似乎太多了。这种纯粹的经济问题有助于让斯洛文尼亚成为除了塞尔维亚之外唯一这样做的共和国。在 1989 年之前,塞尔维亚共产主义者联盟出现更年轻的新领导层。

1963 年,即先于米洛舍维奇一年,米兰·库昌在卢布尔雅那已经完成其法律研究,到 1968 年其地位迅速上升到成为一个斯洛文尼亚青年组织的领导人。但是作为斯洛文尼亚党领袖斯塔内·卡夫契奇(Stane Kavcic)的一个支持者,米兰·库昌勉强幸免于 1972 年铁托对卡夫契奇和其他自由主义领导人的清洗。1973—1986 年,米兰·库昌在斯洛文尼亚社会主义者联盟(Slovenia's Socialist Alliance)、国民议会和共产主义青年团担任一系列高层职位。但是他没有在斯洛文尼亚党的核心层担任一个职位,斯洛文尼亚党的核心层仍然由斯塔内·多伦茨(Stane Dolanc)及其有坚定信仰的盟友控制着。1986 年,米兰·库昌被提升去领导斯洛文尼亚党。最初这并没有对其他共和国造成任何对抗性问题,除了米洛舍维奇曾直接提出的相同经济问题之外。然而,当塞尔维亚因为科索沃或南斯拉夫人民军关于斯洛文尼亚的公民权利问题而爆发争论时,米兰·库昌将在这些争论导致种族政治和独立运动的地方追随它们。起初几乎没有人曾认为这种独立是可能的。

这些致命的争论围绕着青年文化开始,青年文化是作为一种社会运动而出现的。虽然经共产党批准,但是《新评论》(*Nova Revija*)和改组的《青年》周刊(*Mladina*)已经失去控制,并且在 1985 年它们开始抗议官方政策。它们攻击官方媒体对爱德华·科茨贝克(Edvard Kocbek)再次掀起的批评。刚刚去世的爱德华·科茨贝克在二战期间是游击队最好的基督教社会主义者盟友。这两份杂志也反对国防部长马穆拉提出的重组南斯拉夫人民军的建议,因为其共和国防卫部队从属于联邦的共产主义者联盟。这两份杂志不同意煽动性地提到卡德尔在该国使用的马克思主义用语,从而为南斯拉夫人民军规划"消亡"或许是他们更大的目的。

卢布尔雅那大学的学生领袖利用公众支持,提出了四项请愿。1986 年 11 月一项税收全民公决的失败隐含了这种公众支持。所有这些都挑战了现行的联邦秩序。获得最大关注的是这两项要求:对兵役的选择权利,以及结束庆祝铁托 5 月 25 日生日这种"过时仪式"。这种"过时仪式"就是穿越所有共和国、最终在贝尔格莱德体育场举行青年火炬接力的仪式。联邦政府机构意识到这种仪式日益引起对自己的匿
351 名关注,在 1988 年联邦政府放弃了这种仪式。那时,斯洛文尼亚学生和两份现在独立的刊物被锁定于同南斯拉夫人民军领导层和贝尔格莱德的米洛舍维奇媒体的冲突中。他们认为国防部长马穆拉是一个向第三世界输出南斯拉夫军事装备的"军火商",这将抵消强加于南斯拉夫人民军的某些预算削减。他们嘲笑马穆拉关于重新配置军区的计划,并且加强了对南斯拉夫人民军的政治控制。当军队情报机构(KOS)在 1988 年 5 月逮捕几名斯洛文尼亚记者时,马穆拉在某种混乱中退休了。这些记者中包括亚内兹·扬沙(Janez Jansa)(他以后是一位著名的

政治人物）。他们在《青年》上发表一份著名的斯洛文尼亚人名单。如果发生军事紧急情况，南斯拉夫人民军将根据这份新名单拘留这些人。虽然这份名单的真实性受到质疑，但是被告们赢得了斯洛文尼亚公众的同情。因为南斯拉夫人民军当局坚持在自己的法庭进行秘密审判，并且秘密审判使用塞尔维亚-克罗地亚语而不是斯洛文尼亚语，因此这些记者在斯洛文尼亚当局安排的软禁下服刑，来防止他们被监禁于军队监狱。在此期间，米洛舍维奇领导的群众示威场面和他的关于科索沃应当在塞尔维亚族控制之下的要求，使斯洛文尼亚电视观众反对同贝尔格莱德达成任何和解。[16]

此时库昌和联邦政府机构的斯洛文尼亚族成员亚内兹·斯塔诺维尼克（Janez Stanovnik）由被动接受这些挑战转到积极支持这些挑战。正式放宽了对媒体的限制，许多长期批评铁托南斯拉夫的流亡者得到允许访问。库昌的领导层草率拒绝了塞尔维亚提出的一项建议，即1988 年 11 月举行对一组《宪法修正案》的全民公决。一些《宪法修正案》旨在恢复合理的中央控制。米洛舍维奇政权已经加强了斯洛文尼亚公众对贝尔格莱德作为一个理性的行政中心的怀疑。为了保护科索沃阿尔巴尼亚族的人权，库昌本人在 1989 年 2 月出席了一次由斯洛文尼亚社会主义者联盟组织的集会。有人认为贝尔格莱德媒体不再能够被信任去准确报道。于是他批准派遣斯洛文尼亚电视台工作人员到普里什蒂纳去报道正在展开的对抗。

像布兰卡·马加斯（Branka Magas）戏称的那样，对斯洛文尼亚和克罗地亚的公众舆论而言，科索沃现在成为一个“分水岭”，因为它忠诚于“实际现存的”南斯拉夫。[17]1989 年 11 月，特雷普卡（Trepca）矿山工人举行罢工，抗议米洛舍维奇准备结束该省的自治以及把深受爱戴的党领导人阿泽姆·弗拉西（Azem Vllasi）免职。随后矿工们向普里什蒂纳的进军迅速演变为 5 天示威，示威集合了 50 万科索沃的阿尔巴尼亚
族人。矿工们在 2 月再次罢工，并且迫使米洛舍维奇放弃他已经任命 352
去接替弗拉西的前警察总长。但是矿工们不能阻止科索沃在次月被并入塞尔维亚，也不能阻止弗拉西因似是而非的罪名而遭到长期拘留，这

个罪名就是弗拉西煽动了 2 月罢工。这种拘留也最终停止了。3 月 28 日得以修订的塞尔维亚《宪法》尽管正式终结科索沃和伏伊伏丁那的自治权利，但是没有使米洛舍维奇政权丧失它们在联邦政府机构中的两个席位。

致命的“十字路口”(1989—1991)

到 1989 年初，斯洛文尼亚和塞尔维亚的党领导层争吵不休。在过去的一年中，它们的对抗扩大化了，使所有南斯拉夫的共和国和省卷入其中。首先是克罗地亚，然后是波斯尼亚-黑塞哥维那和马其顿被卷入同卢布尔雅那的一个松散联盟。波斯尼亚-黑塞哥维那和马其顿有时徒劳地试图发挥平衡作用。或许使它们同斯洛文尼亚联合起来的一个因素是它们获得了四个联邦投票权，具有对抗其他四个联邦投票权的能力。通过仔细挑选和安置三个新的共产党领导人，最初是 1988 年年底在科索沃和伏伊伏丁那，然后是 1989 年 1 月在黑山，米洛舍维奇的塞尔维亚终于集合了这四个联邦投票权。

有讽刺意味的是，这种政治僵局和新总理的 3 月选举与两位坚定的市场改革者于 5 月换班总统职位相符合。从 1989—1990 年，作为该政府机构的总理和总统，克罗地亚族技术官僚安特·马尔科维奇(Ante Marković)和年轻的斯洛文尼亚族经济学家亚内兹·德尔诺夫舍克(Janez Drnovsek)合作得很好。他们结束了加速的恶性通货膨胀，并且开始一系列大刀阔斧的改革，这些改革最终为推行市场经济奠定了基础。然而，他们是在没有联邦共产主义者联盟的情况下这样做的；1990 年 1 月之后，联邦共产主义者联盟已不复存在。此后这种僵局波及 1990 年的各共和国选举，并且使幸存的南斯拉夫遗留下新政党和种族政治。

共产主义者联盟的结束

1989 年 2 月，为了科索沃的“和平和团结”，米兰·库昌和其他斯洛文尼亚党领导人出席了卢布尔雅那集会。同期，更消极的克罗地亚领导层接受了修订其共和国《宪法》的几项倡议。在这些倡议中，致命的倡议是允许创立新政党。在1989年,联邦共产主义者联盟的首脑是斯蒂佩·舒瓦尔,他是克罗地亚人。有讽刺意味的是,他是一党专政的坚 353
定拥护者,就是在重新中央集权和与意识形态更相关的教育体制的统治下的一党专政;然而,由于他在共产主义者联盟贝尔格莱德总部的地位,他没有办法阻止这种倡议。他已被卷入了利用党纪来打垮米洛舍维奇部队的努力,因为米洛舍维奇部队推翻了这两个省和现在黑山的领导层。作为回应,在舒瓦尔的简短任期在5月届满之前,米洛舍维奇试图迫使舒瓦尔辞去共产主义者联盟主席职务。同月在塞尔维亚,米洛舍维奇在他号召的全民公决中获得总票数的86%,从而赢得该共和国的总统职位。米洛舍维奇通过此举扩展了他在党外的权力基础。

1989年6月,所有其他共和国的党领导层被迫出席塞尔维亚党的"科索沃战役600周年"纪念日的大型庆祝活动。50多万不受拘束的人们倾听了斯洛博丹·米洛舍维奇发表的具有威胁性的演说。这次演说回忆了塞尔维亚人在过去如何争取他们的权利,以及"不应当排除"将来再次争取这些权利的需要。其余领导人及其共和国中支持他们的电视观众看见了这样一个塞尔维亚,即领导一个更大的联盟去重建他们绝对不能接受的联邦。

那年夏天,当还不是合法政党的许多非传统的政治运动与斯洛文尼亚民主联盟(DEMOS)一起建立时,米兰·库昌的斯洛文尼亚党袖手旁观。在1989年1月这些政党已经组成,并且正在要求作为独立政党的权利。9月时,该共和国《宪法》的一系列修正案给予了它们这种权利,连同在1990年初举行多党选举的承诺一起。54个《修正案》集中于废除不必要的联邦立法的权利,而且去除了共产主义者联盟垄断合法政治活动的权利,即所谓的"主导作用"。一个《修正案》维护了斯洛文尼亚关于未经其他共和国的相互同意就退出联邦的权利。这种权利违反《1974年宪法》第5条。

米洛舍维奇军队反对卢布尔雅那主办一次群众"真相大会"的要求。大约4万塞尔维亚人和黑山人将前往参会,这让斯洛文尼亚人相信他们谣传的科索沃是多么错误。与伏伊伏丁那唯命是从的老龄化当权人物相比，库昌及其同僚占据了更强有力的职位。伏伊伏丁那的当权人物不能阻止这样一次集会，或者说不能保持他们的职位。由于坚信源自非传统运动和公众的支持力量，斯洛文尼亚族领导人拒绝了塞尔维亚的要求。在一次决定性的对话中，塞尔维亚党的社会主义者联盟对一年前已经开始的联合抵制斯洛文尼亚消费品的运动提供官方支
354 持。斯洛文尼亚消费品通常被认为是南斯拉夫生产出的最好消费品。超过 300 家塞尔维亚公司现在取消合同，并且终止同斯洛文尼亚公司的所有业务关系。为此，斯洛文尼亚一方削减了对联邦预算的捐助达 15%，并且直接向科索沃而不是通过贝尔格莱德派送帮助不发达地区的联邦基金(FADURK)的捐资。

因为联邦党的代表大会，南斯拉夫开始了一个骚乱时期，骚乱持续六个月至 1990 年 1 月。骚乱的原因在于不断增长的国内对抗和一个东欧共产党政权的戏剧性崩溃。该东欧共产党政权的戏剧性崩溃是在 1989 年 11—12 月另一个共产党政权戏剧性崩溃之后。为了重建联邦党的权威，自 1986 年以来，南斯拉夫人民军领导层一直强烈要求召开一次特别会议。现在这次会议被标榜为“拯救大会”，只是因为这次会议许诺了它们的前苏联集团邻国已经纷纷宣布的多党选举。

1989 年 12 月，克罗地亚的共产主义者联盟最终驱逐了舒瓦尔及其同事，任命 40 岁的自由主义者伊维察·拉昌(Ivica Račan)去领导该党。新领导层迅速批准了其他政党可以在克罗地亚存在并且该党要争取赢得即将来临的选举。在弗拉尼奥·图季曼(Franjo Tudjman)的领导之下，未经许可的克罗地亚民主联盟(HDZ)事实上在 1989 年 2 月已经成立。图季曼是前游击队员和南斯拉夫人民军退役将军。到 20 世纪 60 年代后期，他已经变成民族主义历史学家。在 1972 年和 1982—1984 年他两次入狱。虽然他获准出国旅行，但是到 80 年代后期，他在许多克罗地亚族流亡者中争取到相当大的支持。在 1989 年夏天，克罗地亚民主联盟的极端主义追随者在达尔马提亚对当地塞尔维亚族发动了足够多的人身攻击，从而使该新党的民族主义言论似乎真正有了威胁性。克拉伊纳的塞尔维亚族同当地克罗地亚族对抗，并且

在米洛舍维奇媒体的鼓励下开始要求在克罗地亚内的自治。如果它们是南斯拉夫的组成部分,就实行文化自治;如果它们不是南斯拉夫的组成部分,就实行政治自治。从1927—1928年塞尔维亚族和克罗地亚族第一次这样爆发激烈冲突以来(见第五章),塞尔维亚族-克罗地亚族的直接对抗一直威胁着南斯拉夫的生存。

至1990年,联邦党在南斯拉夫人民军之外没有产生什么影响。当联邦党在1月最后一次在贝尔格莱德召开会议时,它面对的主要是农村的紧张局势。代表们从未有机会提出塞尔维亚族-克罗地亚族的问题。斯洛文尼亚代表迅速提出一个建议,该建议将让他们近来的《宪法修正案》成为一个更松散的邦联框架,这个邦联差不多只是一个经济联 355
盟。这些建议和米洛舍维奇的加强联邦的建议都不能赢得多数,为此,斯洛文尼亚代表团迅速退出大会。因为米洛舍维奇掌握的4票此时超过剩下的共和国的3票,克罗地亚代表拒绝在没有斯洛文尼亚的情况下继续参会。两个星期以后,斯洛文尼亚党脱离共产主义者联盟,并且改名为"民主复兴党"(Party of Democratic Renewal)。这时,联邦党实际上已不复存在。[18]然而,市场改革和多党选举的承诺让南斯拉夫社会主义联邦共和国幸存了一年半。

休克疗法和马尔科维奇空位期

市场改革的真正动力在1965—1966年已经短暂地出现过(见第九章)。近1988年底时,它延迟性地再度出现。在国际金融界的压力下,米库利奇(Mikulic)政权提出了三个大有可为的新方案。到安特·马尔科维奇在1989年3月成为联邦执行委员会首脑的时候,这些新方案已经起到作用。根据同国际货币基金组织的一个新协定,南斯拉夫免除进口商品的各种配额和特别关税。在1988年初,各种配额和特别关税仍然限制着获取90%进口值的机会。到1988年末,这个数字下降到45%;到1989年12月,这个数字下降到13%。关于外国投资的最新法律最终消除了所有权和收益的居住地限制,这使1967年法案成为一纸空文。1988年法律给予私人投资者在社会企业中获得股权的机会,尽管其定义并不明确。通过取代1976年《联合劳动法》,1988年法案幸运地结束了企业工人委员会命运多舛的被细分为基层组织(OOUR)。1989年2月,第三部《金融业务法》规定,如果社会企业缺乏实际财力支付其债务就应当宣布破产。而《劳工法例》删除了企业保证现有劳动力就业的这一规定。虽然这个规定没有达到媒体推测的程度,但是它仍然警告15家社会企业中一家雇佣50万工人的企业,警告他们无力偿债,并且他们员工的工作岌岌可危。[19]

国内的负担仍然有待解除。虽然国内价格管制制止通货膨胀无效,但是它仍然能够扭曲资源分配。马尔科维奇使自由定价成为1989年剩余时间里的三个工作重点之一。到1989年末,他解除了四分之三工业品零售价格的价格管制,并且正大力推进解除其余部分的价格管制。当然,其直接结果是使1988年250%的通货膨胀率上升为1989
356 年2 500%的恶性通货膨胀。价格激增实际上有利于他后来为建立第纳尔的稳定汇率和中央控制的货币供给所采取的努力。尽管1965—1979年期间第纳尔对1美元的汇率仅仅从12.5下降到20,但是在20世纪80年代期间第纳尔的汇率已呈自由下落。1985年时,第纳尔对1美元的汇率超过300,1988年时超过1 000。第纳尔的暴跌结束了涉及国内通货膨胀的货币长期高估。整个70年代,国内通货膨胀支持进口超过支持出口。[20]因为它产生国际收支经常项目顺差,所以西方债权人拍手喝彩。国际收支经常项目顺差是支付利息和减少外债所必需的。1989年的恶性通货膨胀使安特·马尔科维奇确信,如果不能保证所有西方的利益,那么,平衡新近放开的进口所需要的外国投资永远不会到来,除非其利润可预见地稳定并且用可兑换的第纳尔来赚取。

到6月时,马尔科维奇适当地抓牢南斯拉夫国家银行作为杠杆。通过这个杠杆,他能够遏制货币和信贷的供给以及自此以后的通货膨胀率和汇率。这和1991—1992年将成功这样做的波兰巴尔采罗维奇(Balcerowicz)政权几乎一样。马尔科维奇的新方案剥夺了南斯拉夫国家银行对政治上受到优待的企业或利息低于通货膨胀率的项目提供选择性贷款的权利。基层银行和联合会也失去了从南斯拉夫国家银行获得自动贷款的机会。最重要的是,马尔科维奇与各共和国达成了一个协议,允许银行通过少数服从多数而不是全票通过去执行这些或其他决定。

一旦1989年的恶性通货膨胀从试图通过新的市场机制突围的企业手中压榨出最后的第纳尔储备,那么马尔科维奇就可以利用南斯拉夫国家银行和联邦硬通货储备来支持1990年1月1日的全面货币升值。新第纳尔对美元的汇率被稳定在11。上述储备完全支持新第纳尔按照这种汇率的可兑换性。新第纳尔的发行被南斯拉夫国家银行严密管制,以防止通货膨胀再度出现。该银行在维护这种纪律方面的最初成功使观察家们沉思,如果很久以前实行这种措施,那么将会产生什么影响。通货膨胀率迅速下降到零,许多企业和个人持有的庞大硬通货开始被兑换成新第纳尔。到5月时,外汇的流入量大大超过了流出。而在1965—1966年(见第九章)夏天时,趋于繁荣的旅游旺季和不断改善的贸易平衡,似乎使南斯拉夫经济出现拐点。似乎因为对"经济合作和发展组织"(OECD)国家的国际收支经常项目实现顺差和改变出口方向(到1988年时超过一半)而出现了一些国内优势。在20世纪80年代期间已经实现这种国际收支经常项目顺差,并改变了出口方向。[21] 357
民意调查显示,安特·马尔科维奇是1990年上半年南斯拉夫最受欢迎的政治家。

然而,不知在1990年下半年出了什么问题,以至于通货膨胀重新开始,并且破坏了南斯拉夫人持有第纳尔而不是马克或美元的经济信心?真正的经济压力当然正在积累。正利率和仍然沉重的税收负担——联邦的、共和国的和地方的税负——使越来越多的企业甚至难以准时支付工资,更不必说投资于扩张。这些压力加上国家补贴的终结和新的破产程序,失业威胁着社会企业中一半的劳动力。在这种情况下,国家银行证明不能防止各共和国政府在其行政区域增加货币供应量。斯洛文尼亚和克罗地亚开始增加货币供应量,并且其余的共和国也仿效。在9月和10月,南斯拉夫的月通货膨胀率达到8%,如果持续一整年,那么通货膨胀率将达到120%。

塞尔维亚当局在12月错失了重新开始紧缩银根的任何机会。在塞尔维亚选举的前夕，他们未经南斯拉夫国家银行授权就擅自动用整个联邦提款权的一半，即价值15亿美元的第纳尔，并且利用这笔钱向企业和政府雇员偿还工资、退休金和奖金。已成为塞尔维亚社会党领导人的米洛舍维奇具有讽刺意味地结束了他的1988年计划，该计划就是：在更严格的货币和财政纪律下重新整合南斯拉夫的经济。然而，至1990年，米洛舍维奇甚至放弃了重新整合南斯拉夫经济。米洛舍维奇的结构调整和经济紧缩不能幸免于对联邦权威的抵抗。在1990年各个共和国的竞选活动中开始出现了这种抵抗。一旦各共和国允许那些改革的早期成果消亡，那么米洛舍维奇的声望也就不能持续下去了。

选举和种族政治

1990年1月，共产主义者联盟的分裂促使最后一任总理预言：南斯拉夫能够作为一个没有共产主义者联盟的国家幸存。但是马尔科维奇不久认识到，这个分裂的国家仍然需要一个遍及全国的选举或政党。拥有两者中的一个，某种单一的邦联实体短期内还会存在下去。1990年初，马尔科维奇的联邦执行委员会提出在当年12月举行一次全国性全民公决的计划，但是各共和国的共产党领导层对此未取得一致意见。

359 那时，在所有共和国的一系列选举中已经无人理会一些共产党人或已经抛弃斯洛博丹·米洛舍维奇所领导的那些人。这些人最不适合去谈判达成一项全国范围的妥协或对遍及全国的选举取得一致意见。

安特·马尔科维奇延迟承认需要一个全国范围的新政党，并且他领导了一个"改革力量联盟"(Alliance of Reform Forces)。7月29日，他在一大群波斯尼亚族群众面前宣布成立"改革力量联盟"。但是该"改革力量联盟"不够庞大。到12月，联邦执行委员会自己的投票表决显示，该联盟仅仅吸引14%的波斯尼亚投票者和所有共和国中不到5%的投票者。[22]为南斯拉夫人的团结辩护的另一个新政党反而吓跑了更多犹豫不决的公众。这个新政党就是重组的共产主义者联盟，即军方最高领导层中的塞尔维亚族和黑山族成员在11月建立的"南斯拉

358

图 11.1　在 1992 年 6 月塞尔维亚族军队被最初的克罗地亚穆斯林联盟打败之后，穆斯林妇女在 7 月返回东莫斯塔尔(East Mostar)。

夫运动”(SK/PJ)。南斯拉夫运动的少数追随者没有扩充到远远超出军官团的范围,甚至在塞尔维亚的选举中它也未能显示出成功之处。

塞尔维亚的选举是多党竞选运动中最后的选举之一,多党竞选运动为次年该国的解体提供了政治舞台。到1990年初,大约60个政党宣布有意参加各共和国的选举。到这些选举举行的时候,235个政党以某种方式宣布参选。这些备受分析的选举对1991年开始的南斯拉夫解体和血腥屠杀产生很大的作用。在六个共和国选举中,虽然前共产党人在除波斯尼亚-黑塞哥维那之外的每个共和国中都赢得了总统职位,但是共产党的对手赢得四个共和国的选举。现存的南斯拉夫政府机构中米洛舍维奇掌握的4票已经变成2票,即黑山以及包括科索沃和伏伊伏丁那的塞尔维亚。在当选的各共和国政府的新框架中,米洛舍维奇的2票现在将被其余4票在数量上超过。因此,米洛舍维奇永远也别想把他的条件强加给一个统一的南斯拉夫,并且他将拒绝所有其他的条件。由于这些选举,被丹尼森·拉西诺(Dennison Rusinow)确切地称为一场“可避免的灾祸”已变得不可避免。[23]

毫不奇怪,斯洛文尼亚的选举在1990年4月首先到来。接近60%的公众仍然支持某种形式的南斯拉夫,但是少于20%的公众愿意把主要职权授予任何联邦当局(与其相比,超过80%的塞尔维亚和黑山公众愿意这样做)。这种邦联的倾向而不是奉行分离主义的倾向,引导许多斯洛文尼亚人分散了其在国会和总统选举中的选票。在仍然幸存的社会-政治委员会中,已被废止的共产主义者联盟的继任者加上民主复兴党仅仅赢得73个席位中的14席。由6个反对党组成的“斯洛
360 文尼亚民主联盟”夺取了47个席位,这六个反对党包括基督教民主党到社会民主党的各类政党,并且使前总理洛伊泽·彼得莱(Lojze Peterle)成为“斯洛文尼亚民主联盟”的一个成员。但是米兰·库昌超过“斯洛文尼亚民主联盟”的候选人而赢得总统职位,这在某种程度上肯定了他自1986年以来作为共产党领导人所做的一切。他的政党的“欧洲联盟”新旗帜和财政独立于联邦的承诺也赢得了选票。12月举行的全民公决决定斯洛文尼亚是否要留在联邦中。在此次全民公决

中，投票数同样庞大的符合条件的95%选民选择独立。

克罗地亚选民不能分散他们的选票，因为代替社会-政治委员会的新议会获得授权去选举总统。在4—5月社会-政治委员会的第一轮选举期间，代表改革后的共产党（SKH - SDP）和自由中立派议员的两个政党远胜于它们的斯洛文尼亚对手。这两个政党赢得选票的57%，而它们的斯洛文尼亚对手赢得选票的35%。但是这两个政党的分裂让最大的单一选票获得者——"克罗地亚民主联盟"（HDZ）以42%的得票率占了上风。由于缺乏比例代表制的限制并且拥有大批流亡者的支持，"克罗地亚民主联盟"夺取了80个席位中的54席。这些流亡者为民族主义运动提供了资金。"克罗地亚民主联盟"在议会中的比较优势使5月30日的表决得到了一个不可避免的结果，即表决推选该党领导人弗拉尼奥·图季曼为克罗地亚总统。

虽然在1991年5月之前该新政府没有进行一次提议独立的全民公决，但是它的媒体宣传活动以"只代表克罗地亚人的克罗地亚"而自豪。这样的口号鼓励了当地支持者和返回流亡者的暴行。他们迫使塞尔维亚人不仅像得到批准的那样离开当地警察部队，而且也必须离开行政和企业的职位。沿着过去的哈布斯堡王朝军事边界区，在塞尔维亚人最集中的地区，这种大规模的解雇似乎证实了最为严重的地方忧虑。同时，当地的克罗地亚人也洗劫或夺取沿亚得里亚海海岸的塞尔维亚人拥有的度假屋。一旦弗拉尼奥·图季曼当选为总统，那么就几乎没有克罗地亚的塞尔维亚人听到他的更明智的声明。他们也不信任在斯蒂佩·梅西奇（Stipe Mesic）领导下组成的联合政府提出的和解提议。图季曼不久任命梅西奇这个共产党员去取代南斯拉夫政府机构中敌对的斯蒂佩·舒瓦尔。更准确的征兆是塞尔维亚族和克罗地亚族球迷俱乐部之间的骚乱，这一骚乱结束了萨格勒布队和贝尔格莱德队之间的最后一场足球赛，这两支球队的球员曾在1980年为铁托去世而共同哭泣。

于是，一个独立的克罗地亚的不祥预兆引起了对"乌斯塔沙"重掌政权的进一步忧虑，贝尔格莱德的米洛舍维奇媒体和当地克罗地亚的

361 塞尔维亚族领导人一直幻想着这种情况发生。他们不断引证图季曼在一次挤满回国侨民的“克罗地亚民主联盟”集会上发表的早期竞选演说。在这次集会上,图季曼否认战时的“克罗地亚独立国家”(见第七章)只不过是“法西斯罪犯的作品”,并且认为“它也代表了克罗地亚人民对一个独立国家的历史渴望”。[24]

对一个再生的“克罗地亚独立国家”的恐惧极好地为米洛舍维奇的维持其政党和政府机构权力的运动服务。在1986年,所有共和国政党领导人中米洛舍维奇是唯一一个同其仍处于领先地位的政党一起幸存下来的领导人。他的第一个措施是使塞尔维亚共产主义者联盟转变为一个新政党。他几乎是在7月16日一夜之间就这样做了。一次匆忙召集的联盟大会投票决定把该党的名称变成“塞尔维亚社会党”(SPS)。他的媒体的新闻报道掩盖了这一事实,即这个新党的决策委员会135位成员中111位来自旧时的当权人物。它们尽职尽责地宣扬归功于米洛舍维奇的妻子和新的党副主席米亚娜·马尔科维奇(Mirjana Marković)的这个口号,即“激进派的时机摆在我们面前”。在公共场所,米洛舍维奇的照片现在取代了铁托的照片。塞尔维亚媒体把图季曼花言巧语地最小化塞尔维亚人在二战中伤亡的竞选运动,和克罗地亚的塞尔维亚人正在真正面对的地方弊病联系起来。

尽管存在这种宣传攻势、尽管为了提供欠薪而较早进行了货币安排、尽管限制特定的6个反对党接触媒体,塞尔维亚社会党在塞尔维亚新议会的12月选举中仍未达到绝对多数。然而像在克罗地亚一样,比例代表制的同样缺乏给予他们240个席位中的194席。米洛舍维奇本人赢得总统职位选票的65%。他作为总统的最初法令之一是允许内政部建立“塞尔维亚自卫队”(Serbian Voluntary Guards)。这个法令允许化名阿尔坎(Arkan)的热利科·拉日纳托维奇(Željko Ražnatović)去组成一个自称“老虎”的准军事组织。热利科是西欧的一名通缉犯,并且是前南斯拉夫安全机构(SDB)的一位知名的非正式会员。《赫尔辛基观察》(*Helsinki Watch*)确认阿尔坎的“老虎”是1992年夏天在比耶利纳(Bijeljina)和其他波斯尼亚城镇中实施战争罪行的作恶者。[25]

马其顿和黑山的选举产生了暗示性的结果，即南斯拉夫仍可能以某种方式得以幸存。来自16个政党的超过1 000名候选人和一些无党派人士在11月选举中竞争马其顿议会的120个席位。6个主要政党对维持南斯拉夫和坚持马尔科维奇改革的愿望取得一致意见。马尔科维奇的联盟赢得19个席位，改组的共产主义者联盟赢得30个席位，从而超过民族主义联盟夺得的37个席位，这个民族主义联盟使用两次 362
世界大战之间的“马其顿内部革命组织”（VMRO）（见第六章）的名称。因而产生的议会选举了赞成改革的共产党人基罗·格利戈罗夫（Kiro Gligorov）为总统。在12月的黑山选举中，赞成改革的年轻共产党人莫米尔·布拉托维奇（Momir Bulatovic）赢得总统职位，并且也为其重组的共产党赢得议会三分之二席位而保持了这一权力。这一权力就是米洛舍维奇在1988年授予他及其同样年轻的同事们的权力。格利戈罗夫和布拉托维奇都支持马尔科维奇改革和南斯拉夫的继续存在。

波斯尼亚-黑塞哥维那的12月选举应该给予马尔科维奇改革和他的联盟以最强烈的支持。然而，该联盟在第一轮选举中仅仅赢得240个席位中的13个席位，并且在第二轮选举中没有赢得一个席位。重组的共产党、米洛舍维奇军队中的无党派人士夺得18个席位。所有其余的席位转给3个民族政党或它们的民族对手。1983年入狱的持不同政见者阿利雅·伊泽特贝戈维奇在1988年获释。在阿利雅·伊泽特贝戈维奇（Alija Izetbegovic）领导下的“穆斯林民主行动党”（Muslim Party of Democratic Action, SDA）在第二轮选举中夺得80个席位，尽管剩下的13个席位也转到除流亡者以外的更世俗的穆斯林领导人阿迪尔·佐勒菲卡尔帕希奇（Adil Zulfilkarpasic）及其波斯尼亚穆斯林党（MBO Party）手中。黑塞哥维那在很大程度上应为此负责，就是把克罗地亚族候选人赢得的49个席位中的44席给予了图季曼的克罗地亚民主联盟的波斯尼亚分支。最终强硬的民族主义者拉多万·卡拉季奇（Radovan Karadzic）及其“塞尔维亚民主党”（SDS）夺取了塞尔维亚人赢得的85个席位中的72席。

在竞选运动期间,三个民族领导人中的每一个都曾主张他们能够合作,因为共产党绝不可能保护波斯尼亚-黑塞哥维那在南斯拉夫之内的独立利益。然而,一旦竞选运动结束,他们就迅速致力于独立的民族计划,这些计划到1992年将他们拖入了南斯拉夫继承权的战争中。现在,这三方立即着手用自己的人为他们已赢得多数的地区政府重新配备职员。他们都同意在1992年秋季开学之前,按照严格的种族界线重新划分萨拉热窝的学校人口。在这三方之间几乎没有任何其他协议,阿利雅·伊泽特贝戈维奇的新"穆斯林总统职位"所维护的权威,提供了卡拉季奇无论如何都要寻求的某种对抗。伊泽特贝戈维奇在战胜"塞尔维亚民主党"对他的政府的反对方面取得了一些短暂的成功。"塞尔维亚民主党"建议保持"由独立的前共和国组成的南斯拉夫国家共同体"作为一个不对等的联邦。"塞尔维亚民主党"的这个建议承诺,与在很大程度上接近独立的斯洛文尼亚和克罗地亚相比,会使波斯尼亚更接近塞尔维亚。虽然它的条款从未清楚地得到说明,但是到1992年初为止,该建议以某种形式存在着。

363 这已经太晚了。那时,像第十二章将详述的那样,斯洛文尼亚在同南斯拉夫人民军的一次被巧妙挑起的短暂对抗中赢得完全独立,而克罗地亚在同当地塞尔维亚人和南斯拉夫人民军的半年战争中也这样做了。国际承认也没有扭转近三分之一的克罗地亚共和国领地并入和塞尔维亚族自治区(Serb Autonomous Regions, SAOs)同类的自治区。在波斯尼亚和黑塞哥维那,塞尔维亚族自治区正在形成。但是萨拉热窝和图兹拉(Tuzla)市内民族混居的精英们仍然相信,他们的城市和他们驰名的文化融合,将不可能使战争蔓延到波斯尼亚-黑塞哥维那。[26]他们的信心比卡拉季奇和"塞尔维亚民主党"的《十月决定》存在的时间长。卡拉季奇和"塞尔维亚民主党"决定脱离萨拉热窝议会,并且在巴尼亚卢卡的中心建立一个对抗的议会。巴尼亚卢卡是波斯尼亚的塞尔维亚族一个月前建立的四个塞尔维亚族自治区之一的中心。两个波斯尼亚的克罗地亚族自治区在11月被宣布成立。像选举翌日在萨拉热窝举行的要求和平和解的大规模示威所表明的那样,某种和平解决的希望甚至幸免于“塞尔维亚民主党”领导的对1992年2月29日全民公决的联合抵制。这次全民公决宣布波斯尼亚独立。

该城市的自信把以下因素未能考虑进去，这些因素就是：“塞尔维亚民主党”被贝尔格莱德加强的类似妄想狂的宣传势头，以及该共和国的男子和装备长期集中在南斯拉夫人民军手中。“塞尔维亚民主党”将同该共和国不断萎缩的塞尔维亚族人口建立致命的联系，特别是在高地地区。在那里，受各国文化影响的萨拉热窝的愤恨和自第二次世界大战对当地穆斯林的不满融为一体。这些塞尔维亚人仍然被称为“土耳其人”。“塞尔维亚民主党”领导人、黑山精神病专家和业余诗人拉多万·卡拉季奇用他的鲁莽预言引发人们的忧虑。这种忧虑就是如果伊泽特贝戈维奇领导一个独立国家，那么塞尔维亚人将受到一个伊斯兰原教旨主义政权的管制。卡拉季奇最初似乎欢迎欧共体(EC)在1992年2月的马后炮，即寻求一个共同生活在一个单一国家的州的方案。伊泽特贝戈维奇不欢迎这个方案，只是勉强同意欧共体的葡萄牙调解人何塞·库蒂莱罗(Jose Cuthiliero)在里斯本(Lisbon)提出的一个计划。返回萨拉热窝后，波斯尼亚总统自己的疑虑和他的政党的反对促使他改变了主意，而不是有些报道认为的是同美国大使沃伦·齐默尔曼(Warren Zimmermann)至关紧要的短暂会谈使他改变主意。在布鲁塞尔召开的一次提升波斯尼亚中央政府作用的欧共体会议，反而成功地驱使卡拉季奇否决了这个计划。[27]

同时，既不是伊泽特贝戈维奇政府，也不是接管克罗地亚的“克罗地亚民主联盟”领导层的激进黑塞哥维那派能够面对维持残余南斯拉 364
夫联盟的前景。斯洛文尼亚和克罗地亚的离开留下了塞尔维亚、科索沃、伏伊伏丁那和黑山的米洛舍维奇多数派。1992年3月3日的波斯尼亚《独立宣言》，实际上保证了被米洛舍维奇的塞尔维亚和南斯拉夫人民军领导层支持的波斯尼亚塞尔维亚族将追随卡拉季奇煽动性的领导，并且该《独立宣言》巩固了独立的完全塞尔维亚族的版图，除非《独立宣言》受到撤销。

其实，既不是伊泽特贝戈维奇总统在4月4日动员警察和预备役部队的决定,也不是备受争议的欧洲和美国承认波斯尼亚-黑塞哥维那的4月6日决定(欧洲和美国承认波斯尼亚-黑塞哥维那被推迟一天,以免与纳粹在1941年入侵南斯拉夫和轰炸贝尔格莱德的周年纪念日相冲突)应该为两天以后开始的这场残酷战争负责。在某种程度上,人们给予了前南斯拉夫人民军以及塞尔维亚和波斯尼亚的民兵一个发动广泛战争和进行声名狼藉的种族清洗的决定性原因。这个决定性原因就是自1月以来前南斯拉夫人民军部队得到重新装配。南斯拉夫人民军部队的近90%官兵是波斯尼亚塞尔维亚族。当阿尔坎的塞尔维亚族民兵在4月1日凶猛攻击比耶利纳(Bijeljina)的穆斯林居民时,也就是萨拉热窝发布动员令或国际承认数天前,这支南斯拉夫人民军部队袖手旁观。克罗地亚支持的波斯尼亚克罗地亚族民兵不久开始清洗他们自己的根据地。到这时,他们的克罗地亚防御部队(HOS)已经武装了大约4万人。1991年秋,伊泽特贝戈维奇政权开始组建"绿色贝雷帽"。此时伊泽特贝戈维奇政权正试图在"绿色贝雷帽"(Green Berets)中武装相当数量的人员。就这样爆发了第三次并且是迄今为止最血腥的种族战争,这成为南斯拉夫崩溃的标志。近来的科索沃冲突完全打消了它将是最后一次种族战争的希望。

1992年,在波斯尼亚-黑塞哥维那结束的是在这个特殊共和国中对南斯拉夫人身份的长期探求。该共和国的种族多样性使这种探求成为任何南斯拉夫的后继共和国不得不面对的一个现实,然而在这种探求背后的主张遭受滥用。现在,在两次世界大战及其幸存者创建的两个南斯拉夫存在70年之后,这种探求将导致焚毁这种身份的波斯尼亚战争。也许最悲哀的是那些骨灰仍闪着光芒的人们。因为他们是南斯拉夫人,并且他们曾一次或两次拥有一个国家。

第十二章　种族战争和后继国家（1991—1999） 365

1991 年在斯洛文尼亚和克罗地亚开始的事件是南斯拉夫解体的战争。在波斯尼亚和此时的黑塞哥维那以及克罗地亚发生的事件演化成需要进一步解释的、备受争议的冲突。这些国际承认的后继国家在萨格勒布和萨拉热窝的领导人说，这些冲突是塞尔维亚侵略这些后继国家的战争。而贝尔格莱德政权答复，这些冲突是在违宪脱离南斯拉夫的领土上爆发的，是违反塞尔维亚少数民族意志的内战。本章称它们为“种族战争”，从而确定了南斯拉夫解体从一开始就采取的方向。

米洛舍维奇政权呼吁民族团结而不是人权或公民权，该政权许诺支持塞尔维亚之外的塞尔维亚族，并且鼓励这种让他们完全依靠自己的战争。我们有充分理由怀疑斯洛博丹·米洛舍维奇的真诚，就是在煽动“大塞尔维亚”的失败承诺中的真诚。“大塞尔维亚”不仅仅是米洛舍维奇最大化权力的一种手段。然而克罗地亚总统弗拉尼奥·图季曼实在太真诚。他的克罗地亚声称代表甚至超出该共和国边界的克罗地亚族，并且使在边界之内的这个国家根本上成为他们民族的代表。正像米洛舍维奇的媒体一直警告的那样，这种国家似乎预示了它的塞尔维亚人的危险。最初在克罗地亚，然后在波斯尼亚-黑塞哥维那，这两个政权放纵了种族战争造成的破坏。这两个政权分别但实际上共同对那些在其共和国中寻求多民族解决方案的波斯尼亚人不利。那些波斯尼亚人主要是穆斯林,但绝不仅仅是穆斯林。

在短暂和相对不流血的斯洛文尼亚冲突之后,按照人员伤亡的性质和难民数量,随后在这些后继国家内部和后继国家之间爆发的战争是最明显的种族战争。在被炮轰、狙击或当场处决的时候,20 多万被杀死的人中超过三分之二是平民或手无寸铁的人。有些人因为军事或经济目的遭到逮捕。但是大多数人被作为攻击目标仅仅因为他们的民族身份,使他们似乎成为其他民族目前或将来的危险。被强奸(作为未
366 来战士的母亲因此被玷辱)的少数妇女和被视为不属于其土地而被驱逐出的更大数量的难民也是这种情况。如果我们计入 1999 年的统计数字,那么在科索沃产生的难民就超过 300 万。因为这些事件,这个特殊短语“种族清洗”现在逐渐变成常见的英语用法。

因为这些事件,自 1992 年以来,史无前例的国际干涉和媒体关注一直追随着前南斯拉夫。在西方干涉和清洗者对抗的情况下,西方出版物集中报道了被清洗者的悲剧。未受西方干涉的地方则少有关注。在战争本身的细节方面,我们则面临直接证据的极度欠缺。

然而,在即时历史方面的一些成果小心谨慎地筛选了所有的现有证据。如果没有这些努力,那么本章就无法撰写。这些研究没有回避交战各方之间的差别或确认共同特征。它们努力克服安东尼·波登(Anthony Borden)所称的巨大诱惑,即“接受自己民族一方的基本观点”[1]。这些研究的作者包括在该地区体验生活的新闻记者和学者,以及外交官和其他直接参与者。在这些追踪战争的基础扎实的新闻记者中,劳拉·西尔伯(Laura Silber)和米莎·格伦尼(Misha Glenny)的著作很出色。而全体新闻记者为这两份期刊——伦敦的《战争报告》(*War Report*)和开放媒体研究所(Open Media Research Institute)的《转变》(*Transition*),以及他们为萨格勒布、萨拉热窝和贝尔格莱德的几份期刊所撰写的著述也一样杰出。[2]学者苏珊·伍德沃德(Susan Woodward)和詹姆斯·戈夫(James Gow)撰写了许多关于国际干涉的见多识广但

完全不同的评论文章；此外还有主要参与者理查德·霍尔布鲁克(Richard Holbrooke)和戴维·欧文勋爵(Lord David Owen)的回忆录，以及史蒂芬·伯格(Steven Burg)和保罗·舒普(Paul Shoup)撰写的一份关于波斯尼亚战争的综合研究。[3]四部独立的论文集提供了业内人士以及外界关于各后继国家自身发展的有见识的评价，并且三篇评论文章呈交了一长串关于这些战争和前南斯拉夫领土历史的出版物以进行学术审查。[4]还有一部关于这些冲突本身的百科全书和两部新书目。[5]

本章几乎不能提供可供比较的细节。本章更适当地集中于这些种族战争、后继国家和两个南斯拉夫之间的真实或虚幻的联系。尽管对任何一个幸存者而言南斯拉夫的最后灰烬现在可能不再发光，但是以其共和国为基础的国家框架没有像联邦一样夷为平地。其中一些烧焦的横梁及其进一步的历史基础一直长期存在。让我们用三个具体问题来分析：南斯拉夫人民军、第二次世界大战的“游击队员”、“切特尼克” 367
和“乌斯塔沙”敌手的遗产，对 20 世纪 90 年代的这场战争意味着什么呢？战后共产党垄断共和国和联邦一级的警察权力以及一个强大的内政部和一支庞大军队的更长久传统，如何一直影响着对新的国家结构和政党的探求呢？什么事情降临到适用于契约经济中政治管理的企业框架上呢？70 年代时，契约经济佯装为市场社会主义。这种企业框架的幸存或再度出现只能对这种过渡不利，就是过渡到由竞争性的私人企业构成的真正市场经济。真正市场经济已经在后共产主义时期的东欧获胜，真正市场经济在匈牙利和波兰是最为成功的。

其实，这些遗产中没有一个是积极的，并且没有一个后继国家完全摆脱这些遗产。但是南斯拉夫的其他遗产是什么呢？是多民族的承诺吗？更重要的是分享共同的领土、市场以及进入欧洲和更广阔世界的机会的长期经历吗？我们已经看到两次世界大战之间的那个国家和战后铁托主义思想体系，没有让南斯拉夫这种曾经有前途的想法自我维持。没有人有说服力地谈及试图给这种想法或国家注入活力。用积极或潜在的敌对邻国包围前南斯拉夫领土的当今东南欧或中欧也未能如此。像我们已经看到的那样，这些积极或潜在的敌对邻国为维护两次世界大战之间的国家和1945年以后的国家提供了一个主要动机。尽管如此,与有记录的图季曼的克罗地亚相比,更不必说米洛舍维奇的塞尔维亚,分享共同民族生存空间的这两个南斯拉夫的努力获得了并且赢得更多的国际尊重。

近来塞尔维亚驱赶大部分的科索沃阿尔巴尼亚族离开他们的房屋并且离开该省这种运动,总的来说已经提醒欧洲其他国家和美国,更成功的清洗将替代先于1999年那次不成功的清洗;它将包括克罗地亚和波斯尼亚主要针对塞尔维亚族的清洗和1995年所有克拉伊纳塞尔维亚族对克罗地亚族的清洗。到1997年,像在表12.1中列举的那样,克罗地亚的塞尔维亚族少数民族已经由大约30万人被缩减到其以前人口的一半。虽然最初被塞尔维亚族驱逐的2.5万克罗地亚族现在可以自由返回家园,但是许多克罗地亚族并未这样做。在至少10万人涌入科索沃之前,在塞尔维亚的70万塞尔维亚族难民中没有一个人曾经被给予这种机会,并且波斯尼亚-黑塞哥维那的100万穆斯林(Bošniaks)、塞尔维亚族和克罗地亚族中几乎也没有人曾经被给予这种机会。

表12.1　1991和1997年南斯拉夫后继国家的人口(以千计)

		1991	1997
南联盟*	总人口	10 394	约 10 600
其中:	占多数的塞尔维亚人 占少数的阿尔巴尼亚人	6 486 (62%) 1 715 (16%)	约 6 600(62%)** 约 1 900(18%)
克罗地亚			
	总人口	4 760	4 572
其中:	占多数的克罗地亚人 占少数的塞尔维亚人	3 708 (78%) 580 (12%)	约 3 800 (83%) 约 280 (6%)
波斯尼亚-黑塞哥维那			
	总人口	4 363	约 3 300***
其中:	波斯尼亚穆斯林 塞尔维亚人 克罗地亚人	1 906 (44%) 1 369 (31%) 755 (17%)	约 1 650 (50%) 约 1 100 (33%) 约 500 (15%)

(续表)

		1991	1997
马其顿			
	总人口	2 034	约 2 000
其中：	占多数的马其顿人 占少数的阿尔巴尼亚人	1 314 (65%) 427 (21%)	约 1 300 (65%) 约 460 (23%)
斯洛文尼亚			
	总人口	1 963	1 987
其中：	占多数的斯洛文尼亚人	1 718 (88%)	1 788 (90%)

* 南斯拉夫联盟共和国(塞尔维亚-黑山)。

** 不包括来自克罗地亚和波斯尼亚-黑塞哥维那的 70 万塞尔维亚族难民。

*** 不包括 1992—1995 年战争期间逃走的 100 万难民或其他人。1998 年的联合国统计数字查明 40 万人仍然在国外生活，超过 30 万人返回波斯尼亚-黑塞哥维那，但是他们中的大多数人没有返回其家乡或永久居留地。1997 年开始的少数民族返回计划确保了 1998 年 3.5 万人的重新安置。

资料来源：*The Economist* Intelligence Unit, "Country Profiles for Serbia, Montenegro, Croatia, Bosnia, Hercegovina, Macedonia, Slovenia, 1999 - 2000", *Yugoslav Survey* 33,1 (1992)：3。

当以前的南斯拉夫正在分裂时，这些种族清洗吸引了公众的关注，和"古老的种族仇恨"推定所做的几乎一样。像我们已经看到的那样，这种推定是错误的，但是大约 300 万人的强制运动实在太真实了。总 368
统米洛舍维奇和图季曼在其中所负的不同的严重责任，仅仅提供了我们必须努力构筑的即时历史的一部分。为了理解任何一个后继国家或其领导层所走过的道路，我们必须了解在 1991 年来自一个四分五裂的单一国家的所有五个后继国家，它们如何在 20 世纪 90 年代末发现它们自己。本章关注那些经历及其与过去的联系，而不是关注将来。本章从 1991 年斯洛文尼亚战争开始，至 1999 年科索沃战争结束。

战火绵延(1991—1995) 369

斯洛文尼亚短暂的分离战争似乎不是这种时间更长、日益种族化冲突的预演。1991 年 7 月—1995 年 8 月，该种族冲突首先分裂了这个新独立的克罗地亚共和国，然后使其再联合。克罗地亚族的少数民族的生命和财产损失也不是这种冲突的一种预演。作为少数民族的克罗地亚族首先在克拉伊纳东部清洗塞尔维亚族，随后作为回应，又被占多数的塞尔维亚族驱逐。这种损失接近1992年4月开始的波斯尼亚和黑塞哥维那三方战争的死亡和破坏。这种冲突可能杀害了比其余地方多10倍的平民并造成难民潮，该难民潮连同塞尔维亚族对萨拉热窝的围困引起西方媒体的持续关注。像我们将看到的那样，西方的官方反应不相连贯。但是大部分国际观察家对此几乎没有疑问，即塞尔维亚族一方和贝尔格莱德的米洛舍维奇政权是主要罪犯。在1995年这种持续的判断，将为美国领导的军事干预波斯尼亚并且漠视塞尔维亚族的大规模逃亡铺平了道路。面对重新占领克拉伊纳的克罗地亚族部队，塞尔维亚族大规模逃亡。

斯洛文尼亚和克罗地亚的不同战争

不应当仅仅因为没有相当多的塞尔维亚人或其他少数族裔参与，就说斯洛文尼亚的“十日独立战争”与随后的这些冲突无关。南斯拉夫人民军在那里的迅速失败，几乎使米洛舍维奇政权与克罗地亚新出现的统帅部发生冲突。新选出的1990年斯洛文尼亚政府立即开始军事准备，这和克罗地亚最初谨慎的态度形成对比。[6]南斯拉夫人民军的5月和10月战役曾试图收缴被斯洛文尼亚“本土国防军”(TO)部队掌握的所有武器，但是遗漏了大约总数的60%。在新国防部长，即以前反战的《青年》(*Mladina*)杂志记者亚内兹·扬沙的领导下，一个小的秘密委员会立即开始改组斯洛文尼亚地方军队，并且挑选警察部队组成一支“护国”军(MSNZ)。到1991年6月27日战争开始时，他们动员了2.1万人。反坦克和防空新条例以及南斯拉夫人民军内部组织的情报网为一次惊人的成功打好了基础。南斯拉夫军队的最初方案是用2 000人的小部队去保卫斯洛文尼亚的国际边界。这些人主要是服兵
370 役的应征入伍者，他们已经驻扎在这个反叛的共和国。依赖于这种错误的假定，即斯洛文尼亚人既不准备、也不愿意抵抗一种简单的武力展示，贝尔格莱德的南斯拉夫人民军领导使他们的轻装部队匆促行进到

边境的驻地,结果却发现他们被远离兵营的路障挡住。现在这些兵营已遭到包围。斯洛文尼亚的此番准备吸引了西方媒体把总部设在卢布尔雅那而不是贝尔格莱德。南斯拉夫人民军在边境的空袭杀害了几个外国卡车司机。在他们通过电视即时曝光给更广阔世界的一长串丑闻中,这是第一件。

如果第一个方案没有起作用,那么这种新闻报道有助于说服斯洛博丹·米洛舍维奇及其领导层去重新考虑南斯拉夫人民军关于斯洛文尼亚的预备方案。B方案是在空袭掩护之下调动大量南斯拉夫人民军部队进入斯洛文尼亚并且占领其全部领土,但这是以没有西方反对为前提的。6月30日,在战争开始仅仅三天之后,米洛舍维奇和仍然存在的南斯拉夫政府机构中的塞尔维亚总统鲍里萨夫·约维奇(Borisav Jovic)告诉国防部长韦利科·卡迪耶维奇(Veljko Kadijevic)将军,南斯拉夫人民军应当准备放弃斯洛文尼亚。[7]以8名军人和5名平民死亡对南斯拉夫人民军39人死亡为代价,7月18日斯洛文尼亚的独立被贝尔格莱德正式承认。

与害怕西方媒体的批评相比,在南斯拉夫人民军领导层和米洛舍维奇政权的考虑中,现在看来是更多的东西在起作用。南斯拉夫人民军领导层和米洛舍维奇政权对转让南斯拉夫人民军的武器给“塞尔维亚族自治区”(the SAOs)取得一致意见。早在1991年春,当地塞尔维亚人在克罗地亚北部的帕克拉茨(Pakrac),然后在克罗地亚南部(普利特维斯湖 Plitvice Lakes 和克宁)建立了“塞尔维亚族自治区”。另外,丧失斯洛文尼亚和缺乏西方支持的任何迹象也助长了他们的这种恐惧,即克罗地亚初出茅庐的“国民警卫队军团”(National Guard Corps)(Zengas)或警察部队可能走得更远,将发生的流血事件可能超过后者在5月1—2日对斯拉沃尼亚东部城镇博罗沃-塞洛(Borovo Selo)的不惜血本的突袭。与在斯洛文尼亚的武器收缴相比,南斯拉夫人民军对克罗地亚“本土国防军”的武器收缴进行得更为彻底。但是1月贝尔格莱德电视台的一次曝光证实,图季曼的国防部长正为“国民警卫队军团”走私新武器而进行谈判。此外还要提及从前的南斯拉夫人民军和苏联所鼓励的无端恐惧：一种假定的北约计划，即假定北约计划分裂南斯拉夫从而在那里建立基地。（这种恐惧因一位英国将军编制的一部 1983 年战争游戏而加深。后来被商业化的这部战争游戏假定北约和华沙条约组织之间爆发第三次世界大战。假定第三次世界大战的爆发是由于双方入侵南斯拉夫而发生。）适用于这种不太可能的前景的南斯拉夫人民军的防御战略，与这个退出斯洛文尼亚的方案极好地配合，将保护这些塞尔维亚族居住区。塞尔维亚族居住区从斯拉沃尼亚东部
371 向萨格勒布延伸，直至亚得里亚海岸的里耶卡。该方案必定求助于这种与北约摊牌的夸张前景。同北约摊牌将使苏联人站到南斯拉夫一方。

同时，与铁托主义的南斯拉夫人相比，最吸引米洛舍维奇政权的南斯拉夫人民军将军更多是塞尔维亚民族主义者，他们不同于卡迪耶维奇（Kadijevic）将军。[8]他们欢迎米洛舍维奇提出的，使所有塞尔维亚人留在一个国家的民族主义要求。作为贝尔格莱德 3 月 9 日大规模示威的余波，米洛舍维奇提出了这种民族主义要求。像往常一样，米洛舍维奇的主要担心是自己在塞尔维亚的政治权力，但是他华而不实的言论认可了图季曼的“克罗地亚民主联盟”是一个与未指名的德国“恢复失地运动”者勾结的“乌斯塔沙”政党。可是联邦政府机构中波斯尼亚成员的投票，否决了约维奇的命令。约维奇的命令就是：立即调遣坦克，防备贝尔格莱德示威者。

6 月 26 日克罗地亚的《独立宣言》使战争不可避免。作为一位前南斯拉夫人民军将军，图季曼总统本人对南斯拉夫军队应该具有的战斗力保持现实的尊敬。7—8 月，图季曼抵制了其国防部长马丁·斯佩盖利（Martin Špegelj）的这个要求，斯佩盖利的要求：当驱逐南斯拉夫人民军驻军时，为了夺取其武器，去围攻克罗地亚的南斯拉夫人民军兵营。但是在克拉伊纳的塞尔维亚族自治区的巩固，推动了克罗地亚一方甘冒对抗的风险。南斯拉夫人民军军官帮助塞尔维亚族巩固控制，这些南斯拉夫人民军军官包括拉特科·姆拉迪奇（Ratko Mladic）——后来备受指责的波斯尼亚塞尔维亚族司令官。8 月 20 日，萨格勒布允许大克罗地亚民族主义者多布里斯拉夫·帕拉加（Dobrislav Paraga）的

准军事的克罗地亚防御部队,发动对南斯拉夫人民军驻武科瓦尔部队的决定性封锁。

对多瑙河上这个庄严的多民族城镇的围攻和随后对众所周知的杜布罗夫尼克的袭击,成为南斯拉夫人民军与克罗地亚战争的转折点。战斗持续到 1992 年 1 月 2 日最终停火。在战斗中,两万人被杀死,其中大部分人在其他地方死去。克罗地亚“国民警卫队军团”、警察和准军事组织的成员在他们可以到达的地方杀害或清洗塞尔维亚族平民。然而,这种将在波斯尼亚和科索沃施行的模式中,塞尔维亚族一方将为更大部分的暴行负责,并且被西方媒体和国际社会视为应当承担几乎是唯一的责任。武科瓦尔和杜布罗夫尼克无疑提供了丑陋的形象。部分且有讽刺意味地应为二者负责的,是南斯拉夫人民军的正规步兵团和装甲部队无法突破他们面临的抵抗。[9]

因而,南斯拉夫人民军依赖远方的苏联式猛烈炮火,这使前南斯拉夫这个相当大的城镇大部分夷为平地。另外,在 9 月下旬南斯拉夫人 372
民军将军们到达后,他们需解决其步兵部队的混乱和效率低下问题。10 月时,他们被迫赞同接受最臭名昭著的准军事组织的志愿者。在 11 月 19 日该城市投降之后,他们在那里用暴力对付克罗地亚族男性幸存者。欧盟执行委员会(European Commission)的监督员到达太晚,以至于不能防止处决和随意杀害。但是西方新闻记者随后报道了这些失踪和毁坏。

南斯拉夫人民军以数千名塞尔维亚族居民为借口,前往杜布罗夫尼克。南斯拉夫人民军对克罗地亚遥远的南部海岸的 10 月袭击,最初依赖于匆忙集合的黑山预备役部队。这些部队狂暴而不受控制,他们抢劫、毁坏了大半个科纳威尔(Konavle)城镇及其国际机场。当南斯拉夫人民军走上杜布罗夫尼克周围的高地时,军队统帅部才能够建立起稍好些的纪律。但是面对“国民警卫队军团”向市中心区的中世纪城墙发射轻武器火力,南斯拉夫人民军部队没有前进或把这些城墙作为目标。他们反而不分青红皂白地、无效地朝该城市开枪,并且向周边的观光旅馆射击。周边的观光旅馆受到更为严重的破坏,陷入围困的西方记者愤怒地报道了南斯拉夫人民军对市中心区的炮击。与武科瓦尔相比,人们更熟悉杜布罗夫尼克。为了把最初的军事优势强加于达尔马提亚海岸,杜布罗夫尼克是南斯拉夫人民军能够作出的最坏选择。在有讽刺意味地保护杜布罗夫尼克的黑塞哥维那战争期间,主要居民为塞尔维亚族的城镇特雷比涅(Trebinje)将遭受更长期和更艰苦的克罗地亚军队的围困。与作为少数民族的克罗地亚被塞尔维亚族清洗而得到的媒体关注相比,到 1995 年,丧失特雷比涅没有获得国际媒体的更多关注。

那时,克罗地亚战争已经令人惊讶地迅速结束了。12 月,由欧盟执行委员会商定的一系列停火协议没有取得成功。之后,1992 年 1 月 2 日米洛舍维奇和图季曼政权之间迅速达成一个进一步协议。米洛舍维奇政权同意联合国部队在南斯拉夫人民军和当地塞尔维亚族(克拉伊纳和东斯拉沃尼亚)控制地区的军事存在,并且同意其余的联合国部队驻扎在独立的克罗地亚共和国。12 月下旬,德国外长汉斯-迪特里希·根舍(Hans Dietrich Genscher)促成德国承认克罗地亚的决定。这个决定违背欧盟执行委员会和美国的意愿,并且因其他理由而被广泛批评,但是后人经常把结束战争归功于这个决定。毫无疑问,这个决定终止了曾经存在的南斯拉夫,并且进一步推动米洛舍维奇政权去创建一个塞尔维亚族完全占多数的后继国家。

373 但是,在结束第一次种族战争中至关重要的因素是,到 1991 年 11 月下旬双方已形成军事僵局。不同于武科瓦尔,对"国民警卫队军团"部队而言,在克罗地亚的南斯拉夫人民军兵营证明更容易被包围和迫使投降。南斯拉夫人民军被夺取的军械库加上克罗地亚直接来自德国和斯洛文尼亚的进口武器装备,削弱了南斯拉夫人民军在重武器上的优势。另外,南斯拉夫人民军的预备役部队被再三证明对战斗毫无准备。南斯拉夫人民军的特种部队从未被使用。完全从塞尔维亚征召新兵或召回预备役军人的努力,激起了人们大规模地逃避兵役,这种逃避兵役率在贝尔格莱德和其他主要城镇超过 80%。[10]

但是关于德国承认克罗地亚的争论一直持续到今天。在积极的一面,詹姆斯·戈夫认为,承认克罗地亚,使米洛舍维奇政权丧失自主结束军事僵局的希望,并且推动关于停火的认真谈判。苏珊·伍德沃德(Susan Woodward)论证了这个更普遍的观点,即仅仅停火不能要求图季曼政府遵守欧盟的“南斯拉夫和平会议仲裁委员会”(亦称“巴丹泰委员会”)的要求。这一要求规定:在给予承认之前,克罗地亚需要对58万塞尔维亚少数民族提供更多的宪法权利和真正的保障。[11]然而,图季曼政权随后进行的表面宪法改革,被要求为塞尔维亚族提供一种基础,在此基础上塞尔维亚族期望在一个再联合的克罗地亚中获得积极公民权;或者为波斯尼亚和黑塞哥维那创造一个更好的先例。与图季曼的“克罗地亚民主联盟”在1990年选举中提出的独立克罗地亚概念(见第十一章),或米洛舍维奇支持的克拉伊纳塞尔维亚族领导层随后提出的独立克罗地亚概念相比,适合于平等的个人权利而不是特定群体权利的这种基础,只可能来自一个独立克罗地亚的完全不同的概念。

血腥波斯尼亚,从独立到《代顿协议》

这场使波斯尼亚和黑塞哥维那伤痕累累的战争的过程、成本和解决存在着更大的争议。这场战争自1992年4月开始,直至1995年11月的代顿谈判。死亡数和背井离乡者的数量仍然在争论,但是最共同的评价是关于那些令人恐惧的人物。如果我们计入失踪者,那么被美国中央情报局和萨拉热窝的波斯尼亚政权引证的20万死者似乎是很有可能的。其中波斯尼亚穆斯林至少占一半,塞尔维亚族占30%至35%,其余部分为克罗地亚族。相同的比例适用于背井离乡者,他们的总数达到该共和国战前440万人口的40%至60%。到1995年,超过100万人被驱逐出该共和国。最审慎和客观的西方评论仍然强调,塞 374
尔维亚族或克罗地亚族军队的高压政策清洗了波斯尼亚穆斯林;而在很大程度上,塞尔维亚族或克罗地亚族的离开,减轻了自我清洗对波斯尼亚穆斯林和来自自己一方压力的恐惧。[12]

在拉多万·卡拉季奇及其“塞尔维亚民主党”的领导下,塞尔维亚族军队开始了这场期望迅速胜利的战争。卡拉季奇谈及6天将结束战争。此外,即使长期战争的前景很明朗时,南斯拉夫人民军的军事存在和承诺仍是至关紧要的。米洛舍维奇的残余政府机构最初许诺,陆军部队将继续留在该共和国至少 5 年。经过最初 6 周战斗,以后将继续到来的南斯拉夫人民军部队和个别官兵,从塞尔维亚渡过德里纳河去支持阿尔坎的“老虎”在比耶利纳(Bijeljina)发动的恐怖袭击(见第十一章)。他们把其他城镇中的波斯尼亚穆斯林居民作为目标,从而为米洛舍维奇的内政部派遣更多的准军事组织清除障碍。这些波斯尼亚穆斯林来自 1991 年宣布成立的塞尔维亚族自治区。通过杀害男人、强奸妇女、毁坏房屋和清真寺,他们希望逃走的幸存者将恐怖传播到其他城镇和村庄。然后这些地方的波斯尼亚穆斯林可能会自行逃离。

但是贝尔格莱德的南斯拉夫人民军领导层接受了米洛舍维奇保留主力的决定,5 月 20 日,南斯拉夫人民军主力成为塞尔维亚的“南斯拉夫陆军”(VJ)。南斯拉夫人民军领导层中忠诚于一个更大的铁托主义南斯拉夫的军官们在 1992 年已经被两次清洗,现在南斯拉夫人民军领导层在一个文官国防部长的领导下。这种情况加上萨拉热窝的伊泽特贝戈维奇政府迅速组织的抵抗,阻挠了米洛舍维奇政权希望把波斯尼亚-黑塞哥维那直接控制在他的残余南斯拉夫联邦中的任何机会。[13]在 4 月 6—7 日西方承认该共和国独立之后,塞尔维亚领导人开始撤出在波斯尼亚的不是出生于波斯尼亚或克罗地亚的所有南斯拉夫人民军部队。部队减少了仅五分之一。剩下的部队转变成一支据说独立的军队。4 月 8 日,任何迅速解决的前景遭受进一步的挫折,当时在图季曼政府的援助之下,已被武装的克罗地亚族军队和多布里斯拉夫·帕拉加的准军事的克罗地亚防御部队(HOS)宣布成立“克罗地亚国防委员会”(HVO),作为自莫斯塔尔(Mostar)向西的一个独立的黑塞哥维那政权。对现在成为波斯尼亚穆斯林一方的力量而言,更幸运的是,伊泽特贝戈维奇政权组织的“绿色贝雷帽”部队能够击退 5 月 2 日南斯拉夫人民军对萨拉热窝的一次袭击。自 1991 年
375 以来,“绿色贝雷帽”部队被匆忙动员,并且用该政权能够从“本土国

防军”的军械库夺取的少量武器进行武装。战争开始时，他们的数量接近4万人。他们在5月上旬的胜利促成南斯拉夫人民军达成一个正式协议。该协议就是：在5月20日从该共和国撤走兵营，并且撤出非波斯尼亚的塞尔维亚族部队。同日，他们加入了现在取代南斯拉夫人民军的“南斯拉夫陆军”。

新的波斯尼亚塞尔维亚族军队(BSA)在5月20日也获得一个新司令官拉科·姆拉迪奇(Ratko Mladic)。他已经显示了军事才能和对克拉伊纳种族清洗的残忍投入。5月20日，更长期的波斯尼亚战争开始了，它将因西方干涉而结束。波斯尼亚的塞尔维亚族炮击萨拉热窝。贝尔格莱德支持的军队和萨格勒布支持的“克罗地亚国防委员会”发动进一步清洗运动，波斯尼亚穆斯林的反应仍然受到过于严厉的惩罚。[14]就西方媒体来说，塞尔维亚族一方再次迅速确立其恶棍形象。在姆拉迪奇的指挥下，波斯尼亚塞尔维亚族军队向萨拉热窝市中心进行长达6周的密集炮击和轻武器射击，以确保最大的覆盖范围。但这并没有产生显著的军事利益。5月27日，塞尔维亚族的迫击炮炮火杀死了16个等待分配救济食物的人。这是向手无寸铁的群众发动的三次攻击中的第一次，这种攻击在动员西方干涉中将证明是有影响力的。在帕莱(Pale)附近的卡拉季奇政治总部发表不令人信服的免责声明之后，6月5日和6日，最激烈的炮击跟着到来。几千发炮弹雨点般落向诸如办公室、公寓大楼、图书馆和邮局。在此期间，共计大约8万人的波斯尼亚塞尔维亚族军队继续推进，对抗一支更小的、几乎未被武装的波斯尼亚穆斯林军队。不知何故，这支波斯尼亚穆斯林军队竟然设法幸存了下来。到1993年初，塞尔维亚族控制该共和国大约60%的领土。虽然在协调步兵袭击时适用于南斯拉夫人民军的限制可能更适用于波斯尼亚塞尔维亚族军队，但是仍然不清楚他们为什么没有至少夺取萨拉热窝的部分地区。

波斯尼亚塞尔维亚族军队立刻处决了一些波斯尼亚穆斯林，并且驱逐了更多的人。他们也把被俘的男子赶入奥马尔斯卡(Omarska)和其他地方的臭名昭著的战俘营，不管是士兵还是平民。那里的大规模虐待成为西方媒体的下一个焦点。伊泽特贝戈维奇政府在切莱比奇(Čelebići)也为塞尔维亚族男子建造了一个集中营,但是在西方很少提到这一点。就其本身而言,米洛舍维奇媒体在塞尔维亚鼓吹一种虚假等价谬论,即所有三方无疑同样犯有同样肮脏的罪行。与其余两方相比,事实上,波斯尼亚穆斯林一方较少犯有集中营虐待和清洗罪,且因为在其部队中存在一些塞尔维亚族和克罗地亚族士兵而值得赞扬,尽
376 管其人数不断下降;并且波斯尼亚穆斯林一方清除了属于萨拉热窝犯罪团伙的私人部队,包括“绿色贝雷帽”。1993 年 6 月该政权任命拉西姆·德利奇(Rasim Delić)为军队的新参谋长,10 月任命哈里斯·西拉伊季奇(Haris Silajdžić)为总理。这些任命注定了他们的厄运。西拉伊季奇作为外长,是这三个政权的发言人中最有说服力的,他使清除私人部队成为他的任命条件。仅仅几天之前,两个最著名的黑手党领导人的拒捕使其各自犯罪网络大伤元气,并且通过德利奇清洗,使黑手党远离了军队。这些措施也使萨拉热窝政权优于与其极相似的帕莱和莫斯塔尔的政权。在帕莱和莫斯塔尔,这两支军队内的各种民兵团体的地区游说有效控制了民用经济,并且胁迫反对他们的任何平民。[15]

这些行动在黑塞哥维那的克罗地亚族控制区似乎最有利可图。实际上,没有边境管制禁止该地区和克罗地亚的达尔马提亚海岸之间进行普遍的商品走私。成为“克罗地亚国防委员会”的那些部队也眺望边境,期待图季曼政权中日益强大的“黑塞哥维那游说团”的政治支持。这种联系以图季曼在 1992 年的一个决定开始,这个决定就是用马特·博班(Mate Boban)取代 1990 年选举中他的“克罗地亚民主联盟”选定的该地区领导人——稳健的斯特凡·克柳奇(Stefan Kljuic)。马特·博班是一个坚毅的民族主义者,之前他只做过超市经理。他同黑塞哥维那流亡者紧密联系在一起,黑塞哥维那流亡者是“克罗地亚民主联盟”的主要财政支持者。在驱逐或处决莫斯塔尔和他们所在地区的全部塞尔维亚少数民族中,马特·博班的“克罗地亚国防委员会”部队走在前面,这未被西方媒体注意。太多返回的流亡者自豪地指出“乌斯塔沙”遗产,并且赞美第二次世界大战期间的“克

罗地亚独立国家”政权,以此证明克罗地亚对黑塞哥维那西部的要求权是正当的。有些人身着混合“乌斯塔沙”和纳粹徽章的军服到处游行。图季曼总统谈到恢复以《1939 年协议》(见第六章)为基础的领土,《1939 年协议》适用于一个扩大的克罗地亚省。[16]更强硬的声明来自图季曼的国防部长——返回的黑塞哥维那流亡者戈杰科·苏萨克(Gojko Šušak)。苏萨克以他的“乌斯塔沙”父母为荣,并且以 1991 年 5 月向塞尔维亚族居住的松村(Borovo Selo)发射一枚火箭筒而自豪。尽管在 1992 年 7 月 3 日海尔采格-波斯纳共和国(Herzeg-Bosnia)才宣布成立,但是在 1993 年初克罗地亚族-波斯尼亚穆斯林的冲突变成公开的战争时,该共和国变得越来越接近于萨格勒布政权。

战争的再次爆发证明了这是希望结束波斯尼亚战争的第一个西方建议的意外结果。第一个西方建议更具体地提出了多民族之间领土分割的各州地图。为了监督在克罗地亚的停火,1992 年 2 月联合国维和部队(UNPROFOR)的小分队将总部设在萨拉热窝。他们的军事存在 377
也是为了预防激化波斯尼亚的问题。然而,4 月战争爆发之后,联合国维和部队不久成为问题的组成部分。到 1994 年,联合国维和部队扩大为一支 2.3 万人的队伍。其维护和平的有限授权和分散的部署不久使它完全受交战各方的支配。但是联合国维和部队的存在,鼓励了欧盟的前南斯拉夫问题国际会议(ICFY)两主席,即美国的赛勒斯·万斯(Cyrus Vance)和英国的戴维·欧文(David Owen)在 1993 年初提出一个方案。这个方案规定了多民族政治框架,即在 10 个省或州的重要少数民族代表将至少共同维持一个拥有软弱中央政府的邦联国家。如果美国和欧盟执行委员会的关键成员从一开始就表明他们将为每个州派遣拥有无限授权的两倍或三倍的部队以及警察和司法系统,那么“万斯-欧文方案”可能会起作用。[17]然而,到 1999 年,为科索沃设想的保护制度远远超出西方政治和军事领导人的部署,特别是美国方面。如果要说服交战双方,那么美国将不得不在军事上打头阵。

结果,许诺的欧盟部队数量有限,甚至克林顿政府拒绝参与。波斯尼亚穆斯林和塞尔维亚族代表拒绝接受该方案。克罗地亚族一方仅同意使该方案的前景转为对自己有利。海尔采格-波斯纳共和国的无所不能的新首脑马特·博班放弃坚持自治权来联合克罗地亚,作为根据"万斯-欧文方案"划分的州分界线的回报。"万斯-欧文方案"将更有利于克罗地亚族居民。一旦那些州的地图公诸于世,马特·博班的"克罗地亚国防委员会"军队就将开始在克罗地亚族占多数的那些州驱逐波斯尼亚穆斯林,其中一个州包括莫斯塔尔的西岸,由此导致对一座奥斯曼帝国时代桥梁的无耻破坏。这座桥梁始建于 1566 年,通到奈雷特瓦河(Neretva river)的东岸。尽管在黑塞哥维那出现这种清洗、大屠杀和战俘营,但是伊泽特贝戈维奇政权军队中的波斯尼亚穆斯林部队进行了有效反击,并用类似的暴行对抗波斯尼亚中部的克罗地亚族州。图季曼政权通过派遣快速成熟的克罗地亚军队进入黑塞哥维那作出反应。

1993 年 4 月,帕莱的卡拉季奇政权拒绝了"万斯-欧文方案"。该方案要求卡拉季奇政权将从多博伊(Doboj)和图兹拉(Tuzla)向下伸展到德里纳河流域的大州交给波斯尼亚穆斯林。而此时,姆拉迪奇将军对斯雷布雷尼察(Srebrenica)发动了炮击。萨拉热窝每天仍在遭受这种炮击。斯雷布雷尼察是波斯尼亚穆斯林在德里纳河流域的主要战略要地。尽管塞尔维亚族一方大肆宣传炮击斯雷布雷尼察是报复该城镇
378 的波斯尼亚穆斯林游击队的进攻和谋杀行动,但是塞尔维亚族一方也利用这种袭击表明他们最终拒绝了"万斯-欧文方案"。联合国安理会作出反应,指定斯雷布雷尼察和波斯尼亚穆斯林控制的五个其他城镇作为安全区。但是由于缺乏保护他们的更大规模的联合国部队并且缺乏只有北约能够提供的统一军事指挥,这些城镇永远不会成为被媒体称之为的"安全避难所"。尽管北约经联合国批准作出反应,但是姆拉迪奇将军在 1995 年夏不得不完全占领斯雷布雷尼察,并且在那里犯下了这场冲突中最臭名昭著的战争罪行。

1993 年以后,更有效的西方干涉的势头逐步发展。分散的联合国维和部队及其在萨拉热窝日益感到沮丧的指挥官们只是努力把人道主义援助递送给孤立的波斯尼亚穆斯林飞地,并且避免自己被攻击。美国国会敦促克林顿政府解除对伊泽特贝戈维奇政权的武器禁运,并且进一步

用空袭支持其幸存者。但是“解除禁运和空袭”的政策明显将使分散的联合国维和部队容易受到报复和攻击。在 1995 年 5 月联合国维和部队司令部最终授权进行非常有限的空袭。在此期间,联合国部队遭到了报复并被俘获。

然而到那时,对萨格勒布和贝尔格莱德的国际压力已经使波斯尼亚塞尔维亚族在他们的这种努力中陷于孤立,这种努力就是在他们以前同波斯尼亚穆斯林共享的领土上创立独立的民族国家。首先到来的是在黑塞哥维那的克罗地亚族与波斯尼亚穆斯林的战争结束。在波斯尼亚-黑塞哥维那,建立起后来的联邦及其同克罗地亚共和国的同心关系。1994 年 2 月,西方的反对迫使马特·博班辞职,这有利于更易打交道的克雷西米尔·祖巴克(Kresimir Zubak)上台。到 3 月,冷酷无情的理查德·霍尔布鲁克(Richard Holbrooke)接管了美国在前南斯拉夫的努力,并且使关于该联邦的《华盛顿协议》在图季曼和伊泽特贝戈维奇政权之间获得通过。到 7 月,贝尔格莱德的米洛舍维奇政权宣布对波斯尼亚塞尔维亚族实体实行经济禁运。在忠于卡拉季奇政权而不是贝尔格莱德的帕莱议会拒绝了最新的西方解决方案之后,经济禁运基本到位。[18]

需要军事压力去促成 1995 年 11 月的《代顿协议》(*Dayton Agreement*),《代顿协议》最终将强加一种国际和解。克罗地亚的军队发起两次迅速成功的攻击,在该共和国的领土上制服塞尔维亚族军队。他们在 5 月的“闪电行动”(Operation Flash)中夺取斯拉沃尼亚西部,在 8 月“暴风行动”(Operation Storm)中夺取了整个克拉伊纳。只有在斯拉沃尼亚东部的塞尔维亚族飞地继续存在。克罗地亚军队的清洗 379
运动与从贝尔格莱德军事撤退前的准备相结合,使仍在克拉伊纳的 16 万塞尔维亚人除了逃到波斯尼亚或塞尔维亚以外没有他法。他们几乎没有给波斯尼亚塞尔维亚族军队带来军事援助。波斯尼亚塞尔维亚族军队不久将失去相当多数量的土地,其面积接近 1995 年时控制的领土的三分之一(见地图 12.1)。这些土地丢给了波斯尼亚穆斯林军队。波斯尼亚穆斯林军队与克罗地亚族的“克罗地亚国防委员会”部队采取合作而不是对抗,它人数更多并且日益武装起来。“克罗地亚国防委员会”部队仍得到克罗地亚共和国支持。在1995年夏，塞尔维亚族的一次挺进，把姆拉迪奇将军的军队带进了波斯尼亚穆斯林在德里纳河流域的飞地——斯雷布雷尼察。名声不好的纳塞尔·欧里奇(Naser Oric)及其部队早已从这个城镇撤出。他们征收粮食，并且在1994年血洗周围的塞尔维亚族村庄。但是在最近和最恐怖的战争罪行中，姆
380 拉迪奇命令他的士兵处决俘获的每个男子，不管是不是士兵；海牙国际战争法庭(War Crimes Tribunal in The Hague)确定了对姆拉迪奇和拉多万·卡拉季奇的起诉书。大约7 000人至今仍然下落不明。[19]

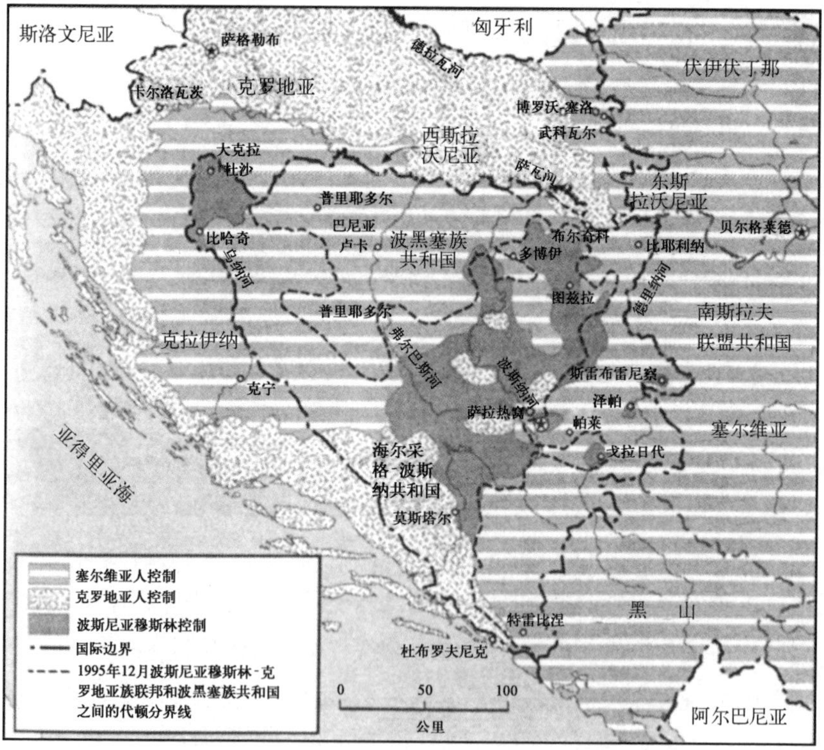

地图12.1　1995年1月在塞尔维亚族、克罗地亚族或波斯尼亚穆斯林控制下的克罗地亚和波斯尼亚-黑塞哥维那领土。

只有美国和北约对地面部队的承诺现在能够把一个解决方案强加给波斯尼亚塞尔维亚族军队。在上述的少量空袭之后，塞尔维亚族扣

图 12.1　1996 年 12 月"克罗地亚联盟"在贝尔格莱德示威

押了在联合国指挥下的欧盟部队,欧盟对此的两个反应导致了这一承诺。一个是授权北约派遣一支 5 000 人的快速反应部队(Rapid Reaction Force),该部队将是集中的并且全副武装。另一个反应是提醒克林顿政府,这支部队最可能的主要任务将是帮助整个联合国维和部队撤离波斯尼亚,美国一方需提供以前曾承诺的另外2.5万人部队以保障撤离。这种不受欢迎的前景最终说服克林顿总统去接受一个选择方案,该选择方案将把这些地面部队更好地利用,进而巩固联合国维和部队和快速反应部队。如果当年夏天不能达成一个解决方案,那么北约也准备对波斯尼亚塞尔维亚族阵地发动大规模空袭。仿效在斯雷布雷尼察的 7 月战争罪行,塞尔维亚族军队在 8 月下旬对萨拉热窝平民发动了另一次致命的迫击炮攻击,并且再次发布并无说服力的免责声明。

相应地,9 月 1 日北约发动"显示力量行动"(Operation Deliberate Force)。其不懈的空袭实际上摧毁了波斯尼亚塞尔维亚族军队的指挥和控制,并且使其剩余部队士气严重受挫。在海牙国际法庭上,因战争罪行对拉多万·卡拉季奇和姆拉迪奇正式提出的这些指控,仍然进一步震动了帕莱的政治领导层。他们被迫接受斯洛博丹·米洛舍维奇为代顿和平谈判的唯一代表。随着 10 月实现停火,代顿和平谈判开始了。

11 月,在美国俄亥俄州代顿的一个空军基地举行的谈判不应当阻挡媒体的报道。这些情况在其他地方得到详细地描述和评价[20],我们可以注意到理查德·霍尔布鲁克、波斯尼亚总理哈里斯·西拉伊季奇(Haris Silajdzic)和米洛舍维奇本人起到的领导作用。通过主动建议塞尔维亚族放弃在萨拉热窝周围的军事阵地,米洛舍维奇使霍尔布鲁克和西拉伊季奇感到意外。另外,这种让步将接受联络小组最初提出的 49%作为塞尔维亚族在所有领土中的份额的方案。为了避免份额更少,图季曼总统的代表、克罗地亚外长马特·格拉尼奇(Mate Granic)不得不被说服,以减少该联邦新近赢得的原塞尔维亚族控制的巴尼亚卢卡南部地区的土地。像地图 12.1 中显示的那样,当在该联邦的克罗地亚族、波斯尼亚穆斯林和波黑塞族共和国(Republika Srpska)之间进行内部领土分配时,这些调整保持了之前这个共和国的现有边界。东
381 部的波黑塞族共和国包括除戈拉日代(Gorazde)之外的全部德里纳河流域,但是仅通过在布尔奇科(Brčko)的一条狭窄走廊连接到它的西半部。布尔奇科这个城镇的最终命运留给未来仲裁。

1995 年 12 月在巴黎正式签署的该协议的军事条款迅速生效。这些军事条款自那时起保持了波斯尼亚-黑塞哥维那的和平。在 1996 年 1 月,大约 5.8 万北约部队组成的多国部队(IFOR)成功地隔离了塞尔维亚族和波斯尼亚穆斯林。塞尔维亚族一方仍拥有显著优势的重武器被收集到双方商定的控制区。但是关于返回或继续居住的少数民族权利条款在 3 月遭受最初的挫折。当这两种压力不幸地结合时,多国军事部队袖手旁观。这两种压力来自波斯尼亚穆斯林警察逼迫,以及帕莱政权吸引在萨拉热窝郊区占优势的塞尔维亚族,逃离其住所到塞尔维亚族控制区。[21]在随后的几年中,少数民族难民到返回波斯尼亚和黑塞哥维那的多数民族地区,但是上述这种情况几乎没有变好。尽管存在进一步的国际干涉和援助,但是自从代顿框架到位,政治僵局和有限

的经济复苏随着到来。我们可以看看稳步约束它们的这个被分裂的国家——克罗地亚和塞尔维亚-黑山的“南斯拉夫联盟共和国”(常简称“南联盟”)是怎样与自己的政治和经济框架作斗争的。

克罗地亚、塞尔维亚和黑山的战时政治

对克罗地亚和塞尔维亚-黑山的“南斯拉夫联盟共和国”的批评集中于它们的两个总统——弗拉尼奥·图季曼和斯洛博丹·米洛舍维奇的个性和权力。在第十一章中谈到的这两个人之间的共生关系还在继续;他们各自在对方媒体中的恶棍形象和在自己的媒体中作为战争时期国家领导人的战士角色,有助于他们当权。像战时的胜利对图季曼而言达到了目的那样,对米洛舍维奇而言战时损失似乎也达到了目的。至少直到 1999 年科索沃战争,情况一直如此。

尽管他们否认,但是他们各自都吸收了铁托的一部分遗产来保持其地位。就图季曼来说,铁托的这部分遗产是他作为总统的无可争议的官方权威以及他热衷于富丽堂皇的军服、公众典礼和住所。而对米洛舍维奇而言,铁托的这部分遗产是他通过个人权威、内政部的情报机构和警察权力,依赖于在正式机构的幕后所进行的工作。

他们各人都利用媒体,特别是电视,来达到最大的宣传利益。每个人都曾经对教育系统施加压力、限制司法独立,并且为忠实仆人提供充足的奖赏。虽然在克罗地亚人均收入没有超过每月 200 美元,直到 382
1995 年才翻倍;而在塞尔维亚,人均收入仍然是每月不到 100 美元,但是受到优待的少数人被允许通过在合法或非法贸易中的控制地位去积累财富。图季曼和米洛舍维奇的家庭成员以这种方式得到了蓬勃发展。自 1992 年以来的贸易或财政制裁只是作为一个偏袒的借口,与萨格勒布相比,贝尔格莱德出现了更多肆无忌惮的商业犯罪。米洛舍维奇政权显示出与图季曼政权的进一步区别,即允许它的几个部长继续担任大企业的主管。

这两个政权之间的另一个差别是其可用的中层和上层官员的才干。在民事方面,“克罗地亚民主联盟”政权已享有明显的优势,特别在

经济政策和外交关系方面。贝尔格莱德的劣势不仅来自该政权更大的国际坏名声，而且来自米洛舍维奇的这种执政倾向，这种执政倾向就是：除了他的妻子以外，米洛舍维奇很少同顾问们协商。他的妻子是僵化的左派和自命不凡的大学教师米亚娜·马尔科维奇。那几个顾问发现自己很可能像鲍里萨夫·约维奇那样被抛弃。鲍里萨夫·约维奇是南斯拉夫政府机构的最后一任首脑，并且在 1995 年之前担任塞尔维亚社会党的副主席。在质疑米洛舍维奇的妻子创立南斯拉夫左翼党之后，鲍里萨夫·约维奇从一名记者处获悉他遭到免职。于是他出版回忆录，揭露他和米洛舍维奇在 1990—1992 年期间如何迫使南斯拉夫人民军领导层参与民族冲突的。[22]

塞尔维亚享有胜过克罗地亚的假定军事优势，因为塞尔维亚族和黑山族占南斯拉夫人民军军官团的三分之二。然而，这种情况被证明是没有优势的。米洛舍维奇政权在 1992 年对铁托主义军官和所有非塞尔维亚人进行了两次清洗，随后在 1993 年进行第三次清洗。在这些清洗之前，南斯拉夫人民军对思想教育和政治可靠性的强调未曾有效地控制军官团。通过建立他们自己的政党——共产主义者联盟/南斯拉夫运动(SK/PJ)，大部分塞尔维亚族高级军官对南斯拉夫共产主义者联盟在 1990 年 1 月的有效终结作出反应。最初，该政党在 1990 年的选举中未能吸引任何公众支持。然后 1991 年 8 月苏联共产党政变的失败瓦解了苏联军队，而南斯拉夫人民军高层与这支外国军队高层有联系。在这些清洗之前，南斯拉夫人民军领导层无处获得除了米洛舍维奇政权以外的政治支持。米洛舍维奇政权自身转向了用任何必要的手段使所有塞尔维亚人保持在一个国家的政策。这种政策在 1990 年选举运动中曾被狡诈地公开放弃。自米洛舍维奇 1991 年 3 月 16 日的演说，该政权的这种政策转向已经明确了。[23]

383 1991—1992 年，一种忧虑困扰着以前的南斯拉夫人民军将军弗拉尼奥·图季曼，这种忧虑就是南斯拉夫人民军或其后继者塞尔维亚的“南斯拉夫陆军”将如何有效地领导这场战斗。回想图季曼在战争开始时曾拒绝他的首任国防部长马丁·斯佩盖利的要求，可以看出他对包围南斯拉夫人民军兵营很犹豫。直到1990年,图季曼一直是一名积极的南斯拉夫人民军将军。因为有助于结束战争,并且因为克罗地亚军队的规模和武器已经不同以往,图季曼的信心得到增强。到1994年,克罗地亚军队已经达到8.5万人,并拥有5万人预备队。它的装甲和火炮差不多敌得过塞尔维亚的"南斯拉夫陆军"。在此期间,塞尔维亚的"南斯拉夫陆军"目睹了克罗地亚军队的规模超过塞尔维亚内政部不断扩大的警察部队。克罗地亚军队更加重视能够获得的新武器。所以难怪图季曼的军队仍然是图季曼政权更可靠的支持来源。从它在1991年的幸存到它在1995年的胜利,克罗地亚军队本身将吸引公众对该政权的支持。

然而,像米洛舍维奇赢得的支持那样,这种更广泛的支持已经主要在一系列日益有限或有争议的选举胜利中赢得。与媒体控制和反对派内部的致命分歧相比,这些胜利较少是警察权力和军事优势的结果。由米洛舍维奇的内政部协调的地方陋习将在塞尔维亚起某些作用。在1993年,图季曼的几个情报机构在其创始人约瑟普·马诺利奇(Josip Manolic)的领导下,或在其继任者们的领导下。然而,在克罗地亚,我们不能断定这些选举被图季曼的几个情报机构明显影响。其中两个继任者使这些情报机构因为其他理由而变得重要。在黑塞哥维那,国防部长戈杰科·苏萨克支持了马诺利奇曾反对的反波斯尼亚穆斯林的新方案。图季曼的长子米罗斯拉夫(Miroslav)因为他的命令而去镇压执政的"克罗地亚民主联盟"党内的持不同政见者。

选举、受限制的媒体和分裂的反对派

莱纳德·科恩(Lenard Cohen)恰当地指出,总统权力的其他两个来源使天平倾斜,从而远离克罗地亚的"初期民主",并使结果倾向于"嵌入式独裁主义"。与在克罗地亚民族主义框架内重组初等和高等教育体系的笨拙努力相比,二者更有效地挫败了该政权的反对派。[24] 更成功的是对媒体和司法系统的限制,这些限制可能保证一种自由的媒体和没有党派之见的电视。克罗地亚的国家电视台保持了对新闻节目的近乎垄断,这超过了塞尔维亚的电视台。一个深夜节目报道了国际和其他地区的新闻,甚至包括来自贝尔格莱德的新闻。该节目在国家广播网幸存了几年,但是最后被清除。《丹娜丝》(*Danas*)周刊和《自由的达尔马提亚》(*Slobodna Dalmacija*)日报的私有化,把它们交到当权者的亲信手里,并且结束发表其批判性文章。法庭上的税务和诽谤案件更
384 迅速地对许多其他出版物不利。只有恶作剧的讽刺周刊《野性论坛》(*Feral Tribune*)幸免于一系列审判。因曝光政府的腐败,特别是嘲笑图季曼的照片剪辑从而导致了这些审判。独立的无线电台"101"也存在下来。在 1996 年 11 月,一次公众抗议使 10 万人走上萨格勒布的大街,从而勉强阻止了该电台已有预兆的撤销执照。

总统权力的集中和媒体在很大程度上受到控制,不能解释克罗地亚反对派为何未能在国家选举中战胜执政党。执政党自身正在失去支持,特别是在主要城市。尽管反对派组成上出现了一些变化,但是近来在保加利亚和斯洛伐克出现的那种破坏性的分裂,从一开始就使克罗地亚反对派苦恼,并且这种情况持续了整个 20 世纪 90 年代。最初的反对派联盟由 1968 年的学生活动家德拉任·布迪沙(Dražen Budiša)领导的社会自由党(HSLS)和萨夫卡·达布塞维奇-库查尔领导的克罗地亚民族党(Croatian National Party)组成。克罗地亚的共产主义者联盟首脑在 1971 年被免职。然而反对派联盟的合作未能持续到 1992 年议会和总统选举。在 1992 年年中的总统选举中,图季曼以 57%对 22%的选票轻松击败布迪沙。大致相同的百分比使"克罗地亚民主联盟"(HDZ)保持了其在议会中不均衡的大量席位:85 个席位中社会自由党仅占 14 席,前共产党的社会民主党(SDP)占 11 席。然而在这场选举后不久,"克罗地亚民主联盟" 就从这个制高点下滑。在 1993 年 2 月的地方选举中,总统领导的政党在该共和国 68 个城镇中的三分之二城镇并且在 21 个郡中的 7 个郡失去权力,该政党在伊斯特拉最彻底地失去权力。

社会自由党和复活的克罗地亚农民党是此次选举的主要胜利者。在"克罗地亚民主联盟"内部出现独立的派别,使苏萨克的强硬民族主

义的“黑塞哥维那游说团”、前共产党人斯蒂佩·梅西奇领导的一个温和派团体去对抗约瑟普·马诺利奇领导的一个温和左派。后者在1994年初离开“克罗地亚民主联盟”,参加了在1995选举之后复活的社会民主党。因为被认为企图利用军队夺回克拉伊纳,执政的“克罗地亚民主联盟”在选举中失利,甚至在国家一级的选举中失利。10月的选举允许36.5万移居者和波斯尼亚的克罗地亚族投票,“克罗地亚民主联盟”赢得12个席位,塞尔维亚族赢得的席位数从13个削减到3个。“克罗地亚民主联盟”在议会两院中的席位从84个下滑到75个。该党在下院获得的选票比例亦从59%大幅下跌到45%。在1995年社会自由党赢得地方选举之后,为了任命自己政党的“专员”为“国家安全”利益去管理首都,图季曼总统不得不求助于宪法法院。 385

尽管存在这些挫折,并且欧洲理事会(Council of Europe)在1996年11月之前拒绝接纳克罗地亚,但是“克罗地亚民主联盟”仍然能够指望两个有利条件:一个是图季曼总统本人的持续声望,特别是在主要城市之外;另一个是反对派的进一步分裂。[25]到1997年总统选举时,两个独立的联盟出现在“克罗地亚民主联盟”面前。复兴的社会民主党领导了这两个集团中更成功的一个。另一个是社会自由党和克罗地亚农民党的有前途的联盟。但是社会自由党和克罗地亚农民党的联盟候选人弗拉基米尔·戈托瓦茨(Vladimir Gotovac)与社会民主党人兹德拉夫科·托马茨(Zdravko Tomac)相比,戈托瓦茨赢得的选票甚至更少:17.5%对21%。图季曼总统的61%得票率使他成为6月选举中轻松的胜利者。此后不久,社会自由党自身由于个性冲突而分裂,而不是由于政策抵触。戈托瓦茨建立了一个独立的自由党。但是到1998年,一个包括社会民主党、社会自由党和其他政党的单一联盟宣布成立。在下一段特别提到的新财务丑闻将进一步预示,在即将到来的议会选举中,日益分裂的“克罗地亚民主联盟”将承受更大压力。

更悲哀的故事当然发生在塞尔维亚。1999年北约空袭造成的有形破坏,此时和破坏性的政治相伴生。二者都不会被迅速或容易地修复。甚至比克罗地亚更频繁的选举也未能把这个政权赶下台,除了没有军事胜利以外,该政权已经使塞尔维亚的国际声誉空前受损,使超过70万塞尔维亚族难民处于在很大程度上令人绝望的环境中,并且该政权延迟支付降低的工资和养老金。通过第二个五年任期,斯洛博丹·米洛舍维奇保持了塞尔维亚总统的职位,在很大程度上他通过将自己描绘为抵御外部敌人的国家守卫者,从而在1997年议会选举中当选南联盟总统。他的确已经从1992年以后强加给塞尔维亚的联合国经济制裁中获得了这种利益。1992年11月开始的联合国贸易制裁在1993年加强;在1994年9月暂停之后,直到1995年底签署《代顿协议》,该制裁才被解除。号称“外墙”的财政制裁仍在执行,这种财政制裁针对的是欧盟或美国的新账户或现有账户的使用。在1999年科索沃对抗中,贸易制裁重新加入到这种财政制裁之列。尽管制裁毋庸置疑地削弱了该政权得益于合法业务的能力,但是这些制裁也鼓励了被官方关系支持的非法交易。制裁的广泛影响也使该政权赢得广泛的政治默许,即使不是支持。根据在北约轰炸期间的具体情况来看,全部人口正
386 受到不公平惩罚的这种公众看法已经把批评从米洛舍维奇及其执政的塞尔维亚社会党(SPS)身上转移开来。[26]

塞尔维亚社会党的选举幸存者把这归功于它对国家电视频道(RTS)的控制。只有这个电视台的辐射半径能够达到远离贝尔格莱德的可观距离。国家电视频道给予所有党派代表相等时间进行选举政策阐述,这很好地起到了拒绝给予主要对手任何真正使用机会的作用。该政权对最大的最受尊敬的日报《政治报》的控制也被计算在内。《政治报》和国家电视频道合作传播这些故事,这些故事就是西方阴谋集团唆使进行制裁并且对塞尔维亚之外的塞尔维亚族进行袭击。这些故事有助于证明面临这种外部威胁该政权所采取的任何国内限制都是正当的。在1990—1997年的选举中,下列这些属于塞尔维亚社会党的有利条件使其战胜了反对派。这些有利条件就是,几家贝尔格莱德日报、由国际推崇的《时代》(*Vreme*)周刊领导的杂志、学生电台B-92和电视台的B工作室。它们使贝尔格莱德拥有一个比萨格勒布更独立的媒体;并且像在萨格勒布那样,贝尔格莱德大学的院系在很大程度上保持

独立,反对政府授意的压力,这主要在修订小学历史教科书方面获得成功。[27]但是面临对塞尔维亚社会党和政治上分裂的反对派的地方支持,这一切都不会有帮助。

这三个主要反对党中的两个政党在1990年建立,它们打算把塞尔维亚同正在横扫东欧共产党政权的民主改革浪潮联系起来。在这一点上,由于南斯拉夫没有一直是苏联集团成员,这可能降低了反对共产主义制度的最初统一战线的重要性。暂且不谈这种推测。然而在整个20世纪90年代,民主党和塞尔维亚复兴运动(SPO)未能建立初步联盟也伤害了塞尔维亚反对派。[28]另外,到塞尔维亚1992年选举时,民主党本身已经分裂成几个政党。这些更小的党派参加了由小说家和前新闻记者武克·德拉什科维奇(Vuk Drašković)领导的塞尔维亚复兴运动,从而去建立一个"联盟"(DEPOS)。民主反对派的另一个主要人物是出生于波斯尼亚的、以前的学生持不同政见者佐兰·金吉奇(Zoran Djindjic),他拒绝促使他现在领导的民主党核心加入这个"联盟"。虽然他完全不是一个像德拉什科维奇那样浪漫地看待塞尔维亚人过去苦难的民族主义者,但是金吉奇拒绝赞成这个"联盟"去谴责该政权在克罗地亚和波斯尼亚的战争政策。

武克·德拉什科维奇领导的"联盟"联合抵制1992年早些时候联邦议会选举的决定,这已经为第三个主要反对党——激进党打开了方便之门。激进党由极端民族主义者波斯尼亚塞尔维亚人沃伊斯拉夫·舍 387
舍利(Vojislav Šešelj)领导,并且米洛舍维奇政权暗中鼓励该党。激进党不久成为这三个反对党中最大的反对党。在随后的塞尔维亚选举中,激进党赢得23%的选票,武克·德拉什科维奇领导的"联盟"赢得17%的选票,塞尔维亚社会党赢得29%的选票。

在1992年12月充满悲喜剧的总统选举中,反对派没有提出他们自己的候选人,反而转向支持流亡的塞尔维亚人米兰·帕尼奇(Milan Panic)。米兰·帕尼奇曾经在加利福尼亚白手起家,逐步建立了大型医药品跨国公司。米兰·帕尼奇最近刚刚回国。作为一位为时甚久的美国公民,他不能再说一口流利的塞尔维亚语。他唯一的政治经历是在

1992年早些时候南联盟总统多布里察·乔西奇(Dobrica Cosic)任命他为南联盟总理。多布里察·乔西奇是同样没有政治经验的小说家。米洛舍维奇匆忙把他们安置在适当的位置上去平息西方的批评。使帕尼奇的短暂竞选运动及其最低限度的电视报道问题复杂化的是,更受尊敬的(并且更民族主义的)乔西奇未能提供帕尼奇真正的支持。在这种情况下,帕尼奇表现得很好,并且比武克·德拉什科维奇在1990年表现得更好;帕尼奇赢得34%的选票,米洛舍维奇赢得57%的选票。如果科索沃的阿尔巴尼亚族居民对帕尼奇的提议作出反应,那么他会做得更好。帕尼奇提议恢复文化自治及真正的政治权利,与科索沃的阿尔巴尼亚族居民将从任何反对党领导人那里收到的提议相比,这是一个更好的提议。像20世纪90年代期间在塞尔维亚的所有其他民族那样,科索沃的阿尔巴尼亚族居民联合抵制这次选举。更令人怀疑的是,如果西方政府已经同意他的暂停联合国制裁60天的请求,那么帕尼奇本可以反击塞尔维亚社会党恶毒的反西方运动的挑衅。

在另一个四年中,民主反对派中的各政党不会对该政权提出严重挑战。下文将描述至少从通货膨胀危机状态下恢复了的经济。由于米洛舍维奇在波斯尼亚塞尔维亚人的"代顿结局"中所起的作用,联合国解除了对塞尔维亚的贸易制裁。作为自取灭亡的民族主义者,舍舍利及其激进党继续扮演他们的实用角色,而米洛舍维奇和塞尔维亚社会党不是自取灭亡的民族主义者。在贝尔格莱德,只有一小伙群众聚集在反对派的1996年集会上,去纪念3月9—11日示威的五周年纪念日。3月9—11日示威曾几乎使米洛舍维奇政权垮台。9月,他们的新联盟"克罗地亚"(Zajedno)至少已经把民主党和"塞尔维亚复兴运动"同反战领袖佩丝克女士(Vesna Pesic)的"公民联盟"(Civic Alliance)联系起来。他们说服年迈的国家银行行长德拉戈斯拉夫·阿夫拉莫维奇(Dragoslav Avramovic)在次月联邦选举中代表他们。像我们将看到的那样,由于阻止了1992—1993年灾难性的通货膨胀,这个前世界银行经济学家确实得到信任。但是德拉戈斯拉夫·阿夫拉莫维奇不久因健康和年龄的原因退出,使得塞尔维亚社会党和南斯拉夫左翼党的联盟在塞尔维亚议会选举中获取了两倍于"克罗地亚"联盟的选票。

米洛舍维奇重拾的信心促使他犯了两个政治错误。这两个政治错误赋予了"克罗地亚"联盟以生机,并且给予"克罗地亚"联盟一个推翻他的绝好机会。第一个政治错误是他把新内阁中数目不相称的席位分配给资格可疑的南斯拉夫左翼党成员。更严重的是,在11月地方选举中,他拒绝接受"克罗地亚"联盟候选人在近乎每个塞尔维亚族大城镇中的胜利。在贝尔格莱德,"克罗地亚"联盟候选人获得几乎一致的胜利。米洛舍维奇的选举委员会宣布:因为涉嫌违规,该选举结果无效。并且该委员会批准了另一次选举。由于塞尔维亚社会党为地方选举当局配备职员,并且地方选举当局通过各种滥用职权偏袒他们的候选人,加上选举委员会荒谬断言"克罗地亚"联盟违规,这些因素促使人群走上贝尔格莱德和其他城镇的大街。[29] 来自大学的学生领袖们为抗议奠定了嘲讽的基调。他们印制讽刺的批评性标语,并且对该政权的根据地投掷鸡蛋——"鸡蛋扔向盗贼"。对有时攻击和处罚他们的警察,他们希望产生一种激烈反应,"微笑塞尔维亚,偷拍已经开始了。"对米洛舍维奇,他们说"选择米洛舍维奇或不选择米洛舍维奇——这是个问
题。"而对贝尔格莱德的其余人,这种嘲讽体现在南斯拉夫扎斯塔瓦汽 389
车厂(Crvena Zastava)球迷歌词的变化,"快点,我们走吧,大家去散步"代替了"大家出击"。

抗议人群中的专业人士和文职雇员不久在数量上超过学生,领养老金者和一些军官也加入了抗议人群。而作为一个未被充分代表的群体,工厂工人依赖于国家薪俸。贝尔格莱德的大多数人明确表示,他们反对该政权的夜间电视新闻,不仅拒绝观看,而且通过按汽车喇叭或猛敲阳台上的花盆以示抗议。学生电台B-92成为最广受欢迎的消息来源。"克罗地亚"联盟领导人金吉奇、德拉什科维奇和佩丝克女士自告奋勇地、有说服力和不知疲倦地谈及一个准备重返欧洲的民主塞尔维亚。当贝尔格莱德夜间活动的人群在1月超过10万人时,要求该政权下台的示威蔓延到地方选举中该政权已经被推翻的所有城镇。自1903—1908年民主时期以来,塞尔维亚的这种最辉煌时刻是引人注

目的。

当米洛舍维奇在1997年2月不再拒绝并且接受大部分地方选举结果时,他自己似乎已时日无多。他需要几个月时间去破坏这些联合的反对派已经为塞尔维亚打开的这种光明前景。一开始,“克罗地亚”联盟领导人就未能认识到,他们的政党、个性或方案与联盟的示威者脱节,相反是这些群众召唤了他们。现在,联盟既没有准备也没有充分统一去制定一份适用于合法私有化和摆脱政治控制的市场经济的详细计划。而阿维拉莫维奇(Avramovic)已经正确地鼓吹用合法私有化和市场经济作为回到欧洲的方式。到1997年末,姆拉詹·丁基奇(Mladjan Dinkić)和其他经济学家领导的“十七集团”确实提出了这样一个计划。[30]但是该计划在政治上为时已晚。米洛舍维奇已经恢复其政治平衡。他让他的妻子和南斯拉夫左翼党退到幕后,并且利用中央政府的影响去挫败新的“克罗地亚”联盟政府在其城镇中显著改善环境的努力。

当金吉奇的民主党和德拉什科维奇的“塞尔维亚复兴运动”在其成员之间分割贝尔格莱德市政府的控制地位时,米洛舍维奇在贝尔格莱德得到更多的帮助。相当数目的“塞尔维亚复兴运动”职位转到德拉什科维奇妻子的家庭成员一方。民主党和“塞尔维亚复兴运动”都缺乏市政管理经验,首都的状况变得更糟。这两个关键的反对派领导人之间的关系也是如此。德拉什科维奇坚决要求在1997年选举中竞选塞尔维亚总统。金吉奇对此作出反应,他敦促他的追随者联合抵制9月投票,但是又在表面上表示抵制投票是由于其他原因。到这个月末,多数
390 党“塞尔维亚复兴运动”已经开始逼迫金吉奇出任贝尔格莱德市长。在此期间,德拉什科维奇的候选人资格面临从米洛舍维奇政权秘密筹集资金的指控。无论如何,德拉什科维奇在总统选举中仅以22%的选票获得第三名,落后于该政权乏味的佐兰·利利奇(Zoran Lilić)和复兴的激进党领导人沃伊斯拉夫·舍舍利。由于德拉什科维奇的“塞尔维亚复兴运动”和其余“克罗地亚”联盟的残存者联合抵制这次决定性竞选,舍舍利所得选票稍微超过利利奇。按照该政权选举委员会有争议的统

计结果,其总票数幸运地低于50%,从而使该委员会授权举行另一次选举。德拉什科维奇在12月7日选举中表现甚至更差,他的得票数下降到总票数的15%。

对反复无常的有暴力倾向的舍舍利及其更可疑的顾问们取得政权的忧虑,足以使塞尔维亚的抗议选民惊恐。这些选民曾在9月支持舍舍利去战胜该政权的新候选人、外长米兰·米卢蒂诺维奇(Milan Milutinović),并且取得44%对32%的胜利。在决定性竞选中,来自科索沃的更多选票援助米卢蒂诺维奇赢得了58%对38%的压倒性胜利。[31]除了仍然全体一致弃权的科索沃阿尔巴尼亚族选民外,"克罗地亚"联盟的成员拒绝投票。当米卢蒂诺维奇为该政权和他本人任命这样一位总理时,"克罗地亚"联盟对此进行了十足的羞辱。这位总理的唯一资历是一家粮食出口企业的董事,他曾滥用职权,并通过出口小麦而获得巨大利益。

黑山是南联盟中不重要的独立共和国,自1990年以来黑山一直在米洛舍维奇的有效控制之下。在1996年黑山进行了比较成功的转向,从而远离了米洛舍维奇政权。带领他们的是以前忠诚的总理、年轻的米洛·久卡诺维奇(Milo Djukanovic)。该共和国总统和社会民主党(共产党的后继者)领袖莫米尔·布拉托维奇(Momir Bulatovic)任命了久卡诺维奇。但是在1995年《代顿协议》之后,久卡诺维奇开始设法使其政权与塞尔维亚政权疏远,从而要求黑山豁免于持续的经济制裁。不久,黑山电视台开始谴责米洛舍维奇政权,米洛舍维奇政权切断了黑山对塞尔维亚的广播。到1997年,通过联邦议会中的许多黑山代表,久卡诺维奇策划反对草率的宪法改革,因为这些改革将允许斯洛博丹·米洛舍维奇当选为南联盟总统。他们的努力未能阻止米洛舍维奇,但是他们争取到了久卡诺维奇在黑山所需要的驱逐布拉托维奇出党的支持。然后波德戈里察(Podgorica)的议会也要求举行一次特别总统选举,去解除布拉托维奇的总统职位。在借助于篡改投票名单勉强赢得第一轮选举之后,布拉托维奇输掉了第二轮选举,并且他建立了一个在野党,即新的社会人民党。在米洛舍维奇政权的帮 391

助下,他的支持者们举行恐吓性的示威,这些示威要求取消第二轮选举结果。

久卡诺维奇仍然担任总统。他迅速带领已成为他的政党的社会民主党在1998年5月的议会选举中以42席对28席的成绩取得令人信服的胜利,并且在举行地方选举的三分之二自治市中取得令人信服的胜利。[32]他的支持部分来自所谓的"绿区",即更靠近海岸的1878年之前的黑山(见第二章),同时也来自构成该共和国22%人口的穆斯林和阿尔巴尼亚人,来自受过教育的城市群体。这些城市群体已经组成"克罗地亚"联盟,并且希望塞尔维亚再次融入欧洲。然而和塞尔维亚不同,黑山的民主改革者们在该政权内找到了一个高层盟友,这个高层盟友准备发挥真正改革的共产党人在东欧其他国家和前南斯拉夫正在起的作用。

斯洛文尼亚和马其顿的战后政治

在20世纪90年代期间,斯洛文尼亚和马其顿的后继国家已经明显受益于改革的共产党人的领导。它们的总统分别是米兰·库昌和基罗·格利戈罗夫(Kiro Gligorov)。他们在前南斯拉夫的共产主义者联盟中曾经升至高位。像我们在第十一章中所看到的那样,库昌在1986年成为斯洛文尼亚党的首脑,正如米洛舍维奇在塞尔维亚党中脱颖而出。格利戈罗夫在20世纪60年代中期的联邦经济委员会中已经是一个最主要的经济改革家,在70年代他是中央委员会成员,在1989年他是安特·马尔科维奇迟来的市场改革计划的顾问。1990年,他们被推选去领导各自新独立的共和国,并且他们至今仍然在职。

除了这两位成功的总统致力于多党民主和公平选举以外,几个更多的优势解释了这两个共和国相对的好运气。它们的主要优势是一直没有长期战争,或没有承受曾经使其余后继国家政治生活变色的这种战争的后果。在1991年"十日独立战争"之后,马其顿和斯洛文尼亚享有经营战后政治的机会。因此,与克罗地亚、塞尔维亚和波斯尼亚-黑塞哥维那相比,它们的军队一直少得多,只有大约1万人的现役部队,并且它们的武器装备更便宜。它们的媒体仍然很开放,它们的选举较少遭受内政部的滥用职权,这些内政部拥有庞大的部分准军事的警察部队。它们都免除了西方制裁或威胁,反而获得一贯优惠的对待。 392
1991年初欧盟的“巴丹泰委员会”作出判断,即：仅仅因为它们的独立性,它们就值得获取立即的外交承认。从此开启了西方对它们的优待。这两个国家政权已经从一个政党联盟手中转到和平接受了权力的反对派手中,即使在其领导层中包括前共产党人。

对斯洛文尼亚而言,按照前苏联集团的北部邻国的方式,其进展顺利。这些北部邻国是匈牙利和捷克共和国,而不是保加利亚和罗马尼亚。像我们在第十一章中所看到的那样,根据共同的反共纲领,最初的六党联盟(DEMOS)赢得了1990年选举。六党联盟由洛伊泽·彼得莱(Lojze Peterle)的基督教民主党(SKD)领导。到1992年初,该联盟已经开始分裂。三个政党留下了关于堕胎和私有化的争论。彼得莱总理试图拥护的传统天主教社会价值观没有引起教会统治集团的共鸣,其社会政策也没有取得公众支持。彼得莱的政党在1992年的失败使新的自由民主党(LDK)处于这样一种地位,即利用在议会得票数中的最大份额(仅23%)去组成一个新联盟。自由民主党由南斯拉夫政府机构中最后的斯洛文尼亚族成员亚内兹·德尔诺夫舍克(Janez Drnovsek)领导。他使彼得莱成为外长,作为对基督教民主党支持的报答,这样德尔诺夫舍克增加了他的联盟的勉强多数。在1996年的随后选举中,德尔诺夫舍克的自由民主党和中-左联盟取得另一次微弱胜利。它们击败了中-右集团,中-右集团现在包括前共产主义时期复兴的斯洛文尼亚人民党(SLS)。库昌在总统选举中取得的胜利程度更大,他在这两次选举中获得60%的选票。

尽管如此,像我们为马其顿寻觅的那样,斯洛文尼亚的故事也并非没有瑕疵或没有前南斯拉夫的影子。尽管在斯洛文尼亚没有任何重要的少数民族,但是强硬的民族主义者兹马戈·叶林契奇(Zmago Jelinčič)及其斯洛文尼亚民族党(SNS)赢得了1992年投票总数的10%。然而对其过去参与南斯拉夫内政部的指控削减了其1996年选票的三分之二。更不吉利的是，亚内兹·扬沙根据他曾帮助创立的年轻情报机构的情报，反复挑战德尔诺夫舍克和库昌的统治权。亚内兹·扬沙是该共和国最初的国防部长和斯洛文尼亚社会民主党（SDSS）的创始人。然而，他在内政部的滥用职权和在波斯尼亚战争期间与克
393 罗地亚和波斯尼亚穆斯林的武器交易，被同样独立的《青年》周刊提请公众关注，在1988年他受到监禁。10年以后，扬沙最后的这种尝试在议会中遭遇严重失败，这种尝试就是以德尔诺夫舍克同以色列摩萨德（Mosad）情报机构交易的嫌疑来弹劾德尔诺夫舍克。[33]

警察权力的滥用是铁托的国家安全局的遗产。与滥用警察权力相比，没有了前南斯拉夫已经给斯洛文尼亚的政治文化留下了更广泛的问题。在两个南斯拉夫时期，贝尔格莱德这个遥远中心曾发挥作用，即对斯洛文尼亚代表能够联合起来并且对单一的斯洛文尼亚利益取得一致意见产生很大牵制。既然卢布尔雅那是唯一的中心，那么西部沿海地区、北部施蒂利亚（Stajerska）到奥地利边境的马里博尔（Moribor）地区和在两者之间的两个微小地区的利益经常被看做是独立于中央政府的利益。同竞争的联盟和政党之间政策的相对小的分歧相比，这种利益分配似乎更应当为相当多的立法僵局和拖延负责。

斯洛文尼亚同前南斯拉夫其余部分的关系集中于当前贸易和过去债务的经济问题，这些问题将在下一节讨论。斯洛文尼亚同克罗地亚、马其顿和波斯尼亚联邦的外交关系迅速得以建立。斯洛文尼亚不愿接受带有前南斯拉夫意味的任何多边关系可以理解，但是它同克罗地亚的冷淡关系有点令人惊讶。同关于确切陆地边界的小争论和目前划分占斯洛文尼亚的亚得里亚海岸大部分份额的海湾界线的更大争端相比，斯洛文尼亚同克罗地亚的关系与西方普遍反对图季曼政权统治之下的民主赤字的关系更小。克罗地亚当局曾经抱怨重组的卢布尔雅那银行持续拒绝赔偿斯洛文尼亚之外的存款人在南斯拉夫瓦解中损失的账款。补充地说，关于南斯拉夫时代留下的两个更大问题的争论和斯洛文尼亚–克罗地亚之间缺乏密切联系变得不那么令人惊讶。这两个更大问题就是，被提议的斯洛文尼亚新的道路建设路线将与意大利和

奥地利接壤而绕过克罗地亚(见第十章关于1969年争论),以及位于克尔什科(Krsko)的正好在斯洛文尼亚边界一方的美式装备的核电厂的运转。

属于斯洛文尼亚外交关系的更大的意大利人问题有着更深层次的根源。在两次世界大战之间,伊斯特拉半岛(Istrian Peninsula)和奥匈帝国的全部戈里齐亚沿海地区(Gorizia littoral)转让给了意大利,从而进一步促使意大利人移入这个意大利人在数量占优势的一些沿海城镇地区。第二次世界大战后,从克罗地亚和斯洛文尼亚非暴力地强行驱逐了大约25万意大利人(见第八章)。通过1975年的《欧西摩条约》 394
(*Osimo Treaty*),意大利和南斯拉夫再次确认其战后边界。《欧西摩条约》显然已经解决了所有权问题。意大利为了敦促被驱逐者的财产索赔而同这个新国家重新谈判该条约的尝试性举动,遇到了斯洛文尼亚人意料之中的抵制,并且引起关于边界问题的焦虑。意大利的异议引证了斯洛文尼亚1991年《宪法》中的条款,即禁止任何外国的土地所有权。意大利政府于是利用其欧盟成员资格去拖延《斯洛文尼亚的准会员国协定》(*Slovenia's Association Agreement*)的签署长达数年,直到1996年该协定才签署。当德尔诺夫舍克政府和斯洛文尼亚议会在1997年批准该协定,并修改宪法准许外国财产权利时,欧盟委员会立即把斯洛文尼亚放在其梦寐以求的准入名单上。在整个纠纷中,欧盟的建设性调解支持了双方政府达成一种被国内认可的妥协。这种成功似乎补偿了欧盟在同年拒绝接受斯洛文尼亚作为第一批东欧成员国加入北约。[34]

马其顿同它的欧盟和北约邻国——希腊陷入困境的关系已经持续了更长时间,并且证明更具破坏性。在马其顿南部边境存在着希腊人大省。由于在1991年采用的国旗和宪法,关于这个新国家的特殊名称的争端已经激化。这个国旗以维尔吉纳(Vergina)①的星符为特色,维尔吉纳的星符是可追溯到菲利普二世的公元前马其顿帝国的象征。马

① 马其顿帝国旧都。

其顿帝国灭亡之后几个世纪，斯拉夫人才到达马其顿。而那部《宪法》特别谈到马其顿共和国“照顾”所有斯拉夫马其顿人，无论他们在哪里。与铁托时代其他共和国教科书中能够被发现的方式相比，新的学校教科书是基于一种更民族主义的方式。它们把皮林(Pirin)、爱琴海和这个新国家的瓦尔达尔马其顿看做巴尔干战争和第二次世界大战期间的单一地区。人数有争议的斯拉夫马其顿人仍然居住在希腊的马其顿，这种提法使其对希腊马其顿的领土要求复活。马其顿人民解放反法西斯大会(ASNOM)在 1944 年 8 月 2 日宣布成立新的共产党马其顿，铁托的马其顿族游击队员使这些要求成为共产党马其顿成立宣言的一部分(见第六章)。因此在 1991 年希腊政府实施最初的贸易禁运，并且继续坚持国际社会只承认该后继国家为“前南斯拉夫马其顿共和国”(FYROM)。[35]

虽然在 1993 年被联合国承认为“前南斯拉夫马其顿共和国”，但是
395 在此后两年中，该共和国发现其前进道路仍然被欧洲委员会和欧洲安全与合作组织(Organization for Security and Cooperation in Europe)所阻碍。年迈的安德烈·帕潘德里欧(Andreas Papandreou)领导的最后一届希腊政府利用其在这两个组织中的影响力不让马其顿加入。作为总理的帕潘德里欧曾亲自对这个新共和国实施第二次长期的贸易禁运。到 1995 年，这种贸易禁运正在损害在萨洛尼卡的合法业务，并且鼓励了在斯科普里的非法活动。在 1995 年帕潘德里欧去世之后，一个相对温和的希腊政府为马其顿议会同意更改国旗并且修改《宪法》打开了方便之门。国家名称的问题仍然困扰着这两个国家的金融交易，但是不足以阻止希腊投资的逾期启动。到 1997 年，尽管萨洛尼卡长期以来一直是地中海的中心，但是在这种内陆经济中，希腊投资已经达到 13 亿美元。

马其顿所面临的其他严重挑战是斯洛文尼亚所完全没有的。一个是经济上的挑战，即从远低于基数的人均收入(根据表 11.4 所说，马其顿人均收入不到 1988 年斯洛文尼亚人均收入的三分之一)着手向市场经济过渡。当时大多数大企业早已无利可图，也几乎没有成功的小企

业来点缀经济。另一个是民族政治上的挑战。在其200万人口中，庞大的阿尔巴尼亚少数民族占23%，土耳其人、瓦拉几人、塞尔维亚人和罗姆人(Roma)占另外10%。马其顿政权和阿尔巴尼亚族政党的新政治关系使其政权能够避免最低限度的流血事件，并且它们也接受政府更迭。在希腊禁运期间和之后它们一直致力于经济转型和与猖獗的腐败作斗争，这必须被公认为一项重大成就。1995年10月在同希腊和解的前夕，汽车炸弹使格利戈罗夫总统身受重伤，但是这没有阻止马其顿国民议会在次日批准了没有星符的新国旗。格利戈罗夫的痊愈出乎人意料，但是关于斯科普里大学的阿尔巴尼亚语课程和非官方的独立的阿尔巴尼亚大学的这些事件，使这一时期不断地陷入进一步危机之中。1995年阿尔巴尼亚大学建立于泰托沃(Tetovo)。

1 000名观察员组成的联合国预防性部署部队(UNPREDEP)沿着马其顿与塞尔维亚的边界驻扎。然而美国在其中至关重要的存在有助于使马其顿免于波斯尼亚战争，并且省去其自身庞大的军队建设。8 000人的警察部队在规模上几乎敌得过军队并且训练更好，但是与其共产党前任相比，它的内务部也更多地向民选官员负责。然而在1993年有争议的AAA级案件之后，阿尔巴尼亚族继续保持小规模的军事存在，他们的人数不到军队或警察总数的5%。两个阿尔巴尼亚族副部长(其中一个是国防部副部长)被指控偷运大批武器给一支据称为“所有阿尔巴尼亚人的军队”。这支军队被征募用于分离主义的起义。 396

1990年的最初选举提出了“马其顿内部革命组织”(VMRO-DPMNU)这个旧时强硬的民族主义名称和要求。“马其顿内部革命组织”为30岁的诗人和作家柳普乔·格奥尔基耶夫斯基(Ljupčo Georgievski)领导。像在第十一章所特别提到的那样，他们在议会中赢得最多的席位，但是不能组成执政所需要的联盟。这个机会转到社会民主联盟(SDSM)中的改革派共产党人那里，社会民主联盟由同样年轻的布兰科·茨尔文科夫斯基(Branko Crvenkovski)领导。在格利戈罗夫总统支持下，布兰科·茨尔文科夫斯基组成一个联合政府，这个联合政府在1994年选举中幸免于“马其顿内部革命组织”的联合抵制，并且持续至1998年。[36]

但是此后它们的崩溃开始了，其标志是：1996年商业腐败的不断增长、1990年与斯托扬·安东诺夫(Stojan Antonov)的自由党以及安特·马尔科维奇的其他支持者的争吵。从他的主要伙伴之一转向另一个，茨尔文科夫斯基增加了稳健的阿尔巴尼亚民主繁荣党(PDP)的内阁席位数。从一开始他们的领导人就寻求在《宪法》框架内工作。他们支持阿尔巴尼亚族在斯科普里大学、警察和其他现有机构中的更大存在。但是到1995年，阿尔邦·查费瑞(Arben Xhaferi)领导下的一个敌对派别和从科索沃新来的人已脱离他们去建立一个独立政党。自从普里什蒂纳在1981年爆发骚乱和1991年普里什蒂纳大学靠拢科索沃人以后，相当多的人(马其顿的估算为15万人)已经向南移居。这个新的阿尔巴尼亚民主繁荣党要求阿尔巴尼亚族在新《宪法》保护下获得独立地位，以及在科索沃边界的泰托沃建立一所独立大学。科索沃的动荡局面不断恶化，并且在希腊禁运结束之后其经济也未能显著改善，从而削弱了斯拉夫人和阿尔巴尼亚族马其顿人对茨尔文科夫斯基联合政府的支持。

然而此时一件令人惊讶的民主事件发生了。一个最不可能结成的新联盟赢得了1998年议会选举，并且许诺使两个极端民族主义政党联合。[37]政治上更加成熟的格奥尔基耶夫斯基和令人惊奇的阿尔邦·查费瑞同意把他们的政党与瓦西尔·图普尔科夫斯基(Vasil Tuperkovski)组织的新民主选择党(Democratic Alternative)联合起来。像其共和国在南斯拉夫政府机构中的最后一位成员德尔诺夫舍克一样，图普尔科夫斯基是另一位献身于多党民主、市场经济和多元社会的改革派共产党人。他的新联盟主要在承诺改革和改善经济的基础上赢得支持。它
397 也受益于新选举法，该新选举法混合了有利于更大政党和以前未被充分代表的阿尔巴尼亚族少数民族的比例代表制和多数党代表制。阿尔邦·查费瑞对新政府的目标仍然包括承认阿尔巴尼亚族为一个组成民族，并且承认阿尔巴尼亚族在现有机构中的语言、教育和比例代表制的权利。但是像新总理格奥尔基耶夫斯基的花言巧语一样，阿尔邦·查

费瑞的言论被充分压制,从而去提升某种妥协的希望。波斯尼亚战争的警示有助于鼓励寻求在马其顿政治领域的妥协。在阿尔巴尼亚族难民大批外流并且返回正饱受战争蹂躏的科索沃之后,那些希望是否得到实现仍有待观察。因为如果马其顿将应对民族共存的挑战,那么其经济也必须继续过渡,由于同塞尔维亚或通过塞尔维亚的合法贸易的再度中断,这种过渡变得更加困难。

后继国家经济和南斯拉夫的遗产

对所有后继国家而言,向市场经济的这种过渡已经证明是不牢靠的。像我们将看到的那样,甚至在相对最成功的斯洛文尼亚,政治管理和不负责任的社会所有制的遗产笼罩着工业部门和银行业。如果我们把三个经济体包括在波斯尼亚-黑塞哥维那和塞尔维亚、黑山之内,并且像这三个经济体那样把科索沃加到其余的三个经济体——斯洛文尼亚、克罗地亚和马其顿中,那么我们必须从由一个单一经济体分解为九个经济体的过程中所失去的东西开始核算。当然,丧失经营一个单一关税同盟的机会被认为是不利于获得真正的盈利并且不利于那些经得起竞争的少数企业以及银行。这样的企业和银行把前南斯拉夫的经济和苏联集团的那些邻国区别开来。在分裂之前的最后20年期间,被政治监管并且拥有垄断地位的多数企业和银行正在无可否认地撤退到自己共和国的受保护的市场。1970—1980年,各共和国之间的贸易开始下降,从总交易额的27.4%下降到22.2%;并且出口额也开始下降,从总交易额的12.7%下降到9.2%。出口额在20世纪80年代初止跌回升,到1987年再次下滑。斯洛文尼亚是出口额超过国内生产总值20%的唯一共和国。[38]

像在第十一章中所描述的那样,随后,1990—1991年的崩溃到来了。1990年联邦工业生产下降11%,并且到1991年,可以更确切地说单一的财政制度已经瓦解。次年,塞尔维亚的高关税被强加于斯洛文尼亚和克罗地亚的所有商品。这无关紧要,因为实际上它们的所有合法贸易已经停止。随后,工业生产和国内生产总值下降幅度最大的首

398 先是塞尔维亚，然后是饱受战争蹂躏的波斯尼亚-黑塞哥维那。

表 12.2 1991—1998 年后继国家的主要经济指标

	南联盟*	克罗地亚	斯洛文尼亚	马其顿	波斯尼亚-黑塞哥维那
1998 年人均国内生产总值(按当年价格计算)	$1 340	$4 458	$9 860	$1 764	$1 147
1990 年国内生产总值为 100(实际指数) 1992	64	71	87	89	n. a.
1994	45	68	92	65	18
1996	51	77	98	63	31
1998	57	85	104	65	42
实际平均国内生产总值					
1991—1993	−21.9%	−11.4%	−4.1%	−15.7%	n. a.
1996—1998	+5.6%	+4.5%	+3.5%	+1.7%	+3%
工业产量**					
1991—1993	−25.2%	−16.3%	−9.7%	−14.4%	n. a.
1996—1998	+8%	+4.5%	+1.7%	+3.1%	+22.4%/n. a.
消费者价格指数***					
1991—1993	94 734%	600%	92.5%	721%	n. a.
1996—1998	471%	4.3%	8.9%	2.7%	0%/54%****
失业人数					
1991—1993	23%	16.3%	13.0%	19%	n. a.
1996—1998	28%	17%	14.5%	40% est.	40% est.

* 南斯拉夫联盟共和国(塞尔维亚-黑山)。

** 年平均变化。

*** 第一个数字适用于波斯尼亚穆斯林-克罗地亚族联邦，第二个数字适用于波黑塞族共和国。

**** 参加经济活动人口的年平均数。

资料来源：Kopint-Datorg, *Economic Trends in Eastern Europe 7*, 4(Budapest, 1998), 253-54; *The Economist* Intelligence Unit, "Country Profiles, Serbia-Montenegro, Croatia, Slovenia, Macedonia, 1999-2000"; "Croatian Economic Monitor," *Plan Econ Report* 12, 7-8 (March 26, 1996); "Slovenian Economic Monitor," *Plan Econ Report* 11, 15-16 (June 30, 1995); European Bank for Reconstruction and Development, *Transition Report 1995: Economic Transition in Eastern Europe and the Former Soviet Union* (London: EBRD, 1995)。

像表 12.2 所表明的那样,1991—1993 年的加速衰退使塞尔维亚的工业生产下降了年平均数的 25%。国内生产总值跟着下降,其平均为 21%的骤降使 1994 年实际国内生产总值缩减到 1990 年水平的 45%。仅 1991 年,克罗地亚记录了工业生产和国内生产总值的可比下降分别为 28%和 21%。自此以后,与 1990 年水平比较,实际国内生产总值从 1992 年的 71 适度下降到 1994 年的 68。在 1996 年之前,我们仍然没有看到向上的变动,尽管到 1994 年斯洛文尼亚已经记录了向上的变动。马其顿的工业和经济也每年下降,直到 1996—1997 年才出现有限增长。下降最猛烈的年份是 1993 年。在希腊对塞尔维亚禁运和 399
制裁的最严格时期,工业产量下降 10%,但是国内生产总值下降 21%。[39] 1992—1994 年,马其顿国内生产总值从 1990 年水平的 89%下降到 1990 年水平的 65%。没有哪个后继国家像波斯尼亚战争后幸存的波斯尼亚穆斯林-克罗地亚族联邦(Bosniak-Croat Federation)和穷困的波黑塞族共和国那样衰落。到 1994 年,该前南斯拉夫共和国的实际国内生产总值已经下降到 1990 年水平的 18%。至 1998 年,从战时低水平的随后复苏使这种特别粗略的统计回到 1990 年水平的 42%,但是波黑塞族共和国明显落后于波斯尼亚穆斯林-克罗地亚族联邦。世界银行估计的 500 亿美元战争损失包括以前一半股本的损失。[40] 至 1999 年科索沃战争时,波斯尼亚和黑塞哥维那的损失仍然相当于克罗地亚战争中被估算的 200 亿美元战争损失,和初步估计在塞尔维亚和科索沃被毁坏的 300 亿美元公共和私人财产。

理顺破裂的贸易关系以及解决难民潮、制裁和其他限制造成的进一步损失不是在这里要尝试解决的任务。这些进一步的损失来自前南斯拉夫留给各后继国家的严重经济衰退。无需多说,由于欧盟的联营协议,到 20 世纪 90 年代后期,只有在短暂战争中基本完好无损的斯洛文尼亚脱颖而出。在 1989—1990 年马尔科维奇改革期间,欧盟的联营协议曾向前南斯拉夫示好。像外国投资在毗邻的匈牙利已经做的那样,将跟着到来的外国投资使那些改革被进一步推行。即使在斯洛文尼亚,迄今为止仍在很大程度上缺少这种外国投资。

稳定的货币、新的贸易模式和缓慢的私有化

我们可以回忆第十一章，尽管马尔科维奇改革本身确实用破产威胁了亏损企业并且使外国资本有可能成为有利可图的投资，这些改革未能建立可行的企业私有化的全面框架。所有权部分对私人投资者开放，但是被内定有利于现有的管理层和工人。也就是说，在铁托的南斯拉夫统治之下已经演化的企业社会所有制仍然要被取代。马尔科维奇改革的巨大成功使所有价格摆脱行政控制，并且在通货膨胀的最后高峰后建立起国内稳定的资金供应和第纳尔的国际稳定汇率。从斯洛文尼亚到马其顿的所有后继国家的经济重复了这种成功的货币稳定模式，但是延缓或破坏了私有化。

400 斯洛文尼亚的经历迅速驳斥了这种观点，即：如果没有第一次世界大战之后烦扰第一南斯拉夫的那种困难，这些小的新经济体将不会采用它们自己的货币（见第四章）。克罗地亚在货币改革方面不甘落后，到 1995 年，其余的后继国家也跟进。在 1991 年底之前，斯洛文尼亚已经使新的托勒(tolar)[①]成为其唯一的法定货币。它的金融主管当局利用公营房屋销售去吸收外国投资，并且收集初期准备金。到 1993 年，在马尔科维奇紧缩银根失败之后发生的三位数的通货膨胀已经降低到 23%。到 1993 年，最初的出超把斯洛文尼亚的外汇储备提高到 10 亿美元，到 1995 年提高到 30 亿美元。到 1995 年，这些令人印象深刻的储备准许斯洛文尼亚去清偿其在前南斯拉夫的债务，这些债务的债主是像国际货币基金组织这样的国际贷方和商业债权人。斯洛文尼亚是这样做的第一个后继国家。个位数的通货膨胀不久与上升的国内生产总值相吻合。按照表 12.2，至 1992 年，斯洛文尼亚的国内生产总值反而下降到其 1990 年水平的 87%。1994—1998 年，斯洛文尼亚的国内生产总值实际年平均增长 4%。这也使斯洛文尼亚成为一个恢复

---

① 斯洛文尼亚基本货币单位。

并且超越其战前水平的后继经济体。到 1998 年,进出口贸易占其国内生产总值的 55%,它的外贸已经补偿了这个后继国家之中最少的人口。按照表 12.3,斯洛文尼亚已经完成了加入欧盟条件的最显著转变:在 1998 年斯洛文尼亚对欧盟的出口占其出口总额的 65.9%。

表 12.3　1998 年后继国家的外贸

	南联盟	克罗地亚	斯洛文尼亚	马其顿	波斯尼亚-黑塞哥维那
出口额(10 亿美元)	2.9	4.6	8.8	1.3	0.8
进口额(10 亿美元)	4.9	8.8	9.1	1.9	3.0
					波斯尼亚穆斯林-克罗地亚族联邦 波黑塞族共和国
对后继国家的出口比例%	30.5*	23.9**	15.5	25.3	39.4/76.1***
对欧盟的出口比例%	23.2	47.6	65.9	44.2	39.7****/n. a.
来自后继国家的进口比例%	13*	8.6**	5.9	20.4	27.4***/42.6***
来自欧盟的进口比例	27.1	59.4	69.4	36.2	51.8****/n. a.

* 1997 年的波黑塞族共和国、马其顿和斯洛文尼亚。出口额的 19.5%出口到波黑塞族共和国,9.3%到马其顺;进口额的 5.8%来自波黑塞族共和国,5.9%来自马其顿。

** 斯洛文尼亚和波斯尼亚-黑塞哥维那。

*** 只有南联盟。

**** 德国和意大利。

资料来源:Kopint-Datorg, *Economic Trends in Eastern Europe 7*, 4(Budapest, 1998), 253-54; *The Economist* Intelligence Unit, "Country Profiles, Serbia-Montenegro, Croatia, Slovenia, Macedonia, 1999-2000"; "Croatian Economic Monitor," *Plan Econ Report* 12, 7-8 (March 26, 1996); "Slovenian Economic Monitor," *Plan Econ Report* 11, 15-16 (June 30, 1995); European Bank for Reconstruction and Development, *Transition Report 1995: Economic Transition in Eastern Europe and the Former Soviet Union* (London: EBRD, 1995)。

在 1991 年底,克罗地亚也已经采用自己独立的货币,但是其货币最初与德国马克竞争并且在塞尔维亚族控制区同南斯拉夫第纳尔竞争。较高的国际债务加上在旅游业和航运业方面比斯洛文尼亚更大的损失,使其国际收支经常项目保持顺差成为不可能的事情,并且使其外汇储备更加难以积累。像在表 12.2 中表明的那样,1991—1993 年,克罗地亚国内生产总值和工业生产的平均值下降了两位数。在 1996 年,

图 12.2　1994 年 4 月在阿尔巴尼亚的科索沃难民

这两项指标开始转而向上。但是自 1994 年 5 月采用了政治上有争议的库纳(kuna)(二战中不名誉的“克罗地亚独立国家”的货币单位)后，中央银行采取的紧缩的货币政策和复苏的经济增长已经在 20 世纪 90 年代的其余时间将通货膨胀率保持在每年低于 5%。然而，对这种稳定作出贡献的是库纳同样高估的汇率，高估汇率是 90 年代中期的托勒及在它之前的第一和第二南斯拉夫时期的第纳尔的特征。为了弥补由此产生的出口定价过高，这样一种稳定的高汇率需要吸引外国投资。但是 1994—1998 年克罗地亚对欧盟的销售额从出口值的 59.4%下降到 47.6%，而从欧盟的进口则恒定在 59%。与南斯拉夫前身相比，斯洛文尼亚和克罗地亚的经济都没有在吸引大量的西方资本方面取得更
401 大成功。至 1998 年，每个国家已经吸引了大约 20 亿美元的西方资本。[41]按照表 12.2 的总计，它们都没能降低失业率，失业率继续增长。失业率在斯洛文尼亚接近 15%，在克罗地亚达到 17%。

在 20 世纪 90 年代期间马其顿的失业率超过 40%，马其顿高得多的失业率反映了向独立的主权经济的过渡更为艰难。在 1992 年 4 月，

马其顿采用自己的第纳尔(denar),但是在1995年之前马其顿第纳尔不能避免其汇率的持续贬值。表12.3表明了1998年外贸特别是出口的低水平。在国外工作的斯拉夫人(虽然不是阿尔巴尼亚人)、马其顿人的报酬下滑,从而增加了经常账户的巨大赤字。重新开始同塞尔维亚和希腊的合法贸易带来了外汇储备的迟来积累。到1996年,茨尔文科夫斯基政府实行工资冻结,以支持一种更限制性的货币和财政政策,这种政策最终使通货膨胀率降低,从1993—1994年的三位数和1995年的54%下降到1997年的不到5%。到1998年,所有出口的三分之一流向德国和美国。与各后继国家外贸的最大份额(见表12.3)的解 402
释是同塞尔维亚和黑山的大量交易继续存在,它们占1998年马其顿出口的17%和其进口的16%。即使希腊资本有些迟来的注入,但与金额稍大的一笔世界银行和欧洲复兴开发银行(EBRD)的贷款相比,外国投资仍然微不足道,仅有1亿美元。[42]这个新国家潜在的种族暴力或斯拉夫人和阿尔巴尼亚族之间的分裂有助于解释这种外国投资的缺乏。这种种族暴力和分裂情况最初发生在波斯尼亚,最近在科索沃交战地带的附近也时有发生。但是最直接的经济解释无疑是"灰色经济",在希腊对塞尔维亚的禁运和近来恢复制裁下这种"灰色经济"很繁荣。相应地,非法活动据估计至少占国内生产总值的三分之一。

然而,抑制马其顿经济增长和外国投资带来进一步的问题,对克罗地亚和斯洛文尼亚而言也是共同存在的。马其顿断断续续和有瑕疵地进行着私有化过程,在1993年马其顿大胆地开始颁布针对大约1 217家企业和银行的财产转换立法。到1996年,大约一半财产转换实际上已实现,但是绝大部分被出售给当前或政治上有关系的管理人员,特别是大企业和银行。太多的财产转换采取融资收买的形式,即基于长期亏损企业的预期利润的融资收买。最大的商业银行(Stopanska)和主要的储蓄银行(TAT)仍未私有化,并且仍然是政治担保贷款的主要来源。最大的商业银行的贷款轻易地超过所有外国贷款和投资的总和。

到20世纪90年代后期,克罗地亚和斯洛文尼亚的私有化进程都没有更进一步地推进。[43]"克罗地亚民主联盟"政权通过使它们成为国有企业,迅速使克罗地亚这些最大的企业远离社会所有制的困扰以及南斯拉夫人或塞尔维亚人的潜在索赔。参照战时紧急情况,该政权任命许多“克罗地亚民主联盟”的领导人去管理这些赢利企业。到 1991 年,它提出一个适当担保所有其他企业的私有化计划,但是在 1996 年之前几乎没有取得什么进展。尽管如此,把定价过高的股票出售给工人的工作仍在缓慢进行,政治上有关系的管理人员继续把持有利地位。克罗地亚的战时“灰色经济”因在海尔采格-波斯纳共和国占优势的非法交易而壮大,并且蔓延到达尔马提亚海岸。至 1998 年,对于私有化前景的更为加强的银行监管,迫使令人怀疑的杜布罗夫尼克银行(Dubrovacka Bank)破产。但是克罗地亚已经再三推迟萨格勒布经济银行(Zagreb's Privredna Banka)的私有化,萨格勒布经济银行被认为是与政治控制下的贷款和非法交易有联系的最大机构。

403 斯洛文尼亚已经成功重组其最大的银行——卢布尔雅那银行,达到了令国内用户和国际金融界完全满意的程度,虽然这不包括放弃该银行在前南斯拉夫其余地区的分行未得到补偿的那些存户。政府仍然是其最大的股东。尚在预计的出售私人股权将引起对意大利人或奥地利人大量收购股权的忧虑。这两种历史根源威胁着经济统治,外国投资对斯洛文尼亚的大部分政治派别而言仍然意味着不幸。这些公开声明表达了对此事的关注,这些声明认为大量外国投资对稳定的货币供应量将施加太大的压力。这种焦虑促使卢布尔雅那银行通过与第二大的斯洛文尼亚银行合并,从而对商业银行向外国竞争者开放作出反应。

在此期间,根据一项优惠券计划,在很大程度上工业私有化完成了,这种优惠券计划易招致因打上克罗地亚烙印的同样限制。在没有变化的管理之下,大型亏损企业继续作为单一企业运转。它们抵制被拆分成:将幸存的盈利部分和将淘汰的亏损部分。一个中型坦克企业的坦克在 1991 年之后不再能够出售给南斯拉夫人民军,并且到 1996 年它的巴士出口也未能足以弥补亏损,此时甚至特别的政治支持也未能挽救这个企业。合法业务优于据估计占国内生产总值 10%的“灰色经济”。这种基础和欧盟成员资格的现实激励,使斯洛文尼亚经济与其余任何一个后继国家相比,处于完成向市场经济结构过渡的更有利地位。

从1991年以来,塞尔维亚和黑山已经发现自身的经济处于最不利的地位。即使米洛舍维奇政权在1994—1995年能够抑制通货膨胀并且稳定第纳尔的汇率,但是由于1999年北约轰炸对基础设施和企业造成的有形损失,这种不利地位变得更糟。然而,由于米洛舍维奇的政治亲信掌握这种“灰色经济”,抑制通货膨胀和稳定汇率的措施故而不能持续下去了。这些政治亲信的营私舞弊实际上已经使合法竞争在整个经济环境中不可能存在。1992—1993年强加的贸易和金融制裁有助于使商业惯例脱离国际标准和控制。该政权利用第纳尔随后的升值去吸取私人持有的硬通货储备。通过操作事实上的金字塔组织,由可疑的负责人经营的政治上有关联的银行增加了这种势头。银行对它们的存户许诺极高的月利率,直到新存户的数量逐渐减少。在通货膨胀率 404
已经超过魏玛共和国(Weimar Republic)在1923年创造的纪录以前,作为结果的物价螺旋式上升没有停止。从1993年10月—1994年1月百分之500万亿的通货膨胀率在1月12日达到极点,为每小时338%!米洛舍维奇被迫邀请前世界银行官员德拉戈斯拉·阿夫拉莫维奇去管理中央银行。阿夫拉莫维奇利用该政权剩余的硬通货储备去铸造一种新的金属制的第纳尔,新第纳尔以1∶1的比例与德国马克挂钩。

然而,从那时以来,工业失业率已经持续超过50%。可能只有10%的企业人员接近满负载工作。到1996—1998年,国内生产总值开始以每年5%至6%的速度上升,工业生产以每年8%的速度上升。然而,这仍不能使它们的实际价值恢复到1990年水平的一半(见表12.2)。外贸只达战前水平的20%。进口商品是出口值的两倍,出口值的最大份额是对波斯尼亚塞尔维亚族共和国和马其顿(见表12.3)。马其顿的旅游业吸引了不多的外国游客,几乎无法弥补经常账户的失衡。我们不应当对通货膨胀的重新出现而感到惊讶。到1995年,1个德国马克对新第纳尔的汇率上升到3,到1998年上升到6。马克成为许多奢侈品或大宗交易的唯一可接受的货币。到1996年底,实际工资的下降鼓励许多克罗地亚示威者走上街头,此时,实际工资再次下降到低于每月100美元。[44]

波斯尼亚的经济和国际援助

到1995年,唯一的经济挫折出现于波斯尼亚和黑塞哥维那,这比得上塞尔维亚和黑山遭受的经济挫折。在波斯尼亚和黑塞哥维那,南联盟中完全缺少的国际援助在某种程度上补偿了上述战争损失以及有效分裂为三个独立实体造成的进一步阻碍。自1995年以来,每年的国际捐助者会议(Donors' Conference)保证给予51亿美元,其中三分之一份额许诺给波黑塞族共和国,直到1997年波黑塞族共和国拒绝来自这些份额的任何援助。世界银行、美国国际开发署(AID)、联合国高级代表办公室(UN's Office of the High Representative)和欧盟,最初努力协调它们自己的活动和波斯尼亚自身重建的关系。但是与有些批评性报道相反,它们与在萨拉热窝的代表已经形成了一种有效的工作关系。除欧盟的"灯塔计划"(PHARE program)以外,它们已经增进并且加速了基础设施的重建和更小企业的融资。到1999年1月,总计为51亿美元的三分之一方案正在被实施,并且另外的三分之一也在酝酿中。

405 联合国高级代表卡洛斯·韦斯滕多普(Carlos Westendorp)决定,证明对打破波斯尼亚穆斯林、克罗地亚族和塞尔维亚族代表之间的僵局特别有用。这些决定就是1998年卡洛斯·韦斯滕多普"勒令"在这些实体之间设立一种单一的共同货币即波黑马克(konvertabilna marka),以及无法区分的一种单一汽车牌照。货币和平民都开始在这些实体之间更自由地流动,虽然这几乎没有促使少数民族难民的任何大规模返回或重组跨越实体边界的企业。[45]

1999年的国际捐助者会议获得了一种充分的进展,从而可以用来保证在2000—2003年给予另外一笔最后23亿美元资助。他们这样做是根据两个假定:一是外国和国内足够的私人投资将缓冲国际援助的结束和主要以萨拉热窝为据点的1.5万名外籍劳工的大部分离开所造成的冲击。在萨拉热窝和图兹拉,这些外籍工作人员的收入支撑了太多复苏的消费需求。捐助者会议也假定,吸引这种投资所需要的先决条件将到位。这些先决条件就是大批工业企业的私有化和竞争性商业银行的创立。

仍然妨碍这些先决条件的相当多障碍以这样或那样的方式存在于前南斯拉夫的遗产中。一个障碍当然是单一共和国的遗产。大型盈利企业,例如波黑能源投资公司(Energoinvest)在这样的共和国理所当然地跨越目前的实体边界去动用劳工和资源。重新组合这些企业虽然在经济上是合理的,但是这引起了政治问题。波斯尼亚穆斯林代表迫切要求重组这些企业,尽管塞尔维亚族和克罗地亚族代表抵制恢复同这些总部设于萨拉热窝的企业的联系。然而,一些萨拉热窝的大型企业抵制这样做,就是像世界银行强烈要求的那样剥离亏损部分并且欢迎甚至来自伊斯兰国家的外国投资。它们试图推迟任何重组,直到许诺的优惠券实现私有化之后。该联邦的立法机关已经同意这种优惠券私有化。这允许一些企业,例如泽尼察(Zenica)钢铁厂用过时的设备亏本地重新开始仅适用于出口的生产。这与斯洛文尼亚的耶塞尼卡(Jesenica)钢厂迅速形成对比。

尽管优惠券私有化将继续进行并且企业对当前的管理和政治联系拥有较少特权,但是全部三个波斯尼亚实体中的企业将需要使用国内的资本和劳工的更好机会。否则外国私人投资者将看不出这些只提供了一些前景的冶金、森林和农业生产有什么吸引力。[46]大约20家可望成功的商业银行的私有化进程已经幸运地开始。作为社会所有或国有的机构,这20家商业银行来自前南斯拉夫留下的波斯尼亚穆斯林-克罗地亚族联邦的51家商业银行和波黑塞族共和国的14家商业银行。 406
现存的银行受不良贷款限制,以至于它们以无法支付的利率提供最低限度的新贷款。它们的继任者也将受益于该联邦和波黑塞族共和国收支局即将展开的清除行动。收支局是前南斯拉夫的一个机构,它因垄断存款而收取费用,并且收取所有国内商业交易的税款。另一种税是对合法工资的征税。尽管1998年出现缩减，但是对合法工资的征税仍然接近那些税收的总额。虽然收支局的收入弥补了关税和所得税，但是收支局的征税无疑阻碍了合法工作。

消除对国内劳工和资本的这些限制不仅鼓励外国投资，也将削弱所有三个实体中的那些政治领导人。即使寻找最有利可图的合法业务，他们也不希望看到劳工和资本跨越实体边界自由流动。

科索沃：战争终于爆发

在1998—1999年期间，首先是《代顿协议》、然后是在波斯尼亚-黑塞哥维那延长的国际军事存在，使科索沃问题演变为广泛的暴力和种族战争。像我们在第十一章所看到的那样，整整10年前，大部分观察家认为，塞尔维亚联邦当局和科索沃阿尔巴尼亚族之间不断增长的对抗是前南斯拉夫境内可能爆发公开战争的一个触发点。在这种预兆出现以前，公开战争没有最终爆发。这种预兆就是无论《代顿协议》的条款还是其后果，都将对科索沃的地位施加同样的国际压力。多数阿尔巴尼亚族期望《代顿协议》的西方设计师们能够迫使米洛舍维奇政权在他们称做“科索沃”的这个地区设法解决他们的不满。在这种预兆出现以前，公开战争在塞尔维亚族一方也没有爆发。这种预兆最初是米兰·帕尼奇在1993年竞选塞尔维亚总统职位的运动，然后是克罗地亚族在已经过去的1996年地方选举中的胜利，这放任米洛舍维奇再一次在科索沃打出民族主义牌。

只有极少数年轻的科索沃流亡者和非法移民被吸收到一两年前组成的“科索沃解放军”中(UCK)。他们开始对该省的塞尔维亚族官员或与他们共事的科索沃人提出并且实施死亡威胁。由于其战术有意识或无意识地模仿“爱尔兰共和军”(IRA)的强硬做法，“科索沃解放军”开始展开袭击和暗杀，希望塞尔维亚军队像英国军队在北爱尔兰那样
407 作出反应。如果英国军队通过抢劫、并且烧毁发动袭击者的城镇房屋，来报复这些袭击者对他们的部下或当地新教徒发动的恐怖主义袭击，那么这种国际效果可想而知。那些恐怖主义袭击就是最初驱逐妇女和

儿童,然后处决留在那里的所有成年男子。

到 1998 年,米洛舍维奇政权显然已经决定在科索沃要有所作为。如果这种军事行动非常迅速并且国际社会没有干涉,那么存在着确信会取得成功的一些理由。塞尔维亚内政部指挥一支 8 万人的庞大准军事警察部队,并且适当保持同像阿尔坎的“老虎”那样的私人民兵的联系。这是不同于北爱尔兰局势的一个进一步差异。因为在 1998—1999 年,显然是他们而不是“南斯拉夫陆军”将对科索沃平民实施绝大多数的暴力和驱逐。

这里不能提交对这些掠夺的最终裁决,海牙战争法庭最终以这些罪名指控斯洛博丹·米洛舍维奇本人。这里也不能提交对有争议的北约空袭的最终裁决,北约空袭保证了被驱逐出该省的 100 万科索沃人的返回。之后他们中至少 5 000 人被塞尔维亚族军队杀害。他们是在假定的“科索沃解放军”的村庄中、而不是在战斗中被俘。被俘后,他们通常遭到处死。另外,为什么那些部队会费心地把这么多遇难者匆忙掩埋呢？对北约来说,78 天激烈空袭杀死了比士兵或警察还要多的塞尔维亚族平民(大约1 000人对 1 600 人),并且与科索沃的军事目标相比,摧毁了更多塞尔维亚的经济基础设施。 408

如果我们希望了解这场在两个前南斯拉夫领土上的最后一次种族战争,那么我们的报告应当从终点转到起源,并且从国际转到国内。本书第一章记载了塞尔维亚人最初的居留地、它对中世纪塞尔维亚人国家的向心性以及从那时到现在的东正教。第一章也追溯了自 16 世纪塞尔维亚人和科索沃阿尔巴尼亚人在目前这个省的持续共同存在。阿尔巴尼亚族的种族多数地位至少追溯到 18 世纪末。只是从 19 世纪末政治上占优势的一方系统地利用警察、军队或非正式的权力去镇压或驱逐另一方。这也意味着科索沃这两个群体之间超过一个世纪的不良行为和血腥复仇;或意味着当外部干涉点燃导火索时,当前的定居者和返回的流亡者之间更有代表性的不良行为和血腥复仇。

如果我们要了解这一最新冲突的过程,那么这最后一章必须回溯到 20 世纪 80 年代后期,这种最新冲突不仅来自米洛舍维奇政权的干涉,而且来自科索沃的反应。与许多朋友或反对者已经描述的情况相比,更复杂的是随后10年的科索沃政治提供了一个四分五裂的反对派的案例。这个反对派没有在政治上对抗一个根深蒂固的政权所需要的统一领导层或合乎实际的战略。至少在科索沃,这种分裂没有阻止一套经济和社会制度的创立。它们的成功将推动米洛舍维奇政权走向"科索沃解放军"所寻求的军事对抗。

戒严令与影子社会(1991—1995)

科索沃人的政治反对派在该省的两个学术社团中有其最早的实际起源。当他们所有的塞尔维亚族同事辞职时,首先是1988年作家协会(Writers' Associations)、然后是1989年"哲学家和社会学家联合会"(Association of Philosophers and Sociologists)完全留给了科索沃阿尔巴尼亚人。他们起草声明,反对贝尔格莱德对消除地方自治不断增长的压力,并且特别反对贝尔格莱德对特雷普卡(Trepca)罢工矿工的处理。易卜拉欣·鲁戈瓦(Ibrahim Rugova)是巴黎培养的文学评论家和作家协会主席。他从这个作家团体挺身而出,成为一个雄辩的国际发言人。他成为领导"科索沃民主联盟"(LDK)的合乎逻辑的选择。"科
409 索沃民主联盟"建立于1989年12月,是南斯拉夫共产主义者联盟的第一个有组织的替代,它原本打算集合来自整个南斯拉夫的成员。到1990年4月,来自"哲学家和社会学家联合会"的马利奇(Shkelzen Maliqi)等人已经建立了一个独立的社会民主党。从这个没经验的、大部分是年轻的阿尔巴尼亚族知识分子和专业人士的领域已经创立了七个以上的政党。在米洛舍维奇政权因为科索沃共产主义者联盟年轻的改革派领导人阿泽姆·弗拉西(Azem Vllasi)试图解决特雷普卡罢工而逮捕他时,他们早在1989年就放弃了在南斯拉夫的共产主义框架内出现积极变化的任何希望。[47]

他们对共产主义的厌恶也挑战了为数不多的科索沃流亡者和铁托南斯拉夫的国内反对派。通过与阿尔巴尼亚的恩维尔·霍查(Enver Hodxa)政权的联盟或至少仿效霍查政权,自20世纪60年代以来,这

些流亡者和反对派维持着自身存在下来。这些“恩维尔主义者”包括长期被监禁的小说家阿德姆·德马希(Adem Demaci),他们没有被霍查对孤立和落后的阿尔巴尼亚的高压统治所威慑。甚至在 1985 年霍查去世之后,他们思想上仍然忠诚于霍查强硬的斯大林主义。但是绝大多数科索沃阿尔巴尼亚族显然已经被威慑。此时德马希和旧时“恩维尔主义者”反对派中的其他人如果希望加入这些新政党的话,将不得不厌恶这种不足信的思想体系。他们已经被更年轻的一代控制,这更年轻的一代在普里什蒂纳大学和 20 世纪 80 年代弥漫于整个东欧的民主渴望中接受教育。虽然这些新领导人在 1990 年初德马希最后几个月的监禁期间与他达成协议,但这是因为德马希自称为他们的观点说服。因为这个和其他原因,我们应当正视这种情况,这种情况就是米洛舍维奇的媒体控告科索沃反对派不仅是继承者,而且是强硬的“马克思-列宁主义者”。

到 1990 年夏天,这些新的反对党面临着两种压力,从而促使他们在 6 月 2 日发表《独立宣言》。一种压力明显就是：贝尔格莱德继续限制根据《1974 年宪法》而实行的科索沃自治和米洛舍维奇政权不久将宣布依据《宪法》中止该自治的可能性。另一种压力不太明显,就是：自由民主党拒绝在解决领土地位问题之前进行民主选举,从而使其在科索沃和阿尔巴尼亚侨民中的支配地位遭受危险。该《独立宣言》使彻底分裂成为南联盟中的共和国的唯一选择。鲁戈瓦本人从未明确表达过一种谈判策略,他反而含糊地谈及独立作为一个目标。自由民主党领导层甚至拒绝了同其他政党拥有共同政治纲领的前景,并且也拒绝了参与当年的塞尔维亚选举。据说有些其他政党和自由民主党成员支 410
持上述两种情况。但是在 1991 年创立的塞尔维亚和黑山联邦的统治下,自由民主党的多数派获胜,并且拒绝同塞尔维亚反对派合作和参与将来的选举。如上所述,在 1992、1993 和 1996 年选举中,科索沃人的选票赋予了他们一种地方多数地位,并且使几个塞尔维亚族的民主党派成为议会多数。

米洛舍维奇政权无可否认地阻碍了任何科索沃人的参与。米洛舍维奇政权在重组的塞尔维亚实际上撤销了所有阿尔巴尼亚族的合法工作,更不必说政治代表了。1990 年 7 月 5 日,米洛舍维奇政权宣布在科索沃的戒严令。在违宪中止科索沃的议会和政府之后,贝尔格莱德的内政部和该政权的“紧急管理团队”头脑简单地接管了这个省。他们不久将 17 万科索沃雇员中的 11.5 万人从学校、医院、法院和公共管理部门免职。所有的职位被替换为本地或移入的塞尔维亚人。阿尔巴尼亚语的报纸《复兴》(*Rilindja*)被关闭,并且电视台被接管。当科索沃银行被宣布破产时,科索沃人失去在科索沃银行中总计 1 亿美元的存款。除了这些失去的工作和储蓄之外,一半科索沃居民突然发现自己没有了社会保险。

自由民主党和在政治领域的其余政党现在整合力量去创立著名的公共服务系统——影子网络,它在 20 世纪 90 年代的其余时间将提供初等教育、中等教肓和大学教育以及基本医疗服务。[48]塞尔维亚政权提供的公共服务系统遭到联合抵制,从而断绝了科索沃人使用装备适当的医院的机会,并且断绝了他们的孩子接触塞尔维亚语的任何知识的机会。米洛舍维奇媒体经常宣称支持这些最低限度的公用事业的资源是来自国外的犯罪活动。与来自国外的犯罪活动相比,支持这些最低限度公用事业的资源更多来自国内和侨民社团占其收入 3%的捐款。科索沃阿尔巴尼亚族反对派在 1992 年 5 月举行的影子选举,反映了已经强加于这种联合的极端危难情况。易卜拉欣·鲁戈瓦作为唯一的候选人当选总统,并且自由民主党在影子议会中赢得 100 个席位中的 96 席。塞尔维亚当局并不令人惊讶地拒绝影子议会的召开。

在 1993 年以后不断加剧的紧张状态下,出现了鲁戈瓦备受推崇的非暴力抵抗承诺。他具有了保持自由民主党政治垄断的能力,并且不仅反对那些鼓吹的暴力对抗。虽然鲁戈瓦自己作为一个有实际经验的政治家的才能可能确实受到质疑,但是他周围力量的表演的确令人怯步。随着科索沃人在该省的刚性条件变得更糟,更多的人迁离出去。
411 任意的逮捕逐步增多,并且塞尔维亚经济进入恶性通货膨胀。到 1993 年底,几十万科索沃人已经离开,他们主要前往西欧。在那里,许多人在阿尔巴尼亚侨民中发现不断增长的独立要求,并且发现武装抵抗难以阻止。但是他们也易招致自由民主党的流亡总理和侨民资金的财务主管布扎尔·布克什(Bujar Bukoshi)的不断增多的不满。而关于他留给自己过多的捐款并且支持自治而不是独立的指控,有助于封杀在国外稳健的科索沃人并且逐渐削弱鲁戈瓦在科索沃的地位。在科索沃,鲁戈瓦日益受到挑战,因为自由民主党在影子社会中的地方拥有垄断地位。鲁戈瓦逐渐依赖于阿尔巴尼亚非共产党的新总统萨利·贝里沙(Sali Berisha)的支持。到 1994 年,事与愿违,贝里沙迫于西方的外交压力而放弃了他对科索沃独立的认可。[49]

同时,根据戒严令,塞尔维亚人在科索沃的地位变得如此强大,以至于似乎是坚不可摧的。然而,备受感叹的塞尔维亚族在 1990 年之前的几十年中从科索沃移民不久又重新开始。按照各种粗略估计,到 1995 年,他们在科索沃人口中的比例已经下降到低于 10%,或者少于 20 万人。米洛舍维奇政权逼迫来自波斯尼亚和克拉伊纳的塞尔维亚族难民去那里定居,但是这些迫不得已的迁移涉及的人数太少,大概只是 1.5 万人。依靠科索沃顾客的工厂或商业企业的塞尔维亚族经理发现他们现在生意清淡。相反,科索沃的商店和公共事业机构介入了不在官方开支范围内的可得到的大部分业务。然而,鉴于塞尔维亚的经济困境,官方开支也是微乎其微。

然后在 1995 年 12 月,作为他迫使波斯尼亚塞尔维亚人接受《代顿协议》的报答,米洛舍维奇能够进行关于科索沃的任何讨论。西方干涉只是对消极抵抗塞尔维亚反对派的甜言蜜语的报答,鲁戈瓦关于西方干涉的赌注似乎已经丧失。强烈反对米洛舍维奇的克罗地亚领导层随后未能多加关注科索沃或提供关于共和国地位的谈判,总之,这没有把任何一位科索沃领导人争取过来,从而去重新考虑他们对塞尔维亚政治进程的联合抵制。通往另一场种族战争的道路此时已经毫无障碍。

科索沃人的抵抗、塞尔维亚的过度反应和北约干涉

“科索沃解放军”的确切起源仍然不大清楚。一种推测发现,这些

志愿者早在1993年就计划武装袭击科索沃的塞尔维亚族当局，这些志
412 愿者是为了在波斯尼亚的克罗地亚军队和在瑞士的学生流亡者而战。但这个组织本身不可能早于1994年产生。在1994年，贝里沙撤回了阿尔巴尼亚对该省独立的支持。阿尔巴尼亚族侨民因为对贝里沙和布克什的不满，于是他们为这些行动打开方便之门。这些行动就是：曾被迫加入南斯拉夫人民军或因为20世纪80年代期间的示威而被监禁的学生建立了自己的游击队组织，并且吸收人们对其游击队组织的支持。波斯尼亚战争的老兵以及其他人聚集在两个主要团体的周围，这些人拥有来自外部阵营的训练、武器和支持。“科索沃解放军”显然是其中最大的团体，虽然在科索沃其最初兵力似乎至多只有几百人。在1996年4月下旬，对14个塞尔维亚族人的两次单独屠杀开始了。“科索沃解放军”公认的袭击。这些塞尔维亚族人只不过是一些坐在咖啡馆的克拉伊纳难民和值勤的警察。一些观察家认为，这些袭击是对欧盟承认南斯拉夫联盟共和国的一种反应。

那年晚些时候，自由民主党和米洛舍维奇政权之间拟议的教育协议导致了几次学生和平示威，这个教育协议就是允许科索沃人回到学校和大学。但首先是自由民主党，然后是大学的塞尔维亚族校长拒绝接受该协议。他们的拒绝为势不两立的塞尔维亚族和科索沃人谋得了方便。“科索沃解放军”现在把同塞尔维亚族机构合作的科索沃人作为袭击目标，其袭击在1997年加倍。他们的领导人声称至少50名警察已经被杀死。大多数人死于埋伏而不是交战，这让塞尔维亚一方称“科索沃解放军”为恐怖分子而不是游击队。同年，阿尔巴尼亚腐败的贝里沙政权的选举失败及其金字塔组织的崩溃，导致对整个国家的军队和警察军械库的抢劫。可能总共80万件轻武器流向公开市场。大部分新武器可以从犯罪渠道容易地获得资金供给。这些新武器的供给不久将影响“科索沃解放军”，“科索沃解放军”在科索沃或地拉那新政府无法有效控制的阿尔巴尼亚北部边界之内活动。当地的塞尔维亚族作出反应，通过组织准军事团体或同准军事团体进行合作而加以反击。快到当年年底的时候，米洛舍维奇政权从俄罗斯获得了一份重武器的巨

额订单。[50]

当双方几乎毫不犹豫地沿着战争之路前进时,“科索沃解放军”刚刚得以武装起来。不肯妥协的年老的科索沃人阿德姆·德马希不久成为“科索沃解放军”的政治代表。当阿德姆·德马希要求“科索沃解放军”宣布一个为期三个月的《停战协定》时,他们的领导人则用一连串的新攻击作出回答。米洛舍维奇政权派遣特别反恐部队(SAJ)去高度关注科索沃中部的德雷尼察(Drenica)地区。其特别反恐部队是在波斯尼亚战争老兵的领导下。传统上,德雷尼察是反抗奥斯曼帝国、塞尔维亚人的一个爆发点,并且像我们在第七章所看到的那样,1944—1945年,它也是反抗南斯拉夫共产党当局的一个爆发点。德雷尼察现在被 413
认为是“科索沃解放军”领导人阿德姆·亚沙(Azem Jashari)的总部所在地。在 1998 年 2 月特别反恐部队发起了对亚沙所在的整个村庄的袭击,杀死亚沙及其亲属或战士约 40 人。当这些塞尔维亚武装开始进攻时,西方利益现在开始发挥作用。美国以前的波斯尼亚谈判代表理查德·霍尔布鲁克代表北约国家在 10 月返回贝尔格莱德,要求并且获得了一个《停火协议》。欧洲安全合作组织(OSCE)观察员将执行该协议。可能双方都不想去遵守该协议,于是都没有把该协议看做一种和平解决的基础。“科索沃解放军”吸纳新成员,因为鲁戈瓦及其自由民主党似乎日益被排除出这种谈判。“科索沃解放军”在科索沃的部队大胆地进入根据《停火协议》被塞尔维亚军队放弃的阵地。

塞尔维亚族一方开始为“马掌行动”(Operation Horseshoe)训练其在尼什附近的第三军和在内政部领导下的准军事警察部队。虽然从来没有一个把所有阿尔巴尼亚人驱逐出科索沃的计划,但是它的某种形式可能已经存在了几年。现在它明显地牵涉到在科索沃的大规模军事行动,这种大规模军事行动彻底清洗了被怀疑同“科索沃解放军”联系的每个村庄和更广泛的周边地区。一些难民将有希望逃往阿尔巴尼亚。到 1999 年 3 月,接近 30 万科索沃阿尔巴尼亚人事实上已经被赶出了他们的家园。

即使只是部分成功,但该军事行动也有助于使国内批评从仍在恶化的经济和塞尔维亚门户洞开的民主赤字转移开来。为了防止导致克罗地亚示威的那种批评,该政权在1998年初已经开始实施一系列镇压措施。苛刻的罚款已经使独立的媒体缄默甚至关闭,一些被政治委派(学术上不胜任)的新校长们正在要求独立的大学教员签订短期合同或解除合同。那些签订短期合同的教员或给予大幅增长的工资的其他专业人士也保持缄默。同时,像令人泄气的新的加税一样,该政权高官的工资也大幅增长。[51]所有这些迫使大学毕业生前往其他国家。1991—1999年初,所有毕业生中的一半离开了塞尔维亚,也是总计30万背井离乡的科索沃人的一半。

因此,这些情况最终导致在1999年春可划分为两部分的战争。一个是塞尔维亚的"南斯拉夫陆军"成功发动对"科索沃解放军"的战争;而内政部的警察和特种部队的掠夺确保了西方干涉,主要是美国人的北约机群发动了另一场实际上独立的战争。北约高空出击部队徒劳地企图肃清在科索沃的军队及其展开的清洗行动。针对在科索沃的军队
414 及其清洗行动的战争失败了,但是针对塞尔维亚基础设施的战争获胜了。[52]作为这些战争的前奏,3月在巴黎附近的朗布依埃(Rambouillet)举行的谈判集合了"科索沃解放军"、米洛舍维奇政权和美国国务卿玛德琳·奥尔布赖特(Madeline Albright)带领的一个西方代表团的代表。欧美要求进驻3万北约部队以增强科索沃《停火协议》的执行,并且要求附加北约部队通过塞尔维亚的权利。即使贝尔格莱德反对派也不能接受这种权利。该计划没有商议余地地被提出。它给予科索沃人这种权利,即三年内举行关于独立问题的全民公决,并且科索沃人担任31个科索沃管区中28个管区的警察局局长。但是年轻的"科索沃解放军"代表反对三年内把科索沃留在南联盟,并且反对这一条款,该条款就是:将允许2 500人的"南斯拉夫陆军"部队和1 500人的塞尔维亚族警察留在该省。他们宁愿同"南斯拉夫陆军"展开军事对抗而不愿作出这些让步,他们不得不得到严厉压制从而去接受该协议。这是令人怀疑的,即如果塞尔维亚一方已经准备同意该协议,那么"科索沃解放军"的代表还会这样做吗?情况不是这样。允许北约军队通过塞尔维

亚的条款是次要的。作为米洛舍维奇接受北约军队的报答,这些条款很可能遭到删除。但是面临奥尔布赖特再三的轰炸威胁,米洛舍维奇政权不断衰退的国内支持率再次上升。米洛舍维奇看来已经推测出几天的轰炸将进一步提高他的国内地位,并且足以分裂北约联盟去停止轰炸。美国人可能相信上述几天的轰炸将迫使米洛舍维奇放弃原来的立场,从而接受《朗布依埃协议》,像他在代顿曾做过的那样。但是双方都错了。

1995 年短暂的北约轰炸不仅有效打击了波斯尼亚塞尔维亚人的指挥和控制目标,而且配合了波斯尼亚穆斯林和克罗地亚陆军部队在地面上势如破竹地推进。这些势力试图威胁要蹂躏波黑塞族共和国的西半部。然而像四年前在波斯尼亚的情况一样,美国及其主要欧洲盟国最不愿意使自己的地面部队投入在科索沃的任何进攻性行动。不管是美国及其主要欧洲盟国这样做的最终决定——1999 年 3—6 月近三个月的轰炸,还是俄罗斯拒绝支持持续的塞尔维亚抵抗,以及这种加速的战役本身造成的损失,最终说服了米洛舍维奇政权表示屈服。这些因素现在仍值得商榷。所有塞尔维亚军队的随后撤退和 5 万北约维和部队的抵达,确实允许被迫越过边界进入阿尔巴尼亚和马其顿的百万科索沃人匆忙返回。伴随着他们,一支扩大的、更有胆量的"科索沃解放军"到来了。他们的领导人对政治优势的要求和他们的成员对剩余 415
塞尔维亚族的报复造成了直接的问题。几个月内,仍在科索沃的大约 18 万塞尔维亚族的大多数逃到了塞尔维亚。在塞尔维亚,仍然分裂的反对派奋力对抗这样一个政权。这个政权认为现在能够利用被普遍认为不公的北约轰炸去反对他们,并且反对任何重返欧洲的号召。然而,这些号召仍能够被听到。

就他们而言,只要米洛舍维奇继续掌权,美国和其他北约代表就会选择去忽视对塞尔维亚的经济损害并集中关注于科索沃。他们继续坚持保持该省的多民族特征的承诺,并且推迟关于科索沃在未来最终独立的任何决定。同时,前南斯拉夫中的第二个西方保护国努力采取一些建设性的形式,但是没有表现出履行承诺的早期迹象。

尽管存在明显的限制和经常的批评，但是在波斯尼亚和黑塞哥维那更有希望继续的东西，是西方试图允许改造多民族框架中的较小之处。两个南斯拉夫至少渴望在这些危险的保护国之外建立这种多民族框架，但最后南斯拉夫的崩溃可能推动了欧盟和大部分东南欧国家去承认跨越政治边界缔结联系的需要。像有些人建议的那样，如果任何民族的收获将不是另一个民族的损失，那么就应该更好地建立那些联系而不是修改边界。如果这些主要是经济的联系没有从克罗地亚延伸到保加利亚和罗马尼亚，并且也包括斯洛文尼亚和希腊这些较少遭受创伤的国家，那么整个半岛可能会发现它本身被隔绝于欧洲一体化之外。匈牙利和奥地利甚至德国，将为一批独立的巴尔干国家付出特别代价。这些巴尔干国家像它们在18世纪初一样孤立，或像塞尔维亚在20世纪后期表现的那样孤立。欧盟新的稳定公约(Stability Pact)继续对东南欧承诺要协调这一地区的经济复苏。由于这种协调的经济复苏将在该地区人民能够提供的一个共同空间内接受多民族共存和自由流动，于是东南欧能够期望与一个别样的联合欧洲建立起期待已久的联系。因而从这个意义上可以说，南斯拉夫并没有徒劳地消逝了。

注　释

绪言：可行性探究

1　参阅 Mark Thompson, *Forging War: The Media in Serbia, Croatia, and Bosnia-Hercegovina* (Avon: The Bath Press, Article 19, 1994)；关于历史原始资料，参阅 Djurdja Knežević, "The Enemy Side of National Ideologies, Serbia and Croatia," in *Pride and Prejudice: National Stereotypes in 19th and 20th Century Europe East to West*, ed. Laszlo Knotler (Budapest: Central European University, 1995), 105 - 117。

2　作为一个克罗地亚族血统的波斯尼亚人，安德里奇成为以贝尔格莱德为基础的第一南斯拉夫外交官，并是最后一任驻德国大使。两次世界大战之间，他认为自己是一位塞尔维亚作家。在其最著名的作品，即1945年插话式小说《德里纳河上的桥》中，安德里奇描述了个人间的多民族融通的能力，并且描述了面对频繁的自然灾害时族群间的多民族融通的能力。这种能力有时架构于一种猜疑之上。这种猜疑就是，沿着东西方之间多山的断层线，外国统治已在他的家乡波斯尼亚孕育。参阅 *The Bridge on the Drina* (Chicago: University of Chicago Press, 1977 ed.)。有时不仅这样，因为他按照一种断裂的前景展望去听任民族分裂，而不是对这种分裂进行任何防御。在安德里奇和铁托出生一年后,1893年科尔莱扎出生于萨格勒布。科尔莱扎捍卫克罗地亚独特的文学传统。但在其他方面,按照任何狭隘的民族或意识形态的身份,他是马克思主义的终身"真正信徒"。参阅拉尔夫·博格特(Ralph Bogert)在其著作中对科尔莱扎和安德里奇的有益比较,详见Ralph Bogert, *The Writer as Naysayer: Miroslav Krleža and the Aesthetic of Interwar Central Europe* (Columbus, Ohio: Slavica Publishers, 1988), 82-87。

3 像在伊沃·伯纳克的著作中被引证的那样,泽切维奇严厉指责这种观念,即"一种古老和分阶段发展的渴望产生于这些民族形成之前,这种渴望在其动机和利益中被协调并不断增长"。参阅Ivo Banac, "Historiography of the Countries of Eastern Europe, Yugoslavia," *American Historical Review* 97, 4 (1992): 1085. 关于泽切维奇的更新观点,参阅其"Slovenci i jugoslovenska država, 1917 - 1989" (Slovenians and the Yugoslav state), *Istorija 20og veka* 12, 2 (1994): 31-46。

4 Stevan K. Pavlowitch, *The Improbable Survivor: Yugoslavia and its Problems, 1918 - 1988* (Columbus, Ohio: Ohio State University Press, 1988), 129-142; and Banac, "Historiography of the Countries," 1084-1104.

5 Vojislav Kostunica and Kosta Čavoški, *Party Pluralism or Monism? Social Movements and the Political System in Yugoslavia, 1944 - 1949* (New York: Columbia University Press, East European Monographs, 1983). 图季曼唯一的一部被翻译的著作是 *Nationalism in Contemporary Europe* (Boulder, Colo.: East European Monographs, 1981);但是更有启迪作用的作品是下列著作的有争议的早期版本,*Bespuca povijesne zbilnosti: Rasprava o povijesti i filosofiji zlosilje* (Impasses of historical reality: A discussion of the history and

philosophy of malevolent power), 2nd ed. (Zagreb: Matica Hrvatska, 1989)。

6 参阅 Anthony D. Smith, *National Identity* (London: Penguin Books, 1991), 26-28。

7 关于这种国家授予的特权在近代早期的整个中欧的优势,及其在竞争的族群或邻近族群之间制造冲突的能力,参阅 Sheilagh Ogilvie, *State Corporatism and Proto-Industry, The Wurtemberg Black Forest, 1520-1797* (Cambridge: Cambridge University Press, 1997), 447-475。

8 Andrew Baruch Wachtel, *Making a Nation, Breaking a Nation, Literature and Cultural Politics in Yugoslavia* (Stanford, Calif.: Stanford University Press, 1998).

9 Eugen Weber, *Peasants into Frenchmen: The Modernization of Rural France, 1870-1914* (Stanford, Calif.: Stanford University Press, 1975).

10 Rogers Brubaker, *Citizenship and Nationhood in France and Germany* (Cambridge, Mass.: Harvard University Press, 1992). 关于具有几种"连锁身份"的稳健势力,参阅 Yael Tamir, *Liberal Nationalism* (Princeton: Princeton University Press, 1993), 153-163。

第一章 帝国和分裂的边疆(800—1800)

1 E. L. Jones, *The European Miracle* (Cambridge: Cambridge University Press, 1981). 关于近代早期的人口密度,特别是在奥斯曼帝国的巴尔干半岛,参阅 Bruce McGowan, *Economic Life in Ottoman Europe: Taxation, Trade, and the Struggle for Land, 1600-1800* (Cambridge: Cambridge University Press, 1981), 2-14. 关于多瑙河在巴尔干半岛的作用,权威出处仍然是 David Mitrany, *The Effect of the War in Southeastern*

Europe (New Haven, Conn.: Carnegie Endowment for International Peace and Yale University Press, 1936), 6-14。

2 Fernand Braudel, *The Mediterranean and the Mediterranean World in the Age of Philip II* (New York: Harper and Row, 1972), I: 25-44, 137-147.

3 George W. Hoffman, *Regional Development Strategy in Southeastern Europe* (New York: Praeger, 1972), 3-20.

4 A. P. Vlasto, *The Entry of the Slavs into Christendom* (Cambridge: Cambridge University Press, 1970), 187-203. 关于克罗地亚人的起源及其中世纪国家的概括研究,参阅 John V. A. Fine, Jr., *The Early Medieval Balkans* (Ann Arbor, Mich.: University of Michigan Press, 1983), 49-59, 248-291;关于与拜占庭帝国的不可忽视的联系,参阅 Ivo Goldstein, *Bizant na Jadranu* (Byzantium on the Adriatic) (Zagreb: Latina and Graeca, 1992)。

5 Vlasto, *Entry of the Slavs*, 213-223.

6 关于笼统的中世纪塞尔维亚,参阅 Fine, *Early Medieval Balkans*, 202-47; and the second volume, Fine, *The Late Medieval Balkans* (Ann Arbor, Mich.: University of Michigan Press, 1987), 219-312, and Rade Mihaljčić, *Kraj srpskog carstva* (The End of the Serbian Empire) (Belgrade: SANU, 1975)。关于塞尔维亚在拜占庭帝国历史中的作用的近来观点,参阅 Donald M. Nicol, *The Last Centuries of Byzantium, 1261-1452*, 2nd ed. (Cambridge: Cambridge University Press, 1993), 118-121, 129-130, 176-179, 229-230。

7 Traian Stoianovich, *Balkan Worlds: The First and Last Europe* (Armonk, NY: M. E. Sharpe, 1994), 151-168. 在对整个中世纪巴尔干半岛的社会阶层的概括研究中,特拉扬·斯托亚诺维奇强调了这些社会阶层的相对复杂性和这些社会阶层之间缺乏刻板的欧洲式隔阂。

8 John V. A. Fine, Jr., *The Bosnian Church: A New Interpretation* (New York: Columbia University Press, 1975), and Ivan Lovrenović, *Bosnien und Herzegowina, Eine Kulturgeschichte* (Vienna: Folio, 1998), 43 - 46; Noel Malcolm, Bosnia: *A Short History* (New York: New York University Press, 1994), 13 - 42. 关于中世纪波斯尼亚的南斯拉夫学术成就的极好总结,参阅《南斯拉夫百科全书》的英文单行本的第二版, *The Socialist Republic of Bosnia and Hercegovina* (Zagreb: Jugoslavenski leksikografski zavod, 1983), 60 - 67。

9 关注奥斯曼帝国时期巴尔干半岛的学术研究的西方最广泛的概述,是 Peter F. Sugar, *Southeastern Europe under Ottoman Rule 1453 -1803* (Seattle, Wash.: University of Washington Press, 1977)。关于奥斯曼帝国的土地制度和米勒特制度的有见识的简要分析,可以参阅 Fikret Adanir, "Tradition and Rural Change in Southeastern Europe during Ottoman Rule," in *The Origins of Backwardness in Eastern Europe*, ed. Daniel Chirot (Berkeley, Calif.: University of California Press, 1989), 131 - 176; and Kemal Karpat, "Millets and Nationality: The Roots of the Incongruity of Nation and State in the Post-Ottoman Era," in *Christians and Jews in the Ottoman Empire*, ed. Benjamin Braude and Bernard Lewis (New York: Holmes and Meier, 1982), I: 141 - 169。

10 关于近代早期的马其顿,参阅 Fikret Adanir, *Die makedonische Frage: lhre Entstehung und Entwicklung his 1900* (The Macedonian question: its origin and development to 1900) (Wiesbaden: Franz Steiner Verlag, 1979); and Nikos Svoronos, *La commerce de la Salonique en XVIIIe siècle* (Trade in Salonika in the eighteenth century) (Paris, 1956)。

11 Fine, "The Medieval and Ottoman Roots of Bosnian Society," in *The Muslims of Bosnia-Hercegovina*, ed. Mark Pinson (Cambridge, Mass.: Harvard University Press, 1994), 1 – 21; Malcolm, *Bosnia*, 51 – 70; Sugar, *Southeastern Europe*, 55 – 59. 关于奥斯曼帝国时期的波斯尼亚,参阅 Ahmed Aličić"The Period of Turkish (Ottoman) Rule," *Endklopedia Jugoslavije*, *The Socialist Republic of Bosnia and Hercegovina*, 67 – 77。

12 Small Balić, *Die unbekannte Bosnien* (The unknown Bosnia) (Cologne: Bohlau Verlag, 1992), 101 – 107. 关于波斯尼亚穆斯林,参阅 Srečko Džaja, *Konfessionalität und Nationalität Bosniens und der Hercegowina: voremancipatorische Phase, 1463 – 1804* (Religion and Nationality in Bosnia and Hercegovina: The preemancipatory phase) (Munich: R. Oldenbourg Verlag, 1984)。

13 Michael B. Petrovich, "Religion and Ethnicity in Eastern Europe," in *Ethnic Diversity and Conflict in Eastern Europe*, ed. Peter F. Sugar (Santa Barbara, Calif.: ABC Clio Press, 1980), 383 – 390; Petrovich, *A History of Modern Serbia* (New York: Harcourt Brace Jovanovich, 1976), I: 7 – 18 也提供了最好的简短陈述。

14 关于科索沃战争在这种传统中的作用,参阅 Wayne S. Vucinich and Thomas A. Emmert, eds., *Kosovo: Legacy of a Medieval Battle* (Minneapolis, Minn.: Minnesota Mediterranean and East European Monographs, 1991); on Serbian epics, *Serbian Poetry from the Beginning to the Present*, ed. Milne Holton and Vasa D. Mihailovich (Columbus, Ohio: Slavica Publications, 1988)。

15 参阅 Noel Malcolm, *Kosovo, A Short History* (New York: New York University Press, 1998), 113 – 114, 170 – 177, and Dušan Bataković, *The Kosovo Chronicles* (Belgrade: Plato, 1992),

35－52。

16 R. J. D.埃文斯对哈布斯堡王朝早期历史的近来评论，描述了哈布斯堡王朝的反宗教改革面对当地迷信的最初退却，然后在18世纪80年代遭遇皇帝约瑟夫二世的理性主义挑战。参阅R. J. D. Evans, *The Making of the Habsburg Monarchy, 1550－1570* (Oxford: Clarendon Press, 1979), 346－350。关于哈布斯堡王朝早期历史的更全面的概括研究可参阅Charles Ingrao, *The Habsburg Monarchy*, 1618－1815 (Cambridge: Cambridge University Press, 1994)。

17 Francis Dvornik, *The Slavs in European Civilization* (New Brunswick, NJ: Rutgers University Press, 1962), 132, 419－427；有关详细信息请参阅*Zgodovina Slovencev* (A history of the Slovenes) (Ljubljana: Cankarjeva založba, 1979)。关于林哈特，参阅Michael B. Petrovich, "The Rise of Modern Slovenian Historiography," *Journal of Central European Affairs* 22, 4 (January 1963): 440－467。

18 Toussaint Hočevar, *The Structure of the Slovenian Economy, 1848－1963* (New York: Studia Slovenica, 1965), 6－14.

19 关于在主要围绕哈布斯堡王朝军事边界和黑山及塞尔维亚中部的南斯拉夫土地上、由15个或更多成员组成的宗法式家庭公社的分配，参阅Maria N. Todorova, *Balkan Family Structure and the European Pattern: Demographic Developments in Ottoman Bulgaria* (Washington, DC: American University Press, 1993), 133－158。

20 关于克罗地亚的军事边界，有重大影响的英文著作仍然是Gunther E. Rothenberg, *The Austrian Military Border in Croatia, 1522－1747* (Chicago: University of Chicago Press, 1960); and Rothenberg, *The Military Border in Croatia, 1740－1881* (Chicago: University of Chicago Press, 1966)。关于

一些高地克罗地亚人和塞尔维亚族移民为摆脱任何一个帝国边界政权在亚得里亚海沿岸劫掠的努力，参阅 Catherine Wendy Bracewell, *The Uskoks of Senj: Piracy, Banditry, and the Holy War in the 16th Century Adriatic* (Ithaca, NY: Cornell University Press, 1992)。

21 参阅 Drago Roksandić, Srbi u Hrvatskoj (Serbs in Croatia) (Zagreb: Vjesnik, 1991), 55-70。

22 Jozo Tomasevich, *Peasants, Politics, and Economic Change in Yugoslavia* (Stanford, Calif.: University Press, 1955), 70-72; Slavko Gavrilović, *Agrarni pokreti u Sremu i Slavoniji na po ~ etkom XIX veka* (Agrarian movements in Srem and Slavonia at the start of the nineteenth century) (Belgrade: SANU, 1960), 9-14.

23 Ivo Banac, *The National Question in Yugoslavia: Origins, History, Politics* (Ithaca, NY: Comell University Press, 1983), 73-74. 关于克罗地亚的近代早期历史，参阅 Stanko Guldescu, *The Croatian-Slavonian Kingdom*, 1526-1792 (l"he Hague: Mouton, 1970)。

24 John R. Lampe and Marvin R. Jackson, *Balkan Economic History, 1550-1950* (Bloomington, Ind.: Indiana University Press, 1982), 51-55. 关于近代早期的杜布罗夫尼克，参阅 Francis W. Carter, *Dubrovnik (Ragusa): A Classic City-State* (London: Seminar Press, 1972)。

25 Lampe and Jackson, *Balkan Economic History*, 56-61.

26 Ibid., 62-66; and Traian Stoianovich, "The Conquering Orthodox Balkan Merchant," *Journal of Economic History* 20 (1960): 243-313.

27 Michael B. Petrovich, "Croatian Humanists and the Writing of History in the Fifteenth and Sixteenth Centuries," *Slavic*

Review 38, 4 (December 1978): 624 - 639.

28 Lampe and Jackson, *Balkan Economic History*, 62 - 66.

29 Roger V. Paxton, "Identity and Consciousness: Culture and Politics among the Habsburg Serbs in the Eighteenth Century," in *Nation and Ideology: Essays in Honor of Wayne S. Vucinich*, ed. Ivo Banac, John G. Ackerman, and Roman Szporluk (New York: Columbia University Press, 1981), 101 - 118.

第二章　统一的渴望和乡村的抵抗(1804—1903)

1 Robert Tucker, *The Marxian Revolutionary Idea* (New York: W. W. Norton, 1967).

2 这些影响深远的著作是 Benedict Anderson, *Imagined Communities: Reflections on the Origins and Spread of Nationalism* (London: Verso Books, 1983); Eric Hobsbawm, *Nations and Nationalism since 1780*, 2nd ed. (Cambridge: Cambridge University Press, 1990). 也可参阅 Ernest Gellner, *Nations and Nationalism* (London: Basil Blackwell, 1983)。

3 Jozo Tomasevich, *Peasants, Politics, and Economic Change in Yugoslavia* (Stanford, Calif.: Stanford University Press, 1955), 115 - 117.

4 参阅 Jaroslav Šidak, *Hrvatski narodni preporod Illirski pokret* (The Croatian national renaissance, the Illyrian movement) (Zagreb: Školska knjiga, 1990); 关于伊利里亚省和稍后运动方面的克罗地亚最好学术成就的讨论,参阅第 26 - 35 页。

5 参阅 John R. Lampe, "The Failure of the Yugoslav National Idea," *Studies in East European Thought* 46, 1 - 2 (June 1994): 127 - 147。

6 Elinor Murray Despalatović, *Ljudevit Gaj and the Illyrian*

Movement (New York: Columbia University Press, East European Quarterly, 1975), 71-78.

7 Elinor Murray Despalatović, "The Illyrian Solution to the Problem of a National Identity for the Croats," *Balkanistica* 1 (1974): 82-84. 关于匈牙利对伊利里亚压力的反应,参阅 János Varga, *A Hungarian Qua Vadis: Political Trends and Theories of the 1840s* (Budapest: Akadémiai Kiadó, 1993), 89-109。

8 Bogdan Krizman, "The Croatians in the Habsburg Monarchy in the Nineteenth Century," *Austrian History Yearbook* 3, pt. 2 (1967): 116-158; and Drago Roksandić, *Srbi u Hrvatskoj* (Serbs in Croatia) (Zagreb: Vjesnik, 1991), 86-87.

9 Philip Adler, "Why Did Illyrianism Fail?" *Balkanistica* 1 (1974): 95-103; and Despalatović, *Ljudevit Gaj*, 197-201.

10 Traian Stoianovich, *Balkan Worlds: The First and Last Europe* (Armonk, NY: M. E. Sharpe, 1994).

11 Michael B. Petrovich, "The Role of the Serbian Orthodox Church in the First Serbian Uprising," *The First Serbian Uprising, 1804-1813*, ed. Wayne S. Vucinich (New York: Columbia University Press, East European Monographs, 1982), 259-302.

12 Michael B. Petrovich, *A History of Modern Serbia, 1804-1918* (New York: Harcourt Brace Jovanovich, 1976), I: 103-128.

13 关于米洛什·奥布雷诺维奇的塞尔维亚经济,参阅 John R. Lampe and Marvin R. Jackson, *Balkan Economic History, 1550-1950: From Imperial Borderlands to Developing Nations* (Bloomington, Ind.: Indiana University Press, 1982), 109-119; 关于其社会结构,参阅 Stevan K. Pavlowitch, "Society in Serbia, 1791-1830," *Balkan Society in the Age of Greek*

Independence, ed. Richard Clogg (Totowa, NJ: Barnes and Noble, 1981), 137 - 156。

14 任何语言的经典之作仍然是 Slobodan Jovanović, *Ustavobranitelji, 1838 - 1858* (The defenders of the constitution) (Belgrade: Geca Kon, 1912)。

15 关于约万诺维奇及其同事们在当代欧洲自由主义框架中的地位，参阅 Gale Stokes, *Legitimacy through Liberalism: Vladimir Jovanović and the Transformation of Serbian Politics* (Seattle, Wash.: University of Washington Press, 1975); 关于更广泛的塞尔维亚体制，参阅 Stevan K. Pavlowitch, "The Constitutional Development of Serbia in the Nineteenth Century," *East European Quarterly* 5 (January 1972): 56 - 67。

16 参阅 David MacKenzie, *Ilija Garašanin, Balkan Bismarck* (New York: Columbia University Press, East European Monographs, 1985)。

17 Wayne S. Vucinich, "The Serbs in Austria-Hungary," *Austrian History Year-book* 3, pt. 2 (1967): 4 - 8; David MacKenzie, "Serbian Nationalist and Military Organizations and the Piedmont Idea, 1844 - 1867," *East European Quarterly* 16, 3 (1982): 323 - 333.

18 Stokes, *Legitimacy through Liberalism*, 115 - 120; Petrovich, *History of Modern Serbia*, I: 313 - 330.

19 Gale Stokes, *Politics as Development: The Emergence of Political Parties in Nineteenth Century Serbia* (Durham, NC: Duke University Press, 1990), 179, 201 - 203. 关于斯韦托扎尔·马尔科维奇的短暂生命和后来的作用，参阅 Woodford McClellan, *Svetozar Marković and the Origins of Balkan Socialism* (Princeton: Princeton University Press, 1964); 关于法国激进主义和到 1890 年时英国议会制度(由多数党统治)的影

响,参阅 Milan St. *Protić*, *Radikali u Srbijz*; *1881 - 1903* (Belgrade: Balkanološki Institut, 1990)。

20 Dimitrije Djordjević, "The 1883 Peasant Uprising in Serbia," *Balkan Studies* 20 (1979): 235 - 255. 如需进一步了解详情及参考,参阅 Andrija Radenić, *Iz istorije Srbije i Vojvodine*, *1838 - 1914* (Novi Sad: Matica srpska, 1973), 439 - 556。

21 Miranda Vickers, *The Albanians*, *A Modern History* (London: I. B. Tauris, 1997), 32 - 41; Dugan Bataković, *The Kosovo Chronicles* (Belgrade: Plato, 1992), 104 - 120.

22 Stokes, *Politics as Development*, 291 - 306,提供了作者论点的结论摘要。

23 Lampe and Jackson, *Balkan Economic History*, 208 - 212 and tables 4.2, 6.7 - 6.8, and 6.13 on 122, 171 - 172, 188. 迈克尔·R. 帕勒里特在其开创性的研究中就19世纪塞尔维亚农业所面临的局限性提出了最有力的证据,参阅 Michael R. Palairet, *The Balkan Economies c. 1800 - 1914*, *Evolution without development* (Cambridge: Cambridge University Press, 1997), 85 - 128, 299 - 320。

24 Lampe and Jackson, *Balkan Economic History*, 159 - 186.

25 Michael R. Palairet, "The Culture of Economic Stagnation in Montenegro," *The Maryland Historian* 17 (1986): 17 - 42. 更多详情,参阅Žarko Bulajić, *Agrarni odnosi Grne Gore*, *1878 - 1912* (Agrarian relations of Montenegro) (Titograd, 1959)。

26 Mirjana Gross, "Croatian National-Integrational Ideologies from the End of Illyrianism to the Creation of Yugoslavia," *Austrian History Yearbook* 15 - 16 (1979 - 1980): 4 - 21.

27 Miriana Gross and Agueza Szabo, *Prema hrvatskome gradjanskom drugrvu* (Toward Croatian bourgeois society) (Zagreb: Globus, 1992), 266 - 268. 关于1867年《奥-匈协定》的近来学术成就的概要,

参阅 Alan Sked, *The Decline and Fall of the Habsburg Empire, 1815 –1918* (London: Longman, 1989), 187 – 197。该著名协定使哈布斯堡王朝转化为奥-匈二元君主制帝国,前一年匈牙利根据这个著名协定从维也纳赢得了更广泛的权利。

28 James Butkowski, "Bishop Strossmayer's Political Career, 1860 –1873" (Ph. D. dissertation, Indiana University, 1972), 196 – 198; Gross and Szabo, *Prema hrvatskome gradjanskom drustvu*, 257 – 261; MacKenzie, *Ilija Garaianin*, 307 – 308.

29 关于斯塔尔切维奇的最详细的英文研究是 Mario S. Spalatin, "The Croatian Nationalism of Ante Starčević," *Journal of Croatian Studies* 16 (1975): 19 – 146. 也可参阅 Ivo Banac, *The National Question in Yugoslavia: Origins, History, Politics* (Ithaca, NY: Cornell University Press, 1984), 85 – 91;关于武克·卡拉季奇及其在伊利里亚运动中的广泛卷入,参阅 Duncan Wilson, *The Life and Times of Vuk Stefanovic Karadžić, 1787 – 1864* (Oxford: Clarendon Press, 1970), 294 – 313。武克·卡拉季奇在伊利里亚运动中的广泛卷入以他与克罗地亚代表关于一种共同文学语言签署的 1850 年《维也纳协定》而达到顶峰。其中有两种字母表代表两个民族。

30 Gross and Szabo, *Prema hrvatskome gradjanskom drustvu*, 603 –607. 克罗地亚自由主义的波波维奇时代类似于当代塞尔维亚的弗拉基米尔·约万诺维奇时代。对伊凡·波波维奇时代的唯一全面论述是 James Krokar, "Liberal Reform in Croatia, 1872 – 1875: The Beginnings of Modern Croatia under Ban Ivan Mažuranić" (Ph. D. diss., Indiana University, 1980)。

31 Manuela Dobos, "The Nagodba and the Peasantry in Croatia-Slavonia," *The Peasantry of Eastern Europe*, ed. Ivan Volgyes, I (New York: Pergamon Press, 1931), 79 – 107; Manuela Dobos, "The Croatian Peasant Uprising of 1883" (Ph.

D. diss., Columbia University, 1974).

32 Gunther E. Rothenberg, "The Croatian Military Border and the Rise of Yugoslav Nationalism," *The Slavonic and East European Review* 43 - 44 (1964): 34 - 45.

33 参阅 Justin McCarthy, "Ottoman Bosnia, 1800 - 1878," *The Muslims of Bosnia-Herzegovina*, ed. Mark Pinson (Cambridge, Mass.: Harvard University Press, 1994), 54 - 83; "The Socialist Republic of Bosnia and Hercegovina," *Enciklopedia Jugoslavi*je, 5: 77 - 90。对奥斯曼帝国末期波斯尼亚农业经济的纵览和很大程度上赞许的评估，参阅 Palairet, *Balkan Economies*, 129 - 142。

34 关于奥地利的占领，参阅 Robert J. Donia, *Islam under the Double Eagle: The Muslims of Bosnia and Hercegovina, 1878 - 1914* (New York: Columbia University Press, East European Monographs, 1981), 4 - 29, 41 - 49, 181 - 194。关于塞尔维亚在波斯尼亚起义和随后失败中的作用，参阅 David MacKenzie, *The Serbs and Russian Pan-Slavism, 1875 - 1878* (Ithaca, NY: Cornell University Press, 1967)。

35 Peter F. Sugar, *The Industrialization of Bosnia-Hercegovina, 1878 - 1914* (Seattle, Wash.: University of Washington Press, 1963), 13 - 45.

36 Robin Okey, "Education and Modernization in a Multi-Ethnic State: Bosnia, 1850 - 1914," in *Schooling, Educational Policy, and Ethnic Identity*, ed. Janusz Tomiak (New York: New York University Press, European Science Foundation, 1986), I: 319 - 341.

37 Ibid., I: 328 - 339; Mustafa Imamovic, *Istorija Boinjaka* (Sarajevo: Preporod, 1998), 373 - 396.

38 Mirjana Gross, "The Union of Dalmatia with Northern Croatia,"

The National Question in Europe in Historical Context, ed. Mikulas Teich and Roy Porter (Cambridge: Cambridge University Press, 1993), 270 - 292.

39 Carole Rogel, *The Slovenes and Yugoslavism, 1890 - 1914* (Boulder, Colo.: East European Quarterly, 1977), 15 - 26; Fran Zwitter, "The Slovenes and the Habsburg Monarchy," *Austrian History Yearbook* 3, pt. 2 (1967): 159 - 188.

第三章　新的分裂、南斯拉夫人的纽带和巴尔干战争(1903—1914)

1 John R. Lampe and Marvin R. Jackson, *Balkan Economic History, 1550 - 1950, From Imperial Borderlands to Developing Nations* (Bloomington, Ind.: Indiana University Press, 1982), 281 - 297; Jozo Tomasevich, Peasants, *Politics, and Economic Change in Yugoslavia* (Stanford, Calif.: Stanford University Press, 1955), 151 - 159; and Arnold Suppan, "Die Kroaten," *Die Habsburger-monarchie, 1848 - 1918*, ed. Adam Wandruszka and Peter Urbanitsh (Vienna: Verlag der (3AW, 1980), III: 627 - 633, 694 - 701.

2 Lampe and Jackson, *Balkan Economic History*, tables 9.1, 9.5.

3 Ibid., tables 6.1 - 6.5, 9.2, 10.4. 使用机械马力和超过 20 个工人的企业总数大约是 12.5 万个。这些企业在斯洛文尼亚有 3.6 万名工人;在克罗地亚-斯拉沃尼亚有 2.4 万名工人;在波斯尼亚-黑塞哥维那有 3 万名工人;在塞尔维亚有 1.6 万名工人;在达尔马提亚和马其顿大约各 1 万名工人。黑山的工人数目可以忽略。关于哈布斯堡王朝边境的经济和工业增长的更积极看法,参阅 David Good, *The Economic Rise of the Habsburg Empire, 1750 -1914* (Berkeley, Calif.: University of California Press, 1984)。

4 Marina Cattaruzza, "Slovenes, Italians, and Trieste, 1850 -

1914," *Ethnic Identity in Urban Europe*, ed. Max Engman (New York: European Science Foundation, New York University Press, Dartmouth, 1985), 189 - 209.

5 与达尔马提亚农业相比,这个网络对斯洛文尼亚农业作出了更大的贡献。到 1910 年时,几乎 40%的斯洛文尼亚土地归于 20 至 40 公顷的有利可图的小农场,并且许多更小的农场积累的债务被信用合作社完全免除,以防止丧失赎取权。达尔马提亚的内陆农民大约五分之四是克罗地亚族,五分之一是塞尔维亚族。直到 20 世纪 30 年代,达尔马提亚的内陆农民继续面临佃农义务。他们自己的农场大约 86%不到 5 公顷,59%不到 2 公顷。另外,19 世纪 90 年代的根瘤蚜疫情破坏了为他们提供最好的经济作物的葡萄园。Walter Lukan, "The Second Phase of Slovene Cooperation (1894 - 1918)," *Slovene Studies* 11, 1 (1989): 83 - 96; Toussaint Hocevar, *The Structure of the Slovenian Economy, 1848 - 1963* (New York: Studia Slovenica, 1965), 59 - 73。

6 Carole Rogel, *The Slovenes and Yugoslavism, 1890 - 1914* (Boulder, Colo.: East European Quarterly, 1977), 76 - 87.

7 Bogdan Krizman, "The Croatians in the Habsburg Monarchy in the Nineteenth Century," *Austrian History Yearbook* 3, 2 (1967): 135 - 140; and Wayne S. Vucinich, "The Serbs in Austria-Hungary," ibid., 23 - 27.

8 Lampe and Jackson, *Balkan Economic History*, 315 - 319; Suppan, "Die Kroaten," 679; and Igor Karaman, *Industrializacija gradjanske Hrvatske (1800 - 1941)* (The industrialization of bourgeois Croatia) (Zagreb: Naprijed, 1991).

9 Lampe and Jackson, *Balkan Economic History*, 287 - 297; 关于克罗地亚-斯拉沃尼亚的文化水平和学校教育,参阅 Elinor Murray Despalatović, "The Danish Model and Croatian Peasant

Agriculture, 1850 - 1914," in *Private Agriculture in Eastern Europe*, ed. John R. Lampe (Washington, DC: East European Studies, The Woodrow Wilson International Center for Scholars, 1990), 24 - 25。

10 Rudolf Signjar, *Statistidki atlas Kr. Hrvatske i Slavonije, 1875 - 1915* (Zagreb: Zemalski statistički ured, 1915), 49.

11 Nicholas Miller, *Between Nation and State, Serbian Politics in Croatia Before the First World War* (Pittsburgh, Pa.: University of Pittsburgh Press, 1997)对该联盟和在它之前半个世纪的塞尔维亚族和克罗地亚族的分离政治提供了有见识的分析。关于高峰时期的该联盟的权威研究仍然是 Mirjana Gross, *Vladavina Hrvatske-Srpske Koalicije, 1906 -1907* (The regime of the Croatian-Serbian coalition) (Belgrade: Jugoslavenski Istorijski Institut, 1960)。

12 Elinor Murray Despalatović, "The Peasant Nationalism of Ante Radić," *Canadian Review of Studies in Nationalism* 1 (1978): 86 - 97; Robert G. Livingston, "Stjepan Radić and the Croatian Peasant Party, 1904 - 1929" (Ph. D. diss., Harvard University, 1959), 58 - 63.

13 Peter F. Sugar, *The Industrialization of Bosnia-Hercegovina, 1878 -1914* (Seattle, Wash.: University of Washington Press, 1963); Ferdinand Schmid, *Bosnien und die Herzegovenien* (Bosnia and Hercegovina) (Leipzig: [publisher unknown], 1914). 主要支持对舒加尔和施密德的判决的新证据可参阅 Michael Palairet, *The Balkan Economies c. 1800 - 1914, Evolution without development* (Cambridge: Cambridge University Press, 1997), 203 - 238。

14 一种相反的观点,即如果当时不干预战争,那么在战前的最后 10 年期间启动的政府注资刺激经济之后,1908 年的吞并在沙俄会导致私人创业的热潮。关于这种观点参阅 Michael Palairet, "The Habsburg Industrial Achievement in Bosnia-Hercegovina, 1878 - 1914: An Economic Spurt That Succeeded?" *Austrian History Yearbook 24* (1993): 133 - 152。

15 Schmid, *Bosnien*, 312, 550 - 552. 也可参阅 Tomasevich, *Peasants, Politics*, 107 - 111。

16 This precedent, on which Fikret Abdic and his Agrokomerc enterprise would build in the 1970s, emerged from the one pre - 1914 case where primarily female labor was employed. 唯一明确成功的官方政策,是 1900 年之后在西北部的比哈奇三角洲推广家禽饲养,这超过了 19 世纪 80 年代布尔奇科促进适于出口的李子种植和烘干技术。这种先例自 1914 年之前主要雇佣女工的事例出现。在 20 世纪 70 年代,菲克雷特·布迪奇及其阿格若考莫奇企业将基于这种先例。Priscilla T. Gonsalves, "Study of the Habsburg Agricultural Programmes in Bosanska Krajina, 1878 - 1914," *Slavonic and East European Review* 63 (1985): 349 - 371。

17 Robert J. Donia, *Islam under the Double Eagle: The Muslims of Bosnia and Hercegovina, 1878 -1914* (New York: Columbia University Press, East European Monographs, 1981), 167 - 194, and Srecko Dzaja, *Bosnien-Herzegowina in der osterreichische-ungarischen Epoche (1878 -1918)* (Munich: B. Oldenbourg Verlag, 1994), 196 - 207. 也可参阅 Robin Okey, "Education and Modernization in a Multi-Ethnic Society: Bosnia, 1850 - 1918," in *Schooling, Educational Policy, and Ethnic Identity*, ed. Janusz Tomiak (New York: European Science Foundation, New York University Press, Dartmouth, 1985), 319 - 341。

18 关于 1900 年之后帕希奇和塞尔维亚即使不是意识形态上分歧的真实政治派别,参阅 Wayne S. Vucinich, *Serbia between East*

and West: The Events of 1903 - 1908 (Stanford, Calif.: Stanford University Press, 1954), 17 - 21；托洛茨基的被忽视但是敏锐的看法可参阅 *The War Correspondence of Leon Trotsky, The Balkan Years, 1912 - 1913*, ed. George Weisman and Duncan Williams (New York: Monad Press, 1980), 68 - 111。关于帕希奇本人，一份详细的研究是 Vasa Kazimirović, *Nikola Pašić i njegova doba, 1845 -1925* (Nikola Pašić and his era), 2 vols. (Belgrade: Nova Evropa, 1990)。

19 John R. Lampe, "Austro-Serbian Antagonism and the Economic Background to the Balkan Wars," in *East Central European Society and the Balkan Wars*, ed. Bela Kiraly and Dimitrije Djordjević (New York: Columbia University Press, Social Science Monographs and Atlantic Research and Publications, 1987), 336 - 345. 权威性的研究是 Dimitrije Djordjević, *Carinski rat Austro-Ugarske i Srbije, 1906 - 1911* (The tariff war between Austria-Hungary and Serbia) (Belgrade: Istorijski Institut, SANU, 1962). 关于彼得一世国王的作用，参阅 Dragoljub R. Živojinović, *Kralj Petar I Karadjordjević*, v. II (Belgrade: Beogradski izdavačko-grafički zavod, 1990)。

20 在1806—1812年第一次起义和1876—1878年黑塞哥维那起义之后，这仅仅是俄国支持塞尔维亚的第三次短暂插曲。没有一次这种支持带来官方影响或武装力量去帮助塞尔维亚渡过困难。不会有更多的支持，除非把1944—1948年斯大林支持铁托的共产党政府的同样短暂的时期计算在内。然而，铁托政府破坏了塞尔维亚自1914年前建国起的民主遗产的最后遗迹，即在立宪君主领导下的多党制议会政府。关于1914年之前塞尔维亚和俄国之间的关系，参阅 Barbara Jelavich, *Russia's Balkan Entanglements, 1804 -1914* (Cambridge: Cambridge University Press, 1991), 9 - 23, 144 - 177, 235 - 265。

21 Gale Stokes, "Milan Obrenović and the Serbian Army," *East Central European Society in World War I*, ed. Bela Kiraly and Nandor F. Dreiszinger (New York: Columbia University Press, East European Monographs, 1985), 555 - 568; David MacKenzie, "Serbian Nationalist and Military Organizations and the Piedmont Idea, 1844 - 1914," *East European Quarterly* 16, 3 (1982): 333 - 343.

22 关于塞尔维亚的有说服力的结论在 Charles Jelavich, *South Slav Nationalisms, Textbooks, and Yugoslav Union before 1914* (Columbus, Ohio: Ohio State University Press, 1990)。在 1910 年,塞尔维亚的总人口中仅有 5.8%在求学,保加利亚为 9.3%。塞尔维亚的初等教育计划落在保加利亚的后面,主要因为在 1890 年之前起步缓慢。参阅 Holm Sandhaussen, *Historische Statistik Serbiens, 1834 -1914* (Munich: R. Oldenbourg Verlag 1989), 551 - 555。

23 关于斯凯尔利奇和贝尔格莱德的文化生活,参阅 Jelena Milojković-Djurić, *Tradition and Avant-Garde l. a'terature and Art in Serbian Culture, 1900 - 1918* (New York: Columbia University Press, East European Monographs, 1981), 129 - 168; 关于"贝尔格莱德风格",参阅 Traian Stoianovich, *Balkan Worlds: The First and Last Europe* (Armonk, NY: M. E. Sharpe, 1994), 283 - 301; 关于总体上的贝尔格莱德,参阅 John R. l_ampe, "Modernization and Social Structure: The Case of the Pre - 1914 Balkan Capitals," *Southeastern Europe* 5, pt. 2 (1979): 11 -32。关于马托斯和萨格勒布的文化生活,参阅 James Krokar, "National Cultural Centers of the Habsburg Empire before 1914: Zagreb," *Austrian History Yearbook* 19 - 20 (1983 -1984): 119 - 133。

24 Radmila Milentijević, "Serbian Social Democracy Confronts the

Nationality Question," *Canadian Review of Studies in Nationalism* 1 (1978): 66－85. 类似的分裂是在捷克发起的、在圣彼得堡召开的1909年新斯拉夫会议上出现,并且防止任何来自克罗地亚-斯拉沃尼亚的塞尔维亚人或克罗地亚人出席1910年的索菲亚会议。Paul Vysny, *Neo-Slavism and the Czechs* (Cambridge: Cambridge University Press, 1977), 119, 151－152, 191－192。

25　Stephen Raditch, "Autobiography of Stephen Raditch," *Current History* (October, 1928): 5－10. 这部由查尔斯·A.比尔德撰写"序言"的、身后翻译出版的简短自传和上文所引用的杰拉尔德·利文斯顿的博士论文,提供了拉迪奇唯一的英语冗长引文。

26　关于在战前最后10年期间匈牙利-克罗地亚的对抗在南部斯拉夫日益疏远奥匈帝国中被忽视的作用,参阅 Gabor P. Vermes, "South Slav Aspirations and Magyar Nationalism in the Dual Monarchy," in *Nations and Ideology, Essays in Honor of Wayne Vucinich*, ed. Ivo Banac, John G. Ackerman, and Roman Szporluk (New York: Columbia University Press, East European Monographs, 1981), 177－200; and Ivo Banac, "Croat-Magyar Relations, 1904－1914: A New Jelačić or the 'New Course'?" *Slovene Studies* 9, 1－2 (1987): 43－48。

27　Wayne S. Vucinich, "*Mlada Bosna* and the First World War," in *The Habsburg Empire in the First World War*, ed. Robert A. Kann, Bela Kiraly, and Paula S. Fichtner (New York: Columbia University Press, East European Quarterly, 1977), 45－69, and Džaja, *Bosnien-Herzegowina*, 229－238.

28　Duncan M. Perry, *The Politics of Terror, The Macedonian Revolutionary Movements, 1893－1903* (Durham, NC: Duke University Press, 1988), 196－212. 更清楚的是,马其顿内部革命组织的追随者是这种少数农民,他们对持续多年的低地佃农制

剥削,以及高地的阿尔巴尼亚人和其他穆斯林军阀的勒索作出反应,而不是按马其顿人或保加利亚人的任何民族认同感行动。佩里估计他们的总数少于2.5万人,或者约为三个省人口的1%,而他们的支持者则增加另外的2%至4%。

29 Steven W. Sowards, *Austria's Policy of Macedonian Reform* (New York: Columbia University Press, East European Monographs, 1989), 25 - 95.

30 Djordje Mikić, "The Albanians and Serbia during the Balkan Wars," *East Central European Society and Balkan Wars*, 165 - 191.

31 Ernst C. Helmreich, *The Diplomacy of the Balkan Wars, 1912 -1913* (Cambridge, Mass.: Harvard University Press, 1938). 最近的著作是 Katrin Boekh, *Von den Balkankriegen zum Ersten Welt Krieg, Kleinstaaten Politik und ethnische Selbst-bestimmung auf dem Balkan* (Munich: R. Oldenbourg Verlag, 1996); Andrew Rossos, *Russia and the Balkans: Inter-Balkan Rivalries and Russian Foreign Policy, 1908 - 1914* (Toronto: Toronto University Press, 1981); and Samuel R. Williamson, Jr., *Austria-Hungary and the Origins of the First World War* (New York: St. Martin's Press, 1991)。

32 Williamson, *Austria-Hungary*, 103 - 108; Andrej Mitrović, *Srbija u prvom svetskom ratu* (Serbia in the First World War) (Belgrade: Srpska književna zadruga, 1984), 136 - 137.

33 Vucinich, "Serbs in Austria-Hungary," 7; Jaroslav Šidak, Mirjana Gross, Igor Karaman, and Dragovan Šepić, *Povijest hrvatskog naroda, 1860 - 1914* (The history of the Croatian people, 1860 - 1914) (Zagreb: Skolska knjiga, 1968), 284 - 286; Hugh and Christopher Seton-Watson, *The Making of a New Europe* (Seattle, Wash.: University of Washington Press,

1976), 88 - 93.

34 Rogel, *Slovenes and Yugoslavism*, 82 - 103, 113 - 116.

35 *The Other Balkan Wars, A 1913 Carnegie Endowment Inquiry in Retrospect* (Washington, DC: Carnegie Endowment Book, 1993), 158 - 186, 395 - 397.

36 Danica Milić, "Economic Consequences of the Balkan Wars," *East Central European Society and the Balkan Wars*, 386 - 394; Lampe and Jackson, *Balkan Economic History*, 232 - 236. 关于在巴尔干战争之后德国对塞尔维亚提供某些财政支援的突发兴趣,参阅 Andrej Mitrović, *Prodor na Balkan i Srbija, 1908 - 1914* (Balkan penetration and Serbia) (Belgrade: Nolit, 1981), 131 - 176。

37 关于塞尔维亚的观点,参阅 Alexander Dragnich and Slavko Todorović, *The Saga of Kosovo* (New York: Columbia University Press, East European Monographs, 1984), 95 - 109.

38 Vucinich, "*Mlada Bosna*," 59。关于 1876 - 1878 年黑山历史记忆的思考,参阅 Milovan Djilas, *Under the Colors* (New York: Harcourt Brace Jovanovich, 1971)。

39 John D. Treadway, *The Falcon and the Eagle: Montenegro and Austria-Hungary, 1908 - 1914* (West Lafayette, Ind.: Purdue University Press, 1983), 203 - 212.

40 Milorad Ekmečić, "Impact of the Balkan Wars on Society in Bosnia and Hercegovina," *East Central European Society and the Balkan Wars*, 260 - 285; *Enciklopedia. Jugoslavije: The Socialist Republic of Bosnia and Hercegovina* (Zagreb: Jugoslavenski leksikografski zavod, 1983), 95 - 97. 有关详情,请参阅 Mustafa Imamović, *Pravni položaj i unutrašni politički razvitak Bosne i Hercegovine, 1878 - 1914* (The legal position and internal political development of Bosnia and Hercegovina)

(Sarajevo: Svjetlost, 1976), 236－258。

41 Vucinich, "Mlada Bosna," 56. 关于普林西普及其同仁独立于塞尔维亚控制的最详尽和最有说服力的论点是 Vladimir Dedijer, *The Road to Sarajevo* (New York: Simon and Schuster, 1966), 175－234。继续坚持塞尔维亚控制普林西普及其同仁的奥地利学术成就可以参阅 Hellmut Andics, *Der Untergang der Donaumonarchie* (Vienna: Wilhelm Goldmann Verlag, 1981), 86－93。

第四章 第一次世界大战和第一南斯拉夫(1914—1921)

1 参阅 Milorad Ekmečić, "Serbian War Aims," *The Creation of Yugoslavia, 1914－1918*, ed. Dimitrije Djordjević (Santa Barbara, Calif.: ABC Clio Press, 1980), 25－26; and Bogdan Krizman, *Hrvatska u prvom svetskom ratu* (Croatia in the First World War) (Zagreb: Globus, 1989), 245－257。

2 Ekmečić, "Serbian War Aims," 19－36. On the Niš Declaration, 参阅 Dragoslav Janković, "Niška deklaracija" (The Niš Declaration), *Istorija XX veka* 10 (1969): 7－111; 关于茨维伊奇和塞尔维亚学者,参阅 Ljubinka Trgovčević, *Naučnici Srbije i stvaranje Jugoslovenske države, 1914－1920* (Serbian scholars and the creation of the Yugoslav state) (Belgrade: Narodna knjiga, 1986); 关于 1914 年运动,参阅 Dimitrije Djordjević, "Vojvoda Pumik: The Serbian High Command and Strategy in 1914," in *East Central European Society in World War I*, eds. Bela K. Kiraly and Nandor F. Dreiszinger (New York: Columbia University Press, East European Monographs, 1985), 569－589。

3 Gale Stokes, "The Role of the Yugoslav Committee in the Formation of Yugoslavia," *Creation of Yugoslavia*, 51－72. 也

可参阅 Ivo Lederer, *Yugoslavia at the Paris Peace Conference* (New Haven, Conn.: Yale University Press, 1963), 73 – 78; and Dragovan Šepić, *Italija, saveznici i Jugoslavensko pitanje, 1914 – 1918* (Italy, the Allies, and the Yugoslav question) (Zagreb: Školska knjiga, 1970)。

4 Andrej Mitrović, *Srbija u prvom svetskom ratu* (Serbia in the First World War) (Belgrade: Srpska književna zadruga, 1984), 312 – 319. 也可参阅 David MacKenzie, *Apis, the Congenial Conspirator: The Life of Colonel Dragutin T. Dimitrijevic* (Boulder, Colo.: East European Monographs, 1989)。

5 Bogdan Krizman, *Raspad Austro-Ugarske i stvaranje jugoslovenske države* (The fall of Austria-Hungary and the creation of the Yugoslav state) (Zagreb: Školska knjiga, 1977), 262. 最全面的著作是 Dragoslav Janković, *Jugoslovensko pitanje i Krfska deklaracija 1917 g*. (The Yugoslav question and the 1917 Corfu declaration) (Belgrade: Savremena administracija, 1967)。

6 然而,缺乏大规模武装抵抗的任何挑战是否将成功是不确定的。关于 1915—1918 年保加利亚的政治军事和社会经济经验及其在马其顿的影响,参阅 Richard Crampton, *Bulgaria, 1878 – 1918* (New York: Columbia University Press, East European Monographs, 1983), 447 – 510。

7 Richard B. Spence, "The Yugoslav Role in the Austro-Hungarian Army, 1914 – 1918," *East Central European Society*, 354 – 368.

8 Bogdan Krizman, "The Croatians in the Habsburg Monarchy in the 19th Century," *Austrian History Yearbook* 3, 2 (1967): 146 –157; and Krizman, "Plan Stjepana Radića o preuredjenju Habsburške monarhije" (Plan of Stjepan Radić for the transformation of the Habsburg monarchy), *Istorija XX veka* 12 (1972): 31 – 82.

9 Neda Engelsfeld, *Prvi parliament Kraljevstva Srba, Hrvata i Slovenaca* (First *parliament of the* Kingdom *of* Serbs, Croats, *and Slovenes*) (*Zagreb*: Glo*bus*, 1989), 60 – 68; I*vo* Banac, "N*emiri u severnoj* Hr*vatskoj u jesen* 1918" (U*nrest in northern* Croatia *in the fall of* 1918), *Časopis za suvremenu povijest* 24, 3 (1992): 23 – 43.

10 虽然没有民意调查可用来支持这种判断,但是奥匈帝国官员和南斯拉夫倡导者的同期估计推定到1918年秋时,民众对建立这样一个国家的支持率已经显著增长,在波斯尼亚-黑塞哥维那达到50%、在克罗地亚-斯拉沃尼亚达到60%,并且在达尔马提亚和斯洛文尼亚达到高得多的比例。参阅 Ekmečić, "Serbian War Aims," *The Creation of Yugoslavia, 1914 –1918*, 25 – 26。

11 参阅 Richard B. Spence, "General Stephan Freiherr Sarkotić yon Lovčen and Croatian Nationalism," *Canadian Review of Studies in Nationalism* 17, 1 – 2 (1990): 147 – 155。

12 对这些损失的可以比较的说明是 Jozo Tomasevich, *Peasants, Politics, and Economic Change in Yugoslavia* (Stanford, Calif.: Stanford University Press, 1955), 220 – 229。关于塞尔维亚,参阅 John R. Lampe, "Unifying the Yugoslav Economy, 1918 – 1921: Misery and Early Misunderstandings," *Creation of Yugoslavia*, 141 – 142; and Dimitrije Djordjević, "Austro-ugarski okupacioni rezim u Srbiji i njegov slom" (Austro-Hungarian occupation regime in Serbia and its fall). *Naučni skup u povodu 50 –godišnice raspada Austro-ugarske monarhije* (Scientific gathering on the 50th Anniversary of the fall of Austria-Hungary) (Zagreb: JAZU, 1969), 206 – 223。

13 Krizman, *Raspad Austro-Ugarske*, 270 – 279; Djordje Stanković, *Nikola Pašić, saveznici i stvaranje Jugoslavije* (Nikola Pašić, the Allies and the creation of Yugoslavia)

(Belgrade: Nolit, 1984), 241 - 250.

14 Krizman, *Raspad Austro-Ugarske*, 263 - 269; Touissant Hočevar, *The Structure of the Slovenian Economy 1848 - 1963* (NY: Studia Slovenica, 1965), 155 - 157.

15 Wayne Vucinich, "The Formation of Yugoslavia," *Creation of Yugoslavia*, 183 - 206; Dragoslav Janković, "Ženevska konferencija 1918 g.," *Istorija XX veka* 5 (1963): 25 - 62.

16 参阅 Robert Gerald Livingston, "Stjepan Radić and the Croatian Peasant Party, 1904 - 1929" (Ph. D. diss., Harvard University, 1959), 252; and Jure Kristo, "Katoličko proklanjanje ideologiji Jugoslavenstva" (Catholic disposition toward the ideology of Yugoslavism), *Časopis za suvremenu povijest* 24, 2 (1992): 25 - 45。

17 关于军队的发展、在恢复秩序中的最初声望和由于承担民事职责而并发的问题,参阅 Mile Bjelajac, *Vojska Kraljevine Srba, Hrvata i Slovenaca, 1918 - 1921* (Army of the Kingdom of Serbs, Croats, and Slovenes) (Belgrade: Narodna knjiga, 1988)。

18 Bogdan Krizman, "Medjunarodne priznanje Jugoslavije 1918 g." (International recognition of Yugoslavia, 1918), *Istorija XX veka* 3 (1962): 345 - 82; Vasa Čubrilović and Andrej Mitrović, eds., *Stvaranje Jugoslovenske države 1918* (Belgrade: Naučna knjiga, 1989). 关于意大利政策,近来纵览的美国学术研究和消息来源可参阅 Arthur Walworth, *Wilson and His Peacemakers, American Diplomacy at the Paris Peace Conference, 1919* (New York: W. W. Norton, 1986), 335 - 358。借鉴所有消息来源的南斯拉夫研究是 Dragoljub Živojinović, *America, Italy, and the Birth of Yugoslavia, 1917 - 1919* (Boulder, Colo.: East European Monographs, 1972)。关于意大利主张的背景,参

阅 Dennison Rusinow, *Italy's Austrian Heritage, 1919 - 1946* (London: Oxford University Press, 1969), 15 - 50。

19 Lederer, *Yugoslavia at the Paris Conference*, 112 - 114, 138 - 168, 194, 252, 262 - 372, 286, 306 - 308.

20 Rusinow, *Italy's Austrian Heritage*, 119 - 160; Bogdan C. Novak, *Trieste, 1941 - 1954* (Chicago, I11.: University of Chicago Press, 1970), 27 - 42.

21 Arnold Suppan, "According to the Principle of Reciprocity: The Minorities in Yugoslav-Austrian Relations, 1918 - 1938," *Ethnic Groups in International Relations*, ed. Paul Smith (New York: European Science Foundation, New York University Press, Dartmouth, 1986), 251 - 254; Bogdan Krizman, "Jugoslavija i Austrija, 1918 - 1938," *Casopis za suvremenu povijest* 9 (1977).

22 Branislav Gligorijević, *Kralj Aleksandar Karadjodjevic (I)* (Belgrade: BIZG, 1996), 423 - 427; C. A. Macartney, *Hungary and Her Successors* (London: Oxford University Press, 1937), 390 - 404.

23 大约 4 万阿尔巴尼亚人战后启程前往土耳其或其他地方,这样留存科索沃的总数削减到 40 万人。即使在两次世界大战之间时期 6 万塞尔维亚族殖民者到达之后,阿尔巴尼亚人仍然保持二对一的多数。塞尔维亚历史学家注明日期显示,阿尔巴尼亚人的多数仅始于 1878—1912 年期间,当时大约有 15 万塞尔维亚族人被迫离开科索沃,或被吸引到塞尔维亚。Alex N. Dragnich and Slavko Todorović, *The Saga of Kosovo* (New York: Columbia University Press, East European Monographs, 1984), 118 - 121. 阿尔巴尼亚历史学家反诉,1912—1920 年,大约 15 万科索沃阿尔巴尼亚人被迫离开这个省。

24 Noel Malcolm, *Kosovo, A Short History* (New York: New

York University Press, 1998), 254 - 261,274.

25 以下部分来自 Lampe, "Unifying the Yugoslav Economy," 139 - 156。

26 Ivo Banac, *The National Question in Yugoslavia. Origins, History, Politics* (Ithaca, NY: Cornell University Press, 1983), 248 - 260; and Banac, "'Emperor Karl has become a Comitadji': The Croatian Disturbances of Autumn 1918," *Slavonic and East European Review* 70, 2 (1992): 284 - 305.

27 关于货币兑换的克罗地亚经典控告是 Rudolf Bićanić, *Ekonomska podloga hrvatskog pitanja* (Economic basis of the Croatian question) (Zagreb: Vladko Macek, 1938), 41 - 46。

28 Engelsfeld, *Prvi parlament*, 263 - 267.

29 Branislav Gligorijević, *Parlament i političke stranke u Jugoslaviji*, 1919 - 1929 (Parliament and political parties in Yugoslavia) (Belgrade: Institut za savremenu istoriju, 1979), 73 - 84; and Banac, *National Question in Yugoslavia*, 379 - 387, 对这种差异提供了见闻广博但是对立的观点。

30 Ivan Avakumović, *History of the Communist Party of Yugoslavia*, I (Aberdeen: Aberdeen University Press, 1964), 25 - 59; Ivo Banac, "The Communist Party of Yugoslavia During the Period of Legality, 1919 - 1921," *The Class War after the Great War: The Rise of Communist Parties in East Central Europe, 1918 - 1921*, ed. Ivo Banac (Boulder, Colo.: East European Monographs, 1982), 188 - 230.

31 Charles A. Beard and George Radin, *The Balkan Pivot Yugoslavia* (New York: Macmillan, 1929), 30 - 56; Slobodan Jovanović, *Iz istorije i književnosti* (From history and literature) 11, I (Belgrade: BIGZ, 1991), 363 - 381.

32 Gligorijević, *Parlament ipolitičke stranke*, 94 - 114; Ferdo

Čulinović, *Jugoslavija izmedju dva rata* (Yugoslavia between the two wars) (Zagreb: JAZU, 1961), I: 349 - 377.

第五章　议会制王国(1921—1928)

1 Charles A. Beard and George Radin, *The Balkan Pivot: Yugoslavia* (New York: Macmillan, 1929), 57 - 64. 缺乏一部关于亚历山大的学术传记时,参阅 Stephen Graham, *Alexander of Yugoslavia* (New Haven, Conn.: Yale University Press, 1939), 79 - 138。他的公开声明可参阅 Živan Miloradović-Major, *Govori* (Speeches) (Belgrade: Lingua, 1991)。

2 军队转变的困难详述在 Mile Bjelajac, *Vojska Kraljevine Srba, Hrvata i Slovenaca, 1918 - 1921* (The army of the Kingdom of Serbs, Croats, and Slovenes) (Belgrade: Narodna knjiga, 1988)。

3 Beard and Radin, *Balkan Pivot*, 180 - 186, 279 - 299. 英国驻贝尔格莱德大使馆的年度报告(Public Record Office, FO 371, London)虽然有时倾向于假定国王是无辜的,但是它提供了可从20世纪20年代的外交档案中得到关于南斯拉夫的、最全面和富于洞察力的报告。

4 参阅 Djordje Stanković, *Nikola Pašić, saveznici i stvaranje Jugoslavije* (Nikola Pašić, the Allies, and the creation of Yugoslavia) (Belgrade: Nolit, 1984); 也可参阅乔尔杰·斯坦科维奇对帕希奇的心理画像, *Iskusenja Jugoslovenske istorografije* (Disappointments of Yugoslav historiography) (Belgrade: Rad, 1988), 273 - 285。与英文传记 Alex N. Dragnich, *Serbia, Nikola Pašić, and Yugoslavia* (New Brunswick, NJ: Rutgers University Press, 1974)相比,乔尔杰·斯坦科维奇的著作是一种更批判性的分析。

5 Arif Purivatra, *Jugoslovensksa muslimanska organizacija u*

političkom životu Kr. SHS (Yugoslav Muslim Organization in the political life of the Kingdom of Serbs, Croats, and Slovenes) (Sarajevo: Svetlost, 1974), 11 – 47, 539 – 547. 也参阅 Ivo Banac, "Bosnian Muslims," in *The Muslims of Bosnia-Herzegovina*, ed. Mark Pinson (Cambridge, Mass.: Harvard University Press, 1994), 129 – 154。

6 Janko Prunkt, *Slovenski narodni vzpon* (The Slovenian national ascent) (Ljubljana: Državna Založba Slovenije, 1992), 201 – 255; Momčilo Zečević, *Na istorijskoj prkretnici: Slovenci u politici Jugoslvenske države, 1918 – 1929* (At an historical turning point: Slovenes in the politics of the Yugoslav state, 1918 – 1929) (Belgrade: Prosveta, 1985), 251 – 313.

7 Branislav Gligorijević, *Parlament i politicke stranke u Jugoslaviji*, 1919 – 1929 (Parliament and political parties in Yugoslavia, 1919 – 1929) (Belgrade: Narodna knjiga, 1979), 138 – 149.

8 共产国际的马克思主义者坚持在拟议的共和国中给予产业工人对农民的优先权,这不是拉迪奇能够接受的前景,但是他已被其他吸引力吸引到莫斯科。对于拉迪奇而言,对俄国的斯拉夫浪漫主义增加了这种机会,即促进一个将包括保加利亚的巴尔干联邦并且拒绝基于布拉格的"绿色国际"的机会。该"绿色国际"承认现存的南斯拉夫国家。Ferdo Čulinović, *Jugoslavija izmedju dva ratu* (Yugoslavia between the two wars) (Zagreb: JAZU, 1961), I: 402 – 404. 这部来自萨格勒布的较早著作连同来自贝尔格莱德的格利戈里耶维奇的观点一起,提供了可得自前南斯拉夫的马克思主义史学的最详细的10年政治史。

9 Robert Gerald Livingston, "Stjepan Radić and the Croatian Peasant Party, 1904 – 1929" (Ph. D. diss., Harvard University, 1959), 474 – 482. 也许拉迪奇作为一个政治人物的最好措施包括

其政治声明的广泛引用，可以参阅 Josip Horvat, *Politička povijest Hrvatske 1918 –1929* (Zagreb: August Cesarac, 1989 edn.)。

10 Glivorijević, *Parlament*, 188 – 195; Čulinović, *Jugoslavija*, I: 446 – 454.

11 关于 1920—1927 年选举的最详细和准确的英文说明仍然是 Joseph Rothschild, *East Central Europe between the Two Wars* (Seattle, Wash.: University of Washington Press, 1974), 205 – 280. 反对派的代表和选民被远离投票站。为了塞尔维亚的战时死者，一些人投了激进的选票；英国大使馆的报告谈及一个塞尔维亚族城镇，激进党的官员们在那里已经铺开电车路轨，只为在选举后搬走它们。

12 Lenard J. Cohen, *The Socialist Pyramid, Elites, and Power in Yugoslavia* (Oakville, Ontario: Mosaic Press, 1989), 259 – 265. 也参阅 Beard and Radin, *Balkan Pivot*, 266 – 278。

13 Zečević, Na istorijskoj prekretnici, 313 – 345.

14 Branislav Gligorijević, "Politička istorija, 1919 – 1929," in *Istorija Beograda*, ed. Vasa Čubrilović (Belgrade: Prosveta, 1974), III: 88 – 99, 144 – 149.

15 Ivan Avakumović, *History of the Communist Party of Yugoslavia* (Aberdeen: Aberdeen University Press, 1964), I: 60 – 92. 引文涉及 1921—1928 年期间。

16 Stephen Palmer and Robert King, *Yugoslav Communism and the Macedonian Question* (Hamden, Conn.: Archon Books, 1971), 31 – 46.

17 Branislav Gligorijević, *Kominterna-Jugoslovensko i srpsko pitanje* (The Comintern: The Yugoslav and Serbian question) (Belgrade: Institut za savremenu istoriju, 1992), 1 – 236；关于 20 世纪 20 年代南斯拉夫共产主义者联盟中克罗地亚日益增长的

权势,提供了一种学术性的、但是新的批判性的塞尔维亚观点。

18 Tomislav Bogovac, *Stanovnistvo Beograda, 1918 – 1991* (Population of Belgrade, 1918 – 1991) (Belgrade: Beogradski izdavacki zavod, 1991), 69 – 81.

19 Ljubomir Durković-Jakšić, *Jugoslovensko knjizarstvo, 1918 – 1941* (Yugoslav publishing, 1918 – 1941) (Belgrade: Narodna knjiga, 1979); J. Dubrovac, "Štamparstvo u Beogradu, 1918 – 1941" (The press in Belgrade, 1918 – 1941) in *Istorija Beograda*, III: 419 – 423.

20 Predrag J. Marković, Beograd i Evropa, 1918 – 1941 (Belgrade: Savremena administracija, 1992), 51 – 64. 关于背景,参阅 Jelena Milojkovi ć-Djurić, *Tradition and Avant-Garde: The Arts in Serbian Culture between the Two World Wars* (New York: Columbia University Press, East European Monographs, 1984), 9 – 30; Krista Djordjević and Guido Tartalija, *Beograd u secanjima, 1919 – 1929* (Belgrade in memory, 1919 – 1929), ed. Pavle Savić, et al. (Belgrade: Srpska književna zadruga, 1980), 57 – 83。

21 Andrew Baruch Wachtel, *Making a Nation, Breaking a Nation, Literature and Gultural Politics in Yugoslavia* (Stanford, Calif.: Stanford University Press, 1998), 82. 关于萨格勒布、卢布尔雅那和贝尔格莱德的文化特性,参阅该书第 76 – 87 页。其中安德鲁·巴鲁克·沃赫特尔挑战伊沃·伯纳克的观点,认为这种主张"从来没有活跃地存在。"伊沃·伯纳克的观点参阅 "The Origins and Development of the Concept of Yugoslavia (to 1945)," *The Disintegration of Yugoslavia*, Martin van den Heuvel and Jan G. Siccama, eds., *Yearbook of European Studies* V (Amsterdam: Rodopi, 1992), 1 – 22。也可参阅 Miloslav Janićijević, *Stvaralačka inteligencija medjuratne Jugoslavije*

(Creative intelligentsia of interwar Yugoslavia) (Belgrade: Institut drustvenih nauka, 1984), 120 - 125, 131 - 139, 153 - 157, 169 - 173。

22 关于城市的发展,参阅 Draga Vuksanić-Anić, "Urbanistički razvitak Beograda u periodu izmedju dva rata" (Urban development of Belgrade in the period between the two wars), *Istorija XX veka* 20 (1968), 468 - 509。关于教育,参阅 Charles Jelavich, "Education, Textbooks, and South Slav Nationalisms in the Interwar Era," in *Allgemeinbildung als Modernizierungsfaktor*, ed. Norbert Reiter and Holm Sundhaussen (Berlin and Weisbaden: Harrassowitz Verlag, 1994), 127 - 142; and Ljubodrag Dimić, "Kulturna politika modernizacija Jugoslovenskog drustva," in *Srbija u modemizacijskim procesima XX veka*, ed. Latinka Perovid (Belgrade: Institut za noviju istoriju Srbije, 1994), 193 - 208, and his *Kulturna politika Kraljevine Jugoslavije*, 3 vols. (Belgrade: Stubovi kulture, 1997)。

23 这位雕塑家的庆祝科索沃战役的引人注目的模型,也通过认同哈布斯堡王朝的南部斯拉夫人与塞尔维亚给 1911 年罗马博览会留下深刻印象。Wachtel, *Making a Nation*, 54 - 59, 94 -106。

24 到 1924 年时,该政府已从德国收到迟来的 3.73 亿金马克赔款,该政府仅拨付其中的 1%去购买农业设备。虽然作为实物支付的设备销售促进了铁犁数量接近于每 100 家农户拥有 15 个,但是农业部给收割机和其他机械设备定价太高,并且大多数尚未出售。所有这一切,加上新的土地和作物税,使塞尔维亚的谷物产量在 1921—1925 年低于该国平均水平的 16%。Momčilo Isić, *Seljastvo u Srbiji, 1918 -1925* (Peasantry in Serbia) (Belgrade: Institut za noviju istoriju Srbije, 1995), 55 - 125。

25 Jozo Tomasevich, *Peasants, Politics, and Economic Change in*

Yugoslavia (Stanford, Calif.: Stanford University Press, 1955), 353 - 382.

26 Cohen, *Socialist Pyramid*, 337 - 341.

27 关于以巴尔干的观点评价20世纪20年代南斯拉夫的农业成就，参阅 John R. Lampe and Marvin R. Jackson, *Balkan Economic History, 1550 - 1950. From lmperial Borderlands to Developing Nations* (Bloomington, Ind.: Indiana University Press, 1982), 351 - 375。

28 Mirjana Kolar-Dimitrijević, *Radni slojevi u Zagrebu od 1918 do 1931* (Working strata in Zagreb from 1918 to 1931) (Zagreb: Institut za historije radnickog pokreta Hrvatske, 1973), 27 - 100.

29 Lampe and Jackson, *Balkan Economic History*, 394 - 398，特别是表11.6。

30 Ibid., 384 - 385; L. Pejić, "Ekonomske ideje Dr. Milan Stojadinovića I balkanski privredni problemi" (Economic ideas of Dr. Milan Stojadinović and Balkan economic problems) *Balkanica* 7 (Belgrade, 1976): 240 - 258.

31 Lampe and Jackson, *Balkan Economic History*, tables 10.9, 10.13, and 10.14.

32 Linda Killen, *Testing the Peripheries: US-Yugoslav Economic Relations in the lnterwar Years* (New York: Columbia University Press, East European Monographs, 1994), 45 - 96.

33 Piotr S. Wandycz, *The Twilight of French Eastern Alliances, 1926 - 1936* (Princeton: Princeton University Press, 1988), 104: Vuk Vinaver, *Jugoslaija i Francuska izmedju dva rata* (Yugoslavia and France between the two wars) (Belgrade: Institut za savremenu istoriju, 1985), 451 - 454. 关于小协约国，参阅 Magda Adam, *The Little Entente and Europe, 1920 -1929*

(Budapest：Akademiai Kiado, 1993), 90－109, 204－217。

34 在1920年立宪会议选举中,大约30万伏伊伏丁那德意志人被剥夺任何投票权,但是在与匈牙利人所面临的条件相比更少胁迫的环境下,他们能够参加1923、1925和1927年的三次议会选举。Macartney, *Hungary*, 380－381, 39－99, 408－416。关于卡林西亚和斯洛文尼亚,参阅 Arnold Suppan, "According to the Principle of Reciprocity：The Minorities in Yugoslav-Austrian Relations, 1918－1938," in *Ethnic Groups in International Relations*, ed. Paul Smith (New York：New York University Press, 1985), 235－273。

35 参阅 R. J. Crampton, *A Short History of Bulgaria* (Cambridge：Cambridge University Press, 1987), 92－93。

36 参阅 C. M. Woodhouse, *Modern Greece：A Short History*, 5th ed. (London：Faber and Faber, 1991), 212－220; and George Mavrocordatos, Stillborn Republic：Social Condition, and Parry Strategies in Greece, 1922－1936 (Berkeley, Calif.：University of California Press, 1983)。

37 Ramadan Marmullaku, *Albania and the Albanians* (Hampden, Conn.：Archon Books, 1975), 33－36; Andrej Mitrović, "Yugoslavia, the Albanian Question, and Italy, 1919－1939," in *Serbs and Albanians in the 20th Century*, ed. Andrej Mitrović (Belgrade：Serbian Academy of Arts and Sciences, 1991), 253－273; Marco Dogo, *Kosova, Albanesi i Serbi* (Lungro：Marco, 1992).

38 Dennison Rusinow, *Italy's Austrian Heritage*, 1919－1946 (London：Clarendon Press, 1969), 185－210; Christopher Seton-Watson, Italy from Liberalism to Fascism, 1870－1925 (London：Methuen, 1967), 666－682; Vuk Vinaver, "Velika Britanija i Taliansko 'Okruženje' Jugoslavije, 1926－1928"

(Great Britain and Italian "encirclement" of Yugoslavia), *Iswrija XX veka* 8 (1966): 73-164.

39 Čulinović, *Istorija Jugoslavije*, I: 524-530. 以"吉普赛人"和"说谎者"开始,该作者有益地引用了交易的高潮,并且提供了杀戮的生动描述。关于详细的叙述参阅 Zvonimir Kolunžić, *Attentat na Stjepana Radića* (Assassination of Stjepan Radić) (Zagreb: Stvarnost, 1967)。

第六章　独裁主义的王国(1929—1941)

1 与塞尔维亚族和克罗地亚族之间的种族或文化仇恨相比,来自塞尔维亚和克罗地亚的塞尔维亚族之间在两次世界大战之间时期关于中央政府与地方政府的斗争往往更重要。关于马切克、特伦比奇和普里比切维奇在国王的法令颁布前后的行动,参阅 Ljubo Boban, *Maček i politika hrvatske seljacke stranke, 1928-1941* (Maček and the politics of the Croatian peasant party) (Zagreb: Liber, 1974), I: 24-50。

2 Joseph Rothschild, *East Central Europe between the Two World Wars* (Seattle, Wash.: University of Washington Press, 1974), 205-280. 关于 20 世纪 30 年代国内政治和外交关系的最好概述是 Wayne S. Vucinich, "Interwar Yugoslavia," in *Contemporary Yugoslavia*, ed. Wayne S. Vucinich (Berkeley, Calif.: University of California Press, 1969), 18-58。

3 斯韦托扎尔·普里比切维奇无情地批判亚历山大为极权主义暴君和原法西斯主义者,克罗地亚人和共产党的著作迅速呼应这种批判。但是在暗杀之后仅仅几年,对斯蒂芬·格雷厄姆的著作表示尊敬的方法并不有益。Svetozar Pribićević, *Diktatura kralja Aleksandra* (Belgrade: Prosveta, 1952); Stephen Graham, *Alexander of Yugoslavia* (London: Cassel and Co., 1938). 至少现在带领我们到 1921 年的著作是 Branislav Gligorijević,

Kralj Aleksandar Karadjordjevid (*I*) *Ujedinjenje srpskih zemalja* (Union of Serbian Lands) (Belgrade: BIZG, 1996)。

4 Public Record Office, Yugoslavia, Annual Report, 1930, FO 371: 20 - 24. 20 世纪 20 年代英国外交报告提供了关于对外观察的最好的信息来源,而在 30 年代初捷克斯洛伐克大使馆的外交报告和在 30 年代末美国大使馆的外交报告也提供了这种来源。

5 关于对 1914 年之前和两次世界大战之间时期的东正教组织的介绍,参阅 Mathew Spinka, "Modern Ecclesiastical Development," in *Yugoslavia*, ed. Robert J. Kerner (Berkeley, Calif.: University of California Press, 1949), 244 - 260。

6 Arif Purivatra, *Jugoslovenska muslimanska organizacija u političkomživotu Kr. Srba, Hrvata i Slovenaca* (The Yugoslav Muslim Organization in the political life of the Kingdom of Serbs, Croats, and Slovenes) (Sarajevo: Prosveta, 1974), 410 - 420.

7 Janko Prunkt, "Nacionalni program u slovenskoj političkoj misli" (National program in Slovenian political thought), *Časopis za suvremenu povijest* 18, 1 (1986): 2 - 5; Ljubo Boban, "Zagrebacke punktacije," *Istorija XX veka*, 4 (1962): 309 - 366.

8 Royal Institute for International Affairs, *The Balkan States*, vol. I, *Economic* (London: Oxford University Press, 1936) 提供了关于大萧条对东南欧的初期影响的最好的当代概述。

9 Linda Killen, *Testing the Peripheries: US-Yugoslav Economic Relations in the Interwar Years* (New York: Columbia University Press, East European Monographs, 1994), 125 - 169.

10 关于本节的这个数据和后续数据都来自 John R. Lampe and Marvin R. Jackson, *Balkan Economic History, 1550 - 1950: From Imperial Borderlands to Developing Nations* (Bloomington, Ind.: Indiana University Press, 1982), 429 - 472。

11 Branko Petranović and Momčilo Zečević, *Agonije dve Jugoslavije* (The agony of the two Yugoslavias) (Belgrade: Edicija svedoEanstva, 1991), 171. 马切克在其自传中定性这些努力为"党的繁荣"。Maček, *In the Struggle for Freedom* (University Park, Pa.: Pennsylvania State University Press, 1957), 158 - 173。

12 Mark Wheeler, "Pariahs to Partisans to Power: The Communist Party of Yugoslavia," in *Resistance and Revolution in Mediterranean Europe, 1939 - 1948*, ed. Tony Judt (New York: Routledge, 1989), 114 - 116; Ivan Očak, Gorkić, *život, rad i pogiba* (Gorkić: life, work, and demise) (Zagreb: Globus, 1988).

13 参阅 Richard Crampton, *A Short History of Modern Bulgaria* (Cambridge: Cambridge University Press, 1987), 102 - 111。

14 称"乌斯塔沙"为激进的民族主义者以应对长期以来共产党谴责其为法西斯主义者的近来诱惑,无法解释该运动的内部组织或帕韦利奇个人坚持法西斯主义为布尔什维克主义的唯一矫正方法。基于德国和意大利来源的关于"乌斯塔沙"的权威著作仍然是 Ladislav Hory and Martin Borszat, *Der kroatische Ustasha Staat, 1941 - 1945* (Stuttgart: Deutsche Verlags-Anstalt, 1964), 14 - 24; 关于 1941 年之前克罗地亚的原始资料,参阅 Fikreta Jelic-Butic, *Ustase i Nezavisna Drzava Hrvatske, 1941 -1945* (Ustasa and the Independent State of Croatia) (Zagreb: Školska knjiga, 1977), 13 - 56. 关于 20 世纪 30 年代克罗地亚移民的一种有见识的观点是 Jere Jareb, *Pola stoljece hrvatske politike* (Buenos Aires: Knji ž ica hrvatske revije, 1960)。

15 关于此后保罗亲王的作用的最详细研究仍然是 J. B. Hoptner, *Yugoslavia in Crisis, 1934 - 1941* (New York: Columbia

University Press, 1962)。

16 参阅斯托亚迪诺维奇去世后,由其同事完成的深入研究的著作 Todor Stoikov, *Vlada Milana Stojadinovića, 1935 - 1937* (Regime of Milan Stojadinović) (Belgrade: Institut za savremenu istoriju, 1985), 131 - 150。在试图阻止南斯拉夫激进联盟在本地的组织,并且面对涉嫌卷入耶夫蒂奇派别的弃权议员在议会中针对斯托亚迪诺维奇的未遂暗杀之后,这位将军最后离去。保罗亲王希望逮捕这位将军,但是最终亲王勉强接受斯托亚迪诺维奇的建议,即这位将军不被邀请参加 3 月 7 日的重组内阁。

17 Peter C. Kent, "The 'proferred gift,' The Vatican and the Abortive Yugoslav Concordat of 1935 - 1937," in *Decisions and Diplomacy, Essays in Twentieth Century International History*, Dick Richardson and Glyn Stone, eds. (London: Routledge, 1995), 108 - 128. 关于各方与马切克的谈判以及《政教协约》危机,参阅 the addendum to Stojkov, *Vlada*, 181 - 222; 关于斯托亚迪诺维奇的倒台,参阅 Dušan Biber, "O padu Stojadinovićeva vlade" (On the fall of the Stojadinović regime), *Istorija XX veka* 8 (1966), 5 - 75。

18 然而迟至 1932 年,他一直提倡结束国家的烟草专卖,作为马其顿工业生产的促进因素;随着这种垄断一再缩减经认可的种植者的数量,这种促进因素已经下降。L. Pejič, "Ekonomske ideje Dr. Milana Stojadinovića...," *Balkanistika*, 7 (Belgrade, 1976), 259 - 264。

19 Petranović and Zečević, *Agonije dve Jugoslavije*, 171 - 174.

20 在拥有总资本四分之一的仅 10%的南斯拉夫合资工业企业中,这种外资反过来给予主要是法国和英国的投资者以突出权益。但是随着法国在 1940 年垮台,德国的占比上升到 20%。参阅 Lampe and Jackson, *Balkan Economic History*, table 12. 23; and Vladimir Rosenberg and Jovan Kostić, *Ko finansira*

Jugoslovensku privredu (Who finances the Yugoslav economy) (Belgrade, 1940), 94 - 231。

21 Lampe and Jackson, *Balkan Economic History*, 482 - 500; and Stefan Kukoleća, *Industrija Jugoslavije, 1918 - 1939* (Belgrade, 1941).关于斯托亚迪诺维奇和该政府越来越大的作用,参阅 Jeanne Marie Calić, *Sozialgeschichte Serbiens, 1815 - 1941* (Munich: R. Oldenbourg Verlag, 1994), 403 - 408; Smiljana Djurovi ć, *Dr ž avna interoencija u industriji Jugoslavije, 1918 - 1941* (State intervention in Yugoslavia's industry) (Belgrade: Institut za savremenu istoriju, 1986), 197 - 344。

22 关于这个问题的第二手资料的有用评价是 Frank C. Littlefield, *Germany and Yugoslavia, 1933 - 1941* (New York: Columbia University Press, East European Monographs, 1988), 37 - 55。斯托亚迪诺维奇的观点参阅他的著作 *Ni rat ni pakt* (Neither war nor pact) (Rijeka: Otokar Keršovani, 1970)。关于他的政策在何种程度上是对法国财政和商业政策的失败的一种反应,参阅 Nicole Jordan, *The Popular Front and Central Europe: The Dilemma of French Impotence*, 1918 - 1940 (Cambridge: Cambridge University Press, 1992), 108 - 124, 233 - 243。

23 参阅 Gerhard L. Weinberg, "Germany and Munich," in *Reappraising the Munich Pact*, ed. Maya Latynski (Washington, D. C.: Woodrow Wilson Center Press; Baltimore, Md.: Johns Hopkins University Press, 1992), 9 - 20。

24 Ivo Vinski, "Nacionalni dohodak i fiskni fondovi na prodručju Jugoslavije, 1909 - 1959" (National income and investment funds on the territory of Yugoslavia), *Ekonomski pregled* (Zagreb, 1959), 11 - 12, 840 - 844; and Eric Lethbridge, "National Income and Product," *The Economic History of Eastern*

Europe, *1919 - 1975* (London: Clarendon Press, 1985), I: 532 - 541, 573 - 581.

25 Lampe and Jackson, *Balkan Economic History*, 482 - 490, 500 - 502.

26 Doreen Warriner, "Urban Thinkers and Peasant Policy in Yugoslavia, 1918 - 1939," *Slavonic and East European Review* 38 (December 1959): 62 - 66.

27 关于两次世界大战之间时期的教育和政治精英的简明纵览是 Lenard J. Cohen, *The Socialist Pyramid: Elites and Power in Yugoslavia* (Oakville, Ontario: Mosaic Press, 1989), 106 - 116。关于公共就业,参阅 Lampe and Jackson, *Balkan Economic History*, table 12. 22;关于军队,参阅 Mile Bjelajac, *Vojska Kr. Srba, Hrvata i Slovenaca/Jugoslavije, 1922 - 1935* (Armed forces of the Kingdom of Serb, Croats and Slovenes/Yugoslavia) (Belgrade: INIS, 1994)。

28 Miloslav Janićijević, *Stvaralačka inteligencija medjuratne Jugoslavije* (Creative intelligentsia of interwar Yugoslavia) (Belgrade: Institut dru~tvenih nauka, 1984)为下述分段提供了很多依据。关于 20 世纪 30 年代涉及茨尔年斯基的几次论争,参阅 *Zli volsebnici*, *Polemike i pamfleti u srpskoj knižernosti*, *1917 -1943* (The evils of magicians... Serbian literature), Gojko Tešić, ed. , vols. II and III (Belgrade: Beogradska knjiga, 1983)。

29 参阅 Ivan Lovrenović, *Bosnien und Hercegowina*, *Eine Kulturgeschichte* (Vienna: Folio, 1998), 1560 - 1559。关于科尔莱扎在 20 世纪 30 年代共产党左翼中的角色,参阅 Ralph Bogert, *The Writer as Naysayer*, *Miroslav Krleža and the Aesthetic of lnterwar Central Europe* (Columbus, Ohio: Slavica Publishers, 1990), 97 - 133;关于茨尔年斯基这个作家和很大程

度上反政治的思想家，参阅 David A. Norris, *The Novels of Milos Crnjanski: An Approach Through Time* (Nottingham: Astra Press, 1990)。

30 主要依靠齐亚诺的详细日记的留博·博班已经证明马切克首先想要第一个，然后要另一个。Ljubo Boban, "Oko Mačekovih pregovora s Grofom Čanom" (Concerning Maček's negotiations with Count Ciano), *Istorija XX veka* 6 (Belgrade, 1964), 302 - 355。

31 关于南斯拉夫共产党 (KPJ)，参阅 Wheeler, "From Pariahs to Partisans," 117 - 123；关于"乌斯塔沙"，参阅 Bogdan Krizman, *Ustase i Ante Pavelic* (Ustaše and Ante Pavelić) (Zagreb: Globus, 1977), 527 - 530；关于塞尔维亚政治，参阅 Mira Radojevije, "Demokratska stranka o državnom preuredjenju Kr. Jugoslavije, 1935 - 1941" (Democratic party concerning the state reordering of the Kingdom of Yugoslavia), *Istorija XX veka* 9, 1 - 2 (Belgrade, 1991): 36 - 63。

32 Milos Martić, "Dimitrije Lotić and the Yugoslav National Movement Zbor, 1935 - 1945," *East European Quarterly* 14, 2 (1980): 219 - 239.

33 Littlefield, *Germany and Yugoslavia*, 62 - 130; Srdjan Trifković, "Yugoslavia in Crisis: Europe and the Croat Question, 1939 - 1941," *European History Quarterly* 23, 4 (October 1993): 537 -559.

34 Velimir Teržić, *Jugoslavija u Arrilskom ratu 1941* (Yugoslavia in the April war), 2nd ed., 2 vols. (Belgrade: Partizanska knjiga, 1981)，其关于德国的政策和克罗地亚在其中共谋的证据是不令人信服的。Martin Van Creveld, *Hitler's Strategy, 1940 - 1941: The Balkan Clue* (Cambridge: Cambridge University Press, 1973), 8 - 13，提出了对英国的决定不利的、最有说服力的西方论据。

35 Hoptner, *Yugoslavia in Crisis*, 236.

第七章　世界大战和内战(1941—1945)

1 关于特别行动委员会试图但未能发挥的决定性作用,参阅 David A. T. Stafford, "SOE and British Involvement in the Belgrade Coup d'Etat of March 1941" *Slavic Review* 36, 3 (September 1977): 399 - 419; and Mark C. Wheeler, *Britain and the War for Yugoslavia, 1940 - 1943* (New York: Columbia University Press, East European Monographs, 1980), 34 - 61。

2 关于在 3 月 27 日政变之前希特勒进攻南斯拉夫的部署的最详细的观点是 Velimir Teržić, *Slom Kraljevine Jugoslavije* (The fall of the Kingdom of Yugoslavia), 2 vols. (Belgrade: Partizanska knjiga, 1981). Norman Rich, *Hitler's War Aims, Ideology, the Nazi State and the Course of Expansion* (New York: W. W. Norton, 1973), 197 - 203,为截至该日希特勒在处理南斯拉夫时的谨慎克制提供了一个更有说服力的例子。

3 这些最小的损失和后来使用南斯拉夫运输线的机会,使得马丁·冯·克雷菲尔德认为,预定参加俄国战役的 11 个德国师准备在 4 月 17 日南斯拉夫投降 10 天内转移至巴巴罗萨计划指挥部。因此他们的缺席无法解释发动巴巴罗萨计划中的另外六周延迟。这种延迟在战后南斯拉夫被庆祝,因为这种延迟注定了对致命的俄罗斯冬天的这次攻势会失败。但目前尚不清楚希特勒及其将军们除装备严重短缺以外,是否在心理上正准备好在投入大部队征服两个国家之后这么快就开始其新的、决定性的努力。约佐·特玛瑟维奇引用 3 月 27 日希特勒与其将军们的会议记录,得出结论,即南斯拉夫战役要求对俄国的进攻应当从 5 月 12 日"被推迟多达四周"。Martin Van Creveld, *Hitler's Strategy, 1940 - 1941: The Balkan Clue* (Cambridge University Press, 1973), 139 - 185; Jozo Tomasevich, *The Chetniks* (Stanford, Calif.: Stanford

University Press, 1975), 87。

4 关于米哈伊洛维奇和“切特尼克”,参阅 Tomasevich, *Chetniks*, 113－131;广泛的论述见于 Lucien Kachmar, *Draža Mihailović and the Rise of the Chetnik Movement, 1941－1942*, 2 vols. (New York: Garland Publishing Co., 1987)。Simon Trew, *Britain, Mihailović and the Allies, 1941－1942* (London: Macmillan, 1998), 1－58. 这些著作更多依赖于南斯拉夫的原始资料。作为标准的英文著作,更多依靠意大利和德国的原始资料的两部著作分别是 Matteo J. Milazzo, *The Chetnik Movement and the Yugoslav Resistance* (Baltimore, Md.: Johns Hopkins University Press, 1975); Walter R. Roberts, *Tito, Mihailović, and the Allies, 1941－1945* (New Brunswick, NJ: Rutgers University Press, 1973; reprint, Durham, NC: Duke University Press, 1987)。

5 Stephen Clissold, *Djilas, The Progress of a Revolutionary* (Hounslow: Maurice Temple Smith, Ltd., 1983), 49－53. 关于南斯拉夫共产党在1940—1941年就南斯拉夫问题对其他民族,特别是马其顿人的态度,参阅 Paul Shoup, *Communism and the Yugoslav National Question* (New York: Columbia University Press, 1968), 50－59。

6 Noel Malcolm, *Kosovo, A Short History* (New York: New York University Press, 1998), 294－299.

7 关于“乌斯塔沙”的最全面研究仍然是 Ladislas Hory and Martin Broszat, *Die kroatische Ustasha Staat, 1941－1945* (The Croatian Ustasa state) (Stuttgart: Deutsche Verlags-Anstalt, 1964)。关于“乌斯塔沙”的匈牙利和罗马尼亚同行,参阅 Nicholas M. Nagy-Talevera, *The Green Shirts and the Others* (Stanford, Calif.: Hoover Institution Press, 1970)。

8 Fikreta Jelić-Butić, *Ustaše i Nezavisna Država Hrvatska*,

1941 -1945 (Ustaša and the Independent State of Croatia) (Zagreb: Školska knjiga, 1977), 158 - 167. 也可参阅 Yeshayahu Jelinek, "Nationalities and Minorities in the Independent State of Croatia," *Nationalities Papers* 8, 2 (1980): 195 - 210。

9 Stella Alexander, *The Triple Myth: A Life of Archbishop Aloizije Stepinac* (New York: Columbia University Press, East European Monographs, 1987), 57 - 106,研究了大主教对"乌斯塔沙"政权从早期赞成到后来觉醒的著述和行动。

10 Jelić-Butlć, *Ustaše*, 170 - 175; and Tomasevich, *Chetniks*, 101 - 108,复查了他们从集中营可得到的证据。依靠战争前后的调查数据的最初著作来自流亡的塞尔维亚学者 Bogoljub Kočević, *Žrtve drugog svetskog rata u Jugoslaviji* (Victims of the Second World War in Yugoslavia) (London: Veritas, 1985)。这些调查数据把长期公认的南斯拉夫官方估计,即 170 万人死亡(原先的估计包括未出生的孩子)缩小至 100 万人实际死亡。弗拉基米尔·泽扎维奇和其他克罗地亚学者的后来著作在很大程度上证实了他的估计,即大约 50 万塞尔维亚人、20 万克罗地亚人、9 万波斯尼亚穆斯林、6 万犹太人、5 万黑山人和 3 万斯洛文尼亚人死亡,占总数的近 95%。

11 关于对犹太人的迫害和波斯尼亚穆斯林、克罗地亚农民党成员和其余人的反应,参阅 Jelić-Butić, *Ustaše*, 178 - 220。

12 Milazzo, *Chetnik Movement*, 48 - 80, 96 - 106. 关于意大利和"乌斯塔沙"部队之间未正式宣布的战争,以及 1942 年之后意大利和"切特尼克"部队的联盟,参阅 Jonathan Steinberg, *All or Nothing: The Axis and the Holocaust, 1941 - 1943* (London: Roufledge, 1990), 28 - 84。

13 Clissold, *Djilas*, 54 - 63; Milovan Djilas, *Wartime* (New York: Harcourt Brace Jovanovich, 1977), 149.

14 Walter Manoschek, "*Serbien ist Judenfrei*," *Militärische Besatzungspolitik und Judenvernichtung in Serbien 1941 – 1942* (Munich: R. Oldenbourg Verlag, 1993),强调了奥地利指挥官弗朗茨·伯梅在利用对游击队的报复活动作为借口,处死所有犹太人战俘事件中的作用。关于从属的塞尔维亚人的作用,参阅 Milos Martin, "Dimitrije Ljotić and the Yugoslav National Movement Zbor, 1935 – 1941," *East European Quarterly* 14, 2 (1980): 219 – 239。他们当中有些人是在 1941 年秋有计划、有步骤地处死贝尔格莱德的 1.2 万犹太人中的 1.1 万人,以及来自伏伊伏丁那的其余人的帮凶,恶行主要在贝尔格莱德的集中营。在接下来的两年中,内吉奇的"国家卫队"也被用来逮捕、禁闭或处死大量的塞尔维亚人。基于德国原始资料,关于在塞尔维亚的纳粹直接控制和他们在"克罗地亚独立国家"的间接作用之间的对照,参阅 Norman Rich, *Hitler's War Aims: The Establishment of the New Order* (London: Andre Deutsch, 1974), 273 – 298。

15 Roberts, *Tito, Mihailović*, 26 – 80. 也可参阅 Trew, *Britain, Mihailović and the Allies*, 187 – 201。

16 直到 1944 年 10 月,一个具体的英国计划才初具规模,即利用其自杜布罗夫尼克开始的东部海湾,对的里雅斯特发动钳形攻势。到那时,铁托的部队强大得足以抵抗轻装的弗洛伊德小部队的合并,在 11 月弗洛伊德部队从意大利到达杜布罗夫尼克。当这个被称为"炸药行动"的计划因为德国在意大利和法国对盟军的反攻而被放弃时,盟军部队在 12 月离开。Ian S. O. Playfair, et al., *The War in the Mediterranean and the Middle East* VI (London: HMSO, 1955), 1 – 112. 关于任何早期入侵巴尔干的英国整体欺骗战略,参阅 Michael Howard, *The Mediterranean Strategy in the Second Worm War* (London: Weidenfeld and Nicolson, 1968), 383 – 390; and *British Policy Toward Wartime Yugoslavia and Greece*, ed. Phylis Auty and Richard Clogg

(London: Macmillan, 1975), 102-114。

17 关于极端分子的决定性作用,参阅 Ralph Bennett, *Ultra and Mediterranean Strategy, 1941 - 1945* (New York: William Morrow and Co., 1989), 322-353。

18 Stevan K. Pavlowitch, "Out of Context — The Yugoslav Government in London, 1941-1945," *Journal of Contemporary History* 16 (1981): 89 - 118; 也可参阅 Wheeler, *War for Yugoslavia*, 121-162。

19 Roberts, *Tito, Mihailović*, 106-12; Djilas, Wartime, 229-245.

20 参阅一名目击者的报告 Franklin Lindsay, *Beacons in the Night: With the OSS and Tito's Partisans in Wartime Yugoslavia* (Stanford, Calif.: Stanford University Press, 1993)。关于战时斯洛文尼亚的协作和抵抗,参阅 Helga H. Harriman, *Slovenia under Nazi Occupation, 1941 - 1945* (New York: Studia Slovenica, 1977); 关于科奇贝克的作用,参阅 Stella Alexander, *Church and State in Yugoslavia since 1945* (Cambridge: Cambridge University Press, 1979), 44-48。

21 Holm Sundhaussen, *Wirtschaftsgeschichte Kroatiens im nationalsozialistischen Grossraum, 1941 - 1945* (Economic history of Croatia in the Nazi empire) (Stuttgart: Deutsche Verlags-Anstalt, 1983).

22 Jill A. Irvine, *The Croat Question: Partisan Politics in the Formation of the Yugoslav Socialist State* (Boulder, Colo.: Westview Press, 1993), 137-199. 然而,战后海布兰格的再度出现和殉难(见下文),可能使他拥护克罗地亚政治自治的战时先例,成为当今民族主义者以克罗地亚的共产主义过去自豪的唯一要点。见证了以他的名字命名主要街道的仪式。也可参阅 Nada Kisić Kolanović, *Hebrang, Iluzije i otrežnjenja* (Hebrang, Illusions and Realities) (Zagreb: Institut za suvremenu povijest,

1996)。

23 参阅上文附注10。关于在波斯尼亚-黑塞哥维那的第二次世界大战,参阅 Hory and Broszat, *Ustasha Staat*, 148 - 162; and Yeshayahu A. Jelenik, "Bosnia-Hercegovina at War: Relations Between Muslims and Non-Muslims," *Holocaust and Genocide Studies* 5, 3 (1990), 275 - 292。

24 Karl Heinz Schlarp, *Wirtschaft und Besatzung in Serbien 1941 -1944* (Economy and occupation in Serbia, 1941 - 1944) (Stuttgart: Franz Steiner, 1986), 286, 412 - 415; E. A. Radice, "Economic Developments in Eastern Europe under German Hegemony," in *Communist Power in Europe*, 1944 - 1949, ed. Martin McCauley (New York: Barnes and Noble, 1977), 3 - 21.

25 Roberts, *Tito*, *Mihailović*, 254 - 272; Tomasevich, *Chetniks*, 359 - 421.

26 Union of Journalists' Associations, *The Trial of Dragoljub-Draža Mihailović* (Belgrade, 1946).

27 Miranda Vickers, *The Albanians*, *A Modem History* (London: I. B. Tauris, 1997), 140 - 162; Branko Petranović, *Srbija u drugom svetskom ratu*, *1939 -1945* (Serbia in the Second World War) (Belgrade: Vojnaštamparija, 1992), 552 - 561; Shoup, *Yugoslav National Question*, 104 - 111.

28 Alexander, *Church and State*, 56 - 81.

29 Vojislav Koštunica and Kosta Čavoški, *Parry Pluralism or Monism? Social Movements and the Political System in Yugoslavia*, *1944 - 1949* (New York: Columbia University Press, 1985), 41 - 131.

30 最近的马其顿学术研究强调了1944—1946年铁托和共和国的共产党领导层明确排除了对马其顿的任何要求。Mihajlo Minoski,

"Makedonskoto prashanje vo megjunarodnite odnosi... 1943 - 1944" (Macedonian role in international relations), Institut za Nacionalna Istorija, *ASNOM*, *pedecet godini makedonska državа, 1944 - 1994* (ASNOM, fifty years of the Macedonian state) (Skopie: Makedonska Akademija na Naukite i Umetnosti, 1995), 235 - 256. 强调铁托的希腊政策的模糊性的是 Angelos Kofos, "The Impact of the Macedonian Question on Civil Conflict in Greece (1943 - 1949)," in *Nationalism and Communism in Macedonia* (New Rochelle, NY: Aristide D. Caratzas, Publ., 1993), 253 - 290。

31 Irvine, *Croat Question*, 219 - 222; Petranović, *Srbija*, 662, 691 -699; Shoup, *Yugoslav National Question*, 100 - 143. 根据今塞尔维亚和克罗地亚的观点,关于1945年后内部边界决定的考察,可分别参阅 Bogdan Lekić, "Administrativne granice u Jugoslaviji posle drugog svetskog rata" (Administrative borders in Yugoslavia after the Second World War) *Istorija XX veka* 10, 1 -2 (1992): 145 - 162; and Ljubo Boban, *Hrvatske granice*, 1918 - 1992 (Croatian borders) (Zagreb: Školska knjiga, 1992), 51 - 61。

第八章　建立第二南斯拉夫(1946—1953)

1 关于1946年1月《宪法》的139篇文章被归入 Robert J. Kerner, ed., *Yugoslavia* (Berkeley, Calif.: University of California Press, 1949), 487 - 512。关于在执政的人民阵线中对非共产党合作伙伴的随后镇压,参阅 Vojislav Koštunica and Kosta Čavoški, *Party Pluralism or Monism? Social Movements and the Political System in Yugoslavia, 1944 - 1949* (New York: Columbia University Press, East European Monographs, 1985), 80 - 97。

2 Aleksa Djilas, *The Contested Country: Yugoslav Unity and Communist Revolution, 1919 - 1953* (Cambridge, Mass.: Harvard University Press, 1991), 150 - 174。也可参阅 Ivo Banac, *With Stalin against Tito: Cominformist Splits in Yugoslav Communism* (Ithaca, NY: Cornell University Press, 1988), 98 - 111; Paul Shoup, *Communism and the Yugoslav National Question* (New York: Columbia University Press, 1968), 101 - 142; Janko Pleterski, *Nacija-Jugoslavija-Revolucija* (Belgrade: IC Komunist, 1985), 477 - 531。

3 Carol S. Lilly, "Agitprop in Post-war Yugoslavia," *Slavic Review* 53, 2 (1994): 395 - 413. 关于教育和语言,参阅 Andrew Baruch Wachtel, *Making a Nation, Breaking a Nation, Literature and Cultural Politics in Yugoslavia* (Stanford, Calif.: Stanford University Press, 1998), 134 - 146。关于宗教限制和天主教和东正教神职人员协会,参阅 Stella Alexander, *Church and State in Yugoslavia since 1945* (Cambridge: Cambridge University Press, 1979), 178 - 231。

4 Marko Milivojević, "The Role of the Yugoslav Intelligence and Security Committee," in *Yugoslavia in Transition*, ed. John B. Allcock, John J. Horton, and Marko Milovojevic (New York: BERG, 1992), 204 - 207, 234.

5 Koštunica and Čavoški, *Party Pluralism*, 133 - 146.

6 关于复兴的全面说明是 Branko Petranović, *Politička i ekonomska osnova narodne vlasti u Yugoslaviji za vreme obnova* (Political and economic basis of people's power in Yugoslavia during the renewal) (Belgrade: Institut za medjunarodni radnicki pokret, 1969), 256 - 349。

7 John R. Lampe, Russell O. Prickett, and Ljubiša Adamović, *Yugoslav-American Economic Relations since World War II*

(Durham, NC: Duke University Press, 1990), 21－25.

8 Ibid., 18－21. 关于这些恶劣关系的背景,参阅 Michael B. Petrovich, "The View from Yugoslavia," in *Witnesses to the Origins of the Cold War*, ed. Thomas T. Hammond (Stanford, Calif.: Stanford University Press, 1982), 35－58。关于的里雅斯特争端,参阅 Bogdan C. Novak, *Trieste, 1941－1954: The Ethnic, Political, and Ideological Struggle* (Chicago, Ill.: University of Chicago Press, 1970), 202－268。

9 Jozo Tomasevich, "Immediate Effects of the Cominform Resolution on the Yugoslav Economy," in *At the Brink of War and Peace: The Tito-Stalin Split in Historical Perspective*, ed. Wayne S. Vucinich (New York: Columbia University Press, East European Monographs, 1982), 89－100. Branko Horvat, *The Yugoslav Economic System* (White Plains, NY: M. E. Sharpe, 1976), 42－44, 88－90, 172－181, 192－194; Jože Prinčić, *Slovenska industrija v jugoslovanskem primežu, 1945－1956* (Slovenian industry in the Yugoslav vice) (Nova Mesto: Dolenska založba, 1992).

10 Ranko M. Brashich, *Land Reform and Ownership in Yugoslavia, 1919－1953* (New York: Mid-European Studies Center, 1954), 44－71; Melissa Bokovoy, "A Separate Road to Collectivization: The Communist Party of Yugoslavia's Agrarian Policies, 1941－1949" (Ph. D. diss., Indiana University, 1991); Nikola Gačesa, *Agrarna reforma i kolonizacija u Jugoslaviji; 1945－1948* (Agrarian reform and colonization in Yugoslavia) (Novi Sad: Matica srpska, 1974).

11 Vladimir Dedijer, *The Battle Stalin Lost: Memoirs of Yugoslavia, 1948－1953* (New York: Gossett, 1972), 74－96; Edvard Kardelj, *Reminiscences* (London: Blond & Briggs,

1982), 90 - 114; Milovan Djilas, *Conversations with Stalin* (New York: Harcourt, Brace & Co., 1962).

12 Dedijer, *The Battle Stalin Lost*, 97 - 132; Stephen Clissold, ed., *Yugoslavia and the Soviet Union, 1939 - 1973* (London: Institute for the Study of Conflict, 1975), 42 - 59, 169 - 214.

13 Elizabeth Barker, *Macedonia* (1950; reprint, Westport, Conn.: Greenwood Press, 1980), 99 - 107; Branko Petranović, *Balkanska Federacija, 1943 - 1948* (Belgrade: Zaslon, 1991), 118 - 135, 176 - 201.

14 Marijan Matička, *Agrarna reforma i kolonizacija u Hrvatskoj, 1945 - 1948* (Agrarian reform and colonization in Croatia) (Zagreb: Školska knjiga, 1990), 112 - 145.

15 Brashich, *Land Reform*, 67 - 73; Jozo Tomasevich, "Collectivization of Agriculture in Yugoslavia," in *Collectivization of Agriculture in Eastern Europe*, ed. Irwin Sanders (Lexington, Ky.: University of Kentucky Press, 1958), 173.

16 Katherine McCarthy, "Agrarian Politics and Peasant Resistance: The Struggle against Collectivization and Otkup in Central Croatia" (Ph. D. diss., University of Pittsburgh, 1995), Vera Kržišnik-Bukić, *Cazinska buna, 1950* (The Cazin revolt) (Sarajevo: Svjetlost, 1991).

17 The organization's origins, in the first years of the war, were entirely outside the Partisan struggle, which tarnished it irretrievably for the Communist regime, despite the absence of any ties, beyond a few individuals, to Ustaša or German efforts to mobilize the Bosnian Muslims for their own purposes. 在 1946 年的第一次审判中,伊泽特贝戈维奇被判处三年徒刑。在战争的头几年,该组织的活动完全超出游击队斗争的范围,共产党政权无

可挽回地玷污了它,尽管缺乏"乌斯塔沙"或德国努力为其目的去动员除了少数几个人以外与波斯尼亚穆斯林的任何联系。关于他在1992年复出成为独立的波斯尼亚-黑塞哥维那总统之前他的进一步活动和1983年被定罪,参阅第十章和第十二章。关于该组织的演变和伊泽特贝戈维奇的作用,参阅 Sead Trulj, *Mladi Muslimani* (Young Muslims) (Zagreb: Globus, 1992), 9-36, 57-70。

18 Banac, *With Stalin against Tito*, 117-142, 243-254. 从总数来看,较大部分被清洗的塞尔维亚人来自克罗地亚的克拉伊纳和波斯尼亚,从而缩减了他们在那些地方党统治集团中不成比例的席位。

19 Tomasevich, "Immediate Effects of the Cominform Resolution," 105-113; James Gow, *Legitimacy and the Military: The Yugoslav Crisis* (New York: St. Martin's Press, 1992), 40-44.

20 Stephen Clissoid, *Djilas: The Progress of a Revolutionary* (Hounslow: Maurice Temple Smith, 1983), 210-220; A. Ross Johnson, *The Transformation of Communist Ideology: The Yugoslav Case, 1948-1953* (Cambridge, Mass.: MIT Press, 1972), 143-220. 关于速记档案,参阅 Branko Petranović, Branko Končar, and Radovan Radonjić, eds., *Sednice centralnog komiteta KPJ (1948-1952)* (Belgrade: Komunist, 1985)。

21 像两次世界大战之间时期的英国大使馆报告那样,从20世纪40年代末,美国大使馆报告成为第二南斯拉夫信息的最详细和最灵通的消息来源。参阅 US Department of State, *Foreign Relations of the United States, 1945-1957* (Washington, DC: Government Printing Office, 1947-1988)的中欧和东南欧卷,以及美国国家档案馆的解密档案,特别是 File H860, Archives II, College Park, Maryland。关于一个新方向的政治争论的最好简要说明仍然是 Dennison Rusinow, *The Yugoslav Experiment, 1948 - 1972* (Berkeley, Calif.: University of California Press, 1974), 51 - 69,现在被这种经济侧重点补充,其来自 Susan L. Woodward, *Socialist Unemployment: The Political Economy of Yugoslavia, 1945 - 1990* (Princeton: Princeton University Press, 1995), 151 - 168。

22 Lampe, Prickett, and Adamović, *Yugoslav-American Economic Relations*, 23 - 46.

23 只有弗拉基米尔·巴卡里奇支持私人大地产。自从海布兰格被排斥在外,巴卡里奇是核心集团中最主要的克罗地亚成员。没有人赞成投资更多的预算资金于私人农业。Tomasevich, "Collectivization of Agriculture in Yugoslavia," 166 - 192。

24 关于苏联集团针对南斯拉夫的军事演习,参阅 Vucinich, *At the Brink* 中的各种报告。

25 Dijana Pleština, *Regional Development in Communist Yugoslavia* (Boulder, Colo.: Westview Press, 1992), 20 - 25.

26 Lampe, Prickett, and Adamović, *Yugoslav-American Economic Relations*, 70 - 76.

27 Johnson, *Transformation of Communist Ideology*, 143 - 58; Djilas, *Contested Country*, 176 - 179.

28 Alexander, *Church and State in Yugoslavia since 1945*, 121 - 136, 178 - 206.

29 Noel Nalcolm, *Kosovo, A Short History* (New York: New York University Press, 1997), 322 - 323.

30 Clissold, *Djilas*, 290; 也可参阅其 *Yugoslavia and the Soviet Union*, 55 - 62, 231 - 247。

第九章　上升时期的铁托的南斯拉夫(1954—1967)

1 4 月,铁托同意只在苏联当局最终解散了共产国际之后才去莫斯科谈判。共产国际是斯大林主义的南斯拉夫人的主要论坛。两个月前在党的代表大会上谴责了斯大林的赫鲁晓夫秘密报告也是令人欢欣鼓舞的。该秘密报告承认,因为斯大林"人为地"煽动同一个为自由和独立而经受了严格的战斗训练的国家和人民的对立,"我们已经付出沉重代价"。Edvard Kardelj, *Reminiscences* (London: Blond and Briggs, 1982), 130 – 138; Stephen Clissold, ed., *Yugoslavia and the Soviet Union, 1939 – 1973* (London: Royal Institute of International Affairs, Oxford University Press, 1975), 62 – 79。

2 Clissold, *Yugoslavia and the Soviet Union*, 62 – 72; Charles Gati, *Hungary and the Soviet Bloc* (Durham, NC: Duke University Press, 1986), 127 – 155.

3 James Gow, *Legitimacy and the Military: The Yugoslav Crisis* (New York: St. Martin's Press, 1992), 43 – 57.

4 参阅 Vaclav Beneš, Robert F. Byrnes and Nicholas Spulber, eds., *The Second Soviet-Yugoslav Dispute* (Bloomington, Ind.: Indiana University Publications, 1959), 27 – 28;关于南斯拉夫的观点,参阅 Veljko Mićunović, *Moscow Diary* (New York: Doubleday, 1980)。

5 Phyllis Auty, "Yugoslavia's International Relations, 1945 – 1965," *Contemporary Yugoslavia*, ed. Wayne S. Vucinich (Berkeley, Calif.: University of California Press, 1969), 172 –195.

6 Vinod Dubey, et al., *Yugoslavia: Development with Decentralization* (Baltimore, Md.: Johns Hopkins University Press for IBRD, 1975), 403 – 404.

7 Alvin Z. Rubinstein, *Yugoslavia and the Non-Aligned World* (Princeton: Princeton University Press, 1970), 9, 27 – 34, 52, 81 – 114; Jadranka Jovanović, *Jugoslavija u Ujedinjenim*

Nacijama, 1945 – 1953 (Yugoslavia in the United Nations) (Belgrade: Institut za savremenu istoriju, 1975).

8 Rubinstein, *Yugoslavia*, 155 – 183, 214.

9 John R. Lampe, Russell O. Prickett, and Ljubiša Adamović, *Yugoslav-American Economic Relations since World War II* (Durham, NC: Duke University Press, 1990), 49 – 72.

10 Stephen C. Markovich, "American Foreign Aid and Yugoslav International Policies," *East European Quarterly* 9, 2 (1975): 185 – 193.

11 Roberto G. Rabel, *Between East and West: Trieste, the United States, and the Cold War, 1941 – 1954* (Durham, NC: Duke University Press, 1988), 131 – 162.

12 John H. Moore, *Growth with Self-Management: Yugoslav Industrialization, 1952 – 1975* (Stanford, Calif.: Hoover Institution Press, 1980), 487 – 497. 关于另外的批判性概述,参阅 Harold Lydall, *Yugoslav Socialism: Theory and Practice* (Oxford: Clarendon Press, 1984), 73 – 82。

13 George Macesich, *Yugoslavia: The Theory and Practice of Development Planning* (Charlottesville, Va.: University of Virginia Press, 1964), 123 – 157.

14 Dennison Rusinow, *The Yugoslav Experiment, 1948 – 1972* (Berkeley, Calif.: University of California Press for Royal Institute of International Affairs, 1977), 90 – 115.

15 Macesich, *Yugoslavia*, 167 – 179; Branko Horvat, *The Yugoslav Economic System* (White Plains, NY: M. E. Sharpe, Inc., 1976), 76 – 140.

16 Dijana Pleština, *Regional Development in Communist Yugoslavia* (Boulder, Colo.: Westview Press, 1992), 38, 47 – 53.

17 Dubey, *Yugoslavia*, 119 – 122; Susan L. Woodward, *Socialist Unemployment: The Political Economy of Yugoslavia, 1945 – 1990* (Princeton: Princeton University Press, 1995), 268 – 272, 372.

18 Lampe, Prickett and Adamović, *Yugoslav-American Economic Relations*, 64 – 65.

19 Macesich, *Yugoslavia*, 106 – 112; Rusinow, *Yugoslav Experiment*, 116 – 179.

20 Sabrina P. Ramet, *Nationalism and Federalism in Yugoslavia, 1962 – 1991*, 2nd ed. (Bloomington, Ind.: Indiana University Press, 1992), 50 – 53.

21 Rusinow, *Yugoslav Experiment*, 120 – 133. 也可参阅 Pleština, *Regional Development*, 62 – 64; and Deborah Milenkovitch, *Plan and Market in Yugoslav Economic Thought* (New Haven, Conn.: Yale University Press, 1971)。

22 Paul Shoup, *Communism and the Yugoslav National Question* (New York: Columbia University Press, 1968), 205 – 213.

23 Macesich, *Yugoslavia*, 96 – 102; Lydall, *Yugoslav Socialism*, 63 – 64, 83.

24 Dubey, *Yugoslavia*, 38 – 40; Rudolf Bićanić, *Economic Policy in Socialist Yugoslavia* (Cambridge: Cambridge University Press, 1973), 211 – 238.

25 Ibid., 154 – 157; Yugoslav FA Committee, eds., *The Development of Socialist Agriculture in Yugoslavia* (Belgrade: Jugoslovenski pregled, 1975), 42 – 55, 136 – 141.

26 Lydall, *Yugoslav Socialism*, 82 – 88.

27 Woodward, *Socialist Unemployment*, 191 – 221, 273 – 275 指出，偏袒熟练工人的工资差别，进一步促使日益追求利润的大型企业去摆脱非熟练工人。在 1967 年，来自暴躁的斯韦托扎尔·武克曼诺维奇-滕波的抗议，反而导致他被免除工会主席职务。

28 这种判断来自当时作为美国驻贝尔格莱德大使馆官员的该作者的观察报告。它与拉梅的参考文献中有说服力的说明相抵触。Ramet, *Nationalism and Federalism*, 83 - 94; Rusinow, *Yugoslav Experiment*, 179 - 91; Slobodan Stankovic, "Yugoslavia: Before and after the Purge of Aleksandar Rankovic," *Radio Free Europe Research Report*, July 7 - 8, 1966。

29 Lampe, Prickett and Adamović, *Yugoslav-American Economic Relations*, 84 - 85; Patrick J. Nichols, "Western Investment in Eastern Europe: The Yugoslav Example," *The Economics of Eastern Europe*, US Congress, Joint Economic Committee (Washington, DC: US Government Printing Office, 1974), 734 - 735.

30 Pleština, *Regional Development*, 65, 72 - 83.

31 Barbara Jancar, "The New Feminism in Yugoslavia," in *Yugoslavia in the 1980s*, ed. Pedro Ramet (Boulder, Colo.: Westview Press, 1985), 201 - 223.

32 Rusinow, *Yugoslav Experiment*, 142 - 143. 也可参阅 Gertrude Joch Robinson, *Tito's Maverick Media* (Urbana, Ill.: University of Illinois Press, 1977)。

33 参阅 Predrag J. Marković, *Beograd izmedzu istoka i zapada, 1948 - 1965* (Belgrade Between East and West) (Belgrade: Norinsko-izdavacka ustanova, 1996), 437 - 492。

34 Stella Alexander, *Church and State in Yugoslavia since 1945* (Cambridge: Cambridge University Press, 1979), 226 - 288.

35 Sabrina P. Ramet, *Balkan Babel: Politics, Culture, and Religion in Yugoslavia* (Boulder, Colo.: Westview Press, 1992), 133 - 139, 147 - 157.

36 Steven L. Burg, *Conflict and Cohesion in Socialist Yugoslavia* (Princeton: Princeton University Press, 1983), 36 - 74.

37 F. E. Ian Hamilton, *Yugoslavia: Patterns of Economic Activity* (New York: Frederick A. Praeger, 1968), 157 - 254; Pleština, *Regional Development*, 70 - 71; Dubey, *Yugoslavia*, 248 - 288, 371,374 - 375.

第十章 铁托的南斯拉夫的衰退时期(1968—1988)

1 关于1979—1985年危机的准确细节和可比较的批判性分析,可见于对工人的自我管理具有不一致的意识形态倾向的两篇概括研究中,赞同的见于 Bruce McFarlane, *Yugoslavia: Politics, Economics, and Society* (London: Pinter Publishers, 1988);反对的见于 Harold Lydall, *Yugoslavia in Crisis* (Oxford: Clarendon Press, 1989)。

2 关于乔西奇,参阅 Audrey Helfant Budding, "Serb Intellectuals and the National Question 1961 - 1991" (Ph. D. dissertation, Harvard University, 1998), 72 - 79, 167 - 174。

3 April Carter, *Democratic Reform in Yugoslavia: The Changing Role of the Party* (Princeton: Princeton University Press, 1982), 194 - 98, 207 - 18,总结了学生异议和出版物的作用。关于《实践》,参阅 Gerson S. Sher, *Praxis: Marxist Criticism and Dissent in Yugoslavia* (Bloomington, Ind.: Indiana University Press, 1977)。

4 "Cooperation between Tirana University and the New University of Priština," *Radio Free Europe Research Report*, December 3, 1969; Miranda Vickers, *The Albanians, A Modem History* (London: I. B. Tauris, 1997), 191 - 193, 203 - 207.

5 Steven Burg, *Conflict and Cohesion in Socialist Yugoslavia* (Princeton: Princeton University Press, 1983), 88 - 99. 也可参阅 Zdenko Antić, "Slovenians Oppose Government in Road-Building Decision," *Radio Free Europe Research Report*,

August 1, 1969。

6 Sabrina P. Ramet, *Nationalism and Federalism in Yugoslavia*, 1962 - 1991, 2nd ed. (Bloomington, Ind.: Indiana University Press, 1992), 88 - 135,详述了关于这四年半的克罗地亚观点。

7 Slobodan Stanković, "Yugoslav Electoral System," *Radio Free Europe Research Report*, pt. 1, April 9, 1969; and pt. 2, April 16, 1969.

8 Dennison Rusinow, *The Yugoslav Experiment, 1948 - 1974* (Berkeley, Calif.: University of California Press, 1977), 255 - 268.

9 和拉梅一起在注释 6 中被引用,关于斯洛文尼亚和克罗地亚的争端如何引起"南斯拉夫危机",Burg, *Conflict and Cohesion*, 83 - 166。Carter, *Democratic Reform in Yugoslavia*, 219 - 224,提供了关于克罗地亚争端的概要。

10 关于韦塞利察和布迪沙的作用,参阅 Slobodan Stanković, "Problems in Contemporary Yugoslavia," *Radio Free Europe Research Report*, July 15, 1971; and "Yugoslav Students: Their Successes and Failures," *Radio Free Europe Research Report*, December 9, 1971。

11 关于不知何故与"乌斯塔沙"的领导层相关的克罗地亚流亡者的相当多活动,参阅 Bogdan Krizman, *Pavelic u bjekstvu* (Pavelić in flight) (Zagreb: Globus, 1986)。

12 Nikezić's only published account of his experience 关于尼凯齐奇的经历的唯一得到发表的叙述是记录在 Slavoljub Djukić, *Slom srpskih liberala* (Fall of the Serbian liberals) (Belgrade: Filip Višnjić, 1990)回忆录中,特别是第 88 - 171 页。

13 Slobodan Stanković, "Crisis between Hard-Liners and Soft-Liners in the Yugoslav Party," *Radio Free Europe Research Report*, September 28, 1972; and "Nikezić and Friends Expelled

from the Party," *Radio Free Europe Research Report*, April 26, 1974.

14 Burg, *Conflict and Cohesion*, 167 - 187, 概述了在克罗地亚之外的党清洗的范围。关于斯洛文尼亚和驱逐卡夫契奇,参阅 James Gow and Cathie Carmichael, *Slovenia and the Slovenes* (Bloomington, Ind.: Indiana University Press, 2000)。

15 Slobodan Stanković, "Constitutional Changes in Yugoslavia," *Radio Free Europe Research Report*, August 31, 1971.

16 Burg, *Conflict and Cohesion*, 188 - 241.

17 Laszlo Sekelj, *Yugoslavia: The Process of Disintegration* (New York: Columbia University Press, Atlantic Research and Publications, 1993), 45 - 51. The fullest account of the 1974 constitutional system 关于 1974 年《宪法》体系的最完整叙述是 Monika Beckmann-Petey, *Der jugoslawische Föderalismus* (Munich: R. Oldenbourg Verlag, 1990)。

18 Lenard J. Cohen, *The Socialist Pyramid: Elites and Power in Yugoslavia* (Oakville, Ont.: Mosaic Press, 1989), 155 - 169.

19 Harold Lydall, *Yugoslav Socialism: Theory and Practice* (London: Oxford University Press, 1984), 252 - 266, 分析了通货膨胀的原因。关于银行业和投资,参阅 Vinod Dubey, et al., *Yugoslavia: Development with Decentralization* (Baltimore, Md.: Johns Hopkins University Press, 1975), 216 - 233。

20 Laura D'Andrea Tyson and Gabriel Eichler, "Continuity and Change in the Yugoslav Economy in the 1970s and 1980s," US Congress, Joint Economic Committee, *East European Economic Assessment*, pt. 1 (Washington, DC: US Government Printing Office, 1980), 156 - 161.

21 Slobodan Stankovć, "Yugoslavia's Law on Associated Labor," *Radio Free Europe Research Report*, January 13, 1977; and

Bogomil Bogo Ferfila, *The Economics and Politics of the Socialist Debacle* (Lanham, Md.: University Press of America, 1991), 115 - 121 概括了主要条款。

22 Lydall, *Yugoslav Socialism*, 235 - 251, 考察了西方反对联合工党基层组织的证据,而 Sekelj, *Yugoslavia*, 46 引证了 20 世纪 80 年代南斯拉夫社会学家对他们提出的关键共识。

23 Tyson and Eichler, "Continuity and Change," 161 - 164.

24 Stephen R. Sachs, *Self-Management and Efficiency: Large Corporations in Yugoslavia* (London: George Allen & Unwin, 1983), 31 - 38; Saul Estrin, *Self-Management: Economic Theory and Yugoslav Practice* (Cambridge: Cambridge University Press, 1983), 81 - 126.

25 Lydall, *Yugoslav Socialism*, 267 - 277.

26 McFarlane, *Yugoslavia*, 152 - 154.

27 John R. Lampe, Russell O. Prickett, and Liubiša Adamović, *Yugoslav-American Economic Relations since Worm War II* (Durham, NC: Duke University Press, 1990), 115 - 140. 也可参阅 Patrick F. R. Artisien, *Joint Ventures in Yugoslav Industry* (Aldershot: Gower Publishing Co., Ltd.), 31 - 40。

28 Michael Palairet, "The Rise and Fall of Yugoslav Socialism: A Case Study of the Yugoslav Automobile Industry," in *Economic Transformations in East and Central Europe*, ed. David Good and Richard Rudolph (London: Routledge, 1994), 54 - 92.

29 Lydall, *Yugoslavia in Crisis*, 40 - 71.

30 Slobodan Stanković, "After Brezhnev's Visit to Belgrade," *Radio Free Europe Research Report*, November 19, 1976.

31 Otmar Nikola Haberl, "Yugoslavia and the USSR in the Post-Tito Era," in *Yugoslavia in the 1980s*, ed. Pedro Ramet (Boulder, Colo.: Westview Press, 1985), 276 - 306. 关于不结盟

运动，参阅 Zachary T. Irwin, "Non-Alignment in the 1980s," ibid., 249 - 275; Slobodan Stanković, "Yugoslavia in 1976," *Radio Free Europe Research Report*, December 28, 1976; and Zdenko Antić, "Non-Alignment: From Belgrade to Havana and After," *Radio Free Europe Research Report*, September 17, 1979。

32 Lampe, Prickett, and Adamović, *Yugoslav-American Economic Relations*, 156 - 86. 关于债务如何累积的细节，参阅 Mate Babic and Emil Primorac, "Some Causes of the Growth of the External Yugoslav Debt," *Soviet Studies* 38 (January 1986), 69 - 88; and Momčilo Cemović, *Zasto, kako i koliko smo se zadužili* (Why, how and how much we became indebted) (Belgrade: Institut za unapredjenje robnog prometa, 1985)。

33 John P. Burkett, "Stabilization Measures in Yugoslavia: An Assessment of the Proposals of Yugoslavia's Commission for Problems of Economic Stabilisation," *East European Economies: Slow Growth in the 1980s* 3, Joint Economic Committee, US Congress (Washington, DC: US Government Printing Office, 1986), 561 - 574.

34 关于米库利奇的联邦执行委员会的成员和1986年政府机构及联邦议会领导人的全部名单和简短的传记资料，参阅 Bruce McFarlane, *Yugoslavia: Politics, Economics, and Society* (London: Pinter Publishers, 1988), 61 - 65。

35 Lampe, Prickett, and *Adamović*, *Yugoslav-American Economic Relations*, 185 - 189; Susan L. Woodward, *Socialist Unemployment: The Political Economy of Yugoslavia, 1945 - 1990* (Princeton: Princeton University Press, 1995), 253 - 259.

36 OECD Economic Surveys, *Yugoslavia, 1989 - 1990* (Paris: Organization for Economic Cooperation and Development,

1990), 46 - 49.

37 关于布迪奇和阿格若考莫奇丑闻的细节,参阅"Yugoslavia — Situation Report," *Radio Free Europe Research Report*, September 30, 1987; and ibid., October 22, 1987。

第十一章　种族政治和南斯拉夫的终结

1 Susan L. Woodward, *Socialist Unemployment: The Political Economy of Yugoslavia*, 1945 - 1990 (Princeton: Princeton University Press, 1995), 353.

2 这两个城市各有超过 50 万的居民,已经超过卢布尔雅那,并且正在赶上萨格勒布的 80 万居民。农村人口涌入贝尔格莱德的社会文化作用最好的研究可参阅 Mirjana Prosić- Dvornić, "The Reurbanization of Belgrade after the Second World War," in *Das Volkskultur Sudosteuropas in der Moderne*, ed. Klaus Roth (Munich: Sudosteuropa Gesellschaft, 1992), 75 - 100;以及所附参考书目。

3 Aleksa Milojević, "National and Economic Development in Bosnia and Herzegovina," in *Small Nations and Ethnic Minorities in an Emerging Europe*, ed. Silvo Devetak, Sregej Flere, and Gerhard Seewan (Munich: Slavica Verlag Dr. Anton Kovač, 1993), 146 - 160; "The National Composition of Yugoslavia's Population, 1991," *Yugoslav Survey* 1 (1992), 3 - 24.

4 关于战后时期移民的全面细节,参阅 Ruža Petrović, *Migracije u Jugoslaviji i etnički aspekt* (Migration in Yugoslavia and the ethnic aspect) (Belgrade: Istraživački izdavački centar, 1987); Silva Meznarić, *Osvajanje prostora — prekrivanje vremena, migracije umjesto razvoja* (Conquering space and obscuring time: Migration in place of development) (Zagreb: Sociolosko

drustvo Hrvatske, 1991)。

5 OECD Economic Surveys, *Yugoslavia, 1989 - 1990* (Paris: Organization for Economic Cooperation and Development, 1990), 58.

6 Wolfgang Hopken, "History Education and Yugoslav (Dis-) Integration," in *Öl ins Feuer? Oil on Fire? Textbooks, Ethnic Stereotypes and Violence in South-Eastern Europe*, Höpken ed. (Hanover: Verlag Hahnsche Buchhandlung, 1996), 99 - 124. On school enrollments and literacy, 关于入学率和识字率,参阅 *Jugoslavija 1918 - 1988, statistički godišnjak* (Belgrade: Savezni zavod za statistiku, 1989), 359 - 366。

7 关于共产主义者联盟对卢布尔雅那的特别反应,参阅 Gregor Tomc, "The Politics of Punk," *Independent Slovenia: Origins, Movements and Prospects*, ed. Jill Benderley and Evan Kraft (New York: St. Martin's Press, 1994), 113 - 134。

8 Andrew Horton, "'Only Crooks Can Get Ahead': Post-Yugoslav Cinema/TV/Video in the 1990s," *Beyond Yugoslavia: Politics, Economics, and Culture in a Shattered Community*, ed. Sabrina P. Ramet and Ljubiša Adamović (Boulder, Colo.: Westview Press, 1995), 414 - 430.

9 Sabrina Petra Ramet, *Balkan Babel: Politics, Culture, and Religion in Yugoslavia* (Boulder, Colo.: Westview Press, 1992), 140 - 143. 关于三大宗教、新闻界、摇滚乐和性关系也可参阅第 57 - 174 页。

10 关于 1983 年论战的纵览,参阅 Šaćir Filandra, *Bošnjačka politika u XX stoljeću* (Bosnian politics in the 20th century) (Sarajevo: Sejtarija, 1998), 325 - 344。虽然详细的说明可见于 Adil Zulfilkarpašić, ed., *Sarajevski proces: sudjenje muslimanskim intelektualcima* 1983 g. (Sarajevo trial: Sentencing of Muslim

intellectuals in 1983) (Zurich: Bosanski Institut, 1987)收集的文件中，但是英译本中的精选出现在 the *South Slav Journal*, passim, 1983—1986。关于这些首要参与者的伊斯兰教哲学，参阅 Alija Ali Izetbegović, *Islam between East and West* (Indianapolis, Ind.: American Trust Publications, 1989)；关于当地习俗中穆斯林和基督教风俗的混合，参阅 Tone Bringa, *Being Muslim in the Bosnian Way, Identity and Community in a Central Bosnian Village* (Princeton: Princeton University Press, 1995), 224-231。

11 Wolfgang Höpken, "Party Monopoly and Political Chance: The League of Communists since Tito's Death," *Yugoslavia in the 1980s*, ed. Pedro Ramet (Boulder, Colo.: Westview Press, 1985), 29-55; Laszlo Sekelj, *Yugoslavia: The Process of Disintegration* (New York: Columbia University Press and Social Science Monographs, 1992), 92-116; and Vladimir Goati, *Politička atanomija jugoslovenskog društva* (Political anatomy of Yugoslav society) (Zagreb: Naprijed, 1989), 91-98.

12 James Gow, *Legitimacy and the Military: The Yugoslav Crisis* (New York: St. Martin's Press, 1992), 95-111; Zdenko Antić, "New Yugoslav Armed Forces Chief of Staff," *Radio Free Europe Research Report*, August 20, 1979; and Slobodan Stankovic, "Yugoslav Army to Hire Professional Soldiers," *Radio Free Europe Research Report*, April 1, 1985.

13 关于米洛舍维奇的背景和上台，参阅 Lenard J. Cohen, "Serpent in the Bosom, Slobodan Milošević and Serbian Nationalism," *State-Society Relations in Yugoslavia, 1945-1992*, ed. Jill Irvine, Melissa Bokovoy and Carol Lilly (New York: St. Martin's Press, 1996), 315-344; and Slavoljub Djukić,

Izmedju slave i antateme, Politička biografija Slobodana Miloševića (Belgrade: Filip Visnjic, 1992)。

14 斯特万·K.帕夫洛维奇在"Dedijer as Historian of the Yugoslav Civil War," *Survey* 28, no. 3 (1984): 95–110中评论了铁托的传记。关于20世纪80年代塞尔维亚学术成就的批判性概述,参阅 Ivo Banac, "Yugoslavia," *American Historical Review* 97, 4 (1992): 1084–1104。关于另一种道路,参阅 Aleksandar Pavković, "The Serb National Idea: A Revival, 1986–1992," *Slavonic and East European Review* 72, 3 (1994): 449–455。帕夫科维奇指出20世纪80年代末最流行的小说是有关历史的,销量超过了莫姆·卡普尔的有关民族分离的当代小说,以及德拉什科维奇和乔西奇的著作,但几乎没有一部是认可大塞尔维亚的。在丹科·波波维奇的 *Knjiga o Milutinu* 中,这个年迈的农民英雄痛苦地反思巴尔干和南斯拉夫战争。他在战争中为了其他人的更广泛的塞尔维亚人梦想而勇敢地战斗;或更糟的是,为了塞尔维亚之外的南斯拉夫利益而勇敢地战斗。一切都毫无真正成效。关于1986年《备忘录》,参阅 Audrey Helfant Budding, "Serb Intellectuals and the National Question," 267–352的有见识的分析和 Mihailo Crnobrnja, *The Yugoslav Drama* (London: I. B. Tauris, 1994), 97–100的概要;和 *Nacrt memoranduma Srpske Akadekije Nauke u Beogradu* (Toronto: Srpske Narodne Odbrane, 1987)的正文。

15 Lenard J. Cohen, *Broken Bonds: Yugoslavia's Disintegration and Balkan Politics in Transition*, 2nd ed. (Boulder, Colo.: Westview Press, 1995), 51–55, 74–75,提供了一个爱挑剔的斯洛文尼亚记者对米洛舍维奇的演讲技巧在这些群众大会中的成功作用的证言。关于他利用科索沃问题,参阅 Sekelj, *Yugoslavija*, 198–205。

16 Mark Thompson, *A Paper House: The Ending of Yugoslavia*

(New York: Pantheon Books, 1992), 3 - 59; "Yugoslavia — Situation Report," *Radio Free Europe Research Report*, January 22, 1987; June 16, 1988; and July 19, 1988.

17 参阅 Branka Magaš, *The Destruction of Yugoslavia* (London: Verso, 1993), 3 - 76, 179 - 217。

18 关于该联盟的消亡,参阅 James Seroka, "Variation in the Evolution of the Yugoslav Communist Parties," *The Tragedy of Yugoslavia*, ed. James Seroka and Vukašin Petrović(Armonk, NY: M. E. Sharpe, 1992), 67 - 88; Sabrina P. Ramet, *Nationalism and Federalism in Yugoslavia, 1962 - 1991*, 2nd ed. (Bloomington, Ind.: Indiana University Press, 1992), 238 - 251。

19 OECD Economic Surveys, *Yugoslavia*, 1988 - 1989, 49 - 59.

20 David A. Dyker, *Yugoslavia: Socialism, Development, and Debt* (London: Roufledge, 1990), 97 - 102; McFarlane, *Yugoslavia*, table 12. 9, 131.

21 Saul Estrin and Lina Takla, "Reform in Yugoslavia: The Retreat from Self-Management," *Industrial Reform in Socialist Countries*, ed. Ian Jeffries (A1dershot: Edward Elgar, 1992), 267 - 277.

22 Cohen, *Broken Bonds*, table 3. 2, 105. 也可参阅 Susan L. Woodward, *Balkan Tragedy: Chaos and Dissolution after the Cold War* (Washington, DC: Brookings Institution, 1995), 117 - 145。

23 Dennison Rusinow, "The Avoidable Tragedy," *Beyond Yugoslavia*, 13 - 38. 关于选举运动及其结果的最全面的纵览仍然是 Cohen, *Broken Bonds*, 88 - 162。关于决定性的克罗地亚战役,参阅 Darko Hudelist, *Banket u Hrvatskoj* (Banquet in Croatia) (Zagreb: Dnevnik, 1991)。也许一个共同特征是当选妇

女的人数急剧减少，这在波斯尼亚-黑塞哥维那最显著，从 1986 年的 27%下降到 1990 年的 3%。

24 Laura Silber and Allan Little, *The Death of Yugoslavia* (London: Penguin Books, 1995), 87 - 96.

25 Helsinki Watch, *War Crimes in Bosnia-Hercegovina* (New York: Human Rights Watch, 1992), 62 - 63.

26 因为这个原因，米沙·格伦尼在专著中称其关于 1991—1992 年萨拉热窝的一章为“该死的天堂”。Misha Glenny, *The Fall of Yugoslavia: The Third Balkan War*, rev. ed. (London: Penguin Books, 1993), 138 - 180。

27 关于这些有争议的谈判的最详细、最客观的说明可见于 Paul Shoup, “The Bosnian Crisis in 1992,” *Beyond Yugoslavia*, 155 - 188; and Woodward, *Balkan Tragedy*, 168 - 194; Silber and Little, *Death of Yugoslavia*, 226 - 254。

第十二章　种族战争和后继国家(1991—1999)

1 Anthony Borden, “The Lesson Unlearned,” *War Report* 58 (Feb.-March, 1998): 6 - 8.

2 虽然现在更新的《代顿协议》仍然没有参考资料，但是关于战争本身及其国内背景的最好、最理性的目击者报告仍然是 Laura Silber and Allan Little, *Yugoslavia*, *Death of a Nation* (New York: Penguin Books, 1997)。Misha Glenny, *The Fall of Yugoslavia: The Third Balkan War*, 3rd edn. (New York: Penguin Books, 1996)国内的周刊只有贝尔格莱德的《时代》(*Vreme*)通过互联网提供了英文版。应该特别提到两份期刊，萨格勒布的《伊拉斯谟》(*Erasmus*)和贝尔格莱德的《共和国》(*Republika*)。《伊拉斯谟》也有英文版，《共和国》的相关文章收集到 Nebojša Popov, ed., *Srpska strana rata* (The Serbian Side of the War), (Belgrade: BIZG, 1996)。

3 Susan L. Woodward, *Balkan Tragedy* (Washington, D. C.: Brookings Institution, 1995); James Gow, *Triumph of the Lack of Will, International Diplomacy and the Yugoslav War* (New York: Columbia University Press, 1997); Richard Holbrooke, *To End a War* (New York: Random House, 1998); David Owen, *Balkan Odyssey* (New York: Harcourt Brace, 1995); Steven L. Burg and Paul S. Shoup, *The War in Bosnia-Herzegovina, Ethnic Conflict and International Intervention* (Armonk, N. Y.: M. E. Sharpe, 1999).

4 Karen Dawisha and Bruce Parrott, eds., *Politics, Power, and the Struggle for Democracy in Southeastern Europe* (Cambridge: Cambridge University Press, 1997); D. A. Dyker and I. Vejvoda, eds., *Yugoslavia and After* (London: Longman, 1996); Sabrina Ramet and Ljubisa Adamović, eds., *Beyond Yugoslavia* (Boulder, Colo.: Westview Press, 1995); Jasmina Udovički and James Ridgeway, eds., *Burn This House, The Making and Unmaking of Yugoslavia* (Durham, N. C.: Duke University Press, 1997); Gale Stokes, John Lampe, Dennison Rusinow, and Julie Mostov, "Instant History; Understanding the Wars of Yugoslav Succession," *Slavic Review* 55, 1 (1996): 136 - 160; James Gow, "After the Flood: Literature on the Content, Causes and Course of the Yugoslav War," *Slavonic and East European Review* 75, 3 (1997): 446 - 484; Sarah A. Kent, "Writing the Yugoslav Wars: English Language Books on Bosnia (1992 - 1996) and the Challenges of Analyzing Contemporary History," *American Historical Review* 102, 4 (1997): 1085 - 1114.

5 John B. Allcock, Marko Milivojević, and John J. Horton, eds., *Conflict in the Former Yugoslavia, An Encyclopedia* (Santa

Barbara, Calif.: ABC Clio Press, 1998); Rusko Matulić, *Bibliography of Sources on the Region of Former Yugoslavia* (New York: Columbia University Press, East European Monographs, 1998); Sava Peić and Magda Szkuta, *The Balkan Crisis, 1990 – : Catalogue, Part I* (London: British Library, Slavonic and East European Collections, 1997).

6 James Gow and Cathie Carmichael, *Slovenia and the Slovense* (Bloomington, Ind.: Indiana University Press, forthcoming in 2000).

7 Borisav Jović, *Posledni dani SFRJ* (The Last Days of the SFRY) (Belgrade: Politika, 1995), 342 – 357. 也可参阅 Silber and Little, *Yugoslavia*, 169 – 185。

8 Stipe Sikavica, "The Army's Collapse," in Udovički and Ridgeway, *Burn This House*, 137 – 138, and Robert Thomas, *Serbia under Milošević, Politics in the 1990s* (London: Hurst, 1999), 73 – 86. 关于将军自己的报告,参阅 Veljko Kadijević, *Moje vidjenja raspada: vojska bez države* (My view of the collapse: An army without a state) (Belgrade: Politika, 1993)。

9 Sikavica, "The Army's Collapse," 142 – 144; Silber and Little, *Yugoslavia*, 201 – 205.

10 Miloš Vasić, "The Yugoslav Army and Post-Yugoslav Armies," in Dyker and Vejvoda, *Yugoslavia and After*, 116 – 130.

11 参阅 Gow, *Triumph*, 60 – 65, and Woodward, *Balkan Tragedy*, 183 – 189。关于德国承认的最明确的防卫是 Viktor Meier, *Yugoslavia: A History of its Demise*. Translated by Sabrina P. Ramet (London: Routledge, 1999), 235 – 243。

12 Burg and Shoup, *War in Bosnia-Herzegovina*, 169 – 185,也包括往往谴责塞尔维亚族部队的种族灭绝指控的一种审慎评估,裁决他们的确犯有危害人类罪,如果种族灭绝被定义为计划驱逐或消灭整个民族,他们只是突然中止种族灭绝。

13 Ibid., 102 - 104; Jasmina Udovički and Ejub Stitkovac, "Bosnia and Hercegovina: The Second War," in Udovički and Ridgeway, *Burn This House*, 179 - 184.

14 关于地面战的最好和最彻底的参考报告是 Burg and Shoup, *War in Bosnia-Herzegovina*, 128 - 188。

15 参阅 Xavier Bougarel, "Bosnia and Hercegovina — State and Communitarianism," in Dyker and Vejvoda, *Yugoslavia and After*, 103 - 111, 87 - 115。

16 参阅 Attila Hoare, "The Croatian Project to Partition Bosnia-Hercegovina, 1990 - 1994," *East European Quarterly* 31, 1 (1997): 121 - 138。

17 两种赞成的观点可见于 Gow, *Triumph*, 223 - 259, and Owen, *Balkan Odyssey*, 89 - 150。Burg and Shoup, *War in Bosnia-Herzegovina*, 189 - 262,提供了一种更值得怀疑的看法,类似 Kasim I. Begić, *Bosna i Hercegovina od Vanceove misje do Daytonskog sporazuma* (From the Vance Mission to the Dayton Agreement) (Sarajevo: Bosanska knjiga, 1996), 109 - 126。

18 它来自联络小组,现在它取代了欧盟委员会早先的前南斯拉夫问题国际会议,并且在英国、法国、德国和美国的代表中添加了一位俄罗斯代表。他们的新计划是把塞尔维亚人在所有领土中的比例从 60%降低到 49%。这个较低的百分比将写入《代顿协议》,这开创了一个分裂的先例,除了从萨拉热窝北部到斯雷布雷尼察地区除外,该地区将归属于联合国的保护。关于联络小组的不同意见,参阅 *Begić*, *Bosna i Hercegovina*, 199 - 232; Burg and Shoup, *War in Bosnia-Herzegovina*, 292 - 316; and Gow, *Triumph*, 26 - 65。

19 关于斯雷布雷尼察从开始到可怕的结束的最详尽和最有说服力的资料来源是 Jan Willem Honig and Norbert Both, *Srebrenica:*

Record of a War Crime (London: Penguin, 1996)。

20 此外,关于《代顿协议》的背景和过程的最完整报道是 Burg and Shoup, *War in Bosnia-Herzegovina*, 317 - 386。也可参阅 Begić, *Bosna i Hercegovina*, 233 - 296。关于第一手报道,参阅 Holbrooke, *To End a War*, 199 - 314。

21 Louis D. Sell, "The Serb Flight from Sarajevo: Dayton's First Failure," *East European Politics and Society*, forthcoming in 14, 1 (2000).

22 Slavoljub Djukić, *On, ona i mi* (Him, Her and Us) (Belgrade: Radio B92, 1997), 236 - 243; Jović, *Posledni dani*, 283 - 304.

23 Thomas, *Serbia under Milošević*, 72 - 86.

24 关于总体上的图季曼政权,参阅 Lenard J. Cohen, "Embattled democracy: postcommunist Croatia in transition," in Dawisha and Parrott, *Politics, Power*, 69 - 121。猛烈批判图季曼的花言巧语的是 Gordana Uzelac, "Franjo Tudjman's Nationalist Ideology," *East European Quarterly* 31, 4 (1998): 449 - 472。关于教育,参阅 Wolfgang Höpken, "War, Memory and Education in a Fragmented Society: The Case of Yugoslavia," *East European Politics and Society* 13, 1 (1999): 218 - 227。尽管该政权任命校长并且采取措施,例如要求萨格勒布大学的哲学系改为"克罗地亚哲学系",但是各院系已经试图抵制一种新的民族主义课程,这往往会取得成功。针对一套新的小学历史教科书的抵制最初不太成功,特别是防止低估"乌斯塔沙"在第二次世界大战中的恶行,但是到 1995 年时,克罗地亚历史学家和知识分子的持续批判仅推动了有限的变化。

25 *The Economist* Intelligence Unit, "Country Profile, Croatia, 1999 - 2000," 6 - 8.

26 Jovan Teokarević, "Neither War nor Peace: Serbia and Montenegro in the First Half of the 1990s," in Dyker and

Vejvoda, *Yugoslavia and After*, 179–196.

27 关于"媒体战",可参阅四篇文章,Aleksandar Nenadović, Rade Veljanovski, Zoran M. Marković, and Snježana Milivojević in *Srpska strana rata*, 583–686;关于教育,参阅 Höpken, "War, Memory and Education," 218–227。

28 Nicholas J. Miller, "A Failed Transition: The Case of Serbia," in Dawisha and Parrott, *Politics, Power*, 146–188; and Thomas, *Serbia under Milošević*, 107–142.

29 Marija Babović et al., '*Ajmo, ' ajde, svi ušetnju, gradjanski i studentski protest 96/97* (Come on, let's go, all for a walk, Citizen and student protest) (Belgrade: Medija Centar, 1997); Djukić, *On, ona i mi*, 261–287; Mladen Lazić, ed., *Protest in Belgrade, Winter of Discontent* (Budapest: CEU Press, 1999); Thomas, *Serbia under Milošević*, 263–318.

30 Mladjan Dinkić *et al.*, *Program of Radical Economic Reforms in Yugoslavia* (Belgrade: Group 17, 1997).

31 Thomas, *Serbia under Milošević*, 347–357, 390–398.

32 Ibid., 379–386; Commission on Security and Cooperation in Europe, "Presidential elections in Montenegro," February, 1998, and "Parliamentary and Municipal Elections in Montenegro," August, 1998 (Web Site: http://www.house.gov/scsce).

33 Gow and Carmichael, *Slovenia and the Slovenes*.

34 Ibid.

35 Duncan Perry, "The Republic of Macedonia: Finding its Way," in Dawisha and Parrott, *Politics, Power*, 221–281.

36 Duncan Perry, "Destiny on Hold: Macedonia and the Dangers of Ethnic Discord," *Current History* 97, 617 (March, 1998), 119–126. 关于教育,参阅 Wolfgang Höpken and Sofia Vouri in Wolfgang Höpken, ed., *Oil on Fire? Textbooks, Ethnic*

Stereotypes and Violence in South-Eastern Europe (Hanover: Verlag Hahnsche Buchhandlung, 1996), 99 - 124 and 179 - 214。

37 International Crisis Group, "1998 Elections in Macedonia," October, 1998, and "Macedonia: 'New Faces in Skopje,'" January, 1999 (ICG Web Site: http://www.ctisisweb.org).

38 Milica Uvalić, "The Disintegration of Yugoslavia: Its Costs and Benefits," *Communist Economies & Economic Transformation* 5, 3 (1993): 273 - 295.

39 关于斯洛文尼亚、克罗地亚、塞尔维亚/黑山和马其顿的后继经济体的参照数据的最可靠消息来源是：季刊《东欧的经济趋势》(*Economic Trends in Eastern Europe*) (Budapest: Kopint-Datorg)、华盛顿定期国别报告《计划经济报告》(*Plan Econ Reports*) (Website: http://www.planecon.com)和伦敦的"经济学家"情报机构(*The Economist*)。

40 World Bank Country Study, *Bosnia and Herzegovina, From Recovery to Sustainable Growth* (Washington, D.C.: The World Bank, 1997), 3 - 6.

41 参阅"Slovenian Economic Monitor," *Plan Econ Report* 13, 45 - 46 (Dec. 30, 1997), and "Croatian Economic Monitor," *Plan Econ Report* 14, 33 - 34 (October 30, 1998)。

42 Perry, "Republic of Macedonia," in Dawisha and Parrott, *Politics, Power*, 261 - 265, and *The Economist* Intelligence Unit, "Country Profile, Macedonia 1999 - 2000."

43 The Economist Intelligence Unit, "Country Profile Croatia, 1999 -2000"和"Country Profile Slovenia, 1999 - 2000."

44 关于财政腐败的最详细和最强烈的控诉是 Mladjan Dinkić, *Ekonomija destrukcije, velika pljačka naroda* (The Economics of Destruction, The Great Plundering of the People) (Belgrade:

Stubovi kulture, 1996)的第四版。也参阅 Thomas, Serbia under Milosevic, 163–194。

45 1999 年 3 月 22—24 日作者在萨拉热窝的访问。参阅 Office of the High Representative in Bosnia and Herzegovina, Economic Task Force Secretariat, *Newsletter, Economic Reform and Reconstruction* 2, 1 and 2 (Feb. — March, 1999) (Web site: http://www.ohr.int/newsletter.htm)。

46 关于已完成或正在执行的项目,参阅 The World Bank, *Bosnia and Herzegovina, Priority Reconstruction Projects Update* (Washington, D.C.: The World Bank, February, 1999, and Web site: http://www.worldbank.org.ba)。

47 Shkelzen Maliqi, "The Albanian Movement in Kosovo," in Dyker and Vejvoda, *Yugoslavia and After*, 138–154.

48 Fabian Schmidt, "Kosovo: The Time Bomb That Has Not Gone Off," *Transition* 2, 39 (October 1, 1993): 21–29; D. Kostovica, *Parallel Worlds: Response of Kosovo Albanians to Loss of Autonomy in Serbia, 1986–1996* (Keele: Keele University Research Centre, 1997).

49 Miranda Vickers and James Pettifer, *Albania, From Anarchy to Balkan Identity* (London: Hurst & Co., 1997), 154–65.

50 Thomas, *Serbia under Milošević*, 399–421.

51 Vojin Dimitrijević, ed. *Human Rights in Yugoslavia, 1998* (Belgrade: Belgrade Center for Human Rights, 1999), 395–426; Jens Reuter, "Politische Säuberungen in Serbien," *Südost-Europa* 48, 1–2 (1999): 1–16.

52 《纽约时报》和伦敦《金融时报》的每日报告,加上布拉格自由欧洲电台/自由电台 http://www.rferl.org 和以前出版战争报告的战争与和平研究所的互联网新闻报道,为写本书提供了最细致和全面的可用报道。战争与和平研究所目前在伦敦,转型为新闻学研究所。

进一步选择性阅读
(英文与德文的相关著作)

地　理

Carter, Francis W. "Urban Development in the Western Balkans, 1200 - 1800." In *A Historical Geography of the Balkans*, ed. Francis W. Carter. New York: Academic Press, 1977.

Carter, Francis W., and H. T. Norris, eds. *The Changing Shape of the Balkans*. Boulder, Colo.: Westview Press, 1996.

Crampton, Richard, and Ben Crampton. *Atlas of Eastern Europe in the Twentieth Century*. London: Routledge, 1996.

Hamilton, F. E. Ian. *Yugoslavia: Patterns of Economic Activity*. New York: Frederick A. Praeger, 1968.

Hoffman, George. "The Evolution of the Ethnographical Map of Yugoslavia." In *A Historical Geography of the Balkans*, ed. Francis W. Carter. New York: Academic Press, 1977.

Magocsi, Paul Robert. *Historical Atlas of East-Central Europe*. Seattle, Wash.: University of Washington Press, 1993.

前现代时期

Adanir, Fikret. "Tradition and Rural Change in Southeastern Europe during Ottoman Rule." In *The Origins of Backwardness in Eastern Europe*, ed. Daniel Chirot. Berkeley, Calif.: University of California Press, 1989.

Bataković, Dušan. *The Kosovo Chronicles*. Belgrade: Plato, 1992.

Bracewell, Catherine Wendy. *The Uskoks of Senj: Piracy, Banditry, and the Holy War in the 16th Century Adriatic*. Ithaca, N. Y.: Cornell University Press, 1992.

Carter, Francis W. *Dubovnik (Ragusa): A Classic City-State*. London: Seminar Press, 1972.

Džaja, Srećko. *Konfessionalitat und Nationalitat Bosniens und der Herzegowina: voremanzipatorische Phase, 1463 –1804*. Munich: R. Oldenbourg Verlag, 1984.

Emmert, Thomas. *Serbian Golgotha: Kosovo, 1389*. New York: Columbia University Press, East European Monographs, 1990.

Fine, John V. A., Jr. *The Bosnian Church: A New Interpretation*. New York: Columbia University Press, 1975.

The Early Medieval Balkans. Ann Arbor, Mich.: University of Michigan Press, 1983.

The Late Medieval Balkans. Ann Arbor, Mich.: University of Michigan Press, 1987.

Guldescu, Stanko. *History of Medieval Croatia*. The Hague: Mouton, 1964.

The Croatian-Slavonian Kingdom, 1526 – 1792. The Hague: Mouton, 1970.

Lovrenović, Ivan. *Bosnien und Herzegowina, Eine Kulturgeschichte*. Vienna: Folio Verlag, 1998.

Malcolm, Noel. *Bosnia: A Short History*. New York: New York University Press, 1994.

Kosovo, A Short History. New York: New York University

Press, 1998.

Rothenberg, Gunther E. *The Austrian Military Border in Croatia, 1522–1747*. Chicago: University of Chicago Press, 1960.

The Military Border in Croatia, 1740–1881. Chicago: University of Chicago Press, 1966.

Stoianovich, Traian. *Balkan Worlds: The First and Last Europe*. Armonk, N. Y.: M. E. Sharpe, 1994.

Sugar, Peter F. *Southeastern Europe under Ottoman Rule*. Seattle, Wash.: University of Washington Press, 1977.

Vucinich, Wayne S., and Thomas A. Emmert, eds. *Kosovo: Legacy of a Medieval Battle*. Minneapolis, Minn.: Minnesota Mediterranean and East European Monographs, 1991.

Winnifrith, Tom J. *The Vlachs: The History of a Balkan People*. London: Duckworth, 1987.

19世纪和20世纪早期

Adanir, Fikret. *Die Makedonische Frage, Ihre Entstehung und Entwicklung*. Wiesbaden: Franz Steiner Verlag, 1979.

Austrian History Yearbook 3, pt. 2 (1967). Articles by Dimitrije Djordjević, Charles Jelavich, Barbara Jelavich, Bogdan Krizman, Wayne Vucinich, and Fran Zwitter.

Banac, Ivo. *The National Question in Yugoslavia: Origins, History, Politics*. Ithaca, N. Y.: Cornell University Press, 1984.

Behschnitt, Wolf D. *Nationalismus bei Serben und Kroaten, 1830–1914*. Munich: R. Oldenbourg Verlag, 1980.

Budak, Nevin, Peter Jordan, Walter Lukan, and Petra Maissi, eds. *Kroatien: Landeskunde, Geschichte, Kultur, Politik, Wirtschafi, Recht*. Vienna: Böhlau Verlag, Osterreichische Osthefte no. 37/2, 1995.

Carnegie Endowment. *The Other Balkan Wars: A 1913 Carnegie Endowment Inquiry in Retrospect*. Washington, D. C.: Carnegie Endowment Book, 1993.

Dedijer, Vladimir. *The Road to Sarajevo*. New York: Simon and Schuster, 1966.

Despalatović, Elinor Murray. *Ljudevit Gaj and the Illyrian Movement*. New York: Columbia University Press, East European Quarterly, 1975.

Donia, Robert J. *Islam under the Double Eagle: The Muslims of Bosnia and Hercegovina, 1878 - 1914*. New York: Columbia University Press, East European Monographs, 1981.

Džaja, Srećko M. *Bosnien-Herzegowina in der österreichische-ungarische epoche (1878 - 1918)*. Munich: R. Oldenbourg Verlag, 1994.

Haselsteiner, Horst. *Bosnien-Hercegowina, Orientkrise und Südlavische Frage*. Vienna: Bohlau Verlag, 1996.

Jelavich, Barbara. *Russia's Balkan Entanglements, 1806 - 1914*. Cambridge: Cambridge University Press, 1991.

Jelavich, Charles. *South Slav Nationalisms, Textbooks, and Yugoslav Union before 1914*. Columbus, Ohio: Ohio State University Press, 1990.

MacKenzie, David. *Ilija Garasanin, Balkan Bismarck*. New York: Columbia University Press, East European Monographs, 1985.

McClellan, Woodford. *Svetozar Marković and the Origins of Balkan Socialism*. Princeton, N. J.: Princeton University Press, 1964.

Miller, Nicholas J. *Between Nation and State, Serbian Politics in Croatia Before the First World War*. Pittsburgh, Pa.: University of Pittsburgh Press, 1997.

Perry, Duncan M. *The Politics of Terror: The Macedonian*

Revolutionary Movements, 1893 – 1903. Durham, N. C.: Duke University Press, 1988.

Petrovich, Michael B. *A History of Modern Serbia, 1804 –1918*, 2 vols. New York: Harcourt Brace Jovanovich, 1976.

Pinson, Mark, ed. *The Muslims of Bosnia-Herzegovina*. Cambridge, Mass.: Harvard University Press, 1994.

Rogel, Carole. *The Slovenes and Yugoslavism, 1890 – 1914*. Boulder, Colo.: East European Quarterly, 1977.

Rossos, Andrew. *Russia and the Balkans: Inter-Balkan Rivalries and Russian Foreign Policy, 1908 – 1914*. Toronto: Toronto University Press, 1981.

Seton-Watson, Hugh, and Christopher Seton-Watson. *The Making of a New Europe, R. W. Seton-Watson and the last years of Austria-Hungary*. Seattle, Wash.: University of Washington Press, 1981.

Stokes, Gale. *Legitimacy through Liberalism: Vladimir Jovanovic and the Transformation of Serbian Politics*. Seattle, Wash.: University of Washington Press, 1975.

Politics as Development: The Emergence of Political Parties in Nineteenth Century Serbia. Durham, N. C.: Duke University Press, 1990.

Treadway, John D. *The Falcon and the Eagle: Montenegro and Austria-Hungary, 1908 – 1914*. West Lafayette, Ind.: Purdue University Press, 1983.

Vucinich, Wayne S. *Serbia between East and West: The Events of 1903 – 1908*. Stanford, Calif.: Stanford University Press, 1954.

Williamson, Samuel R., Jr. *Austria-Hungary and the Origins of the First World War*. New York: St. Martin's Press, 1991.

第一南斯拉夫时期

Avakumović, Ivan. *History of the Communist Party of Yugoslavia*. Vol. 1. Aberdeen: Aberdeen University Press, 1964.

Barker, Elizabeth. *Macedonia*. 1950. Reprint. Westwood, Conn.: Greenwood Press, 1980.

Beard, Charles A., and George Radin. *The Balkan Pivot: Yugoslavia*. New York: Macmillan, 1929.

Djilas, Aleksa. *The Contested Country: Yugoslav Unity and Communist Revolution, 1919 -1953*. Cambridge, Mass.: Harvard University Press, 1991.

Djordjević, Dimitrije, ed. *The Creation of Yugoslavia, 1914 -1918*. Santa Barbara, Calif.: ABC Clio Press, 1980.

Dragnich, Alexander. *The First Yugoslavia: The Search for a Viable Political System*. Stanford, Calif.: Stanford University Press, 1983.

Friedenreich, Harriet Pass. *The Jews of Yugoslavia: A Quest for Community*. Philadelphia, Pa.: Jewish Publication Society of America, 1979.

Hoptner, Jacob B. *Yugoslavia in Crisis, 1934 -1941*. New York: Columbia University Press, 1962.

Kerner, Robert J., ed. *Yugoslavia*. Berkeley, Calif.: University of California Press, 1949.

Lederer, Ivo. *Yugoslavia at the Paris Peace Conference*. New Haven, Conn.: Yale University Press, 1963.

Livingston, Robert Gerald. "Stjepan Radić and the Croatian Peasant Party, 1904 - 1929." Ph. D. diss. 1959. Cambridge, Mass.: Harvard University.

Mayer, Martin. *Elementarbildung in Jugoslawien (1918 -1945)*.

Munich: R. Oldenbourg Verlag, 1995.

Pavković, Aleksandar. *Slobodan Jovanovic, An Unsentimental Approach to Politics*. New York: Columbia University Press, East European Monographs, 1993.

Rothschild, Joseph. *East Central Europe between the Two Wars*. Seattle, Wash.: University of Washington Press, 1974.

Rusinow, Dennison. *Italy's Austrian Heritage, 1919 – 1946*. Oxford: Clarendon Press, 1969.

Živojinović, Dragoljub. *America, Italy, and the Birth of Yugoslavia, 1917 – 1919*. Boulder, Colo.: East European Monographs, 1972.

经济史（1945 年之前）

Brashich, Ranko M. *Land Reform and Ownership in Yugoslavia, 1919 –1953*. New York: Mid-European Studies Center, 1954.

Calic, Marie-Janine. *Sozialgeschichte Serbiens 1815 –1941*. Munich: R. Oldenberg Verlag, 1994.

Chirot, Daniel, ed. *The Origins of Backwardness in Eastern Europe*. Berkeley, Calif.: University of California Press, 1989.

Hočevar, Toussaint. *The Structure of the Slovenian Economy, 1848 –1963*. New York: Studia Slovenica, 1965.

Imamović, Mustafa, Kemal Hrelja, and Arif Purivatra. *The Economic Genocide over Bosnian Muslims*. Sarajevo: OKO Sarajevo, 1992.

Inalchik, Halil. *An Economic and Social History of the Ottoman Empire*. Vol. 1, *1300 –1600*. Cambridge: Cambridge University Press, 1994.

Killen, Linda. *Testing the Peripheries: US-Yugoslav Economic Relations in the Interwar Years*. New York: Columbia University

Press, East European Monographs, 1994.

Lampe, John R., and Marvin R. Jackson. *Balkan Economic History, 1555 –1950: From Imperial Borderlands to Developing Nations*. Bloomington, Ind.: Indiana University Press, 1982.

McGowan, Bruce. *Economic Life in Ottoman Europe: Taxation, Trade, and the Struggle for Land, 1600 – 1800*. Cambridge: Cambridge University Press, 1981.

Palairet, Michael. *The Balkan economies c. 1800 –1914, Evolution without development*. Cambridge, Cambridge University Press, 1997.

Sugar, Peter F. *The Industrialization of Bosnia-Hercegovina, 1878 –1914*. Seattle, Wash.: University of Washington Press, 1963.

Tomasevich, Jozo. *Peasants, Politics, and Economic Change in Yugoslavia*. Stanford, Calif.: Stanford University Press, 1955.

社会史和人类学

Among the People: Selected Writings of Milenko S. Filipović, ed. E. A. Hammel *et al*. Ann Arbor, Mich.: Michigan Slavic Publications, 1982.

Bićanić, Rudolph. *How the People Live: Life in the Passive Regions*, trans, and ed. Joel M. Halpern and Elinor Murray Despalatović. Amherst, Mass.: University of Massachusetts, Department of Anthropology, 1981.

Bringa, Tone. *Being Muslim the Bosnian Way. Identity and Community in a Central Bosnian Village*. Princeton: Princeton University Press, 1995.

Halpern, Joel M., and Barbara Kerewsky Halpern. *A Serbian Village in Historical Perspective*. New York: Holt, Rinehart, & Winston, 1972.

Lockwood, William G. *European Moslems: Economy and Ethnicity in Western Bosnia*. New York: Academic Press, 1975.

Simić, Andrei. *The Peasant Urbanites: A Study of Rural-Urban Mobility in Serbia*. New York: Seminar Press, 1973.

Trouton, Ruth. *Peasant Renaissance in Yugoslavia, 1900 –1950: A Study of the Development of Yugoslav Peasant Society as Affected by Education*. London: Routledge and Kegan Paul, 1952.

Winner, Irene. *A Slovenian Village: Žerovnica*. Providence, R. I.: Brown University Press, 1971.

1945 年之后的经济与社会发展

Adizes, Ichak. *Industrial Democracy Yugoslav Style: The Effects of Decentralization on Organizational Behavior*. New York: Free Press, 1971.

Bošković, Blagoje, and David Dasić, eds. *Socialist Self-Management in Yugoslavia, 1950 – 1980: Documents*. Belgrade: Socialist Thought and Practice, 1980.

Denitch, Bogdan. *The Legitimation of a Revolution: The Yugoslav Case*. New Haven, Conn.: Yale University Press, 1976.

Dubey, Vinod, *et al*. *Yugoslavia: Development with Decentralization*. Baltimore, Md.: Johns Hopkins University Press for IBRD, 1975.

Estrin, Saul. *Self-Management: Economic Theory and Yugoslav Practice*. Cambridge: Cambridge University Press, 1983.

Horvat, Branko. *The Yugoslav Economic System*. White Plains, N. Y.: M. E. Sharpe, 1976.

Lampe, John R., Russell O. Prickett, and Ljubiša Adamović *Yugoslav-American Economic Relations since World War II*. Durham, N. C.: Duke University Press, 1990.

Lydall, Harold. *Yugoslav Socialism: Theory and Practice*. Oxford:

Clarendon Press, 1984.

Macesich, George. *Yugoslavia: The Theory and Practice of Development Planning*. Charlottesville, Va.: University of Virginia Press, 1964.

Milenkovitch, Deborah. *Plan and Market in Yugoslav Economic Thought*. New Haven, Conn.: Yale University Press, 1971.

Moore, John H. *Growth with Self-Management: Yugoslav Industrialization, 1952 – 1975*. Stanford, Calif: Hoover Institution Press, 1980.

OECD Economic Surveys. *Yugoslavia, 1962 – 1990*. Paris: Organization for Economic Cooperation and Development, 1963 –1990.

Pleština, Dijana. *Regional Development in Communist Yugoslavia*. Boulder, Colo.: Westview Press, 1992.

Sachs, Stephen R. *Self-Management and Efficiency: Large Corporations in Yugoslavia*. London: George Allen and Unwin, 1983.

Woodward, Susan L. *Socialist Unemployment: The Political Economy of Yugoslavia, 1945 –1990*. Princeton: Princeton University Press, 1995.

Yugoslav Survey. Belgrade, 1960 –.

第二次世界大战

Alexander, Stella. *The Triple Myth: A Life of Archbishop Alojzije Stepinac*. New York: Columbia University Press, East European Monographs, 1987.

Auty, Phyllis, and Richard Clogg, eds. *British Policy toward Wartime Yugoslavia and Greece*. London: Macmillan, 1975.

Djilas, Milovan. *Wartime*. New York: Harcourt Brace Jovanovich, 1977.

Hory, Ladislav, and Martin Broszat. *Der Kroatische Ustasha Staat, 1941 –1945*. Stuttgart: Deutsche Verlags-Anstalt, 1964.

Irvine, Jill. *The Croat Question: Partisan Politics in the Formation of the Yugoslav Socialist State*. Boulder, Colo.: Westview Press, 1993.

Karchmar, Lucien. *Draža Mihailovic and the Rise of the Chetnik Movement, 1941 –1942*. 2 vols. New York: Garland Publishers, 1987.

Milazzo, Matteo J. *The Chetnik Movement and the Yugoslav Resistance*. Baltimore, Md.: Johns Hopkins University Press, 1975.

Roberts, Walter R. *Tito, Mihailovc, and the Allies, 1941 –1945*. New Brunswick, N.J.: Rutgers University Press, 1973. Reprint. Durham, N.C.: Duke University Press, 1987.

Steinberg, Jonathan. *All or Nothing: The Axis and the Holocaust, 1941 –1943*. London: Routledge, 1990.

Sundhaussen, Holm. *Wirtschaftsgeschichte Kroatiens im nationalsozialistischen Grossraum, 1941 –1945*. Stuttgart: Deutsche Verlags-Anstalt, 1983.

Tomasevich, Jozo. *The Chetniks*. Stanford, Calif: Stanford University Press, 1975.

Trew, Simon. *Britain, Mihailovic and the Chetniks, 1941 –1942*. New York: St. Martin's Press, 1998.

Trgo, Fabijan. *The National Liberation War and Revolution in Yugoslavia, 1941 –1945: Selected Documents*. Belgrade: Military History Institute, 1982.

Van Creveld, Martin. *Hitler's Strategy, 1940 –1941: The Balkan Glue*. Cambridge: Cambridge University Press, 1973.

Wheeler, Mark C. *Britain and the War for Yugoslavia, 1940 –1943*. New York: Columbia University Press, East European

Monographs, 1980.

第二南斯拉夫的建立

Banac, Ivo. *With Stalin against Tito: Cominformist Splits in Yugoslav Communism*. Ithaca, N. Y.: Cornell University Press, 1988.

Beckmann-Petey, Monika. *Der jugoslawische Föderalismus*. Munich: R. Oldenbourg Verlag, 1990.

Bokovoy, Melissa K. *Peasants and Communists, Politics and Ideology in the Yugoslav Countryside, 1941 - 1953*. Pittsburgh, Pa.: University of Pittsburgh Press, 1998.

Clissold, Stephen. *Djilas, The Progress of a Revolutionary*. Hounslow: Maurice Temple Smith, Ltd., 1983.

Dedijer, Vladimir. *Tito Speaks*. London: Weidenfeld and Nicolson, 1953. *The Battle Stalin Lost: Memoirs of Yugoslavia, 1948 - 1953*. New York: Gossett, 1972.

Djilas, Milovan. *Rise and Fall*. New York: Harcourt Brace Jovanovich, 1985.

Johnson, A. Ross. *The Transformation of Communist Ideology: The Yugoslav Case, 1948 -1953*. Cambridge, Mass.: MIT Press, 1972.

Novak, Bogdan C. *Trieste 1941 -1954: The Ethnic, Political, and Ideological Struggle*. Chicago: University of Chicago Press, 1970.

Rabel, Roberto G. *Between East and West: Trieste, the United States, and the Cold War, 1941 - 1954*. Durham, N. C.: Duke University Press, 1988.

Vucinich, Wayne S., ed. *At the Brink of War and Peace: The Tito-Stalin Split in Historical Perspective*. New York: Columbia University Press, East European Monographs, 1982.

铁托时代的南斯拉夫

Alexander, Stella. *Church and State in Yugoslavia since 1945*. Cambridge: Cambridge University Press, 1979.

Auty, Phyllis. *Tito: A Biography*. London: Longman, 1970.

Beneš, Vaclav, Robert F. Byrnes, and Nicholas Spulber, eds. *The Second Soviet-Yugoslav Dispute*. Bloomington, Ind.: Indiana University Publications, 1959.

Bokovoy, Melissa K., Jill A. Irvine, and Carol S. Lilly, eds. *State-Society Relations in Yugoslavia, 1945 – 1992*. New York: St. Martin's Press, 1997.

Burg, Steven L. *Conflict and Cohesion in Socialist Yugoslavia*. Princeton: Princeton University Press, 1983.

Carter, April. *Democratic Reform in Yugoslavia: The Changing Role of the Party*. Princeton: Princeton University Press, 1982.

Clissold, Stephen, ed. *Yugoslavia and the Soviet Union*. London: Institute for the Study of Conflict, 1975.

Cohen, Lenard J. *The Socialist Pyramid: Elites and Power in Yugoslavia*. Oakville, Ont.: Mosaic Press, 1989.

Grothusen, Klaus-Detlev. *Jugoslawien = Yugoslavia*. Göttingen: Vandenhoech and Ruprecht, 1975.

McFarlane, Bruce. *Yugoslavia: Politics, Economics, and Society*. London: Pinter Publishers, 1988.

Milivojević, Marko, John B. Allcock, and Pierre Maurer, eds. *Yugoslavia's Security Dilemmas: Armed Forces, National Defense, and Foreign Policy*. New York: BERG, 1988.

Pavlowitch, Stevan K. *Yugoslavia: The Improbable Survivor*. Columbus, Ohio: Ohio State University Press, 1988.

Tito, Yugoslavia's Great Dictator: A Reassessment. Columbus,

Ohio: Ohio State University Press, 1992.

Ramet, Sabrina Petra. *Nationalism and Federalism in Yugoslavia, 1962 - 1991*. 2nd edn. Bloomington, Ind.: Indiana University Press, 1992.

Rubenstein, Alvin Z. *Yugoslavia and the Non-Aligned World*. Princeton: Princeton Universitv Press, 1970.

Rusinow, Dennison. *The Yugoslav Experiment, 1948 - 1974*. Berkeley, Calif.: University of California Press, 1977.

Sher, Gerson S. *Praxis: Marxist Criticism and Dissent in Yugoslavia*. Bloomington, Ind.: Indiana University Press, 1977.

Shoup, Paul. *Communism and the Yugoslav National Question*. New York: Columbia University Press, 1968.

Südost-Europa. Südost Institut, Munich, 1951 –.

Vucinich, Wayne S., ed. *Contemporary Yugoslavia*. Berkeley, Calif.: University of California Press, 1969.

后铁托时代的南斯拉夫及其继任的情况

Allcock, John B., John J. Horton, and Marko Milivojević, eds. *Yugoslavia in Transition*. New York: BERG, 1992.

Conflict in the Former Yugoslavia, An Encyclopedia. Santa Barbara, Calif.: ABC Clio Press, 1998.

Benderly, Jill, and Evan Kraft, eds. *Independent Slovenia: Origins, Movements and Prospects*. New York: St. Martin's Press, 1994.

Burg, Steven L., and Paul S. Shoup. *The War in Bosnia-Herzegovina, Ethnic Conflict and International Intervention*. Armonk, N.Y.: M. E. Sharpe, 1999.

Cohen, Lenard J. *Broken Bonds: Yugoslavia's Disintegration and Balkan Politics in Transition*. 2nd edn. Boulder, Colo.: Westview, 1995.

Danforth, Loring M. *The Macedonian Conflict, Ethnic Nationalism in a Transnational World*, Princeton, N. J.: Princeton University Press, 1995.

Dawisha, Karen, and Bruce Parrott, eds. *Politics, Power and the Struggle for Democracy in Southeastern Europe*. Cambridge: Cambridge University Press, 1997.

Dimitrijević, Vojin, ed. *Human Rights in Yugoslavia in 1998*. Belgrade: Human Rights Center, 1999.

Duijzings, G., D. Janjic, and S. Maliqi, eds. *Kosovo-Kosova: Confrontation or Coexistence*. Nijmegen, Netherlands: Peace Research Center, University of Nijmegen, 1996.

Dyker, David A. *Yugoslavia: Socialism, Development, and Debt*. London: Routledge, 1990.

Dyker, David A., and I. Vejvoda, eds. *Yugoslavia and After, A Study in Fragmentation, Despair and Rebirth*. New York: Longman, 1996.

Glenny, Misha. *The Fall of Yugoslavia*. 2nd edn. rev. and enl. New York: Penguin Books, 1993.

Goati, Vladimir, ed. *The Challenges of Parliamentarism, The Case of Serbia in the early 1990s*. Belgrade: Institute of Social Sciences, 1995.

Gow, James. *Legitimacy and the Military: The Yugoslav Crisis*. New York: St. Martin's Press, 1992.

The Triumph of the Lack of Will, International Diplomacy and the Yugoslav War. New York: Columbia University Press, 1997.

Gow, James, and Cathie Carmichael. *Slovenia and the Slovenes*. Bloomington, Ind.: Indiana University Press, 2000.

Helsinki Watch. *War Crimes in Bosnia-Hercegovina*. Vols. 1 and 2. New York: Human Rights Watch, 1992, 1993.

Lydall, Harold. *Yugoslavia in Crisis*. Oxford: Clarendon Press, 1989.

Magaš, Branka. *The Destruction of Yugoslavia: Tracking the Break-up, 1980 -1992*. London: Verso, 1993.

Meier, Viktor. *Yugoslavia, A History of its Demise*. Trans. Sabrina P. Ramet. London: Routledge, 1999.

Nebojša, Popov, ed. *The Road to War in Serbia*. Budapest: CEU Press, 1999 (translation of his *Srpskastrana rata*, Belgrade: Republika, 1996).

Paulsen, Thomas. *Die Jugoslawienpolitik der USA, 1989 -1994*. Baden-Baden: Nomos Verlag, 1995.

Pettifer, James, ed. *The New Macedonian Question*. London: Macmillan, 1999.

Ramet, Pedro, ed. *Yugoslavia in the 1980s*. Boulder, Colo.: Westview, 1985.

Ramet, Sabrina Petra. *Balkan Babel, The Disintegration of Yugoslavia from the Death of Tito to Ethnic War*. 3rd ed. Boulder, Colo.: Westview Press, 1999.

Ramet, Sabrina Petra, and Ljubiga Adamović, eds. *Beyond Yugoslavia: Politics, Economics, and Culture in a Shattered Community*. Boulder, Colo.: Westview Press, 1995.

Silber, Laura, and Allan Little. *The Death of Yugoslavia*. London: Penguin Books, 1995, revised and updated 1997.

Thomas, Robert. *Serbia under Milosevic, Politics in the 1990s*. London: Hurst and Co., 1999.

Udovički, Jasmina, and James Ridgeway, eds. *Yugoslavia's Ethnic Nightmare*. New York: Lawrence Hill Books, 1995.

Burn This House, The Making and Unmaking of Yugoslavia. Durham, N.C.: Duke University Press, 1997.

Veremis, Thomas, and Evangelos Kofos, eds. *Kosovo: Avoiding*

Another Balkan War. Athens: ELIAMER, 1998.

Woodward, Susan L. *Balkan Tragedy: Chaos and Dissolution after the Cold War*. Washington, D. C.: Brookings Institution, 1995.

Zimmermann, Warren. *Origins of a Catastrophe-Yugoslavia and its Destroyers*. New York Times Books, Random House, 1996, revised edn. 1999.

文化与新闻媒体

Adamić, Louis. *The Native's Return*. New York: Harper's, 1934.

Andrić, Ivo. *The Bridge on the Drina*. Chicago: University of Chicago Press, 1977.

Barac, Antun. *A History of Yugoslav Literature*. Ann Arbor, Mich.: Michigan Slavic Publications, 1973.

Beker, Miroslav, ed. *Comparative Studies in Croatian Literature*. Zagreb: Liber 1981.

Bogert, Ralph. *The Writer as Naysayer: Miroslav Krleža and the Aesthetic Interwar Central Europe*. Columbus, Ohio: Slavica Publishers, 1990.

Budding, Audrey Helfant. "Serb Intellectuals and the National Question, 1961-1991." Ph. D. diss., Harvard University, 1998.

Cankar, Ivan. *My Life and Other Sketches*. Ed. and comp. Josip Vidmar. Ljubljana: Društvo slovenskih pisateljev, 1988.

Ćosić, Dobrica. *This Land, This Time*. 4 vols. New York: Harcourt Brace Jovanovich, 1983.

Eekman, Thomas. *Thirty Years of Yugoslav Literature, 1945-1975*. Ann Arbor, Mich.: Michigan Slavic Press, 1985.

Goulding, Daniel J. *Liberated Cinema: The Yugoslav Experience*. Bloomington, Ind.: Indiana University Press, 1985.

Hawkesworth, Celia. *Ivo Andric: Bridge Between East and West*.

London: Althone, 1984.

Holton, Milne, and Vasa D. Mihailovich, eds. *Serbian Poetry From the Beginning to the Present*. Columbus, Ohio: Slavica Publications for Yale Russian and East European Publications, 1988.

Höpken, Wolfgang, ed. *Oil on Fire? Textbooks, Ethnic Stereotypes and Violence in Southeastern Europe*. Hanover: Hahnsche Buchhandlung, 1996.

Koljević, Svetozar. *Yugoslav Short Stories*. London: Oxford University Press, 1966.

Krleža, Miroslav. *The Return of Philip Latinowicz*. New York: Vanguard, 1959.

Milojković-Djurić, Jelena. *Tradition and Avant-Garde: The Arts in Serbian Culture between the Two World Wars*. New York: Columbia University Press, East European Monographs, 1984.

Norris, David A. *The Novels of Miloš Crnjanski: An Approach Through Time*. Nottingham: Astra Press, 1990.

Ramet, Sabrina P. *Balkan Babel: Politics, Culture, and Religion in Yugoslavia*. Boulder, Colo.: Westview Press, 1992.

Robinson, Gertrude Joch. *Tito's Maverick Media*. Urbana, Ill.: University of Illinois Press, 1994.

Thompson, Mark. *Forging War: The Media in Serbia, Croatia, and Bosnia-Hercegovina*. Avon: The Bath Press, Article 19, 1994.

Wachtel, Andrew Baruch. *Making a Nation, Breaking a Nation, Literature and Cultural Politics in Yugoslavia*. Stanford, Calif.: Stanford University Press, 1998.

Wilson, Duncan. *The Life and Times of Vuk Stefanović Karadžić, 1787 -1864*. Oxford: Clarendon Press, 1970.

相关的目录

Friedman, Francine, ed. *Yugoslavia: A Comprehensive English Language Bibliography*. Wilmington, Del.: Scholarly Resources, Inc., 1993.

Horton, John J., comp. *Yugoslavia: Revised and Expanded Edition*. Santa Barbara, Calif: ABC Clio Press, 1990.

Janković, Dragoslav. *The Historiography of Yugoslavia, 1965 – 1975*. Belgrade: Association of Yugoslav Historical Studies, 1975.

Matulić, Rusko. *Bibliography of Sources on the Region of the Former Yugoslavia*. New York: Columbia University Press, East European Monographs, 1998.

Petrovich, Michael B. *Yugoslavia: A Bibliographic Guide*. Washington, D.C.: Library of Congress, 1974.

Seewan, Gerhard, and Peter Dippold, eds. *Bibliographisches Handbuch der ethnischen Gruppen Südosteuropas*. Vol. 2. Munich: Sudost-Institut, R. Oldenbourg Verlag, 1997.

Stanković, Dobrila, and Zlatan Moltarić. *Svetska bibliografija o krizi u bivšoj Jugoslaviji* (World bibliography on the crisis in the former Yugoslavia). Belgrade: Službeni glasnik, 1996.

索　　引

（索引条目后数字为原书页码，即本书边码）

A

B

C

D

E

F

G

H

I

J

N

O

P

R

S

U

V

W

X

Y

Z